SEGUNDA PART

Invitaciones

An Interactive Worktext for Beginning Spanish

SECOND EDITION

Deana Alonso
Southwestern College

Esther Alonso
Southwestern College

Brandon Zaslow
Occidental College

La profe Alonso

Boston, Massachusetts

Where you invest your Love you invest your Life.

Publisher: José A. Blanco
President: Janet L. Dracksdorf
Managing Editors: Sarah Kenney, Paola Ríos Schaaf
Editorial Team: Christian Biagetti, Gabriela Ferland, Lauren Krolick
Design and Production Team: Susan Prentiss, Nick Ventullo

Student Text ISBN: 978-1-60007-951-1
Instructor's Annotated Edition ISBN: 978-1-60007-953-5

Library of Congress Control Number: 2008940882

1 2 3 4 5 6 7 8 9 RM 14 13 12 11 10 09

Dedication

At the time of his tragic death on August 15, 1996, my husband, **Costas Lyrintzis,** was a professor of Aerospace Engineering at San Diego State University. He was loved and respected by his students and colleagues because of his friendliness, his intelligence, and his ability to smile and make others feel better, even in the worst of times.

Even though his death made the process of writing this book so much more difficult, he has been with us all along the way. His memory gave us strength, his faith in us and our ability to contribute to the teaching of Spanish kept us going at times when we wanted to quit. Our desire to write a book worthy of him and his memory raised our spirits.

We all love you, Costas. Our lives will never be the same without you.

Deana Alonso

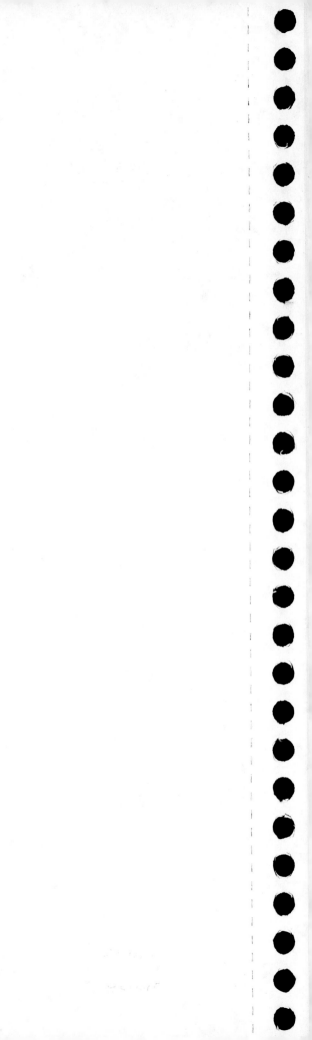

Introduction

Bienvenido a INVITACIONES, your invitation to the rich language and the diverse cultures of the Spanish-speaking world! This program takes a communicative approach to developing your ability to use and understand Spanish in practical, everyday contexts. It also aims at building your cultural knowledge and competency.

New to this Edition

- **More communicative practice** helps students develop interpersonal communication
- **New Revista cultural** section develops cultural knowledge through interesting and relevant readings
- **New video** content—the **Flash cultura** program and authentic TV clips—offers additional exposure to the cultures of the Spanish-speaking world
- **Updated culture** in the **Invitación a...** sections invites students to develop their interpretive communication skills and cultural competence
- **Online listening comprehension and pronunciation practice** provides students with opportunities to develop their interpretive skills and master pronunciation
- **Enhanced technology** delivers all audio and video content online, plus additional practice

Hallmark Features

▸ Unique interactive worktexts

INVITACIONES consists of two volumes, **Primera parte** and **Segunda parte**. Both are interactive worktexts, the first of their kind published for introductory college Spanish.

▸ All resources in one package

Each **INVITACIONES** worktext contains fifteen lessons, called **episodios**, and each episode is organized in exactly the same way: full-color lesson pages, immediately followed by black-and-white pages with workbook activities. As a result, the worktext offers you all the learning tools you need for learning Spanish in each self-contained volume. In addition, each new worktext comes packaged with a code for the **INVITACIONES** Supersite, a powerful new resource that contains all the audio and video material for the program, as well as lab practice with auto-grading.

▸ Video-driven program

Specially shot for **INVITACIONES**, the **Escenas de la vida** video revolves around the everyday lives and relationships of a group of Spanish-speaking friends as they attend college in the United States. Photos, events, and characters from the episodes are integrated into virtually every section of each lesson.

▸ Personalized learning experience

INVITACIONES invites you to interact with the worktext by filling in information that interests you, prompting personalized reactions, and by providing ideas for use with a partner, small groups, or the entire class. As you study, you will find that the worktext consistently gives you the support you need to carry out real-life tasks in Spanish.

To familiarize yourself with the worktext's organization and features, turn to page xiv and take the **INVITACIONES: Segunda parte**-at-a-glance tour. For more information on **INVITACIONES: Primera parte**, see page xxx.

	Escenas de la vida	Para comunicarnos mejor

Episodio 16
Emilio viene de España

Episodio 17
¡Feliz Año Nuevo!

Episodio 18
En casa de los tíos

Episodio 19
¿Qué tienen ganas de hacer?

Actividades comunicativas	La correspondencia	Cuaderno de tareas

	Escenas de la vida	Para comunicarnos mejor
Episodio 20 **La pelea** 		
Episodio 21 **¡Me siento mal!** 		
Episodio 22 **Recuerdos de la niñez** 		
Episodio 23 **¿Qué están haciendo?** 		

Actividades comunicativas	La correspondencia	Cuaderno de tareas

	Escenas de la vida	Para comunicarnos mejor
Episodio 24 **El accidente** 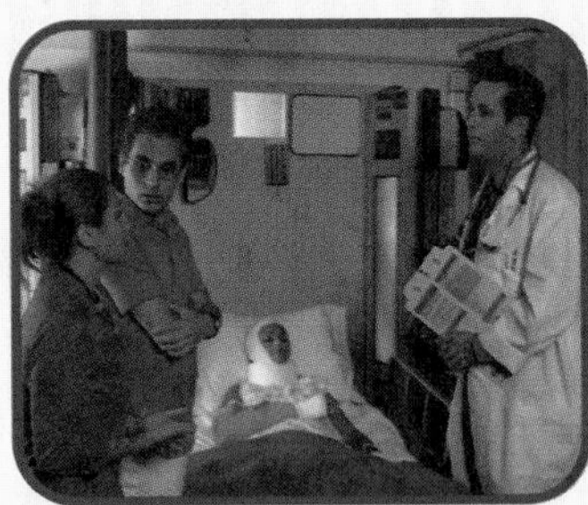		
Episodio 25 **El choque** 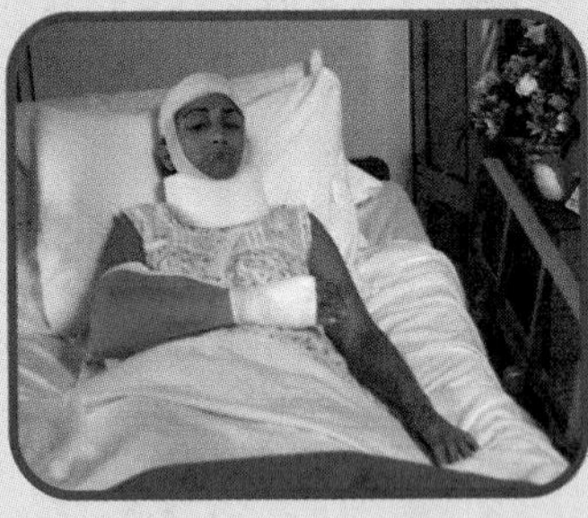		
Episodio 26 **De regreso a casa** 		
Episodio 27 **El anillo de compromiso** 		

Actividades comunicativas	La correspondencia	Cuaderno de tareas
Actividades comunicativas 215	El correo: La vida de Rigoberta Menchú . . . . 220 Reading Strategy: Moving into, through, and beyond a reading selection . 220 En papel: Un(a) líder en la comunidad o en tu vida personal . . . . 222 Invitación a Guatemala. . . . . 222 ¡A ver de nuevo! 223	Cuaderno de tareas 225
Actividades comunicativas 241	El correo: Un trágico event. . . . . . 244 En papel: Un evento importante en tu vida. . . . . 246 ¡A ver de nuevo! 247	Cuaderno de tareas . . . . 249 Revista cultural: Tesoros intangibles 255
Actividades comunicativas 269	El correo: Conduciendo en Costa Rica . . . . 275 En papel: Un accidente . . . . 276 ¡A ver de nuevo! 276	Cuaderno de tareas . . . . 279 Lectura: Una experiencia horrible . 285
Actividades comunicativas 293	El correo: Ahorrar dinero y energía en la casa . . . . 296 Reading Strategy: Using a variety of reading strategies . . . . 296 En papel: La seguridad es primero . 298 Writing Strategy: Using the dictionary effectively . . . . 298 Invitación a Uruguay . . . . 299 ¡A ver de nuevo! 299	Cuaderno de tareas . . . . 301 Lectura: Gazpacho 304

	Escenas de la vida	Para comunicarnos mejor

Episodio 28
Decisiones importantes

Episodio 29
Soluciones positivas

Episodio 30
La vida sigue

Escenas de la vida

opens every lesson with an input-driven *and* video-based introduction to the lesson's theme, vocabulary, and grammar.

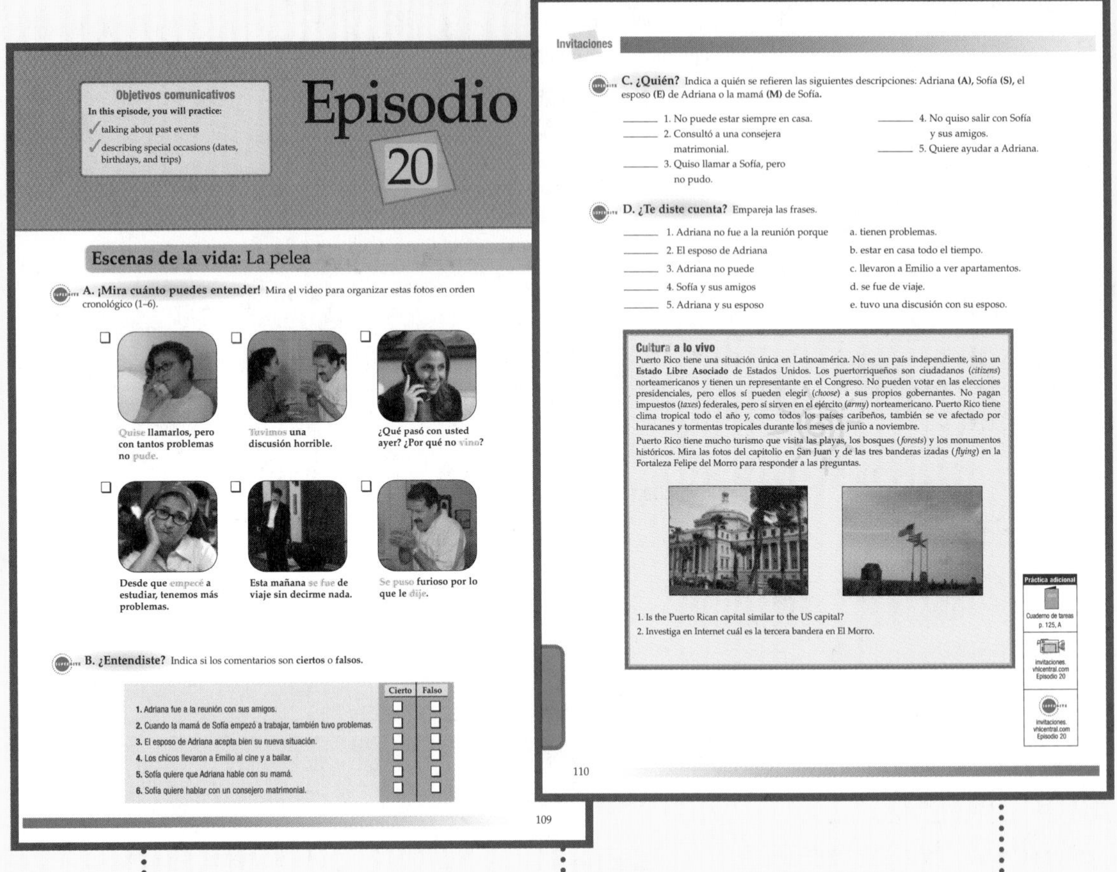

Objetivos comunicativos This brief list highlights the real-life tasks you will be able to carry out in Spanish by the end of the lesson.

Dramatic Video The **Escenas de la vida** sections in your worktext complement the corresponding **Escenas de la vida** episode from the **INVITACIONES** Video Program. The episodes tell the story of a group of Spanish-speaking friends attending college in the United States. To learn more about the video program, turn to pages xxvi–xxvii.

NEW! **Authentic Video** When applicable, **Flash cultura** video icons or a reference to an authentic TV clip indicate additional video material related to the **Cultura a lo vivo** sections. For more information, see pages xxvi–xxvii.

Activities The **Escenas de la vida** activities guide you through the lesson's video episode and check your understanding of the key events and ideas. **Práctica adicional** references let you know when activities from the **Cuaderno de tareas** and Supersite are available to reinforce **Escenas de la vida.**

Cultura a lo vivo Brief readings deepen your understanding of culture by providing an analysis of the video characters' behavior or by expanding on cultural concepts mentioned in the video.

NEW! **Supersite** The **INVITACIONES** Supersite (**invitaciones.vhlcentral.com**) provides you access to the entire **INVITACIONES** Video and Audio Programs, as well as additional practice and resources. See page xxviii for more information.

Para comunicarnos mejor

presents grammatical structures necessary for real-life tasks.

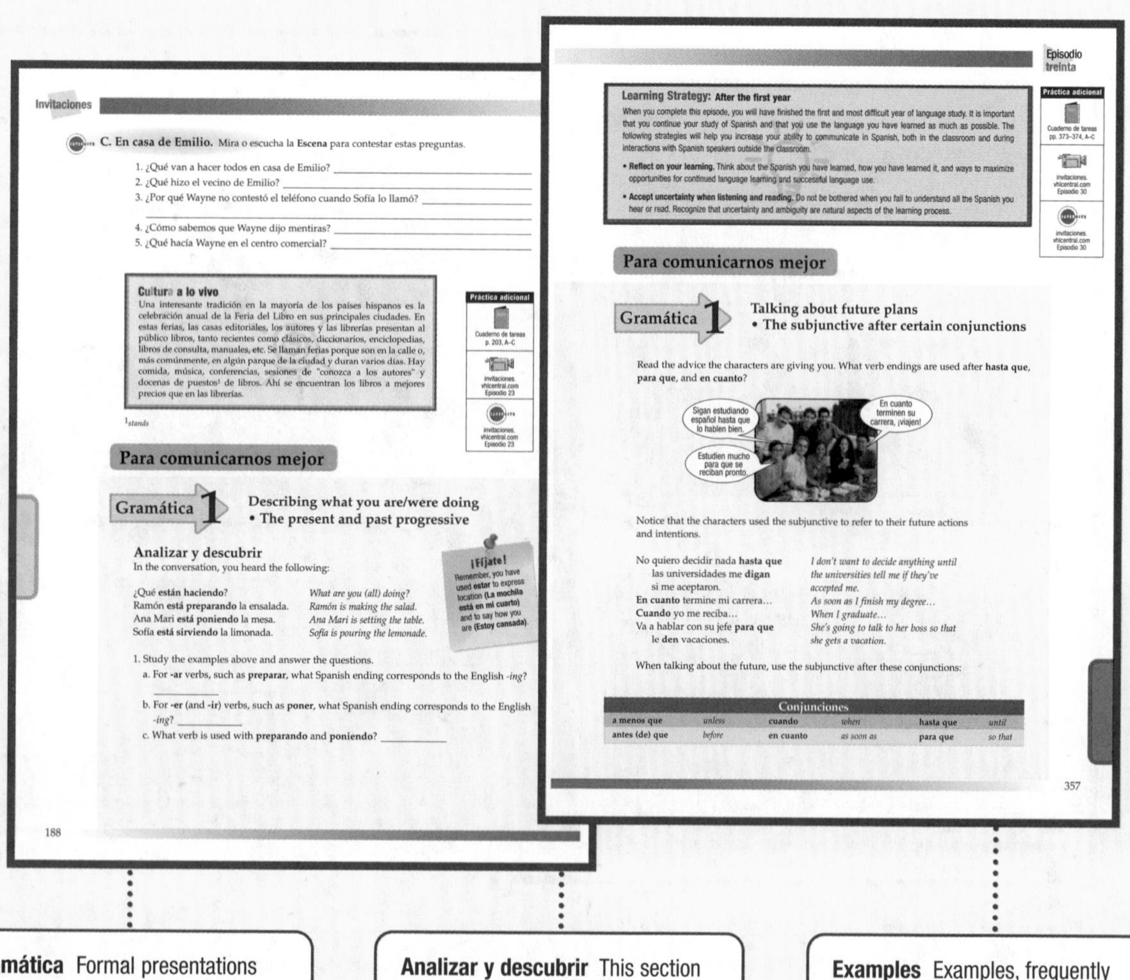

Gramática Formal presentations expand on grammatical concepts previewed in **Escenas de la vida** activities and featured in the corresponding **Escenas de la vida** video episode.

Analizar y descubrir This section appears, when appropriate, to guide you in analyzing and discovering grammatical structures and patterns featured in **Escenas de la vida**, before you use them in upcoming practice activities.

Examples Examples, frequently taken from the lesson's video episode, highlight the language and structures you are studying and put them in real-life contexts.

Charts Colorful, easy-to-use charts call out key grammatical structures and forms, as well as vocabulary fundamental to communicating with the structures at hand.

NEW! Gramática comunicativa When an explanation can be taken further, a **¡Fíjate!** note will refer you to a grammar appendix in the back of this book for more advanced explanations with practice.

Learning Strategy Learning strategy boxes present general techniques you can use to maximize your learning opportunities.

Para comunicarnos mejor

develops practical vocabulary for real-life applications.

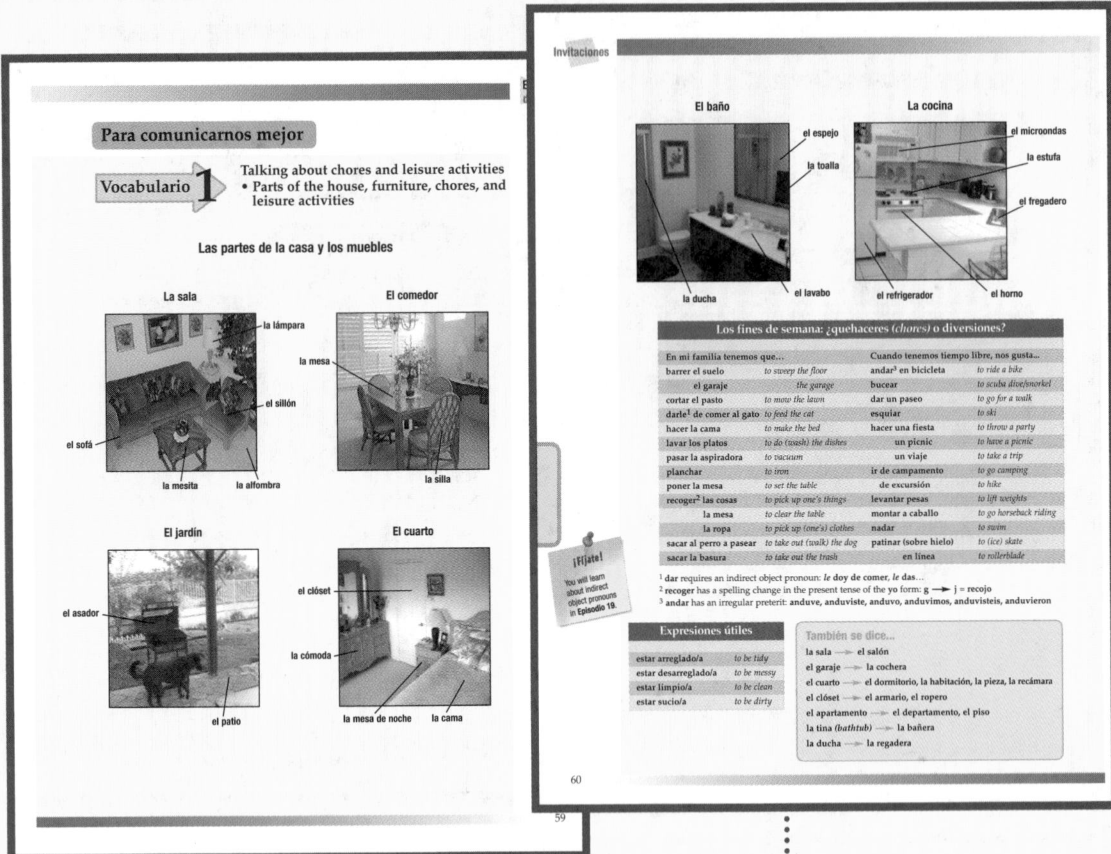

Para comunicarnos mejor

Vocabulario 1 Talking about chores and leisure activities
• Parts of the house, furniture, chores, and leisure activities

Las partes de la casa y los muebles

59

Invitaciones

Los fines de semana: ¿quehaceres (*chores*) o diversiones?			
En mi familia tenemos que...		**Cuando tenemos tiempo libre, nos gusta...**	
barrer el suelo	*to sweep the floor*	andar[3] en bicicleta	*to ride a bike*
el garaje	*the garage*	bucear	*to scuba dive/snorkel*
cortar el pasto	*to mow the lawn*	dar un paseo	*to go for a walk*
darle[1] de comer al gato	*to feed the cat*	esquiar	*to ski*
hacer la cama	*to make the bed*	hacer una fiesta	*to throw a party*
lavar los platos	*to do (wash) the dishes*	un picnic	*to have a picnic*
pasar la aspiradora	*to vacuum*	un viaje	*to take a trip*
planchar	*to iron*	ir de campamento	*to go camping*
poner la mesa	*to set the table*	de excursión	*to hike*
recoger[2] las cosas	*to pick up one's things*	levantar pesas	*to lift weights*
la mesa	*to clear the table*	montar a caballo	*to go horseback riding*
la ropa	*to pick up (one's) clothes*	nadar	*to swim*
sacar al perro a pasear	*to take out (walk) the dog*	patinar (sobre hielo)	*to (ice) skate*
sacar la basura	*to take out the trash*	en línea	*to rollerblade*

[1] **dar** requires an indirect object pronoun: ***le* doy de comer, *le* das...**
[2] **recoger** has a spelling change in the present tense of the **yo** form: **g** → **j = recojo**
[3] **andar** has an irregular preterit: **anduve, anduviste, anduvo, anduvimos, anduvisteis, anduvieron**

¡Fíjate! You will learn about indirect object pronouns in Episodio 19.

Expresiones útiles	
estar arreglado/a	*to be tidy*
estar desarreglado/a	*to be messy*
estar limpio/a	*to be clean*
estar sucio/a	*to be dirty*

También se dice...
la sala → el salón
el garaje → la cochera
el cuarto → el dormitorio, la habitación, la pieza, la recámara
el clóset → el armario, el ropero
el apartamento → el departamento, el piso
la tina (*bathtub*) → la bañera
la ducha → la regadera

60

Vocabulario These sections present words and expressions taken from the lesson's video episode, as well as additional vocabulary related to the lesson's topic, using the same type of charts, examples, and other elements as in the **Gramática** sections.

Visual support New vocabulary is supported by illustrations, photographs, or images from the lesson's **Escenas de la vida** video episode.

También se dice In recognition of the richness and diversity of the Spanish language, this feature presents alternate words and expressions used throughout the Spanish-speaking world.

Cultura a lo vivo Brief cultural notes appear, where applicable, to provide background information related to the vocabulary topic.

Para comunicarnos mejor

provides varied types of guided, yet meaningful practice.

PRÁCTICA

E. ¿Cuánto tiempo hace que...? Escribe oraciones lógicas y ciertas para ti usando una palabra de cada columna.

Modelo **Hace tres días que estoy enfermo.**

	2, 3, 4... meses		vivo en esta ciudad
	3, 4, 5... años		conozco a mi mejor amigo/a
hace	un año	**que**	estudio español
	5 días		asisto a esta universidad

1. _____
2. _____
3. _____
4. _____

F. ¿Tienes buena salud? Primero contesta las preguntas. Después entrevista a un(a) compañero/a para determinar quién tiene mejor salud.

Modelo ¿Cuánto tiempo hace que no vas al dentista?
—Hace un año que no voy al dentista. ¿Y tú?
—Acabo de ir esta mañana.

¡Fíjate!
The expressions **Me dio catarro** or **Le dio dolor de cabeza** are commonly used to say *I got a cold* or *He got a headache.*

1. ¿Cuánto tiempo hace que no vas al doctor? _____
2. ¿Cuánto tiempo hace que no te da catarro? _____
3. ¿Qué parte del cuerpo te duele con más frecuencia? ¿Por qué? _____
4. ¿Con qué frecuencia tomas aspirinas? _____
5. ¿Cuándo fue la última vez que estuviste mareado/a? _____
6. ¿Cuándo fue la última vez que te dolió el estómago? _____
7. ¿Te duele la cabeza con frecuencia? ¿Qué haces cuando te duele la cabeza? _____

G. ¡Todos están enfermos hoy! Eres enfermera/o en una escuela primaria. Hoy muchos niños están enfermos. Escucha sus síntomas para completar el siguiente cuadro *(chart)*. Después decide qué niños tienen que irse a sus casas y qué niños tienen que regresar a sus clases. Compara tus respuestas con las de un(a) compañero/a.

	síntomas	diagnóstico	A casa: sí/no
Alberto			
Mari Carmen			
Alejandra			

H. Frida Kahlo, una pintora mexicana famosa. Primero lee las preguntas del artículo de Sofía sobre sus pintores favoritos. Después de leer el artículo, contéstalas.

1. ¿Quiénes fueron Frida Kahlo y Diego Rivera? _____
2. ¿Qué le pasó a Frida de niña? _____
3. ¿Cómo fue su matrimonio? _____
4. ¿Qué pintó Frida en sus cuadros? _____

Frida y Diego, mis pintores favoritos

Frida Kahlo y Diego Rivera fueron la pareja[1] de pintores más famosa de México. Su vida personal y profesional estuvo llena de escándalos, tragedias, triunfos y controversias. Frida tuvo una niñez[2] triste y solitaria, no por su carácter sino por su salud. De niña le dio poliomielitis en una pierna, y a los dieciocho años, al regresar de la preparatoria a su casa, el autobús en el que viajaba tuvo un accidente terrible con un tranvía[3]. Se rompió los huesos de la pierna, la cadera[4] y la espalda en tres partes; además, un tubo[5] de metal le atravesó[6] el abdomen de lado a lado. Pasó meses en el hospital y siempre sufrió de dolores y problemas de salud.

Cuando estudiaba en la preparatoria, conoció a Diego Rivera, que pintaba un mural en el edificio de la escuela. Diego ya era un muralista de fama internacional. Su pintura está llena de simbolismo político y social; en ella reflejó su compromiso político, la lucha[7] de clases y la desigualdad social. Diego se enamoró de[8] la clara inteligencia, la conciencia política y el comportamiento[9] poco convencional de Frida. Al poco tiempo se casaron[10], Frida de veintidós años y Diego de cuarenta y tres.

El matrimonio tuvo muchos problemas desde el principio. Diego no dejó de[11] tener relaciones con otras mujeres (incluso con la hermana de Frida). Frida también tuvo varias, una de ellas con el famoso León Trotsky, pero sufría mucho por la infidelidad de Diego. Frida pintó su dolor, su soledad[12] y su atormentado amor por Diego en sus autorretratos[13]. En 1939 se divorciaron... ¡y en 1940 se volvieron a casar!

Frida nunca tuvo buena salud, debido[14] en parte a su accidente. Frida tenía dolores constantes y nunca pudo tener hijos, aunque tuvo tres embarazos[15]. Pasó todo el año de 1950 en el hospital, donde tuvo seis operaciones de la columna vertebral. Frida decía que tuvo dos accidentes en su vida: uno de ellos fue el choque[16] con el tranvía y el otro accidente fue Diego.

Frida murió[17] en 1954. "Éste es el día más trágico de mi vida", dijo Diego el día de la muerte de Frida. Diego murió tres años después.

Para saber más de estos dos pintores, puedes buscar información en Internet o comprar algún libro; hay muchos en el mercado. Yo tengo uno de Hayden Herrera y me gusta mucho.

[1]*couple* [2]*childhood* [3]*trolley* [4]*hip* [5]*pipe* [6]*went through* [7]*struggle* [8]*fell in love with* [9]*behavior* [10]*got married* [11]*didn't stop* [12]*loneliness* [13]*self-portraits* [14]*due* [15]*pregnancies* [16]*crash* [17]*died*

Práctica adicional		
Cuaderno de tareas p. 156, H–J	invitaciones.vhlcentral.com Lab practice	invitaciones.vhlcentral.com Episodio 21

Práctica A wide variety of guided, yet meaningful activities develop your ability to express yourself in Spanish. Cultural information is also often embedded in these activities, as an integral part of their content.

NEW! Supersite The **INVITACIONES** Supersite **(invitaciones.vhlcentral.com)** has even more activities, including lab practice, to help you master the vocabulary and grammar. See page xxviii for more details.

Progression of activities To build your confidence and accurate use of Spanish, the activities begin with those that require only comprehension and progress to those in which you produce the language.

Activity types Activity types include oral exercises, written activities, listening practice, exercises that recycle previously learned vocabulary, pair work, and small group work. Activities are often set up to let you interact hands-on with the materials by writing directly in your worktext.

Banco de palabras These boxes provide you with on-the-spot vocabulary support directly related to the activities they accompany, so you may readily complete the language tasks at hand.

Icons Icons allow you to quickly identify the types of activities you are dealing with: reading, writing, pair work, and group work.

Para comunicarnos mejor

features personalized and video-related activities.

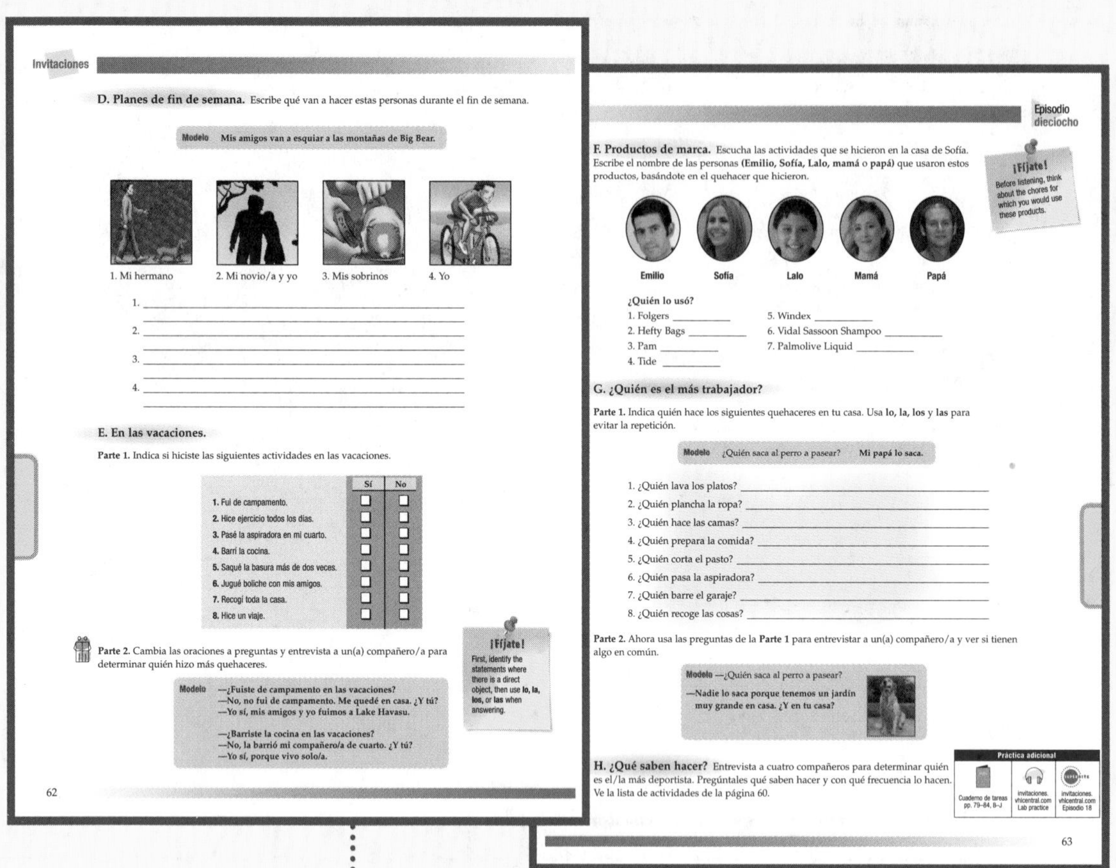

Invitaciones

D. Planes de fin de semana. Escribe qué van a hacer estas personas durante el fin de semana.

Modelo **Mis amigos van a esquiar a las montañas de Big Bear.**

1. Mi hermano 2. Mi novio/a y yo 3. Mis sobrinos 4. Yo

1. ______
2. ______
3. ______
4. ______

E. En las vacaciones.

Parte 1. Indica si hiciste las siguientes actividades en las vacaciones.

	Sí	No
1. Fui de campamento.	☐	☐
2. Hice ejercicio todos los días.	☐	☐
3. Pasé la aspiradora en mi cuarto.	☐	☐
4. Barrí la cocina.	☐	☐
5. Saqué la basura más de dos veces.	☐	☐
6. Jugué boliche con mis amigos.	☐	☐
7. Recogí toda la casa.	☐	☐
8. Hice un viaje.	☐	☐

Parte 2. Cambia las oraciones a preguntas y entrevista a un(a) compañero/a para determinar quién hizo más quehaceres.

Modelo
—¿Fuiste de campamento en las vacaciones?
—No, no fui de campamento. Me quedé en casa. ¿Y tú?
—Yo sí, mis amigos y yo fuimos a Lake Havasu.

—¿Barriste la cocina en las vacaciones?
—No, la barrió mi compañero/a de cuarto. ¿Y tú?
—Yo sí, porque vivo solo/a.

¡Fíjate! First, identify the statements where there is a direct object, then use **lo, la, los,** or **las** when answering.

62

Episodio dieciocho

F. Productos de marca. Escucha las actividades que se hicieron en la casa de Sofía. Escribe el nombre de las personas **(Emilio, Sofía, Lalo, mamá** o **papá)** que usaron estos productos, basándote en el quehacer que hicieron.

¡Fíjate! Before listening, think about the chores for which you would use these products.

Emilio Sofía Lalo Mamá Papá

¿Quién lo usó?
1. Folgers ______
2. Hefty Bags ______
3. Pam ______
4. Tide ______
5. Windex ______
6. Vidal Sassoon Shampoo ______
7. Palmolive Liquid ______

G. ¿Quién es el más trabajador?

Parte 1. Indica quién hace los siguientes quehaceres en tu casa. Usa **lo, la, los** y **las** para evitar la repetición.

Modelo ¿Quién saca al perro a pasear? **Mi papá lo saca.**

1. ¿Quién lava los platos? ______
2. ¿Quién plancha la ropa? ______
3. ¿Quién hace las camas? ______
4. ¿Quién prepara la comida? ______
5. ¿Quién corta el pasto? ______
6. ¿Quién pasa la aspiradora? ______
7. ¿Quién barre el garaje? ______
8. ¿Quién recoge las cosas? ______

Parte 2. Ahora usa las preguntas de la **Parte 1** para entrevistar a un(a) compañero/a y ver si tienen algo en común.

Modelo —¿Quién saca al perro a pasear?
—Nadie lo saca porque tenemos un jardín muy grande en casa. ¿Y en tu casa?

H. ¿Qué saben hacer? Entrevista a cuatro compañeros para determinar quién es el/la más deportista. Pregúntales qué saben hacer y con qué frecuencia lo hacen. Ve la lista de actividades de la página 60.

Práctica adicional		
Cuaderno de tareas pp. 79–84, B–J	invitaciones. vhlcentral.com Lab practice	invitaciones. vhlcentral.com Episodio 18

63

Práctica Activities in diverse formats offer opportunities for personal responses, as well as contexts that deepen the storyline of the **Escenas de la vida** video. In addition, there is always one activity that asks you to use the same language structures and tasks that you saw in the video.

¡Fíjate! These boxes offer on-the-spot explanations, examples, references to structures you have already learned, and references to additional explanations in the **NEW Gramática comunicativa** section to help maneuver through the tasks at hand.

Modelo Sample answers complement and clarify the instructions, providing you with a model to emulate in your own answers.

Práctica adicional Cross-references to the **NEW** Supersite and the **Cuaderno de tareas** part of your worktext let you know exactly which activities and technology ancillaries are available to reinforce **Para comunicarnos mejor**.

Actividades comunicativas

use information gap activities to strengthen your communication skills.

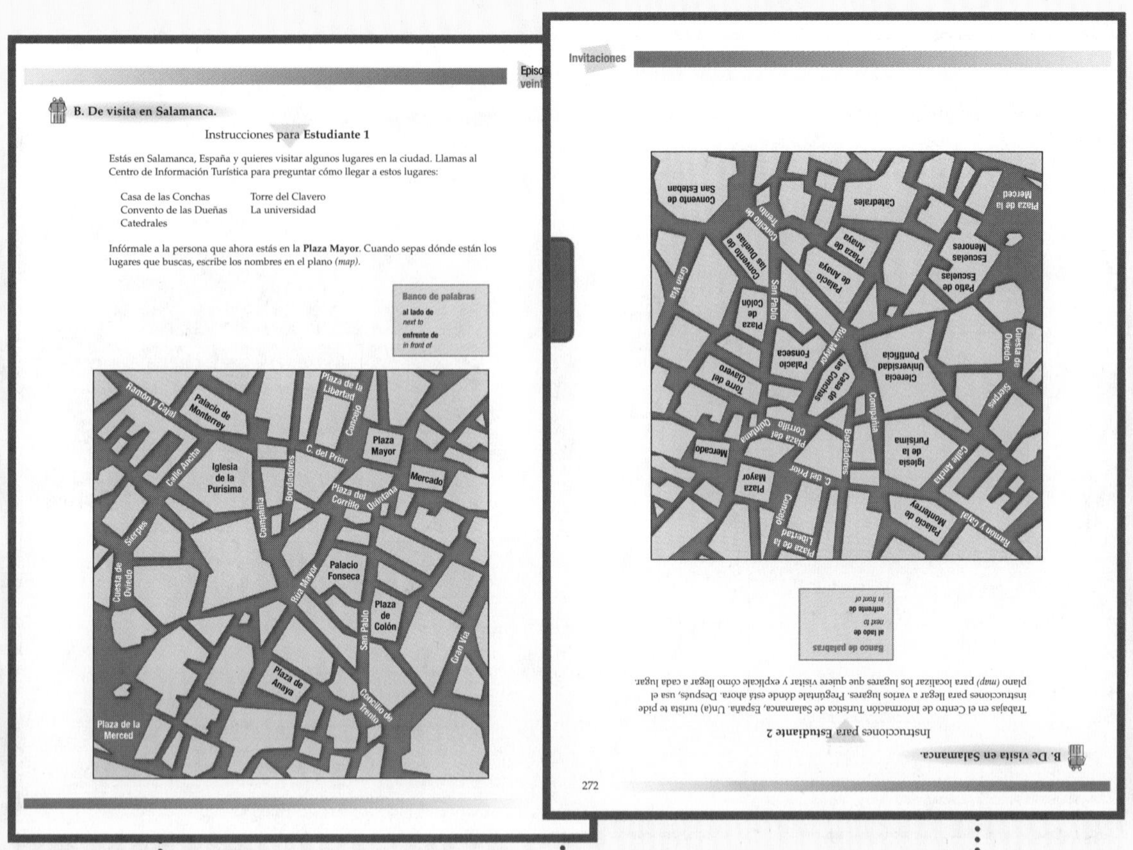

B. De visita en Salamanca.

Instrucciones para **Estudiante 1**

Estás en Salamanca, España y quieres visitar algunos lugares en la ciudad. Llamas al Centro de Información Turística para preguntar cómo llegar a estos lugares:

Casa de las Conchas
Convento de las Dueñas
Catedrales
Torre del Clavero
La universidad

Infórmale a la persona que ahora estás en la **Plaza Mayor**. Cuando sepas dónde están los lugares que buscas, escribe los nombres en el plano *(map)*.

Banco de palabras
al lado de *next to*
enfrente de *in front of*

Information gap activities Information gap activities support you as you practice the vocabulary and grammar of the lesson in problem-solving or other situations. These activities are frequently culturally-oriented. You and a partner each have only half of the information you need, so you must work together to accomplish the task at hand.

Unique Design These communicative activities, intended for classroom use, have a unique design that reflects this goal. From upside-down pages to protect information gap details to ample room for writing, the activities are carefully designed with communication in mind.

Varied activity types In **Crucigrama**, you and a partner give each other hints in order to complete a crossword puzzle, while in **En imágenes**, you work together to interpret a series of pictures. **Sopa de palabras** is based on scrambled sentences, and **Diferencias** deals with different versions of an illustration. Other information gap activities involve completing stories and enacting role-plays.

Actividades comunicativas

include other creative and interactive activities that build your communication skills.

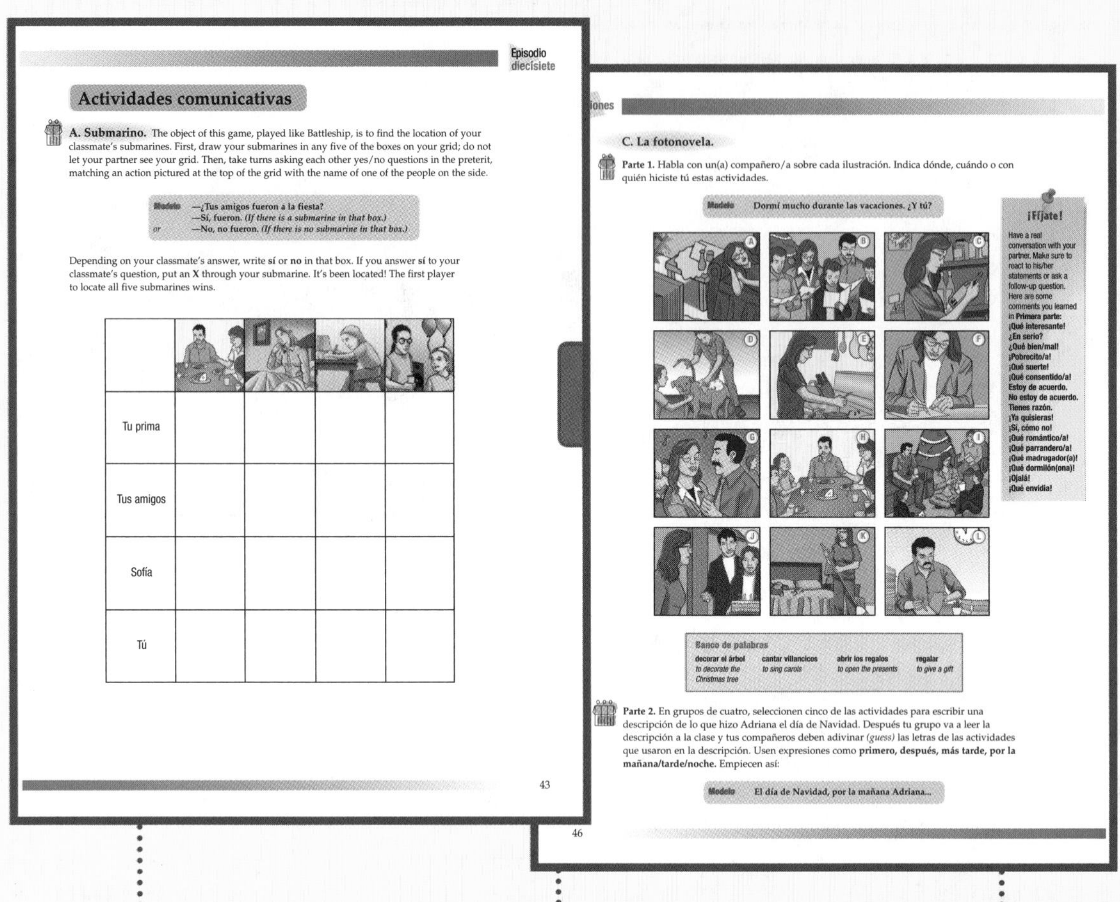
Episodio diecisiete

Actividades comunicativas

A. Submarino. The object of this game, played like Battleship, is to find the location of your classmate's submarines. First, draw your submarines in any five of the boxes on your grid; do not let your partner see your grid. Then, take turns asking each other yes/no questions in the preterit, matching an action pictured at the top of the grid with the name of one of the people on the side.

Modelo **—¿Tus amigos fueron a la fiesta?**
—Sí, fueron. *(If there is a submarine in that box.)*
or **—No, no fueron.** *(If there is no submarine in that box.)*

Depending on your classmate's answer, write **sí** or **no** in that box. If you answer **sí** to your classmate's question, put an **X** through your submarine. It's been located! The first player to locate all five submarines wins.

Tu prima				
Tus amigos				
Sofía				
Tú				

43

C. La fotonovela.

Parte 1. Habla con un(a) compañero/a sobre cada ilustración. Indica dónde, cuándo o con quién hiciste tú estas actividades.

Modelo **Dormí mucho durante las vacaciones. ¿Y tú?**

A B C D E F G H I J K L

¡Fíjate!

Have a real conversation with your partner. Make sure to react to his/her statements or ask a follow-up question. Here are some comments you learned in **Primera parte:**
¡Qué interesante!
¿En serio?
¿Qué bien/mal!
¡Pobrecito/a!
¡Qué suerte!
¡Qué consentido/a!
Estoy de acuerdo.
No estoy de acuerdo.
Tienes razón.
¡Ya quisieras!
¡Sí, cómo no!
¡Qué romántico/a!
¡Qué parrandero/a!
¡Qué madrugador(a)!
¡Qué dormilón(ona)!
¡Ojalá!
¡Qué envidia!

Banco de palabras

decorar el árbol	cantar villancicos	abrir los regalos	regalar
to decorate the Christmas tree	*to sing carols*	*to open the presents*	*to give a gift*

Parte 2. En grupos de cuatro, seleccionen cinco de las actividades para escribir una descripción de lo que hizo Adriana el día de Navidad. Después tu grupo va a leer la descripción a la clase y tus compañeros deben adivinar *(guess)* las letras de las actividades que usaron en la descripción. Usen expresiones como **primero, después, más tarde, por la mañana/tarde/noche.** Empiecen así:

Modelo **El día de Navidad, por la mañana Adriana...**

46

Communicative work The activities in this section require you to use all of the Spanish you have learned to accomplish the tasks at hand. As with the information gap activities, you are given the support you need: illustrations, models, graphs, and charts.

Activity types In **Submarino**, you and a partner ask each other questions in order to locate and sink each other's submarines, while in **Fotonovela**, you use illustrations to create or reconstruct a story.

More activity types In **La encuesta dice**, you and your teammates determine the most common answers to questions that elicit language you have studied. In **La historia va así**, you listen to a story and put a series of pictures in the correct order.

Other activity types Other activities involve surveying your classmates to find out certain information. Story completions and role-plays are also included.

La correspondencia

develops your reading and writing skills in the context of the lesson theme.

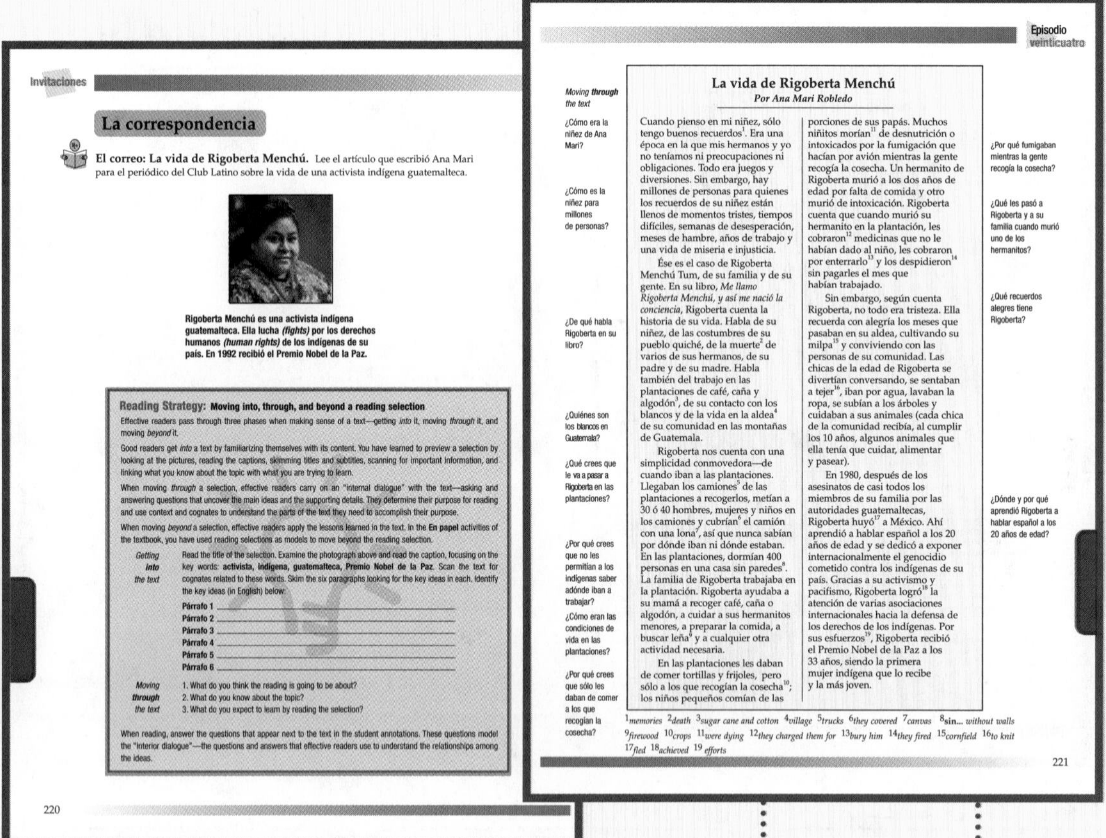

Invitaciones

La correspondencia

El correo: La vida de Rigoberta Menchú. Lee el artículo que escribió Ana Mari para el periódico del Club Latino sobre la vida de una activista indígena guatemalteca.

Rigoberta Menchú es una activista indígena guatemalteca. Ella lucha *(fights)* por los derechos humanos *(human rights)* de los indígenas de su país. En 1992 recibió el Premio Nobel de la Paz.

Reading Strategy: Moving into, through, and beyond a reading selection

Effective readers pass through three phases when making sense of a text—getting *into* it, moving *through* it, and moving *beyond* it.

Good readers get *into* a text by familiarizing themselves with its content. You have learned to preview a selection by looking at the pictures, reading the captions, skimming titles and subtitles, scanning for important information, and linking what you know about the topic with what you are trying to learn.

When moving *through* a selection, effective readers carry on an "internal dialogue" with the text—asking and answering questions that uncover the main ideas and the supporting details. They determine their purpose for reading and use context and cognates to understand the parts of the text they need to accomplish their purpose.

When moving *beyond* a selection, effective readers apply the lessons learned in the text. In the **En papel** activities of the textbook, you have used reading selections as models to move beyond the reading selection.

*Getting **into** the text*: Read the title of the selection. Examine the photograph above and read the caption, focusing on the key words: **activista, indígena, guatemalteca, Premio Nobel de la Paz**. Scan the text for cognates related to these words. Skim the six paragraphs looking for the key ideas in each. Identify the key ideas (in English) below:

Párrafo 1 ______
Párrafo 2 ______
Párrafo 3 ______
Párrafo 4 ______
Párrafo 5 ______
Párrafo 6 ______

*Moving **through** the text*:
1. What do you think the reading is going to be about?
2. What do you know about the topic?
3. What do you expect to learn by reading the selection?

When reading, answer the questions that appear next to the text in the student annotations. These questions model the "interior dialogue"—the questions and answers that effective readers use to understand the relationships among the ideas.

220

Episodio veinticuatro

*Moving **through** the text*

La vida de Rigoberta Menchú

Por Ana Mari Robledo

Cuando pienso en mi niñez, sólo tengo buenos recuerdos[1]. Era una época en la que mis hermanos y yo no teníamos ni preocupaciones ni obligaciones. Todo era juegos y diversiones. Sin embargo, hay millones de personas para quienes los recuerdos de su niñez están llenos de momentos tristes, tiempos difíciles, semanas de desesperación, meses de hambre, años de trabajo y una vida de miseria e injusticia.

Ése es el caso de Rigoberta Menchú Tum, de su familia y de su gente. En su libro, *Me llamo Rigoberta Menchú, y así me nació la conciencia*, Rigoberta cuenta la historia de su vida. Habla de su niñez, de las costumbres de su pueblo quiché, de la muerte[2] de varios de sus hermanos, de su padre y de su madre. Habla también del trabajo en las plantaciones de café, caña y algodón[3], de su contacto con los blancos y de la vida en la aldea[4] de su comunidad en las montañas de Guatemala.

Rigoberta nos cuenta con una simplicidad conmovedora—de cuando iban a las plantaciones. Llegaban los camiones[5] de las plantaciones a recogerlos, metían a 30 ó 40 hombres, mujeres y niños en los camiones y cubrían[6] el camión con una lona[7], así que nunca sabían por dónde iban ni dónde estaban. En las plantaciones, dormían 400 personas en una casa sin paredes[8]. La familia de Rigoberta trabajaba en la plantación. Rigoberta ayudaba a su mamá a recoger café, caña o algodón, a cuidar a sus hermanitos menores, a preparar la comida, a buscar leña[9] y a cualquier otra actividad necesaria.

En las plantaciones les daban de comer tortillas y frijoles, pero sólo a los que recogían la cosecha[10]; los niños pequeños comían de las porciones de sus papás. Muchos niñitos morían[11] de desnutrición o intoxicados por la fumigación que hacían por avión mientras la gente recogía la cosecha. Un hermanito de Rigoberta murió a los dos años de edad por falta de comida y otro murió de intoxicación. Rigoberta cuenta que cuando murió su hermanito en la plantación, les cobraron[12] medicinas que no le habían dado al niño, les cobraron por enterrarlo[13] y los despidieron[14] sin pagarles el mes que habían trabajado.

Sin embargo, según cuenta Rigoberta, no todo era tristeza. Ella recuerda con alegría los meses que pasaban en su aldea, cultivando su milpa[15] y conviviendo con las personas de su comunidad. Las chicas de la edad de Rigoberta se divertían conversando, se sentaban a tejer[16], iban por agua, lavaban la ropa, se subían a los árboles y cuidaban a sus animales (cada chica de la comunidad recibía, al cumplir los 10 años, algunos animales que ella tenía que cuidar, alimentar y pasear).

En 1980, después de los asesinatos de casi todos los miembros de su familia por las autoridades guatemaltecas, Rigoberta huyó[17] a México. Ahí aprendió a hablar español a los 20 años de edad y se dedicó a exponer internacionalmente el genocidio cometido contra los indígenas de su país. Gracias a su activismo y pacifismo, Rigoberta logró[18] la atención de varias asociaciones internacionales hacia la defensa de los derechos de los indígenas. Por sus esfuerzos[19], Rigoberta recibió el Premio Nobel de la Paz a los 33 años, siendo la primera mujer indígena que lo recibe y la más joven.

¿Cómo era la niñez de Ana Mari?
¿Cómo es la niñez para millones de personas?
¿De qué habla Rigoberta en su libro?
¿Quiénes son los blancos en Guatemala?
¿Qué crees que le va a pasar a Rigoberta en las plantaciones?
¿Por qué crees que no les permitían a los indígenas saber adónde iban a trabajar?
¿Cómo eran las condiciones de vida en las plantaciones?
¿Por qué crees que sólo les daban de comer a los que recogían la cosecha?
¿Por qué fumigaban mientras la gente recogía la cosecha?
¿Qué les pasó a Rigoberta y a su familia cuando murió uno de los hermanitos?
¿Qué recuerdos alegres tiene Rigoberta?
¿Dónde y por qué aprendió Rigoberta a hablar español a los 20 años de edad?

1 *memories* 2 *death* 3 *sugar cane and cotton* 4 *village* 5 *trucks* 6 *they covered* 7 *canvas* 8 **sin...** *without walls* 9 *firewood* 10 *crops* 11 *were dying* 12 *they charged them for* 13 *bury him* 14 *they fired* 15 *cornfield* 16 *to knit* 17 *fled* 18 *achieved* 19 *efforts*

221

Types of readings Among the kinds of readings you will encounter are e-mails, letters, newspaper and magazine articles, and brochures. Questions guide you in focusing on main ideas and overall comprehension.

El correo A variety of realia and other texts, many of which are written or received by the characters in the **Escenas de la vida** video, develop your reading skills and cultural knowledge.

Reading Strategy Reading strategies help you focus your reading, navigate more difficult texts, and respond to questions about the readings.

En papel In this writing activity, spun off from the topic of **El correo**, you use the grammar and vocabulary of the lesson to write about your personal experiences, using the **El correo** reading as a model.

Writing Strategy Writing strategies guide you through the process of creating different kinds of texts in Spanish and help you to maximize the accuracy of your work.

La correspondencia

synthesizes the language of the lesson and spotlights culture.

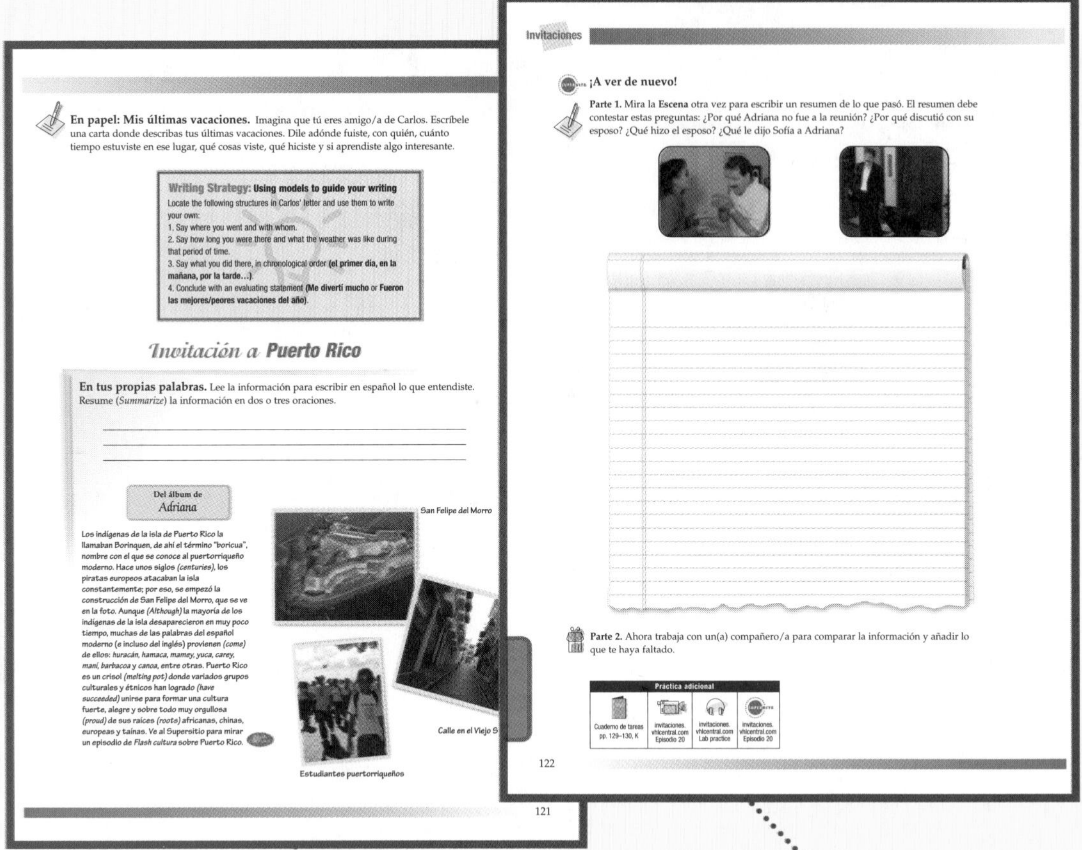

¡A ver de nuevo! In this final activity, you synthesize the vocabulary and grammar of the entire lesson by reviewing and summarizing the content of the lesson's **Escenas de la vida** video episode.

Invitación a... Captioned photos from the albums of the **INVITACIONES** characters introduce you to key places, customs, and artifacts from all twenty-one countries of the Spanish-speaking world, including the United States.

NEW! Video When applicable, a reference leads you to a ***Flash cultura*** episode or authentic TV clip on the Supersite. See page xxvii for more information.

Vocabulario and **Vocabulario adicional**
serve as important vocabulary references.

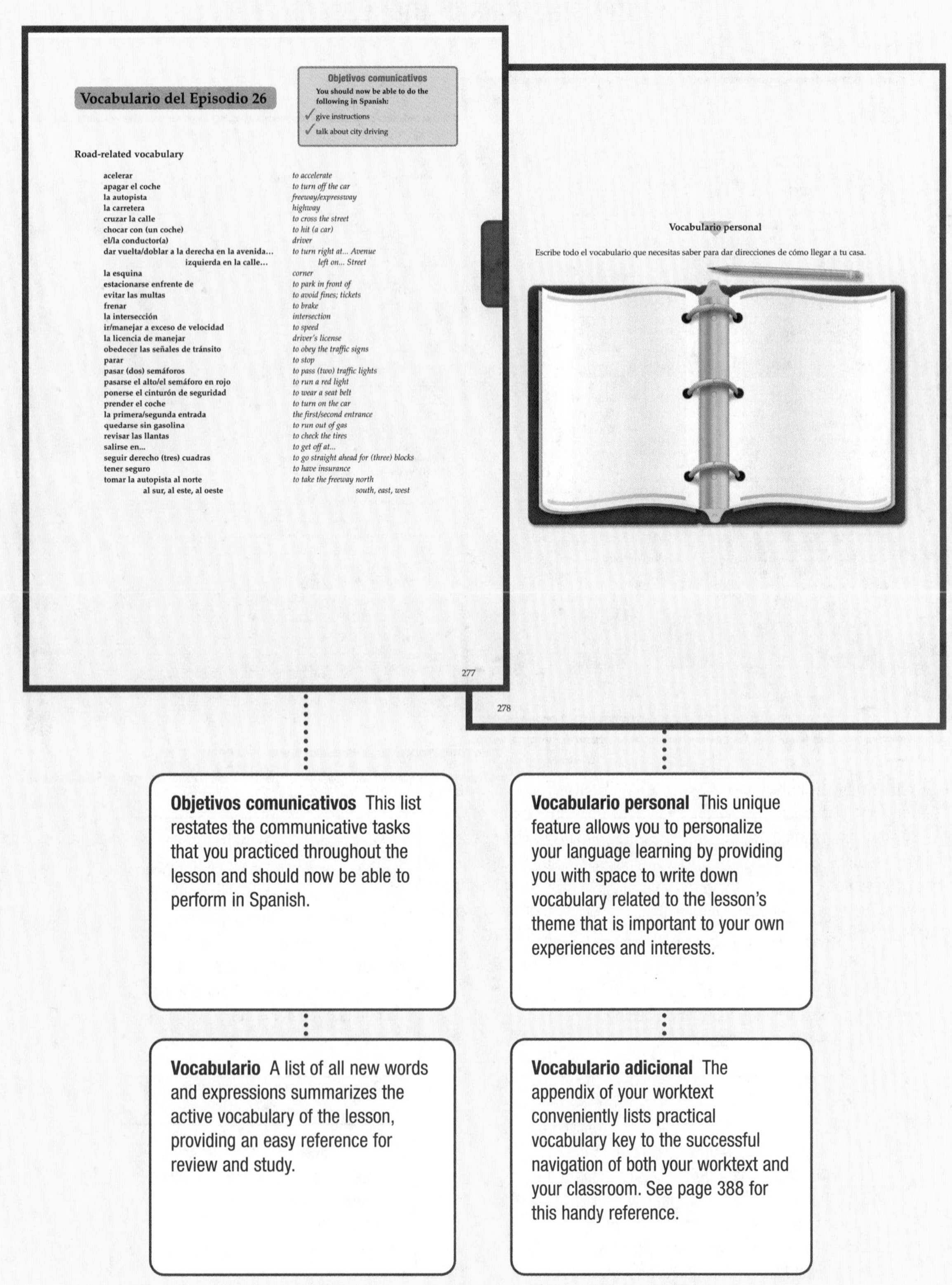

Vocabulario del Episodio 26

Objetivos comunicativos

You should now be able to do the following in Spanish:

- ✓ give instructions
- ✓ talk about city driving

Road-related vocabulary

acelerar	*to accelerate*
apagar el coche	*to turn off the car*
la autopista	*freeway/expressway*
la carretera	*highway*
cruzar la calle	*to cross the street*
chocar con (un coche)	*to hit (a car)*
el/la conductor(a)	*driver*
dar vuelta/doblar a la derecha en la avenida...	*to turn right at... Avenue*
izquierda en la calle...	*left on... Street*
la esquina	*corner*
estacionarse enfrente de	*to park in front of*
evitar las multas	*to avoid fines; tickets*
frenar	*to brake*
la intersección	*intersection*
ir/manejar a exceso de velocidad	*to speed*
la licencia de manejar	*driver's license*
obedecer las señales de tránsito	*to obey the traffic signs*
parar	*to stop*
pasar (dos) semáforos	*to pass (two) traffic lights*
pasarse el alto/el semáforo en rojo	*to run a red light*
ponerse el cinturón de seguridad	*to wear a seat belt*
prender el coche	*to turn on the car*
la primera/segunda entrada	*the first/second entrance*
quedarse sin gasolina	*to run out of gas*
revisar las llantas	*to check the tires*
salirse en...	*to get off at...*
seguir derecho (tres) cuadras	*to go straight ahead for (three) blocks*
tener seguro	*to have insurance*
tomar la autopista al norte	*to take the freeway north*
al sur, al este, al oeste	*south, east, west*

277

Vocabulario personal

Escribe todo el vocabulario que necesitas saber para dar direcciones de cómo llegar a tu casa.

278

Objetivos comunicativos This list restates the communicative tasks that you practiced throughout the lesson and should now be able to perform in Spanish.

Vocabulario personal This unique feature allows you to personalize your language learning by providing you with space to write down vocabulary related to the lesson's theme that is important to your own experiences and interests.

Vocabulario A list of all new words and expressions summarizes the active vocabulary of the lesson, providing an easy reference for review and study.

Vocabulario adicional The appendix of your worktext conveniently lists practical vocabulary key to the successful navigation of both your worktext and your classroom. See page 388 for this handy reference.

Cuaderno de tareas

provides workbook activities that reinforce and expand on the materials in the lesson.

Cuaderno de tareas

Nombre ______________ Fecha ______

Vocabulario 1 Describing special occasions
• Dates, birthdays, and trips

H. Una cita romántica. Look at the illustrations to write in the missing verbs in the description of Sofía's last birthday.

El viernes pasado yo (1) ________ con Wayne. Fue una cita y un cumpleaños inolvidable *(unforgettable)*. (2) ________ por mí a las cinco de la tarde. ¡Qué romántico es Wayne! ¡Me (3) ________ unas flores muy lindas! (4) ________ a cenar a La Fogata, un restaurante de mariscos. La comida (5) ________ buenísima. Yo cené langosta y Wayne (6) ________ enchiladas. Wayne me (7) ________ que me quería mucho y que cada día pensaba más en nuestro futuro. Creo que también yo lo quiero cada día más. Quise decírselo, pero no pude porque creo que es un poco prematuro. Después (8) ________ a una feria, y Wayne ganó un osito de peluche *(teddy bear)* para mí; nos divertimos mucho. Por último, fuimos a la playa y (9) ________ tomados de la mano, escuchando las olas del mar *(sea waves)*. A las dos de la mañana, me trajo a casa y me (10) ________ un beso tierno *(tender)*.

I. ¿Qué hizo Wayne? Use the illustrations to describe what Wayne and his cousin Wendy (who is visiting him from Wisconsin) did last weekend. Make up other details. Use transition words such as **el sábado, primero, después, por la mañana,** etc.

128

erno
reas

Nombre ______________ Fecha ______

Wayne estuvo muy contento el fin de semana porque su prima lo visitó. El sábado…

J. Y tú, ¿qué hiciste? Write about your last Thanksgiving break. Include everything you did.

Para terminar

K. Las vacaciones de mis padres en Veracruz. Read the description of the vacation and answer the questions. You may answer in Spanish or in English.

1. How was the road from Mexico City to Perote? ________
2. Why is Xalapa considered the Athens of Veracruz? ________
3. What did they do in Xalapa? Did they like it? ________
4. What is Tajín? Why did they get there so late? ________
5. Why did they hire a guide? ________
6. Describe Veracruz City. ________
7. What is Antigua? Why is it worth visiting? ________

129

Workbook activities A series of workbook activities directly follow the color pages of each lesson in your worktext. You will know precisely when to complete these activities because they are referenced in the **Práctica adicional** boxes throughout the preceding pages of the episode.

Lesson reinforcement A wide range of exercise types, often placed in the context of the **Escenas de la vida** video, gives you ample written practice of the vocabulary and structures in the **Escenas de la vida**, **Gramática**, and **Vocabulario** sections of each lesson.

Cultural focus and language use The **Para terminar** section contains open-ended activities that synthesize the lesson and recycle language from previous lessons. Cultural readings—realia, letters, and other formats—followed by comprehension and personal reaction questions are frequently included.

NEW! Supersite Lab practice, formerly included in the **Cuaderno de tareas,** is now available with auto-grading on the Supersite. See page xxviii for more information.

NEW SECTION!

Revistas culturales

provide a spotlight on the products, practices, and perspectives of the Spanish-speaking world.

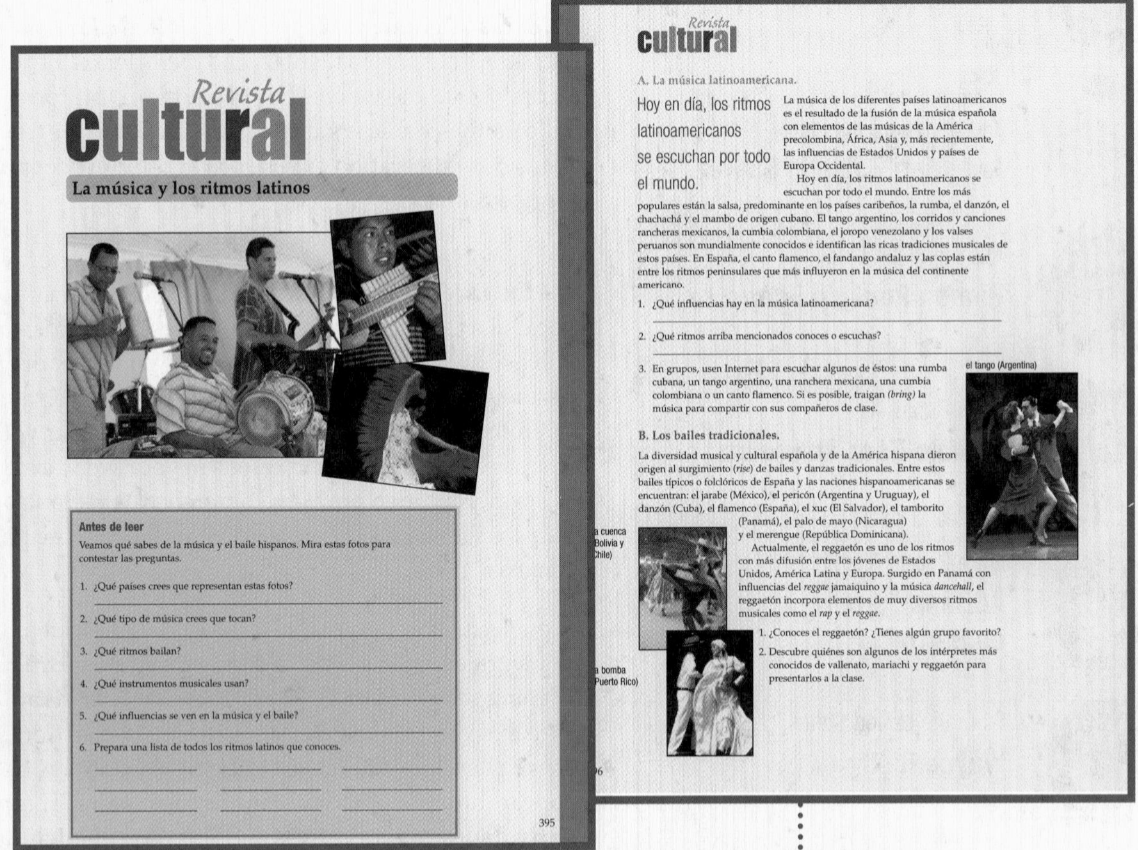

Revista cultural

La música y los ritmos latinos

Antes de leer

Veamos qué sabes de la música y el baile hispanos. Mira estas fotos para contestar las preguntas.

1. ¿Qué países crees que representan estas fotos?
2. ¿Qué tipo de música crees que tocan?
3. ¿Qué ritmos bailan?
4. ¿Qué instrumentos musicales usan?
5. ¿Qué influencias se ven en la música y el baile?
6. Prepara una lista de todos los ritmos latinos que conoces.

395

Revista cultural

A. La música latinoamericana.

Hoy en día, los ritmos latinoamericanos se escuchan por todo el mundo.

La música de los diferentes países latinoamericanos es el resultado de la fusión de la música española con elementos de las músicas de la América precolombina, África, Asia y, más recientemente, las influencias de Estados Unidos y países de Europa Occidental.

Hoy en día, los ritmos latinoamericanos se escuchan por todo el mundo. Entre los más populares están la salsa, predominante en los países caribeños, la rumba, el danzón, el chachachá y el mambo de origen cubano. El tango argentino, los corridos y canciones rancheras mexicanos, la cumbia colombiana, el joropo venezolano y los valses peruanos son mundialmente conocidos e identifican las ricas tradiciones musicales de estos países. En España, el canto flamenco, el fandango andaluz y las coplas están entre los ritmos peninsulares que más influyeron en la música del continente americano.

1. ¿Qué influencias hay en la música latinoamericana?
2. ¿Qué ritmos arriba mencionados conoces o escuchas?
3. En grupos, usen Internet para escuchar algunos de éstos: una rumba cubana, un tango argentino, una ranchera mexicana, una cumbia colombiana o un canto flamenco. Si es posible, traigan *(bring)* la música para compartir con sus compañeros de clase.

el tango (Argentina)

B. Los bailes tradicionales.

La diversidad musical y cultural española y de la América hispana dieron origen al surgimiento (*rise*) de bailes y danzas tradicionales. Entre estos bailes típicos o folclóricos de España y las naciones hispanoamericanas se encuentran: el jarabe (México), el pericón (Argentina y Uruguay), el danzón (Cuba), el flamenco (España), el xuc (El Salvador), el tamborito (Panamá), el palo de mayo (Nicaragua) y el merengue (República Dominicana).

Actualmente, el reggaetón es uno de los ritmos con más difusión entre los jóvenes de Estados Unidos, América Latina y Europa. Surgido en Panamá con influencias del *reggae* jamaiquino y la música *dancehall*, el reggaetón incorpora elementos de muy diversos ritmos musicales como el *rap* y el *reggae*.

1. ¿Conoces el reggaetón? ¿Tienes algún grupo favorito?
2. Descubre quiénes son algunos de los intérpretes más conocidos de vallenato, mariachi y reggaetón para presentarlos a la clase.

a cuenca (Bolivia y Chile)

a bomba (Puerto Rico)

Revista cultural Occurring every five lessons, these dynamic, four-page inserts take a thematic approach to culture. The magazine-like design, full of images, readings, and even multi-media components, is an engaging way to deepen your understanding of the cultures of the Spanish-speaking world.

Antes de leer Pre-reading support prepares you for the challenge of reading in a foreign language and practices important strategies on how to derive meaning from context and visual cues.

Lecturas A series of readings exposes you to the richness and diversity of each theme in the Spanish-speaking world. Each feature is carefully written to be comprehensible yet challenging. Dynamic photographs and realia support each feature.

Activities Each feature is complemented by activities that briefly check comprehension before moving on to personalized reactions. After each reading, you will be encouraged to compare and contrast the practices you have learned about to your own culture, and to explore further the topics that most interest you.

Flash cultura Fully-integrated with each **Revista cultural**, this video allows you to experience the sites and sounds of the Spanish-speaking world for yourself. On-page vocabulary support and comprehension activities ensure a successful viewing experience. See page xxvii for more information.

The Cast

Here are the main characters you will meet when you watch the **Escenas de la vida: Segunda parte** video.

From Mexico,

Sofía Blasio Salas

From the United States, of Mexican and Honduran heritage,

Ana Mari Robledo Suárez

Ana Mari's brother,

Ramón Robledo Suárez

From Cuba,

Manolo Báez Rodríguez

From Puerto Rico,

Adriana Ferreira de Barrón

From the United States,

Wayne Reilly

From Spain,

Emilio Pradillo Salas

Video Program

Escenas de la vida

Fully integrated with your worktext, the **INVITACIONES: Segunda parte** video contains fifteen episodes, one for each lesson in your worktext. The episodes follow a group of Spanish-speaking students attending college in the United States as they confront the challenges and experience the joys of daily life. The video, shot in southern California, follows the characters through an academic year and focuses on the Latino experience and influence in the United States.

Before you see each video episode, your instructor will use the **Escenas de la vida** section to preview the vocabulary and grammatical structures the characters will use and that you will study in the corresponding lesson. As the video progresses, the video conversations carefully combine new vocabulary and grammar with language taught in earlier lessons in your worktext. In this way, the video provides comprehensible input as it puts the language you are learning in action in real-life contexts.

A powerful and important learning tool, the video is integrated into every section of your worktext. The opening section of each lesson, **Escenas de la vida**, prepares you for the video episode and checks your comprehension. Language structures used in the video appear throughout **Para comunicarnos mejor.** The **Actividades comunicativas** and **La correspondencia** sections of each lesson reference the events and characters of the corresponding video episode, and both the **Cuaderno de tarea** workbook activities and online lab activities are often set in the context of the video episode.

NEW! Flash cultura

The dynamic, new ***Flash cultura*** video is fully integrated with the **Revista cultural** section of your worktext, as well as with the **Cultura a lo vivo** and **Invitación a...** sections where possible. Shot all over the Spanish-speaking world, these contemporary and engaging episodes expand on the cultural themes presented in your worktext. Each episode is hosted by a correspondent from the featured country; the host provides valuable information on traditions, events, resources, and practices, and then talks with locals to get their opinions on the subject at hand. The episodes gradually move entirely into Spanish, but feature authentic Spanish interviews from the very beginning, exposing you to diverse and authentic accents from the Spanish-speaking world.

Flash CULTURA

NEW! Video clips

New to this edition, **INVITACIONES** now features authentic video clips from the Spanish-speaking world for select lessons. Clip formats include commercials and news stories, and have been carefully chosen to be comprehensible for students learning Spanish. They offer another valuable window into the products, practices, and perspectives of the Spanish-speaking world, but more importantly, they are a fun and motivating way to improve your Spanish!

The **INVITACIONES** video program is available in its entirety on the **INVITACIONES** Supersite **(invitaciones.vhlcentral.com).** To learn more about this exciting new resource, turn the page!

Ancillaries

SUPERSITE

Supersite

The **INVITACIONES** Supersite, powered by **MAESTRO®**, provides a wealth of resources for both students and instructors.

Access to the Supersite is free with the purchase of a new student worktext.

Learning tools available to students:

- Practice activities in addition to those in the worktext with auto-grading and real-time feedback
- Open-ended activities where students explore and search the Internet
- The complete **INVITACIONES** Video Program
    - **Escenas de la vida:** this dramatic storyline video follows a cast of characters through an academic year while providing comprehensible input for language acquisition
    - **Flash cultura:** shot on location all over the Spanish-speaking world, this video expands on the cultural themes presented in the worktext
    - **Video clips:** Real commercials and news stories offer you an authentic window into Spanish-language media
- **¡A escuchar!** Lab audio practice (formerly included in the **Cuaderno de tareas**)
    - Pronunciation and/or spelling activities for each lesson
    - Comprehension activities, frequently based on the **Escenas de la vida** video, that practice the lesson's grammar and vocabulary
- MP3 files for the entire **INVITACIONES** audio program
    - Lab audio files
    - Textbook audio files, including audio tracks of the **Escenas de la vida** video
- And more…

Access to all these great features comes built-in with every new worktext, so the Supersite is the only ancillary you need to be successful in your language class. MP3 CDs and the **Escenas de la vida** DVD are also available for purchase.

Resources for instructors:

- Student tracking and grading
- Instructor resources (see next page for more information)

Instructor Ancillaries

Instructor's Annotated Edition (IAE)

The **Instructor's Annotated Edition** provides a wealth of information designed to support classroom teaching and management. The same size as the student worktext, the **IAE** provides answers overprinted on the student pages, as well as resources and suggestions for implementing and extending the worktext activities.

Instructor's Resources (available on Supersite)

The **Instructor's Resources** include materials that reinforce and expand upon the lessons in the student worktext. **Comprehensible Input** provides guidance on what language to pre-teach before showing the video for the **Escenas de la vida** section. **Additional Activities** offer suggestions and materials for more activities to accompany the worktext episodes. The **Video Scripts** and **Audio Scripts** provide transcriptions of all three videos from the **Escenas de la vida** video program and the recorded activities, respectively.

Testing Program

The **Testing Program** contains a quiz for every lesson in **INVITACIONES**, as well as midterms and final exams.

Overhead Transparencies (available on Supersite)

This set of overhead transparencies contains maps of the Spanish-speaking world, as well as selected images from the student worktexts, for use in presenting and reinforcing the language introduced throughout the lessons.

Cuaderno de tareas Answer Key (available on Supersite)

The **Answer Key** provides answers to the workbook activities in the **Cuaderno de tareas** section of the worktext, should instructors wish to distribute them to students for self-correction.

DVD Set

These sets (one for **Primera parte**, one for **Segunda**) each contain a DVD for **Escenas de la vida** as well as one for the corresponding ***Flash cultura*** episodes for each volume.

Alternate delivery is available for many components. Textbook and Lab Audio material is also available on CD.

INVITACIONES: Primera parte

This companion volume begins the course, introducing the video storyline and providing the basis for the grammatical structures and vocabulary presented in **INVITACIONES: Segunda parte.**

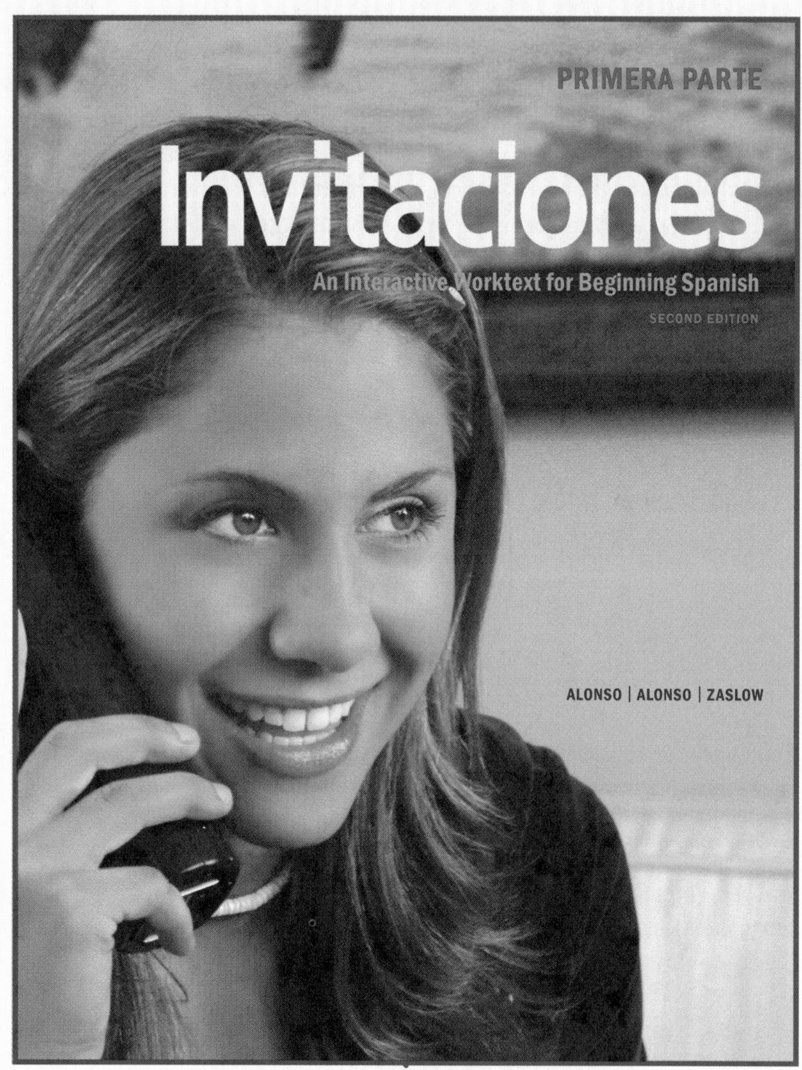

INVITACIONES: Primera parte offers the same features, input-driven instructional approach, and ancillary package as **Segunda parte**, as it opens the entire **INVITACIONES** program with **Episodios 1–15**.

Reviewers

The authors and the publishing professionals at Vista Higher Learning express their sincere appreciation to the college instructors nationwide who reviewed portions of the **INVITACIONES** program. Their comments and suggestions were invaluable to the final product. We would like to give a special thank-you to Bonnie Brunt from Spokane Falls Community College for her thorough, careful in-depth review of the program.

Susana Ackerman
Valerie Alvarado
Stacy Amling
Corinne Arrieta
Paul Bases
Bonnie Brunt
Nicole Carrier
Heidi Carrillo
Constance Cody
Carmelo Esterrich
Lillian Franklin
Judy Garson
Judy Getty
Norma Avery Hanson
Nora Kirchner
Kilby Kirkconnell
David Leavell
Lana Ledwig
Suzanne McLaughlin
Carrie Mulvihill
Sheryl Novacek
Graciela Pérez
Michele Picotte
Carol Pomares
Graziana Ramsden
José Rojas
Bert Roney
Claudia Schalesky
Lynda Southwick
Hernán J. Torres
Rosa Torres
Linda Tracy
Alexandria Waldron
Janice Wiberg
Judy Williams

Student Reactions

The authors would like to thank the students at California State University San Marcos, where the program was class tested in the summer of 1999, and at Southwestern College, where the **INVITACIONES** program was class-tested from the fall of 1999 until the time of the first edition. Their patience and candid remarks about the activities, the characters, and the philosophy of the text were invigorating and truly useful to the completion of the project. Below are some of their reactions.

"What I liked the most is that it was not a bunch of conjugating. It actually teaches you useful conversations."

"It is a brilliant idea to have everything in one book; I feel I am getting my money's worth."

"All the side notes helped me learn things!"

"I really liked the layout of the book. The activities help to break down your inhibitions about using the language."

"I loved having the vocabulary at the end of every episode."

"I enjoy learning about the characters and their lives; it helps to personalize the material for me."

"I really appreciate not carrying three books around!"

"I enjoyed being able to write all my notes directly on the book. I know that in the future, I can look back and review my Spanish."

"Everything in the episodes was relevant and related to what we were learning!"

"This book made it fun to learn, and the language is sticking to me."

Acknowledgments

The long process of writing this textbook was challenging and full of unexpected changes. It took a lot of tenacity, endurance, and our unappeasable dream that many more students would be successful in learning Spanish, if only the materials they used were more inviting, realistic, interactive, and fun.

Our most heartfelt gratitude goes to José Blanco, who shares our dream and was willing to take the inherent risk of bringing to the market a new, "out of the box" set of books. We are delighted to have been given the opportunity to work with him and his outstanding team of professionals, who made this program a reality.

We are grateful to Beverly Burdette, of Pellissippi State Community College, for creating lab activities to accompany our text; her conscientious contributions have always been in keeping with our own intentions and round-out our Spanish program.

We would like to thank our editors, Sarah Kenney and Gabriela Ferland, for their astute observations, unfaltering hard work and dedication, and, most of all, for their patience and cheery responses to our inquiries.

We are also indebted to our colleagues and friends, whose advice and contributions during the different stages of the manuscript helped us shape the book: Bonnie Brunt, of Spokane Falls Community College for unselfishly sharing her suggestions and observations while using the text in her classes; Dinorah Guadiana-Costa, for her sharp eye and generous time editing quizzes and exams, Concetta Calandra, Margarita Andrade, and Angelina Stewart of Southwestern College, for their support, constructive suggestions and enthusiasm while using our materials in their classes; Cuban poet Pedro Báez, Dr. Ana Hami, Founder of Orange County Children's Therapeutic ARTS Center, and Francisco Zabaleta, of Mesa College, for helping us create culturally and linguistically authentic Cuban, Puerto Rican, and Spanish characters, respectively; Diana Rossner and Nancy Barley, of Lake Tahoe Community College, for always offering sincere and encouraging remarks; Gary Anderson for sharing his ideas unselfishly; Virginia Young, of Grossmont College, for adding activities to our Instructor's Resources; Hal Wingard, the Executive Director of the California Language Teachers Association, for embracing our materials and speaking on our behalf at the Foreign Language Conference of the California Community Colleges. We thank Jonathan Brennan of Mission College for his ideas on exercises promoting Emotional Intelligence. We also give a special thanks to our colleagues and friends at the different institutions in San Diego, who have openly and warmly supported us, both personally and professionally.

A project of this magnitude could not be undertaken without the support of our families and close friends, who have unselfishly shared a piece of their lives by taking care of our children and pets, allowing us to use their pictures, their names, and their stories. Thank you for enduring the joys and sorrows of the past few years with us. We would also like to thank Southwestern College, for not only class testing our program, but also for being so cooperative and accommodating when we shot our video on the campus. Last but not least, we offer our sincere thanks to our wonderful team of adjunct instructors, who have served as anonymous reviewers.

Deana Alonso, Esther Alonso, and Brandon Zaslow

Objetivos comunicativos

In this episode, you will practice:

- ✓ talking about yourself, your family, and your friends
- ✓ talking about your job, your classes, and your activities
- ✓ talking about the weather, clothing, and food

Episodio 16

Escenas de la vida: Emilio viene de España

A. ¡Mira cuánto puedes entender!

1. Indica las actividades a las que Sofía y sus amigos van a llevar a Emilio.

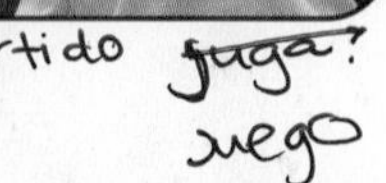

2. Selecciona las actividades de Manolo, de Ana Mari y de Wayne, según dice Sofía en la carta.

Manolo discute con su compañero constantemente.

Quiere encontrar otro trabajo.

Toca la guitarra y canta.

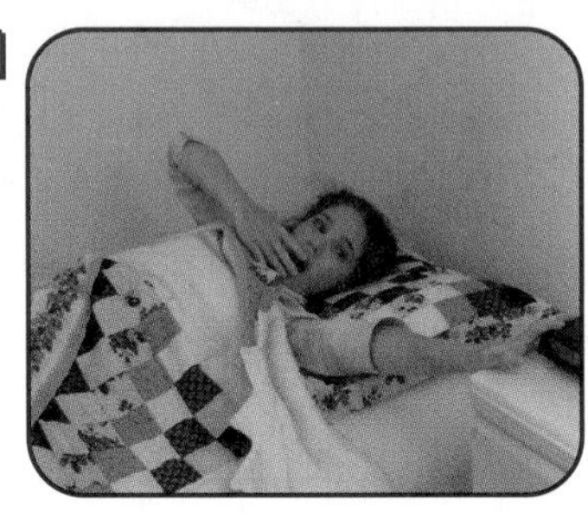

Ana Mari es muy trabajadora; se acuesta tarde y se levanta temprano.

Estudia leyes porque va a ser abogada.

Hacen ejercicio casi todos los días.

Wayne lee novelas de horror todo el tiempo.

Sale con Sofía. Es un chico cariñoso y atento.

A Sofía le gusta mucho Wayne.

3. ¿Qué tiempo hace donde vive Sofía?

Hace mucho frío.

Hace calor.

No llueve mucho.

B. ¿Cierto o falso? Indica si las oraciones son **ciertas** o **falsas.**

	Cierto	Falso
1. Sofía tiene toda la información de la escuela de idiomas.		X
2. Sofía fue de vacaciones a Perú.		X
3. Manolo es el novio de Sofía.		X
4. Manolo discute mucho con su compañero de cuarto.	X	
5. Ana Mari es la mejor amiga de Sofía.	X	
6. Ana Mari y Sofía hacen ejercicio casi todos los días.	X	
7. Wayne es español.		X
8. En invierno hace mucho frío.		X

7/8

C. ¿Quién? Indica a quién se refieren estos comentarios: Emilio (**E**), Manolo (**M**), Ana Mari (**AM**), Wayne (**W**) o Sofía (**S**).

E 1. Quiere aprender inglés.
M 2. Pinta cosas muy interesantes.
AM 3. Es inteligente y honesta.
S 4. Van a llevar a Emilio a bailar.
W 5. Es norteamericano.
E 6. Va a conocer a los amigos de Sofía. (met someone — people, places)

D. ¿Te diste cuenta? Contesta las preguntas de acuerdo con lo que pasa en la **Escena**.

1. ¿Quién es Emilio? ¿Por qué viene a Estados Unidos? ¿Por qué no va a estar solo?
   Es el primo de Sofía. Aprender inglés.
2. ¿Quién es Manolo? ¿Cómo es? ¿Qué problemas tiene con su compañero de cuarto?
   Amigo de sofía, comico, amable, Cubano, le gusta mucho animals, discute mucho con companero,
3. ¿Quién es Ana Mari? ¿Qué quiere ser? ¿Cómo es? ¿Qué deportes le gustan?
   Mejor Amiga de Sofia, abogada, , voilboil
4. ¿Quién es Wayne? ¿De dónde es? ¿Cómo es?
   ~~Novio~~ Amigo de sofia, Wiscon, tranquilo.
5. ¿Cuándo llega Emilio de España?
   Viente de enero a las seis de media

Cultura a lo vivo

El idioma, como la cultura, se desarrolla de diferentes maneras en diferentes lugares debido a las características propias de cada lugar. Al igual que el inglés, el español es una lengua que se habla en muchos países; por lo tanto, hay diferencias importantes entre el español mexicano, el venezolano o el peninsular. Sin embargo, no hay una variedad que sea "mejor" que otra; simplemente son diferentes. Algunas personas tienen la percepción equivocada de que el español de España es "mejor" o "más correcto" que el español de Latinoamérica. Esto es equivalente a decir que el inglés de Inglaterra es más correcto que el de Estados Unidos. En todos los países hay una lengua culta (*educated*) y una lengua coloquial. Las lenguas cultas de todos los países hispanos son bastante similares.

Learning Strategy: How to be a successful language learner

Do you practice all of the necessary strategies to be successful in your Spanish class? Indicate whether you do the following:

	Sí	No
1. I look for opportunities to communicate with others in Spanish.	☐	☐
2. I take risks when trying to communicate with others.	☐	☐
3. I accept not understanding some of what I hear or read.	☐	☐
4. I communicate my messages simply, using only the words and structures I know.	☐	☐
5. I study frequently and in small amounts each time.	☐	☐
6. I look at the content of the lesson before it is presented in class.	☐	☐
7. I participate actively in class and practice what I learn in each class.	☐	☐
8. I compare my responses to those of the instructor and to those of my classmates.	☐	☐
9. I rehearse my responses to activities silently even though I am not called on to answer.	☐	☐
10. I determine what I know and study only what I do not know.	☐	☐
11. I focus on the meaning of entire phrases instead of translating word-for-word.	☐	☐
12. I use my knowledge of English to guess at the meaning of cognates—that is, words that are similar in Spanish and English.	☐	☐
13. I make creative associations between words that are not similar in English and Spanish.	☐	☐
14. I focus on the grammatical similarities and differences between English and Spanish.	☐	☐

If you answered **Sí** to any of the statements, you already possess traits used by successful language learners! Review the questions to which you answered **No** and begin making a conscious effort to use those strategies. You may wish to review the Learning Strategies from Episodes 1–15.

Práctica adicional		
Cuaderno de tareas p. 23, A–B	invitaciones. vhlcentral.com Episodio 16	SUPERSITE invitaciones. vhlcentral.com Episodio 16

Para comunicarnos mejor

Review of vocabulary Episodes 1–15

- People, descriptions, clothes, numbers, and food

¡Fíjate!

Review *Describing yourself and others* on page 59 in **Primera parte.** Also review family members on page 77.

PRÁCTICA

A. La familia de Sofía Blasio. Mira las fotos y contesta las preguntas.

1. ¿Cómo se llama la abuela de Sofía? Esther
2. ¿Cuál es la profesión de la mamá de Sofía? una banquera
3. ¿Cuántos años tiene su abuelo? 74 años
4. ¿De dónde es su tío? España.
5. ¿Cuántos primos tiene Sofía? cuarto primos.
6. ¿Quién es la cuñada del señor Blasio? Laura
7. ¿Quién es el hermano de Sofía? Lalo
8. ¿Cuántos años tienen los sobrinos de Diana? 34, 33, 28, 27

Laura S. de Pradillo
mexicana, 53
ama de casa

Manuel Salas
español, 74
comerciante

Esther C. de Salas
mexicana, 71
ama de casa

Diana S. de Blasio
mexicana, 46
banquera

Emilio Pradillo
español, 54
militar

Rubén Blasio
mexicano, 44
banquero

Mateo, 34 | Emilio, 33 | Lucía, 28 | José Toni, 27 | Sofía, 21 | Lalo, 15

B. Las descripciones. Los siguientes adjetivos describen a los personajes. Identifica la palabra que no pertenece a la categoría.

1. responsable, sincero, estudioso, arrogante
2. grosero, antipático, cariñoso, tonto
3. alta, guapa, seria, delgada
4. contento, rubio, emocionado, enojado
5. solteras, nerviosas, reservadas, extrovertidas
6. emocionados, desilusionados, molestos, tristes

¡Fíjate!

Review adjectives on pages 127 and 128 of **Primera parte.** Think about the meaning, gender, and number of the adjectives.

C. Los precios. Estás en la Ciudad de México en una tienda. La empleada te da los precios de la ropa que tiene descuento. Escucha para escribir cuánto cuesta cada artículo.

¡Fíjate!
Currency exchange for reference:
$1.00 = 11.00 pesos.
Review numbers on pages 13, 81, and 289 of **Primera parte.**

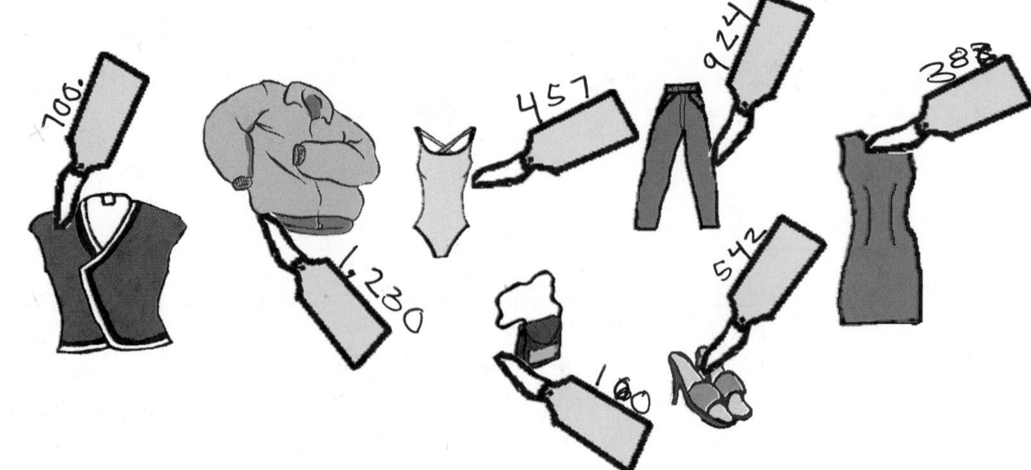

D. La comida. Usa todas las palabras de la lista para crear tu propio menú del Restaurante Intercontinental.

arroz	jamón con queso	vino	papas fritas
huevos rancheros	pollo frito	carne asada	yogurt con fruta
refrescos	ensalada	pastel de chocolate	atún
flan	jugo de naranja	pavo	pescado relleno
pan tostado	leche	langosta	sopas

¡Fíjate!
Review food vocabulary on page 202–204 of **Primera parte.**

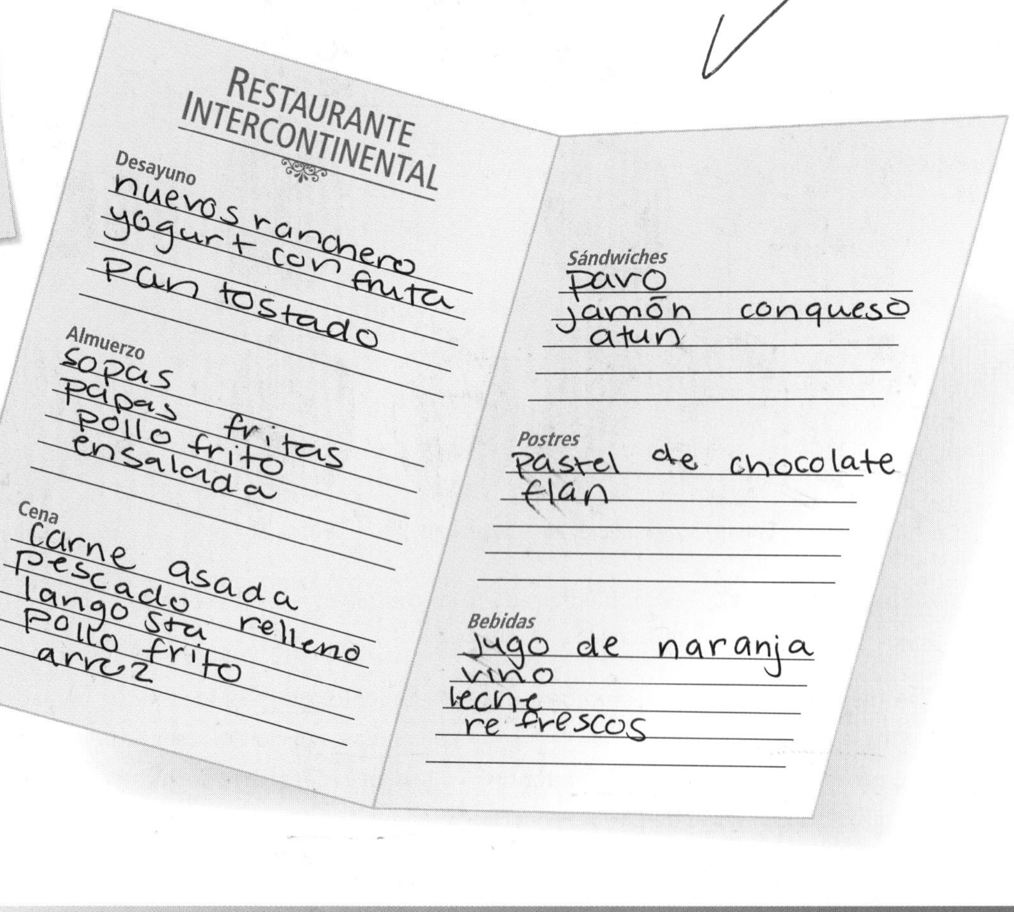

RESTAURANTE INTERCONTINENTAL

Desayuno
huevos ranchero
yogurt con fruta
pan tostado

Almuerzo
sopas
papas fritas
pollo frito
ensalada

Cena
carne asada
pescado relleno
langosta
pollo frito
arroz

Sándwiches
pavo
jamón con queso
atun

Postres
pastel de chocolate
flan

Bebidas
jugo de naranja
vino
leche
refrescos

Práctica adicional

Cuaderno de tareas pp. 24–25, C–E

invitaciones.vhlcentral.com Lab practice

invitaciones.vhlcentral.com Episodio 16

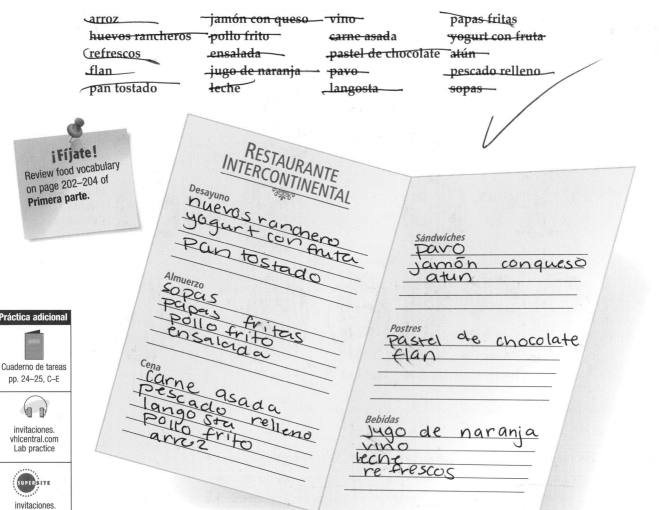

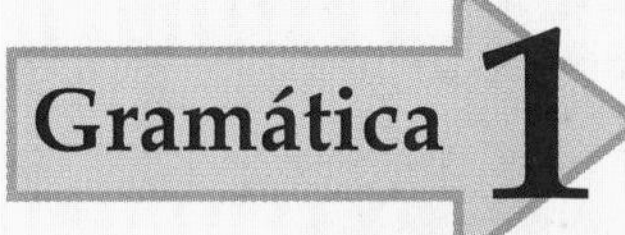

Review of grammar Episodes 1–15
• Present tense of regular and irregular verbs

Present tense of regular and irregular verbs					
trabajar	*to work*	**leer**	*to read*	**escribir**	*to write*
trabajo	trabajamos	leo	leemos	escribo	escribimos
trabajas	trabajáis	lees	leéis	escribes	escribís
trabaja	trabajan	lee	leen	escribe	escriben

Study these verbs. If you need help remembering the definition or the conjugation, look it up in the appendix of this book. See the glossary for definitions and the verb charts for conjugations.

-AR: acostarse (o→ue), almorzar (o→ue), ayudar, bailar, bañarse, buscar, cenar, cocinar, comprar, contestar el teléfono, cuidar, dar (doy) consejos, dejar, desayunar, descansar, encontrar (o→ue), escuchar, estudiar, ganar bien, hablar por teléfono, invitar, jugar (u→ue), juntarse, lavar, lavarse las manos, limpiar, llamar a, llegar a las..., llevar a una persona, llevar ropa, mandar (mensajes), manejar, mirar, necesitar, pagar, pintarse, prestar, quedarse, quitarse, recordar (o→ue), sacar buenas notas, trabajar, tocar la guitarra, tomar café/clases, usar, visitar a

-ER: aprender, atender (e→ie) a los clientes, beber, comer, conocer (conozco), correr, entender (e→ie), hacer (hago) ejercicio, hacer la tarea, leer, poder (o→ue), poner (pongo) atención, poner las cosas en su lugar, ponerse ropa, querer (e→ie), saber (sé), vender, ver una película

-IR: abrir, discutir, divertirse (e→ie), dormir (o→ue), escribir trabajos, pedir (e→i), preferir (e→ie), recibir correos, salir (salgo), servir (e→i), venir (vengo), vivir

PRÁCTICA

E. Una mañana en casa de Ana Mari. Escribe oraciones usando todas las palabras.

¡Fíjate!
Review the reflexive pronouns on page 347 of **Primera parte**.

Modelo mi / padres / levantarse / antes que todos
Mis padres se levantan antes que todos.

encasa todos levantan temprano

1. en casa / todos (nosotros) / levantarse / temprano
todos nosotros levantarse temprano encasa.
2. mi / hermanos / bañarse / noche
Mi hermanosebaña noche
3. después de desayunar / (ellos) / lavarse / dientes / y ponerse / uniformes de la escuela
después de desayunar selava dientes y ponerse
4. Ramón / bañarse / en menos de diez minutos
Ramonsebaña en menos de diez minutos.
5. mi / mamá / pintarse / poco
Mi mamasepinta poco.
6. mi / papás y hermanos / irse / antes / ocho / mañana
mi papás y hermanos se ~~i~~van antes ocho mañana
7. pero / yo / quedarse / en casa / hasta / nueve
Pero yomequedo en casa hasta nueve.

F. Vamos a hablar de nuestras actividades. En parejas, usen las ilustraciones para hablar de cada actividad. Comparen **a qué hora, con qué frecuencia, dónde** o **con quién** hacen cada actividad.

Modelo —¿Haces ejercicio con frecuencia?
—Hago ejercicio tres veces a la semana, a veces con mi amigo Miguel. Generalmente vamos al gimnasio. ¿Y tú?
—Pues yo no hago ejercicio casi nunca, pero mi hermana corre casi todos los días.

PRÁCTICA

G. Actividades comunes. Escribe por lo menos tres actividades que tú o tus amigos/as hacen en cada uno de los siguientes lugares. Usa los verbos de la página 7.

> **¡Fíjate!**
> Remember that some of these verbs are irregular. You can review present-tense and past- tense verbs, as well as reflexive pronouns, object pronouns, and other topics in the appendix, beginning on page 396.

> **Modelo** en mi coche
> **Pongo atención cuando manejo, escucho música o hablo con mis amigos.**

1. en la universidad estudio en la biblioteca, pongo atencion en la clase, escucho música
2. en el gimnasio corro, toco agua.
3. en el parque como la comida de un picnic. juego tenis, voilbol
4. en la biblioteca leo, usa la compu, buso info. No halbo
5. en tu casa duermo, como, consino, hago la tarea, limpio la casa
6. en el trabajo limpio, ~~mi~~ ayuda pacientes, lavo las manos,
7. en el playa juego voilbol,
8. en tu cuarto ______

H. Las estaciones.

Parte 1. Para cada ilustración, escribe la siguiente información en tu cuaderno.

- qué estación es
- cuáles son los meses de esa estación
- qué tiempo hace
- qué ropa te pones
- qué actividades haces durante esos meses

Parte 2. Ahora, habla con un(a) compañero/a para comparar la información.

Gramática 2

Review of pronouns
- Subject
- Direct object
- Prepositional

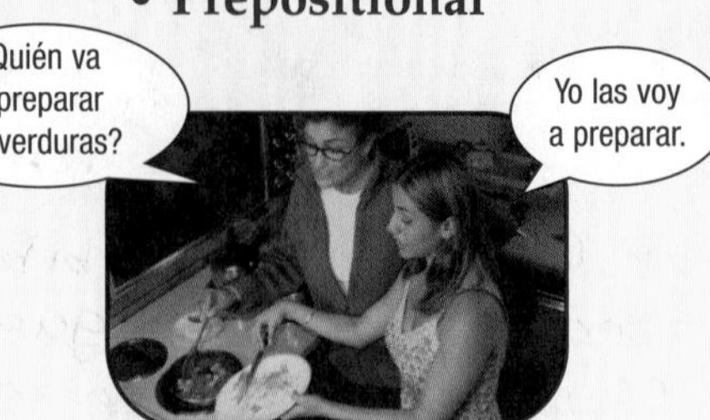
¿Quién va a preparar las verduras?
Yo las voy a preparar.

Review these pronouns.

1. Subject pronouns

yo	**nosotros, nosotras**
tú, usted	**ustedes (vosotros/as)**
él, ella	**ellos, ellas**

Use subject (personal) pronouns…

a. For emphasis (as in comparing and contrasting).

Yo lavo los platos; **él** no hace nada.

b. When answering a *who* question.

—¿Quién va a preparar las verduras? —**Yo** las voy a preparar.

c. When there is no verb.

Ella no, **yo** sí.

2. Direct object pronouns: me, te, lo, la, nos, los, las

Direct object pronouns replace direct object nouns.

—¿Tienes mis plumas? —No, no **las** tengo.
—¿Quién **te** llamó? —Mi mamá **me** llamó.
—¿Quién escribió el mensaje de texto? —Wayne **lo** escribió.

3. Prepositional pronouns: mí, ti, él, ella, usted, nosotros/as, ellos, ellas, ustedes

Prepositional pronouns follow prepositions. No quiero hablar de **ella**.

—¿Vas **conmigo**? —Sí, voy **contigo**.
—¿A qué hora vienes por **mí**? —Voy por **ti** a las diez.
—¿El regalo es de **ustedes**? —Si, es de **nosotros**.

¡Fíjate! Review the verbs in **Episodio 11**, page 261 of **Primera parte.**

PRÁCTICA

I. Algo sobre ti. Contesta las siguientes preguntas en dos párrafos. Recuerda usar los pronombres de objeto directo. Después entrevista a un(a) compañero/a.

a. De tu trabajo… ¿Te gusta tu trabajo? ¿Por qué? ¿Qué haces? ¿Ganas bien? ¿Qué horario tienes? ¿Tus compañeros de trabajo te invitan a salir? ¿Cómo es tu jefe/a? ¿Qué ventajas/desventajas tiene tu trabajo?

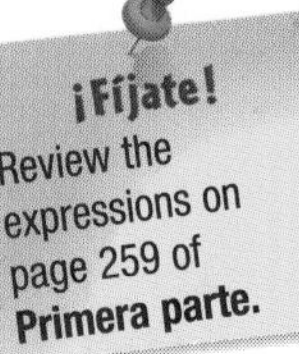
¡Fíjate!
Review the expressions on page 259 of Primera parte.

b. De tus amigos… ¿Quién es tu mejor amigo/a? ¿Cómo es? ¿Te llama con frecuencia? ¿Te visita cuando estás enfermo/a? Cuando sale de vacaciones, ¿te manda tarjetas postales? ¿Te compra regalos? ¿Qué otras cosas hace por ti?

J. Para conocernos.

Parte 1. Sofía Blasio escribió la siguiente carta. Escribe la forma apropiada de cada verbo entre paréntesis.

Me llamo Sofía Blasio, (1) ____________ (ser) mexicana y ahora vivo en Estados Unidos. (2) ____________ (estudiar) arquitectura en la universidad. Este semestre estoy muy ocupada porque (3) ____________ (tomar) cinco clases y también (4) ____________ (trabajar) veinte horas a la semana; soy niñera.

No tengo mucho tiempo libre porque mis clases (5) ____________ (empezar) a las siete de la mañana y terminan a las dos. Por suerte, tengo una hora libre entre clases. A veces (6) ____________ (ir) a la biblioteca, donde (7) ____________ (hacer) la tarea o estudio si tengo algún examen. Después voy a mi casa, como rápidamente y me pongo la ropa para ir a trabajar. Generalmente (8) ____________ (estar) en la casa de Linda (la niña que cuido) de las tres y media a las siete y media. A esa hora ya estoy cansada, así que regreso a casa, hablo por teléfono con mis amigos, miro la tele un rato con mis papás y (9) ____________ (acostarse) como a las diez.

Los fines de semana (10) ____________ (jugar) vóleibol con mis amigos. Después tengo que (11) ____________ (limpiar) la casa o lavar mi ropa. Por la noche (12) ____________ (salir) con Wayne o con Manolo. A veces todos nosotros (13) ____________ (ir) al cine o a tomar un café. Los domingos voy a (14) ____________ (comer) en algún restaurante con mis papás, o vamos de compras.

Parte 2. Escribe las cosas que tienes en común con Sofía usando pronombres de objeto directo. Después habla con un(a) compañero/a.

____

____

____

K. Las cosas cambian.
Selecciona las formas verbales apropiadas para completar las oraciones.

1. Ayer ____________ tenis con Manolo por primera vez. Generalmente ____________ fútbol con él. (juego / jugué)
2. Mi padre ahora ____________ en Nueva Jersey, pero ____________ quince años en Puerto Rico. (vive / vivió)
3. Tú siempre ____________ temprano. ¿Por qué ____________ tan tarde hoy? (te levantas / te levantaste)
4. Cada mes ____________ cientos de pesos en electricidad. (pago / pagué) El mes pasado, que me fui de vacaciones, sólo ____________ veinte pesos.
5. El semestre pasado Wayne ____________ una clase por la noche, pero casi siempre ____________ sus clases por la mañana. (toma / tomó)

¡Fíjate!

Review the preterit forms on page 373 of **Primera parte** and in the verb charts on pp. 418–425. You will review the preterit tense more thoroughly in **Episodio 17.**

L. ¿Quién es Wayne? Escucha la narración para completar los siguientes comentarios.

1. Wayne es de ______________________
2. Vive ______________________
3. Ramón y Wayne ______________________
4. Wayne quiere trabajar con ______________________
5. Le gusta mucho ______________________
6. Vivió un año en ______________________
7. También visitó ______________________
8. Hace unos meses que Wayne ______________________
9. ¿Tú crees que Sofía extrañó *(missed)* a Wayne? ______________________

Wayne

Gramática 3 Review of interrogative words • Asking for information

Review these question words.

¿Qué clases tomas este semestre?
Contabilidad, composición y esta clase.

¿cómo?, ¿cuándo?, ¿dónde?, ¿adónde?, ¿de dónde?, ¿a qué hora?, ¿con qué frecuencia?, ¿quién?, ¿con quién?, ¿cuál es?, ¿qué?, ¿cuántos?, ¿cuántas? y **¿por qué?**

With a partner, write the questions you need to ask to find out someone's:

a. name ______________________
b. age ______________________
c. place of origin ______________________
d. place of employment ______________________
e. phone number/email address ______________________
f. major ______________________
g. favorite music or food ______________________
h. personality ______________________

Práctica adicional

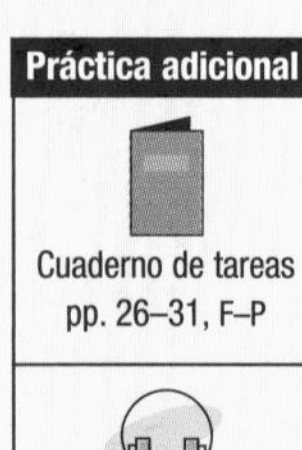

Cuaderno de tareas pp. 26–31, F–P

invitaciones.vhlcentral.com Lab practice

invitaciones.vhlcentral.com Episodio 16

Actividades comunicativas

In each activity in this section, you will interact with another student. Many of these activities, such as **Práctica C,** are information gap activities. Before you begin these activities, decide who will take the role of **Estudiante 1** and who will take the role of **Estudiante 2. Estudiante 1** follows one set of instructions while **Estudiante 2** follows another set, found on the following page. Neither you nor your partner should look at the other's instructions or information.

A. ¡Mucho gusto de conocerte!

Parte 1. Trabajas para el Club Latino de tu universidad. Entrevista a un(a) compañero/a para llenar *(fill in)* el siguiente formulario. Hazle *(Ask them)* las preguntas necesarias.

Modelo ¿Cómo te llamas? ¿De dónde eres?

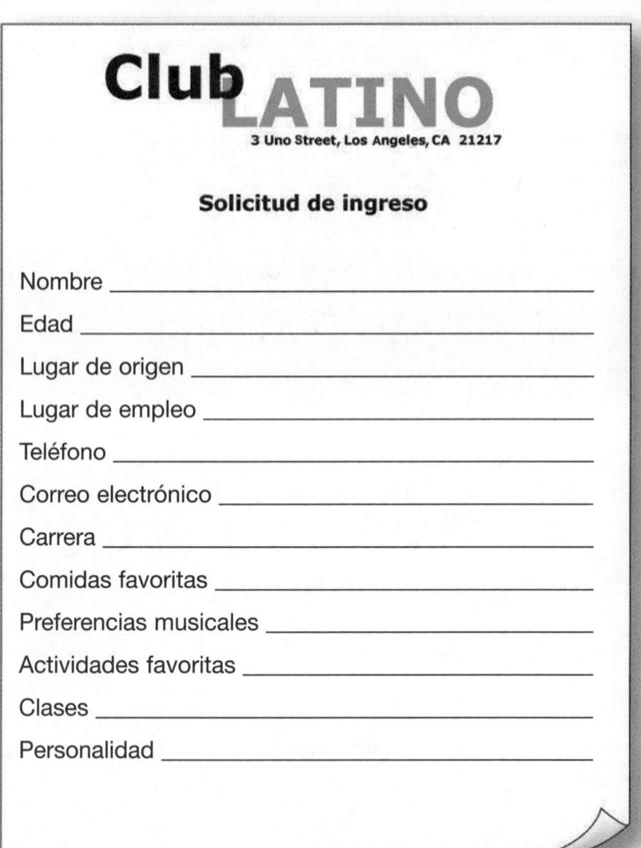

Club LATINO
3 Uno Street, Los Angeles, CA 21217

Solicitud de ingreso

Nombre __________
Edad __________
Lugar de origen __________
Lugar de empleo __________
Teléfono __________
Correo electrónico __________
Carrera __________
Comidas favoritas __________
Preferencias musicales __________
Actividades favoritas __________
Clases __________
Personalidad __________

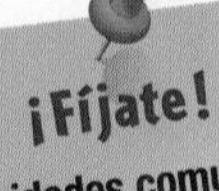

¡Fíjate!

The **Actividades comunicativas** require you to use all the Spanish you have learned to accomplish the task at hand. Do not be afraid of making mistakes. The purpose of these activities is to provide practice communicating in Spanish.

Banco de palabras

edad
age

lugar de empleo
place of employment

carrera
major

Parte 2. En grupos de cuatro, presenta a tu compañero/a al resto del grupo.

Modelo Les presento a... Es de..., etc.
Le gusta comer..., etc.

B. En familia.

Instrucciones para **Estudiante 1**

Parte 1. Usa las siguientes preguntas para entrevistar a tu compañero/a acerca de su familia. Escribe lo que te dice.

> **Modelo** —¿Quién prepara la comida?
> —Mi mamá la prepara.

En tu casa, ¿quién...

1. te ayuda cuando lo necesitas? ______
2. discute por todo? ______
3. va al gimnasio regularmente? ______
4. se levanta más tarde? ______
5. limpia la casa? ______
6. no saca buenas notas? ______
7. se acuesta temprano? ______
8. escribe poemas o cuentos? ______

Parte 2. Escribe un párrafo con la información que te dio tu compañero/a.

> **Modelo** En la familia de Eva, nadie *(nobody)* lava el coche.
> Todos *(Everyone)* hacen ejercicio. Su mamá prepara la comida…

______

______

______

______

______

______

______

______

______

______

B. En familia.

Instrucciones para Estudiante 2

Parte 1. Usa las siguientes preguntas para entrevistar a tu compañero/a acerca de su familia. Escribe lo que te dice.

> **Modelo** —¿Quién prepara la comida?
> —Mi mamá la prepara.

Jonathan

En tu casa, ¿quién...

1. habla poco por teléfono? Nunca los habla.
2. come muchos chocolates? Su hermano lo come
3. entiende otro idioma? Su papá lo entiende.
4. te llama al celular? Su hermano lo llama.
5. ve más películas? Su películas lo ve.
6. se queda en casa los sábados? Su perra se queda.
7. se baña por la noche? Su la baña
8. pide platos caros *(expensive)* en los restaurantes? ______

Parte 2. Escribe un párrafo con la información que te dio tu compañero/a.

> **Modelo** **En la familia de Eva, nadie *(nobody)* lava el coche.**
> **Todos *(Everyone)* hacen ejercicio. Su mamá prepara la comida...**

C. Las actividades de Sofía y sus amigos.

Instrucciones para **Estudiante 1**

Ask your partner the necessary questions in order to fill in all the missing information. You each have the information the other needs. Ask your partner what he/she does at the times indicated and write the response in the **Mi compañero/a** column.

Modelo **¿Qué hace Sofía los sábados por la mañana?**

	Sofía	Ramón y su familia	Wayne	Mi compañero/a
Los viernes por la noche				
Los sábados por la mañana				
Los sábados por la tarde				
Los domingos				

C. Las actividades de Sofía y sus amigos.

Instrucciones para **Estudiante 2**

Ask your partner the necessary questions in order to fill in all the missing information. You each have the information the other needs. Ask your partner what he/she does at the times indicated and write the response in the **Mi compañero/a** column.

Modelo ¿Qué hace Sofía los viernes por la noche?

	Sofía	Ramón y su familia	Wayne	Mi compañero/a
Los viernes por la noche	Sofía compra Ropa.			Mirara la telé
Los sábados por la mañana		Juegan voilebol en la playa	busca info. de la intern	duerme tarde.
Los sábados por la tarde		descansa		mira la telé
Los domingos	lee. un libro		leventa a la cinco de la mañana	come comida

La correspondencia

El correo: Adriana te escribe. Primero, lee las preguntas. Después, lee la carta que te escribe Adriana acerca de su vida y su familia. Por último, contesta las preguntas.

1. ¿Quién es Adriana? ¿Qué sabes de sus hijos? ______________________
____
____
____
2. ¿Qué clase toma con Sofía? Cálculo
3. ¿Cómo es su rutina por las mañanas? ______________________
____
4. ¿Dónde trabaja? ______________________
5. ¿Por qué está celoso su esposo? ______________________
____

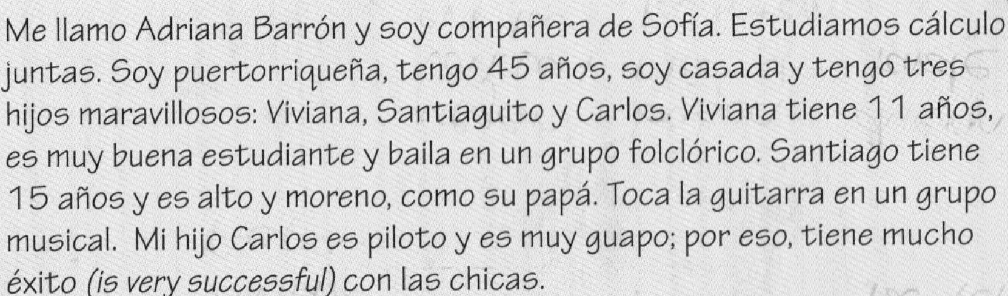

Queridos amigos:

Me llamo Adriana Barrón y soy compañera de Sofía. Estudiamos cálculo juntas. Soy puertorriqueña, tengo 45 años, soy casada y tengo tres hijos maravillosos: Viviana, Santiaguito y Carlos. Viviana tiene 11 años, es muy buena estudiante y baila en un grupo folclórico. Santiago tiene 15 años y es alto y moreno, como su papá. Toca la guitarra en un grupo musical. Mi hijo Carlos es piloto y es muy guapo; por eso, tiene mucho éxito *(is very successful)* con las chicas.

Mi esposo, Santiago, está un poco celoso *(jealous)* porque ahora yo paso mucho tiempo fuera de casa, salgo con mis compañeros de clase y siempre estoy ocupada.

Estudio para ser contadora y trabajo tiempo parcial en una oficina de bienes raíces. Mi rutina diaria es un poco aburrida: me levanto a las seis de la mañana, me baño y preparo el desayuno para todos. Llevo a Viviana y Santiaguito a la escuela y después voy a la universidad. Mi primera clase empieza a las ocho. Me quedo en la universidad hasta la una casi todos los días. Los días que trabajo, llego a casa a las siete.

Los días que no trabajo por la tarde, estoy en casa con mis hijos. Cuando tengo tiempo, limpio, cocino y lavo la ropa. Por la noche, después de cenar, estudio un par de horas y me acuesto temprano. ¡Qué vida!

Su amiga,
Adriana

En papel: El profesor quiere saber. Usa la carta de Adriana como modelo para escribir una carta para tu profesor(a). Incluye algo de:

- tu familia
- tu rutina diaria
- tus clases
- tus actividades de fin de semana

¡A ver de nuevo!

Parte 1. Escucha la carta de Sofía otra vez para escribir todo lo que sabes de cada personaje.

Parte 2. Ahora trabaja con un(a) compañero/a para comparar la información y añadir la que no tienes.

Invitación a **España**

En tus propias palabras. Lee la información para escribir en español lo que entendiste. Resume (*Summarize*) la información en dos o tres oraciones.

____

____

____

Del álbum de
Emilio

El español no es el único idioma que se habla en España. Durante la dictadura de Franco, existió una política de total represión lingüística que pretendía extinguir cualquier *(any)* manifestación cultural que no fuera *(wasn't)* de origen "castellano". Después de la muerte *(death)* del dictador en 1975, los vascos, los catalanes y los gallegos, entre otros, han logrado el derecho *(have achieved the right)* a la igualdad cultural y lingüística. El bilingüismo ha resurgido *(has re-emerged)* y ahora *está* en todo su apogeo *(height)*: en las escuelas del País Vasco (donde está el Museo Guggenheim, que se ve en la foto), todos los niños estudian el vasco, llamado *euskera*, y el castellano. En las universidades de Cataluña, se enseñan las clases regulares en catalán, y la población catalana es casi totalmente bilingüe. En Galicia, hay tantos noticieros en gallego como en castellano. Usa Internet *(YouTube)*, para buscar un programa o un noticiero en gallego, catalán o vasco. ¿Puedes entender algo? ¿Son similares al español (castellano)?

Revista catalana *Cavall fort*, que significa "caballo fuerte" en español.

Práctica adicional			
 Cuaderno de tareas pp. 31–32, Q	invitaciones. vhlcentral.com Episodio 16	 invitaciones. vhlcentral.com Lab practice	SUPERSITE invitaciones. vhlcentral.com Episodio 16

Vocabulario del Episodio 16

Objetivos comunicativos

You should now be able to do the following in Spanish:

✓ talk about yourself, your family, and your friends

✓ talk about your job, your classes, and your activities

✓ talk about the weather, clothing, and food

Vocabulario de **Primera parte** para repasar

✓ Las cosas, los lugares y las personas en la universidad (Episodio 2, p. 30)

✓ La familia y los adjetivos posesivos (Episodio 4, pp. 77–78)

✓ Los adjetivos descriptivos (Episodio 6, p. 127)

✓ Los lugares en la ciudad (Episodio 8, p. 178)

✓ Las comidas (Episodio 9, pp. 202–204)

✓ Vocabulario relacionado con el trabajo (Episodio 11, pp. 258–259)

✓ Las profesiones (Episodio 12, p. 285)

✓ Las estaciones, los meses y el clima (Episodio 13, p. 318)

✓ La ropa y los colores (Episodio 13, pp. 320–321)

✓ Para describir cómo estás y cómo te sientes (Episodio 15, p. 369)

Gramática de **Primera parte** para repasar

✓ Nouns and articles: gender and number (Episodio 2, p. 33)

✓ Subject pronouns (Episodio 3, p. 60)

✓ Regular verbs: the present tense (Episodio 5, p. 103; Episodio 8, pp. 173–174)

✓ Interrogative words (Episodio 6, p. 132)

✓ Stem-changing verbs (Episodio 9, p. 208; Episodio 10, p. 231)

✓ Prepositional pronouns (Episodio 10, p. 237)

✓ Direct object pronouns (Episodio 12, p. 293)

✓ Reflexive pronouns (Episodio 14, p. 347)

✓ The preterit tense (Episodio 15, pp. 373–374)

Vocabulario personal

Escribe todo el vocabulario que necesitas saber para poder hablar de tu familia, tu rutina en la escuela, en la casa y en el trabajo, tus actividades los fines de semana, tus planes profesionales, tu ciudad (el clima en las diferentes estaciones y los lugares bonitos para visitar), tus platos favoritos y tus amigos.

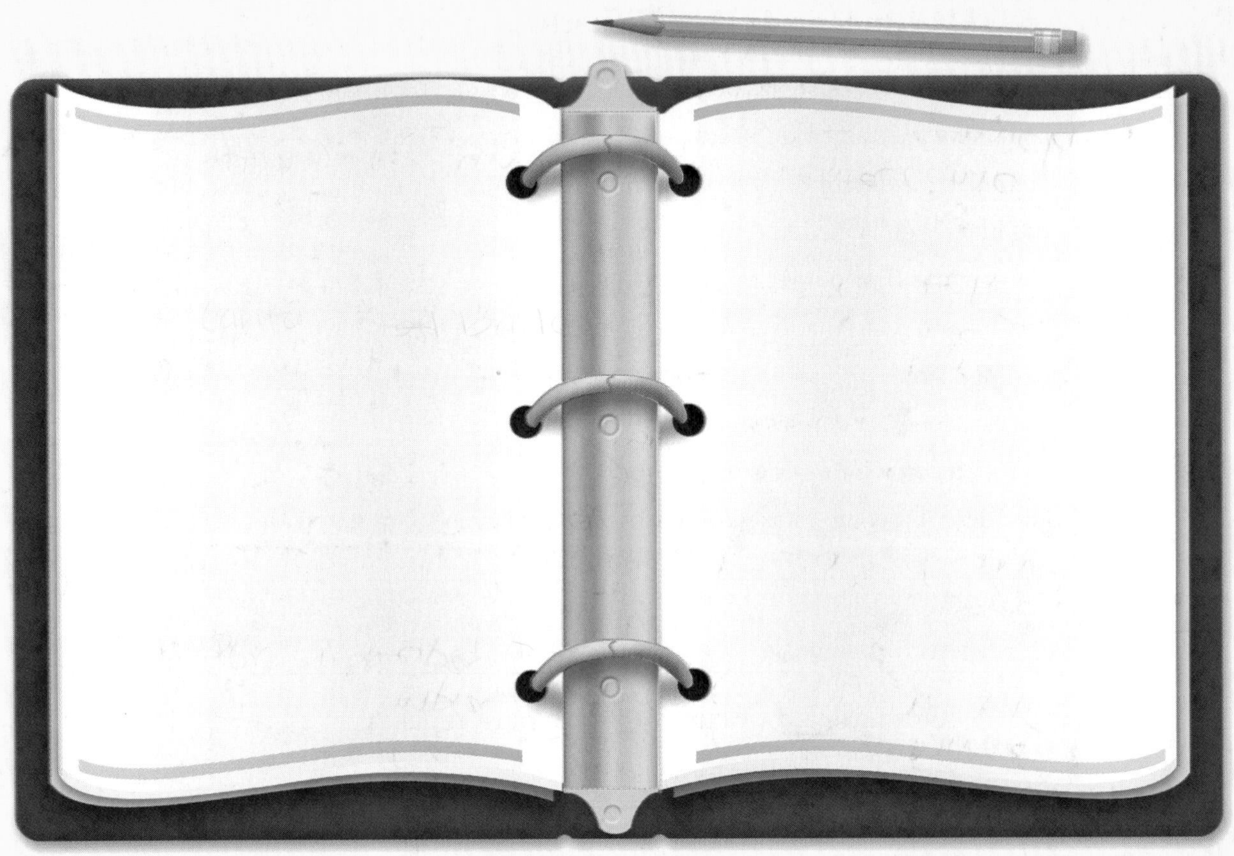

Objetivos comunicativos

In this episode, you will practice:

✓ talking about past activities

✓ making comparisons

Episodio 17

Escenas de la vida: ¡Feliz Año Nuevo!

A. ¡Mira cuánto puedes entender! Selecciona las actividades que hicieron los chicos durante las vacaciones, según aparecen en la **Escena**.

☐ 

Manolo bailó con Ana Mari en las discotecas.

☑ 

Manolo tocó la guitarra.

☐ 

Manolo durmió en el sillón.

☑ 

Sofía se quedó en cama.

☑ 

Sofía comió mucho pozole.

☑ 

Manolo se divirtió mucho en la posada.

☑ 

Wayne recibió regalos.

☐ 

También leyó una novela.

☑ 

En casa de Wayne sirvieron pavo y puré de papas.

B. ¿Cierto o falso? Escucha la conversación o mira el video otra vez para indicar si los siguientes comentarios son **ciertos** o **falsos.**

	Cierto	Falso
1. Sofía se divirtió mucho en sus vacaciones.	☐	☐
2. Manolo cantó con todos.	☐	☐
3. Ramón y Ana Mari no fueron a la posada.	☐	☐
4. Todos se quedaron hasta las tres de la mañana.	☐	☐
5. Wayne se divirtió tanto como Sofía.	☐	☐
6. Odette los llevó a visitar el Hospicio Cabañas.	☐	☐
7. La universidad de Guadalajara es grande.	☐	☐
8. Wayne conoce Guadalajara.	☐	☐

C. ¿Te diste cuenta? Responde a las preguntas de acuerdo con lo que viste en el video.

1. ¿Por qué dice Sofía que Manolo estuvo irreconocible?
____
2. ¿Cómo sabemos que Ramón y Ana Mari se divirtieron mucho en la posada?
____
3. ¿Por qué Sofía no estuvo en la posada?
____
4. ¿Por qué está Wayne tan contento?
____

Cultura a lo vivo

Aunque (*Although*) en México muchas personas intercambian (*exchange*) regalos en Navidad, en la mayoría de los países hispanos, es mucho más común que los niños reciban los regalos el 6 de enero, que es el **Día de los Reyes Magos** (*The Feast of the Epiphany*). Ese día por la tarde en muchas casas también se prepara un pan especial llamado **Rosca de reyes**. Familiares y amigos se juntan a cortar (*cut*) el pan y tomar chocolate. A los niños les encanta cortar la rosca porque adentro hay un muñequito (*doll*) que representa al niño Jesús. Si te sacas el muñequito, tienes que hacer una fiesta en tu casa el 2 de febrero. Si hay panaderías mexicanas cerca de tu casa, prueba (*try*) la rosca el próximo 6 de enero.

Responde a las preguntas.

1. ¿Cuántos niños hay en la foto? _______________
2. ¿Qué van a comer ahora? _______________
3. ¿Qué hay adentro de la rosca? _______________
4. ¿Qué tiene que hacer el niño que se saque (*gets*) el muñequito? _______________

En muchas casas latinas, cada año los amigos se juntan a celebrar el Día de los Reyes Magos. Cortan la rosca y toman chocolate.

Práctica adicional		
Cuaderno de tareas p. 51, A	invitaciones. vhlcentral.com Episodio 17	invitaciones. vhlcentral.com Episodio 17

Para comunicarnos mejor

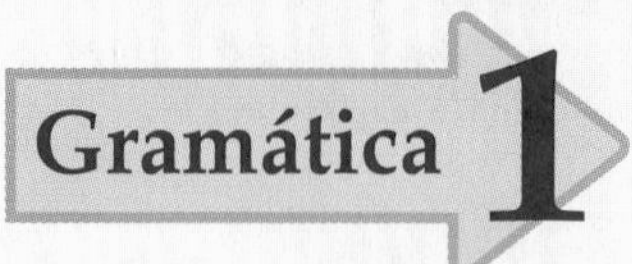

Gramática 1

Talking about past activities
- **A review of the preterit**
- **The preterit of -ir stem-changing verbs**
- **The preterit of verbs with spelling changes**

Look at the pictures and read the captions. Then select the false statement.

Los niños se divirtieron mucho.

Todos pidieron posada y cantaron.

Manolo tocó la guitarra.

Yo me quedé en mi cuarto, enferma.

Wayne también fue a Guadalajara.

1. Review the following chart:

Preterit of regular verbs			
	trabajar	**comer**	**salir**
yo	trabaj**é**	com**í**	sal**í**
tú	traba**jaste**	com**iste**	sal**iste**
usted/él/ella	trabaj**ó**	com**ió**	sal**ió**
nosotros/as	trabaj**amos**	com**imos**	sal**imos**
vosotros/as	trabaj**asteis**	com**isteis**	sal**isteis**
ustedes/ellos/as	trabaj**aron**	com**ieron**	sal**ieron**

2. The following expressions are useful when speaking in the preterit.

Algunas expresiones para hablar del pasado			
anoche	*last night*	**hace dos semanas**	*two weeks ago*
ayer	*yesterday*	**hace tres meses**	*three months ago*
la semana pasada	*last week*	**el año pasado**	*last year*
el mes pasado	*last month*	**hace cuatro años**	*four years ago*

3. Remember that stem-changing verbs ending in **-ar** and **-er** do not change in the preterit.

Preterit of -ar and -er stem-changing verbs			
		present	**preterit**
e → ie	pensar	pienso	pensé
	entender	entiendo	entendí
	perder *(to lose)*	pierdo	perdí
o → ue	acostarse	me acuesto	me acosté
	encontrar	encuentro	encontré

Siempre **entiendo** a la profesora, pero ayer no **entendí** nada.
Siempre **me acuesto** temprano, pero anoche **me acosté** tarde.

In **Episodio 15** (page 374), you learned three irregular verbs in the preterit: **ir, hacer,** and **tener.** See the appendix of this book to review these forms.

Ayer **fui** al gimnasio, pero no **hice** ejercicio porque **tuve** que ayudar a mi amiga con su tarea.

Stem-changing verbs ending in **-ir** (**divertirse, dormir, pedir, preferir, servir**) have a stem change (**e → i, o → u**) ONLY in the third-person singular and plural of the preterit.

Preterit of -ir stem-changing verbs			
e → i		**o → u**	
pedí	pedimos	dormí	dormimos
pediste	pedisteis	dormiste	dormisteis
pidió	pidieron	durmió	durmieron

Ramón y Ana Mari **se divirtieron** mucho en la posada.
Adriana **prefirió** quedarse en casa a descansar.

4. Remember that there is a spelling change in the **yo** form of verbs ending in **-car, -gar,** and **-zar.**

Preterit of -car, -gar, and -zar verbs	
tocar	Toqué la guitarra toda la noche.
pagar	Pagué el boleto con tarjeta de crédito.
almorzar	Almorcé con mis amigos el domingo pasado.

5. Verbs with a vowel next to the ending, such as **creer** *(to believe)*, **leer,** and **oír** *(to hear)* have a spelling change in the third-person singular and plural to avoid having three vowels in a row. Notice that all forms except the third-person plural carry a written accent.

creer creí, creíste, **creyó,** creímos, creísteis, **creyeron**
leer leí, leíste, **leyó,** leímos, leísteis, **leyeron**
oír oí, oíste, **oyó,** oímos, oísteis, **oyeron**

Nadie **oyó** el timbre (*door bell*) en la posada. Por suerte, Manolo **leyó** mi mensaje en su teléfono y me abrió la puerta.

¡Fíjate!

The present tense of **oír** is: **oigo, oyes, oye, oímos, oís,** and **oyen.** **No oigo a los niños cuando juegan.**

PRÁCTICA

A. ¿De quién hablan?

Parte 1. Según la forma en que están conjugados los verbos, indica a quién(es) se refieren estas oraciones: a Sofía (**S**), a Ramón y a Wayne (**RyW**) o a ti (**yo**).

1. Anoche se quedaron en la universidad hasta las siete. RyW
2. Hiciste ejercicio ayer, ¿verdad? S
3. Cenaron con unos amigos el viernes pasado. RyW
4. Se divirtió mucho durante las vacaciones. yo
5. Leyeron el periódico el domingo. RyW
6. Por supuesto (*Of course*) que te bañaste esta mañana, ¿no? S
7. El fin de semana pasado durmió en casa de sus abuelos. yo
8. Anoche vieron una película en casa de Sofía. RyW

¡Fíjate!

Look at the ending of the verbs in order to decide who the statements refer to.

In **Parte 2,** use the **yo** forms (**-é, -í**) to personalize each statement.

Parte 2. Trabaja con un(a) compañero/a para personalizar cada oración.

> **Modelo** **Anoche no me quedé en la universidad hasta las siete. Me fui a mi casa a las dos. ¿Y tú?**

B. ¿Qué hicieron el fin de semana?

Escribe oraciones lógicas con las ilustraciones. Compara lo que tú hiciste con lo que hicieron otras personas en tu familia.

> **Modelo**
>
> **El sábado me acosté muy tarde, pero mi hermano Jimmy se acostó temprano.**

1. 

Almueron hamburguesa en un restaurante.

2. 

Juegaron tenis ~~les~~ ~~vein~~ ayer

3. 

El domingo leíste el periodico

4. El viernes dormiste nueve horas.

C. Lotería.

Sonja

Parte 1. Find out who did the following activities, writing a different name each time. The first student who forms three straight lines wins.

> **¡Fíjate!**
> Remember to use the **tú** form when asking the questions, but the **él/ella** form when reporting your findings.

> **Modelo** ______ hizo ejercicio el domingo.
> **—¿Hiciste ejercicio el domingo?**
> **—Sí, corrí dos millas y nadé. ¿Y tú?**

Jonathan se levantó tarde ayer.	______ almorzó en la cafetería el lunes pasado.	Anshita se acostó temprano anoche.	Joy leyó un buen libro el mes pasado.
Kevin durmió menos de siete horas anoche.	______ tuvo que trabajar el domingo.	______ salió con su novio/a el viernes.	______ vio una buena película el fin de semana pasado.
______ empezó a trabajar hace dos años.	Jessica no entendió toda la tarea.	______ hizo ejercicio el domingo.	______ visitó a sus abuelos la semana pasada.
______ conoció a alguien interesante.	Mike sacó A en la última prueba.	______ recibió muchos correos electrónicos hoy.	______ perdió un libro el semestre pasado.

Parte 2. Comparte la información con la clase.

> **Modelo** Estudiante 1: **Mary se levantó tarde.**
> Estudiante 2: **¿A qué hora te levantaste, Mary?**
> Mary: **Me levanté a las once de la mañana.**

D. La vida de Emilio. Ahora que Emilio está en casa de Sofía, su rutina es diferente. Termina las oraciones lógicamente.

Emilio

> **Modelo** Emilio generalmente se acuesta temprano, pero anoche **se acostó tarde.**

1. Emilio siempre duerme ocho horas, pero anoche ______________________.
2. Generalmente lee un poco antes de dormir, pero anoche ______________________.
3. También pide vino español cuando cena, pero anoche ______________________.
4. Generalmente no se divierte en las reuniones, pero anoche ______________________.
5. La mamá de Sofía casi nunca sirve paella, pero anoche ______________________.

E. El diario de Sofía. Primero, lee las preguntas. Después, completa los comentarios que escribe Sofía en su diario para saber qué hizo ayer. Por último, contesta las preguntas.

1. ¿Qué hizo Sofía ayer por la mañana? | ____________________
2. ¿Adónde fue por la tarde? ____________________
3. ¿Qué cenaron en casa de Sofía? ____________________
4. ¿Cómo es Emilio? ____________________
5. ¿A qué hora se acostaron? ____________________

Ayer (1) levante (levantarme) muy temprano para preparar todo antes de la visita de Emilio. Mi mamá y yo (2) lav (lavar) la ropa y (3) lim (limpiar) toda la casa. Después nosotras (4) ____________ (ir) al supermercado a comprar todo lo necesario para hacer una paella valenciana. Mi mamá (5) hice (hacer) una cena española para Emilio. También yo (6) ____________ (invitar) a todos mis amigos para que lo conocieran.

A las cinco de la tarde, (7) ____________ (bañarme) y (8) ____________ (pintarme) a la carrera[1]. (9) ____________ (Llegar) al aeropuerto temprano, así que (10) ____________ (tener) que esperar (*to wait*) un rato.

¡La cena estuvo deliciosa! A Emilio le (11) ____________ (gustar) todo y lo pasamos muy bien. ¡Qué agradable es Emilio! Todos (nosotros) (12) ____________ (divertirse) mucho con sus chistes (*jokes*) y sus historias, y a mis amigos les cayó muy bien (*he made a good impression*). Por fin, a las dos de la mañana, todos (13) ____________ (irse) y nosotros (14) ____________ (acostarse) cansados pero contentos. ¡Qué día!

[1] *in a hurry*

F. El aspecto personal. Contesta las preguntas y después entrevista a un(a) compañero/a.

1. ¿Qué hiciste durante las vacaciones del año pasado? ¿Saliste de la ciudad? ¿A quién visitaste? ¿Qué comiste? ¿Te divertiste?

____

____

____

____

2. ¿Qué hiciste el fin de semana pasado? ¿Saliste o te quedaste en casa? ¿Trabajaste? ¿Estudiaste mucho? ¿Limpiaste la casa? ¿Lavaste la ropa?

____

____

____

____

Práctica adicional

Cuaderno de tareas
pp. 51–53, B–E

SUPERSITE

invitaciones.
vhlcentral.com
Episodio 17

3. ¿Cuándo fue la última vez que cenaste en un restaurante con tu familia? ¿Cómo se llama el restaurante? ¿Qué pediste? ¿Con qué lo sirvieron? ¿Te gustó?

Gramática 2

Making comparisons
• Más/menos que, tan/tanto como, mejor/peor que

In the **Escena**, Wayne and Sofía made the following statements:

No me divertí **tanto como** tú.	*I didn't have as much fun as you.*
¿La universidad es **tan** grande **como** dicen?	*Is the university as big as they say?*
Sí, es **más** grande **que** la nuestra.	*Yes, it's bigger than ours.*
Pero tiene **menos** estudiantes **que** aquí.	*But it has fewer students than here.*

1. Comparisons of inequality *(more/less than, fewer than)* are formed with **más que (más ___ que)** and **menos que (menos ___ que).**

   a. Use **más que** and **menos que** when comparing qualities (adjectives) or things (nouns):
      La universidad es **más grande que** la nuestra.
      Hay **menos estudiantes que** aquí.

   b. Use **más que** and **menos que** when comparing activities (verbs):
      Sofía **se pinta menos que** Odette para ir a la universidad.

2. Comparisons of equality *(as ___ as, as much/many ___ as)* are formed with **tan ___ como/tanto/a(s) ___ como.**

   a. Use **tan ___ como** with adjectives.
      Manolo es **tan activo como** su compañero de cuarto, pero no es **tan desordenado como** él.

   b. Use **tanto/a(s) ___ como** with nouns.
      Ana Mari toma **tantas clases como** Sofía, pero no compró **tantos libros como** ella.

   c. Use **tanto como** *(as much as)* with verbs.
      Wayne **estudia tanto como** sus amigos, pero no **trabaja tanto como** ellos.

3. Use **mejor(es) que** to indicate *better than* and **peor(es) que** to indicate *worse than.*

   Manolo toca la guitarra **mejor que** yo, pero cocina **peor que** yo.
   Los Red Sox son **mejores que** los Yankees.
   Estos sándwiches son **peores que** los que tú preparas.

PRÁCTICA

G. ¿Estás de acuerdo? Indica si estás de acuerdo o no con los siguientes comentarios. Luego, explica claramente tus opiniones a un(a) compañero/a.

Modelo Los profesores trabajan más que los estudiantes.
No estoy de acuerdo. En mi opinión, los estudiantes trabajan tanto como los profesores porque ellos tienen que estudiar y trabajar también.

	Sí	No
1. Shakira vende menos discos que Juanes.	☐	☒
2. Christina Aguilera canta mejor que Carrie Underwood.	☐	☒
3. Los hombres son tan inteligentes como las mujeres.	☐	☒
4. Los Padres juegan peor que los Yankees.	☒	☐
5. Las mujeres trabajan menos que los hombres.	☐	☒
6. Tú trabajas tanto como tu jefe/a.	☒	☐
7. Estudiar español es más fácil que estudiar matemáticas.	☐	☒
8. Los doctores ganan más que los abogados.	☒	☐

H. Mi mejor amigo y yo. Compárate con tu mejor amigo/a de acuerdo con sus características físicas, la personalidad y las actividades. Después comparte tus oraciones con la clase.

Modelo **Mi amigo Joe tiene más responsabilidades que yo porque es casado.**

1. Mi amigo Mike tiene más altó que yo.
2. Mi amigo Mike tiene menos pelo que yo.
3. Mi amigo Mike es tanto gracioso como yo.
4. Mi amigo Mike trabajo menos que yo.

I. Compara a tu familia. Piensa en los miembros de tu familia para escribir seis comparaciones entre ellos. Después comparte tus oraciones con la clase.

Modelo **Mi mamá trabaja tanto como mi papá.**
Yo soy más guapo que mi hermano Rick.

1. Tengo más responsabilidades qué mi menor hermano.
2. Soy tanta guapa que mi hermana. Jessica
3. Mi papá trabaja más que mi mamá.
4. Mi hermana es más gresera que yo.
5. Mi hermano es mejor que yo.
6.

J. El año pasado.

Parte 1. Compara las vacaciones de invierno de este año con las del año pasado. Recuerda que debes usar el pretérito para las dos. Piensa en el clima, la comida y tus actividades.

> **Modelo** El año pasado no me divertí tanto como este año porque no salí de vacaciones. Este año fui a esquiar.

1. El año pasado me divertí más que ~~tanto como~~ este año.
2. porque fuí ~~a~~ la Julian.
3. El año pasado
4. ______________________________
5. ______________________________
6. ______________________________

Parte 2. Habla con un(a) compañero/a para compartir tus respuestas y comparar las actividades.

K. Las vacaciones. Tell a partner about your last school break. Include some of the following: whether you worked, took classes, or traveled; whether you went to the movies, and, if so, what you saw; who you went out with; where you went; what you did, etc. Write down your partner's activities in the space provided, so you can tell the rest of the class later.

Learning Strategy: Keep it simple

Since your English thoughts are far more sophisticated than your Spanish skills, you need to find simple ways to express your ideas. For example, in response to the (Spanish) question *Why didn't you go to the movies?*, you may want to answer *I would have gone if my brother had returned my car on time.* But, more simply, you may say *My brother took my car.*

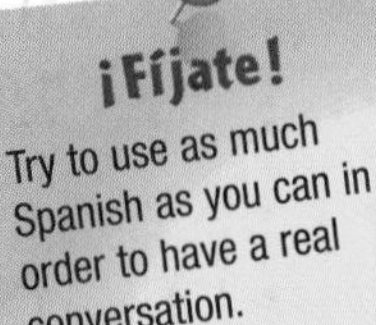

¡Fíjate!

Try to use as much Spanish as you can in order to have a real conversation.

____
____
____
____
____
____

Práctica adicional

Cuaderno de tareas pp. 54–55, F–H	SUPERSITE invitaciones. vhlcentral.com Episodio 17

Actividades comunicativas

A. Submarino. The object of this game, played like Battleship, is to find the location of your classmate's submarines. First, draw your submarines in any five of the boxes on your grid; do not let your partner see your grid. Then, take turns asking each other yes/no questions in the preterit, matching an action pictured at the top of the grid with the name of one of the people on the side.

Modelo —**¿Tus amigos fueron a la fiesta?**
—**Sí, fueron.** *(If there is a submarine in that box.)*
or —**No, no fueron.** *(If there is no submarine in that box.)*

Depending on your classmate's answer, write **sí** or **no** in that box. If you answer **sí** to your classmate's question, put an **X** through your submarine. It's been located! The first player to locate all five submarines wins.

Tu prima				
Tus amigos				
Sofía				
Tú				

B. ¿Qué hizo Manolo el fin de semana?

Instrucciones para **Estudiante 1**

Parte 1. Tú tienes la mitad *(half)* de las ilustraciones y tu compañero/a tiene la otra mitad. Juntos tienen que descubrir *(find out)* qué hizo Manolo el fin de semana pasado. Describe tus ilustraciones y haz preguntas para completar el cuadro. Tú empiezas.

Modelo **Primero, Manolo se levantó a las seis. ¿Qué hizo después?**

Parte 2. Ahora escribe un párrafo con los eventos.

¡Fíjate!

Remember to use transition words to join events from morning to afternoon to evening. Use **por la mañana, más tarde, luego, antes de, después de,** etc.

B. ¿Qué hizo Manolo el fin de semana?

Instrucciones para **Estudiante 2**

Parte 1. Tú tienes la mitad *(half)* de las ilustraciones y tu compañero/a tiene la otra mitad. Juntos tienen que descubrir *(find out)* qué hizo Manolo el fin de semana pasado. Describe tus ilustraciones y haz preguntas para completar el cuadro. Tu compañero/a empieza.

Modelo Después, Manolo se bañó y...

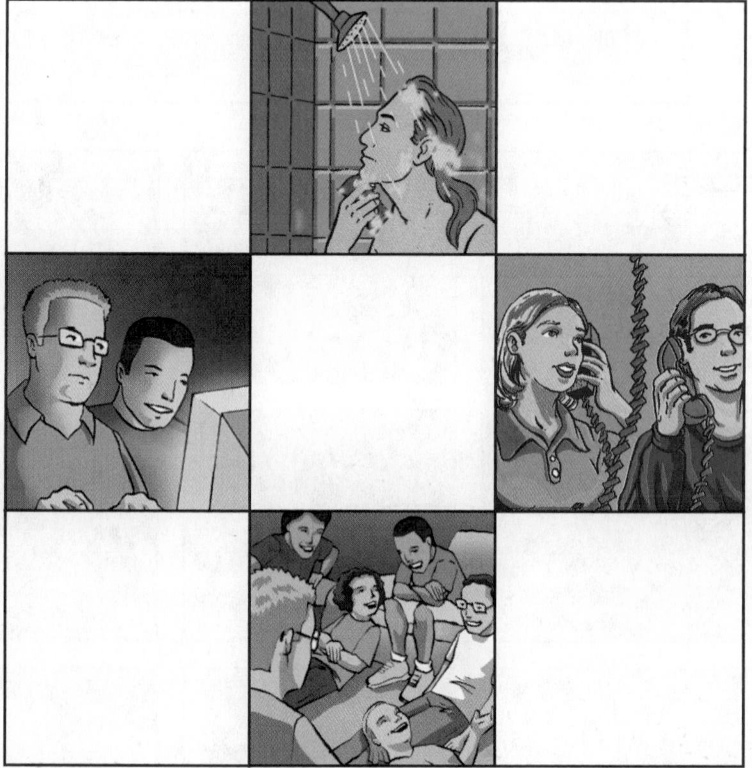

Parte 2. Ahora escribe un párrafo con los eventos.

____

____

____

____

____

____

____

____

____

¡Fíjate!

Remember to use transition words to join events from morning to afternoon to evening. Use **por la mañana, más tarde, luego, antes de, después de,** etc.

C. La fotonovela.

Parte 1. Habla con un(a) compañero/a sobre cada ilustración. Indica dónde, cuándo o con quién hiciste tú estas actividades.

Modelo Dormí mucho durante las vacaciones. ¿Y tú?

¡Fíjate!

Have a real conversation with your partner. Make sure to react to his/her statements or ask a follow-up question. Here are some comments you learned in **Primera parte:**

¡Qué interesante!
¿En serio?
¿Qué bien/mal!
¡Pobrecito/a!
¡Qué suerte!
¡Qué consentido/a!
Estoy de acuerdo.
No estoy de acuerdo.
Tienes razón.
¡Ya quisieras!
¡Sí, cómo no!
¡Qué romántico/a!
¡Qué parrandero/a!
¡Qué madrugador(a)!
¡Qué dormilón(ona)!
¡Ojalá!
¡Qué envidia!

Banco de palabras

decorar el árbol	**cantar villancicos**	**abrir los regalos**	**regalar**
to decorate the Christmas tree	*to sing carols*	*to open the presents*	*to give a gift*

Parte 2. En grupos de cuatro, seleccionen cinco de las actividades para escribir una descripción de lo que hizo Adriana el día de Navidad. Después tu grupo va a leer la descripción a la clase y tus compañeros deben adivinar *(guess)* las letras de las actividades que usaron en la descripción. Usen expresiones como **primero, después, más tarde, por la mañana/tarde/noche.** Empiecen así:

Modelo El día de Navidad, por la mañana Adriana...

La correspondencia

El correo: Mi viaje a Perú. Primero lee las preguntas. Después lee el artículo que escribió Ana Mari acerca de los incas y de su viaje a Perú. Por último, contesta las preguntas.

1. ¿Con quién fue Ana Mari a Perú? ______________________
2. ¿Cuánto tiempo se quedó en Lima? ______________________
3. ¿En qué fueron a Cuzco? ______________________
4. ¿Qué pasó en la estación de tren? ______________________
5. ¿Qué hizo Ana Mari en Perú? ______________________

____

El año pasado fui a Perú con mi familia. Fue un viaje interesante y muy educativo. Nos gustó mucho el país, la gente, la comida y especialmente la ciudad de Lima, con sus edificios coloniales y amplias avenidas (*avenues*). Lima, la capital de Perú, fue una de las ciudades más bellas durante la época colonial. Llegamos allí el 23 de julio y nos quedamos tres días. Visitamos todos los museos y lugares turísticos. Compré artesanía y joyería de plata (*silver jewelry*). Las cosas cuestan la mitad (*half*) de precio que en Estados Unidos.

Lo mejor de todo nuestro viaje fue la excursión arqueológica que hicimos a varias zonas incas de Perú y Bolivia. El cuarto día, nos levantamos a las cinco de la mañana para tomar el tren a Cuzco. Tomamos un taxi a la estación de tren, pero cuando llegamos, el tren ya (*already*) había salido. Así que tuvimos que esperar tres horas para tomar el siguiente tren.

Visitamos Cuzco (capital del imperio inca); vimos la ciudad fortaleza[1] de Machu Picchu, la fortaleza de Sacsahuamán (lo que quedó de ella); el Templo del Sol y la famosa Puerta del Sol. Seis días después regresamos a Lima para tomar el avión (*airplane*) de regreso a casa. ¡Fueron las mejores vacaciones de mi vida! Aprendí, compré y me divertí muchísimo con toda mi familia. Hay cosas muy interesantes acerca de la cultura y el imperio incas. Puedes leer más acerca de ellos en la Red[2].

[1] *fortress* [2] *Web (Internet)*

El Templo del Sol

La Catedral de Cuzco

El mercado

En papel: Las vacaciones. In **Práctica K**, you talked to your partner about your vacation. Now, imagine you write to Wayne telling him what you did. Include whether you worked, took classes or traveled; whether you went to the movies; if so, what you saw, who you went with, where you went afterwards, etc. Be thorough and creative.

¡Fíjate!

Try to express yourself simply with the language you know. It is a poor strategy to write a letter in English and translate it into Spanish. Remember that your ability to write in English is far more sophisticated than your ability to write in Spanish.

Invitación a **Perú**

En tus propias palabras. Lee la información para escribir en español lo que entendiste. Resume (*summarize*) la información en dos o tres oraciones.

____

____

____

Del álbum de
Ana Mari

Perú tiene unos 30 millones de habitantes, de los cuales 45% son indígenas quechua o aymara; 37% mestizos; 15% blancos, y 3% entre negros, japoneses y chinos. Perú es un poco más pequeño que el estado de Alaska. Hay dos lenguas oficiales: el español y el quechua. Lima, a la orilla del mar (*on the seashore*), es una de las ciudades más bellas de Sudamérica. Fue un gran centro cultural y económico durante las épocas prehispánica y colonial. Cada año, millones de turistas visitan Cuzco y Machu Picchu. Puno, otra ciudad favorita de los visitantes, está a la orilla del lago Titicaca. Esté es el lago navegable más alto del mundo y hogar (*home*) de las islas flotantes (*floating islands*) contruidas por los uros. Los habitantes de estas islas se transportan en canoas llamadas totoras y viven principalmente de la venta (*sale*) de artesanías. Arequipa, otra ciudad importante, es el principal centro textil de alpaca del mundo. Por otra parte Iquitos es la ciudad de mayor importancia en la zona de la Amazonía peruana, que hoy en día está todavía aislada (*isolated*) del resto del país.

¡A ver de nuevo!

Parte 1. Mira la **Escena** otra vez para escribir un resumen en tus propias palabras.

En este episodio Sofía le comenta a Wayne...

Parte 2. Ahora trabaja con un(a) compañero/a para comparar la información y añadir (*add*) la que no tienes.

Práctica adicional			
Cuaderno de tareas pp. 55–56, I–J	invitaciones. vhlcentral.com Episodio 17	invitaciones. vhlcentral.com Lab practice	invitaciones. vhlcentral.com Episodio 17

Vocabulario del Episodio 17

Objetivos comunicativos

You should now be able to do the following in Spanish:

✓ talk about past activities

✓ make comparisons

Preterit of -ar and -er stem-changing verbs

		present	preterit
e → ie	pensar	p**ie**nso	pensé
	entender	ent**ie**ndo	entendí
o → ue	acostarse	me ac**ue**sto	me acosté
	encontrar	enc**ue**ntro	encontré

creer	*to think, to believe*	**oír**	*to hear*
leer	*to read*	**perder**	*to lose*

Expressions to talk about the past

anoche	*last night*	**hace dos semanas**	*two weeks ago*
ayer	*yesterday*	**hace tres meses**	*three months ago*
la semana pasada	*last week*	**el año pasado**	*last year*
el mes pasado	*last month*	**hace cuatro años**	*four years ago*

Making comparisons

más/menos que	*more/less than*
tan *[adjective]* **como**	*as* [adjective] *as*
tanto/a(s) *[noun]* **como**	*as much/many* [noun] *as*
tanto como	*as much as*
mejores/peores que	*better/worse than*

Vocabulario personal

En esta sección escribe las palabras que necesitas saber para poder hablar mejor de tus actividades durante las vacaciones y los fines de semana.

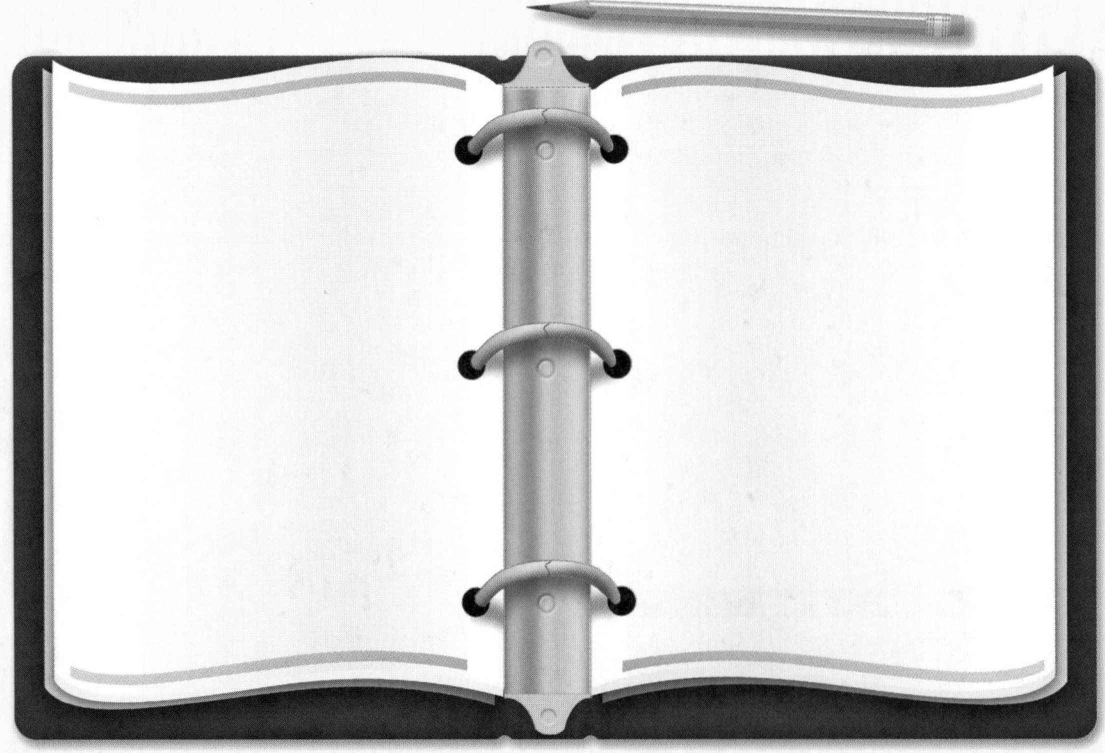

Objetivos comunicativos

In this episode, you will practice:

- ✓ talking about your house, chores, and leisure activities
- ✓ making affirmative and negative statements

Episodio 18

Escenas de la vida: En casa de los tíos

A. ¡Mira cuánto puedes entender!

1. Indica quién hace los siguientes quehaceres *(chores)* en casa de Emilio, según dicen en la **Escena.** Escribe **Emilio** o **Pilar** (su esposa).

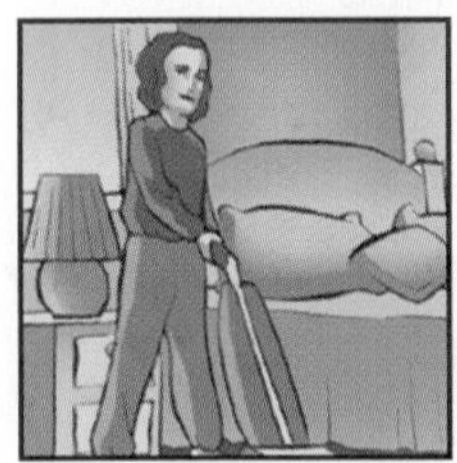 ________

 ________

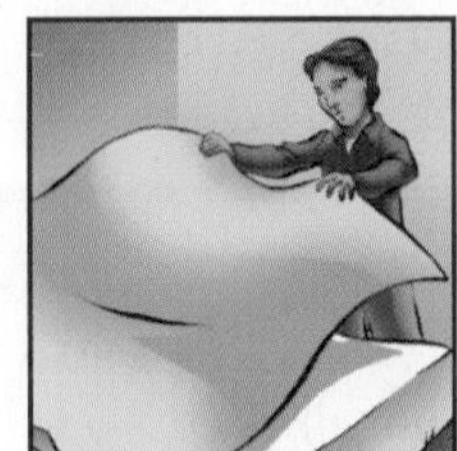 ________

 ________

2. Indica quién hace lo siguiente en casa de Sofía. Escribe **Sofía, Lalo, la mamá** o **no dice.**

 ________

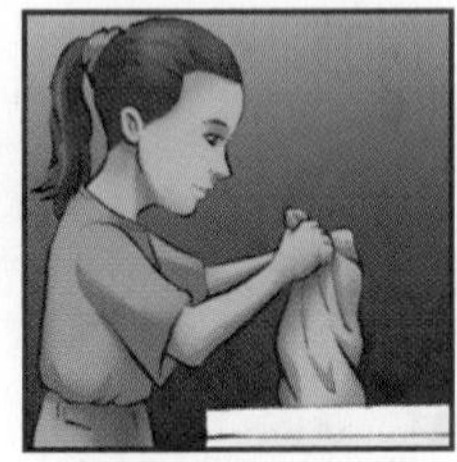 ________

 ________

 ________

sacar la b

3. Indica qué va a hacer Lalo este fin de semana.

☐ 

☐ 

☐ 

☐ 

B. ¿Cierto o falso? Indica si las siguientes oraciones son **ciertas** o **falsas** de acuerdo con el video.

	Cierto	Falso
1. Emilio está de visita *(guest)* en casa de Sofía.	☑	☐
2. Emilio va a hacer una presentación de Picasso y Dalí.	☑	☐
3. Lalo no tiene que hacer nada en su casa.	☐	☑
4. Sofía tiene que lavar la ropa de todos.	☐	☑
5. Lalo va a ir a esquiar con sus amigos.	☐	☑
6. Nadie va a ayudar a Lalo con sus quehaceres.	☑	☐

C. ¿Te diste cuenta? Contesta las preguntas según lo que viste en el video.

1. ¿Por qué dice Lalo que la esposa de Emilio lo explota (*exploits him*)?
2. ¿Por qué dice Lalo que no tiene tiempo para lavar su ropa?
3. ¿Por qué la mamá de Sofía no quiere que Emilio pase la aspiradora?
4. ¿Cuánto tiempo puede quedarse Emilio en casa de los tíos?

Cultura a lo vivo

Emilio va a hacer una presentación sobre el famoso pintor, Salvador Dalí, quien nació en Figueras, España, en 1904. Desde joven fue rebelde y original. En 1928, se fue a París donde se unió al grupo surrealista y conoció a su musa, Gala. En este período pintó *La persistencia de la memoria.* Su exhibición en 1933 lo lanzó[1] a la fama internacional y comenzó una vida llena *(full)* de excentricidades. De hecho *(In fact)*, sus excentricidades y provocadoras declaraciones hicieron de él una de las más polémicas figuras del arte contemporáneo (un día se puso un traje de buzo[2] para ir a una conferencia en Londres). El grupo surrealista lo expulsó[3] un poco después, por no tener una postura política y por usar su excentricidad para comercializar sus cuadros[4]. En esta época, Dalí desarrolló *(developed)* su método de interpretación paranoico-crítico, basado en los principios del sicoanálisis. De este período es su cuadro *Playa con teléfono.*

Durante la Segunda Guerra Mundial[5], Dalí vivió en Estados Unidos, cerca de Hollywood, donde colaboró en algunas películas. Después de la guerra volvió a España e inició su período místico. Murió *(he died)* en Barcelona en 1989. Ve al Supersitio para ver un episodio de ***Flash cultura*** sobre este tema.

Flash CULTURA

Responde a las preguntas.

1. Busca algunas pinturas de Dalí en Internet para traer a la clase.
2. What do you think the following words mean?
   - a. musa ____________
   - b. excentricidades ____________
   - c. polémica ____________
   - d. postura política ____________
3. Research the names of Hollywood directors with whom Dalí collaborated.

____

Práctica adicional

Cuaderno de tareas p. 79, A

invitaciones.vhlcentral.com Episodio 18

SUPERSITE invitaciones.vhlcentral.com Episodio 18

[1]*launched* [2]**traje...** *wet suit* [3]*expelled* [4]*paintings* [5]*World War II*

Para comunicarnos mejor

Talking about chores and leisure activities
- **Parts of the house, furniture, chores, and leisure activities**

Las partes de la casa y los muebles

El baño

La cocina

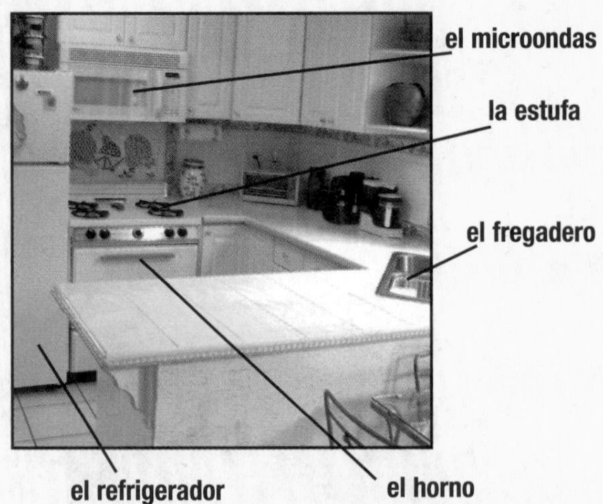

Los fines de semana: ¿quehaceres *(chores)* o diversiones?

En mi familia tenemos que...		Cuando tenemos tiempo libre, nos gusta...	
barrer el suelo	*to sweep the floor*	**andar[3] en bicicleta**	*to ride a bike*
el garaje	*the garage*	**bucear**	*to scuba dive/snorkel*
cortar el pasto	*to mow the lawn*	**dar un paseo**	*to go for a walk*
darle[1] de comer al gato	*to feed the cat*	**esquiar**	*to ski*
hacer la cama	*to make the bed*	**hacer una fiesta**	*to throw a party*
lavar los platos	*to do (wash) the dishes*	**un picnic**	*to have a picnic*
pasar la aspiradora	*to vacuum*	**un viaje**	*to take a trip*
planchar	*to iron*	**ir de campamento**	*to go camping*
poner la mesa	*to set the table*	**de excursión**	*to hike*
recoger[2] las cosas	*to pick up one's things*	**levantar pesas**	*to lift weights*
la mesa	*to clear the table*	**montar a caballo**	*to go horseback riding*
la ropa	*to pick up (one's) clothes*	**nadar**	*to swim*
sacar al perro a pasear	*to take out (walk) the dog*	**patinar (sobre hielo)**	*to (ice) skate*
sacar la basura	*to take out the trash*	**en línea**	*to rollerblade*

[1] **dar** requires an indirect object pronoun: ***le* doy de comer, *le* das**…
[2] **recoger** has a spelling change in the present tense of the **yo** form: **g** ➜ **j = recojo**
[3] **andar** has an irregular preterit: **anduve, anduviste, anduvo, anduvimos, anduvisteis, anduvieron**

¡Fíjate!
You will learn about indirect object pronouns in **Episodio 19**.

Expresiones útiles

estar arreglado/a	*to be tidy*
estar desarreglado/a	*to be messy*
estar limpio/a	*to be clean*
estar sucio/a	*to be dirty*

También se dice...

la sala ➜ **el salón**
el garaje ➜ **la cochera**
el cuarto ➜ **el dormitorio, la habitación, la pieza, la recámara**
el clóset ➜ **el armario, el ropero**
el apartamento ➜ **el departamento, el piso**
la tina *(bathtub)* ➜ **la bañera**
la ducha ➜ **la regadera**

PRÁCTICA

A. ¿Quehacer o diversión? Indica si cada una de las actividades es **quehacer** o **diversión**.

	Quehacer	Diversión
1. Ayer por la tarde planché la ropa.	☐	☐
2. Anoche patiné en línea en el parque.	☐	☐
3. Mi hermana no hizo su cama.	☐	☐
4. Mi mamá hizo una fiesta.	☐	☐
5. Los fines de semana monto a caballo.	☐	☐
6. Vamos de excursión a las montañas.	☐	☐
7. Voy a cortar el pasto mañana.	☐	☐
8. Voy a hacer un viaje al Caribe.	☐	☐

B. Los quehaceres. ¿Qué quehaceres haces en los siguientes lugares? Puedes tener más de una respuesta.

1. En la sala…
   a. le doy de comer al gato.
   b. paso la aspiradora.
   c. pongo la mesa.

2. En el jardín…
   a. corto el pasto.
   b. hago la cama.
   c. saco la basura.

3. En la cocina…
   a. barro el suelo.
   b. lavo los platos.
   c. recojo la ropa.

4. En el baño…
   a. paso la aspiradora.
   b. baño al perro.
   c. limpio el espejo.

5. En el comedor…
   a. pongo la mesa.
   b. cocino.
   c. lavo los platos.

6. En el cuarto…
   a. barro el suelo.
   b. hago la cama.
   c. recojo la ropa.

C. Las partes de la casa.

Parte 1. Escribe en qué parte de la casa haces las siguientes actividades.

Modelo darle de comer al perro → **en el patio**

1. estudiar para un examen ______________________________
2. lavarte las manos ______________________________
3. preparar la comida ______________________________
4. dormir la siesta ______________________________
5. leer un buen libro ______________________________
6. recibir a las visitas ______________________________
7. ponerte la ropa ______________________________

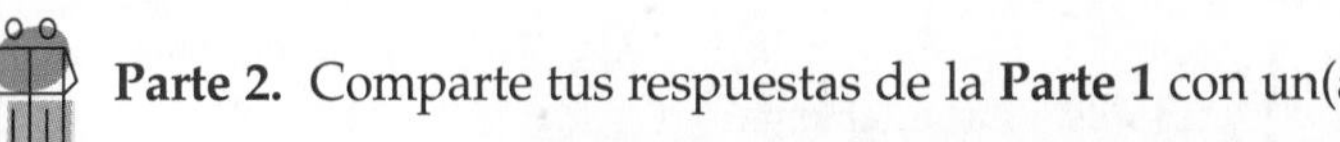
Parte 2. Comparte tus respuestas de la **Parte 1** con un(a) compañero/a. Añade algunos detalles extra.

Modelo **Casi siempre le doy de comer al perro en el patio, pero cuando llueve le doy de comer en la cocina.**

D. Planes de fin de semana.

Escribe qué van a hacer estas personas durante el fin de semana.

Modelo **Mis amigos van a esquiar a las montañas de Big Bear.**

1. Mi hermano

2. Mi novio/a y yo

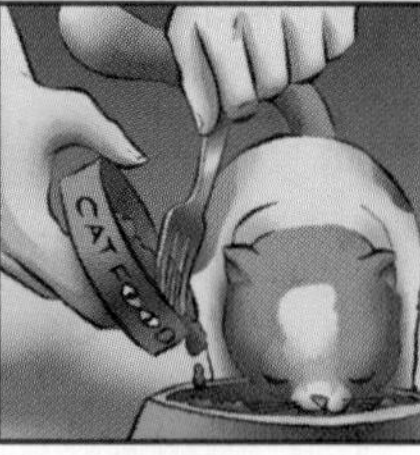
3. Mis sobrinos

4. Yo

1. ____
____
2. ____
____
3. ____
____
4. ____
____

E. En las vacaciones.

Parte 1. Indica si hiciste las siguientes actividades en las vacaciones.

	Sí	No
1. Fui de campamento.	☐	☐
2. Hice ejercicio todos los días.	☐	☐
3. Pasé la aspiradora en mi cuarto.	☐	☐
4. Barrí la cocina.	☐	☐
5. Saqué la basura más de dos veces.	☐	☐
6. Jugué boliche con mis amigos.	☐	☐
7. Recogí toda la casa.	☐	☐
8. Hice un viaje.	☐	☐

Parte 2. Cambia las oraciones a preguntas y entrevista a un(a) compañero/a para determinar quién hizo más quehaceres.

Modelo **—¿Fuiste de campamento en las vacaciones?**
—No, no fui de campamento. Me quedé en casa. ¿Y tú?
—Yo sí, mis amigos y yo fuimos a Lake Havasu.

—¿Barriste la cocina en las vacaciones?
—No, la barrió mi compañero/a de cuarto. ¿Y tú?
—Yo sí, porque vivo solo/a.

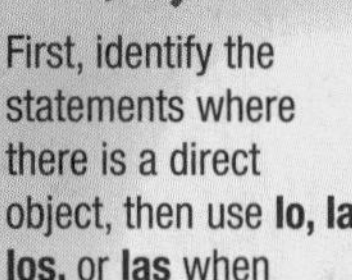
¡Fíjate!

First, identify the statements where there is a direct object, then use **lo, la, los,** or **las** when answering.

F. Productos de marca.

Escucha las actividades que se hicieron en la casa de Sofía. Escribe el nombre de las personas **(Emilio, Sofía, Lalo, mamá** o **papá)** que usaron estos productos, basándote en el quehacer que hicieron.

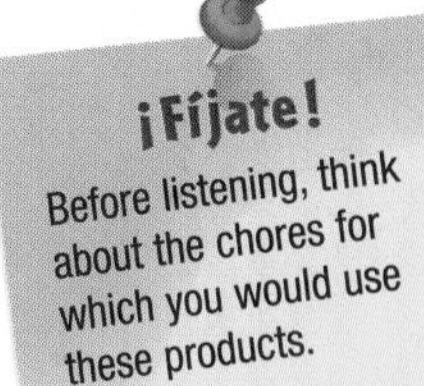

Emilio

Sofía

Lalo

Mamá

Papá

¿Quién lo usó?

1. Folgers ___________
2. Hefty Bags ___________
3. Pam ___________
4. Tide ___________
5. Windex ___________
6. Vidal Sassoon Shampoo ___________
7. Palmolive Liquid ___________

G. ¿Quién es el más trabajador?

Parte 1. Indica quién hace los siguientes quehaceres en tu casa. Usa **lo, la, los** y **las** para evitar la repetición.

Modelo ¿Quién saca al perro a pasear? **Mi papá lo saca.**

1. ¿Quién lava los platos? ______________________________
2. ¿Quién plancha la ropa? ______________________________
3. ¿Quién hace las camas? ______________________________
4. ¿Quién prepara la comida? ______________________________
5. ¿Quién corta el pasto? ______________________________
6. ¿Quién pasa la aspiradora? ______________________________
7. ¿Quién barre el garaje? ______________________________
8. ¿Quién recoge las cosas? ______________________________

Parte 2. Ahora usa las preguntas de la **Parte 1** para entrevistar a un(a) compañero/a y ver si tienen algo en común.

Modelo —¿Quién saca al perro a pasear?

—Nadie lo saca porque tenemos un jardín muy grande en casa. ¿Y en tu casa?

H. ¿Qué saben hacer?

Entrevista a cuatro compañeros para determinar quién es el/la más deportista. Pregúntales qué saben hacer y con qué frecuencia lo hacen. Ve la lista de actividades de la página 60.

Gramática 1 Making affirmative and negative statements • Affirmative and negative words

In the conversation, you heard the following:

Nada, tía.	*Nothing, Aunt.*
Alguien tiene que hacerlo.	*Somebody has to do it.*
Nadie lo va a hacer por ti.	*Nobody is going to do it for you.*
Algún día tú vas a tener que hacer todo eso también.	*Someday you'll have to do all that too.*
No es **ninguna** molestia.	*It's no bother.*

Nada, alguien, nadie, algún, and **ninguna** are examples of affirmative and negative words in Spanish. In earlier chapters you have learned **nunca, siempre, también,** and **tampoco**. Here is a list of some very common affirmative and negative words.

Algunas palabras afirmativas y negativas			
Afirmativas		**Negativas**	
algo	*something; anything*	**nada**	*nothing; anything*
alguien	*someone; somebody; anyone*	**nadie**	*no one; nobody; not anyone*
algún, alguno/a(s)	*some; any*	**ningún, ninguno/a**	*not any; no; none*
siempre	*always*	**nunca**	*never; ever*
también	*also; too*	**tampoco**	*neither; either*

1. Spanish (unlike English) uses double negatives. This tendency means that **no** is needed before the verb when a negative word follows it. Some negative words can precede the verb. When they do, eliminate **no**.

No quiero comer **nada** ahora.	*I don't want to eat anything now.*
No te voy a hablar **nunca** más.	*I am not going to talk to you ever again.*
No me ayudó **nadie** a limpiar la casa. **Nadie** me ayudó a limpiar la casa.	*Nobody helped me clean the house.*
A Lalo **no** le gusta **nada**. A Lalo **nada** le gusta.	*Lalo doesn't like anything.*

2. **Algún/alguna** must match the noun that follows it in gender and in number. The plural forms are **algunos** and **algunas**.

—¿Tienes **algún** libro de cocina francesa?	*Do you have a French cookbook?*
—No, solamente tengo **algunas** recet**as**.	*No, I have only some recipes.*

3. **Ningún/ninguna** must also match the noun that follows it, but it is almost always singular (even though the English equivalent may be plural). The plural of **ningún, ninguno/a** is rarely used.

No conozco **ningún** vino español.	*I am not familiar with any Spanish wines.*
No hay **ninguna** toalla limpia.	*There aren't any clean towels.*

PRÁCTICA

I. ¡Qué desastre! Primero, indica si los siguientes comentarios son **ciertos** o **falsos** según la ilustración. Después inventa dos más.

	Cierto	Falso		Cierto	Falso
1. Mi hermana limpió la cocina.	☐	☐	**5.** Alguien comió pizza.	☐	☐
2. No hay nada en el refrigerador.	☐	☐	**6.** Lalo no sacó la basura.	☐	☐
3. No hay ninguna toalla sucia en el baño.	☐	☐	**7.** ____________	☐	☐
4. Nadie cortó el pasto.	☐	☐	**8.** ____________	☐	☐

J. Lalo está enojado. Hoy Lalo está muy enojado con Sofía y no quiere hablar con ella. Él le responde con oraciones negativas. ¿Qué dice Lalo en cada caso?

Modelo	Lalo, ¿hay algo interesante en la tele? **No, no hay nada interesante.**

Lalo

1. ¿Sales con alguien esta noche? ____________
2. ¿Sabes de algunos buenos videos? ____________
3. ¿Quieres algo de comer? ____________
4. ¿Tienes alguna camisa limpia? ____________
5. ¿Tienes algún problema? ____________
6. Tu cuarto está arreglado; ¿quién te ayudó? ____________

K. Traducción. Nadie ayuda a Adriana en su casa. Escribe estas oraciones para saber qué dice en español. **¡Ojo!** Recuerda usar el tiempo verbal *(verb tense)* adecuado en cada oración.

¡Fíjate!

Notice that various verb tenses are used in the questions. Respond using the appropriate verb tense.

1. The house is a mess. ______
2. Nobody made the beds. ______
3. Did anybody take the trash out? ______
4. Are there any clean towels? ______
5. There is nothing to eat in the refrigerator. ______
6. You have to feed the dog. Nobody will do it for you. ______
7. Somebody has to sweep the kitchen and the bathrooms! ______
8. Nobody listens to me!!! ______

L. El aspecto personal.

Parte 1. Contesta las preguntas.

1. ¿Hay alguien en tu casa ahora? ¿Quién? ¿Qué hace ahí ahora?
2. ¿Sales con alguien los fines de semana? ¿Con quién? ¿Adónde van?
3. ¿Vas a comprar algo nuevo este mes? ¿Qué? ¿Dónde lo vas a comprar?
4. ¿Hablaste con algún/alguna compañero/a de clase? ¿De qué hablaste?
5. ¿Viste alguna buena película este mes? ¿Cuál?
6. ¿Hiciste algún viaje interesante el año pasado? ¿Adónde fuiste?
7. ¿Hiciste algo divertido la semana pasada? ¿Qué? ¿Con quién?

Parte 2. Ahora comparte tus respuestas con un(a) compañero/a.

Modelo	—¿Hay alguien en tu casa ahora?
	—No, no hay nadie.
or	**—Sí, mi mamá siempre está en casa a esta hora.**

M. ¡A trabajar! El apartamento que compartes con tus compañeros/as está muy desordenado. En grupos de tres, hagan una lista de los quehaceres que tienen que hacer según la ilustración de la **Práctica I. ¡Qué desastre!**, p. 65, y decidan qué va a hacer cada persona.

Modelo **Yo no quiero cortar el pasto. Prefiero hacer las camas.**

N. Conciencia ecológica.

Parte 1. Sofía hizo esta encuesta (*survey*) en su clase de cálculo para saber si sus compañeros están conscientes del calentamiento global (*global warming*) y los cambios climáticos. Lee la información y contesta las preguntas para saber cómo está tu conciencia ecológica.

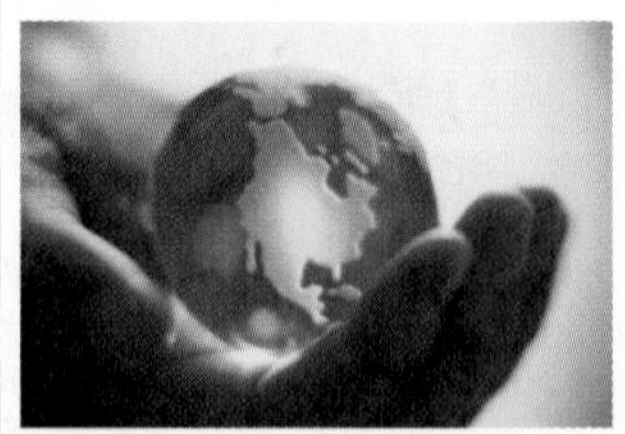

El calentamiento global es un serio problema. Todos podemos ayudar un poco si tomamos conciencia de nuestro planeta y la necesidad que tenemos de cuidarlo. No podemos esperar a que los políticos resuelvan el problema. Nosotros tenemos que empezar ahora. Es fácil y además podemos ahorrar (*save*) dinero y mantenernos más saludables (*healthier*). ¡La responsabilidad de mejorar el ambiente (*environment*) es nuestra!

¿Qué haces en casa para cuidar nuestro planeta? Marca Sí o No.

	Sí	No
1. ¿Usas productos de limpieza (*cleaning*) que no contaminan (*pollute*)?	☐	☐
2. Cuando no estás en tu cuarto, ¿apagas la luz (*do you turn the light off*)?	☐	☐
3. ¿Reciclas (*Do you recycle*) la basura?	☐	☐
4. ¿Llevas tus propias (*own*) bolsas al supermercado?	☐	☐
5. ¿Lavas siempre la ropa con agua fría?	☐	☐
6. ¿Desconectas los aparatos eléctricos (*appliances*) cuando no los usas?	☐	☐
7. ¿Prendes la calefacción (*do you turn on the heat*) solamente cuando tienes frío?	☐	☐
8. Cuando te bañas, ¿usas menos agua que antes?	☐	☐
9. Cuando usas el cajero automático (*ATM*), ¿prefieres no pedir recibo impreso (*printed receipt*) de la transacción que hiciste?	☐	☐
10. ¿Manejas más despacio (*slower*) ahora para gastar (*use*) menos gasolina?	☐	☐

Parte 2. Trabaja con un(a) compañero/a para comparar sus respuestas y motivarse para salvar (*save*) nuestro planeta. Escriban tres preguntas más para hacerles a otros/as compañeros/as y saber si tienen conciencia ecológica.

1. ____________________
2. ____________________
3. ____________________

Práctica adicional

Cuaderno de tareas p. 85, K–L

SUPERSITE invitaciones.vhlcentral.com Episodio 18

Actividades comunicativas

A. Crucigrama.

Instrucciones para **Estudiante 1**

Tu compañero/a y tú tienen el mismo crucigrama, pero tú tienes las respuestas que él/ella no tiene y viceversa. Necesitas explicarle las palabras usando definiciones, sinónimos, antónimos u oraciones incompletas.

Modelo *5 vertical:* **Un quehacer que hacemos cuando el suelo está sucio.**
16 horizontal: **El lugar donde vivimos en un edificio.**

Learning Strategy: Circumlocution

If you have forgotten or do not know a word you need, try to express your thought in another way. For example, if you forgot how to say *dirty*, say *not clean*. If you forgot how to say *Monday*, you may say *the day after Sunday*.

Partes de la casa, muebles y quehaceres

			1 S														
			A					2 F			3 P						
			4 L					R			A		5 B				
			A					E			6 T		A				7 S
								G			I		R				I
			8 C			9		A			O		R				L
			Ó					D					E				L
			10 M		11 E			E					R				Ó
			O		S			R									N
			D		T			O									
			A		U										12 J		
13 B		14 L			F					15 C					A		
16 A		A		17 T	A		18 E			O					R		
Ñ		V		I			S			19 M					D		
O		A		N			P			E					Í		
		B		A			E			D					N		
		O					J		20	O							
							O			R							

A. Crucigrama.

Instrucciones para **Estudiante 2**

Tu compañero/a y tú tienen el mismo crucigrama, pero tú tienes las respuestas que él/ella no tiene y viceversa. Necesitas explicarle las palabras usando definiciones, sinónimos, antónimos u oraciones incompletas.

Modelo *5 vertical:* **Un quehacer que hacemos cuando el suelo está sucio.**
16 horizontal: **El lugar donde vivimos en un edificio.**

> **Learning Strategy: Circumlocution**
> If you have forgotten or do not know a word you need, try to express your thought in another way. For example, if you forgot how to say *dirty*, say *not clean*. If you forgot how to say *Monday*, you may say *the day after Sunday*.

Partes de la casa, muebles y quehaceres

			1 S	O	F	Á											
								2			3						
			4 L	Á	M	P	A	R	A				5				
											6 T	O	A	L	L	A	7 S
			8			9 C	U	A	R	T	O						
			10 M	U	11 E	B	L	E	S								
															12		
13		14								15 C	O	C	I	N	A		
16 A	P	A	R	17 T	A	M	18 E	N	T	O							
										19 M	E	S	A				
									20 H	O	R	N	O				

B. Diferencias.

Instrucciones para **Estudiante 1**

Aquí tienes un dibujo del apartamento de Emilio. Hay por lo menos siete diferencias entre este apartamento y el dibujo de tu compañero/a. Para encontrar las diferencias, necesitas describir los cuartos, los muebles y las actividades de los personajes.

Modelo **En la sala hay una mesa, ¿no?**
No hay nadie en el baño, ¿verdad?

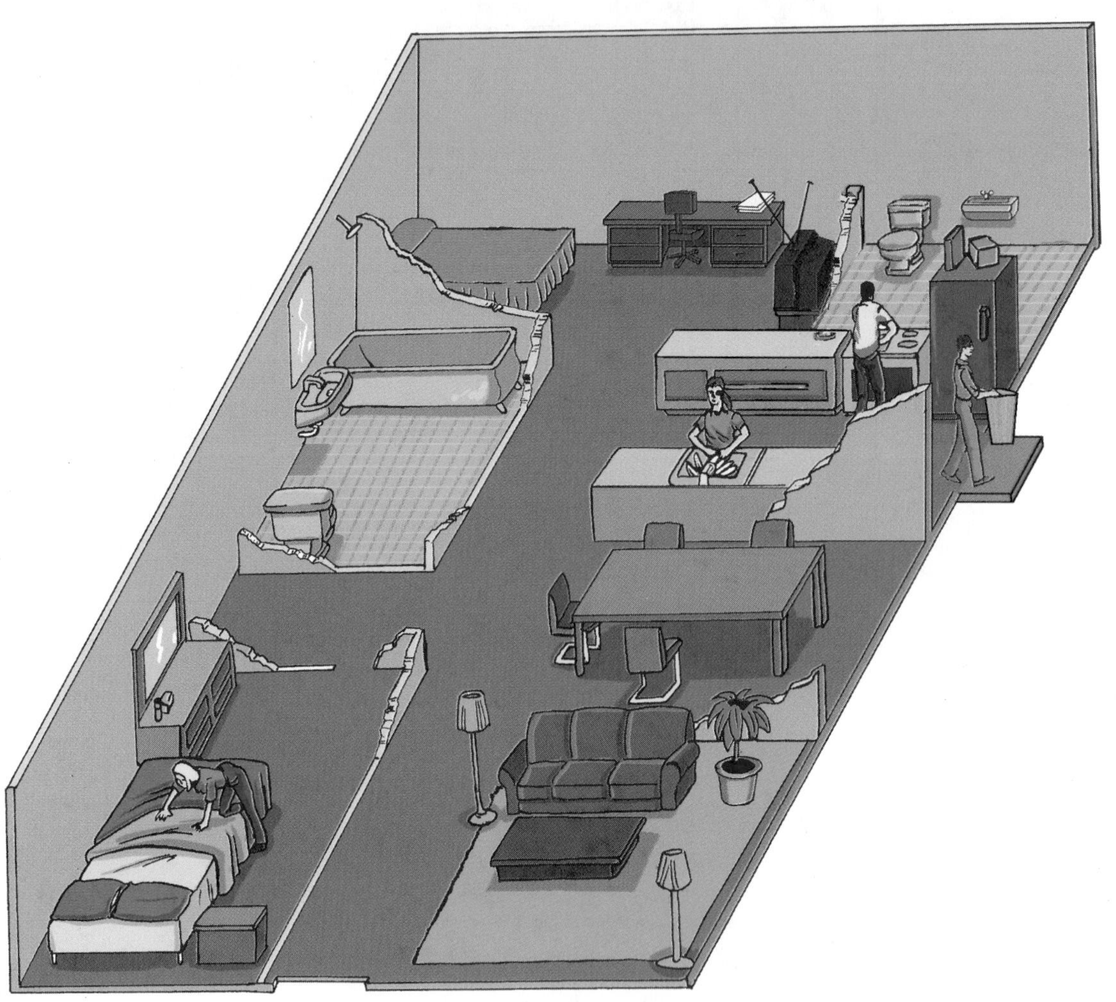

B. Diferencias.

Instrucciones para **Estudiante 2**

Aquí tienes un dibujo del apartamento de Emilio. Hay por lo menos siete diferencias entre tu apartamento y el de tu compañero/a. Para encontrar las diferencias, necesitas describir los cuartos, los muebles y las actividades de los personajes.

Modelo **En la sala hay un sillón, ¿no?**
¿Hay alguien en el cuarto?

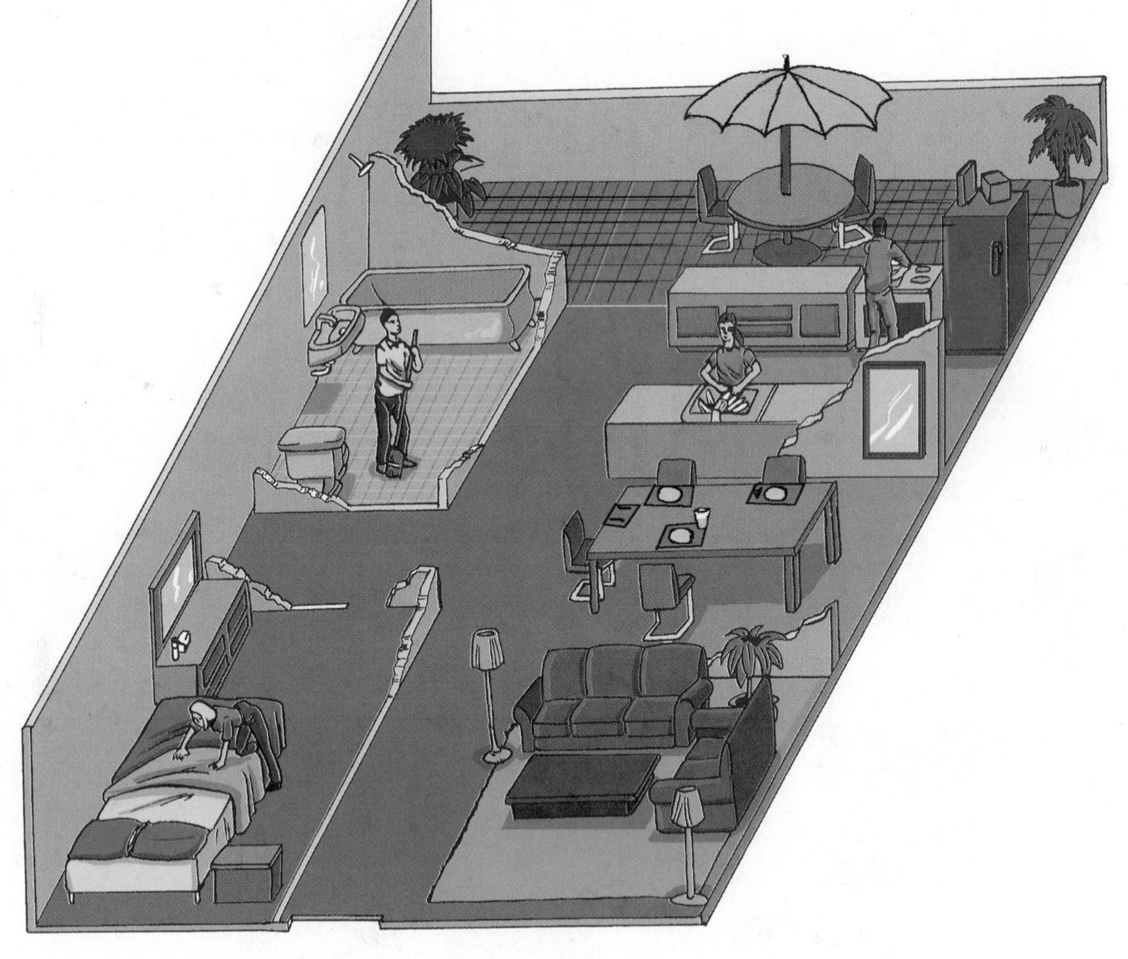

C. En imágenes.

Instrucciones para **Estudiante 1**

Usa las palabras y las ilustraciones para crear oraciones lógicas. Cuando tengas tus oraciones, léeselas a tu compañero/a, quien te va a decir si están bien o mal. Tomen turnos.

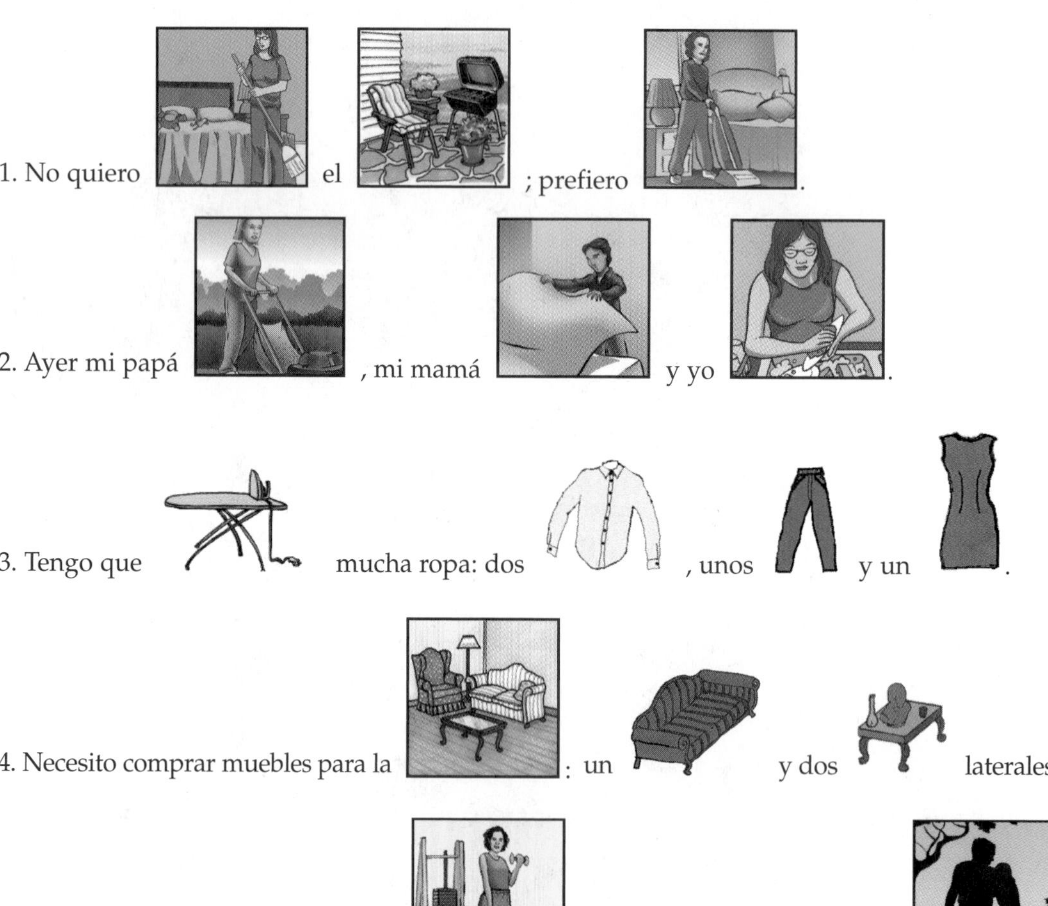

1. No quiero ___ el ___ ; prefiero ___.
2. Ayer mi papá ___ , mi mamá ___ y yo ___.
3. Tengo que ___ mucha ropa: dos ___ , unos ___ y un ___.
4. Necesito comprar muebles para la ___ : un ___ y dos ___ laterales.
5. Los fines de semana mi novio y yo ___ por la mañana y por la tarde ___.

Las respuestas de tu compañero/a:

1. Voy a comprar un **microondas**, un **refrigerador** y una **estufa**.
2. Nadie limpió el **baño**. La **tina** y el **espejo** están sucios.
3. Anoche mi esposo **sacó la basura**, mi hija **lavó la ropa** y yo **saqué al perro a pasear**.
4. Tu cuarto está **desarreglado**. Tienes que **recoger la ropa**, limpiar la **cómoda** y la **mesa de noche**.
5. Los domingos, mi hermana quiere **andar en bicicleta** y yo prefiero **montar a caballo**.

C. En imágenes.

Instrucciones para **Estudiante 2**

Usa las palabras y las ilustraciones para crear oraciones lógicas. Cuando tengas tus oraciones, léeselas a tu compañero/a, quien te va a decir si están bien o mal. Tomen turnos.

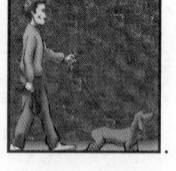

1. Voy a comprar un 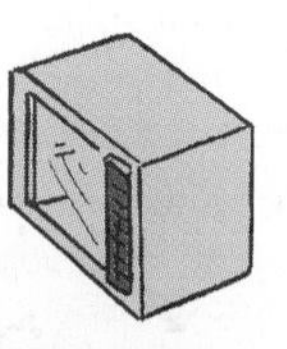, un  y una .
2. Nadie limpió el . La  y el 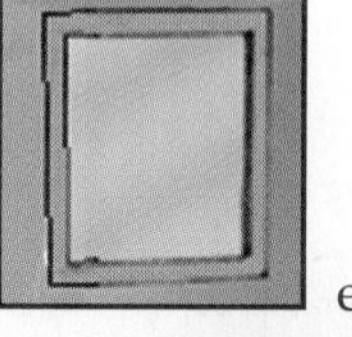 están sucios.
3. Anoche mi esposo , mi hija  y yo 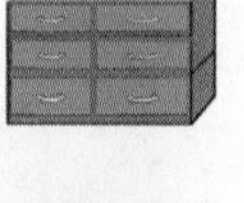.
4. Tu cuarto está . Tienes que 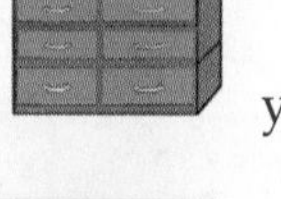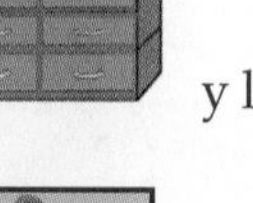, limpiar la 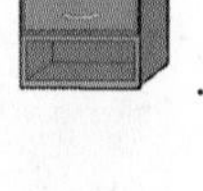 y la 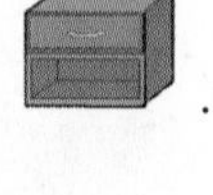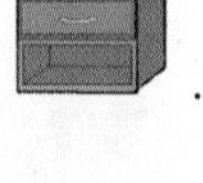.
5. Los domingos, mi hermana quiere y yo prefiero .

Las respuestas de tu compañero/a:

1. No quiero **barrer** el **patio**; prefiero **pasar la aspiradora**.
2. Ayer mi papá **cortó el pasto**, mi mamá **hizo las camas** y yo **lavé los platos**.
3. Tengo que **planchar** mucha ropa: dos **camisas**, unos **pantalones** y un **vestido**.
4. Necesito comprar muebles para la **sala**: un **sofá** y dos **mesitas** laterales.
5. Los fines de semana mi novio y yo **levantamos pesas** por la mañana y por la tarde **damos un paseo.**

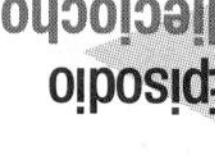

Invitación a **Estados Unidos**

En tus propias palabras. Lee la información para escribir en español lo que entendiste. Resume (*Summarize*) la información en dos o tres oraciones.

Del álbum de
Ramón

Hay 44 millones de hispanos en los Estados Unidos y, según el último censo, 34 millones hablan español en sus casas. La población hispana ahora tiene mucho poder económico en el mercado estadounidense. Por eso, en la televisión, hay más de setenta canales en español y existen algunas redes *(networks)* de televisión muy populares: Univisión, Telemundo, Galavisión, TeleFutura, etc. Por supuesto que también hay CNN, Fox Sports y Canal Discovery, todos en español, entre otros. Además hay un sinnúmero de emisoras *(stations)* de radio y muchos periódicos (*newspapers*) y revistas (*magazines*). Los tres periódicos más leídos son *La Opinión* de California, *El Nuevo Herald* de Florida y *Diario La Prensa* de Nueva York. En Capitol Hill hay veintisiete hispanos en la Cámara de Representantes; y desde el 2003, los republicanos han empezado *(have started)* a ofrecer cursos de español para sus representantes tanto de la Cámara como del Senado, una muestra *(example)* importante del poder de los votantes hispanohablantes en las elecciones futuras. Los senadores demócratas Barack Obama y Hillary Clinton sacaron varios anuncios *(ads)* en español durante su candidatura. Usa Internet *(YouTube)* para escuchar los anuncios y las canciones *(songs)* políticas en español que reflejaban *(would reflect)* el apoyo a estos dos candidatos.

In groups of four, divide the following tasks so that your group has all the materials available for the class:

1. Go to the Directory of Congress on the Internet and make a list of the names and the states with Hispanic representatives.

2. Browse your TV channels and bring to class a list of the Spanish-language stations.

3. Find out what Spanish newspapers are sold in your community.

4. Bring a Spanish-language magazine to the class.

La correspondencia

El correo: ¡Adriana recibe noticias de su hermana! Primero lee las preguntas. Después lee la carta que Adriana recibe de su hermana en Puerto Rico. Por último, contesta las preguntas.

1. ¿Qué noticias le da Cristina a Adriana? ______________________________

2. ¿Cómo es la casa? ¿Te gustaría comprar una casa así? ¿Por qué? ______________________________

3. ¿Por qué la cocina es importante para Cristina ?______________________________
4. ¿Qué tiene la casa de Cristina que no tienen la mayoría de las casas norteamericanas? ______________________________

5. ¿Por qué Adriana puede visitar a su hermana en Puerto Rico ahora? ______________________________

San Juan, 3 de enero

Querida Adriana:

Déjame contarte las buenas noticias[1]: por fin compramos una casa. ¡Es divina! Está en una zona bastante buena y no nos costó demasiado[2]. Es una casa de dos pisos[3]. Tiene cuatro cuartos con baño (y un medio baño en el piso de abajo). La sala y el comedor tienen vista a un jardín japonés que tiene algunas esculturas típicas japonesas y es bellísimo. Los señores que nos vendieron la casa son decoradores de jardines.

Ya sabes que me encanta cocinar, así que lo más importante para mí es la cocina. Te puedo decir que es preciosa. Es enorme y tiene mucha luz[4], aunque[5] no tiene ninguna ventana al jardín japonés. ¡Qué lástima! Por supuesto[6], la casa tiene garaje para dos coches y un cuarto de servicio.

Ahora el problema va a ser amueblar[7] la casa. Mis muebles ya están viejos y no pienso llevarlos. No sé de dónde va a salir el dinero para tantas cosas, pero ya veremos[8]. Como puedes ver, va a ser imposible visitarte este año, pero Uds. sí pueden venir a Puerto Rico. Ahora no vas a tener excusa, pues tenemos un cuarto sólo para las visitas.

Bueno, ya te contaré en la próxima carta cómo va lo de la casa. Por ahora, recibe como siempre un cariñoso abrazo[9] de tu hermana que te quiere.

Cristina

[1]*news* [2]*too much* [3]*floors (stories)* [4]***Es...*** *It is spacious and well-lit* [5]*although* [6]*Of course* [7]*to furnish* [8]*we will see* [9]*hug*

En papel: Un anuncio (*ad*). Imagine that the World Cup is going to be held in your city this year. You have heard that you can rent your house or apartment for four to seven days to Latin American fans. A website will advertise your house for free in all Latin American countries, but you have to create your own ad. Write a description of your house/apartment and mention the chores you expect the guests to do in order to leave the dwelling in the condition in which they found it.

¡Fíjate!

Go to the Supersite to watch a video about an extreme sports competition held annually in Taxco, Mexico.

Writing Strategy: Improving the quality of your writing

Being accurate requires more than spelling words correctly: it requires matching subjects and verbs, nouns and adjectives, and combining elements so that what you want to communicate is comprehensible to Spanish speakers. A useful writing strategy is to write in two stages:

a) During the first stage, concentrate on communicating your message—that is, focus on meaning and ideas. For example, identify what you want to say about your house: which rooms you should describe in your ad, what chores should be part of the rental agreement.

b) During the second stage, concentrate on the quality of your message—that is, make sure that the forms you have used are correct. For example, check to see whether the adjectives match the nouns, if the word order is correct, and if the correct verb tense was used.

Continued monitoring of your ideas and the forms you use to express them will gradually improve your ability to communicate in Spanish.

¡A ver de nuevo!

Parte 1. Escucha la conversación de **Escenas de la vida** para hacer un resumen de lo que pasa. Incluye los quehaceres que hace Emilio en su casa, qué piensa Lalo de Emilio, qué planes tiene Lalo para el fin de semana, qué quehaceres hizo Sofía y qué tiene que hacer Lalo.

Parte 2. Ahora trabaja con un(a) compañero/a para comparar la información y añadir lo que te haya faltado.

Práctica adicional			
Cuaderno de tareas pp. 86–88, M–N	invitaciones. vhlcentral.com Episodio 18	invitaciones. vhlcentral.com Lab practice	invitaciones. vhlcentral.com Episodio 18

Objetivos comunicativos

You should now be able to do the following in Spanish:

✓ talk about your house, chores, and leisure activities

✓ make affirmative and negative statements

Vocabulario del Episodio 18

Partes de la casa y muebles

la alfombra	*carpet; rug*
el apartamento	*apartment*
el asador	*grill*
el baño	*bathroom*
la cama	*bed*
el clóset	*closet*
la cocina	*kitchen*
el comedor	*dining room*
la cómoda	*dresser*
el cuarto	*room*
la ducha	*shower*
el espejo	*mirror*
la estufa	*stove*
el fregadero	*sink* (in a kitchen)
el garaje	*garage*
el horno	*oven*
el jardín	*backyard; garden*
la lámpara	*lamp*
el lavabo	*sink* (in a bathroom)
la mesa (de noche)	*(night) table*
la mesita	*side table*
el microondas	*microwave oven*
los muebles	*furniture*
el patio	*patio*
el refrigerador	*refrigerator*
la sala	*living room*
la silla	*chair*
el sillón	*arm chair*
el sofá	*sofa*
la tina	*bathtub*
la toalla	*towel*

Quehaceres

barrer el suelo	*to sweep the floor*
el garaje	*the garage*
cortar el pasto	*to mow the lawn*
darle de comer al gato	*to feed the cat*
hacer la cama	*to make the bed*
lavar los platos	*to do (wash) the dishes*
pasar la aspiradora	*to vacuum*
planchar	*to iron*
poner la mesa	*to set the table*
recoger las cosas	*to pick up one's things*
la mesa	*to clear the table*
la ropa	*to pick up (one's) clothes*
sacar al perro a pasear	*to take out (walk) the dog*
sacar la basura	*to take out the trash*

Pasatiempos y diversiones

andar en bicicleta	*to ride a bike*
bucear	*to scuba dive/snorkel*
dar un paseo	*to go for a walk*
esquiar	*to ski*
hacer una fiesta	*to throw a party*
un picnic	*to have a picnic*
un viaje	*to take a trip*
ir de campamento	*to go camping*
de excursión	*to hike*
levantar pesas	*to lift weights*
montar a caballo	*to go horseback riding*
nadar	*to swim*
patinar (sobre hielo)	*to (ice) skate*
en línea	*to rollerblade*

Expresiones útiles

estar arreglado/a	*to be tidy*
estar desarreglado/a	*to be messy*
estar limpio/a	*to be clean*
estar sucio/a	*to be dirty*

Algunas palabras afirmativas y negativas

Afirmativas		Negativas	
algo	*something; anything*	**nada**	*nothing; not anything*
alguien	*someone; somebody; anyone*	**nadie**	*no one; nobody; not anyone*
algún, alguno/a(s)	*some; any*	**ningún, ninguno/a**	*not any; no; none*
siempre	*always*	**nunca**	*never; ever*
también	*also; too*	**tampoco**	*neither; either*

Vocabulario personal

En esta sección escribe las palabras que necesitas saber para poder describir tu propia casa y hablar de tus quehaceres y diversiones.

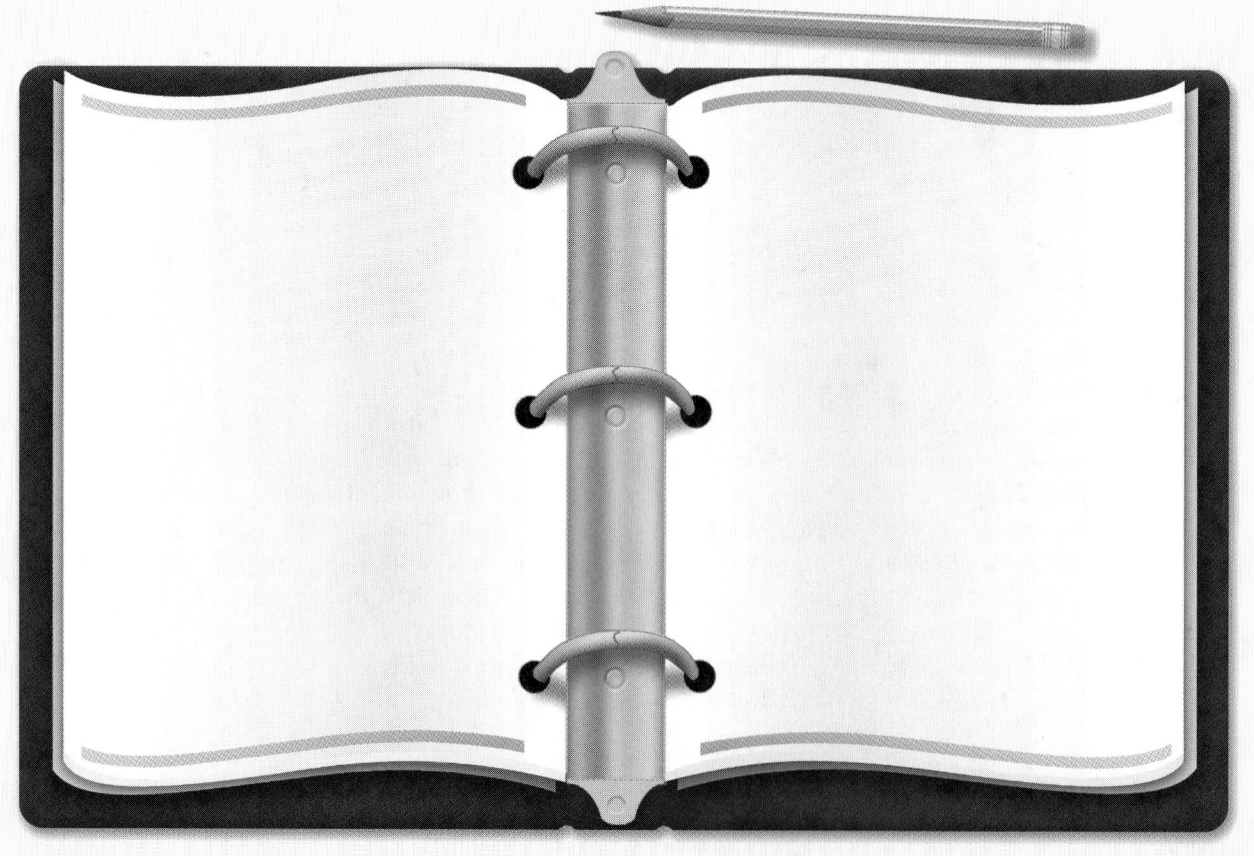

Objetivos comunicativos

In this episode, you will practice:

✓ expressing likes, dislikes, and interests

Episodio 19

Escenas de la vida: ¿Qué tienen ganas de hacer?

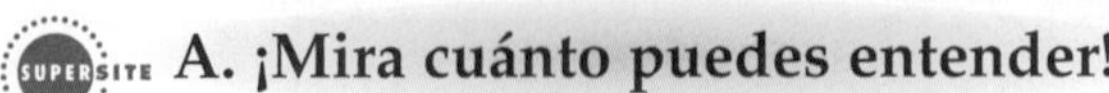

A. ¡Mira cuánto puedes entender!

1. Indica qué le encanta a Ana Mari.

A **Ana Mari** le encanta **la comida china.**

A **Ana Mari** le encanta **cómo canta Enrique Iglesias.**

A **Ana Mari** le encanta **limpiar su casa.**

A **Ana Mari** le encantan **los *hot dogs*.**

Ana Mari

2. Indica qué le molesta a Ramón.

A **Ramón** le molesta **perder cuando juega tenis con Manolo.**

A **Ramón** le molesta **la música tan alta de las discotecas.**

A **Ramón** le molesta **gastar dinero en actividades tontas.**

A **Ramón** le molestan **las personas que fuman en el estadio.**

Ramón

B. ¿Te diste cuenta? Escucha la conversación o mira el video otra vez para saber:

1. adónde quiere ir Sofía ______
2. adónde quiere ir Manolo ______
3. adónde quiere ir Wayne ______
4. adónde quiere ir Emilio ______

C. ¿Quién lo dijo? Mira o escucha la conversación otra vez para indicar quién hizo estos comentarios: Ramón (**R**) o Ana Mari (**AM**).

______ 1. ¿Te gusta la comida china?
______ 2. A Adriana no le interesa ir a bailar.
______ 3. Me interesa saber quién va a ganar este año.
______ 4. A ti, con tal de no gastar[1] te molesta todo.
______ 5. A mí sólo me molestan las actividades tontas.
______ 6. Me encanta el *chow mein*.

[1] *if you have to spend money*

Práctica adicional

Cuaderno de tareas p.103, A–C

invitaciones.vhlcentral.com Episodio 19

invitaciones.vhlcentral.com Episodio 19

Cultura a lo vivo

El fútbol es el deporte nacional de la mayoría de los países hispanos. Niños, jóvenes y adultos lo juegan en calles, clubes y parques. Hay ligas para todas las edades. Algunos estadios de Latinoamérica (el estadio Maracaná en Brasil y el estadio Azteca en México) son de los más grandes del mundo. Durante "el mundial[1]" millones de personas dejan de trabajar[2] y de ir a la escuela para poder ver los partidos[3]. Cuando gana el equipo[4] nacional, hay celebraciones todo el día y toda la noche por las calles de las ciudades. Ve al Supersitio para mirar un episodio de *Flash cultura* sobre este tema.

[1] *World Cup* [2] *stop working* [3] *games* [4] *team*

Para comunicarnos mejor

Gramática 1 Expressing likes, dislikes, and interests
- **Verbs like gustar**
- **Indirect object pronouns**

You heard the characters use the following verbs to talk about their preferences and interests.

Me encanta el *chow mein.*	*I love chow mein.*
Me encantan los *hot dogs.*	*I love hot dogs.*
A mí me molesta esa música tan alta.	*That loud music bothers me.*
¿**Te gusta** la comida china?	*Do you like Chinese food?*
A Adriana eso sí **le va a gustar.**	*Adriana is really going to like that.*
¿Qué **nos interesa a todos**?	*What are we all interested in?*

1. Notice that the verbs **encantar, molestar**, and **interesar** are like the verb **gustar**, which you learned in **Episodio 3**. Use them with the pronouns **me** (to refer to *me*), **te** (to refer to *you*—singular, informal), **le** (to refer to *her, him,* and *you*—singular, formal), **nos** (to refer to *us*), and **les** (to refer to *you*—plural). These words are *indirect object pronouns*.

Pronombres indirectos		
a mí	**me**	*to/for me*
a ti	**te**	*to/for you* (informal)
a usted/él/ella	**le**	*to/for you* (formal), *him, her*
a nosotros/as	**nos**	*to/for us*
a vosotros/as	**os**	*to/for you* (pl. Spain)
a ustedes/ellos/ellas	**les**	*to/for you, them*

2. Since **le** can refer to different people—*to him, to her, to you* (**Ud.**)—and **les** can refer to *them* and to a *group of you* (**Uds.**), you will often need to clarify to whom you are referring by using **a** and the person's name.

    A Adriana eso sí **le va a gustar**.
    A mis amigos les gusta salir los viernes por la noche.
    A los niños les encanta jugar juegos nuevos, pero **les choca** perder.

3. To emphasize or contrast what you and someone else like or dislike, use **a mí** and **a ti** before **me** and **te** and **a nosotros** before **nos**.

    A mí sólo **me** molestan las actividades tontas.
    A ti, con tal de no gastar, **te** molesta todo.
    A nosotros nos interesa saber qué cosas pasan en Latinoamérica.

Para hablar de nuestros gustos		
chocar	A los estudiantes **les choca** gastar tanto dinero en libros.	*Students hate to spend so much money on books.*
encantar	**Me encantan** las canciones de Christina Aguilera.	*I love Christina Aguilera's songs.*
fascinar	A Manolo **le fascina** aprender cosas nuevas.	*Manolo loves (is fascinated) to learn new things.*
gustar	¿**Te gusta** salir entre semana?	*Do you like to go out during the week?*
interesar	No **me interesa** fumar.	*I'm not interested in smoking.*
molestar	A Ana Mari y a mí **nos molesta** la actitud de Ramón.	*Ramón's attitude bothers us.*

4. Notice that with these verbs, the subject normally follows the verb (but the subject may also precede the verb).

    Me molestan **las actividades tontas.**
    Las actividades tontas me molestan. } *Silly activities bother me.*

5. As always, these verbs agree with their subject when the subject is a noun; when the subject is one or more verbs, use the singular form.

    Me gusta el *chow mein*. | **Me gustan** los *hot dogs*.
    No **me molesta** trabajar. | **Me interesa** viajar y leer.

6. In the preterit, the conjugations for these verbs are **-ó** and **-aron**, since they are all **-ar** verbs.

    No **me gustaron** los camarones, pero **me encantó** la langosta.

PRÁCTICA

A. Las preferencias de los profesionales. Empareja las frases de las dos columnas para crear oraciones lógicas.

______ 1. A los veterinarios les gusta
______ 2. A los sicólogos no les molesta
______ 3. Al médico le interesa
______ 4. A los diseñadores les gusta
______ 5. A los editores les choca
______ 6. A los abogados les encanta

a. el arte.
b. encontrar errores en lo que leen.
c. escuchar los problemas de sus pacientes.
d. trabajar con animales.
e. resolver los problemas legales de sus clientes.
f. la condición física de la gente.

B. Mis estudios.

Parte 1. Indica si los siguientes comentarios son **ciertos** o **falsos** para ti.

	Cierto	Falso
1. Me gustan mis clases este semestre.	☐	☐
2. Me choca hacer la tarea.	☐	☐
3. Me fascina aprender cosas nuevas.	☐	☐
4. Me molesta levantarme temprano.	☐	☐
5. Me encanta acostarme tarde entre semana.	☐	☐
6. Me interesan las computadoras y la tecnología.	☐	☐
7. Me gustan las clases difíciles.	☐	☐

Parte 2. Cambia las oraciones de la **Parte 1** para entrevistar a un(a) compañero/a. Decide a quién le interesan más sus estudios, a ti o a tu compañero/a. No olvides *(Don't forget)* hacer los cambios necesarios.

> **Modelo** 1. Me gustan mis clases este semestre.
> **—¿Te gustan tus clases este semestre?**
> **—Sí, me encantan. Tengo una clase de biología que me gusta mucho porque es muy interesante. También tengo una clase de sociología que es muy divertida. Y a ti, ¿te gustan tus clases?**

C. ¿Les gusta o no? Escucha los comentarios para determinar si a los personajes les gustan o no las actividades mencionadas.

	Sí	No
1.	☐	☐
2.	☐	☐
3.	☐	☐

	Sí	No
4.	☐	☐
5.	☐	☐
6.	☐	☐

D. Sofía, la comunicativa. Completa las oraciones con los pronombres **(me, te, le, nos, les)** que faltan para saber qué le cuenta Sofía a Emilio sobre los gustos de sus amigos.

1. A Ana Mari y a mí __________ gusta mucho salir, pero a mí __________ choca manejar de noche porque no veo bien.
2. A Ramón __________ molesta gastar dinero y por eso sale poco.
3. Al esposo de Adriana __________ molesta que Adriana llegue tarde, pero a sus hijos __________ encanta que su mamá estudie.
4. Manolo es un bohemio: no __________ interesa el dinero, __________ preocupa la extinción de los animales y __________ molestan las personas materialistas.
5. A Wayne __________ encantan las computadoras.
6. A Ramón y a Wayne __________ gusta mucho jugar fútbol, pero __________ choca perder.
7. Oye, Emilio, si __________ gusta hacer ejercicio, puedes ir con nosotros.
8. A Ana Mari y a mí __________ fascina ir al gimnasio.
9. Y a ti, ¿__________ interesa aprender cosas nuevas en tus clases?
10. Sí, __________ fascina aprender algo nuevo cada día. Este semestre voy a aprender a diseñar páginas y sitios para Internet.

E. Tus gustos y preferencias y los de tu familia.

Parte 1. Mira las ilustraciones y expresa qué actividades te gustan, te chocan o te molestan. Di qué piensan los otros miembros de tu familia sobre las mismas actividades. Escríbelas en tu cuaderno.

¡Fíjate!
Remember to use **a** + [*person*] when talking about family members.

Modelo **Me choca planchar, pero a mi mamá le gusta hacerlo.**
Me encanta trabajar en el jardín, pero a mi papá no le interesa.

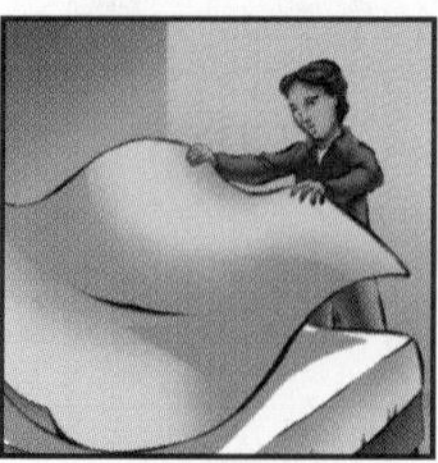

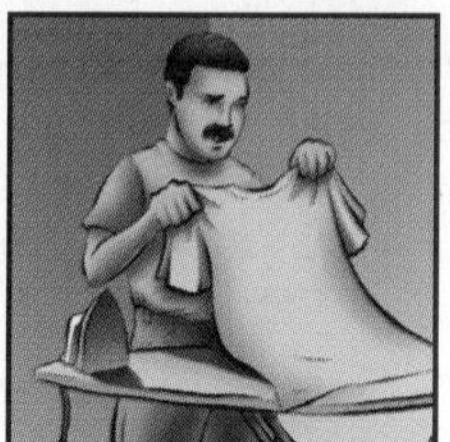

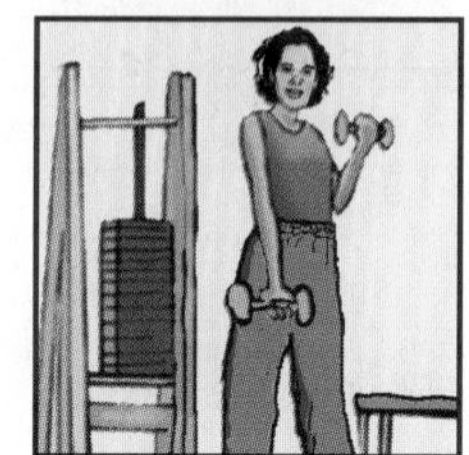

Parte 2. Habla con un(a) compañero/a para comparar sus preferencias. Usa expresiones como **a mí también, a mi hermano tampoco, a mí eso no me interesa, a mi mamá eso le encanta,** etc.

F. Los gustos. Escribe un párrafo con las cosas que (no) les gustan (encantan, molestan, chocan, interesan) a tus amigos y familiares. Piensa en la comida, la ropa, las películas (románticas, de aventura, de terror, policíacas) y las actividades de fin de semana (ir de excursión, ir al cine, patinar, bucear, montar a caballo, etc.). Escribe cinco oraciones como mínimo. Después comparte tus comentarios con la clase.

Modelo **A mi mamá le choca ver películas de horror. Por eso, cuando alquilamos/rentamos (*we rent*) videos, generalmente vemos películas románticas o comedias.**

¡Fíjate!
Review leisure activities on page 60.

G. El último concierto. Habla con un(a) compañero/a para indicar lo que te gustó, te encantó, te molesto, te interesó del último concierto al que fuiste.

¡Fíjate!
Use **que** as the relative pronoun *that*. **La comida que sirvieron...** *The food that they served...*

Modelo **Me encantó la comida que sirvieron.**

1. las canciones
2. la ropa
3. el CD
4. el lugar
5. el público
6. las bebidas
7. el precio del boleto
8. el/la cantante/el grupo
9. ________________

H. ¡A hablar! Todos tenemos gustos diferentes. Habla con un(a) compañero/a de las actividades que te gustan, te molestan, te chocan o te encantan en las siguientes situaciones. Us-en a las ilustraciones para tener ideas.

Modelo **En el invierno, me choca bañarme por la mañana; por eso, me baño por la noche. Me fascina ponerme ropa gruesa (*heavy*): guantes, bufandas y abrigos.**

- en el verano
- entre semana
- cuando sales
- en la universidad
- los fines de semana
- las vacaciones

¡Fíjate!
Notice that **me** is used twice. One belongs to **chocar** and **gustar**, and the other one is from a reflexive verb. **Me** choca bañar**me**. **Me** gusta acostar**me** tarde.

Práctica adicional

Cuaderno de tareas pp. 104–106, D–H

invitaciones.vhlcentral.com Lab practice

invitaciones.vhlcentral.com Episodio 19

Actividades comunicativas

A. Los gustos de mis compañeros.

Parte 1. Escribe tu nombre al lado de las preguntas a las que responderías **sí**. Después, entrevista a tus compañeros para tener al menos dos nombres al lado de cada actividad.

Modelo —¿Te molesta trabajar los fines de semana?
—No, no me molesta. ¿Y a ti? o —Sí, me molesta mucho.
—A mí tampoco. —A mí también.

	Nombres	
1. ¿Te molesta(n)...		
trabajar los fines de semana?	________	________
los animales?	________	________
las personas que fuman?	Sonja (Mí)	________
2. ¿Te interesa(n)...		
la política?	________	________
los deportes?	________	________
la música?	Sonja	________
3. ¿Te choca(n)...		
planchar?	sonja	________
hacer la tarea?	________	________
cocinar *(to cook)*?	________	________
las verduras?	________	________

Parte 2. Escribe un informe con la información que tienes. Incluye por lo menos seis oraciones. Debes estar preparado/a para compartir la información con la clase.

Modelo A Roberto y a mí nos interesa mucho la política.
A John le molestan los animales.
A Roberto y a Mary Ann les choca cocinar.

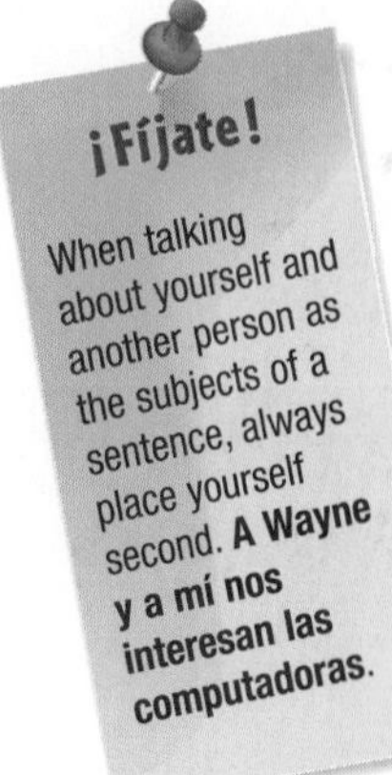

¡Fíjate!
When talking about yourself and another person as the subjects of a sentence, always place yourself second. **A Wayne y a mí nos interesan las computadoras.**

___

___

___

___

___

___

___

___

B. Sopa de palabras.

Instrucciones para **Estudiante 1**

Primero escribe oraciones lógicas con todas las palabras. La primera y la última palabra ya están en su lugar. Después léele tus oraciones a tu compañero/a para verificar las respuestas. Si las oraciones de tu compañero/a tienen errores, ayúdalo/la a encontrarlos, pero no le des *(give)* la respuesta correcta inmediatamente.

Modelo

A choca el Emilio le limpiar **baño.**
A Emilio le choca limpiar el baño.

En la casa

1. **A** choca el mí me cortar **pasto.**

   ____

2. **A** papá trabajar en le mi encanta el **jardín.**

   ____

3. **A** mucho le mi gusta mamá **cocinar.**

   ____

4. **A** mí y a mi la ver casa molesta esposo nos **sucia.**

   ____

5. **A** planchar mis camisas les hermanas choca de las **papá.**

   ____

Las respuestas de tu compañero/a:
1. A mí me gusta mucho viajar en coche.
2. A mi mamá le molesta recoger nuestra ropa.
3. A mi papá le interesan las culturas diferentes.
4. A mi esposo y a mí nos encanta ir a la playa.
5. A mis hermanos les choca comer en restaurantes baratos *(cheap)*.

B. Sopa de palabras.

Instrucciones para **Estudiante 2**

Primero escribe oraciones lógicas con todas las palabras. La primera y la última palabra ya están en su lugar. Después léele tus oraciones a tu compañero/a para verificar las respuestas. Si las oraciones de tu compañero/a tienen errores, ayúdalo/la a encontrarlos, pero no le des *(give)* la respuesta correcta inmediatamente.

Modelo

A encanta Sofía a les hacer Manolo y **viajes.**
A Sofía y a Manolo les encanta hacer viajes.

Cuando estamos de vacaciones

1. **A** viajar gusta me mí mucho en **coche.**

____

2. **A** molesta mi recoger le nuestra mamá **ropa.**

____

3. **A** las papá mi le culturas interesan **diferentes.**

____

4. **A** mí esposo nos ir la a mi y encanta a **playa.**

____

5. **A** comer les hermanos restaurantes choca mis en **baratos** *(cheap)*.

____

Las respuestas de tu compañero/a:
1. A mí me choca cortar el pasto.
2. A mi papá le encanta trabajar en el jardín.
3. A mi mamá le gusta mucho cocinar.
4. A mi esposo y a mí nos molesta ver la casa sucia.
5. A mis hermanas les choca planchar las camisas de papá.

C. Necesito compañero/a de cuarto. Necesitas encontrar compañero/a de cuarto. Habla con un(a) compañero/a de clase para saber si ustedes son compatibles. Después de hablar de los siguientes temas *(topics),* decidan si podrían *(you would be able)* vivir juntos/as.

Temas de conversación:
- tu rutina diaria
- los quehaceres que (no) te gusta hacer
- las cosas que te molestan
- las cosas que te interesan

Learning Strategy: Making communication easier

It is often frustrating when you try to communicate in Spanish and realize that you are not able to express many of your thoughts and feelings. However, there are many different ways to compensate for your limited language at this point in your studies.

- **Use a variety of techniques.** If a listener does not understand your message, try these techniques: say it again, say it more slowly, use gestures, or write down the word or phrase. If you think creatively, you will find a way to communicate!

Invitación a República Dominicana

En tus propias palabras. Lee la información para escribir en español lo que entendiste. Resume (*Summarize*) la información en dos o tres oraciones.

Del álbum de
Manolo

La República Dominicana tiene dos veces el tamaño de New Hampshire. Es la capital mundial del merengue. Los dominicanos celebran varios festivales de música y dos carnavales cada año. También es la cuna *(birthplace)* de jugadores de béisbol como Manny Ramírez y David Ortíz; de músicos como Juan Luis Guerra y Frank Reyes, y del famoso diseñador Óscar de la Renta. En Santo Domingo se estableció la universidad más antigua *(oldest)* del continente americano. La isla también ofrece diversos lugares paradisíacos para el turismo: El Parque Nacional Los Haitises; Puerto Plata, con su funicular *(cable car)* que sube a más de 2.600 pies al monte Isabel de Torres, y docenas de playas idílicas.

La correspondencia

El correo: La carta de Wayne. Primero lee las preguntas. Después lee la carta que Wayne le escribe a su amiga Nelly en Chile. Por último, contesta las preguntas.

1. ¿Por qué dice Wayne que tiene la oportunidad de practicar español casi todos los días?
   ____
2. ¿Por qué cree él que no conoce bien la cultura mexicana?
   ____
3. ¿Qué cosas tienen en común Sofía y Wayne?
   ____
4. ¿Qué cosas les preocupan a los dos?
   ____
5. ¿Por qué dice Wayne que Sofía y él son muy diferentes?
   ____

Querida Nelly:

¡Qué gusto recibir tu carta! Muchas felicidades por tu graduación. Yo también me voy a recibir[1] este año. ¡Cómo pasa el tiempo! Se supone[2] que después de recibirnos, vamos a ser personas serias y responsables, pero yo me siento igual que siempre.

Cada vez me interesa más la cultura hispana. Hace varios meses que salgo con una chica mexicana; se llama Sofía. Tenemos muchos amigos de todas partes de Latinoamérica. Es increíble que, aunque vivo en Estados Unidos, tengo la oportunidad de hablar español casi todos los días.

Todavía no conozco bien la cultura mexicana. Sofía y yo ya tuvimos algunos "malentendidos culturales": el primer día que la invité a salir, llegó al cine con dos amigos. ¡Yo me quería morir![3] Cuando me explicó por qué invitó a sus amigos, nos dio mucha risa[4]. Ahora tengo una relación fabulosa con ella. Pasamos mucho tiempo juntos y tenemos muchas cosas en común. Nos gusta hacer ejercicio, salir a comer y viajar. Además tenemos metas[5] similares: conocer el mundo, tener un buen trabajo y formar una familia. También nos preocupan las mismas cosas: la política internacional, el medio ambiente[6], la violencia y la pobreza. Lo más interesante de todo es que Sofía y yo tenemos personalidades completamente diferentes. Tú sabes que yo me siento más cómodo con las computadoras que con la gente. ¡A Sofía le encanta la gente! Es muy sociable y tiene veinte mil amigos. Yo creo que por eso me gusta tanto. Espero que la puedas conocer pronto.

Y tú, ¿ya tienes trabajo? ¿Qué planes tienes? Escríbeme pronto. Un abrazo de mi parte para toda tu familia.

Tu amigo,
Wayne

[1]**me...** *I'm going to graduate* [2]*Supposedly* [3]**Yo...** *I wanted to die!* [4]**nos...** *we had a good laugh* [5]*goals* [6]*environment*

En papel: Reflexiones. Imagina que eres amigo/a de Wayne. Escríbele una carta donde hablas de lo que te gusta, lo que te molesta y los intereses que tienes en común con tus amigos/as y/o seres queridos *(loved ones)*. Puedes usar su carta como modelo.

¡Fíjate!

First, decide on the information you want to include. Second, devise a plan to organize the information. Third, write your letter in simple Spanish. Fourth, check your spelling and grammar.

¡A ver de nuevo!

Parte 1. Escucha la conversación de **Escenas de la vida** para hacer un resumen de lo que pasó en el episodio.

Pues, no lo sé. En España la como poco.
Emilio, ¿te gusta la comida china?

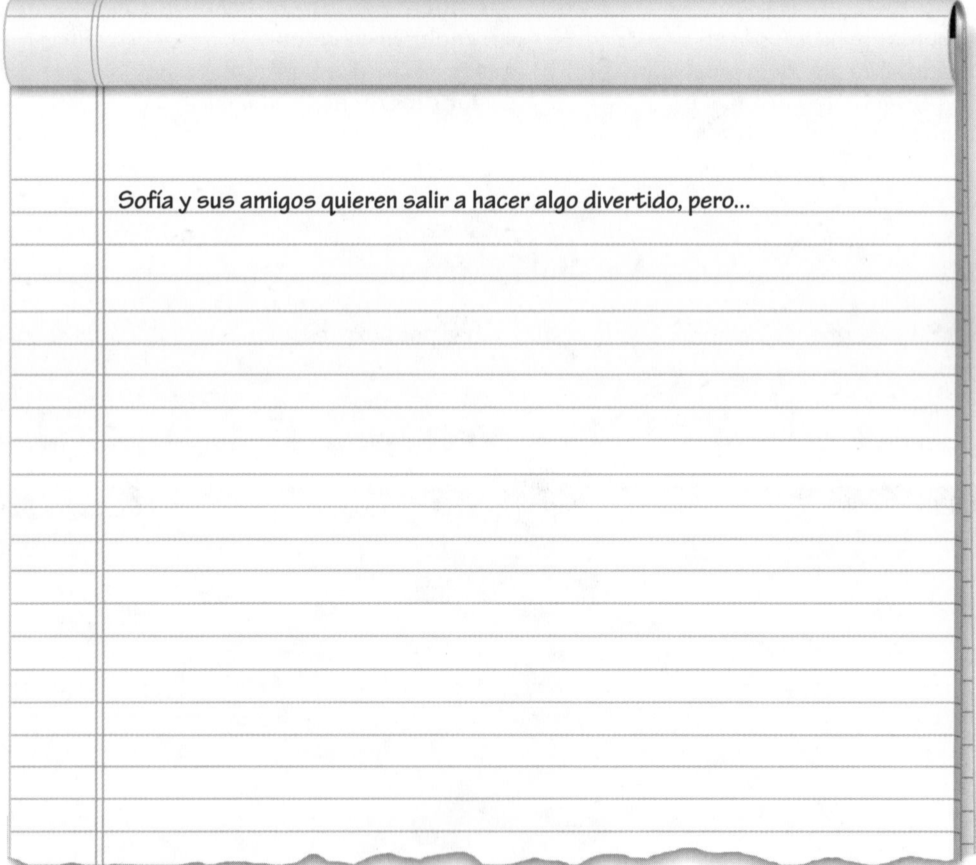

Sofía y sus amigos quieren salir a hacer algo divertido, pero...

Parte 2. Ahora trabaja con un(a) compañero/a para comparar la información y añadir lo que te haya faltado.

Práctica adicional			
Cuaderno de tareas pp. 106–108, I–J	invitaciones. vhlcentral.com Episodio 19	invitaciones. vhlcentral.com Lab practice	invitaciones. vhlcentral.com Episodio 19

Vocabulario del Episodio 19

Objetivos comunicativos

You should now be able to do the following in Spanish:

✓ express likes, dislikes, and interests

Complementos indirectos

a mí
a ti
a usted/él/ella
a nosotros/as
a ustedes/ellos/ellas

Pronombres indirectos

me *to/for me*
te *to/for you* (informal)
le *to/for you* (formal), *him, her*
nos *to/for us*
les *to/for you, them*

Para hablar de nuestros gustos

chocar *to hate; to dislike*
encantar *to love (things)*
fascinar *to love (to be fascinated by)*
interesar *to be interested in*
molestar *to be bothered by*

Verbos nuevos

aprender (a + *[verb in the infinitive]*) *to learn (how)*
aprender cosas nuevas *to learn new things*
gustar *to like* **fumar** *to smoke*
gastar dinero *to spend money*

Vocabulario personal

En esta sección escribe las palabras que necesitas saber para expresar en español lo que te gusta, lo que te molesta y lo que te interesa.

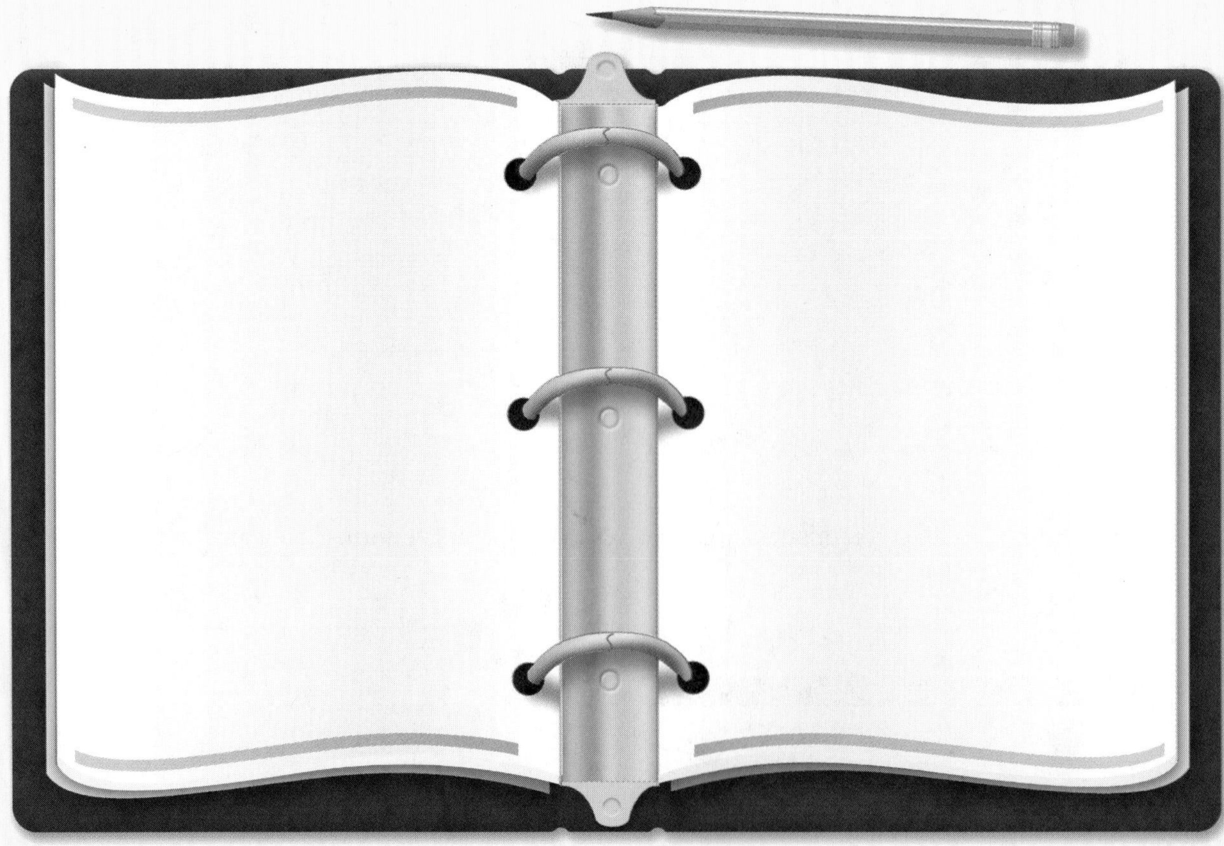

Objetivos comunicativos

In this episode, you will practice:

- ✓ talking about past events
- ✓ describing special occasions (dates, birthdays, and trips)

Episodio 20

Escenas de la vida: La pelea

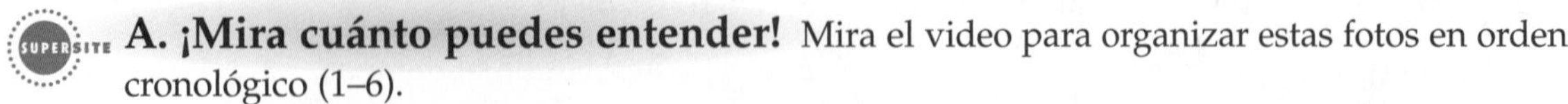

A. ¡Mira cuánto puedes entender! Mira el video para organizar estas fotos en orden cronológico (1–6).

☐ 
Quise llamarlos, pero con tantos problemas no pude.

☐ 
Tuvimos una discusión horrible.

☐ 
¿Qué pasó con usted ayer? ¿Por qué no vino?

☐ 
Desde que empecé a estudiar, tenemos más problemas.

☐ 
Esta mañana se fue de viaje sin decirme nada.

☐ 
Se puso furioso por lo que le dije.

B. ¿Entendiste? Indica si los comentarios son **ciertos** o **falsos**.

	Cierto	Falso
1. Adriana fue a la reunión con sus amigos.	☐	☐
2. Cuando la mamá de Sofía empezó a trabajar, también tuvo problemas.	☐	☐
3. El esposo de Adriana acepta bien su nueva situación.	☐	☐
4. Los chicos llevaron a Emilio al cine y a bailar.	☐	☐
5. Sofía quiere que Adriana hable con su mamá.	☐	☐
6. Sofía quiere hablar con un consejero matrimonial.	☐	☐

C. ¿Quién? Indica a quién se refieren las siguientes descripciones: Adriana **(A)**, Sofía **(S)**, el esposo **(E)** de Adriana o la mamá **(M)** de Sofía.

_______ 1. No puede estar siempre en casa.
_______ 2. Consultó a una consejera matrimonial.
_______ 3. Quiso llamar a Sofía, pero no pudo.
_______ 4. No quiso salir con Sofía y sus amigos.
_______ 5. Quiere ayudar a Adriana.

D. ¿Te diste cuenta? Empareja las frases.

_______ 1. Adriana no fue a la reunión porque
_______ 2. El esposo de Adriana
_______ 3. Adriana no puede
_______ 4. Sofía y sus amigos
_______ 5. Adriana y su esposo

a. tienen problemas.
b. estar en casa todo el tiempo.
c. llevaron a Emilio a ver apartamentos.
d. se fue de viaje.
e. tuvo una discusión con su esposo.

Cultura a lo vivo

Puerto Rico tiene una situación única en Latinoamérica. No es un país independiente, sino un **Estado Libre Asociado** de Estados Unidos. Los puertorriqueños son ciudadanos (*citizens*) norteamericanos y tienen un representante en el Congreso. No pueden votar en las elecciones presidenciales, pero ellos sí pueden elegir (*choose*) a sus propios gobernantes. No pagan impuestos (*taxes*) federales, pero sí sirven en el ejército (*army*) norteamericano. Puerto Rico tiene clima tropical todo el año y, como todos los países caribeños, también se ve afectado por huracanes y tormentas tropicales durante los meses de junio a noviembre.

Puerto Rico tiene mucho turismo que visita las playas, los bosques (*forests*) y los monumentos históricos. Mira las fotos del capitolio en San Juan y de las tres banderas izadas (*flying*) en la Fortaleza Felipe del Morro para responder a las preguntas.

1. Is the Puerto Rican capital similar to the US capital?
2. Investiga en Internet cuál es la tercera bandera en El Morro.

Práctica adicional

Cuaderno de tareas
p. 125, A

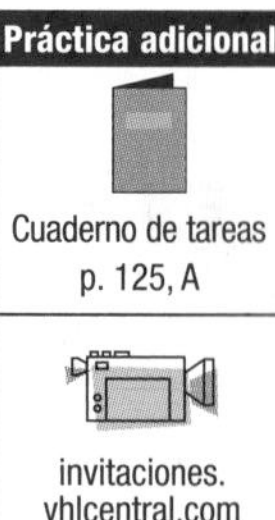

invitaciones.
vhlcentral.com
Episodio 20

invitaciones.
vhlcentral.com
Episodio 20

Para comunicarnos mejor

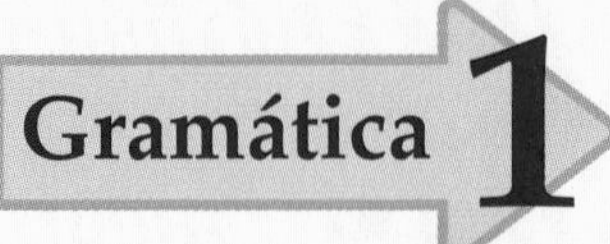

Gramática 1 Talking about past events • The preterit of irregular verbs

¡Fíjate!

The verb **ponerse,** when followed by an adjective, means *to become.* To review adjectives, see **Primera parte, Episodio 15,** page 369.

Most verbs in the preterit tense are regular. You have learned the preterit forms of these common irregular verbs: **hacer, ir,** and **tener.**

In the conversation, you heard the following:

¿Por qué no **vino**?	*Why didn't you come?*
Quise llamarlos, pero… no **pude.**	*I tried to call you, but… I couldn't.*
Mi esposo **se puso** furioso.	*My husband got furious.*

Vino, quise, pude, and **se puso** are irregular preterit forms of the verbs **venir** *(to come),* **querer, poder,** and **ponerse.** There are other common verbs with irregular preterits. Study their conjugations. You can remember them more easily by grouping them as follows:

¡Fíjate!

Notice that irregular verbs in the preterit don't have accents.

Verbos con formas irregulares en el pretérito	
The -u- group	
andar	**anduve, anduviste, anduvo, anduvimos, anduvisteis, anduvieron**
estar	**estuve, estuviste, estuvo, estuvimos, estuvisteis, estuvieron**
poder	**pude, pudiste, pudo, pudimos, pudisteis, pudieron**
poner	**puse, pusiste, puso, pusimos, pusisteis, pusieron**
tener	**tuve, tuviste, tuvo, tuvimos, tuvisteis, tuvieron**
The -i- group	
hacer	**hice, hiciste, hizo, hicimos, hicisteis, hicieron**
querer	**quise, quisiste, quiso, quisimos, quisisteis, quisieron**
venir	**vine, viniste, vino, vinimos, vinisteis, vinieron**
The -j- group	
decir*	**dije, dijiste, dijo, dijimos, dijisteis, dijeron**
traer	**traje, trajiste, trajo, trajimos, trajisteis, trajeron**
Other verbs	
dar	**di, diste, dio, dimos, disteis, dieron**
ir } ser	**fui, fuiste, fue, fuimos, fuisteis, fueron**
ver	**vi, viste, vio, vimos, visteis, vieron**
*The present tense of **decir** is: **digo, dices, dice, decimos, decís,** and **dicen.**	

¡Fíjate!

Ir and **ser** are conjugated the same in the preterit.

¡Fíjate!

The present tense of **traer** *(to bring)* is as follows: **traigo, traes, trae, traemos, traéis,** and **traen.**

Querer, when used negatively, also means *to refuse.*

Santiago no quiso ir con Adriana.

Santiago refused to go with Adriana.

1. Notice that the first three groups all have the same endings: **-e, -iste, -o, imos, -isteis, -ieron,** except for the **ellos** form of the **-j-** group: **decir ⟶ dijeron,** and **traer ⟶ trajeron.**
2. Note that with **hacer,** the **-c-** changes to a **-z-** before **-o (hizo),** to maintain the sound of the stem.
3. Review the expressions to talk about the past on page 35.

PRÁCTICA

A. En tu cumpleaños.

Parte 1. Indica si los comentarios son **ciertos** o **falsos** para ti.

	Cierto	Falso
1. Mis amigos me hicieron una fiesta de cumpleaños.	☐	☐
2. Todos me dijeron "Feliz cumpleaños" ese día.	☐	☐
3. Me puse ropa nueva para celebrarlo.	☐	☐
4. Me dieron muchos regalos de cumpleaños.	☐	☐
5. Estuve feliz todo el día.	☐	☐
6. No vine a la escuela ese día.	☐	☐
7. Mi mamá me hizo un pastel.	☐	☐
8. Todos mis amigos vinieron a mi casa.	☐	☐

Parte 2. Convierte las oraciones en preguntas. Después entrevista a un(a) compañero/a para saber quién la pasó mejor en su cumpleaños.

Modelo Mis amigos me hicieron una fiesta de cumpleaños.
¿Tus amigos te hicieron una fiesta de cumpleaños?

Parte 3. Comparte la información de tu compañero/a con la clase.

B. ¡Qué divertido! Los hermanos de Ana Mari se divirtieron mucho este fin de semana. En tu cuaderno, escribe lo que no quisieron hacer y lo que sí hicieron. Usa la lógica y las ilustraciones.

Modelo **No quisieron hacer sus camas, pero sí anduvieron en bicicleta toda la mañana.**

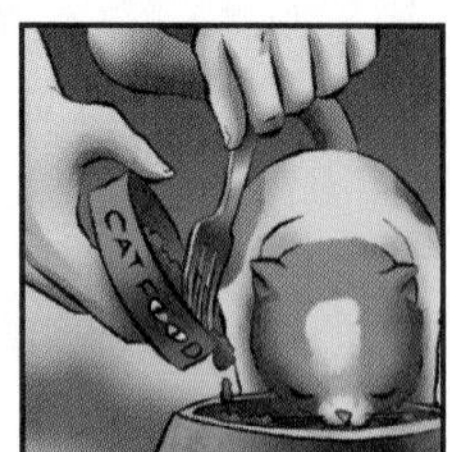

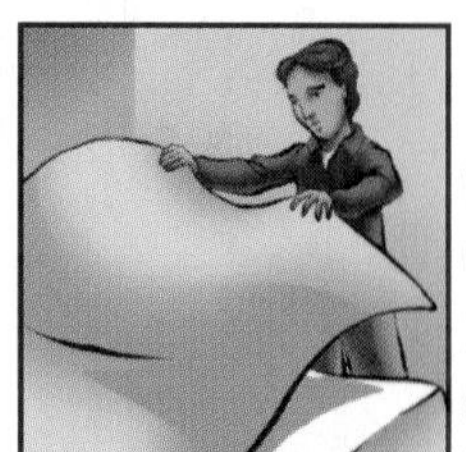

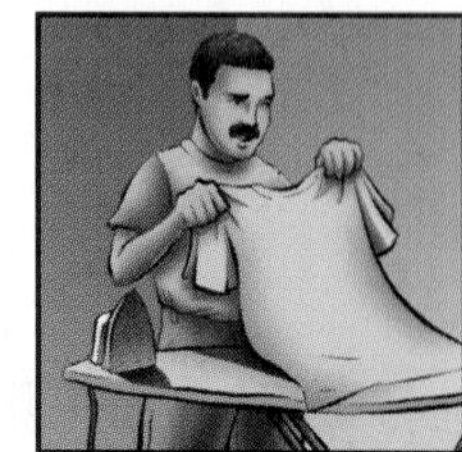

C. ¿Qué hiciste? Primero, contesta las preguntas, habla con un(a) compañero/a de las cosas que hicieron la semana pasada. Usa las preguntas como guía.

La semana pasada...

1. ¿Viniste a clase? ¿Te dieron mucha tarea? ¿La hiciste? ¿Tuviste algún examen?

   ___

   ___

2. ¿Viste a tus amigos/as? ¿Hicieron algo juntos/as? ¿Adónde fueron? ¿Se divirtieron?

   ___

   ___

3. ¿Estuviste enfermo/a recientemente? ¿Viste al doctor? ¿Tomaste medicinas?

   ___

   ___

4. ¿Qué quehaceres hiciste? ¿Sacaste la basura, pusiste la mesa, hiciste tu cama?

   ___

   ___

5. Y para divertirte, ¿hiciste una fiesta? ¿Saliste a cenar? ¿Viste alguna buena película? ¿Fuiste a algún lugar?

   ___

   ___

Práctica adicional

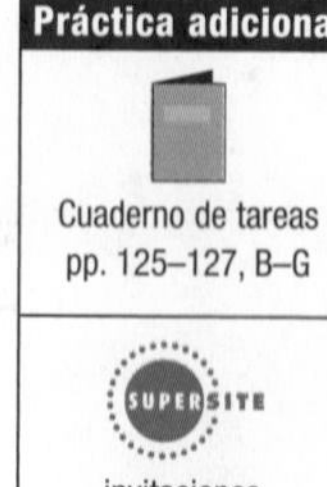

Cuaderno de tareas
pp. 125–127, B–G

SUPERSITE
invitaciones.
vhlcentral.com
Episodio 20

Describing special occasions
• Dates, birthdays, and trips

Ramón, ¿tú me trajiste este regalo? ¡No puedo creerlo!

Sí, y sé que te va a encantar.

The following vocabulary is useful when talking about dates, birthday parties, or trips:

Para hablar de citas, cumpleaños y viajes			
abrir los regalos	*to open presents*	**poner el árbol**	*to decorate the tree*
cantar villancicos	*to sing carols*	**ponerse triste/feliz**	*to get/become sad/happy*
las mañanitas	*a birthday song*	**ponerse ropa...**	*to wear...*
dar un beso	*to give a kiss*	**cómoda**	*comfortable clothes*
decir	*to tell, to say*	**(in)formal**	*(in)formal clothes*
disfrazarse de...	*to wear a... costume*	**moderna**	*modern clothes*
hacer las maletas	*to pack*	**regalar**	*to give (a present)*
invitar a alguien	*to invite someone*	**subirse a los juegos**	*to go on rides*
ir en coche/avión	*to go by car/plane*	**traer**	*to bring*
pasar el día	*to spend the day*	**ver el desfile**	*to see the parade*
		los fuegos artificiales	*fireworks*

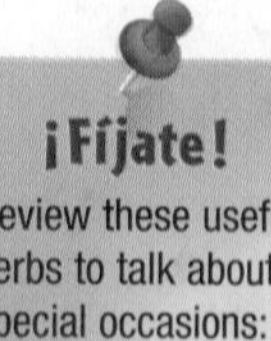

¡Fíjate!

Review these useful verbs to talk about special occasions: **juntarse, ir por alguien, venir, manejar, hacer reservaciones, cocinar, acostarse, quedarse hasta tarde,** and **visitar.**

PRÁCTICA

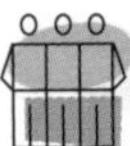

D. La Navidad pasada.

Parte 1. En grupos de tres, miren las ilustraciones para hablar y escribir un párrafo acerca de *(about)* lo que hizo Adriana la Navidad pasada.

¡Fíjate!

Use transition words to connect your ideas.

Parte 2. Ahora, cada uno hable de una celebración familiar. Incluyan la siguiente información.

- ¿Dónde lo pasaste? ¿Te divertiste?
- ¿Qué ropa te pusiste ese día, elegante o informal?
- ¿Quiénes vinieron? ¿Qué trajeron? ¿Qué hicieron?
- ¿Qué sirvieron para cenar? ¿Quién hizo la cena?
- ¿A qué hora se fueron? ¿A qué hora te acostaste ese día?

SUPERSITE

E. Mi último cumpleaños. Después de escuchar *Los veintiuno de Ana Mari* en el Supersitio, escribe sobre tu cumpleaños. En tu cuaderno, escribe oraciones simples. Habla de lo que hiciste ese día, con quién pasaste el día, adónde fuiste, qué te regalaron, etc.

leí leiste leo

F. La última vez que...

cuando tenia 10 años
cuando estaba en primaria
secundaria
la prepa

Parte 1. Escribe en la primera columna (**Yo**) cuándo fue la última vez que hiciste estas actividades. Usa las expresiones de la página 35.

cuando era niña

¿Cuándo fue la última vez que...	**Yo**	**Mi compañero/a**
1. te disfrazaste?	hace dos años.	al año pasado
2. anduviste en bicicleta?	nunca	al semana pasado
3. invitaste a alguien a cenar a tu casa?	el mez pasado	no recuedo
4. decoraste tu casa para un día festivo (*holiday*)?	el año pasado	la navidad pasado
5. te pusiste muy triste?	el mez pasado	no recuedo
6. te subiste a algún juego?	el año pasado	hace tres años
7. te regalaron algo increíble?	el año pasado	el año pasado
8. te dieron un beso romántico?	ayuer	nunca
9. hiciste un viaje con tu familia?	hace tres años	hace cuarto años
10. leíste una novela?	el año pasado	ayer.

Parte 2. Entrevista a un(a) compañero/a para escribir en la segunda columna (**Mi compañero/a**) cuándo fue la última vez que él/ella hizo esas actividades. Después, comparte la información de tu compañero/a con la clase.

Modelo
—¿Cuándo fue la última vez que te disfrazaste?
—Hace dos años.
—¿De qué te disfrazaste?
—Me disfracé de *Zorro* porque mi novia se puso un vestido de baile flamenco. ¿Y tú?
—La verdad es que no me gusta disfrazarme, pero el año pasado disfracé a mi perro.

Práctica adicional
Cuaderno de tareas pp. 128–129, H–J
invitaciones. vhlcentral.com Lab practice
SUPERSITE
invitaciones. vhlcentral.com Episodio 20

Actividades comunicativas

A. Actividades en común.

Parte 1. Contesta las preguntas y escribe tus respuestas en la primera columna (**Yo**). Después entrevista a un(a) compañero/a y escribe sus respuestas en la otra columna. Luego, escribe dos preguntas originales para hacerle a tu compañero/a.

La celebración de Año Nuevo	Yo	Compañero/a
1. ¿Adónde fuiste a pasar el Año Nuevo?	______	______
2. ¿Con quién estuviste?	______	______
3. ¿Qué ropa te pusiste?	______	______
4. ¿A qué hora te acostaste esa noche?	______	______
5. ¿Qué hiciste al día siguiente?	______	______
6. ¿Tuviste que trabajar el primero de enero?	______	______
7. ¿Viste los fuegos artificiales?	______	______
8. ¿Invitaste a alguien a tu casa a ver los partidos de fútbol americano?	______	______

9. ______________________________

10. ______________________________

Parte 2. Prepara un informe *(report)* para compartir con la clase.

Modelo **María y yo no invitamos a nadie a ver el partido de fútbol americano.**

Parte 3. Con un(a) compañero/a, prepara ocho preguntas para entrevistar a alguien sobre las actividades del día de las brujas *(Halloween)*. Pregúntale si se disfrazó o si pidió dulces, etc. Después, en grupos de cuatro, hablen de qué hicieron ese día.

1. ______________________________
2. ______________________________
3. ______________________________
4. ______________________________
5. ______________________________
6. ______________________________
7. ______________________________
8. ______________________________

B. Una cita romántica.

Instrucciones para **Estudiante 1**

Parte 1. Tú tienes la mitad *(half)* de las ilustraciones y tu compañero/a tiene la otra mitad. Juntos/as tienen que describir la última cita de Sofía y Wayne. Describe tus ilustraciones y haz preguntas para completar la historia. Tú empiezas.

Modelo **Wayne fue por Sofía a su casa a las 5. ¿Qué pasó después?**

Banco de palabras

la feria
fair

los globos
balloons

el osito de peluche
teddy bear

la champaña
champagne

Parte 2. Ahora escribe un párrafo con los eventos. Inventa los detalles. Empieza así:

La última cita de Sofía y Wayne fue muy romántica...

B. Una cita romántica.

Instrucciones para **Estudiante 2**

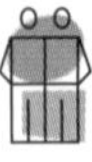

Parte 1. Tú tienes la mitad *(half)* de las ilustraciones y tu compañero/a tiene la otra mitad. Juntos/as tienen que describir la última cita de Sofía y Wayne. Describe tus ilustraciones y haz preguntas para completar la historia. Tu compañero/a empieza.

Modelo **Cuando Sofía abrió la puerta, Wayne le dio unas flores.**

Banco de palabras

la feria *fair*
los globos *balloons*
el osito de peluche *teddy bear*
la champaña *champagne*

Parte 2. Ahora escribe un párrafo con los eventos. Inventa los detalles. Empieza así:

La última cita de Sofía y Wayne fue muy romántica...

____

____

____

____

____

____

____

____

C. Una cita inolvidable. Intercambia experiencias con un(a) compañero/a acerca de una cita inolvidable. Para organizar tus ideas, contesta las siguientes preguntas antes de conversar.

¡Fíjate!

Remember to paraphrase when needed, to keep it simple, to repeat yourself if you are not being understood, and to use conversation fillers such as **este, déjame ver, espera,** and **¿cómo se dice?**

1. ¿Adónde fuiste en esa cita?

____

2. ¿Con quién fuiste?

____

3. ¿Qué pasó?

____

____

____

____

La correspondencia

El correo: Mi viaje a Puerto Rico. Lee la carta que Carlos, el hijo de Adriana, les escribió a sus padres cuando regresó de Puerto Rico. Luego contesta las preguntas.

1. ¿Cuánto tiempo estuvieron en casa de tía Cristina? ____________________

____

2. ¿Adónde fueron con Tina? ____________________

____

3. ¿Por qué aprendió Carlos mucho sobre la historia de Puerto Rico?

____

____

4. ¿Cuántos tipos de pájaros hay en El Yunque? ____________________

____

5. ¿Por qué se puso enfermo Peter?

____

Queridos mamá y papá:

Acabo de regresar de Puerto Rico. Fui con Peter. Estuvimos cinco días en casa de tía Cristina. ¡Qué buena es! Su casa nueva es bellísima. Tina ya es toda una señorita y es lindísima. Con ella fuimos a la Fortaleza del Morro y a conocer el Viejo San Juan.

¡Cómo ha cambiado todo![1] ¡Qué bonito es ver todas esas construcciones coloniales restauradas! Peter compró muchas cosas en la Calle de Cristo. Tía Cristina nos dejó usar su coche y no nos permitió pagar nada. ¡A Peter le encantaron Puerto Rico... y Tina! Compró un libro sobre la historia de Puerto Rico y se pasó los cinco días leyendo la historia en voz alta[2]. Estaba impresionado con la antigüedad de El Morro. ¡Tardaron más de cuarenta años en construirlo! También leyó que la mascota nacional de Puerto Rico es el coquí[3] y que sólo se encuentra en Puerto Rico. Pudimos escuchar su canto todas las noches. En esta foto que les envío, el coquí está listo para cantar. Tiene un canto muy dulce que escuchamos claramente cuando visitamos el parque nacional de El Yunque. ¿Ustedes sabían que en el parque hay más de doscientos tipos de pájaros? Creo que aprendí y conocí más de Puerto Rico en este viaje que en los seis años que vivimos allí. ¡Qué irónico! ¡Visité más lugares al ir de turista que cuando viví allí!

Bueno, otro día fuimos a la playa. ¡Qué bellas son las playas puertorriqueñas! Estuvimos todo el día tomando el sol[4] y coquito[5] frío. También visitamos Ponce y la bahía fosforescente de la Parguera. Hizo calor y sol los cinco días que estuvimos allí, así que estamos bien tostados... ¡y gordos! Tía Cristina nos preparó muchos platos diferentes: pasteles, mofongo[6] con camarones y arroz con gandules[7], entre otros. El pobre de Peter se puso malísimo del estómago... por comer tanto.

Bueno, ahora tenemos que regresar a la base. Los tíos les mandan muchos saludos y besos.

Besos a todos,
Carlos

el coquí

[1]**¡Cómo...** *How has everything changed!* [2]*out loud* [3]*breed of tree frog* [4]*sunbathing* [5]*a sweetened coconut drink* [6]*a dish with green plantains* [7]*pigeon peas*

En papel: Mis últimas vacaciones. Imagina que tú eres amigo/a de Carlos. Escríbele una carta donde describas tus últimas vacaciones. Dile adónde fuiste, con quién, cuánto tiempo estuviste en ese lugar, qué cosas viste, qué hiciste y si aprendiste algo interesante.

Writing Strategy: Using models to guide your writing

Locate the following structures in Carlos' letter and use them to write your own:

1. Say where you went and with whom.
2. Say how long you were there and what the weather was like during that period of time.
3. Say what you did there, in chronological order **(el primer día, en la mañana, por la tarde...)**.
4. Conclude with an evaluating statement **(Me divertí mucho** or **Fueron las mejores/peores vacaciones del año)**.

Invitación a **Puerto Rico**

En tus propias palabras. Lee la información para escribir en español lo que entendiste. Resume (*Summarize*) la información en dos o tres oraciones.

____

____

____

Del álbum de Adriana

Los indígenas de la isla de Puerto Rico la llamaban Borinquen, de ahí el término "boricua", nombre con el que se conoce al puertorriqueño moderno. Hace unos siglos *(centuries)*, los piratas europeos atacaban la isla constantemente; por eso, se empezó la construcción de San Felipe del Morro, que se ve en la foto. Aunque *(Although)* la mayoría de los indígenas de la isla desaparecieron en muy poco tiempo, muchas de las palabras del español moderno (e incluso del inglés) provienen *(come)* de ellos: *huracán, hamaca, mamey, yuca, carey, maní, barbacoa* y *canoa*, entre otras. Puerto Rico es un crisol *(melting pot)* donde variados grupos culturales y étnicos han logrado *(have succeeded)* unirse para formar una cultura fuerte, alegre y sobre todo muy orgullosa *(proud)* de sus raíces *(roots)* africanas, chinas, europeas y taínas. Ve al Supersitio para mirar un episodio de *Flash cultura* sobre Puerto Rico.

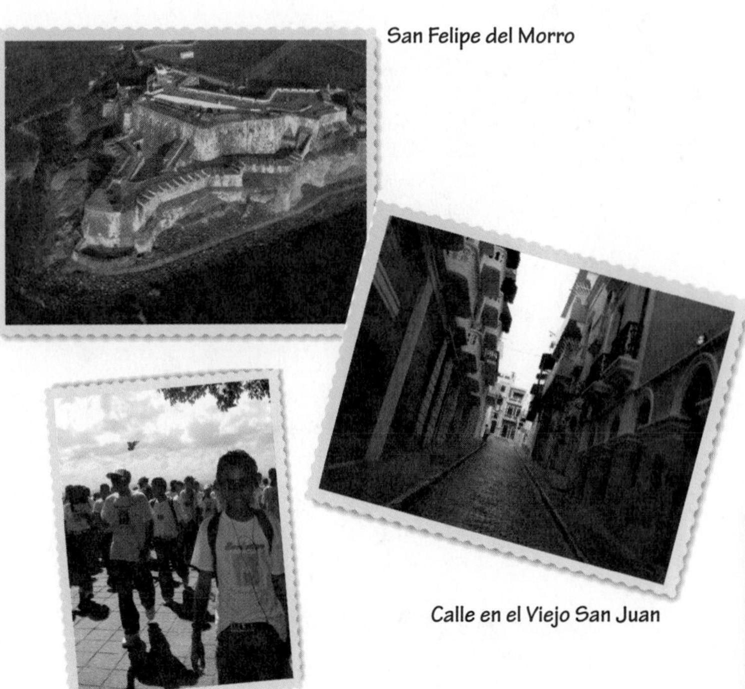

San Felipe del Morro

Calle en el Viejo San Juan

Estudiantes puertorriqueños

¡A ver de nuevo!

Parte 1. Mira la **Escena** otra vez para escribir un resumen de lo que pasó. El resumen debe contestar estas preguntas: ¿Por qué Adriana no fue a la reunión? ¿Por qué discutió con su esposo? ¿Qué hizo el esposo? ¿Qué le dijo Sofía a Adriana?

Parte 2. Ahora trabaja con un(a) compañero/a para comparar la información y añadir lo que te haya faltado.

Práctica adicional			
Cuaderno de tareas pp. 129–130, K	invitaciones.vhlcentral.com Episodio 20	invitaciones.vhlcentral.com Lab practice	invitaciones.vhlcentral.com Episodio 20

Vocabulario del Episodio 20

Objetivos comunicativos

You should now be able to do the following in Spanish:

✓ talk about past events

✓ describe special occasions (dates, birthdays, and trips)

Para hablar de citas, cumpleaños y viajes

abrir los regalos	*to open presents*	**ponerse ropa...**	*to wear...*
cantar villancicos	*to sing carols*	**cómoda**	*comfortable clothes*
las mañanitas	*a birthday song*	**(in)formal**	*(in)formal clothes*
dar un beso	*to give a kiss*	**moderna**	*modern clothes*
decir	*to tell, to say*	**regalar**	*to give (a present)*
disfrazarse de...	*to wear a... costume*	**subirse a los juegos**	*to go on rides*
hacer las maletas	*to pack*	**traer**	*to bring*
invitar a alguien	*to invite someone*	**ver el desfile**	*to see the parade*
ir en coche/avión	*to go by car/plane*	**los fuegos artificiales**	*fireworks*
pasar el día	*to spend the day*		
poner el árbol	*to decorate the tree*		
ponerse triste	*to get/become sad*		
feliz	*happy*		

Verbos con formas irregulares en el pretérito

The -u- group

andar	**anduve, anduviste, anduvo, anduvimos, anduvisteis, anduvieron**
estar	**estuve, estuviste, estuvo, estuvimos, estuvisteis, estuvieron**
poder	**pude, pudiste, pudo, pudimos, pudisteis, pudieron**
poner	**puse, pusiste, puso, pusimos, pusisteis, pusieron**
tener	**tuve, tuviste, tuvo, tuvimos, tuvisteis, tuvieron**

The -i- group

hacer	**hice, hiciste, hizo, hicimos, hicisteis, hicieron**
querer	**quise, quisiste, quiso, quisimos, quisisteis, quisieron**
venir	**vine, viniste, vino, vinimos, vinisteis, vinieron**

The -j- group

decir	**dije, dijiste, dijo, dijimos, dijisteis, dijeron**
traer	**traje, trajiste, trajo, trajimos, trajisteis, trajeron**

Other verbs

dar	**di, diste, dio, dimos, disteis, dieron**
ir / **ser**	**fui, fuiste, fue, fuimos, fuisteis, fueron**
ver	**vi, viste, vio, vimos, visteis, vieron**

Vocabulario personal

En esta sección escribe el vocabulario y las expresiones que necesitas saber para narrar en español alguna cita que tuviste y describir tus últimas vacaciones.

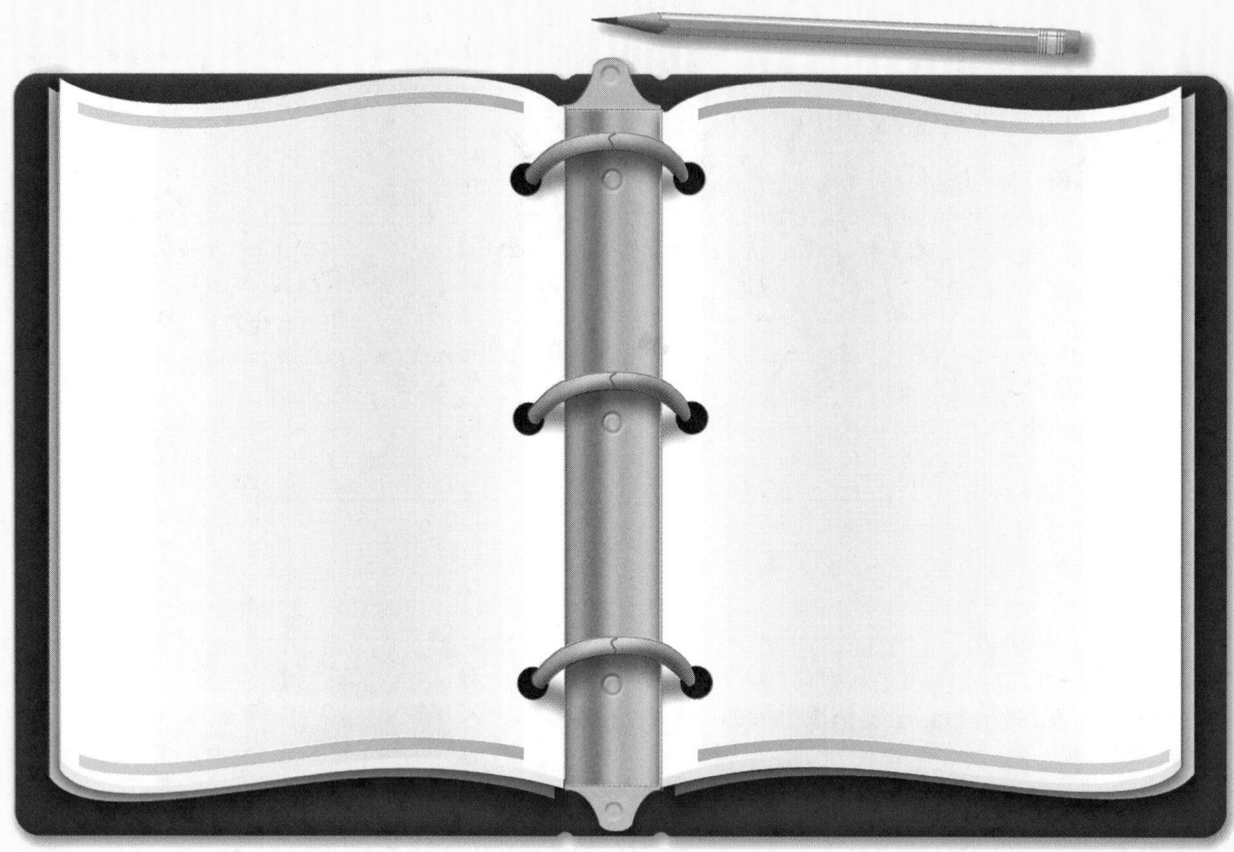

Cuaderno de tareas

Episodio 20

Escenas de la vida: La pelea

SUPERSITE **A. ¡A ver cuánto entendiste!** See how much of the **Escena** you understood by matching the Spanish phrases with their English equivalents.

¿Qué pasó con usted?

_____	1. Quise llamarlos pero no pude.	a. I tried to call you, but I couldn't.
_____	2. Se puso furioso.	b. We had an argument.
_____	3. Se fue de viaje sin decirme nada.	c. I told him I would go by myself.
_____	4. ¿Qué pasó con usted ayer?	d. He got furious.
_____	5. Tuvimos una discusión.	e. What happened to you yesterday?
_____	6. Le dije que iba a ir sola.	f. He went on a trip without telling me.

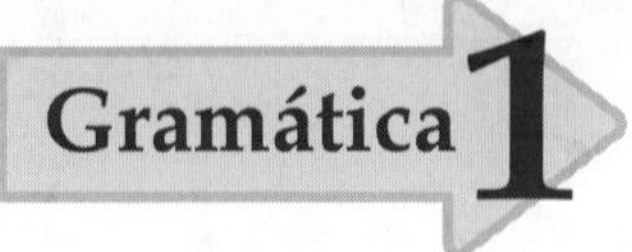

Talking about past events
• The preterit of irregular verbs

B. El pretérito irregular. Complete the chart with the appropriate conjugation.

	ir/ser	poder	hacer	dar	decir
yo			hice		
tú		pudiste			
usted él/ella				dio	
nosotros/as	fuimos				dijimos
vosotros/as	fuisteis	pudisteis	hicisteis	disteis	dijisteis
ustedes		pudieron			

Nombre ______________________________ Fecha _______________

C. ¿Qué dijeron? Match the question/statement with its appropriate response.

_____ 1. ¿Qué te dieron en tu cumpleaños?
_____ 2. ¿Qué te dijo Wayne?
_____ 3. ¿Qué hiciste anoche?
_____ 4. Mira, te trajimos unas flores.
_____ 5. ¿Dónde pusiste las llaves?

a. Fui con mis tíos al cine.
b. Te digo que las puse en tu bolsa.
c. Mil gracias, ¡qué bonitas están!
d. Me dieron un suéter.
e. No me dijo nada, ¿por qué?

D. Todo salió mal. Write what Sofía and Ana Mari wanted to do last Saturday and what they had to do instead. Use **querer, poder,** and **tener que.**

> **Modelo** yo / ver el canal 15 / ver el canal 6
> **Quise ver el canal 15 pero no pude; tuve que ver el canal 6.**

1. Yo / pedirle prestado el periódico a Manolo / comprarlo

____

2. Nosotras / invitar a Manolo / ir solas

____

3. Ana Mari / llamarme por teléfono / venir a mi casa

____

4. Ana Mari y yo / ir al cine / ir a jugar boliche

____

5. En el restaurante, las chicas / pagar con la tarjeta de crédito / pagar en efectivo *(with cash)*

____

E. Otro problema. Primero completa el párrafo usando el pretérito de los verbos entre paréntesis. Después contesta las preguntas.

> **¡Fíjate!**
> The verb **ponerse,** when followed by an adjective, means *to become.* **Santiago se puso furioso. Adriana se puso triste.** To review adjectives, see **Episodio 15,** page 369.

La semana pasada, Adriana y su esposo Santiago (1) _________ (tener) otra discusión. Adriana se levantó temprano, (2) _________ (ir) al supermercado y (3) _________ (comprar) todo para preparar la cena de la semana, pero no (4) _________ (poder) prepararla. (5) _________ (tener) que ir a la universidad para escribir un trabajo porque su computadora se descompuso *(broke down)*. Por la noche, cuando Santiago (6) _________ (llegar) del trabajo y (7) _________ (ver) que no había comida, (8) _________ (salir) a cenar con Santiaguito y Viviana a un restaurante, sin esperar a *(without waiting for)* Adriana. Cuando Adriana (9) _________ (regresar) a su casa, no había nadie y no había nada de comer. Adriana (10) _________ (ponerse) muy triste. ¡Qué desconsiderados!

1. ¿Qué hizo Adriana por la mañana?

____

2. ¿Por qué no preparó la comida?

____

3. ¿Por qué es desconsiderado su esposo?

____

Nombre ______________________ Fecha ____________

F. Una conversación. Complete Sofía's and Adriana's conversation about what they did last night using the preterit.

Adriana: Hola, Sofía, ¿cómo estás? Oye, anoche te llamé, pero no estabas. ¿(1) ____________ (salir) con Wayne?
Sofía: No, Wayne (2) ____________ (tener que) trabajar. (3) ____________ (salir) con Ana Mari. (4) ____________ (ir; nosotras) a un concierto, pero no (5) ____________ (poder) entrar porque ya no tenían boletos.
Adriana: ¡Qué pena! Y entonces, ¿qué (6) ____________ (hacer; ustedes)?
Sofía: (7) ____________ (ver; nosotras) una película italiana. (8) ____________ (estar) buenísima. Se la recomiendo. De hecho *(In fact)*, (9) nos ____________ (dar; ellos) unos pases gratis *(free)* para mañana. ¿Los quiere?
Adriana: Pero... ¿tu familia no los quiere?
Sofía: No, todos me (10) ____________ (decir) que estaban ocupados mañana.
Adriana: Bueno, pues muchas gracias.
Sofía: No hay de qué. Y usted, ¿(11) ____________ (hacer) algo interesante?
Adriana: Pues, no. (12) ____________ (venir) unos amigos y nos (13) ____________ (traer) un pastel, así que nos quedamos aquí.

G. La fiesta de Manolo. Complete the conversation between Manolo and Wayne about Manolo's party. Use the preterit of the verbs below.

ir	**ponerse**	**tener que**	**andar**	**dormirse**	**hablar**
salir	**llegar**	**perderse**	**trabajar**	**venir**	**decir**

Manolo: Wayne, ¿por qué no (1) ____________ anoche a la fiesta?
Wayne: ¡Hombre, lo siento! (2) ____________ trabajar hasta tarde y (3) ____________ cansado y de mal humor del trabajo. Cuando llegué a casa (4) ____________ inmediatamente. ¡Ni siquiera cené![1]
Manolo: Pues (5) ____________ una fiesta excelente. (6) ____________ y bailamos hasta el amanecer. Y además… bueno, pasó de todo.
Wayne: ¿Ah sí? Dime qué pasó.
Manolo: Primero, Mike sacó a bailar a la novia de Jorge. Por supuesto *(Of course)*, Jorge (7) ____________ furioso y ¡casi se dan de golpes![2] Después, un amigo de Jorge (8) ____________ tanto todo el día que se quedó dormido en el sofá, y, como siempre, Alberto y su novia (9) ____________ a media noche con la comida. Ya conoces a Alberto; nunca llega a tiempo a nada.
Wayne: Oye, ¿y Sofía (10) ____________ a la fiesta?
Manolo: ¡Qué! ¿Estás celoso?
Wayne: ¡No, cómo crees! Lo que pasa es que no me (11) ____________ nada.
Manolo: Ah. No, ni Sofía ni Ana Mari vinieron. Creo que fueron a un concierto.

[1]*I didn't even have dinner!* [2]*they almost got into a fist fight!*

Nombre ______________________________ Fecha _______________

Describing special occasions • Dates, birthdays, and trips

H. Una cita romántica. Look at the illustrations to write in the missing verbs in the description of Sofía's last birthday.

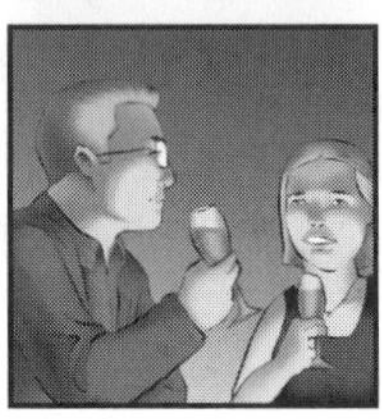

El viernes pasado yo (1) ________________ con Wayne. Fue una cita y un cumpleaños inolvidable *(unforgettable)*. (2) ________________ por mí a las cinco de la tarde. ¡Qué romántico es Wayne! ¡Me (3) ________________ unas flores muy lindas! (4) ________________ a cenar a La Fogata, un restaurante de mariscos. La comida (5) ________________ buenísima. Yo cené langosta y Wayne (6) ________________ enchiladas. Wayne me (7) ________________ que me quería mucho y que cada día pensaba más en nuestro futuro. Creo que también yo lo quiero cada día más. Quise decírselo, pero no pude porque creo que es un poco prematuro. Después (8) ________________ a una feria, y Wayne ganó un osito de peluche *(teddy bear)* para mí; nos divertimos mucho. Por último, fuimos a la playa y (9) ________________ tomados de la mano, escuchando las olas del mar *(sea waves)*. A las dos de la mañana, me trajo a casa y me (10) ________________ un beso tierno *(tender)*.

I. ¿Qué hizo Wayne? Use the illustrations to describe what Wayne and his cousin Wendy (who is visiting him from Wisconsin) did last weekend. Make up other details. Use transition words such as **el sábado, primero, después, por la mañana,** etc.

Nombre ______________________ Fecha ______________

Wayne estuvo muy contento el fin de semana porque su prima lo visitó. El sábado...

____

____

____

____

____

J. Y tú, ¿qué hiciste? Write about your last Thanksgiving break. Include everything you did.

____

____

____

____

____

Para terminar

K. Las vacaciones de mis padres en Veracruz. Read the description of the vacation and answer the questions. You may answer in Spanish or in English.

1. How was the road from Mexico City to Perote? ____
2. Why is Xalapa considered the Athens of Veracruz? ____
3. What did they do in Xalapa? Did they like it? ____
4. What is Tajín? Why did they get there so late? ____
5. Why did they hire a guide? ____
6. Describe Veracruz City. ____
7. What is Antigua? Why is it worth visiting? ____

Nombre ______________________________ Fecha ______________

Este verano, mis papás y mis tíos visitaron el estado de Veracruz, México. Fue un viaje divertido y educativo, porque ellos quisieron tomar la misma ruta que hizo Hernán Cortés en 1519, pero en sentido contrario. Mis papás salieron en coche de la Ciudad de México muy temprano por la mañana. Después de tres horas de curvas, subidas y bajadas[1], túneles y una densa neblina[2], llegaron a Perote. En Perote, por fin pudieron estirar las piernas[3] y tomarse un cafecito; el estado de Veracruz es famoso por su café. Ahí fueron a visitar el Cofre de Perote, donde está uno de los volcanes más bellos y más altos del país.

Después continuaron hacia Xalapa, la capital del estado. A Xalapa se le conoce como la Atenas veracruzana porque hay una intensa vida cultural. La ciudad está en las montañas y muchos días del año está cubierta[4] de neblina. Tiene muchos parques, museos, centros culturales, galerías de arte y librerías. Mis papás visitaron todos los puntos importantes de la ciudad. Fueron a la Universidad de Xalapa y ahí dieron un paseo por el bellísimo jardín ecológico al lado de[5] la universidad (tiene acueductos y una colección de plantas reconocida a nivel nacional). Fueron al Museo de Antropología, donde se encuentra la colección de las cabezas[6] gigantes olmecas más grande del mundo.

Ellos hicieron una excursión por la zona histórica de la ciudad. Visitaron la Catedral de Xalapa y el Callejón del Diamante, donde mi mamá compró un anillo de plata[7] muy lindo para mí y un libro de tarot para mi hermano. A mis papás les encantó Xalapa y dicen que van a regresar para estar más tiempo ahí.

A diez kilómetros de Xalapa, conocieron una espectacular hacienda: era la casa de veraneo del famoso (más bien, infame) General Santa Anna (infame porque vendió la mitad[8] del territorio mexicano). Hoy en día es un museo, tiene muebles de la época, varios lagos pequeños, jardines y una capilla[9]. Esa tarde regresaron a Xalapa, cenaron en un restaurancito típico y pasaron la noche en un hotel en el centro.

A la mañana siguiente, salieron muy temprano para ir a Tajín, la principal zona arqueológica de la cultura olmeca. Llegaron a Tajín a las once de la mañana, porque mis tíos quisieron pararse[10] a desayunar por el camino. Cuando llegaron, tuvieron que contratar un guía, porque mi papá olvidó[11] el libro de Tajín en el hotel de Xalapa. Estuvieron el resto de la mañana en Tajín, vieron un baile típico y compraron algunas artesanías de los indígenas totonacas (el principal grupo indígena de Veracruz).

Continuaron hacia el puerto de Veracruz. Hoy en día es una moderna ciudad, con centros comerciales, hoteles y amplias avenidas. Hay muchas cosas interesantes: visitaron San Juan de Ulúa, la fortaleza más antigua del continente. También fueron al Café de la Parroquia, donde la gente llama al mesero golpeando el vaso o la taza[12] con una cucharita.

Por la noche, caminaron por el malecón[13], cenaron y se acostaron temprano. Al día siguiente, fueron a la playa, nadaron, tomaron el sol, y después de comer, visitaron La Antigua, la primera ciudad del país. Ahí vieron la casa de Hernán Cortés (que realmente era la aduana[14]); bueno, en realidad, ya no hay casa tampoco, sólo están las paredes detenidas por las raíces[15] de unos árboles impresionantes.

Al día siguiente, empezaron el camino de regreso a la Ciudad de México.

[1]*ups and downs* [2]*fog* [3]**estirar...** *stretch their legs* [4]*covered* [5]*next to* [6]*heads* [7]*silver ring* [8]*half* [9]*chapel* [10]*to stop* [11]*forgot* [12]**golpeando...** *tapping their glass or cup* [13]*seafront* [14]*customs* [15]*roots*

Revista cultural

Aficionados a la naturaleza y al deporte

Revistas culturales are designed to help you gain knowledge and understanding of the products, practices, and perspectives of the people in the Spanish-speaking world. In the articles that follow, there will be words that you may not understand. As you read, highlight the words you **do** understand and try to make sense of the information presented with those words. If the pictures and/or the context do not help you, look up the words you need to know in a dictionary.

Antes de leer

Mira las fotografías de la revista para escribir qué crees que significan estas palabras.

1. caminos ________________
2. escalinatas ________________
3. puentes ________________
4. altura ________________
5. senderismo ________________

Los caminos incas

Perú es un paraíso (*paradise*) para los aficionados (*fans*) al senderismo. Los incas construyeron un sistema de senderos desde Cuzco hasta diferentes puntos del imperio para poder mandar a sus mensajeros, llamados **chasquis**. Imagina 23.000 kilómetros de caminos de piedra (*stone*), puentes de madera (*wood*), escalinatas, túneles y senderos que corren por valles, bosques y montañas.

Empiezas aquí...

caminos

Los incas construyeron (*built*) 23.000 km de senderos por montañas, valles y bosques (*forests*).

Pasas por aquí...

escalinatas

A. ¿Te gustaría caminar por los caminos incas?

Aventuras en Perú

Hoy en día, **El Camino Inca** es una excursión popular para los amantes de la naturaleza, la arqueología y las aventuras. Esta caminata (*hike*) de 43 km empieza cerca de Cuzco y termina en Machu Picchu. No es fácil. Caminas durante cuatro días

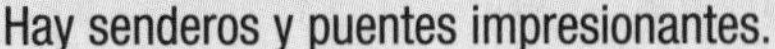

Hay senderos y puentes impresionantes.

Caminas durante cuatro días y llegas a Machu Picchu, a una altitud de 4.200 metros.

por un impresionante escenario natural y varios ecosistemas con climas y vegetación diferentes hasta una altitud de 4.200 metros. Durante el camino, puedes ver ruinas incas, increíbles orquídeas (*orchids*) (hay más de 200 tipos), aves (*birds*) de colores brillantes y paisajes inolvidables (*unforgettable landscapes*).

Answer these questions in English. Complete your research for question 3 and be prepared to share your findings in Spanish.

1. Explain why Peru is a great place for hiking.
2. **El Camino Inca** is the most popular hiking route in Peru. Calculate the length of the trail in miles and the height of the highest peak in feet. Describe what you can expect to find on your way to Machu Picchu.
3. Use the Internet to research prices and the best times to visit Peru for hiking.

B. ¿Quieres correr por los mismos caminos que los chasquis?

Los **chasquis** eran los mensajeros del imperio que recorrían (*traveled*) los caminos construidos por los incas. Ellos llevaban mensajes, noticias, comidas exclusivas para la realeza (*royalty*) y otros objetos. Eran hombres muy ágiles, entrenados (*trained*) desde niños para correr por las montañas de los Andes. Los chasquis tocaban un instrumento musical hecho (*made*) de concha, similar a una trompeta, llamado *pututu*.

Correr por montañas tan altas es muy difícil porque hay menos oxígeno en el aire. Por eso, es posible que los turistas sientan nauseas, dolor de cabeza y muchísima fatiga cuando viajan por los Andes. Si decides ir a conocer los caminos incas, necesitas prepararte: tomar mucha agua, descansar y pasar unos días en esa altitud para que tu cuerpo se aclimate (*gets acclimated*) antes de empezar tu excusión montaña arriba.

Answer these questions in English.

1. What was the job of the **chasquis**?

____

____

2. Describe the symptoms you may experience at high altitudes.

____

____

3. What do you need to do if you are going to hike in high altitudes?

____

____

C. ¡El *canopy* se hace cada vez más popular!

Aventuras en Costa Rica

¿Te gustaría deslizarte de un árbol a otro en las selvas tropicales de Latinoamérica? Mira las fotografías para escribir lo que crees que quieren decir estas expresiones.

1. deslizarse por los cables ____________________
2. casco y arnés ____________________
3. las copas de los árboles ____________________
4. la altura ____________________

Antes de los años noventa, solamente los biólogos, ecólogos y fotógrafos podían ver la selva (*jungle*) de Costa Rica deslizándose por cables que llegaban a unas plataformas colocadas (*placed*) en los árboles. A mediados de los años noventa, el *canopy* empezó a comercializarse en Costa Rica como atracción turística. Hoy en día, se ha extendido a otros países como Nicaragua y México. Para este deporte necesitas ponerte un arnés, un casco y unos guantes. Es importante llevar repelente y bloqueador solar (*sunscreen*).

En algunos lugares, las plataformas están a una altura de 50 a 60 metros del suelo sobre las copas (*tops*) de los árboles y hay cables desde 50 hasta 500 metros de largo. Este deporte te permite sentir lo que sentía Tarzán en sus vuelos (*flights*) de árbol a árbol. Aunque no necesitas tener los músculos de Tarzán para hacer *canopy*, definitivamente tienen que gustarte las alturas y la emoción. En algunas selvas y en algunas ocasiones, es posible ver monos (*monkeys*), jaguares y una gran variedad de aves. También es una experiencia singular el ver la selva desde las copas de los árboles. En algunos trayectos (*routes*) alcanzas (*you can reach*) una buena velocidad y eres tú el que tiene que frenar jalando (*break by pulling*) el cable con tu brazo. Los niños también pueden hacer *canopy*. No pueden ir solos, pero los expertos guías los acompañan.

D. Si quieres explorar más...

Investiga en Internet...

1. el precio (*price*) y los lugares donde puedes hacer *canopy* en Costa Rica.
2. el precio y los lugares donde puedes hacer *canopy* en Nicaragua y México.
3. si hay otros países donde también es común hacer este deporte. Otro nombre para el *canopy* es *zip line*.

¡Vacaciones en Perú!

1. El video. Watch this ***Flash cultura*** episode from Peru.

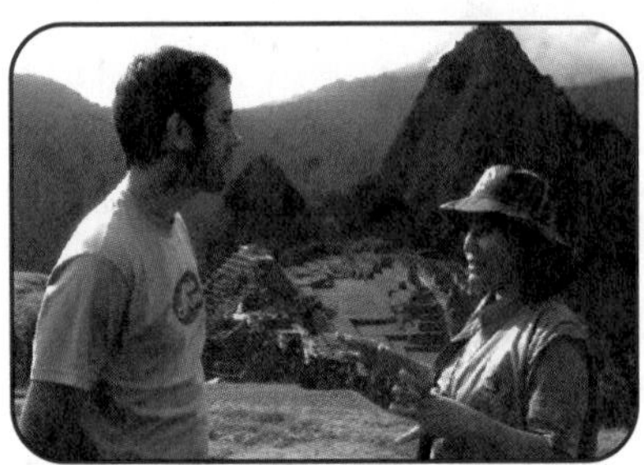

Machu Picchu se encuentra aislada sobre esta montaña...

Me encantan las civilizaciones antiguas (*ancient*).

2. Completar. Completa cada oración.

________	1. Las ruinas de Machu Picchu son una antigua... inca.	a. sectores
________	2. La ciudadela estaba (*was*) dividida en tres...	b. andina
________	3. Cada año los... reciben a cientos (*hundreds*) de turistas.	c. quechua
________	4. Hoy día, la cultura... está presente en muchas comunidades del Perú.	d. ciudadela
		e. guías

Objetivos comunicativos

In this episode, you will practice:

- ✓ talking about your health
- ✓ saying how long something has been going on

Episodio 21

Escenas de la vida: ¡Me siento mal!

A. ¡Mira cuánto puedes entender! Indica las respuestas correctas según ocurren en la **Escena**.

1. Adriana no se siente bien. ¿Qué tiene?

❑ 
Tiene fiebre.

❑ 
Tiene catarro.

❑ 
Tiene tos.

2. Adriana dice que se lastimó. ¿Qué se lastimó? ¿Con qué se lastimó? ______________

❑ 
Se lastimó la espalda.

❑ 
Se lastimó la mano.

❑ 
Se lastimó el pie.

3. ¿Qué le duele?

❑ 
Le duele el estómago.

❑ 
Le duele el oído.

❑ 
Le duele la cabeza.

B. ¿Te diste cuenta? Completa las oraciones de acuerdo a lo que pasa en la **Escena**.

1. A Sofía y a su mamá les gusta ____________________.
2. Adriana ahora está ____________________.
3. El esposo de Adriana no ____________________.
4. La mamá de Sofía y su esposo tuvieron ____________________.
5. La mamá de Sofía le recomienda a Adriana consultar con una ____________________.

C. Adriana se siente mal. Empareja las frases que los personajes dicen en la **Escena**.

_______	1. Mira cómo tiene los ojos;	a. para el estómago.
_______	2. Siempre nos enfermamos cuando	b. creo que lleva tres días llorando.
_______	3. Acabo de tomar un té de manzanilla	c. si no, puede convertirse en una pulmonía.
_______	4. Necesita cuidarse ese catarro;	d. más necesitamos estar sanas.

Cultura a lo vivo

La cultura hispana tiene una larga tradición en el uso de remedios naturales o caseros[1] para curar todo tipo de problemas de salud. Hoy en día, la mayoría de los hispanos combinan los remedios caseros con la medicina moderna. Cuando los remedios naturales no funcionan, muchísimas personas van a consultar al farmaceuta, que por lo general puede recomendar y vender los medicamentos necesarios para problemas comunes. En los países latinos, es muy común evitar[2] la consulta con el doctor, a menos que[3] se trate de una enfermedad seria o crónica. Ve al Supersitio para mirar un episodio de ***Flash cultura*** sobre este tema.

[1]*homemade* [2]*to avoid* [3]*unless*

Práctica adicional

Cuaderno de tareas p. 153, A

invitaciones.vhlcentral.com Episodio 21

invitaciones.vhlcentral.com Episodio 21

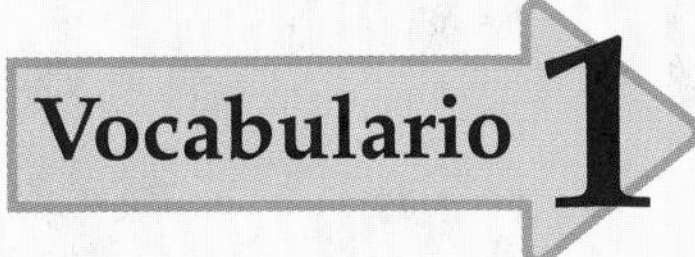

Para comunicarnos mejor

Vocabulario 1

Talking about your health
- **Symptoms and parts of the body**
- **Acabar de + [*infinitive*]**

In the conversation, you heard these statements:

Siempre nos **enfermamos...**	*We always get sick...*
Necesita **cuidarse** ese catarro.	*You need to take care of that cold.*
Acabo de lastimarme la mano con la puerta.	*I just hurt my hand in the door.*

Enfermarse, cuidarse, and **lastimarse** are some common verbs that you may use to talk about health. Notice that these verbs are used with reflexive pronouns.

Remedios			
el antibiótico	*antibiotic*	**el jarabe para la tos**	*cough syrup*
la aspirina	*aspirin*	**el líquido**	*liquid*
el descanso	*rest*	**la pastilla**	*pill*

Para hablar de la salud	
acabar de + [*infinitive*]	*to have just (done something)*
cuidarse	*to take care of oneself*
enfermarse	*to get sick*
doler (o → ue)	*to ache; to hurt*
Me duele la espalda.	*My back hurts.*
Me duelen las piernas.	*My legs hurt.*
estar adolorido/a	*to be sore*
mareado/a	*dizzy*
lastimarse	*to hurt oneself*
romperse un brazo	*to break an arm*
sentirse (e → ie) bien/mal/fatal	*to feel well/ill/horrible*
igual	*the same*
mejor/peor	*better/worse*
tener buena salud	*to have/enjoy good health*
(el) catarro	*a cold*
(el) dolor de...	*a(n)... ache*
(la) fiebre	*a fever*
(la) gripe	*the flu*
(la) tos	*a cough*
una infección	*an infection*

1. Notice that **me duele** works like **me gusta:**

   Me duele la cabeza. **Me duelen las piernas.**

2. With **doler**, use **a** + [*person*] to indicate the person involved.

   A Adriana le duele el estómago.

3. To express the English equivalent of *just (done a given activity)*, use the Spanish construction **acabar de** + [*infinitive*]. **Acabar** is a regular **-ar** verb.

   Acabo de tomar una aspirina. *I just took an aspirin.*

   Te acabo de llamar por teléfono y **acabo de escribirle** un mensaje a Sofía.
   I just called you on the phone and I just wrote a message for Sofía.

También se dice...

catarro → resfrío

doctor(a) → médico/a

lastimarse → hacerse daño

Las partes del cuerpo

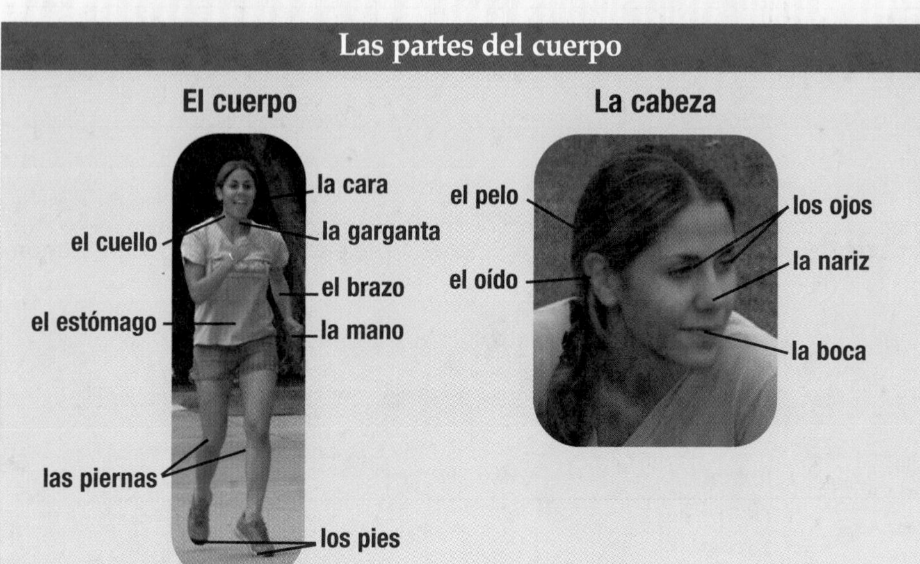

¡Fíjate!

In Spanish, **me duele el oído** refers to the *inner ear*, the typical ear pain or infection. If it is the *outer ear*, you would say **me duele la oreja.**

PRÁCTICA

A. Remedios. Empareja el remedio con el síntoma.

_______	1. Ramón acaba de tomar dos aspirinas.	a. Jugó vóleibol por dos horas.
_______	2. Adriana acaba de tomar jarabe.	b. Le duele la cabeza.
_______	3. Sofía tomó dos pastillas de *Dramamine.*	c. Tiene tos.
_______	4. Ana Mari se pone *IcyHot* en las piernas.	d. Está mareada.

B. ¿Por qué van a la clínica? Escribe por qué van al doctor las siguientes personas y comenta tus respuestas con un(a) compañero/a.

Modelo **Al niño que lleva la camiseta roja le duele el oído.**

1. ______________________________
2. ______________________________
3. ______________________________
4. ______________________________
5. ______________________________
6. ______________________________

C. Las medicinas. Comenta con un(a) compañero/a qué parte del cuerpo y qué síntoma asocias con las siguientes medicinas.

Modelo *Dramamine*
Es para el estómago cuando estás mareado.

1. *Robitussin*
2. *Halls*
3. *Excedrin*
4. *Alka-Seltzer*
5. *Bengay*
6. *Visine*
7. *Pepto-Bismol*
8. *Sudafed*
9. *Tums*

D. Adriana consulta a la doctora. Completa la conversación con las palabras de la lista.

descanso	**catarro**	**fiebre**
me siento	**le duele**	**el estómago**
pastillas	**cuidarse**	**el antibiótico**

Adriana Buenas tardes, doctora, ¿cómo está?

Dra. Cheng Bien, gracias. ¿Cómo se siente hoy?

Adriana Pues, (1) ______________ un poco mejor, pero todavía me duele (2) ______________.

Dra. Cheng ¿Y todavía tiene (3) ______________? ¿Se puso el termómetro como le recomendé?

Adriana Sí. Pero ya no tengo (4) ______________. Tomé un té de buganvilla con cebolla *(onion)* que me recomendó una amiga mexicana.

Dra. Cheng ¿Qué? ¡Por eso (5) ______________ el estómago! Necesita tomar antibióticos. Lo que usted tiene es una infección. Aquí están los análisis.

Adriana No me gusta tomar antibióticos. Si uno toma muchas (6) ______________, el cuerpo se acostumbra y no funcionan.

Dra. Cheng Eso sólo pasa si se toman en exceso.

Práctica adicional

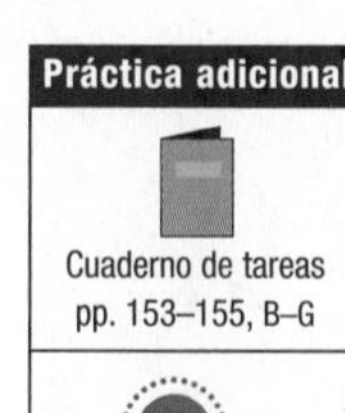

Cuaderno de tareas pp. 153–155, B–G

invitaciones.vhlcentral.com Episodio 21

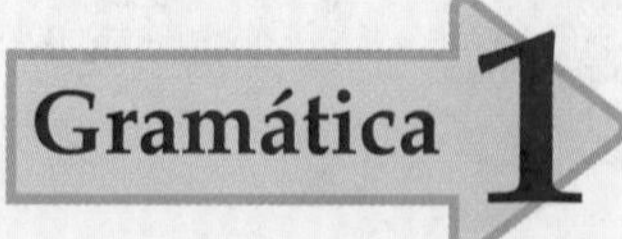

Saying how long something has been going on

• Hace + [*time*] + que + [*activity*]

1. You have used the expression **hace** + [*period of time*] + [*activity in the preterit*] to tell how long ago you did something.

¿Cuándo fuiste al doctor?

Fui al doctor hace una semana.

2. In this episode, you heard Adriana say:

Hace tres días que me siento muy mal. *I have been feeling bad for three days.*

To say for how long something has been going on, Spanish uses the construction **hace** + [*period of time*] + **que** + [*activity*]. For example, if Dr. Cheng wanted to ask Adriana how long she has been feeling ill, she would say, **¿Cuánto tiempo hace que se siente mal?**

PRÁCTICA

E. ¿Cuánto tiempo hace que...? Escribe oraciones lógicas y ciertas para ti usando una palabra de cada columna.

Modelo **Hace tres días que estoy enfermo.**

	2, 3, 4... meses		vivo en esta ciudad
	3, 4, 5... años		conozco a mi mejor amigo/a
hace	un año	**que**	estudio español
	5 días		asisto a esta universidad

1. ______________________________
2. ______________________________
3. ______________________________
4. ______________________________

¡Fíjate!

The expressions **Me dio catarro** or **Le dio dolor de cabeza** are commonly used to say *I got a cold* or *He got a headache.*

F. ¿Tienes buena salud? Primero contesta las preguntas. Después entrevista a un(a) compañero/a para determinar quién tiene mejor salud.

Modelo ¿Cuánto tiempo hace que no vas al dentista?
—Hace un año que no voy al dentista. ¿Y tú?
—Acabo de ir esta mañana.

1. ¿Cuánto tiempo hace que no vas al doctor? ______________________________
2. ¿Cuánto tiempo hace que no te da catarro? ______________________________
3. ¿Qué parte del cuerpo te duele con más frecuencia? ¿Por qué? ______________________________
____
4. ¿Con qué frecuencia tomas aspirinas? ______________________________
5. ¿Cuándo fue la última vez que estuviste mareado/a? ______________________________
6. ¿Cuándo fue la última vez que te dolió el estómago? ______________________________
7. ¿Te duele la cabeza con frecuencia? ¿Qué haces cuando te duele la cabeza? ______________________________
____

SUPERSITE

G. ¡Todos están enfermos hoy! Eres enfermera/o en una escuela primaria. Hoy muchos niños están enfermos. Escucha sus síntomas para completar el siguiente cuadro *(chart)*. Después decide qué niños tienen que irse a sus casas y qué niños tienen que regresar a sus clases. Compara tus respuestas con las de un(a) compañero/a.

	síntomas	diagnóstico	A casa: sí/no
Alberto			
Mari Carmen			
Alejandra			

H. Frida Kahlo, una pintora mexicana famosa. Primero lee las preguntas del artículo de Sofía sobre sus pintores favoritos. Después de leer el artículo, contéstalas.

1. ¿Quiénes fueron Frida Kahlo y Diego Rivera? ______________________
2. ¿Qué le pasó a Frida de niña? ______________________
3. ¿Cómo fue su matrimonio? ______________________
4. ¿Qué pintó Frida en sus cuadros? ______________________

Frida y Diego, mis pintores favoritos

Frida Kahlo y Diego Rivera fueron la pareja[1] de pintores más famosa de México. Su vida personal y profesional estuvo llena de escándalos, tragedias, triunfos y controversias. Frida tuvo una niñez[2] triste y solitaria, no por su carácter sino por su salud. De niña le dio poliomielitis en una pierna, y a los dieciocho años, al regresar de la preparatoria a su casa, el autobús en el que viajaba tuvo un accidente terrible con un tranvía[3]. Se rompió los huesos de la pierna, la cadera[4] y la espalda en tres partes; además, un tubo[5] de metal le atravesó[6] el abdomen de lado a lado. Pasó meses en el hospital y siempre sufrió de dolores y problemas de salud.

Cuando estudiaba en la preparatoria, conoció a Diego Rivera, que pintaba un mural en el edificio de la escuela. Diego ya era un muralista de fama internacional. Su pintura está llena de simbolismo político y social; en ella reflejó su compromiso político, la lucha[7] de clases y la desigualdad social. Diego se enamoró de[8] la clara inteligencia, la conciencia política y el comportamiento[9] poco convencional de Frida. Al poco tiempo se casaron[10], Frida de veintidós años y Diego de cuarenta y tres.

El matrimonio tuvo muchos problemas desde el principio. Diego no dejó de[11] tener relaciones con otras mujeres (incluso con la

hermana de Frida). Frida también tuvo varias, una de ellas con el famoso León Trotsky, pero sufría mucho por la infidelidad de Diego. Frida pintó su dolor, su soledad[12] y su atormentado amor por Diego en sus autorretratos[13]. En 1939 se divorciaron... ¡y en 1940 se volvieron a casar!

Frida nunca tuvo buena salud, debido[14] en parte a su accidente. Frida tenía dolores constantes y nunca pudo tener hijos, aunque tuvo tres embarazos[15]. Pasó todo el año de 1950 en el hospital, donde tuvo seis operaciones de la columna vertebral. Frida decía que tuvo dos accidentes en su vida: uno de ellos fue el choque[16] con el tranvía y el otro accidente fue Diego.

Frida murió[17] en 1954. "Éste es el día más trágico de mi vida", dijo Diego el día de la muerte de Frida. Diego murió tres años después.

Para saber más de estos dos pintores, puedes buscar información en Internet o comprar algún libro; hay muchos en el mercado. Yo tengo uno de Hayden Herrera y me gusta mucho.

[1]*couple* [2]*childhood* [3]*trolley* [4]*hip* [5]*pipe* [6]*went through* [7]*struggle* [8]*fell in love with* [9]*behavior* [10]*got married* [11]*didn't stop* [12]*loneliness* [13]*self-portraits* [14]*due* [15]*pregnancies* [16]*crash* [17]*died*

Actividades comunicativas

A. Crucigrama.

Instrucciones para **Estudiante 1**

Tu compañero/a y tú tienen el mismo crucigrama, pero tú tienes las respuestas que él/ella no tiene y viceversa. Necesitas explicarle las palabras por medio de definiciones, sinónimos, antónimos u oraciones incompletas.

Modelo	*Cuatro vertical:*	**Los usamos para ver o leer.**
	Seis horizontal:	**Te pones un zapato en el...**

Enfermedades y partes del cuerpo

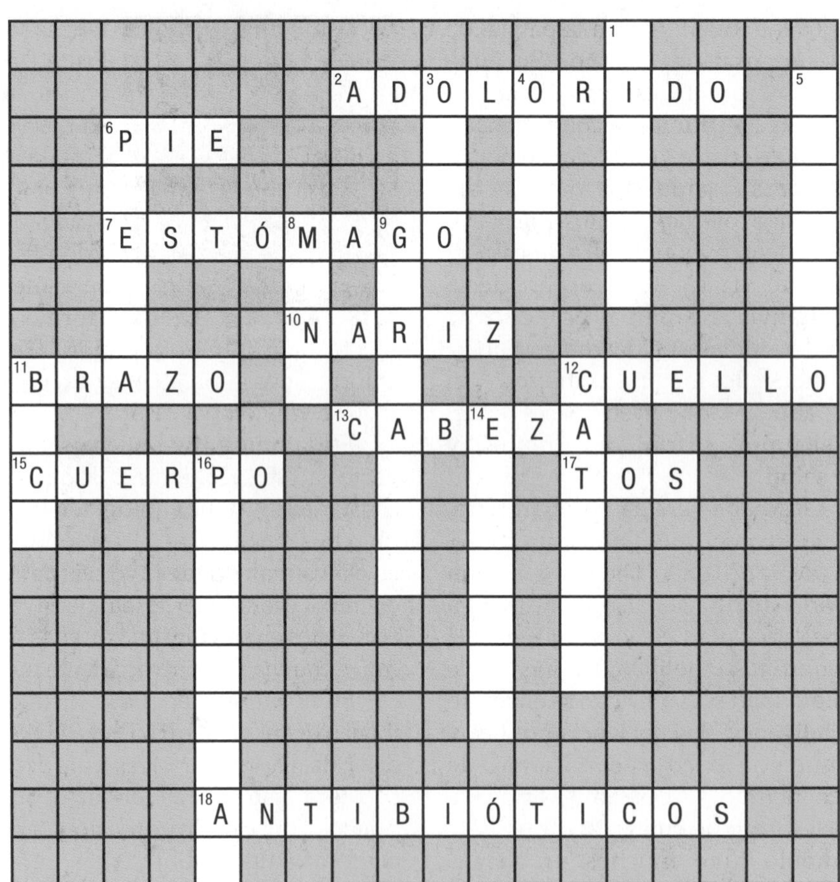

A. Crucigrama.

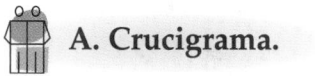

Instrucciones para **Estudiante 2**

Tu compañero/a y tú tienen el mismo crucigrama, pero tú tienes las respuestas que él/ella no tiene y viceversa. Necesitas explicarle las palabras por medio de definiciones, sinónimos, antónimos u oraciones incompletas.

Modelo *Cuatro vertical:* **Los usamos para ver o leer.**
Seis horizontal: **Te pones un zapato en el...**

Enfermedades y partes del cuerpo

													1 F				
							2		3 O		4 O		I				5 M
		6 P							Í		J		E				A
		I							D		O		B				R
		7 E				8 M		9 G	O		S		R				E
		R				A		A					E				A
		N				10 N		R									D
11 B		A				O		G				12 C					O
O							13	A		14 E		A					
15 C				16 P				N		S		17 T					
A				A				T		P		A					
				S				A		A		R					
				T						L		R					
				I						D		O					
				L						A							
				L													
				18 A													
				S													

B. ¿Tienes buenos hábitos de salud?

Instrucciones para **Estudiante 1**

Parte 1. Entrevista a un(a) compañero/a para determinar si sus hábitos son saludables o no. Después de sumar sus puntos, evalúa sus respuestas y dale las recomendaciones indicadas.

	Siempre	Con frecuencia	Pocas veces	Casi nunca
1. ¿Comes suficientes frutas y verduras?	☐	☐	☐	☐
2. ¿Haces ejercicio?	☐	☐	☐	☐
3. ¿Duermes ocho horas al día?	☐	☐	☐	☐
4. ¿Te diviertes con tus amigos?	☐	☐	☐	☐
5. ¿Reaccionas con optimismo en situaciones difíciles?	☐	☐	☐	☐

Parte 2. Ahora suma los puntos usando esta escala.

Siempre: 4 puntos
Con frecuencia: 3 puntos
Pocas veces: 2 puntos
Casi nunca: 1 punto

20–17	16–13	12–5
Parece que tienes buenos hábitos de salud. Continúa así. Tus buenos hábitos te ayudan también a controlar el estrés.	Eres como la mayoría de las personas. Algunos de tus hábitos de salud son buenos, pero necesitas cambiar *(to change)* otros.	¡Cuidado! Si no cambias tus hábitos, tu salud va a estar en peligro *(danger)*. Necesitas comer mejor, dormir más, hacer ejercicio y divertirte con tus amigos.

B. ¿Tienes buenos hábitos de salud?

Instrucciones para **Estudiante 2**

Parte 1. Entrevista a un(a) compañero/a para determinar si sus hábitos son saludables o no. Después de sumar sus puntos, evalúa sus respuestas y dale las recomendaciones indicadas.

	Siempre	Con frecuencia	Pocas veces	Casi nunca
1. ¿Llevas una dieta balanceada?	☐	☐	☐	☐
2. ¿Practicas deportes?	☐	☐	☐	☐
3. ¿Tienes una actitud positiva?	☐	☐	☐	☐
4. ¿Sales a divertirte con tus amigos?	☐	☐	☐	☐
5. ¿Te acuestas y te levantas a una hora específica?	☐	☐	☐	☐

Parte 2. Ahora suma los puntos usando esta escala.

Siempre: 4 puntos
Con frecuencia: 3 puntos
Pocas veces: 2 puntos
Casi nunca: 1 punto

20–17

Parece que tienes buenos hábitos de salud. Continúa así. Tus buenos hábitos te ayudan también a controlar el estrés.

16–13

Eres como la mayoría de las personas. Algunos de tus hábitos de salud son buenos, pero necesitas cambiar *(to change)* otros.

12–5

¡Cuidado! Si no cambias tus hábitos, tu salud va a estar en peligro *(danger)*. Necesitas comer mejor, dormir más, hacer ejercicio y divertirte con tus amigos.

C. No me siento bien.

Instrucciones para Estudiante 1

Imagina que no te sientes bien. Te duele la cabeza y estás mareado/a. También, te lastimaste la pierna corriendo y piensas que tienes catarro. Vas a la farmacia a pedir una medicina. Explícale tus síntomas al/a la farmacéutico/a.

Learning Strategy: Using conversation fillers

Use conversation fillers. It helps to learn a few words or phrases to let your listener know that you are searching for words to express your thoughts. Your listener may help you communicate your idea. In English, it is common to say *well, let's see*, and *you know*. In Spanish, you may say **este** *(um, er)*, **Déjame ver** *(Let me see)*, **¿Cómo se dice...?** *(How do you say...?)*, or **Espera** *(Wait)*.

La bióloga norteamericana Margie Stitson tomó esta foto en la península de Baja California, México. Ella, como muchos mexicanos, conoce el valor nutritivo del nopal. El nopal *(prickly pear)* se come como cualquier *(any)* verdura: en ensaladas, platos fríos o calientes. Hoy en día se sirve en los mejores restaurantes de México. El nopal es rico en calcio y ayuda a bajar los niveles *(levels)* de azúcar *(sugar)* en la sangre *(blood)*.

C. No me siento bien.

Instrucciones para **Estudiante 2**

Eres farmacéutico/a. Alguien viene a pedirte una medicina porque se siente mal. Pregúntale cuál es el problema y desde cuándo se siente mal y sugiere una medicina.

Learning Strategy: Using conversation fillers

Use conversation fillers. It helps to learn a few words or phrases to let your listener know that you are searching for words to express your thoughts. Your listener may help you communicate your idea. In English, it is common to say *well, let's see*, and *you know*. In Spanish, you may say **este** *(um, er)*, **Déjame ver** *(Let me see)*, **¿Cómo se dice…?** *(How do you say…?)*, or **Espera** *(Wait)*.

La bióloga norteamericana Margie Stitson tomó esta foto en la península de Baja California, México. Ella, como muchos mexicanos, conoce el valor nutritivo del nopal. El nopal *(prickly pear)* se come como cualquier *(any)* verdura: en ensaladas, platos fríos o calientes. Hoy en día se sirve en los mejores restaurantes de México. El nopal es rico en calcio y ayuda a bajar los niveles *(levels)* de azúcar *(sugar)* en la sangre *(blood)*.

La correspondencia

El correo: Y a ti, ¿qué te atrae? Acabas de recibir este artículo. Léelo y contesta las preguntas.

Si te atraen los ojos:

Eres una persona que quiere saber qué hay en el interior de la persona. Sabes ver más allá[1] de lo superficial. Te encanta el arte y admiras la belleza que hay a tu alrededor[2]. No necesitas las palabras para comunicarte. Eres muy perceptivo y comprendes bien a otras personas. La belleza interior es tan importante para ti como la belleza exterior.

En el amor: No te gusta perder el tiempo en relaciones superficiales y sin[3] sustancia. Eres una persona madura y te gusta dialogar abiertamente. Te vas a enamorar profundamente cuando encuentres a una persona honesta, inteligente, cariñosa y madura aunque[4] no tenga una belleza extraordinaria.

[1]*further away* [2]**a...** *around* [3]*without* [4]*even if*

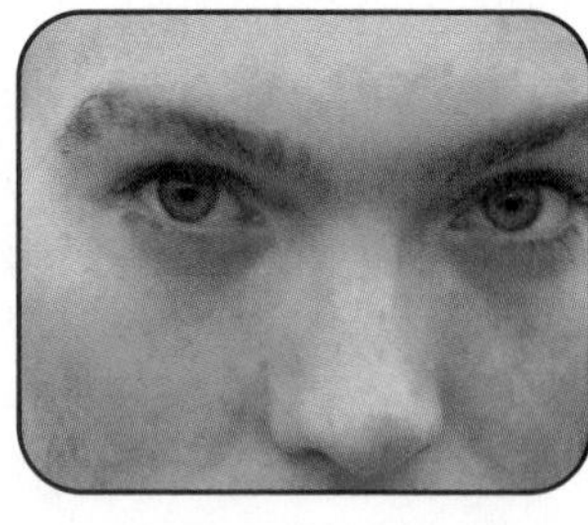

1. ¿Qué características tiene una persona que se fija *(who pays attention)* en los ojos?

____

____

____

____

____

2. ¿Qué es importante para este tipo de persona?

____

____

____

Si te atrae la nariz:

Te interesa mantener un equilibrio en todos los aspectos de tu vida. Te chocan las personas deshonestas y complicadas. Sabes lo que quieres y cómo lo puedes alcanzar[5]. Eres un excelente amigo, leal y bueno.

En el amor: Te entregas[6] totalmente en el amor, pero esperas[7] reciprocidad. Prefieres no discutir, pero si es necesario, lo haces abiertamente. Eres directo y odias[8] la hipocresía. Eres un amante fiel[9] y no estás dispuesto a perdonar que te traicionen[10].

[5]*reach* [6]*You devote yourself* [7]*expect* [8]*you hate* [9]*faithful lover*
[10]**no...** *you are not willing to forgive those who betray you*

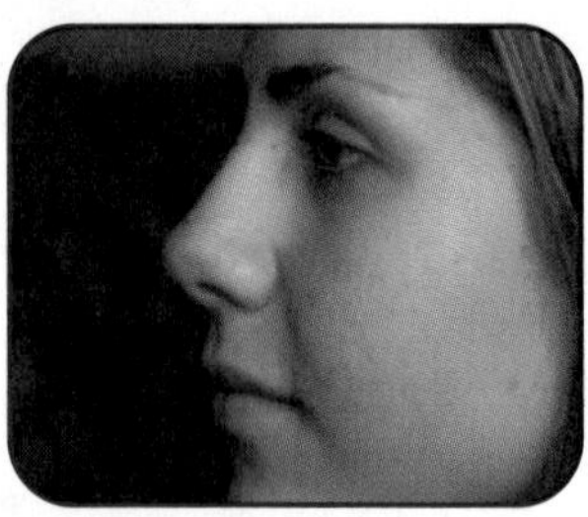

3. ¿Qué le interesa a una persona que se fija en la nariz?

____

____

____

____

4. ¿Qué le choca a este tipo de persona?

____

____

Si te atraen las manos:

Eres muy inteligente para solucionar situaciones difíciles. Eres sensible[11] y creativo. Te gusta el arte, pero también el orden. No tienes miedo[12] de alcanzar[13] lo que tú deseas.

En el amor: La comunicación es muy importante para ti. No toleras las mentiras[14]. Eres un poco dominante en tus relaciones amorosas; necesitas una pareja que no lo sea para evitar[15] fricciones.

[11]*sensitive* [12]*fear* [13]*reach* [14]*lies* [15]*avoid*

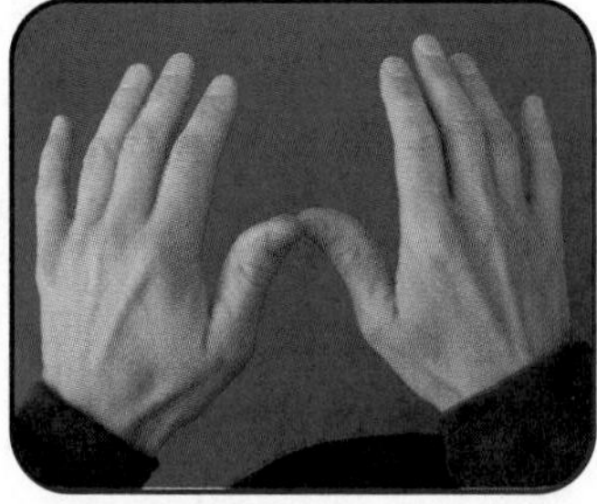

5. ¿Qué características tiene una persona que se fija en las manos?

____

____

____

____

____

6. ¿Qué le molesta a este tipo de persona?

____

____

Si te atraen las piernas:

No quieres compromisos[16] ni obligaciones. Te fascina conocer y vivir experiencias nuevas. Eres independiente y siempre buscas nuevas emociones.

En el amor: Corres cuando tu pareja quiere establecer seriedad en la relación. Tú prefieres tu libertad. A veces tus relaciones son superficiales y cambias de pareja con frecuencia. El día que te enamores en serio, vas a disfrutar la mejor aventura de tu vida.

[16]*commitments*

7. ¿Qué características tiene una persona que se fija en las piernas?

____

____

8. ¿Cómo son sus relaciones a veces?

____

____

En papel: Los remedios naturales. Investiga entre tus familiares cuáles son los tres remedios caseros *(home remedies)* más comunes que ellos han usado *(have used)* o conocen. Prepárate para compartir tu reporte con el grupo. Elige el remedio más original para compartirlo con la clase. Lee los remedios en tu **Cuaderno de tareas**, página 158, para usarlos como modelo.

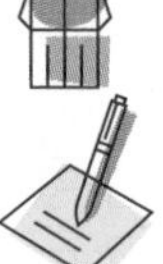

¡A ver de nuevo! Mira la **Escena** y haz un resumen de lo que pasó. Luego compara tu resumen con el de un(a) compañero/a para añadir *(add)* la información que te faltó.

Invitación a México

En tus propias palabras. Lee la información para escribir en español lo que entendiste. Resume (*Summarize*) la información en dos o tres oraciones.

____

____

____

Del álbum de
Sofía

Las Barrancas *(Hills)* del Cobre, en la Sierra Tarahumara de Chihuahua (al norte del país), son una de las bellezas naturales de México. El grupo de barrancas es cuatro veces más grande que el Gran Cañón del Colorado. Hace miles de años que los indígenas tarahumaras (quienes resisten la influencia del mundo occidental) habitan esta región. Ellos son nómadas de temporada *(season)*; siguen las temperaturas cálidas (*warm*). Los tarahumaras logran *(manage)* mantener su idioma, sus tradiciones y su modo de vida gracias a que se niegan *(they refuse)* a tener relaciones con el mundo exterior y resisten los intentos del gobierno de incorporarlos a la sociedad mayoritaria. A los tarahumaras se les conoce por su extraordinaria condición física y su estatura (son los indígenas más altos del país). Su artesanía es bella y práctica, y sus vistosos *(colorful)* y coloridos vestidos los protegen del clima.

Práctica adicional			
Cuaderno de tareas pp. 157–158, K	invitaciones. vhlcentral.com Episodio 21	invitaciones. vhlcentral.com Lab practice	invitaciones. vhlcentral.com Episodio 21

Vocabulario del Episodio 21

Objetivos comunicativos

You should now be able to do the following in Spanish:

✓ talk about your health

✓ say how long something has been going on

Remedios

el antibiótico	*antibiotic*
la aspirina	*aspirin*
el descanso	*rest*
el jarabe para la tos	*cough syrup*
el líquido	*liquid*
la pastilla	*pill*

Para hablar de la salud

acabar de + [*infinitive*]	*to have just (done something)*
cuidarse	*to take care of oneself*
enfermarse	*to get sick*
doler (o ⟶ ue)	*to ache; to hurt*
Me duele la espalda.	*My back hurts.*
Me duelen las piernas.	*My legs hurt.*
estar adolorido/a	*to be sore*
mareado/a	*dizzy*
lastimarse	*to hurt oneself*
romperse un brazo	*to break an arm*
sentirse (e ⟶ ie) bien/mal/fatal	*to feel well/ill/horrible*
igual	*the same*
mejor/peor	*better/worse*
tener buena salud	*to have/enjoy good health*
(el) catarro	*a cold*
(el) dolor de…	*a(n)… ache*
(la) fiebre	*a fever*
(la) gripe	*the flu*
(la) tos	*a cough*
una infección	*an infection*
¿Cuánto tiempo hace que…?	*How long has it been since…?*
Hace tres días que (yo)…	*I have been… for three days*

Partes del cuerpo

la boca	*mouth*	**la mano**	*hand*
el brazo	*arm*	**la nariz**	*nose*
la cabeza	*head*	**el oído**	*(inner) ear*
la cara	*face*	**el ojo**	*eye*
el cuello	*neck*	**la oreja**	*(outer) ear*
el cuerpo	*body*	**el pelo**	*hair*
el estómago	*stomach*	**el pie**	*foot*
la garganta	*throat*	**la pierna**	*leg*

Vocabulario personal

En esta sección escribe otras partes del cuerpo o síntomas relevantes que te sirvan para poder hablar mejor de tu salud, de tu condición física y de los remedios naturales que usa tu familia.

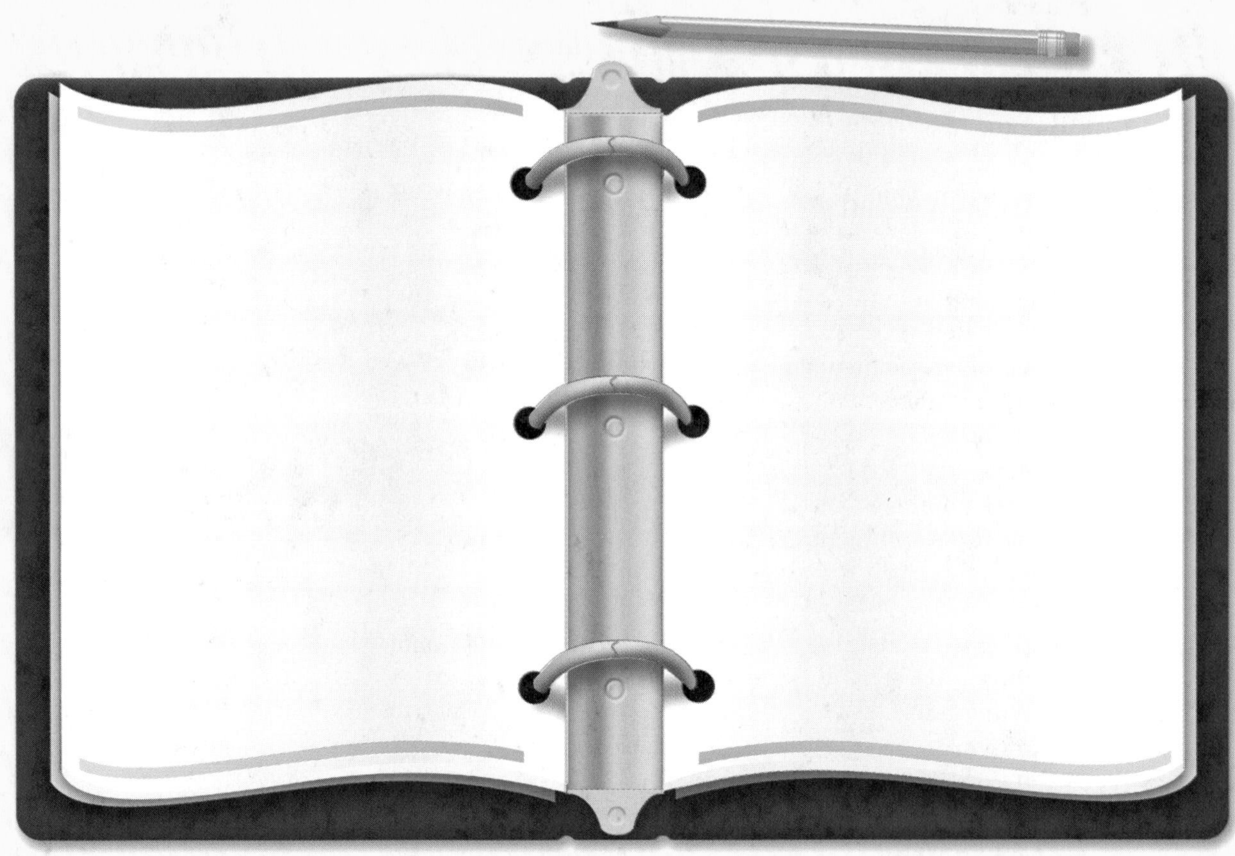

Nombre ______________________ Fecha ______________

Cuaderno de tareas

Episodio 21

Escenas de la vida: ¡Me siento mal!

A. ¡A ver cuánto entendiste! See how much of the **Escena** you understood by matching the Spanish phrases with their English equivalents.

_____ 1. Acabo de lastimarme la mano.	a. I think she's been crying for three days.
_____ 2. Mira cómo tiene los ojos.	b. I just had chamomile tea.
_____ 3. Hace tres días que me siento mal.	c. Santiago called last night, and he apologized.
_____ 4. Creo que lleva tres días llorando.	d. You have to take care of that cold.
_____ 5. Tiene que cuidarse ese catarro.	e. I haven't felt well for the last three days.
_____ 6. Ahora estoy enferma.	f. I have a cough and a stomachache.
_____ 7. Acabo de tomar un té de manzanilla.	g. We need to be healthy.
_____ 8. Necesitamos estar sanas.	h. Now I feel sick.
_____ 9. Tengo tos y me duele el estómago.	i. Look at how her eyes are.
_____ 10. Santiago llamó anoche y se disculpó.	j. I just hurt my hand.

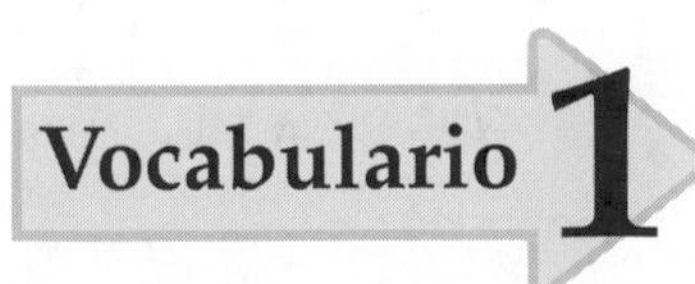

Talking about your health
- **Symptoms and parts of the body**
- **Acabar de + [*infinitive*]**

B. Las partes del cuerpo. Write the names of the body parts on the corresponding line.

Nombre ______________________ Fecha ____________

C. Adriana se queda en casa. Write why Adriana is going to stay home for a week.

1. 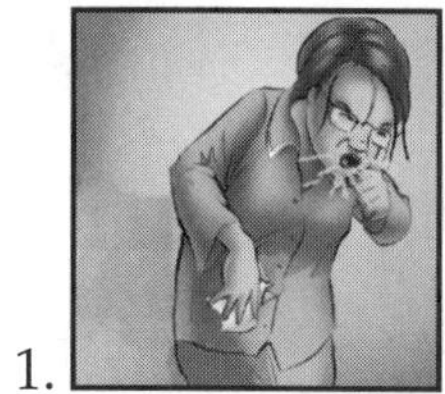
2. 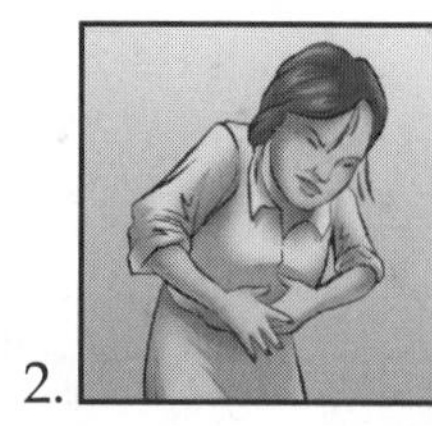
3. 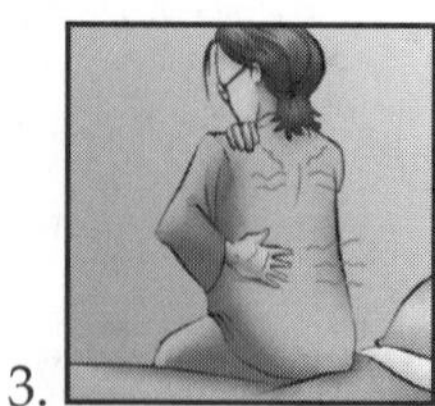
4. 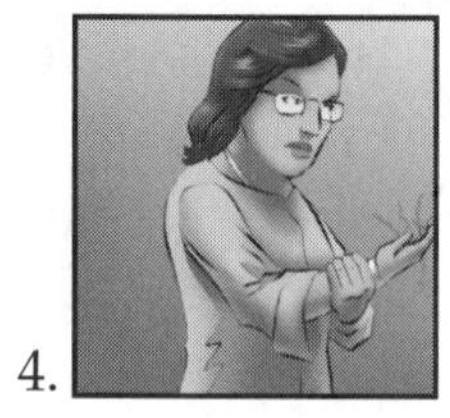
5. 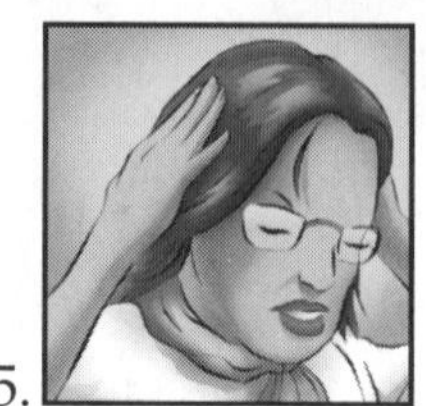

1. ____
2. ____
3. ____
4. ____
5. ____

D. ¿Qué tomas? Recommend a remedy or medicine for each illness.

1. ¿Qué tomas para el dolor de cabeza? ______________________
____
2. ¿Qué tomas para la tos? ______________________
____
3. ¿Qué haces si tienes una infección? ______________________
____
4. ¿Qué debes hacer cuando tienes catarro? ______________________
____
5. ¿Qué haces cuando estás mareado/a? ______________________
____

E. ¡Qué mala suerte! Wayne had an accident at home. Complete the description to find out what happened to him. Use the preterit when appropriate.

Hace una semana Wayne (1) ______________ *(got sick)*. Todo empezó después de su accidente. Se cayó *(He fell)* por las escaleras *(stairs)*, se pegó *(he hit himself)* en (2) ______________ *(the head)* y (3) ______________ *(he hurt)* la rodilla. Ahora (4) ______________ *(he has a headache)* y (5) ______________ *(he is sore)* de la pierna. También, ahora tiene (6) ______________ *(flu)*. Tiene (7) ______________ *(fever)* y (8) ______________*(cough)*. Pobre Wayne, (9) ______________*(he is ill)*.

Nombre ______________________________ Fecha _______________

F. Frida y Diego. You will read about this interesting couple in **Práctica H** in the text. Now, complete a conversation they might have had during Frida's one-year stay in the hospital.

acaba de	**cabeza**	**la espalda**	**me siento**	**pies**
adolorida	**cuidar**	**hace**	**las piernas**	**te duele**

Diego Hola, mi amor. ¿Cómo te sientes hoy?

Frida ¿Cómo quieres que me sienta? ¡(1) ____________________ muy mal!

Diego ¿Por qué, querida? ¿Qué (2) ____________________?

Frida Me duele todo, Diego. De la (3) ____________________ a los (4) ____________________. Estoy (5) ____________________ de todo el cuerpo.

Diego Sí, amor, eso es normal después de tantos meses en cama, pero ¿qué te duele específicamente?

Frida Me duele (6) ____________________, me duelen (7) ____________________ y me duele el corazón *(heart)*, por lo que tú me haces.

Diego Bueno, bueno, no exageres. El doctor (8) ____________________ hablar conmigo. Me dijo que pronto vas a poder ir a casa.

Frida (9) ____________________ un año que estoy en este hospital. No sé si puedo vivir una vida normal.

Diego Claro que puedes. Vas a ver a todos tus animales, vas a (10) ____________________ tus plantas, vas a seguir pintando... ya verás.

Frida Espero que tengas razón. Ahora sólo siento indiferencia y algo de miedo.

Diego Son las pastillas; ahora duérmete, mi palomita *(little dove)*. Mañana vengo a verte.

G. Ya lo hice. Explain what the characters just did based on the images. Use **acabar de** with the verbs indicated in your answers.

Modelo
Sofía, toda la ropa está limpia. (lavar)
Sí, acabo de lavarla.

1. Sofía, ¡qué guapa estás! (pintarse) ______________________________
____

2. Sofía, ¿ya llegó tu primo? (llegar) ______________________________
____

3. Wayne, ¿por qué estás tan contento? (sacar) ____________________
____

Nombre ______________________ Fecha ______________

Gramática 1 Saying how long something has been going on

• <u>Hace</u> + [*time*] + <u>que</u> + [*activity*]

H. ¿Cuándo lo hicieron? Say how long it has been since the characters did the following things.

> **Modelo** Manolo / no ir al dentista (6 meses)
> **Hace seis meses que Manolo no va al dentista.**

1. Manolo y Jorge / no discutir de política (tres semanas)

   ____

2. Adriana y Santiago / no hacer ejercicio (un semestre)

   ____

3. Sofía / no enfermarse de la garganta (dos años)

   ____

4. Ana Mari / no hablar con Sofía (dos días)

   ____

I. ¿Cuánto tiempo hace? How long have you been doing the following activities?

> **Modelo** vivir en donde vives ahora
> **Hace 5 años que vivo en esta casa.**

1. estudiar español ______________________________
2. conocer a tu profesor(a) de español ______________________
3. estudiar en esta universidad ______________________
4. tener licencia de manejar (*driver's license*) ________________

J. ¿Qué has hecho? How long has it been since you have not done the following things? If you have done them recently, indicate when.

> **Modelo** ir al doctor
> **Hace un mes que no voy al doctor.**
> *or* **Acabo de ir al doctor ayer.**

1. no jugar boliche ______________________________
2. no ver a tus amigos de la escuela secundaria ________________
3. no salir de vacaciones ______________________________
4. no enfermarte ______________________________

Nombre ______________________ Fecha ____________

Para terminar

K. Una carta de su hermana. Read the letter and the article that Adriana's sister Cristina sent her, then answer the questions in Spanish.

Reading Strategy: Using background knowledge to improve your understanding

When reading a text, it is important to use your knowledge of the topic to guess at the meaning of words you do not understand.

1. First look at the title of the article **Remedios naturales**. What do you know about natural remedies? In your notebook, jot down what you expect the article to contain.
2. The article is divided into an introduction and four sub-sections: **Cansancio, Gripe, Dolor de cabeza,** and **Dolor de estómago.** List any natural remedies you know may be used for these ailments.
3. Read the following excerpt from the introduction:

   En Latinoamérica y España hay una abundante tradición popular de remedios y tratamientos naturales, plantas, hierbas, tés, infusiones, baños, ejercicios…

   Underline the words you are able to understand.
4. This reading (like nearly every Spanish text) contains words with which you are unfamiliar. When you encounter them, use the language you have learned to guess at their meaning. For example:

   Dolor de cabeza: Envuélvase la cabeza con un trapo húmedo (de agua bien fría) dejando los ojos, la nariz y la boca descubiertas.

What do you suppose **envuélvase, trapo,** and **descubiertas** mean, given that this section is titled **Dolor de cabeza,** that the **trapo** must be **húmedo (de agua bien fría),** and that **los ojos, la nariz,** and **la boca** must remain **descubiertas?**

1. What ailments does the article give home remedies for?

   ____

2. What do they recommend for fatigue?

   ____

3. What can you drink to help with the flu?

   ____

   ____

4. What procedure is recommended for a headache?

   ____

   ____

5. What is **manzanilla**? What properties does mint tea have?

   ____

   ____

Nombre ______________________________ Fecha ______________

Mi querida hermana:

Me siento un poco inútil al estar tan lejos mientras tú estás tan enferma. Espero que sea por pocos días. Por otro lado, me siento muy orgullosa *(proud)* de que tus hijos y esposo te ayuden tanto y hagan todo por ti. Ahora sí te van a apreciar más.

Te incluyo este artículo de unos remedios caseros. Me dices que te sientes cansada y que te duele la cabeza con frecuencia. ¡Pues no es para menos con todos los problemas que tienes!

Bueno hermanita, espero que te sientas mejor pronto.

Tu hermana,

Cristina

Remedios naturales

Hoy en día, parece haber una pastilla para cualquier mal. Sin embargo, en los últimos años en Estados Unidos ha habido[1] una proliferación de libros y revistas[2] dedicadas a la medicina natural y los remedios caseros. Más y más norteamericanos están "descubriendo"[3] ahora los beneficios de los llamados remedios caseros que vienen practicándose en diversas partes del mundo desde tiempos inmemorables.

En Latinoamérica y España hay una abundante tradición popular de remedios y tratamientos que utilizan plantas, hierbas, tés, infusiones, baños, ejercicios y alimentos para curar o corregir cualquier aflicción. Aquí le daremos algunos de los remedios más efectivos para los males más comunes.

Cansancio: Aplicar un chorro a presión[4] de agua caliente sobre la espalda. Empiece de los pies hacia la cadera y de las manos hacia los hombros para terminar por la espalda. También puede darse un baño caliente durante veinte minutos. Puede añadir[5] al agua aceites[6] aromáticos, hojas[7] de hierbabuena[8] o sales. Propiedades: activa la circulación y relaja la tensión muscular y nerviosa.

Gripe: El té de anís y el jugo de limón con azúcar o miel son muy efectivos contra la gripe. También son efectivos por la noche, ya en la cama. Prepare una taza de leche hirviendo[9], bata[10] la yema[11] de un huevo y póngale azúcar al gusto; añada un poquito de brandy o coñac. Este remedio lo va a hacer sudar[12], debe estar bien cubierto[13] en la cama para que no se enfríe[14].

Dolor de cabeza: Envuélvase[15] la cabeza con un trapo[16] húmedo (de agua bien fría), dejando los ojos, la nariz y la boca descubiertos. Ponga otro trapo seco[17] encima del húmedo y cúbrase la cabeza y el cuerpo con una manta[18]. Deje la envoltura[19] de 20 a 30 minutos. Puede acostarse, pero no se duerma durante el tratamiento. No debe sentir frío en ningún momento y debe tomar líquidos calientes (jugo de limón con azúcar o miel). Esta envoltura también puede hacerse con agua caliente para la migraña.

Dolor de estómago: Los tés de manzanilla o menta[20] son muy efectivos contra este dolor.

La manzanilla: Hacer el té con flores de manzanilla. Tomar una taza tres veces al día. Propiedades: sedante, digestivo estomacal, antiinflamatorio.

La menta: Hacer el té con las hojitas de la planta. Propiedades: antiespasmódico, tónico, digestivo, estimulante, afrodisíaco.

Recuerde que para que cualquier tratamiento tenga efectos positivos, debe combinarlos con una dieta balanceada, tener descanso adecuado, tomar aire y hacer ejercicio regularmente. Antes de utilizar cualquier remedio casero, consulte a su médico o farmaceuta.

[1]*there has been* [2]*magazines* [3]*discovering* [4]**chorro...** *steady stream* [5]*add* [6]*oils* [7]*leaves* [8]*peppermint* [9]*boiling* [10]*beat* [11]*yolk* [12]*sweat* [13]*covered* [14]**para...** *so you don't get cold* [15]*Wrap* [16]*cloth* [17]*dry* [18]*blanket* [19]*wrapping* [20]*spearmint*

Datos obtenidos de "Programa integral de salud: medicina natural" (Iatros, Ediciones Ltda.)

Objetivos comunicativos

In this episode, you will practice:

✓ talking about your childhood

✓ talking about children's activities

Episodio 22

Escenas de la vida: Recuerdos de la niñez

A. ¡Mira cuánto puedes entender! Indica quién hacía estas actividades de niño: Lalo (**L**), Sofía (**S**), Ana Mari (**AM**), Ramón (**R**), Emilio (**E**) o Manolo (y su hermana) (**M**).

Nunca ganaba los juegos de cartas. ______

Jugaban mucho a las escondidillas/al escondite. ______

Lloraba porque no encontraba a su hermana. ______

Se peleaba constantemente con sus hermanos. ______

No veía la tele porque era aburrida. ______

Hacían travesuras. ______

De niños se llevaban muy bien. ______

Los castigaron y les quitaron las bicicletas. ______

Era una niña buena y obediente. ______

Learning Strategy: **Increasing your listening comprehension**

The Spanish you are able to understand when listening will, with practice, become the language you use in speech. To improve your comprehension of spoken Spanish, you will need to find opportunities to hear the language outside class. Use the following strategies to improve your ability to understand spoken Spanish.

Begin by using what you know to determine the topic of the conversation. Since you will not understand everything you hear, focus on what you do understand in order to figure out the overall message. Use your knowledge of the world and of other languages you may know to guess at the meaning of unfamiliar words and phrases.

For example, when listening to the **Escenas de la vida**, you might ask yourself these questions: (1) Do I need to listen for specific information? (e.g., Ana Mari's characteristics as a child) If I do, I will need to focus on adjectives that refer to her. (2) Do I need to understand specific details? (e.g., what happened to Manolo at the beach) If I do, I will need to listen for Manolo's name or voice and activities related to the words **playa** and **bicicleta**.

Always pay close attention when listening to spoken messages, since these are usually rapid, may contain informal language, and may be communicated by speakers who start, stop, and backtrack. When possible, use the speaker's facial expressions, gestures, body language, and other visual cues to help you understand. Listen for key words, grammatical markers (present/past, male/female, singular/plural), the order of words, the sequence of sentences, and the organization of the message.

SUPERSITE **B. ¿Te diste cuenta?** Indica si los comentarios son **ciertos** o **falsos** con respecto a lo que pasa en la **Escena**.

	Cierto	Falso
1. Ana Mari era una niña muy rebelde.	☐	☐
2. Ana Mari y Ramón se peleaban mucho de niños.	☐	☐
3. Emilio tenía problemas con sus hermanos.	☐	☐
4. Lalo y Sofía jugaban mucho.	☐	☐
5. A Manolo y su hermana les gustaba andar en bicicleta.	☐	☐
6. A Ramón no lo dejaban ver la tele cuando desobedecía.	☐	☐
7. No ver la tele era un castigo *(punishment)* para Manolo.	☐	☐

SUPERSITE **C. La niñez.** Mira o escucha la **Escena** para contestar las preguntas.

1. ¿Por qué dice Ramón que Ana Mari era muy buena y ahora es rebelde? ________
2. ¿Por qué le gustaba a Sofía jugar a las escondidillas con Lalo? ________
3. ¿Cómo cambió la relación de Emilio con sus hermanos? ________
4. ¿Qué aventura cuenta Manolo? ________
5. ¿Cómo castigaban a Ramón y a Ana Mari? ________
6. ¿Eso era un castigo también para Manolo? ________

Cultura a lo vivo

Las actividades diarias de los niños hispanohablantes de clase media son similares a las de los niños norteamericanos: van a la escuela por la mañana, juegan con los vecinos *(neighbors)* o con algunos compañeritos de la escuela, hacen tarea y se acuestan temprano. Un aspecto notable de la niñez hispana es que los niños crecen *(grow up)* rodeados *(surrounded)* de personas: familia, vecinos, amigos. Generalmente todos los miembros de la familia comen juntos (si la distancia lo permite), y casi siempre hay alguien en casa.

El fenómeno del *babysitting* es más común que antes; sin embargo, los miembros de la familia, los vecinos o los amigos cuidan a los niños cuando es necesario, y no se espera *(they don't expect)* ningún pago.

Práctica adicional		
Cuaderno de tareas p. 179, A–B	invitaciones. vhlcentral.com Episodio 22	invitaciones. vhlcentral.com Episodio 22

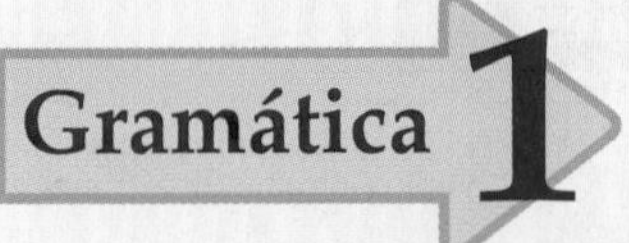

Para comunicarnos mejor

Gramática 1

Talking about your childhood
• The imperfect

De niños, Ana Mari nunca ganaba.

Lalo se ponía a llorar.

Mi hermana y yo hacíamos muchas travesuras.

In the conversation, you heard the following comments:

Cuando **éramos** niños, Ana Mari nunca **ganaba**.	*When we were children, Ana Mari never won/used to win.*
Ana Mari **era** una niña muy buena.	*Ana Mari was a very good girl.*
Lalo y yo **jugábamos** todo el tiempo.	*Lalo and I played/used to play all the time.*
Mi hermana y yo **hacíamos** muchas travesuras.	*My sister and I used to get into trouble a lot.*
Siempre **hacía** lo que tú **querías**.	*I would always do what you wanted.*

The words **éramos, ganaba, era, jugábamos, hacíamos, hacía,** and **querías** are another form of the past tense, called **el imperfecto** *(the imperfect)*. Use the imperfect to tell what you *used to do on a regular basis* **(Lalo y yo jugábamos todo el tiempo)** and to describe how people and things *were in general* **(Ana Mari era una niña muy buena)** in the past. Examine the verb endings on the following page.

El imperfecto: verbos regulares			
	-ar verbs	**-er** verbs	**-ir** verbs
Cuando era niño/a...	**jugar**	**hacer**	**salir**
yo	jug**aba**	hac**ía**	sal**ía**
tú	jug**abas**	hacías	salías
usted/él/ella	jugaba	hacía	salía
nosotros/as	jug**ábamos**	hacíamos	salíamos
vosotros/as	jugabais	hacíais	salíais
ustedes/ellos/as	jug**aban**	hacían	salían

1. Notice that in the **-ar** verbs, only the **nosotros** form has a written accent **(-ábamos)**.
2. Notice that in the **-er/-ir** verbs, the **-i-** has a written accent in all forms.
3. The imperfect of **hay** is **había: Antes no había computadoras con Internet.**
4. There are only three irregular verbs in the imperfect.

El imperfecto: verbos irregulares			
	ir	**ser**	**ver**
yo	**iba**	**era**	**veía**
tú	**ibas**	**eras**	**veías**
usted/él/ella	**iba**	**era**	**veía**
nosotros/as	**íbamos**	**éramos**	**veíamos**
vosotros/as	**ibais**	**erais**	**veíais**
ustedes/ellos/ellas	**iban**	**eran**	**veían**

5. You may use all the expressions of frequency you have learned when talking about your childhood routine: **todos los días, siempre, a veces, con frecuencia, una vez a la semana, (casi) nunca.** Here are some more expressions you can use with the imperfect to talk about your childhood or adolescence.

Expresiones de tiempo			
a menudo	*often*	**de vez en cuando**	*from time to time*
antes	*before*		
cada año	*every year*	**en aquel entonces**	*at that time*
cuando era niño/a	*when I was a child*	**en esos tiempos**	*back then*
cuando tenía... años	*when I was... years old*	**rara vez**	*rarely*
de niño/a	*as a child*		

6. Another important use of the imperfect is to give background information (telling the time, telling how old you were) and to set the "stage" (describing how you were feeling, describing the weather) in which main actions, expressed in the preterit, occurred in the past.

El día del accidente **hacía mucho calor.**
Eran las seis cuando nos llamaron.

Me sentía muy mal; por eso, llamé al doctor.
Cuando tenía quince años, fui a Europa.

PRÁCTICA

¡Fíjate!
Review the expressions in **Episodio 8** (page 174).

A. ¿Con qué frecuencia?

Parte 1. Indica con qué frecuencia tú o los miembros de tu familia hacían las siguientes cosas cuando tú tenías trece años.

1. Hacía mi cama. ____________________
2. Mi mamá me llevaba a la escuela. ____________________
3. Mi hermana y yo jugábamos en el patio. ____________________
4. Mis tíos comían con nosotros. ____________________
5. Discutía con mi mamá. ____________________
6. Me enfermaba y me llevaban al doctor. ____________________
7. Limpiaba y recogía mi cuarto. ____________________
8. Salía con mis padres al cine o a comer. ____________________
9. Mis abuelos me daban regalos. ____________________
10. Mis compañeros de la escuela venían a mi casa. ____________________

Parte 2. Convierte las oraciones en preguntas para entrevistar a un(a) compañero/a.

¡Fíjate!
Remember that **nunca** and **casi nunca** usually go before the verb. Use **lo, la, los,** and **las** when possible.

Modelo Visitaba a mis abuelos.
—¿Con qué frecuencia visitabas a tus abuelos?
—Casi nunca los visitaba porque vivían en Indiana. ¿Y tú?
—Yo los visitaba todos los domingos.

B. ¡Qué diferencia! Usa una de las opciones entre paréntesis para hacer comentarios ciertos sobre ti. Después comparte tus respuestas con un(a) compañero/a, incluyendo una explicación.

Modelo cuando **tener** 15 años, **comer** (mejor que / peor que / tan bien como) ahora
Cuando tenía quince años, comía peor que ahora. No me gustaban las verduras. Ahora como bastantes verduras y bebo mucha agua.

1. cuando **ir** a la secundaria, **sacar** (tan buenas notas como / peores notas que / mejores notas que) ahora
2. cuando **tener** 12 años, **ser** (menos rebelde que / más rebelde que / tan rebelde como) ahora
3. cuando **ser** niño/a, **ser** más (travieso/a / tranquilo/a / obediente) que ahora
4. antes **dormir** (más horas que / menos horas que / tantas horas como) ahora
5. el semestre pasado, **estudiar** (más que / menos que / tanto como) este semestre
6. el año pasado **tomar** (más clases que / menos clases que / tantas clases como) ahora

¡Fíjate!
Remember to use the present for the things you do now.

C. Lotería.

Parte 1. Busca a un(a) compañero/a que hacía estas cosas cuando estaba en la preparatoria *(high school)*. Escribe su nombre en el cuadro correspondiente. El/La estudiante con más nombres en líneas rectas gana el juego.

¡Fíjate!

Remember to use the **tú** form to ask the questions.

Modelo **—¿Veías mucho la tele entre semana?**
—Sí, generalmente veía entre dos y tres horas de tele. ¿Y tú?
—No, a mí no me gustaba, prefería usar la compu.

______ Sacaba buenas notas.	______ Casi nunca se enfermaba.	______ Iba de campamento con frecuencia.	______ Montaba a caballo.
______ Patinaba en línea los fines de semana.	______ Le chocaba ayudar con los quehaceres.	______ Casi nunca sacaba la basura en su casa.	______ Le encantaba hacer fiestas en su casa.
______ Andaba en bicicleta casi todos los días.	______ Vivía con sus abuelos.	______ Era muy rebelde.	______ Jugaba videojuegos los fines de semana.
______ Le fascinaba ir a conciertos con los amigos.	______ Le interesaban los deportes o jugaba en algún equipo *(team)*.	______ Tenía novio/a a los dieciséis años.	______ Tocaba algún instrumento musical en la banda de la escuela.

Parte 2. Comparte la información de la lotería con la clase.

Modelo Estudiante 1: **Liz era muy rebelde en la preparatoria.**
Estudiante 2: **¿Por qué? ¿Qué hacías, Liz?**
Liz: **Nunca estudiaba y no escuchaba a mis padres.**

Práctica adicional

Cuaderno de tareas pp. 180–183, C–F	SUPERSITE invitaciones. vhlcentral.com Episodio 22

Talking about children's activities

Para hablar de la niñez			
armar rompecabezas	*to do puzzles*	**Las escuelas antes de la universidad**	
castigar	*to punish*	**el colegio**	*school*
colorear	*to color*	**el colegio católico**	*Catholic school*
compartir los juguetes	*to share toys*	**la escuela pública**	*public school*
decir mentiras	*to lie (tell lies)*	**la escuela particular**	*private school*
dibujar	*to draw*	**la primaria**	*elementary school*
hacer berrinches	*to throw tantrums*	**la escuela secundaria**	*high school; middle school (in Mexico)*
travesuras	*to get into trouble*		
		la preparatoria (prepa)	*high school*
jugar a las damas chinas	*to play checkers*		
a las escondidillas/al escondite	*hide-and-seek*		
a las muñecas	*with dolls*		
Nintendo	*Nintendo*		
a la pelota	*ball*		
llevarse bien/mal	*to get along well/badly*		
obedecer/desobedecer	*to obey/to disobey*		
pelearse	*to fight*		
portarse bien/mal	*to behave/to misbehave*		
regañar	*to scold, to reprimand*		
romper la piñata	*to break a piñata*		
saltar la cuerda	*to jump rope*		
ser consentido/a	*to be spoiled*		
llorón/llorona	*a crybaby*		
rebelde	*rebellious*		
travieso/a	*mischievous*		
subirse a los árboles	*to climb trees*		
a los columpios	*to go on the swings*		
ver los dibujos animados	*to watch cartoons*		

jugar a las muñecas

saltar la cuerda

armar rompecabezas

colorear/dibujar

También se dice...

dibujos animados → caricaturas, muñequitos

escuela → colegio

escuela pública → escuela de gobierno

jugar al escondite → jugar a esconderse

kindergarten → jardín de infantes, jardín infantil, kinder

preparatoria → bachillerato, prepa, liceo, colegio

saltar la cuerda → brincar la reata

PRÁCTICA

D. Y tú, ¿cómo eras de niño/a?

Parte 1. Indica si los comentarios son **ciertos** o **falsos** para ti.

	Cierto	Falso
1. Mi familia y yo íbamos a casa de mis abuelos los domingos.	☐	☐
2. Yo era muy travieso/a.	☐	☐
3. Mis padres me castigaban con frecuencia.	☐	☐
4. Me portaba bien en la escuela.	☐	☐
5. Mis hermanos y yo nos llevábamos mal.	☐	☐
6. Siempre obedecía a mis padres.	☐	☐
7. A veces desobedecía a mis maestros.	☐	☐

Parte 2. Cambia los comentarios de la **Parte 1** a preguntas para entrevistar a un(a) compañero/a.

Modelo —¿Tu familia y tú iban a casa de tus abuelos los domingos?
—No, los domingos comíamos en un restaurante. ¿Y tú?

E. ¿Qué te gustaba hacer de niño/a? Mira las ilustraciones para compartir con un(a) compañero/a las actividades que a ti te gustaba, te chocaba, te encantaba, te interesaba o te molestaba hacer cuando eras niño/a.

Modelo Cuando era niña, me chocaba compartir mis juguetes con mi hermana menor. Ella siempre los rompía o los perdía y por eso nos peleábamos mucho.

Invitación a Estados Unidos

En tus propias palabras. Lee la información para escribir en español lo que entendiste. Resume (*Summarize*) la información en dos o tres oraciones.

Del álbum de
Ramón

Cada vez hay más mexicanos y mexicoamericanos prominentes en muchas áreas en los Estados Unidos: hay fabulosos actores, directores, pintores, escritores, productores y políticos que son cada vez más conocidos a nivel nacional. Los directores de cine mexicanos Guillermo del Toro (*El laberinto del Fauno*), Alfonso Cuarón (*Children of Men*) y Alejandro González Iñárritu (*Babel*) arrasaron con (*walked off with*) 16 nominaciones para los premios Óscar y firmaron con Universal Pictures un contrato de más de 100 millones de dólares para hacer cinco películas, algunas en español y otras en inglés. De la comunidad mexicoamericana también tenemos importantes ejemplos como Sandra Cisneros, autora de *The House on Mango Street* y *Caramelo*, y Patssi Valdez, pintora y diseñadora de arte para películas como *Mi familia* y *Luminarias*. También Carmen Lomas Garza, pintora e ilustradora de libros, y Robert Rodríguez, director de *Desperado* y *From Dusk till Dawn*. Loretta y Linda Sanchez, quienes aparecen en la foto superior de la derecha, son las primeras hermanas mexicoamericanas elegidas al Congreso. Y Bill Richardson, quien se postuló (*ran*) para la candidatura demócrata a la presidencia de los Estados Unidos en el 2008. El apoyo (*support*) que Richardson le dio a Barack Obama en vez de a Hillary Clinton hizo historia.

F. La vida ya no es igual. Compara cómo era la vida hace cuarenta o cincuenta años (cuando tus abuelos eran niños) y cómo es ahora. Piensa en la familia, las casas, el papel de la mujer y del hombre, las tradiciones, las actividades de los niños, la ropa y los coches. Escribe ocho comparaciones. Después compártelas con la clase.

Modelo Antes los niños no usaban las computadoras para divertirse; jugaban al escondite o armaban rompecabezas. En cambio, ahora los niños juegan con Nintendo y con juguetes electrónicos.

Banco de palabras
Más actividades

el castigo *punishment*	**la pintura de agua** *watercolors*	**el programa comico** *sitcom*	**la telenovela** *soap opera*
dar nalgadas *to spank*	**jugar a las canicas** *to play with marbles*	**jugar a la taba** *to play jacks*	**pegarle a alguien** *to hit someone*

G. Tus actividades de antes y de hoy. Contesta las preguntas sobre tu niñez y tu adolescencia. Después conversa con un(a) compañero/a y compara tu vida de antes con la de ahora.

> **Modelo** **De niña no me gustaban los plátanos y nunca los comía. Ahora me encantan. Casi siempre desayuno cereal con plátano.**

1. ¿Cuáles eran tus actividades favoritas cuando eras niño/a? ¿Con quién jugabas?

____

____

2. ¿Qué hacías después de clases cuando estabas en la primaria?

____

____

3. ¿Qué hacías los fines de semana cuando tenías doce años?

____

____

4. ¿Cómo pasabas las vacaciones cuando estabas en la secundaria?

____

____

5. ¿Qué programas veías de niño/a? ¿De qué se trataban? *(What were they about?)*

____

____

6. ¿Qué obligaciones tenías a los quince años? ¿Qué tenías que hacer en casa?

____

____

7. ¿Cómo te llevabas con los miembros de tu familia? ¿En qué actividades participabas con ellos?

____

____

8. ¿Te gustaban más los juegos de mesa *(board games)* o jugar afuera en el jardín?

____

____

9. ¿Qué cosas no te dejaban hacer cuando eras niño/a? ¿Te dejaban quedarte a dormir en casa de tus amigos/as? ¿Te dejaban invitar a tus amigos/as a dormir?

____

____

10. ¿Cómo eras de niño/a? ¿Eras llorón/llorona, obediente, travieso/a?

____

____

11. ¿Qué deportes sabías jugar? ¿Cuáles aprendiste a jugar recientemente?

____

____

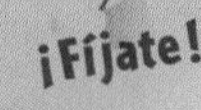

¡Fíjate!

Spanish uses the imperfect with **saber** to describe what you knew how to do.

—¿Sabías nadar?
—No sabía nadar de niño; aprendí a los dieciséis años.

H. ¿Qué tenían? Empareja las descripciones de lo que pasaba con las acciones de Sofía y sus amigos. Usa **por eso** para unir las ideas.

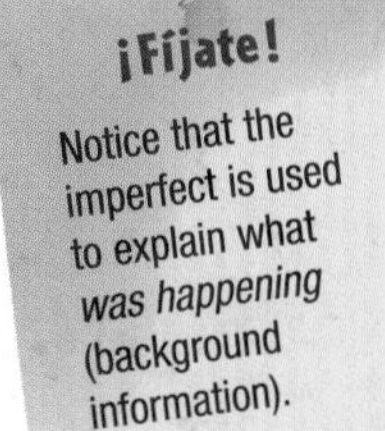

¡Fíjate!
Notice that the imperfect is used to explain what *was happening* (background information).

Modelo

A Adriana le dolía la mano; por eso, se puso Bengay.

_____ 1. Me dolía mucho la cabeza			a. no fue a trabajar.
_____ 2. Wayne se sentía mal			b. tomé dos aspirinas.
_____ 3. Sofía tenía una infección de oído			c. estábamos adoloridos.
_____ 4. Jugamos ráquetbol tres días seguidos		**por eso**	d. tuvo que tomar antibióticos.
_____ 5. Hacía mucho frío			e. no jugó fútbol con Ramón.
_____ 6. Emilio se lastimó el pie ayer			f. me puse dos suéteres.
_____ 7. Lalo se rompió la pierna			g. no lo dejaron ir de campamento.

I. Excusas, excusas. Los profesores siempre escuchan las excusas que ustedes, los estudiantes, les dan. Ahora, es tu oportunidad de escribir las excusas más originales.

Modelo

No pude venir a clase ayer porque **tenía una migraña terrible.**

no tener gasolina	**dolerme la cabeza**	**estar lloviendo**
esquiar	**hacer mucho frío**	**coche no funcionar**
sentirse muy mal	**cocinar**	**salir de casa**

1. No hice la tarea porque ____________________
2. No vine a la escuela porque ____________________
3. No terminé la composición porque ____________________
4. Llegué tarde porque ____________________
5. No tomé el examen porque ____________________
6. La semana pasada me lastimé el pie cuando ____________________
7. Empezó a llover cuando ____________________

Práctica adicional

Cuaderno de tareas pp. 183–185, G–I	invitaciones.vhlcentral.com Lab practice	invitaciones.vhlcentral.com Episodio 22

Actividades comunicativas

A. ¿Cómo pasaba Sofía las vacaciones?

Instrucciones para **Estudiante 1**

Parte 1. Tú tienes la mitad de las ilustraciones y tu compañero/a tiene la otra mitad. Juntos tienen que escribir qué hacía Sofía durante las vacaciones de verano cuando era niña. Describe tus ilustraciones y haz preguntas para saber qué otras actividades hacía.

Modelo **Sofía se levantaba a las...**

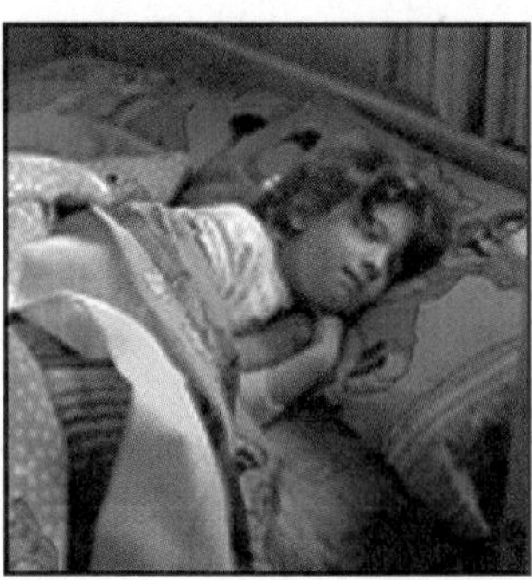

Parte 2. Ahora escriban un párrafo con la información. Usen expresiones como **a veces, casi siempre, los domingos, en las tardes, rara vez, de vez en cuando**, etc. Prepárense para leer su descripción al resto de la clase.

A. ¿Cómo pasaba Sofía las vacaciones?

Instrucciones para **Estudiante 2**

Parte 1. Tú tienes la mitad de las ilustraciones y tu compañero/a tiene la otra mitad. Juntos tienen que escribir qué hacía Sofía durante las vacaciones de verano cuando era niña. Describe tus ilustraciones y haz preguntas para saber qué otras actividades hacía.

Modelo Sofía jugaba con su perro...

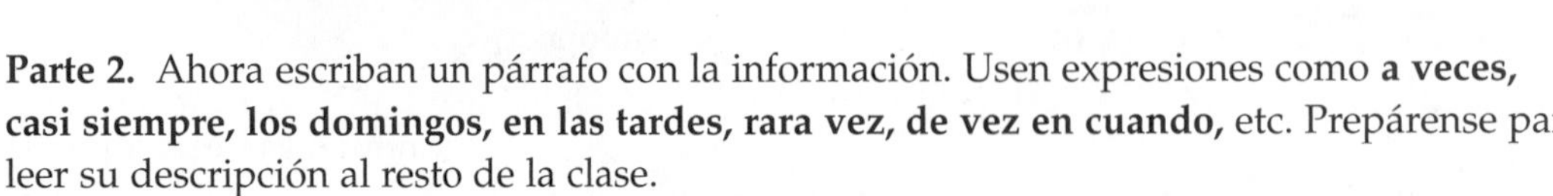

Parte 2. Ahora escriban un párrafo con la información. Usen expresiones como **a veces, casi siempre, los domingos, en las tardes, rara vez, de vez en cuando,** etc. Prepárense para leer su descripción al resto de la clase.

B. Entre siete y ocho años.

Parte 1. Reflexiona por un momento sobre tu vida cuando estabas en segundo y tercer grados. Primero contesta las preguntas en la columna titulada **Yo**. Escribe con qué frecuencia sucedían (*used to happen*) las situaciones de la lista. Usa **todos los días, a menudo, a veces, de vez en cuando, rara vez** o **nunca**.

Situaciones	Yo	________	________
1. subirse a los árboles	________	________	________
2. decir mentiras	________	________	________
3. hacer berrinches	________	________	________
4. regañarte	________	________	________
5. jugar a la pelota con tus amigos	________	________	________
6. salir al parque a jugar	________	________	________
7. castigarte	________	________	________
8. comer frutas y verduras	________	________	________
9. besar y abrazar a tus padres	________	________	________
10. pelearte con tus hermanos	________	________	________
11. llevarte al cine	________	________	________
12. visitar a tus abuelos o familiares	________	________	________

Parte 2. Ahora, entrevista a dos compañeros/as. Escribe sus nombres y sus respuestas en las dos columnas de la derecha.

Parte 3. Comparte las respuestas con la clase.

Modelo

Estudiante 1: **Lindsey y yo éramos más activos que Kathy porque salíamos a jugar al parque casi todos los días. Kathy dice que casi nunca salía a jugar al parque.**

Estudiante 2: **¿Por qué no salías al parque, Kathy?**

Kathy: **No me gustaba salir; prefería ver los dibujos animados en la tele o leer.**

C. ¿Puedes adivinar?

Instrucciones para **Estudiante 1**

En el recuadro de abajo, escribe la descripción de dos personas famosas ya fallecidas *(deceased)*. Describe su aspecto físico, su personalidad y sus actividades profesionales. Luego lee el modelo en voz alta y deja que tu compañero/a adivine quién es. Después lee tus propias descripciones para que tu compañero/a pueda adivinar quiénes son. Túrnense.

Modelo **Esta mujer era cantante. Era mexicoamericana, de Texas. Era muy bonita: alta, delgada, morena y tenía el cabello negro y largo. Algunas de sus canciones son *Amor prohibido, Baila esta cumbia* y *No me queda más*. Murió de un disparo *(shot)* que le dio la presidenta de su club de fans. *(Es Selena.)***

¡Fíjate!

Remember to use the imperfect to describe what people used to be like and what they used to do. Use the preterit to refer to events that occurred once **(murió)**. Be sure to match the descriptive adjectives with the people you are describing.

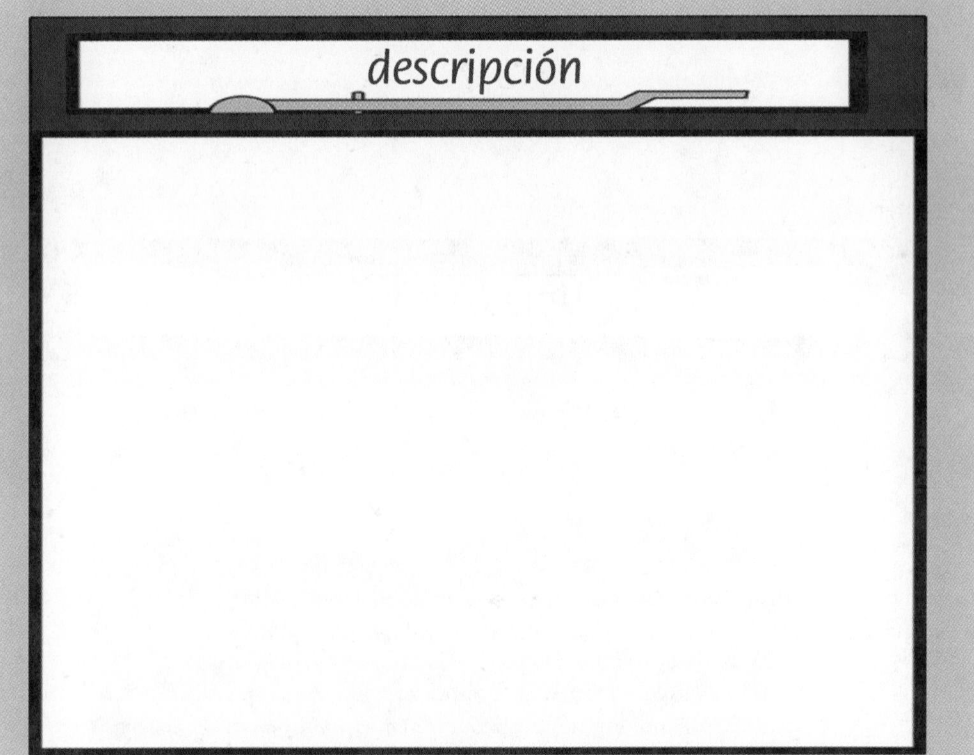

C. ¿Puedes adivinar?

Instrucciones para **Estudiante 2**

En el recuadro de abajo, escribe la descripción de dos personas famosas ya fallecidas (*deceased*). Describe su aspecto físico, su personalidad y sus actividades profesionales. Luego lee el modelo en voz alta y deja que tu compañero/a adivine quién es. Después lee tus propias descripciones para que tu compañero/a pueda adivinar quiénes son. Túrnense.

Modelo **Este hombre australiano era actor. Era muy guapo y talentoso. Era alto, rubio y delgado. Participó en las peliculas *The Patriot, Brokeback Mountain* y *The Dark Knight*. Murió en su apartamento en Nueva York de una sobredosis accidental de medicamentos.** *(Es Heath Ledger.)*

¡Fíjate!

Remember to use the imperfect to describe what people used to be like and what they used to do. Use the preterit to refer to events that occurred once **(murió)**. Be sure to match the descriptive adjectives with the people you are describing.

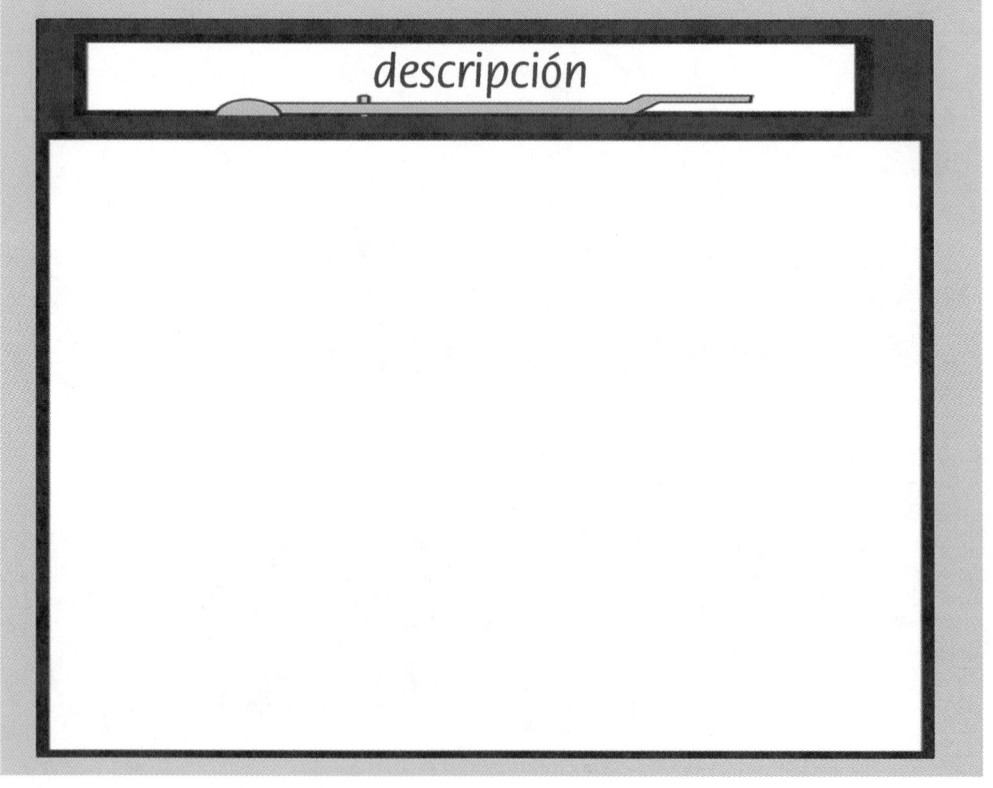

La correspondencia

El correo: La niñez de Ramón. Primero lee las preguntas y luego lee la composición que escribió Ramón acerca de su niñez. Después contesta las preguntas.

1. ¿Qué fiestas o fechas importantes celebraba la familia de Ramón y Ana Mari?
____
2. El Día de los Reyes Magos, ¿qué tenía que hacer la persona que sacara el pedazo de rosca que tenía el muñequito? _______________
____
3. ¿Qué hacían los niños con los zapatos? ¿Qué encontraban al lado de los zapatos a la mañana siguiente? _______________
____
4. ¿A qué jugaban Ramón y Ana Mari? _______________
____
5. ¿Cómo eran diferentes los papás de Ramón y Ana Mari con sus hermanos menores?
____

Ramón Robledo
Español 350
21 de noviembre

Mi niñez

En mi familia había una combinación de costumbres mexicanas y estadounidenses que con frecuencia confundía a mis amigos, y a veces hasta a mí mismo. Por ejemplo, en mi casa celebrábamos con igual emoción el Día de Acción de Gracias o el 4 de julio que el Día de los Reyes Magos o el Día de los Muertos. Claro que, de niño, mi día favorito era el Día de los Reyes Magos. Recuerdo que el 6 de enero cenábamos rosca de Reyes[1]. La rosca tenía un muñequito[2] adentro (se supone que es el niño Jesús), y quien sacara el pedazo que tenía el muñeco tenía que hacer una fiesta el 2 de febrero. Antes de irnos a la cama, teníamos que limpiar los zapatos y ponerlos afuera de nuestro cuarto. A la mañana siguiente, siempre teníamos regalos al lado de los zapatos. Ahora ya no sacamos los zapatos ni recibimos regalos, pero seguimos partiendo la rosca todos los años.

Por supuesto que, con los años, algunas cosas han cambiado[3] en mi casa. Mis papás eran mucho más estrictos con mi hermana y conmigo que ahora con mis hermanos menores. Nosotros en la escuela hablábamos inglés y en casa hablábamos español. Mi papá decía que no era ninguna vergüenza[4] hablar español, que la vergüenza era no hablarlo bien. Se enojaba mucho cuando Ana Mari o yo mezclábamos[5] los dos idiomas o le contestábamos en inglés. Ana Mari y yo jugábamos al escondite, a las canicas o a policías y ladrones con nuestros amigos y primos; teníamos relativamente pocos juguetes. Hoy en día, mis hermanos menores les hablan en inglés a mis papás y tienen el clóset lleno[6] de juguetes.

[1]*holiday bread eaten on January 6* [2]*little doll* [3]*have changed* [4]*shame* [5]*mixed* [6]*full*

En papel: Recuerdos de mi niñez. Usa la descripción de Ramón como modelo para escribir una sobre tu niñez. Incluye las tradiciones que tenías y las cosas que hacías en esos días especiales. Puedes hablar de cualquier *(any)* otro recuerdo que tengas de tu niñez.

Para la clase, haz un *collage* de fotos y recuerdos de cuando eras niño/a para hablar con tus compañeros sobre tu niñez.

¡A ver de nuevo!

Parte 1. Mira otra vez la **Escena** o escucha la conversación para escribir un resumen del episodio.

Parte 2. Ahora trabaja con un(a) compañero/a para comparar la información y añadir lo que te haya faltado.

Práctica adicional			
Cuaderno de tareas pp. 185–186, J–K	invitaciones. vhlcentral.com Episodio 22	invitaciones. vhlcentral.com Lab practice	SUPERSITE invitaciones. vhlcentral.com Episodio 22

Vocabulario del Episodio 22

Objetivos comunicativos

You should now be able to do the following in Spanish:

- ✓ talk about your childhood
- ✓ talk about children's activities

Expresiones de tiempo

a menudo	*often*
antes	*before*
cada año	*every year*
cuando era niño/a	*when I was a child*
cuando tenía... años	*when I was... years old*
de niño/a	*as a child*
de vez en cuando	*from time to time*
en aquel entonces	*at that time*
en esos tiempos	*back then*
rara vez	*rarely*

Para hablar de la niñez

armar rompecabezas	*to do puzzles*
castigar	*to punish*
colorear	*to color*
compartir los juguetes	*to share toys*
decir mentiras	*to lie (tell lies)*
dibujar	*to draw*
hacer berrinches	*to throw tantrums*
travesuras	*to get into trouble*
jugar a las damas chinas	*to play checkers*
a las escondidillas/al escondite	*hide-and-seek*
a las muñecas	*with dolls*
Nintendo	*Nintendo*
a la pelota	*ball*
llevarse bien/mal	*to get along well/badly*
obedecer /desobedecer	*to obey/to disobey*
pelearse	*to fight*
portarse bien/mal	*to behave/to misbehave*
regañar	*to scold, to reprimand*
romper la piñata	*to break a piñata*
saltar la cuerda	*to jump rope*
ser consentido/a	*to be spoiled*
llorón/llorona	*a crybaby*
rebelde	*rebellious*
travieso/a	*mischievous*
subirse a los árboles	*to climb trees*
a los columpios	*to go on the swings*
ver los dibujos animados	*to watch cartoons*

Lugares

el colegio	*school*
el colegio católico	*Catholic school*
la escuela pública	*public school*
la escuela particular	*private school*
la primaria	*elementary school*
la escuela secundaria	*high school; middle school (in Mexico)*
la preparatoria (prepa)	*high school*

Vocabulario personal

Escribe todo el vocabulario que necesitas saber para hablar de tu niñez.

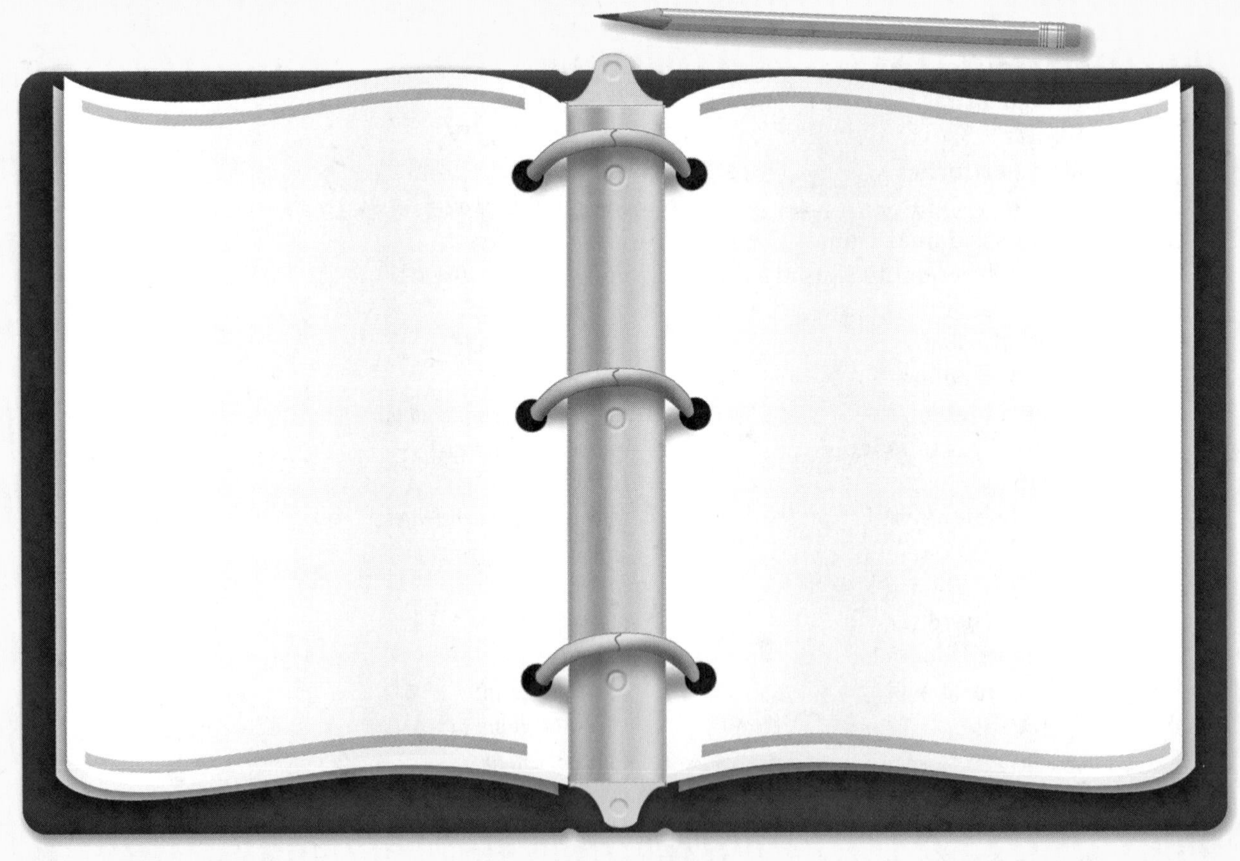

Nombre ______________________________ Fecha ______________

Cuaderno de tareas

Episodio 22

Escenas de la vida: Recuerdos de la niñez

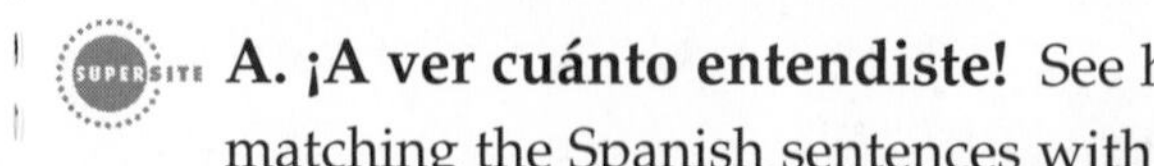

A. ¡A ver cuánto entendiste! See how much of the **Escena** you understood by matching the Spanish sentences with their English equivalents.

_____ 1. Nos peleábamos constantemente.	a. He would start crying.
_____ 2. La televisión era muy aburrida.	b. I would always do what you wanted.
_____ 3. Me encantaba jugar a las escondidillas.	c. We used to fight a lot.
_____ 4. Se ponía a llorar.	d. You weren't so bossy before.
_____ 5. No nos dejaban mirar la tele.	e. They wouldn't let us watch TV.
_____ 6. Antes no eras tan mandón.	f. TV was very boring.
_____ 7. Ahora nos llevamos bien.	g. When she was little, she'd never win.
_____ 8. No hacía travesuras.	h. I loved to play hide-and-seek.
_____ 9. Cuando era niña, nunca ganaba.	i. She didn't misbehave.
_____ 10. Siempre hacía lo que tú querías.	j. Now we get along fine.

B. ¿Entendiste todo? Answer the following questions.

1. Según Ramón, ¿cómo era Ana Mari cuando era niña? ______________________
2. ¿Cómo es ahora? ______________________
3. ¿Por qué no peleaban mucho de niños? ______________________
4. ¿Cómo se divertía Sofía? ______________________
5. ¿Cómo se llevaba Emilio con sus hermanos? ______________________
6. ¿Cómo se llevan ahora? ______________________

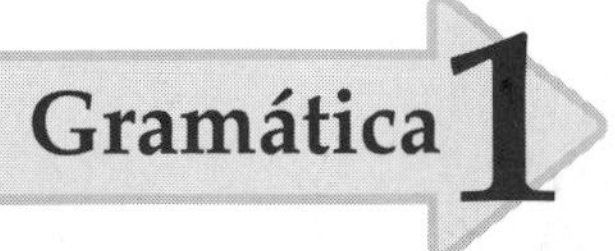

Nombre ______________________________ Fecha ______________

Gramática 1 Talking about your childhood • The imperfect

C. Un poco de historia. Complete the descriptions to find out what the characters' childhoods were like.

Parte 1. Las actividades de Ramón y Ana Mari. Use the following words.

castigo	**travieso**	**mentiras**
las tiras cómicas ***(comics)***	**a las muñecas**	**una piñata**
travesuras	**la cuerda**	**a los árboles**
al escondite	**rompecabezas**	**los dibujos animados**

Ellos no hacían muchas (1) ____________________. A veces, armaban (2) ____________________ o jugaban (3) ____________________. Casi nunca jugaban (4) ____________________ porque Ramón no quería; decía que los niños no jugaban con muñecas. En su cumpleaños siempre rompían (5) ____________________ con sus amiguitos. También se subían (6) ____________________ y saltaban (7) ____________________. Cuando estaban cansados, ellos veían (8) ____________________ o leían (9) ____________________.

Parte 2. Adriana y su hermana Cristina. Use the imperfect to complete the description.

Adriana y su hermana Cristina (1) ____________________ (ir) a una escuela primaria particular en Puerto Rico. Las clases (2) ____________________ (empezar) a las ocho de la mañana y (3) ____________________ (terminar) a las cinco de la tarde. Pobrecitas, siempre (4) ____________________ (llegar) cansadas a casa y con los uniformes sucios. Cuando llegaban a casa, (5) ____________________ (bañarse) inmediatamente y después (6) ____________________ (ver) los dibujos animados o sus programas favoritos. Luego, (7) ____________________ (leer) un ratito *(a little while)* y (8) ____________________ (hacer) la tarea. Generalmente (9) ____________________ (cenar) con toda la familia. Finalmente (10) ____________________ (acostarse) a las ocho de la noche. ¡Qué aburrido!

a. ¿Cuántas horas iban a la escuela Adriana y Cristina?

____

b. ¿Qué hacían después de la escuela?

____

Nombre ____________________________ Fecha ______________

Parte 3. Los fines de semana de Sofía. Use the imperfect to complete the description.

Los fines de semana, Sofía (1) ___________________ (levantarse) tarde, (2) ___________________ (desayunar) chilaquiles o huevos rancheros con frijoles. Después les (3) ___________________ (llamar) a sus amigos por teléfono para ver qué planes (4) ___________________(tener).

Generalmente, Sofía (5) ___________________ (jugar) mucho con sus vecinos *(neighbors)* o (6) ___________________ (ir) al parque con los amigos de la escuela. También le (7) ___________________ (gustar) andar en bicicleta o saltar la cuerda. Por las tardes, Sofía y Lalo (8) ___________________ (tomar) clases de karate. Los domingos (9) ___________________ (pasar) el día con la familia; generalmente, todos (10) ___________________ (ir) a visitar a los abuelos y, luego, (11) ___________________ (comer) en un restaurante.

a. ¿Qué desayunaba? ____

b. ¿Con quién iba al parque? ____

c. ¿Qué hacía los domingos? ____

D. La sociedad de hoy y la de antes. Using the cues, write how society was before, and how it is now. Use the imperfect and the present tense, respectively.

> **Modelo** haber más confianza entre vecinos *(neighbors)*/no conocerse
> **Antes había más confianza entre los vecinos; ahora no se conocen.**

1. la mujer no trabajar/ser independiente

____

2. no haber muchos crímenes/haber violencia por todas partes

____

3. los abuelos vivir con familia/vivir en residencias para ancianos

____

4. los coches tipo sedán ser grandes/la mayoría ser pequeños

____

5. las familias cocinar/comprar comida congelada *(frozen)*

____

6. las casas ser baratas *(cheap)*/ser carísimas *(very expensive)*

____

7. nadie tener computadoras/...

____

Nombre ______________________________ Fecha _______________

E. ¿Adónde iban? Write under each image what these people used to do when they were on vacation. Use the imperfect of **ir** when appropriate and **(casi) siempre, a menudo, a veces, los fines de semana,** and **con frecuencia.**

Modelo
Lalo siempre iba a dar un paseo con su perro.
or
Lalo siempre paseaba al perro.

1. Ramón ______________________________
____

2. La mamá de Ramón ______________________________
____

3. Adriana ______________________________
____

4. Yo ______________________________
____

5. Ana Mari y sus amigos ______________________________
____

6. Santiago y sus hijos ______________________________
____

7. Emilio ______________________________
____

8. Mi hermano y yo ______________________________
____

Nombre ______________________________ Fecha ______________

F. ¿Qué hacías antes? Compare your life during high school to your life now. Follow the model.

> **Modelo** Ahora me levanto a las **ocho** de la mañana.
> En la escuela secundaria **me levantaba a las seis y media de la mañana.**

1. Tomo ______________ clases en la universidad.
   En la escuela secundaria ____
2. Trabajo ______________ horas a la semana.
   En la escuela secundaria ____
3. Mi mejor amigo/a es ______________.
   En la escuela secundaria ____
4. Ahora ya no me castigan mis papás.
   En la escuela secundaria ____
5. Vivo con ______________.
   En la escuela secundaria ____
6. Me pongo ______________ para ir a la universidad.
   En la escuela secundaria ____
7. (No) Me acuesto temprano entre semana.
   En la escuela secundaria ____
8. Ahora (no) me cuido para no enfermarme.
   En la escuela secundaria ____

Vocabulario 1 Talking about children's activities

G. ¿Cómo te divertías de niño/a? Write a true statement for each picture. Indicate when or at what age you or your friends would do the following activities. Write all the details.

> **Modelo** llevarse mal
> **Cuando estaba en la primaria, me llevaba muy mal con mis hermanos. Siempre nos peleábamos y mi hermano mayor me pegaba.**

1. ver los dibujos animados

2. dibujar

3. compartir los juguetes

4. llevarse bien

5. desobedecer

Nombre ______________________________ Fecha _______________

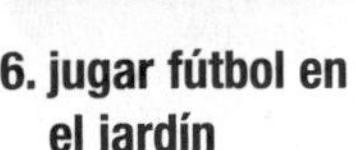

6. jugar fútbol en el jardín

7. subirse a los columpios

8. saltar la cuerda

9. armar rompecabezas

10. jugar a las muñecas

1. ______________________________
2. ______________________________
3. ______________________________
4. ______________________________
5. ______________________________
6. ______________________________
7. ______________________________
8. ______________________________
9. ______________________________
10. ______________________________

H. Eso no me gustaba. Indicate who in your family liked or was bothered by the following activities. Use the words **gustaba(n)**, **encantaba(n)**, **chocaba(n),** and **molestaba(n)** in your answers.

> **Modelo** ir a fiestas
> **A mi hermana le encantaba ir a fiestas de cumpleaños porque le gustaba ver qué regalos recibían sus amigas.**

ir a la iglesia/templo	**ir a visitar a los abuelos**	**recoger su cuarto**
hacer picnics	**ir a la escuela**	**cortarse el pelo**
bañar al perro	**jugar con los vecinos**	**jugar en la computadora**

1. ______________________________
2. ______________________________
3. ______________________________
4. ______________________________
5. ______________________________
6. ______________________________
7. ______________________________
8. ______________________________
9. ______________________________

Nombre ______________________________ Fecha ______________

I. La época de los catarros. Explain why the characters didn't do the following activities. Use the preterit for the activities they did not do, and the imperfect to describe how they were feeling.

Modelo Jorge no ir a trabajar/dolor de cabeza
Jorge no fue a trabajar porque le dolía la cabeza.

1. Wayne no ir a clases/sentirse mal
____
2. Adriana no hacer la tarea/tener fiebre
____
3. Sofía y Ana Mari no correr/estar adoloridas de las piernas
____
4. Manolo no leer el libro/tener infección en un ojo
____
5. Ramón no trabajar el viernes/estar enfermo
____
6. Lalo no comer/dolerle el estómago
____

Para terminar

J. Lectura. Read the following story about Leticia, a little girl with a big heart. Then answer the questions.

1. ¿De qué habla la historia? ¿Cómo eran la niña y su familia?
____
____
2. ¿Qué hacía la familia? ¿Dónde vivían?
____
____
3. ¿Te gustó la historia? ¿Por qué?
____
____
4. ¿Qué parte te gustó más?
____
5. ¿Qué parte te gustó menos?
____
6. ¿Cómo crees que va a ser la vida de Leticia?
____
____
____

Nombre ______________________________ Fecha ______________

Leticia era una niña extrovertida y dulce. Era la mayor de cuatro hermanitos. Y como era común entre su gente[1], ella cuidaba a sus hermanitos, les daba de comer, jugaba con ellos, los acostaba, los vestía y, a menudo, los regañaba. Pero sobre todo, Leticia quería mucho a sus hermanos, era muy responsable de sus obligaciones y sentía que era una parte importante de su familia. Sus papás eran trabajadores del campo[2]; recogían fresas, tomates, sandías, chiles y otras cosas. Por eso, Leticia y su familia nunca estaban en un lugar más de dos o tres meses.

A Leticia no le molestaba tener que ir de un lugar a otro; le encantaba llegar a un lugar nuevo. Después de ayudar a su mamá a desempacar[3] y arreglar su nueva casita, salía tan pronto como podía a explorar todo el rancho. Claro, tenía que llevar a sus hermanos, pero no le importaba. Caminaban por todos los senderos[4], hablaban con los nuevos vecinos, recogían alguna fruta para comer. Especialmente, le gustaban los lugares que tenían algún río o lago. Le fascinaba quitarse los zapatos y meter los pies al agua. A veces, uno o varios de sus hermanos terminaban mojados[5] de pies a cabeza, y ya sabía lo que su mamá iba a decirles: que tenían que tener cuidado pues no sabían nadar, que no podían irse tan lejos[6], que todavía no desempacaban la ropa, que no tenían otros zapatos que ponerse, que se iban a enfermar…

En los ranchos, Leticia siempre conocía a algunas niñas de su edad y, como hacía amistades rápidamente, siempre tenía alguien con quien jugar. Cuando estaba libre de sus obligaciones en la casa, como todas las niñas de su edad[7], Leticia y sus amiguitas jugaban al escondite, se subían a los árboles, jugaban a la pelota, corrían por todos lados, hablaban, se contaban secretos, se metían en problemas y, por supuesto, soñaban[8]. Leticia soñaba que algún día iba a descubrir un tesoro enterrado[9], y entonces iba a comprarles a todos sus hermanos dos pares de zapatos a cada uno para poder mojarse sin preocupaciones.

[1]*people* [2]**trabajadores...** *farm workers* [3]*unpack* [4]*paths* [5]*wet* [6]*far away* [7]*age* [8]*dreamed* [9]*buried*

K. Preguntas personales. Describe your own activities and life when you were ten years old. Use the questions to guide your writing. Answer them in paragraph form on a separate piece of paper to turn in to your teacher.

¿Cómo eras de niño/a (personalidad)? ¿Dónde vivías? ¿Cómo era tu casa? ¿Cómo se llamaba y cómo era la escuela primaria donde estudiabas (grande/pequeña, particular/pública, nueva/vieja)? ¿Quién te llevaba a la escuela? ¿En qué actividades extracurriculares participabas? ¿Qué hacías por las tardes cuando llegabas de la escuela? ¿Cuáles eran tus obligaciones en la casa? ¿Ayudabas a tu mamá? ¿Quién te ayudaba con la tarea de la escuela? ¿Quién era y cómo era tu mejor amigo/a? ¿Qué cosas hacían juntos? ¿Tienes hermanos/as? ¿A qué jugabas con ellos/as? ¿Cuáles eran tus juegos favoritos? ¿Cuál era tu lugar favorito? ¿Cómo era? ¿Qué hacías ahí?

Objetivo comunicativo

In this episode, you will practice:

✓ describing what you are/were doing

Episodio 23

Escenas de la vida: ¿Qué están haciendo?

A. ¡Mira cuánto puedes entender! Mira o escucha la **Escena** para escribir quién está haciendo lo que indica cada foto. Escribe sus nombres en las líneas de abajo.

____

Está haciendo **la cena.**

____

Está preparando **la ensalada.**

____

Está poniendo **la mesa.**

____

Dijo que estaba trabajando.

____

Están hablando **por teléfono.**

____

No está haciendo **nada.**

B. ¿Te diste cuenta? Mira o escucha la **Escena** otra vez para seleccionar la respuesta correcta.

1. La vecina de Emilio…
   a. tenía la música muy alta. b. estaba jugando cartas. c. estaba hablando con Emilio.
2. En España…
   a. todos llaman a la policía. b. no es común llamar a la policía. c. nadie escucha la música alta.
3. Los chicos...
   a. estaban jugando cartas. b. llamaron a la policía. c. tenían la música muy alta.
4. Wayne…
   a. estaba trabajando en la computadora. b. dijo mentiras. c. estaba en su casa.

C. En casa de Emilio. Mira o escucha la **Escena** para contestar estas preguntas.

1. ¿Qué van a hacer todos en casa de Emilio? ____________________
2. ¿Qué hizo el vecino de Emilio? ____________________
3. ¿Por qué Wayne no contestó el teléfono cuando Sofía lo llamó? ____________________
____
4. ¿Cómo sabemos que Wayne dijo mentiras? ____________________
5. ¿Qué hacía Wayne en el centro comercial? ____________________

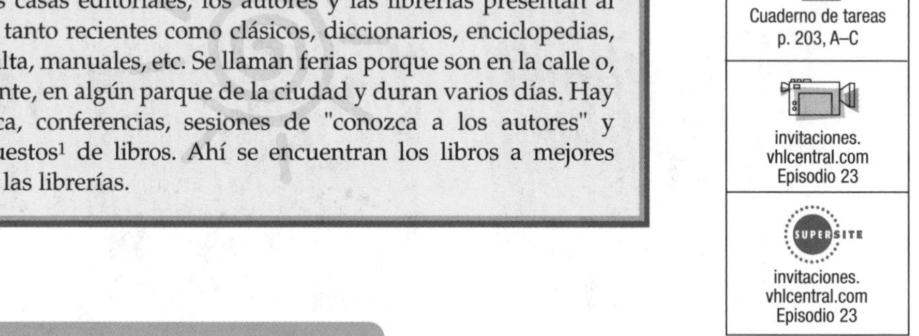

Cultura a lo vivo

Una interesante tradición en la mayoría de los países hispanos es la celebración anual de la Feria del Libro en sus principales ciudades. En estas ferias, las casas editoriales, los autores y las librerías presentan al público libros, tanto recientes como clásicos, diccionarios, enciclopedias, libros de consulta, manuales, etc. Se llaman ferias porque son en la calle o, más comúnmente, en algún parque de la ciudad y duran varios días. Hay comida, música, conferencias, sesiones de "conozca a los autores" y docenas de puestos[1] de libros. Ahí se encuentran los libros a mejores precios que en las librerías.

[1] *stands*

Práctica adicional

Cuaderno de tareas p. 203, A–C

invitaciones.vhlcentral.com Episodio 23

invitaciones.vhlcentral.com Episodio 23

Para comunicarnos mejor

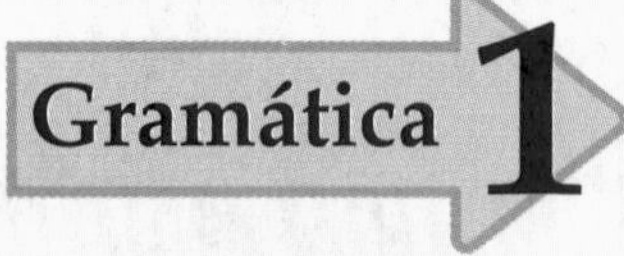

Describing what you are/were doing • The present and past progressive

Analizar y descubrir

In the conversation, you heard the following:

¿Qué **están haciendo**?	*What are you (all) doing?*
Ramón **está preparando** la ensalada.	*Ramón is making the salad.*
Ana Mari **está poniendo** la mesa.	*Ana Mari is setting the table.*
Sofía **está sirviendo** la limonada.	*Sofía is pouring the lemonade.*

¡Fíjate!
Remember, you have used **estar** to express location **(La mochila está en mi cuarto)** and to say how you are **(Estoy cansada)**.

1. Study the examples above and answer the questions.
   a. For **-ar** verbs, such as **preparar**, what Spanish ending corresponds to the English *-ing*? ____________
   b. For **-er** (and **-ir**) verbs, such as **poner**, what Spanish ending corresponds to the English *-ing*? ____________
   c. What verb is used with **preparando** and **poniendo**? ____________

In English, the progressive construction *to be + [-ing]* is used to talk about ongoing actions in the present *(We are watching TV)* and in the past *(We were watching TV)*, or to refer to future activities *(I am graduating next March)*. In Spanish, the progressive is also used to talk about ongoing activities in the present and past, but it is never used to express a future activity. For a future activity, Spanish uses **ir a** + [*infinitive*].

- ongoing actions

Están llamando a la policía ahora.	*They are calling the police now.*
Los vecinos **estaban jugando** cartas.	*The neighbors were playing cards.*

- future activities

Esta noche **vamos a poner** la música muy alta.	*We are turning the music up really loud tonight.*

¡Fíjate!

The *-ing* verb forms in English and the **-ando/-iendo** forms in Spanish are called *gerunds.*

2. In the progressive with **estar, estar** is the only verb that changes to match the subject.

En este momento **estoy** viendo una película.	*Right now, I am watching a movie.*
Te **estábamos** esperando al lado izquierdo/derecho del café.	*We were waiting for you on the left/right side of the café.*

3. The **-ir** stem-changing verbs—**decir (e ⟶ i), divertirse (e ⟶ i), dormir (o ⟶ u), pedir (e ⟶ i), sentirse (e ⟶ i), servir (e ⟶ i)**— have an irregular **-ndo** form.

¿Me estás **diciendo** la verdad?	*Are you telling me the truth?*
¿Te estás **divirtiendo**?	*Are you having fun?*
Adriana estaba **durmiendo**.	*Adriana was sleeping.*

4. For infinitives with two vowels next to each other, such as **leer** and **oír**, there is a spelling change in the **-iendo** ending to avoid having three vowels in a row. The **-i-** changes to a **-y-**.

leer ⟶ leyendo	Adriana está **leyendo** el periódico.

5. Object and reflexive pronouns may be placed before **estar** or attached to the **-ando, -iendo** forms. These forms take an accent when the pronoun is attached.

¿**Te** estás **afeitando?** ¿Estás **afeitándote?**	*Are you shaving?*

PRÁCTICA

A. ¿Dónde están? Indica dónde están los amigos, según las actividades que están haciendo.

> **Modelo** Manolo está tocando la guitarra.
> **Probablemente está en su casa o en una fiesta.**

1. Sofía y Adriana están estudiando. ______________________________
2. Ana Mari se está pintando. ______________________________
3. Emilio y Ramón están jugando fútbol. ______________________________
4. Adriana está durmiendo. ______________________________
5. Todos estamos viendo una película. ______________________________
6. Manolo está afeitándose. ______________________________
7. Estoy leyendo el periódico. ______________________________
8. Sofía está poniendo la mesa. ______________________________

B. ¿Qué están haciendo? Indica qué están haciendo las personas en los lugares indicados.

Modelo En este momento mamá está en el garaje.
Seguramente está lavando el coche.

1. En este momento estoy en la cocina. ______
2. En este momento mi papá está en su oficina. ______
3. En este momento mis primos están en una fiesta. ______
4. En este momento estoy en mi cuarto. ______
5. En este momento estamos en el centro comercial. ______
6. En este momento estás en la biblioteca. ______

C. ¿Qué estaban haciendo? Sofía llamó a todos sus amigos anoche. Indica qué estaba haciendo cada uno cuando Sofía llamó.

Modelo

Adriana estaba barriendo su cuarto.

Adriana

1. Wayne

______

2. Manolo

______

3. Sus vecinos

______

4. Ramón y una amiga

______

5. Sus primos

______

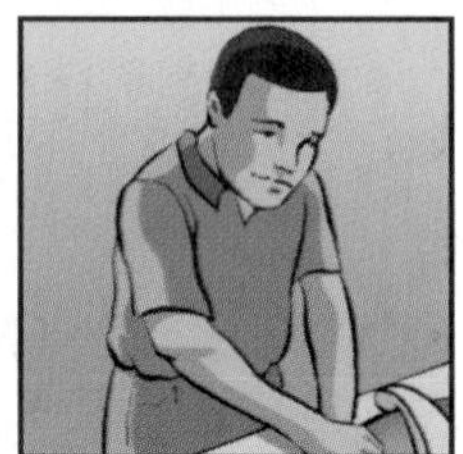

6. Emilio

______

D. Todos están ocupados. Luis, el hermano de Ramón, contesta el teléfono. Escucha la conversación para escribir qué estaba haciendo cada uno.

Modelo Álex **Estaba jugando a los soldaditos** *(soldiers)* **con su primo.**

	¿Qué estaban haciendo?
Papá	
Mamá	
Ramón	
Ana Mari	

1. ¿Qué quería el vendedor? ______
2. ¿Por qué no pudo hablar con nadie? ______
3. ¿Por qué no quiere hablar con Álex? ______
4. ¿Llaman muchos vendedores a tu casa? ______
5. ¿Con quién quieren hablar? ______

E. Las descripciones. Describe las ilustraciones de acuerdo al modelo.

¡Fíjate!
To say what the characters were doing (ongoing), use the past progressive. To indicate what happened, use the preterit.

cuando

Modelo **Sofía se estaba bañando cuando Manolo la llamó por teléfono.**

cuando

1. ______
______

cuando

2. ____

____

cuando

3. ____

____

cuando

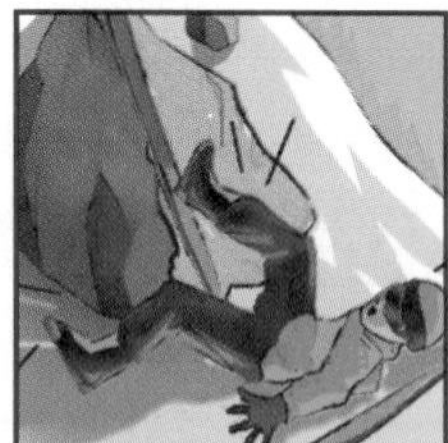

4. ____

____

cuando

5. ____

____

Práctica adicional		
Cuaderno de tareas pp. 204–207, D–H	invitaciones. vhlcentral.com Lab practice	SUPERSITE invitaciones. vhlcentral.com Episodio 23

Actividades comunicativas

A. Diferencias.

Instrucciones para **Estudiante 1**

Aquí tienes un dibujo de lo que está haciendo la familia de Ramón. Para encontrar las diferencias entre tu dibujo y el de tu compañero/a, describe quién es la persona, dónde está y qué está haciendo. Apunta siete diferencias.

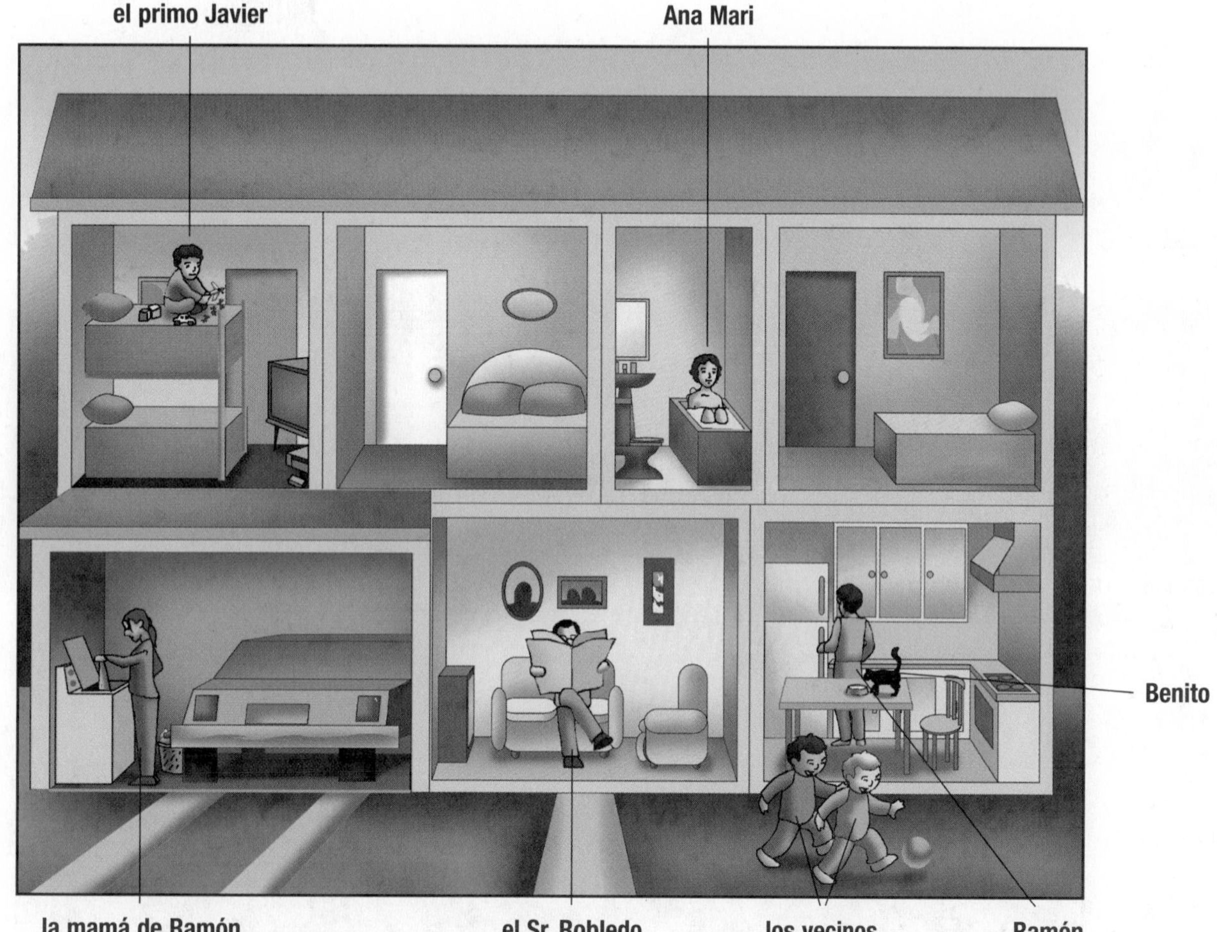

A. Diferencias.

Instrucciones para **Estudiante 2**

Aquí tienes un dibujo de lo que está haciendo la familia de Ramón. Para encontrar las diferencias entre tu dibujo y el de tu compañero/a, describe quién es la persona, dónde está y qué está haciendo. Apunta siete diferencias.

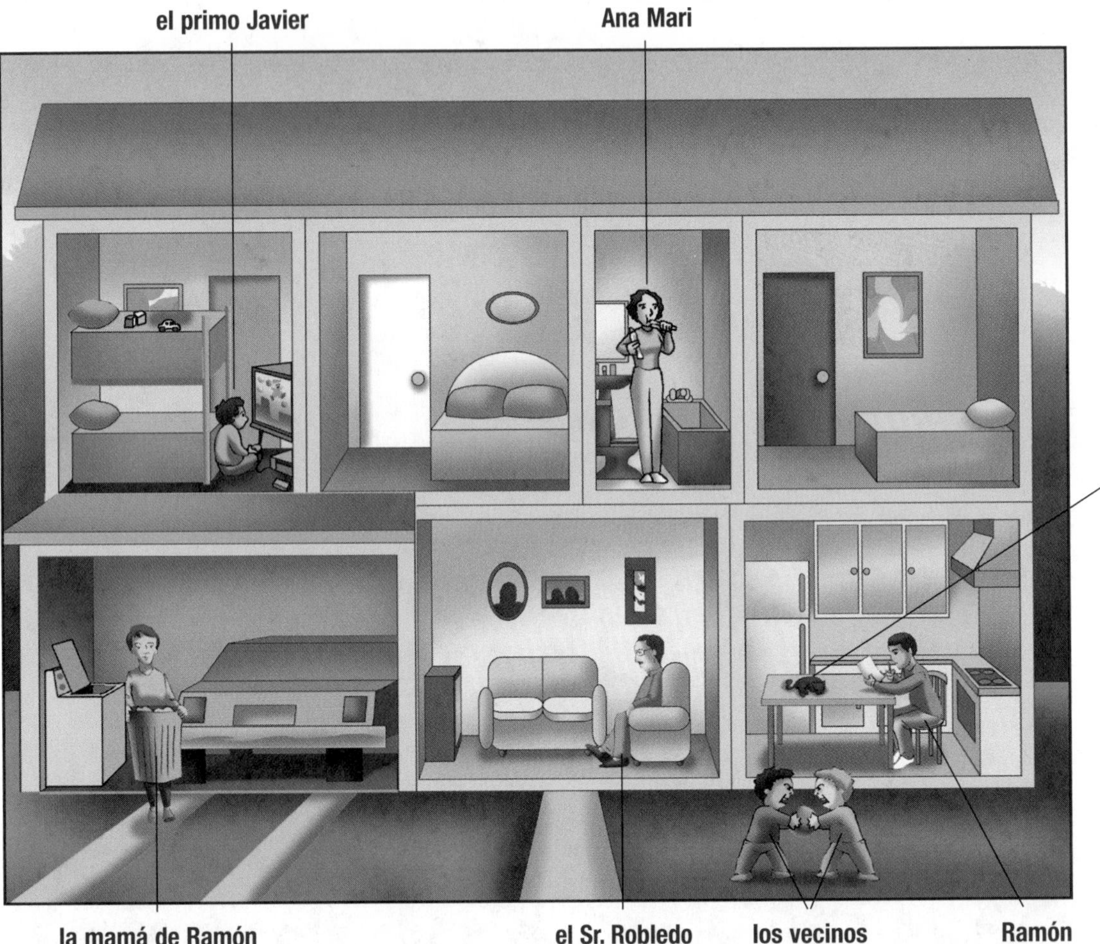

B. Actividades en común.

Parte 1. Primero escribe lo que estabas haciendo ayer a las horas indicadas. Después entrevista a tus compañeros para encontrar a alguien que tenga la misma respuesta que tú.

¿Qué estabas haciendo ayer…	**Yo**	**Compañero/a**
1. a las seis de la mañana?	__________	__________
2. a las diez de la mañana?	__________	__________
3. a la una de la tarde?	__________	__________
4. a las cuatro de la tarde?	__________	__________
5. a las siete de la noche?	__________	__________
6. a las nueve de la noche?	__________	__________
7. a las doce de la noche?	__________	__________
8. a las tres de la mañana?	__________	__________

Modelo
—¿Qué estabas haciendo ayer a las diez de la noche?
—Estaba estudiando para la clase de cálculo. Estudié hasta las doce de la noche. ¿Y tú?
—Yo me estaba bañando.

Parte 2. Comparte tus respuestas con la clase.

Modelo Ayer a las diez de la noche, Susie y yo estábamos durmiendo.

C. ¡Un día fatal!

Instrucciones para **Estudiante 1**

Parte 1. Tú tienes la mitad *(half)* de las ilustraciones y tu compañero/a tiene la otra mitad. Describan lo que ven en cada una para después contar lo que le sucedió *(happened)* a Manolo el sábado pasado, durante el partido de fútbol. Tú empiezas.

Modelo **En la primera ilustración, Manolo se está levantando.**

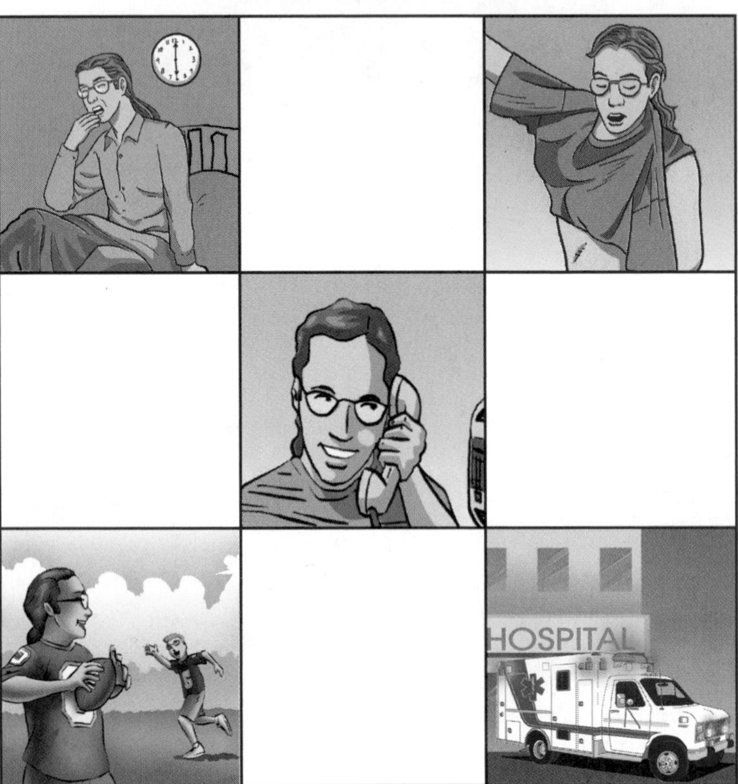

¡Fíjate!

Use the present progressive to describe to your partner what Manolo is doing in each picture.

Parte 2. Ahora escribe la historia completa de lo que le sucedió a Manolo el sábado pasado.

Modelo **El sábado pasado Manolo se levantó temprano…**

¡Fíjate!

Remember to use the preterit and the past progressive as necessary to describe what happened.

C. ¡Un día fatal!

Instrucciones para Estudiante 2

Parte 1. Tú tienes la mitad *(half)* de las ilustraciones y tu compañero/a tiene la otra mitad. Describan lo que ven en cada una para después contar lo que le sucedió *(happened)* a Manolo el sábado pasado, durante el partido de fútbol. Tu compañero/a va a empezar.

Modelo **En la primera ilustración, Manolo se está levantando.**

¡Fíjate!
Use the present progressive to describe to your partner what Manolo is doing in each picture.

6

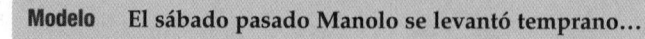

Parte 2. Ahora escribe la historia completa de lo que le sucedió a Manolo el sábado pasado.

Modelo **El sábado pasado Manolo se levantó temprano…**

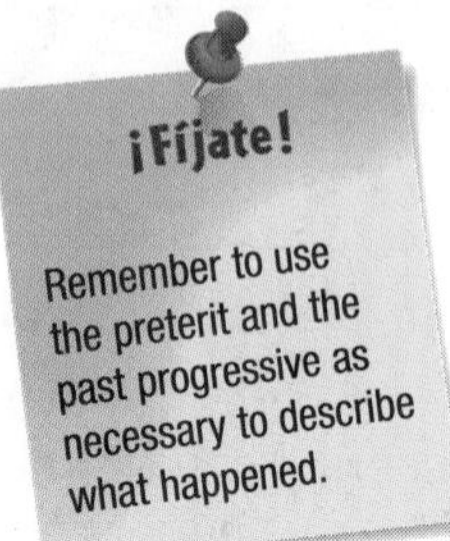
¡Fíjate!
Remember to use the preterit and the past progressive as necessary to describe what happened.

La correspondencia

El correo: Los vecinos de Emilio. Primero lee las preguntas; luego lee una sección de la carta que Emilio le escribe a su esposa acerca de su apartamento, de sus vecinos y de sus experiencias en Estados Unidos. Después contesta las preguntas.

1. ¿Cómo es el piso (apartamento) de Emilio? ______________________________
2. ¿Por qué Emilio no podía dormir? ______________________________
3. ¿Por qué fue la policía al edificio donde vive Emilio? ______________________________
____
4. ¿Qué opinión tiene Emilio de su vecino de la izquierda (*on his left*)? ______________________________
____
5. ¿Cómo es la zona donde vive Emilio? ______________________________
____

El piso[1] que encontré es muy bonito y está bien situado. Es algo pequeño, pero no necesito más. Está muy bien equipado; la cocina tiene de todo, incluso tiene horno de microondas.

Me mudé[2] la semana pasada y las primeras noches no pude dormir. Las paredes[3] son de madera[4] y cartón[5], así que oyes todo lo que hacen los vecinos. La pareja del piso de arriba se pelea constantemente; él siempre está tomando cerveza y ella siempre está chillando[6].

La otra noche estaba estudiando tranquilamente cuando llegó la policía, porque la chica de la derecha tenía la música muy alta. Me sorprendió muchísimo saber que la policía viene a decirte que bajes[7] el volumen, pero me molestó más saber que otro vecino llamó a la policía, en vez de[8] primero pedirle a la chica que bajara el volumen del estéreo.

El chico del lado izquierdo es majo[9]. Me saluda muy amablemente todos los días, pero yo creo que no le interesa conversar porque sólo me dice *Hi!* y sale corriendo. Ayer vinieron Sofía y sus amigos a jugar cartas y a cenar. Yo pensé invitar al chico a cenar con nosotros, para conocerlo, pero no me dio oportunidad ni[10] de abrir la boca. En fin, aquí las cosas se hacen de otra manera.

Por otro lado, las calles están muy limpias, los edificios tienen flores y jardines y hay dos aparcamientos[11] para cada piso. Puedes solicitar por teléfono la conexión de todos los servicios: el de luz, teléfono, agua y gas. ¡Es una maravilla! No tienes que pasar horas en las oficinas solicitando los servicios. También puedes enviar los pagos de las cuentas por correo o por internet. Supongo que es como en todas partes: hay cosas buenas y cosas malas.

[1] *apartment (in Spain)* [2] *I moved* [3] *walls* [4] *wood* [5] *cardboard* [6] *yelling* [7] *to lower* [8] **en...** *instead of* [9] *nice (in Spain)* [10] *even* [11] *parking spaces (in Spain)*

En papel: Mis vecinos. Emilio quiere saber cómo son tus vecinos. Usa su carta como modelo para escribirle a Emilio. Incluye las cosas que ellos hacen, cómo es tu relación con ellos y algún problema o alguna buena experiencia que hayas tenido *(you may have had)* con ellos. Si no conoces a tus vecinos ahora, escribe algo de tus vecinos cuando eras niño/a o cuando ibas a la escuela secundaria.

¡Fíjate!

You may use the following outline:

1. Indicate where you live, with whom, and how long you have lived there.
2. Describe what you know about the people that live next to or near you.
3. Say whether you get along well or not and why.
4. Describe an incident, if any, with this neighbor.
5. Repeat steps 2, 3, and 4 with another neighbor.
6. Conclude by saying whether you are happy or not living where you live and why.

Learning Strategy: Creating an outline

Creating an outline will enable you to identify the main ideas and supporting details. When preparing an outline, you will need to identify a limited number of ideas that respond to your purpose. Then you will need to provide details that expand each idea. Be sure to write your outline in Spanish! Writing an outline in English will lead to frustration, since you will find it difficult to express sophisticated English thoughts in simple Spanish sentences. Remember that when you have finished writing, you will need to check that the forms you have chosen are appropriate—for example, that you have used the imperfect to talk about what things used to be like, and the preterit to talk about main actions in the past.

Invitación a **El Salvador**

En tus propias palabras. Lee la información para escribir en español lo que entendiste. Resume (*Summarize*) la información en dos o tres oraciones.

Del álbum de
Manolo

El Salvador es el país más pequeño de Centroamérica. El Parque Nacional Montecristo, en el noroeste del país, es una impenetrable selva *(jungle)* tropical con orquídeas, pumas, tucanes y el protegido mono araña *(spider monkey)*. El Salvador también cuenta con *(has)* imponentes volcanes, lagos *(lakes)*, bellas playas y algunas ruinas mayas, como Tazumal. La violencia de años anteriores en El Salvador ha disminuido *(has decreased)* considerablemente, por lo que va en camino a convertirse en una nación más próspera.

El maquilishuat es el árbol nacional del país.

El torogoz es el ave nacional de El Salvador.

Práctica adicional

invitaciones.
vhlcentral.com
Episodio 23

¡A ver de nuevo! Mira o escucha la **Escena** para hacer un resumen de lo que pasó. Usa esta información para organizar tu resumen.

- dónde estaban
- qué estaban haciendo
- quién llamó por teléfono
- dónde estaba Wayne
- qué dijo Ramón acerca de Wayne

Práctica adicional			
Cuaderno de tareas p. 208, I	invitaciones. vhlcentral.com Episodio 23	invitaciones. vhlcentral.com Lab practice	invitaciones. vhlcentral.com Episodio 23

Vocabulario del Episodio 23

Objetivo comunicativo

You should now be able to do the following in Spanish:

✓ describe what you are/were doing

Verbos

estoy trabajando	*I am working*
estamos comiendo	*we are eating*
están escribiendo	*they are writing*
leer → leyendo	
traer → trayendo	

-ir stem-changing verbs

estoy diciendo	*I am saying*
te estás divirtiendo	*you are having fun*
está durmiendo	*she is sleeping*
estamos pidiendo	*we are ordering*
os estáis sintiendo	*you are feeling*
están sirviendo	*they are serving*

Vocabulario nuevo

afeitarse	*to shave*
del/al lado derecho	*from/on the right side*
del/al lado izquierdo	*from/on the left side*
llamar a la policía	*to call the police*
tener/poner la música muy alta	*to play loud music*
los vecinos	*the neighbors*

Review the following vocabulary:

Primera parte

Episodio 5, página 104
Episodio 8, página 174
Episodio 10, página 232
Episodio 14, página 347

Segunda parte

Episodio 18, página 60
Episodio 22, página 165

Vocabulario personal

Escribe todo el vocabulario que necesitas saber para hablar de tus propias actividades.

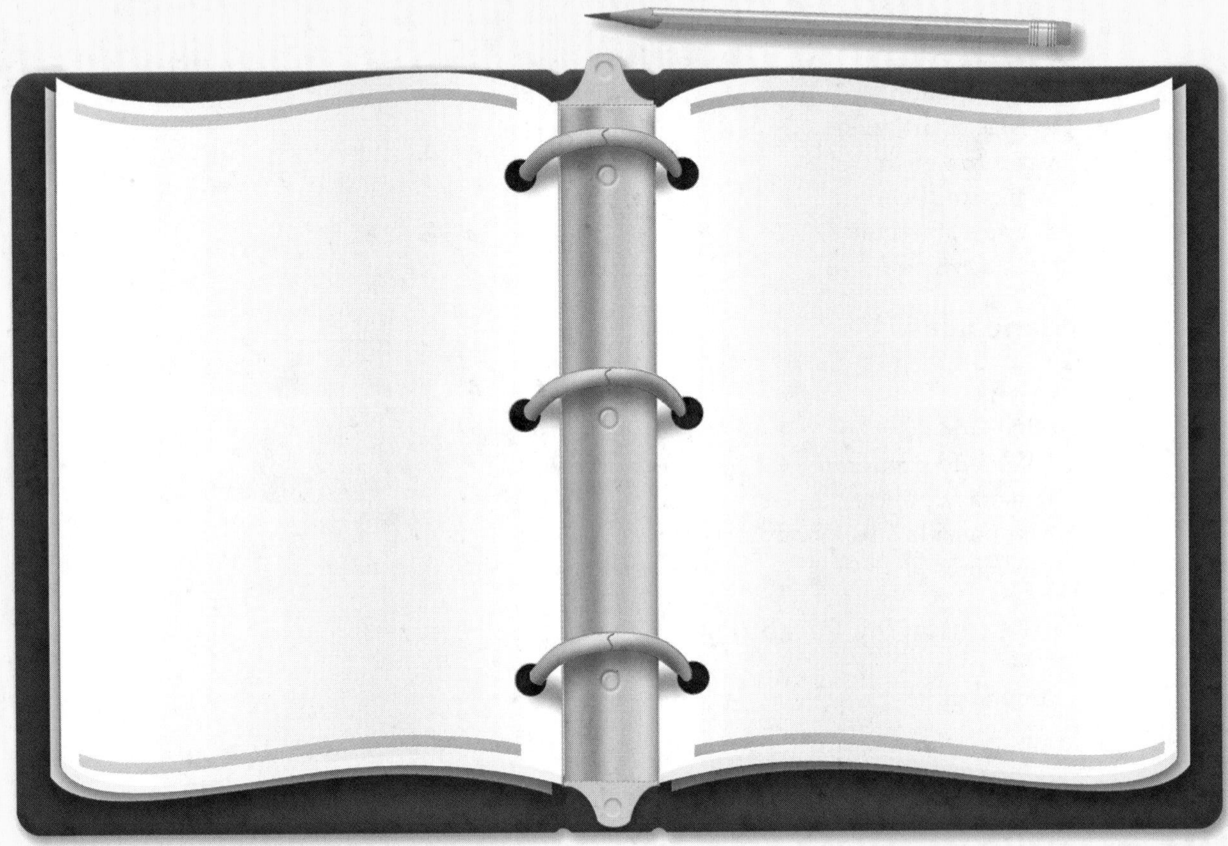

Nombre ______________________________ Fecha ______________

Cuaderno de tareas

Episodio 23

Escenas de la vida: ¿Qué están haciendo?

A. ¡A ver cuánto entendiste! See how much of the **Escena** you understood by matching the Spanish sentences with their English equivalents.

_____ 1. Bueno, eso dijeron.	a. It surprised me a lot.
_____ 2. No habléis tan alto.	b. Instead of talking to the neighbor, they call the police.
_____ 3. A mí me sorprendió mucho.	c. That doesn't happen in Spain.
_____ 4. En vez de hablar con el vecino, llaman a la policía.	d. Don't talk so loud.
_____ 5. Eso no pasa en España.	e. She was playing the music very loud.
_____ 6. Tenía la música muy alta.	f. Well, that's what they said.

B. Wayne no está en casa. Match each question with its answer.

_____ 1. ¿Tú no vas a cenar con nosotros?	a. Está bien.
_____ 2. ¿Qué están haciendo?	b. Aquí en mi casa.
_____ 3. ¿Dónde estabas?	c. Uups, ya metí la pata.
_____ 4. ¿Todavía vamos a ir al cine?	d. Nos estamos preparando para cenar.
_____ 5. ¿Puedes poner otro plato?	e. Cuando llegues lo decidimos.
_____ 6. ¡¿Qué centro comercial?!	f. Pues, no sé.

C. ¿Qué estaban haciendo? Describe what everybody was doing and what happened when Wayne called.

____

____

____

____

____

____

____

____

____

Nombre ______________________ Fecha ______________

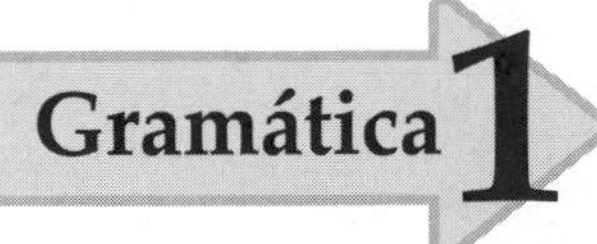

Describing what you are/were doing
• The present and past progressive

D. ¿Qué están haciendo? Indicate what the following people are/were doing on Saturday morning. Use the present or past progressive.

1. Las niñas ______________________
____

5. Nosotros ______________________
____

2. Adriana y su esposo______________________
____

6. Ustedes ______________________
____

3. Wayne ______________________
____

7. Yo ______________________
____

4. Tú ______________________
____

8. Los chicos ______________________
____

Nombre ______________________ Fecha ____________

E. Todos están ocupados. Luis, Ramón's brother, answered the phone at home. It is a salesperson who wants to speak to an adult in the household. Complete their conversation using the present progressive of the verbs in parenthesis.

Luis	¿Bueno?
Vendedor	Buenas tardes, niño. ¿Puedo hablar con tu mamá?
Luis	Mi mamá está ocupada; (1)__________________ *(she is cooking dinner).*
Vendedor	¿Está tu papá?
Luis	No, (2) __________________ *(he is working).*
Vendedor	¿Puedo hablar con tu hermano mayor?
Luis	Pues mi hermano (3) __________________ *(is showering).*
Vendedor	¿Tienes más hermanos?
Luis	Sí, mi hermana Ana Mari, pero ahora (4)__________________ *(she is doing her homework).*
Vendedor	¿Quién más está en tu casa?
Luis	Mi hermano Álex.
Vendedor	¿Puedo hablar con él?
Luis	Pues... si quiere, pero ahora (5) __________________ *(he is putting together)* un rompecabezas.
Vendedor	¡¿Qué?! Pues, ¿cuántos años tiene?
Luis	Doce.
Vendedor	Olvídalo *(Forget it)*. Adiós.

F. Nadie me pudo ayudar. Your 10-year-old neighbor has asked you to help him write a note for his Spanish teacher.

> I did not do my homework because nobody could help me last night. My mother was setting the table, my father was watching the news (**noticias**), my brother Jim was talking on the phone with his girlfriend, and my grandma was sleeping. Oh... and my dog does not speak Spanish.

____

____

____

____

____

____

____

____

Nombre ______________________________ Fecha ______________

G. Un terremoto. Last night there was an earthquake. Write what the friends were doing and where they were when the earthquake hit. Use the past progressive.

Modelo

La chica estaba en su cuarto.
Estaba estudiando.

1. 
2. 
3. 
4. 
5. 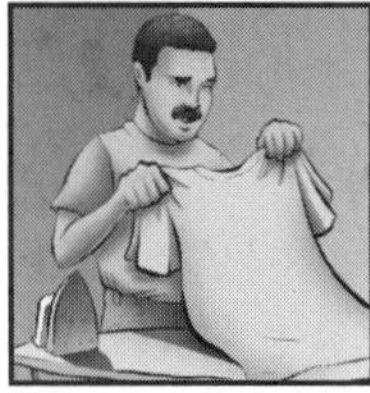
6. 

7. 
8. 

1. El papá de Ramón
____.
2. Tú
____.
3. Ustedes
____.
4. Ana Mari y Emilio
____.
5. Santiago
____.
6. Yo
____.
7. Sofía
____.
8. Manolo
____.

Nombre ______________________________ Fecha _______________

H. Todos se estaban portando mal. Describe what the students were doing when the teacher walked in. Use the past progressive.

1. ____
2. ____
3. ____
4. ____
5. ____
6. ____
7. ____
8. ____

Nombre ______________________________ Fecha _______________

Para terminar

I. Una miniprueba. Complete the review of **Episodios 20**, **21**, and **22**.

Parte 1. Imagine you are talking to Sofía about her life. Find out the following information. Ask Sofía:

1. where she lived when she was little
2. if she got along with her brother
3. what chores she had to do
4. if she had a boyfriend when she was 16 years old
5. what was the name of her high school

¡Fíjate! Remember to use the imperfect to talk about how things used to be.

1. ____
2. ____
3. ____
4. ____
5. ____

Parte 2. How would Adriana ask her children the following questions?

6. Viviana, did you set the table?
7. Carlos, where did you put the vacuum?
8. Santiaguito, did you bring your backpack from school?
9. Did you all have fun at your cousin's party today?

¡Fíjate! Remember to use the preterit to talk about specific events and actions that have happened.

6. ____
7. ____
8. ____
9. ____

Parte 3. Imagine you are in Costa Rica on vacation. You visited the forest and came back not feeling well. Tell the nurse the following information.

10. You are not feeling well.
11. You do not take care of yourself.
12. You have had a cold for a week.
13. Your throat hurts a lot.
14. You think you need antibiotics.

¡Fíjate! Remember to use the present to talk about how you feel.

10. ____
11. ____
12. ____
13. ____
14. ____

Objetivo comunicativo

In this episode, you will practice:

✓ saying what you do/did for others

Episodio 24

Escenas de la vida: El accidente

A. ¡Mira cuánto puedes entender! Mira el video o escucha la conversación para indicar lo que le hicieron a Adriana y lo que pasó en el hospital.

☐ 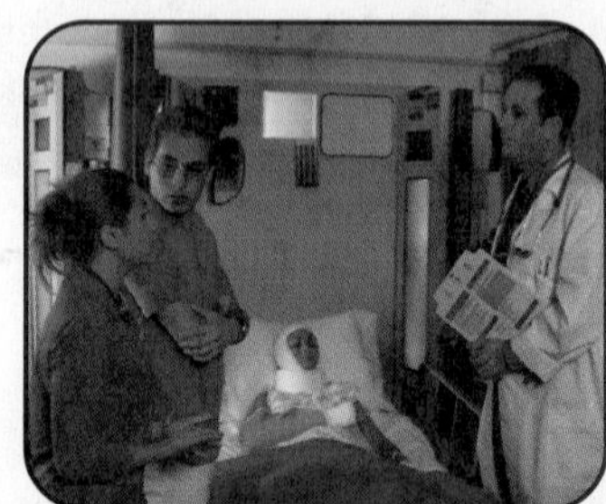

El doctor les dijo todo lo que le hicieron a Adriana.

☐ 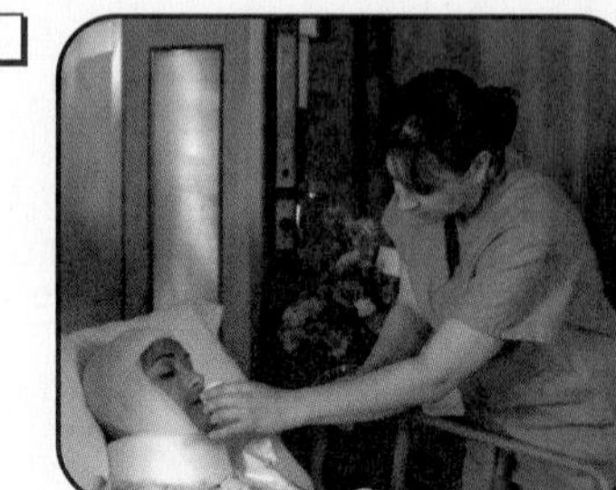

Le dimos unas pastillas para el dolor.

☐ 

Nosotros le llevamos flores.

☐ 

El doctor le puso una inyección.

☐ 

La enfermera les habló por teléfono a sus hijos.

☐ 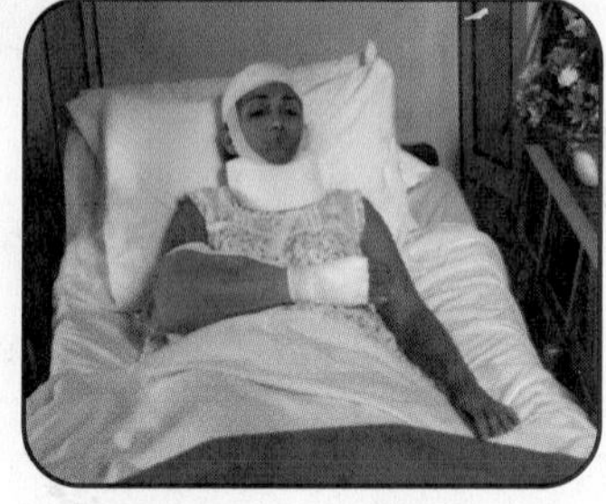

Nos explicaron cómo está Adriana.

B. ¿Te diste cuenta? Pon los siguientes eventos en orden cronológico, del 1 al 6.

_______ a. Santiago llamó a los chicos.
_______ b. Adriana tuvo un accidente.
_______ c. El doctor les dijo a los chicos que Adriana tiene una fractura en el brazo.
_______ d. Adriana tiene que quedarse en el hospital toda la noche.
_______ e. Los chicos fueron al hospital.
_______ f. Santiago le explicó a Sofía que Adriana tuvo un accidente.

C. ¿Quién lo hizo? Identifica las actividades que se relacionan con Wayne (**W**), Adriana (**A**), Sofía (**S**) o el doctor (**D**).

_______ 1. Tiene mucho dolor.
_______ 2. Le pidió al doctor más información.
_______ 3. Se fracturó el brazo.
_______ 4. Le puso una inyección a Adriana.
_______ 5. No regresa a casa esta noche.
_______ 6. Le pidió perdón a Sofía.

Cultura a lo vivo
En la cultura hispana, es común que cuando alguna persona requiere hospitalización, los amigos y la familia del enfermo pasen días enteros en el hospital. También es común que los miembros de la familia se turnen para pasar las noches en el hospital durante la convalecencia *(recuperation)* del enfermo. El cuidar a los enfermos, incluyendo a los ancianos *(elderly)*, es responsabilidad de toda la familia. Ve al Supersitio para mirar un episodio de *Flash cultura* sobre este tema.

Práctica adicional		
Cuaderno de tareas p. 225, A–B	invitaciones. vhlcentral.com Episodio 24	invitaciones. vhlcentral.com Episodio 24

Para comunicarnos mejor

Gramática 1 — Saying what you do/did for others • Indirect object pronouns

In **Episodio 11**, you used the indirect object pronouns **me** and **te** to express what people do for you using the verbs **ayudar, dar, mandar, pedir prestado**, and **prestar**.

> Mi mejor amiga **me ayuda** con mi tarea.
> **Me dan** vacaciones en el verano.

Later, in **Episodio 19**, you learned to use indirect object pronouns with verbs that express interests and preferences.

> **A** Ana Mari **le encanta** salir a divertirse.
> **A** Ramón y a Wayne **les gusta** jugar al fútbol los domingos.
> ¡**Me molestan** los animales dentro de la casa!

In this lesson, you are going to use the same pronouns to talk about things that you and others do for someone else.

¡Fíjate!
Be sure to review the verbs in **Primera parte**, page 261 and **Segunda parte**, page 91.

In the conversation, you heard the following statements.

Sofía, no quería **decirte** mentiras, pero…	*Sofía, I didn't want to lie to you, but…*
Le dimos unas pastillas para el dolor.	*We gave her some pills for the pain.*
El doctor **nos explicó** que…	*The doctor explained to us that…*

1. Use the indirect object pronouns **me, te, le, nos, os,** and **les** to talk about doing something *to* or *for* someone else, with the following verbs.

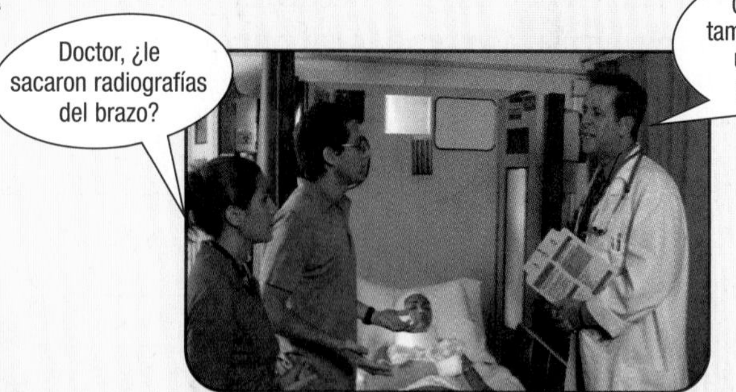
Doctor, ¿le sacaron radiografías del brazo?
Claro que sí. Y también le pusimos una inyección para el dolor.

Para hablar de las cosas que haces por otros		
dar	*to give*	El doctor **les da** las medicinas a los pacientes.
decir	*to say*	Siempre **les dice** la verdad sobre su condición.
enseñar a	*to teach/to show*	Mi papá **nos enseñó** a manejar.
entregar	*to turn in*	No pueden **entregarme** la tarea tarde.
explicar	*to explain*	Ahora la enfermera **me está explicando** el problema.
llevar algo	*to take something*	Mi esposo **me llevó** flores al hospital.
mandar	*to send*	¿A ti **te mandan** flores también?
ofrecer*	*to offer*	Siempre **le ofrezco** ayuda cuando está enferma.
pedir (e → i)	*to ask for*	Los pacientes **le piden** consejos al enfermero.
prometer	*to promise*	**Nos prometiste** llegar antes de las seis.
traer	*to bring*	¿**Os traigo** algo de la cafetería?

***ofrecer (c → zc) ofrezco, ofreces, ofrece, ofrecemos, ofrecéis, ofrecen**

¡Fíjate!

Other verbs you know that need an indirect object pronoun are:

contar los problemas:
No le cuento mis problemas a nadie.

pagar:
¿Te pagan bien en tu trabajo?

prestar dinero/cosas:
Casi nunca les presto dinero a mis amigos.

escribir:
Le escribo una notita a Adriana.

2. The pronoun **os** refers to **vosotros** in the chart.

    Os voy a explicar (**a vosotros**) cómo fue el accidente.

3. Notice that in the first example, **El doctor les da las medicinas a los pacientes**, the subject (**el doctor**) agrees with the verb (**da**), and the indirect object pronoun (**les**) corresponds to the indirect object (**a los pacientes**).

    El *doctor* **les** *da* las medicinas **a los pacientes**.

4. In the second example, **Siempre les dice la verdad sobre su condición**, there is no need to repeat **a los pacientes**, but the pronoun **les** cannot be omitted.

5. Remember that, like other object pronouns, the indirect object pronouns are placed before a conjugated verb or attached to the second verb; add an accent to the second verb to maintain the original stress.

    Nos está diciendo mentiras. }
    Está diciéndo**nos** mentiras. } *He is lying to us.*

6. You may use **a mí, a ella, a nosotros,** etc. for emphasis too.

    A ella, sus padres **le** pagan la universidad.
    Sus amigos **les** prometieron a **ustedes** venir este año para Navidad.

PRÁCTICA

A. En la clase de español. Primero escribe con qué frecuencia pasan estas cosas en tu clase de español. Usa **siempre, con frecuencia, a veces** o **(casi) nunca**. Después compara tus respuestas con las de un(a) compañero/a para ver si son iguales.

	¿Con qué frecuencia?
1. El/La profesor(a) nos explica la gramática.	______________
2. Le pido ayuda a mi profesor(a) con la tarea.	______________
3. Mis compañeros me ofrecen su ayuda.	______________
4. Mis compañeros me hablan en español.	______________
5. Mis compañeros me piden ayuda.	______________
6. Yo les pido ayuda a mis compañeros.	______________
7. El/La profesor(a) nos da tarea.	______________
8. Le pido permiso para entregarla tarde.	______________

B. ¿Eras un(a) buen(a) niño/a?

Parte 1. Indica si hacías o no las siguientes cosas cuando estabas en la primaria.

	Sí	No
1. Le daba mis cosas a mi hermano/a menor.	☐	☐
2. Siempre les prestaba mis juguetes a mis amigos.	☐	☐
3. Casi nunca le ayudaba a mi mamá a limpiar la casa.	☐	☐
4. Les prometía portarme bien a mis maestros.	☐	☐
5. Siempre les decía la verdad a mis papás.	☐	☐
6. Mi mamá me enseñaba muchas cosas.	☐	☐

Parte 2. Cambia las oraciones de la **Parte 1** a preguntas y entrevista a un(a) compañero/a.

Modelo **—¿Le dabas tus cosas a tu hermano/a menor?**
—Sí, siempre le daba mi ropa vieja. ¿Y tú?
—Yo no le daba nada. Mi hermano menor era muy diferente y mis juguetes no le gustaban.

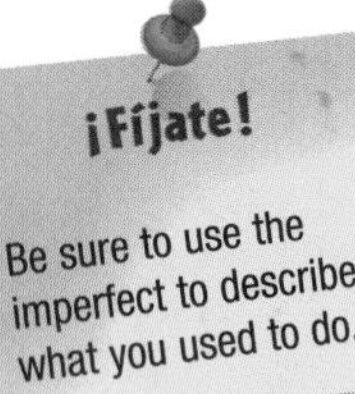

¡Fíjate!
Be sure to use the imperfect to describe what you used to do.

C. ¿A quién necesitas más? Habla con un(a) compañero/a para descubrir a quién necesitas más en tu vida. Hagan preguntas según el modelo y decidan quién(es) es/son la(s) persona(s) más importante(s) en sus vidas.

Modelo pedir dinero prestado
—¿A quién le pides dinero prestado?
—A mi mamá generalmente. ¿Y tú?
—No le pido dinero prestado a nadie.

1. ofrecer tu ayuda
2. mandar correo electrónico
3. escribir cartas de amor
4. decir que lo/la quieres mucho
5. pedir prestado su coche
6. dar un regalo el día de San Valentín
7. contar tus problemas

D. ¿Cómo les correspondes? Imagina que estas personas hacen las siguientes cosas por ti. ¿Cómo les correspondes tú? ¿Qué haces tú para demostrarles tu agradecimiento *(appreciation)*? Después comparte las respuestas con un(a) compañero/a.

Modelo Mi mamá me hace mi comida favorita.
Pues yo no le hago su comida favorita porque no sé cocinar, pero la llevo a cenar el Día de las Madres y el día de su cumpleaños.

¡Fíjate!

Notice how both the direct (**la**) and indirect (**le**) object pronouns were used. Review the verbs on **Primera parte**, page 261. The verbs **dejar, invitar, llamar, llevar, ayudar, querer**, etc. use direct object pronouns, but the verbs **contar, dar, mandar, pagar, pedir prestado, prestar**, etc. usually use indirect object pronouns.

1. Mi papá me presta dinero cuando no tengo.

____

____

2. Mis amigos me llaman y me invitan a salir.

____

____

3. Mis abuelos me mandan regalos de cumpleaños.

____

____

4. Mi profesor(a) me explica la gramática otra vez en su oficina.

____

____

5. Mi novio/a/esposo/a frecuentemente me dice que me quiere y me necesita.

____

____

6. Mi mejor amigo/a me ofrece su ayuda, pero también me pide consejos.

____

____

E. Las personas importantes en mi vida. Escribe sobre las cosas que haces por las personas importantes en tu vida para demostrarles cuánto los quieres. Puedes incluir las cosas que les dices o explicas, las cosas que les das/prestas/ofreces/prometes, las situaciones en que los ayudas y/o los lugares adonde los llevas o invitas.

Modelo **Mi hija es importante para mí; por eso, me gusta estar con ella y ayudarla en lo que puedo. Todas las mañanas le preparo el desayuno. Después de la escuela, si no entiende su tarea, le explico los problemas pacientemente. Los fines de semana, le compro ropa y la llevo al cine. Y por supuesto, siempre le digo que la quiero mucho.**

F. Vamos a ayudar a Adriana.

Parte 1. Adriana está en el hospital. Todos sus amigos le van a ayudar. Con un(a) compañero/a, discutan y decidan qué actividades van a hacer por ella sus amigos. Imaginen que ustedes son amigos/as de Adriana también. ¡Usen la lógica y hablen en español! Después escriban sus conclusiones en las líneas de abajo.

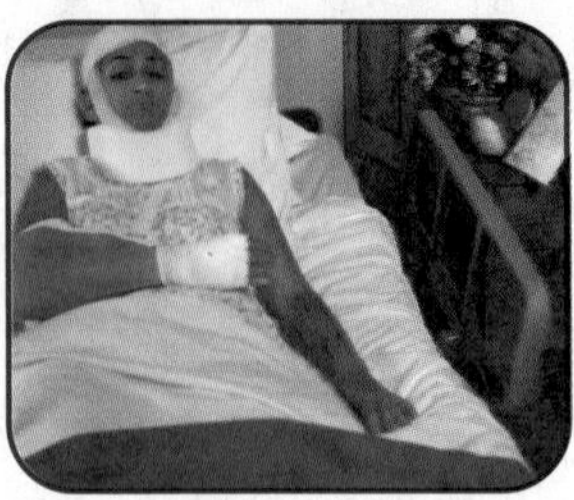

Los amigos de Adriana:

Ana Mari	su esposo
mi compañero/a	sus hijos
Manolo	yo
Sofía	Wayne

Alguien tiene que...

1. explicarle la tarea de cálculo.
2. prepararle la comida.
3. llevarla al doctor la semana que viene.
4. mandarles correos a sus familiares en Puerto Rico.
5. escribirle las notas de sus clases.
6. prestarle las novelas que quiere leer.
7. lavarle la ropa.
8. ayudarle con la casa.
9. visitarla por las tardes.
10. llevarle chocolates o flores.
11. ir a comprar la comida.
12. explicarles a los profesores lo que pasó.

Modelo — ¿Quién va a explicarle la tarea a Adriana?
— **Sofía le puede explicar la tarea, porque ella saca A en su clase de cálculo.**

1. ______________________________
2. ______________________________
3. ______________________________
4. ______________________________
5. ______________________________
6. ______________________________
7. ______________________________
8. ______________________________
9. ______________________________
10. ______________________________
11. ______________________________
12. ______________________________

Parte 2. Ahora compartan sus respuestas con otro par de compañeros/as para ver si decidieron lo mismo.

Práctica adicional		
Cuaderno de tareas pp. 226–230, C–K	invitaciones. vhlcentral.com Lab practice	SUPERSITE invitaciones. vhlcentral.com Episodio 24

Actividades comunicativas

A. Sopa de palabras.

Instrucciones para **Estudiante 1**

Primero escribe oraciones lógicas usando todas las palabras. La primera y la última ya están en su lugar. Después léele tus oraciones a tu compañero/a para verificar las respuestas. Si las oraciones de tu compañero/a tienen errores, ayúdalo/la a encontrarlos, pero no le des la respuesta correcta inmediatamente.

Modelo

Sofía a llevaron le y flores Wayne **Adriana.**
Sofía y Wayne le llevaron flores a Adriana.

En el hospital

1. **El** una le inyección puso médico a **Adriana.**

   ____

2. **La** muy dijo su enfermera que mamá nos estaba no **enferma.**

   ____

3. **A** dolía pastillas me la mí me dieron mucho unas porque **cabeza.**

   ____

4. **Y** visita cuando ti, ¿quién el en estás te a **hospital?**

   ____

5. **Cuando** enfermos, compraba mamá les niños su estaban los **juguetes.**

   ____

Las respuestas de tu compañero/a:

1. Mi amiga Mary me habla de su novio en la clase de español.
2. El consejero les da buenos consejos a los estudiantes.
3. La profesora nos dice que necesitamos estudiar todos los días.
4. Y tu profesor, ¿te explica bien la gramática?
5. Mis compañeros le hacen muchas preguntas a la profesora.

A. Sopa de palabras.

Instrucciones para **Estudiante 2**

Primero escribe oraciones lógicas usando todas las palabras. La primera y la última ya están en su lugar. Después léele tus oraciones a tu compañero/a para verificar las respuestas. Si las oraciones de tu compañero/a tienen errores, ayúdalo/la a encontrarlos, pero no le des la respuesta correcta inmediatamente.

Modelo

El les López explica la profesor **tarea.**
El profesor López les explica la tarea.

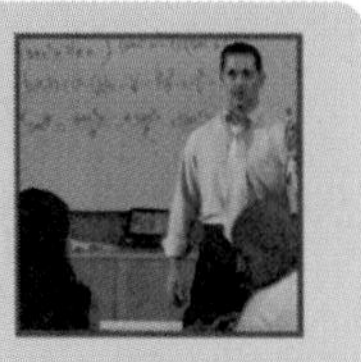

En la universidad

1. **Mi** me clase su Mary habla amiga de en la novio de **español.**

____

2. **El** consejos les los buenos a consejero da **estudiantes.**

____

3. **La** necesitamos nos que dice todos profesora los estudiar **días.**

____

4. **Y** ¿te bien tu la profesor, explica **gramática**?

____

5. **Mis** preguntas le a la hacen compañeros muchas **profesora.**

____

Las respuestas de tu compañero/a:

1. El médico le puso una inyección a Adriana.
2. La enfermera nos dijo que su mamá no estaba muy enferma.
3. A mí me dieron unas pastillas porque me dolía mucho la cabeza.
4. Y a ti, ¿quién te visita cuando estás en el hospital?
5. Cuando los niños estaban enfermos, su mamá les compraba juguetes.

B. En la oficina.

Instrucciones para **Estudiante 1**

Tu compañero/a y tú trabajan en una oficina. Su jefe dividió *(divided)* entre los dos la lista de tareas *(tasks)* para esta semana. Pregúntale a tu compañero/a si hizo sus tareas o cuándo las va a hacer. Marca *(Mark)* las tareas que hizo. Tú empiezas.

Modelo entregar los documentos → el abogado
— **¿Le entregaste los documentos al abogado?**

Para preguntar:

- ☐ 1. entregar los documentos → el abogado
- ☐ 2. dar el cheque → la secretaria
- ☐ 3. escribir la carta → los contadores
- ☐ 4. mandar el fax → el Sr. López
- ☐ 5. llevar los contratos → los abogados
- ☐ 6. hablar por teléfono → la Sra. Centelles

Cuando te pregunte, dile a tu compañero/a las tareas que hiciste y las que vas a hacer durante la semana.

Modelo —¿Le entregaste los documentos al abogado?
—**Sí, le entregué los documentos al abogado el martes pasado.** (*If you have* el martes pasado)

or

—**Todavía no. Le voy a entregar los documentos al abogado el viernes próximo.** (*If you have* hacer el viernes)

¡Fíjate!

Remember to use the preterit when you mention the tasks you have completed and the future construction **(voy a...)** when you mention the tasks you will do later.

Por hacer:

a. pedir el programa → los distribuidores	el jueves pasado
b. explicar el problema → los gerentes	el lunes pasado
c. comprar el papel para la copiadora → tu compañero/a	hacer mañana
d. prestar la computadora → Alfredo	hace una semana
e. mandar el proyecto → los Sres. Fuentes	hacer el viernes
f. escribir el mensaje electrónico → la Sra. Torreblanca	hacer hoy

B. En la oficina.

Instrucciones para **Estudiante 2**

Tu compañero/a y tú trabajan en una oficina. Su jefe dividió *(divided)* entre los dos la lista de tareas *(tasks)* para esta semana. Tu compañero/a te va a preguntar si hiciste tus tareas o cuándo las vas a hacer. Tu compañero/a empieza.

Modelo —¿Le entregaste los documentos al abogado?
—Todavía no *(not yet)*. Le voy a entregar los documentos al abogado el viernes próximo.

¡Fíjate!

Remember to use the preterit when you mention the tasks you have completed and the future construction **(voy a...)** when you mention the tasks you will do later.

Por hacer:

1. entregar los documentos → el abogado — el viernes próximo
2. dar el cheque → la secretaria — hacer hoy
3. escribir la carta → los contadores — el lunes pasado
4. mandar el fax → el Sr. López — el martes
5. llevar los contratos → los abogados — ayer
6. hablar por teléfono → la Sra. Centelles — el miércoles pasado

Ahora pregúntale a tu compañero/a si hizo las siguientes tareas o cuándo las va a hacer. Marca *(Mark)* las tareas que hizo.

Modelo pedir el programa → los distribuidores
—¿Les pediste el programa a los distribuidores?

Para preguntar:

- ☐ a. pedir el programa → los distribuidores
- ☐ b. explicar el problema → los gerentes
- ☐ c. comprar el papel para la fotocopiadora → tú
- ☐ d. prestar la computadora → Alfredo
- ☐ e. mandar el proyecto → los Sres. Fuentes
- ☐ f. escribir el mensaje electrónico → la Sra. Torreblanca

C. La encuesta dice... Esta actividad es similar al programa *Family Feud*. En grupos de cuatro, escriban las cinco respuestas que ustedes crean que son las más comunes. Tu profesor(a) tiene las respuestas correctas.

1. Las cosas que un buen hijo debe hacer por sus padres.

Modelo

Un buen hijo **no les promete** *(promise)* **hacer cosas que no piensa hacer.**

¡Fíjate!

Remember to use the direct object pronouns **(lo, los, la, las)** and the indirect object pronouns **(le, les)** appropriately.

Un buen hijo...

a. ______

b. ______

c. ______

d. ______

e. ______

2. Las cosas que hace un buen doctor por sus pacientes.

Modelo

Un buen doctor **les dice la verdad sobre su condición.**

Un buen doctor...

a. ______

b. ______

c. ______

d. ______

e. ______

3. Las cosas que hace un chico para conquistar *(win over)* el corazón de una chica.

Modelo Un chico **le lleva flores a su casa.**

Un chico...

a. ______

b. ______

c. ______

d. ______

e. ______

La correspondencia

El correo: La vida de Rigoberta Menchú. Lee el artículo que escribió Ana Mari para el periódico del Club Latino sobre la vida de una activista indígena guatemalteca.

Rigoberta Menchú es una activista indígena guatemalteca. Ella lucha *(fights)* por los derechos humanos *(human rights)* de los indígenas de su país. En 1992 recibió el Premio Nobel de la Paz.

Reading Strategy: Moving into, through, and beyond a reading selection

Effective readers pass through three phases when making sense of a text—getting *into* it, moving *through* it, and moving *beyond* it.

Good readers get *into* a text by familiarizing themselves with its content. You have learned to preview a selection by looking at the pictures, reading the captions, skimming titles and subtitles, scanning for important information, and linking what you know about the topic with what you are trying to learn.

When moving *through* a selection, effective readers carry on an "internal dialogue" with the text—asking and answering questions that uncover the main ideas and the supporting details. They determine their purpose for reading and use context and cognates to understand the parts of the text they need to accomplish their purpose.

When moving *beyond* a selection, effective readers apply the lessons learned in the text. In the **En papel** activities of the textbook, you have used reading selections as models to move beyond the reading selection.

Getting ***into*** *the text* — Read the title of the selection. Examine the photograph above and read the caption, focusing on the key words: **activista, indígena, guatemalteca, Premio Nobel de la Paz**. Scan the text for cognates related to these words. Skim the six paragraphs looking for the key ideas in each. Identify the key ideas (in English) below:

Párrafo 1 ____________________

Párrafo 2 ____________________

Párrafo 3 ____________________

Párrafo 4 ____________________

Párrafo 5 ____________________

Párrafo 6 ____________________

Moving ***through*** *the text*

1. What do you think the reading is going to be about?
2. What do you know about the topic?
3. What do you expect to learn by reading the selection?

When reading, answer the questions that appear next to the text in the student annotations. These questions model the "interior dialogue"—the questions and answers that effective readers use to understand the relationships among the ideas.

La vida de Rigoberta Menchú

Por Ana Mari Robledo

Moving ***through*** *the text*

¿Cómo era la niñez de Ana Mari?

¿Cómo es la niñez para millones de personas?

Cuando pienso en mi niñez, sólo tengo buenos recuerdos[1]. Era una época en la que mis hermanos y yo no teníamos ni preocupaciones ni obligaciones. Todo era juegos y diversiones. Sin embargo, hay millones de personas para quienes los recuerdos de su niñez están llenos de momentos tristes, tiempos difíciles, semanas de desesperación, meses de hambre, años de trabajo y una vida de miseria e injusticia.

¿De qué habla Rigoberta en su libro?

Ése es el caso de Rigoberta Menchú Tum, de su familia y de su gente. En su libro, *Me llamo Rigoberta Menchú, y así me nació la conciencia*, Rigoberta cuenta la historia de su vida. Habla de su niñez, de las costumbres de su pueblo quiché, de la muerte[2] de varios de sus hermanos, de su padre y de su madre. Habla también del trabajo en las plantaciones de café, caña y algodón[3], de su contacto con los blancos y de la vida en la aldea[4] de su comunidad en las montañas de Guatemala.

¿Quiénes son los blancos en Guatemala?

¿Qué crees que le va a pasar a Rigoberta en las plantaciones?

¿Por qué crees que no les permitían a los indígenas saber adónde iban a trabajar?

¿Cómo eran las condiciones de vida en las plantaciones?

Rigoberta nos cuenta con una simplicidad conmovedora—de cuando iban a las plantaciones. Llegaban los camiones[5] de las plantaciones a recogerlos, metían a 30 ó 40 hombres, mujeres y niños en los camiones y cubrían[6] el camión con una lona[7], así que nunca sabían por dónde iban ni dónde estaban. En las plantaciones, dormían 400 personas en una casa sin paredes[8]. La familia de Rigoberta trabajaba en la plantación. Rigoberta ayudaba a su mamá a recoger café, caña o algodón, a cuidar a sus hermanitos menores, a preparar la comida, a buscar leña[9] y a cualquier otra actividad necesaria.

¿Por qué crees que sólo les daban de comer a los que recogían la cosecha?

¿Por qué fumigaban mientras la gente recogía la cosecha?

¿Qué les pasó a Rigoberta y a su familia cuando murió uno de los hermanitos?

En las plantaciones les daban de comer tortillas y frijoles, pero sólo a los que recogían la cosecha[10]; los niños pequeños comían de las porciones de sus papás. Muchos niñitos morían[11] de desnutrición o intoxicados por la fumigación que hacían por avión mientras la gente recogía la cosecha. Un hermanito de Rigoberta murió a los dos años de edad por falta de comida y otro murió de intoxicación. Rigoberta cuenta que cuando murió su hermanito en la plantación, les cobraron[12] medicinas que no le habían dado al niño, les cobraron por enterrarlo[13] y los despidieron[14] sin pagarles el mes que habían trabajado.

¿Qué recuerdos alegres tiene Rigoberta?

Sin embargo, según cuenta Rigoberta, no todo era tristeza. Ella recuerda con alegría los meses que pasaban en su aldea, cultivando su milpa[15] y conviviendo con las personas de su comunidad. Las chicas de la edad de Rigoberta se divertían conversando, se sentaban a tejer[16], iban por agua, lavaban la ropa, se subían a los árboles y cuidaban a sus animales (cada chica de la comunidad recibía, al cumplir los 10 años, algunos animales que ella tenía que cuidar, alimentar y pasear).

¿Dónde y por qué aprendió Rigoberta a hablar español a los 20 años de edad?

En 1980, después de los asesinatos de casi todos los miembros de su familia por las autoridades guatemaltecas, Rigoberta huyó[17] a México. Ahí aprendió a hablar español a los 20 años de edad y se dedicó a exponer internacionalmente el genocidio cometido contra los indígenas de su país. Gracias a su activismo y pacifismo, Rigoberta logró[18] la atención de varias asociaciones internacionales hacia la defensa de los derechos de los indígenas. Por sus esfuerzos[19], Rigoberta recibió el Premio Nobel de la Paz a los 33 años, siendo la primera mujer indígena que lo recibe y la más joven.

[1]*memories* [2]*death* [3]*sugar cane and cotton* [4]*village* [5]*trucks* [6]*they covered* [7]*canvas* [8]**sin...** *without walls* [9]*firewood* [10]*crops* [11]*were dying* [12]*they charged them for* [13]*bury him* [14]*they fired* [15]*cornfield* [16]*to knit* [17]*fled* [18]*achieved* [19] *efforts*

En papel: Un(a) líder en la comunidad o en tu vida personal.

Moving ***beyond*** *the text*

Tienes que escribir un breve artículo informativo en español sobre la vida y los logros *(achievements)* de una persona que es o fue líder de la comunidad o una inspiración para ti en tu vida personal. Puedes elegir *(choose)* a alguien que conoces personalmente o a una persona conocida local, nacional o internacionalmente. Incluye tu opinión en el artículo. Usa las siguientes preguntas para organizar tus ideas. Trata de *(Try to)* contestarlas todas. Prepárate para leer tu artículo frente a la clase.

1. **Infancia**
   a. **Vida familiar**
   ¿Dónde nació? ¿Era grande o pequeña la familia? ¿Eran pobres o ricos? ¿En qué trabajaban? ¿Qué tipo de problemas tenía la familia?
   b. **Condiciones sociales importantes**
   ¿Dónde vivían? ¿En el campo o la ciudad? ¿Había problemas sociales, raciales, económicos o políticos?

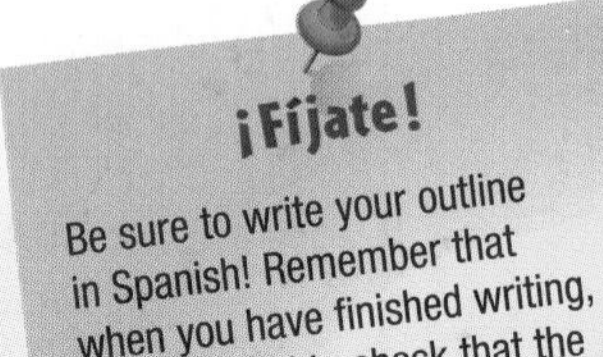

¡Fíjate!

Be sure to write your outline in Spanish! Remember that when you have finished writing, you will need to check that the verb forms you have chosen are appropriate.

2. **Adultez**
   a. **Logros**
   ¿Qué hizo? ¿Con quiénes? ¿Cómo reaccionó la sociedad (o la familia)?
   ¿Qué logró *(accomplished)*? ¿Por qué fue importante eso?
   b. **Actividades actuales/Muerte**
   ¿Qué hace ahora?/¿Cuándo murió *(did this person die)*?
   ¿Qué importancia tiene o tuvo su activismo para su comunidad/su país/el mundo *(world)*? ¿Cómo afectó tu vida?

Invitación a **Guatemala**

En tus propias palabras. Lee la información para escribir en español lo que entendiste. Resume (*Summarize*) la información en dos o tres oraciones.

Del álbum de
Ana Mari

Se conoce a Guatemala como el país de la "eterna primavera" por su clima templado todo el año y por su diversidad cultural y lingüística. En Guatemala el 60% de las personas habla español y hay más de 20 lenguas indígenas reconocidas en el país. Su gente es el reflejo *(reflection)* de sus antepasados *(ancestors)* mayas. Los miembros de esta avanzada cultura, además de ser unos de los primeros en utilizar el cero en sus cálculos matemáticos, eran extraordinarios astrónomos, contaban con un calendario más exacto que el que se usaba en Europa en la misma época y crearon una de las obras *(works)* más extraordinarias de la literatura mesoamericana: el *Popol Vuh*. Investiga cuáles son las lenguas indígenas que se hablan en Guatemala. Busca en *YouTube* algún video en estas lenguas.

¡A ver de nuevo!

Parte 1. Mira el video otra vez o escucha la conversación de **Escenas de la vida** para hacer un resumen de lo que pasó. Usa las siguientes preguntas para organizar tu resumen.

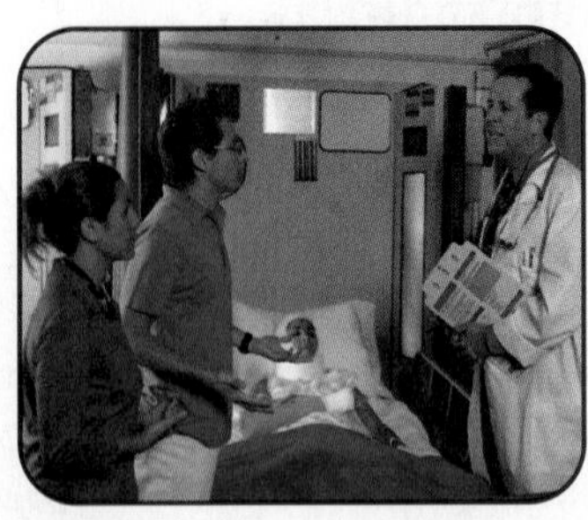

- ¿Dónde estaban los chicos?
- ¿Qué le pasó a Adriana y cómo está?
- ¿Qué le hicieron en el hospital?

Parte 2. Ahora trabaja con un(a) compañero/a para comparar la información y añadir lo que te haya faltado.

Práctica adicional			
Cuaderno de tareas p. 230, L	invitaciones. vhlcentral.com Episodio 24	invitaciones. vhlcentral.com Lab practice	invitaciones. vhlcentral.com Episodio 24

Vocabulario del Episodio 24

Objetivo comunicativo

You should now be able to do the following in Spanish:

✓ say what you do/did for others

Verbos que usan el pronombre indirecto

contar	*to tell*
contar los problemas	*to explain what's wrong*
dar	*to give*
decir	*to say*
decir mentiras	*to lie*
enseñar a	*to teach; to show*
entregar	*to turn something in*
escribir	*to write*
explicar	*to explain*
llevar algo	*to take something*
mandar	*to send*
ofrecer (c → zc)	*to offer*
pagar	*to pay*
pedir (e → i)	*to ask for*
poner una inyección	*to give an injection*
prestar dinero	*to loan money*
prometer	*to promise*
sacar una radiografía	*to take an x-ray*
traer	*to bring*

Vocabulario para repasar

Primera parte, Episodio 11, página 261

Segunda parte, Episodio 19, página 91

Vocabulario personal

Escribe todo el vocabulario que necesitas saber para hablar de las cosas que haces por tus seres queridos *(loved ones).*

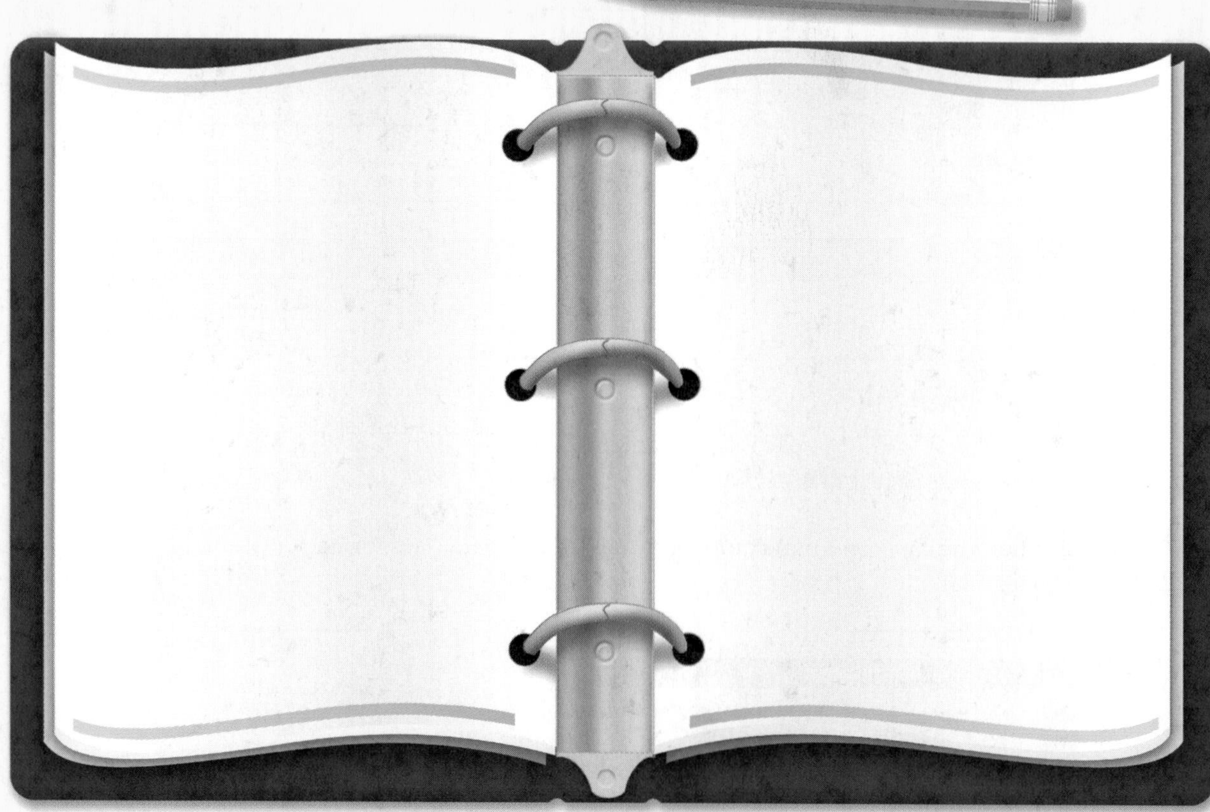

Nombre ______________________ Fecha ____________

Episodio

Cuaderno de tareas

Escenas de la vida: El accidente

A. ¡A ver cuánto entendiste! See how much of the **Escena** you understood by matching the Spanish phrases with their English equivalents.

1. Ramón metió la pata.

_____ 1. Perdón, fue sin querer.	a. You told her, right?
_____ 2. No quería decirte mentiras.	b. Sorry, I didn't mean to.
_____ 3. Le dijiste, ¿verdad?	c. What did you buy at the mall?
_____ 4. ¿Qué compraste en el centro comercial?	d. I didn't want to lie to you.

2. ¿Cómo está Adriana?

_____ 5. ¿Nos podría dar más información?	e. They want her to spend the night there.
_____ 6. Llevaron a Adriana al hospital.	f. We gave her a painkiller.
_____ 7. Quieren tenerla ahí toda la noche.	g. Could you give us more information?
_____ 8. Le dimos una pastilla para el dolor.	h. They took Adriana to the hospital.

B. En el hospital. Use the words below to complete the conversation with the doctor at the hospital.

descanse	**fractura**	**le dimos**	**piden**	**descansando**
observación	**nos**	**entregarme**	**accidente**	**mano**

Emilio ¡Adriana tuvo un (1) ________________!

Sofía Doctor, (2) ¿________________ puede dar más información?

Doctor La señora ahora está (3) ________________.

Sofía ¿Cómo está?

Doctor Tiene una (4) ________________ en el brazo, una herida *(wound)* profunda en la (5) ________________ y está conmocionada *(suffered a concussion)*; por eso, queremos tenerla en (6) ________________ hasta mañana. (7) ________________ una inyección para que (8) ________________.

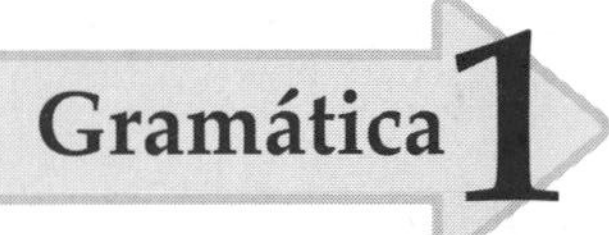

Nombre ______________________ Fecha ______________

Gramática 1 Saying what you do/did for others • Indirect object pronouns

C. Las reflexiones de Adriana. Ahora que Adriana tiene que estar en cama, tiene tiempo para reflexionar sobre las cosas que su familia y amigos hicieron por ella mientras estaba en el hospital. Completa las oraciones con el pronombre apropiado.

Modelo Santiago **les** preparó la comida a los niños.

1. Mis amigos son muy buenos; ______ ayudaron mucho cuando tuve el accidente.
2. Sofía ______ explicó a Viviana cómo fue el accidente.
3. Wayne ______ ofreció a mis hijos cocinar.
4. Manolo ______ llevó flores al hospital.
5. Ana Mari ______ trajo unos videos a mí y a mis hijos.
6. Y tus amigos, ¿______ ayudan también?

¡Fíjate!
Be sure to use the indirect object pronoun (**les**) that corresponds to the indirect object (**a los niños**).

D. En la familia. Complete the sentences using indirect object pronouns and the verbs indicated.

Modelo Mis hermanos **les piden** (pedir) consejos a mis padres.

1. Mi hermana ______________ (pedir) ayuda a mi mamá cuando tiene problemas.
2. Mi papá ______________ (prestar) dinero a mis hermanos mayores.
3. Mis abuelos ______________ (dar) regalos (a nosotros).
4. Yo ______________ (mandar) tarjetas a mis abuelos.
5. Nuestros primos nunca ______________ (escribir) cartas (a nosotros).
6. Santiaguito ______________ (prometer) a mi mamá no decir más mentiras.
7. Mis amigos siempre ______________ (invitar) a fiestas (a mí).
8. Mis compañeros ______________ (explicar) la tarea cuando no la entiendo.

E. ¿Qué hace tu profesor(a)? Say what things your professor does or doesn't do for you and your classmates. Make up two more for each column.

Modelo	hablar en español **Sí, nos habla en español.**	pedir dinero **No, no nos pide dinero.**

dar actividades divertidas
pedir hablar en español
explicar la cultura
cantar canciones en español

regalar dulces
pedir la tarea
traer comida caribeña
leer poemas

______________________________ ______________________________
______________________________ ______________________________
______________________________ ______________________________
______________________________ ______________________________

Nombre ______________________________ Fecha _______________

F. ¿Para quién es? Write the appropriate indirect object pronoun, then rewrite the statement changing the pronoun to its other possible position.

Modelo
¿**Te** puedo hacer una pregunta? (a ti)
¿Puedo hacerte una pregunta?

1. _____ voy a dar un regalo muy bonito. (a ti)
   ____.
2. Mañana _____ voy a comprar el vestido para el baile a Viviana.
   ____.
3. Doctor, ¿qué _____ puede decir de Adriana? (a nosotros)
   ____.
4. _____ estoy escribiendo a mis tíos en España.
   ____.
5. _____ va a traer un gatito. (a mí)
   ____.

G. Un día de descanso. Write what the characters do on their day off. Use the indirect object pronouns.

Modelo
hablar por teléfono/a mis padres
Yo **les hablo por teléfono a mis padres.**

1. escribir poemas/a su esposa
   Emilio ____
2. mandar tarjetas de cumpleaños/a sus amigos
   Sofía ____
3. ofrecer café/a mi mamá y a mí
   Adriana ____
4. poner agua/a las plantas
   Yo ____
5. comprar ropa/a ti
   Tu mamá ____
6. explicar cómo armar un cochecito/a sus nietos
   El abuelo ____

Nombre ______________________ Fecha ______________

H. Lo bueno y lo malo. Indicate what happened in each drawing.

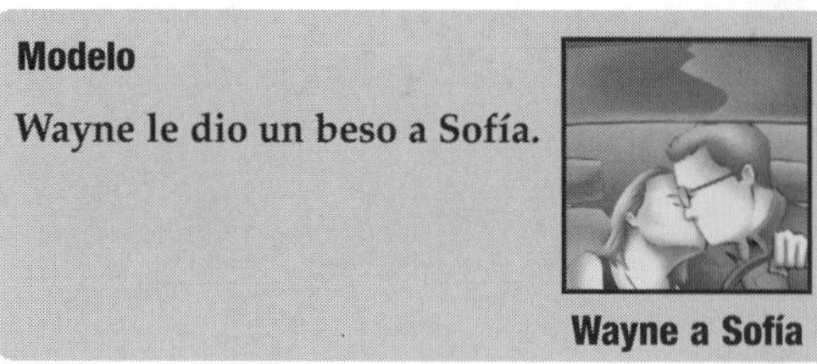

Modelo

Wayne le dio un beso a Sofía.

Wayne a Sofía

1. Sofía a Adriana

2. Manolo a Ramón

3. su mamá al niño

4. mis papás a mi hermana y a mí

5. yo al gato

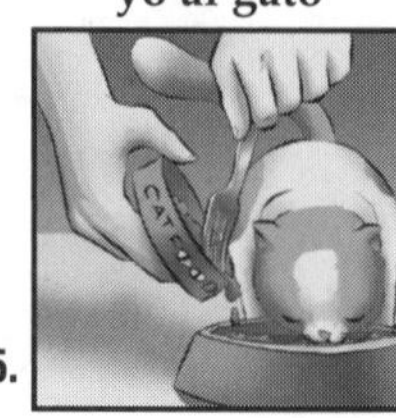

1. ____
2. ____
3. ____
4. ____
5. ____

I. Los vecinos de Adriana. Adriana's neighbors just had a baby and they need a lot of help from Adriana. Complete the paragraph using indirect object pronouns.

Bill y Marina acaban de tener un bebé. Como casi todos los padres primerizos *(first-timers)*, dedican todo su tiempo y energía al bebé. Tienen la casa llena *(full)* de juguetes, pues (1) ________________ (comprar) todo lo que ven en las tiendas. Marina llama a Adriana casi todos los días para (2) ________________ (pedir consejos), pues sabe que Adriana tiene bastante experiencia en cuestión de bebés. Adriana (3) ________________ (explicar) a Marina qué tiene que (4) ________________ (dar) al bebé cuando tiene cólico, cómo (5) __________ (sacar) el aire, cuándo bañarlo, etc. Adriana (6) ________________ (regalar-*preterit*) a Bill y Marina una colección de libritos, y todas las noches, Bill (7) ____________ (leer) al bebé historias, mientras *(while)* Marina (8) ________________ (preparar) la leche. Varias veces durante la noche, Bill y Marina se levantan cuando el bebé empieza a llorar y, mientras Bill (9) ________________ (cambiar) el pañal *(diaper)*, Marina (10) ________________ (dar) la leche. Pobres, duermen muy poco y están cansados, pero felices.

Nombre ______________________________ Fecha _______________

J. ¿Cómo te portabas?

Parte 1. Answer the following questions about how you and your parents got along when you were sixteen years old. Be honest!

1. ¿Les decías mentiras a tus padres con frecuencia? ______________________________
2. ¿Les ofrecías ayuda con los quehaceres? ______________________________
3. ¿Les dabas regalos en sus cumpleaños? ______________________________
4. ¿Les prometías portarte bien? ¿Cumplías (*Did you keep*) tus promesas? __________
____
5. ¿Te peleabas con ellos? ¿Por qué? ______________________________
6. ¿Les ponías atención a sus consejos? ______________________________
7. ¿Cuándo les pedías dinero? ______________________________

Parte 2. ¿Y ahora? Answer the same questions, with respect to your behavior now. How is your behavior today different from when you were sixteen?

____
____
____
____
____
____
____

K. ¿Y cómo se portaban tus padres?

Parte 1. Reflect back on what your family life was like when you were fifteen. Answer honestly.

1. ¿Tus padres te llevaban a lugares interesantes? ¿A cuáles?
____
____
2. ¿Te compraban muchos videojuegos *(video games)*? ¿Cuáles eran tus favoritos?
____
____
3. ¿Te castigaban con frecuencia? ¿Por qué sí o por qué no?
____
____
4. ¿Te daban dinero cada semana? ¿Cuánto?
____
____

5. ¿Te dejaban acostarte tarde o dormir en casa de tus amigos/as?

____

____

Parte 2. ¿Y ahora? Write the things they still do for you now and those they no longer do.

____

____

____

____

Para terminar

L. En español, por favor. First translate the questions. Then answer them in Spanish in full sentences.

> **Modelo**
> Who gives you presents for your birthday?
> **¿Quién te da regalos para tu cumpleaños?**
> **Mis papás siempre me dan algo en mi cumpleaños.**

1. Who lends you money? ______________________________

____

2. To whom do you lend money? ______________________________

____

3. Who sent you an e-mail last week? ______________________________

____

4. To whom did you send an e-mail? ______________________________

____

5. Who used to read you stories **(cuentos)**? ______________________________

____

6. Do you read stories to someone now? ______________________________

____

Objetivo comunicativo

In this episode, you will practice:

✓ describing experiences and events in the past

Episodio 25

Escenas de la vida: El choque

A. ¡Mira cuánto puedes entender! Mira el video o escucha la conversación para saber cómo fue el accidente de Adriana. Selecciona las ilustraciones correctas.

☐ 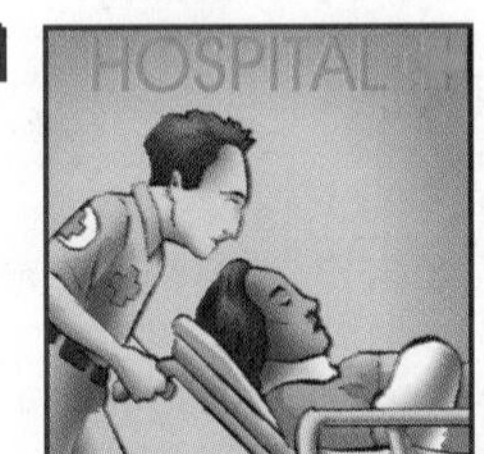

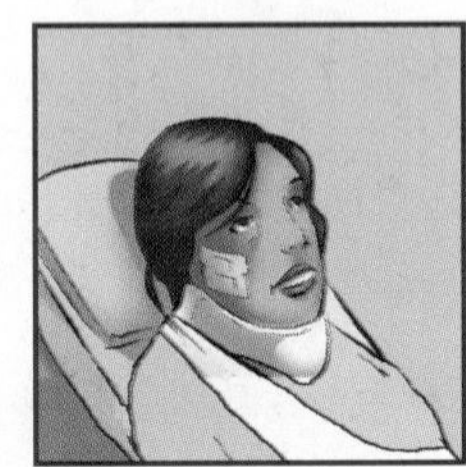

Cuando llegué al hospital, no me dolía nada.

☐ 

Estábamos esperándola para cenar cuando nos llamaron del hospital.

☐ 

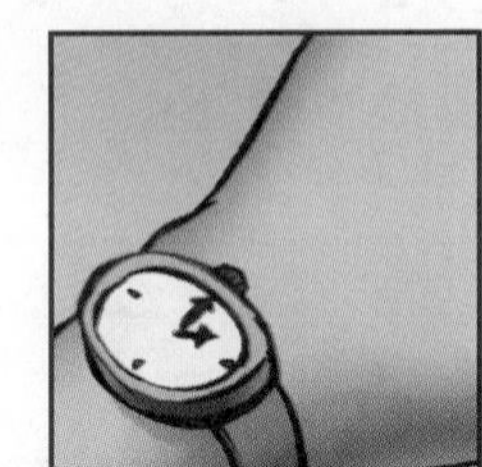

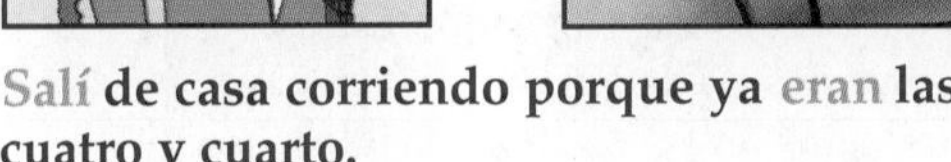

Salí de casa corriendo porque ya eran las cuatro y cuarto.

☐ 

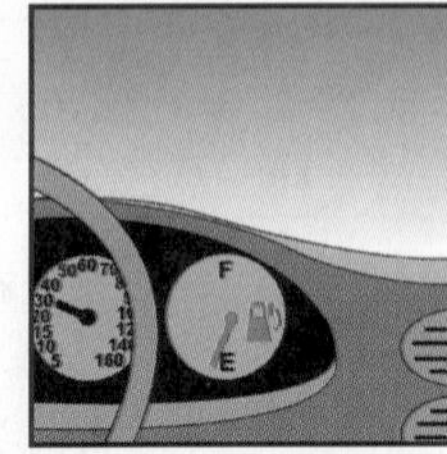

Cuando llegué al semáforo, me di cuenta de que no tenía gasolina.

☐ 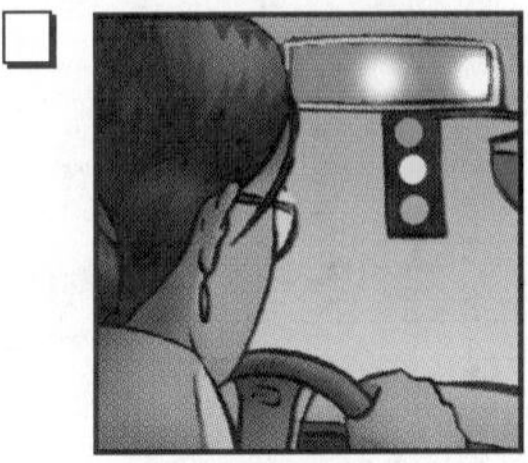

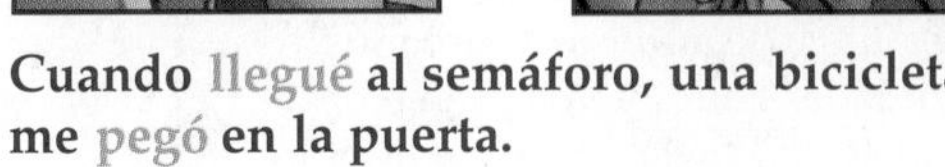

Cuando llegué al semáforo, una bicicleta me pegó en la puerta.

☐ 

Estaba llamándolos por teléfono cuando sentí un golpe por atrás.

B. ¿Te diste cuenta? Escucha la conversación otra vez para indicar el orden cronológico, del 1 al 6, de lo que le pasó a Adriana.

_____ a. Estaba llamando por teléfono a los chicos cuando otro coche le pegó por atrás.
_____ b. Llegó la ambulancia y llevó a Adriana al hospital.
_____ c. El impacto la empujó a la intersección.
_____ d. Adriana salió de casa de prisa (*in a hurry*) porque ya era tarde.
_____ e. Se dio cuenta de que el coche no tenía gasolina.
_____ f. El coche que venía cruzando la intersección también chocó con ella.

C. ¿Qué pasó? Escucha la conversación de **Escenas de la vida** para contestar las preguntas.

1. ¿Cuántos coches le pegaron a Adriana? ¿Cómo? ______________________________
____
____
2. ¿Por qué cree Wayne que el coche iba a exceso de velocidad *(speeding)*? ____________
____
3. ¿Quién piensa Adriana que tiene la culpa? ¿Por qué? ¿Quién piensas tú que tiene la culpa? ¿Por qué? ____
____
4. ¿Qué tiempo hacía y qué ropa llevaban los conductores? ______________________
____
5. ¿Qué consejos le da Wayne a Adriana? ______________________________
____

Cultura a lo vivo

El tráfico en las grandes ciudades hispanas es caótico y pesado[1]. Esto se debe, en parte, a que la mayoría de las grandes ciudades en Latinoamérica fueron construidas en los siglos XVI y XVII, y en siglos anteriores en España; por eso, las calles del centro y de los viejos distritos comerciales son estrechas[2] y parecen ir en todas direcciones. Cualquier persona que visite estas ciudades notará que los conductores parecen ignorar las indicaciones de tránsito (y a menudo a la policía), manejan a toda velocidad, se estacionan en doble fila[3], tocan el claxon[4], se insultan, circulan en sentido contrario[5] y pasan a otros coches por donde no deben.

La mayoría de estas ciudades ha hecho[6] tremendos esfuerzos[7] por mejorar la circulación dentro de las ciudades al ensanchar[8] calles y construir avenidas y autopistas[9] modernas. Además tienen excelentes servicios de transporte público: metros[10], una extensa red[11] de autobuses urbanos, tranvías[12], taxis y colectivos. Algunas ciudades con severos problemas de tráfico y contaminación, como la Ciudad de México, han establecido control de circulación de vehículos, al prohibir la circulación de coches en determinados días de acuerdo con[13] el número de la placa[14].
Ve al Supersitio para mirar un video sobre este tema.

[1]*heavy* [2]*narrow* [3]**se...** *they double-park* [4]*horn* [5]**en...** *the wrong way* [6]*has made* [7]*efforts* [8]**al...** *by widening* [9]**avenidas...** *avenues and highways* [10]*subways* [11]*network* [12]*trolleys* [13]*according to* [14]*license plate*

Learning Strategy: Improving your speaking and writing abilities

Although listening and reading are essential to communication, most students consider speaking to be the most important skill they need to master in another language. In contrast, many instructors tend to emphasize writing, since it makes students focus on details of the language, often minimized when they speak. As with listening and reading, your ability to speak and write will increase as you find opportunities to use Spanish outside class. Use the following strategies to improve your speaking performance:

- When speaking Spanish with classmates or others, find ways to express yourself creatively, using the vocabulary and structures you have learned.
- Speak in paragraph format, using words and phrases like **primero, después, luego, porque, por eso,** and **por fin** to link and simplify your descriptions and explanations.
- Practice speaking Spanish in a variety of situations.
- Whenever possible, incorporate into your speech the things you hear or read. When you communicate with native speakers, pay close attention to what they say and how they respond to you.

Práctica adicional
Cuaderno de tareas pp. 249–250, A–C
invitaciones. vhlcentral.com Episodio 25
SUPERSITE
invitaciones. vhlcentral.com Episodio 25

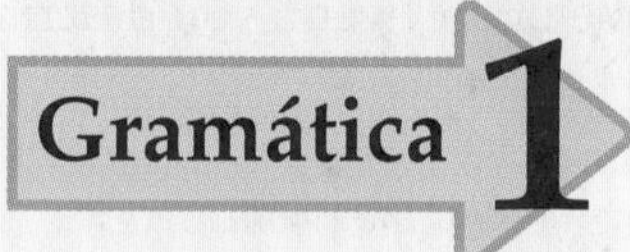

Gramática 1

Describing experiences and events in the past • Using the preterit, the imperfect, and the past progressive

You have used the preterit to refer to actions and events that occurred within a particular period of time using words and expressions such as **ayer, esta mañana, la semana pasada, el mes pasado, una vez,** and **durante cinco años.**

Ayer, Adriana **tuvo** un accidente.	*Yesterday, Adriana had an accident.*
Esta mañana, Sofía **se dio cuenta de** que Wayne le **dijo** una mentira.	*This morning, Sofía realized that Wayne lied to her.*
El coche que le **pegó** a Adriana ayer **tuvo** la culpa.	*The car that hit Adriana yesterday was at fault.*

¡Fíjate!

To review the preterit, see pages 35 and 111 of this book. To review the imperfect, see pages 161 and 162. To review the past progressive, see pages 188 and 189.

You have learned to use the imperfect to describe what people and things were like and to tell what you used to do, together with words and expressions such as **siempre, con frecuencia, todos los días, cada año,** and **de niño/a.**

De niña, Sofía **era** muy traviesa.	*As a child, Sofía was very mischievous.*
Su cuarto siempre **estaba** desordenado.	*Her room was always a mess.*
Jugaba con su hermano.	*She used to play with her brother.*

Three elements can narrate and describe an experience or an event in the past:

- what happened (main events)
- conditions surrounding the event
- actions that were on-going as the event occurred

In Spanish, each of the above elements requires the use of a different past tense conjugation: the preterit, the imperfect, or the past progressive.

1. When you describe *what happened,* you present the main actions and events.

Tuve un accidente; un carro me pegó por atrás; me llevaron al hospital; me rompí un brazo.	*I had an accident; a car hit me from behind; they took me to the hospital; I broke my arm.*

The preterit is used to tell what happened.

2. When you talk about conditions surrounding events, you describe background information, such as the time, what people were wearing, weather, feelings, and conditions.

Era tarde; tenía prisa; mi carro no tenía gasolina; había mucho tráfico; estaba algo molesta.	*It was late; I was in a hurry; my car didn't have gas; there was a lot of traffic; I was a bit upset.*

The imperfect sets the scene by describing people, moods, places, and the situation in which the events occurred.

3. When you talk about actions that were in progress at the time of the event, you describe what was going on and what people were doing.

Te estábamos llamando por teléfono...	*We were calling you on the phone...*
Te estábamos esperando para cenar...	*We were waiting for you for dinner...*

The past progressive is used for on-going actions.

Study these statements from the **Escenas de la vida**. Notice how Adriana and Sofía use the preterit, the imperfect, and the past progressive as they talk about the events, the details, and what was going on before, during, and after Adriana's car accident.

a. **Salí de casa corriendo** porque **ya eran las seis y cuarto.**
(main event) (background information-time)
I left home in a rush because it was already a quarter past six.

b. **Estaba llamándolos por teléfono…** cuando de repente, **un golpe me empujó por atrás.**
(ongoing action) (main event)
I was calling you on the phone... when all of a sudden an impact pushed me from behind.

c. Cuando **llegué al hospital, no me dolía nada.**
(main event) (background information-physical condition)
When I got to the hospital, nothing was hurting me.

d. Cuando **choqué, hacía mucho calor; una de las conductoras llevaba una blusa azul.**
(main event) (background information-weather) (background information-clothing)
When I crashed, it was very hot; one of the drivers was wearing a blue blouse.

4. Use **cuando** (*when*) to explain when the events happened: **Cuando llegué al hospital, me dolía todo.** Use **porque** (*because*) to explain the reasons why the events happened: **Salí de casa corriendo porque ya eran las seis y cuarto.** Use **por eso** (*therefore, that's why*) to explain cause and effect: **Me dolía la cabeza, por eso tomé dos aspirinas.**

PRÁCTICA

A. ¿Acción principal o información adicional? Underline the phrases containing verbs that refer to main actions. Circle the phrases that refer to background information.

> **Modelo**
>
> **Yesterday I didn't go to work because I wasn't feeling well. That's why I called the doctor and went to see him.**

1. Last year I won the lottery. I was watching the news when they announced the numbers.
2. When I was ten years old, I learned how to swim. One day I went to visit my aunt. She had a pool. Her daughter was playing in the backyard with the dog, and she fell into the pool. I saved her. My parents were very proud of me.
3. It was five o'clock and I was coming home from work. I was driving down L Street. I was drinking hot chocolate because it was very cold. All of a sudden, a cat ran across the street. I swerved to avoid it. That's why I hit the traffic light.

B. ¿Cierto o falso? Indica si los comentarios son **ciertos** o **falsos** para ti. Si son falsos, escribe una oración cierta.

> **Modelo**
>
> Hacía frío esta mañana cuando me levanté.
> **Falso. Estaba nublado pero no hacía frío cuando me levanté.**

	Cierto	Falso
1. Eran las ocho de la mañana cuando llegué a la universidad. ____________	☐	☐
2. Tenía diez años cuando aprendí a nadar. ____________	☐	☐
3. Estaba lloviendo cuando me acosté anoche. ____________	☐	☐
4. Mi maestra de primero de primaria era muy bonita. ____________	☐	☐
5. La casa donde yo vivía a los catorce años tenía cuatro cuartos y tres baños. ____________	☐	☐
6. El mes pasado fui al doctor porque me dolía mucho la garganta. ____________	☐	☐
7. Estaba jugando tenis cuando me torcí el tobillo *(I sprained my ankle)*. ____________	☐	☐

C. Mi viaje a Perú.

Parte 1. En **Episodio 17** (página 47), leíste un breve artículo sobre el viaje de Ana Mari a Perú. Ella describe los eventos que ocurrieron (adónde fue, qué hizo y qué le pasó). Esta vez, Ana Mari añadió *(added)* más información, en azul. ¿Qué tipo de información añadió? ¿Qué tiempo usó?

El año pasado fui a Perú con mi familia. **Era la primera vez que viajábamos todos juntos y estábamos felices y emocionados.** Fue un viaje interesante y muy educativo. Nos gustó mucho el país, la gente[1], la comida y especialmente la ciudad de Lima, con sus edificios coloniales y amplias avenidas[2]. Lima, la capital de Perú, fue una de las ciudades más bellas durante la época colonial. Llegamos a Lima el 23 de julio. **Eran las seis de la mañana y estábamos muy cansados; habíamos volado[3] toda la noche.** Nos quedamos ahí tres días. Visitamos todos los museos y lugares turísticos. Compré artesanías y joyería de plata[4]. Allá las cosas cuestan la mitad[5] de precio que en Estados Unidos.

Lo mejor de todo nuestro viaje fue la excursión arqueológica que hicimos a varias zonas incas de Perú y Bolivia. El cuarto día, nos levantamos a las cinco de la mañana para tomar el tren a Cuzco. **Hacía mucho frío, llevábamos suéteres, chaquetas y pantalones largos.** Tomamos un taxi a la estación de tren; **el taxista estaba un poco molesto porque éramos muchos y todos queríamos ir en el mismo taxi. Perdimos tanto tiempo discutiendo con el taxista que** cuando llegamos a la estación, el tren ya había salido. Así que tuvimos que esperar tres horas para tomar el siguiente tren. **Nos dolía la cabeza y teníamos mucha hambre, pero por suerte vendían comida en la estación. Una señora estaba vendiendo dulce de leche y todos le compramos y nos lo comimos de inmediato. Era muy parecido a la cajeta[6] mexicana.**

Visitamos Cuzco (capital del imperio inca); vimos la ciudad-fortaleza[7] de Machu Picchu, la fortaleza de Sacsahuamán (lo que quedó de ella); el Templo del Sol y la famosa Puerta del Sol. Seis días después regresamos a Lima para tomar el avión de regreso a casa. ¡Fueron las mejores vacaciones de mi vida! **Yo quería quedarme una semana más, pero ya no tenía más dinero. Cuando tomé el avión de regreso a casa, me sentía triste de dejar ese país tan bonito. Sin embargo[8], mis hermanitos ya tenían ganas de regresar a casa.** Aprendí, compré y me divertí muchísimo con toda mi familia. Hay cosas muy interesantes acerca de la cultura y el imperio incas. Puedes leer más acerca de ellos en Internet.

[1]*people* [2]*avenues* [3]*we had flown* [4]*silver jewelry* [5]*half* [6]*caramel* [7]*fortress* [8]*However*

Parte 2. Responde a las preguntas.

1. ¿Adónde fue Ana Mari?

   ____

2. ¿Por qué estaban emocionados?

   ____

3. ¿Cuándo llegaron?

   ____

4. ¿Qué hora era cuando llegaron?

   ____

5. ¿Cuánto tiempo se quedaron en Lima?

   ____

6. ¿Qué fue lo mejor de su viaje?

____

7. ¿Por qué llevaban ropa de invierno para ir a Cuzco?

____

8. ¿Por qué estaba molesto el taxista?

____

9. ¿Qué pasó en la estación de tren?

____

10. ¿Cómo se sentían en la estación?

____

11. ¿Qué vieron en la excursión?

____

12. ¿Por qué se sentía un poco triste?

____

D. Algunos incidentes. Usa las ilustraciones y las frases para describir la historia de lo que pasó. Usa tu imaginación y agrega *(add)* los detalles *(details)* necesarios.

Modelo

recuerdo que hacer mucho calor ese día/estar en el semáforo hablando por teléfono/sentir un golpe: un coche pegarme por atrás/alguien llamar a la ambulancia/dolerme mucho todo el cuerpo/no poderme mover

Recuerdo que hacía mucho calor ese día. Estaba en el semáforo hablando por teléfono cuando sentí un golpe: un coche me pegó por atrás. Alguien llamó a la ambulancia porque me dolía mucho todo el cuerpo y no me podía mover.

1. El accidente en la playa

¡Fíjate!
Usa estas conjunciones para unir las ideas: **y, por eso, porque, cuando**.

ser un sábado por la tarde/una chica andar en bicicleta cerca de la playa/ver a un chico/ser muy guapo/llevar un traje de baño muy pequeño/perder el control/chocar con el carrito de los helados

____

____

____

2. Un día de Halloween

ser Halloween/ser de noche/estar oscuro/los niños salir a pedir dulces/caminar a una casa/ver a un monstruo/tener cabeza de calabaza *(pumpkin)*/llevar una capa negra/los niños sentir mucho miedo *(fear)*/empezar a correr como locos/nadie ver que el monstruo ser un perro/que también querer comer dulces

____

____

____

____

____

____

____

3. Nuestro viaje al Caribe

cuando tener 6 años, mi familia y yo ir al Caribe/estar allá 8 días/tomar el barco de Disney/el barco ser enorme/tener 2 piscinas/haber 8 pisos y muchos elevadores/también haber 5 restaurantes/ver a muchos personajes *(characters)* de Disney/nosotros tomarles fotos/un día ir a Santo Tomás/hacer calor y sol/el agua del mar *(sea)* estar caliente/la playa ser muy bonita/nosotros nadar todo el día/comer mariscos frescos ahí/a las 8 tener que regresar al barco/encantarnos esas playas

____

____

____

____

____

____

E. Más detalles. Usa la composición de la página 114 (**Práctica E**) para añadirle *(to add)* más detalles *(details)* y más información *(background information)*. Por ejemplo, describe cómo te sentías, qué tiempo hacía y cómo eran los lugares/las casas/las fiestas a los/las que fuiste. Escribe la información que vas a añadir. Después habla con un(a) compañero/a para compararla.

F. Tus vacaciones. Usa la composición de tus últimas vacaciones de la página 121 para añadirle *(to add)* más detalles *(details)* y más información *(background information)*. Por ejemplo, describe cómo te sentías, qué tiempo hacía y cómo eran los lugares que conociste.

Invitación a **Estados Unidos**

En tus propias palabras. Lee la información para escribir en español lo que entendiste. Resume (*Summarize*) la información en dos o tres oraciones.

____

____

____

Del álbum de
Ana Mari

En Estados Unidos, cada vez son más las escritoras de origen hispano que van abriendo un mercado *(market)* y ganando un público tanto hispano como anglosajón. Algunas de ellas son Cristina García, autora cubanoamericana de *Las hermanas Agüero* y editora de *Cubanísimo*; Julia Álvarez, de origen dominicano (nacida en Nueva York), autora de *How the García Girls Lost Their Accents*, *In the Time of the Butterflies* y *En el nombre de Salomé*; y Esmeralda Santiago, escritora puertorriqueña, quien aparece en la foto, autora de *Cuando era puertorriqueña* y *Almost a Woman*. Estas escritoras son ganadoras *(winners)* de diferentes premios *(awards)* literarios y están enriqueciendo la literatura estadounidense con ese toque *(touch)* latino femenino que habla de la familia, de la identidad, de las tradiciones y, en la mayoría de casos, de las condiciones sociales y políticas de sus países de origen.

G. El cine latinoamericano.

Parte 1. Lee la siguiente reseña *(review)* para contestar las preguntas y analizar el uso del pretérito y del imperfecto.

1. ¿Cuál es la diferencia entre el cine comercial y el cine de arte en español? ____________
2. ¿Por qué Tita no podía casarse ni tener hijos? ____________
3. ¿Con quién se casó Pedro, el novio de Tita? ____________
4. ¿Cómo expresaba Tita sus sentimientos? ____________

El cine latinoamericano

El cine de arte en español, a diferencia del cine comercial, no se hace sólo para divertir o entretener al público; se hace para informar, para hablar por aquéllos que no pueden hacerlo, para hacernos pensar y cuestionarnos sobre los temas que presentan. Algunas de estas películas son *Voces inocentes, Yo, la peor de todas, El crimen del padre Amaro* y *Amores perros.*

Un ejemplo de este tipo de cine es *Como agua para chocolate,* que resalta[1] el papel de la sociedad, las costumbres familiares y la intolerancia de una época.

Como agua para chocolate
Esta película cuenta la historia de una familia del norte del país en la época de la Revolución mexicana (1910–1920). La vida de tres hermanas y su mamá en la hacienda transcurre[2] como todas las de la región. Las chicas cocinaban, cosían, bordaban y tejían[3]. Mamá Elena supervisaba las labores con mano y voluntad de hierro[4].

Tita (la hermana menor) y Pedro, un muchacho del pueblo, se enamoraron y querían casarse, pero según la tradición de la familia, Tita, por ser la menor, no podía casarse ni tener hijos nunca porque tenía que cuidar a su mamá hasta que ella muriera.

Mamá Elena le dijo a Pedro que no se podía casar con Tita, pero que su hija mayor estaba disponible[5]. Entonces la hermana mayor, Rosaura, se casó con el novio de Tita y se quedaron a vivir en la casa de Mamá Elena. Así comienza una vida de frustración, tristeza y rebeldía para Tita.

El control inflexible que Mamá Elena tenía sobre Tita (y sobre toda la familia) hacía que ella expresara sus sentimientos a través de la comida. Lo interesante es que las personas que comían la comida que Tita preparaba sentían lo mismo que ella sentía al prepararla.

[1]*highlights* [2]*passes* [3]**cosían...** *sewed, embroidered, and knitted* [4]**con...** *with an iron fist and will* [5]*available*

Parte 2. En la reseña, subraya *(underline)* el pretérito y encierra en un círculo el imperfecto. Discute con un(a) compañero/a por qué indicaron cada tiempo.

Práctica adicional	
Cuaderno de tareas pp. 250–253, D–H	invitaciones. vhlcentral.com Episodio 25

¡Fíjate!

Watch movies in Spanish! You will improve your vocabulary and your listening comprehension skills enormously. Try visiting the foreign film section of your local videostore or library, and ask your instructor for suggestions.

Actividades comunicativas

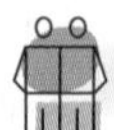

A. Submarino. Dibuja cinco submarinos en tu tablero *(board)*. El objetivo es encontrar los submarinos de tu compañero/a. Para hacerlo, necesitas hacerle preguntas usando una ilustración de cada columna.

Modelo —**¿Te dolía la cabeza cuando te levantaste?**
—**Sí, me dolía la cabeza.** *(If there is a submarine in that box.)*
or
—**No, no me dolía.** *(If there is not a submarine in that box.)*

¡Fíjate!

Remember to use the imperfect or past progressive with description of moods, weather, or ongoing actions. Use the preterit for the main events.

Escribe **sí** o **no** en tu tablero, según las respuestas de tu compañero/a, para determinar dónde están sus submarinos. El/La primer(a) estudiante que encuentre todos los submarinos de su compañero/a gana.

B. Una cita inolvidable.

Instrucciones para **Estudiante 1**

Parte 1. Primero, examina todos los dibujos antes de contarle a tu compañero/a lo que te pasó en una cita. Inventa los detalles *(details)* necesarios. El vocabulario a continuación puede ser útil.

¡Fíjate!

Remember to use the imperfect to refer to on-going actions and to give background information and the conditions surrounding the event, such as the time, the weather, and clothing.

Banco de palabras

llegar tarde al teatro
to arrive late at the theater

descomponerse
to break down

no tener reservaciones
to not have a reservation

hacer cola
to stand in line

doler los pies
to have sore feet

Parte 2. Ahora, escucha lo que le pasó a tu compañero/a en su cita. Contesta las siguientes preguntas. Pídele más detalles o información si es necesario.

1. ¿Adónde fueron? ______________________________
2. ¿Qué les pasó? ______________________________
3. ¿Qué tiempo hacía? ______________________________
4. ¿Qué ropa llevaban? ______________________________
____
5. ¿Se divirtieron? ¿Por qué? ______________________________

B. Una cita inolvidable.

Instrucciones para **Estudiante 2**

Parte 1. Primero, escucha lo que le pasó a tu compañero/a en su cita y contesta las siguientes preguntas. Pídele más detalles *(details)* o información si es necesario.

1. ¿Adónde fueron? ______________________
2. ¿Qué les pasó? ______________________
3. ¿Qué tiempo hacía? ______________________
4. ¿Qué ropa llevaban? ______________________
____
5. ¿Se divirtieron? ¿Por qué? ______________________

Parte 2. Ahora, examina todos los dibujos antes de contarle a tu compañero/a lo que te pasó a ti en tu cita. Inventa los detalles necesarios. El vocabulario a continuación puede ser útil.

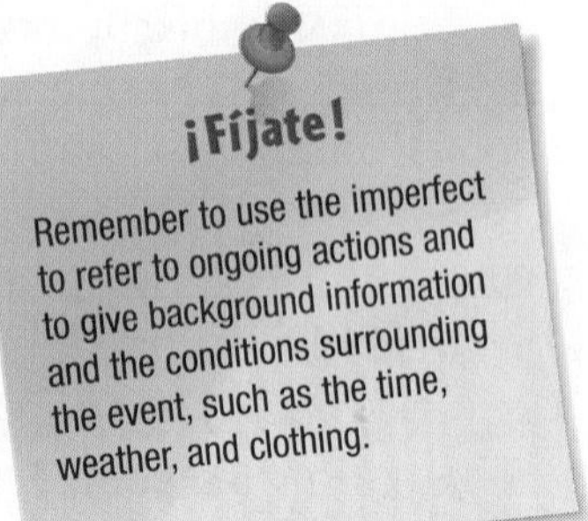

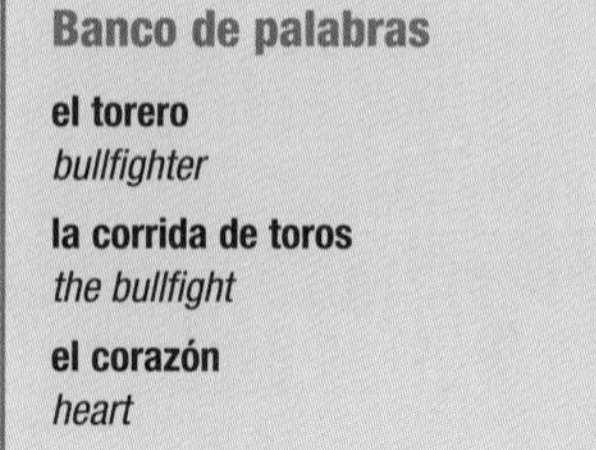

Banco de palabras
el torero
bullfighter
la corrida de toros
the bullfight
el corazón
heart

C. Los extraterrestres. En grupos, escriban un cuento *(short story)* para niños. La historia es sobre dos extraterrestres que no les gustaba su planeta y por eso vinieron a la Tierra *(Earth).* Tienen que describir cómo era su planeta, cómo eran ellos, por qué se fueron de su planeta y qué les pasó cuando vinieron a la Tierra. Ilustren su historia y den todos los detalles *(details)* que puedan. Pueden trabajar en grupos de tres. Prepárense para leer su cuento frente a la clase.

Empiecen su cuento con: **Había una vez...**

Banco de palabras

aterrizar *to land*	**caerse** *to fall*
despegar *to take off*	**los extraterrestres** *aliens*
la nave espacial *space ship*	**el planeta** *planet*

La correspondencia

El correo: Un trágico evento. Lee el artículo sobre Costas, un profesor de ingeniería de la Universidad Estatal de San Diego, quien cambió *(changed)* la vida de muchas personas. Después, responde a las preguntas.

Les voy a contar la historia del amor de mi vida. No es una historia de amor feliz; es una historia de amor dulce, pero inconcluso, una tragedia que dejó mis sueños frustrados y mis emociones paralizadas.

Costas, mi gran amor, nació en Atenas, Grecia en 1960. Era un niño lindo, súper activo y curioso. Tenía un hermano mayor al que adoraba; juntos hacían travesuras y jugaban, estudiaban y se divertían. Podemos decir que tuvo una niñez normal y tranquila hasta que cumplió 12 años. Ese año su papá dejó[1] a la familia en Atenas para irse a Estados Unidos a buscar una mejor vida.

Su madre, muy triste y desolada por el viaje de su esposo, quedó sola y deprimida. A partir de ese momento la situación económica y emocional en casa de Costas cambió[2] drásticamente: se terminaron los cumpleaños, los regalos y las invitaciones de los amigos. Su mamá no quería que nadie le preguntara cosas ni darles explicaciones a los vecinos, así que prefirió aislarse[3] y vivir sola. Aunque Costas le escribía a su papá con frecuencia y él les prometía que muy pronto todos iban a estar juntos otra vez, la tristeza de su mamá hizo que empezara a resentir la ausencia de su papá.

Cada año que pasaba, mi angelito se volvía más serio, más introvertido y más estudioso. En su interior se sentía culpable de tener deseos de divertirse o salir con amigos y hacer las cosas normales que hacen los adolescentes. Sentía que era injusto que él se divirtiera mientras que su mamá sufría. Se decía a sí mismo[4] que él tenía que estudiar mucho, hacer una carrera y triunfar económicamente porque él nunca abandonaría a su familia ni en las peores de las circunstancias.

Cuando terminó la carrera de ingeniería civil en Grecia, fue aceptado para hacer un doctorado en la Universidad Estatal de Columbia, en Nueva York. Por fin, diez años después, vivirían otra vez todos juntos. Los años del doctorado fueron difíciles. Tuvo que estudiar y dedicarse a la escuela. Casi nunca salía a divertirse porque no quería distraerse. Siempre se decía que cuando ya fuera profesor, empezaría a disfrutar la vida[5].

El sueño de Costas se hizo realidad cuando, en el verano del 1986, a sus escasos veintiséis años, recibió su doctorado y le ofrecieron trabajo en la Universidad Estatal de San Diego. Fue ahí donde lo conocí. Yo era estudiante de maestría y daba dos clases de español en la universidad. Costas se hizo un excelente profesor. Sus estudiantes lo querían porque siempre los ayudaba. Estaba en su oficina trabajando ocho y diez horas al día, con la puerta siempre abierta para sus alumnos. Siempre sonreía[6] y trataba de buscar las cosas buenas de las personas. En unos años, el profesor de la sonrisa angelical fue nombrado el mejor profesor del año.

Mi amor por Costas fue a primera vista. Un día lo vi escribiendo muy serio en su oficina y me dije a mí misma: este profesor va a ser para mí. Desde el principio me explicó que para él lo más importante era su carrera y establecerse económicamente. No quería casarse[7] ni tener una relación muy seria hasta no lograr sus metas[8]. Y así fue, salimos juntos más de seis años: viajamos y conocimos lugares nuevos. Me fascinaba que Costas disfrutaba todo: desde dar un paseo por el parque, comer algo diferente, visitar un museo, hasta ver una película en la casa o hacer juntos la cena. Tenía un corazón y una sonrisa de niño.

Nos casamos siete años después del día que lo vi en su oficina por primera vez. Pasamos una luna de miel de película; aunque Costas nació en Europa, nunca había salido de Grecia. Por eso visitamos Italia, España, Inglaterra y dos islas griegas que Costas no conocía. Tres años después compramos la casa donde nuestros hijos crecerían y vivirían una vida feliz con una mamá y un papá siempre presentes.

Cuando nació nuestra hija Sofía, casi se vuelve loco de felicidad. Era un papá excepcional. Le fascinaba ayudarme a cambiar pañales[9], a darle de comer o a ponerla a dormir. Los dos trabajábamos, así que nos turnábamos para atender y cuidar a nuestra linda hijita. A veces me sorprendía tanto que este doctor en ingeniería aeroespacial, profesor, investigador, autor de muchos artículos y ganador de becas[10] de mucho dinero para investigar, disfrutara tanto jugar, darle de comer y estar con su bebita. Todo iba tan bien...

El 15 de agosto de 1996, Costas le dio el desayuno a Sofía temprano, le puso un alegre vestido de girasoles amarillos, me dio un beso y me dijo muy orgulloso: "Sofula[11] y yo nos vamos a misa". Se veían tan felices juntos, que saqué la cámara y les tomé una fotografía. Una fotografía que unas horas después me haría llorar, sufrir, gritar y recordar. Una fotografía que dejó plasmada en mi memoria la última vez que vi a mi querido amor con vida[12].

Cinco horas después de este inolvidable momento, mientras nuestra pequeñita dormía, Costas fue asesinado en un frío laboratorio de la universidad. Un alumno mató a los tres profesores que le iban a aprobar su tesis. A los tres profesores que lo habían ayudado a terminar la maestría y que lo habían apoyado y guiado[13].

De alguna manera siento que Costas sabía que tal vez no estaría mucho tiempo con nosotros. Es la única manera de entender por qué él siempre daba todo lo bueno, por qué disfrutaba cada momento como si fuera el último y por qué nos amaba tanto a Sofía y a mí: como si se le acabara el tiempo...[14]

[1]*left behind* [2]*changed* [3]*to isolate herself* [4]**se...** *he told himself* [5]**disfrutar...** *to enjoy life* [6]*smile* [7]*to get married* [8]**lograr...** *reach his goals* [9]*diapers* [10]**ganador...** *grant winner* [11]*Greek diminutive for "Sofía"* [12]**con...** *alive* [13]**apoyado...** *supported and guided* [14]**como...** *as if he were running out of time*

1. ¿Cómo fue la niñez de Costas?

____

2. ¿Por qué fue a Nueva York?

____

3. ¿Qué quería hacer Costas antes de casarse?

____

4. ¿Qué tipo de papá era?

____

5. ¿Qué importancia tiene la fotografía de Costas con su hija?

____

6. ¿Por qué es importante vivir cada día como si fuera *(as if it were)* el último?

____

En papel: Un evento importante en tu vida. Escribe la narración de un evento importante en tu vida: una boda *(wedding)*, una graduación, un accidente, un cumpleaños, etc.

¡A ver de nuevo!

Parte 1. Escucha la conversación de **Escenas de la vida** para hacer un resumen de lo que pasó.

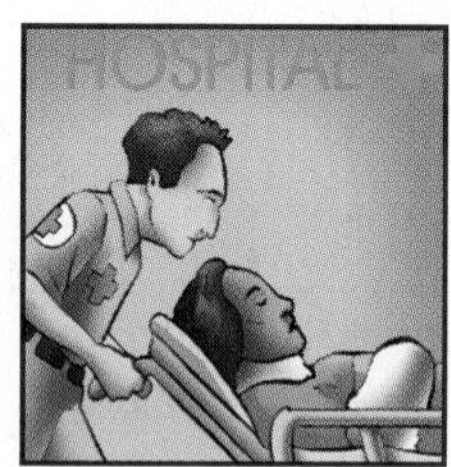

Parte 2. Ahora trabaja con un(a) compañero/a para comparar la información y añadir lo que te haya faltado.

Práctica adicional			
Cuaderno de tareas p. 254, I	invitaciones. vhlcentral.com Episodio 25	invitaciones. vhlcentral.com Lab practice	SUPERSITE invitaciones. vhlcentral.com Episodio 25

Vocabulario del Episodio 25

Objetivo comunicativo

You should now be able to do the following in Spanish:

✓ describe experiences and events in the past

Vocabulario nuevo

la culpa	*fault*
darse cuenta (de)	*to realize*
de repente	*suddenly, all of a sudden*
empujar	*to push*
el golpe	*bump, blow, dent*
pegarle por atrás	*to hit someone from behind*

Vocabulario personal

Escribe todo el vocabulario que necesitas saber para describir una cita o una experiencia que hayas tenido *(you may have had).*

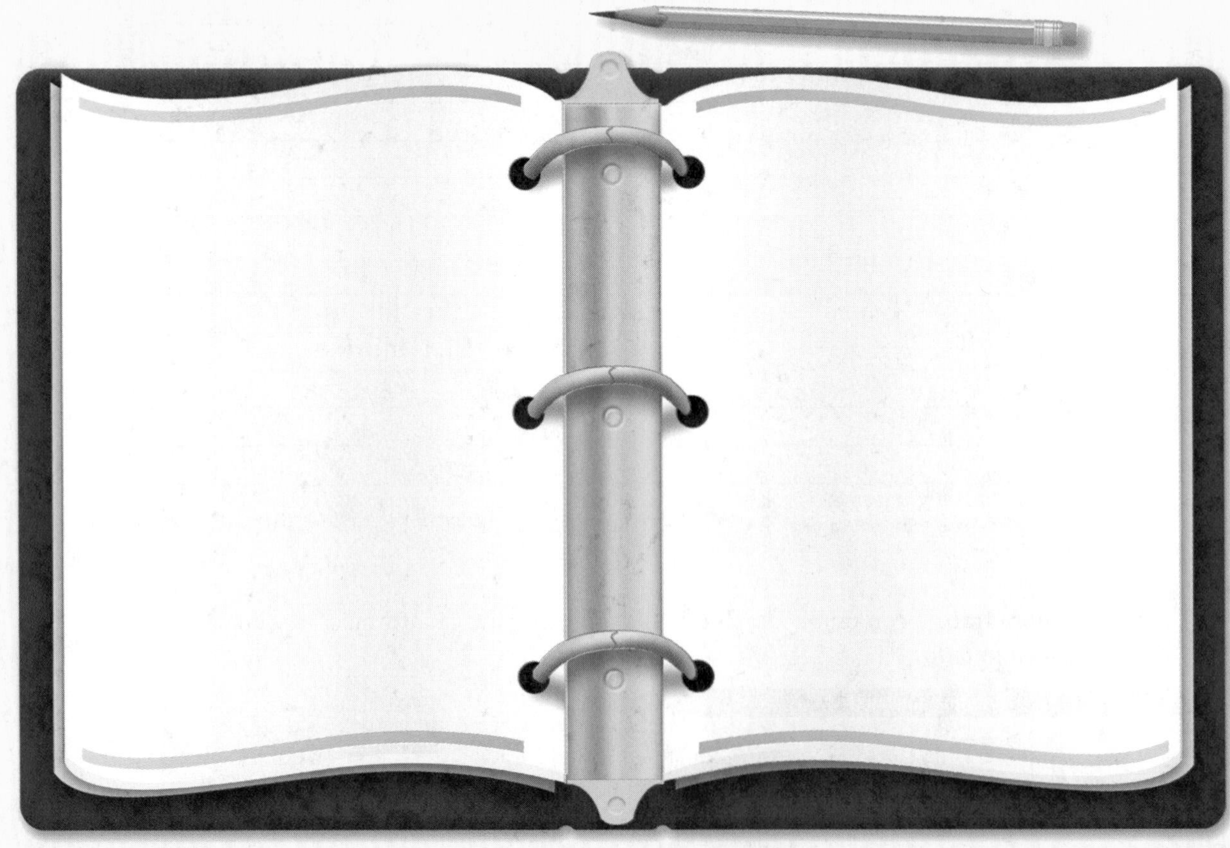

Nombre ______________________________ Fecha ______________

Cuaderno de tareas

Episodio 25

Escenas de la vida: El choque

A. ¡A ver cuánto entendiste! See how much of the **Escena** you understood by matching the Spanish sentences with their English equivalents.

_____ 1. Cuando llegué al hospital, no me dolía nada.
_____ 2. Salí corriendo de casa.
_____ 3. Hacía mucho calor.
_____ 4. Estaba llamándolos cuando sentí un tremendo golpe por atrás.
_____ 5. Ya eran las seis y cuarto e iba a llegar tarde.
_____ 6. El carro que iba cruzando la calle me pegó.

a. I hurried out of the house.
b. It was already six-fifteen and I was going to be late.
c. The car that was crossing the street hit me.
d. It was very hot.
e. When I got to the hospital, nothing hurt.
f. I was calling you when I felt a strong impact from behind.

B. En el hospital. Match the questions and statements in column **A** with the appropriate responses from column **B**.

A

_____ 1. ¡Creo que fue mi culpa por no poner atención!
_____ 2. ¿Ya hicieron el reporte de la policía?
_____ 3. El impacto me empujó a la intersección.
_____ 4. ¿Sabe si los otros coches tenían seguro?
_____ 5. ¿Se siente mejor?

B

a. La verdad es que ahora me duele todo.
b. No sé; creo que Santiago está investigando eso.
c. Creo que (la policía) va a venir más tarde.
d. ¡Qué horror!
e. Usted no acepte nada.

C. Un resumen. Use the questions as a guide to explain to a friend what happened in this episode.

1. ¿Adónde iba Adriana? ¿Por qué tenía prisa *(was she in a hurry)*?
2. ¿Dónde estaba?
3. ¿A quién le iba a llamar?
4. ¿Cuántos coches chocaron con Adriana?
5. ¿Los dos coches le pegaron por atrás? ¿Por qué le pegó el otro coche?
6. En tu opinión, ¿quién tuvo la culpa?
7. ¿Cómo se sentía Adriana cuando llegó al hospital?
8. ¿Quiénes están con ella?
9. ¿Qué le pasó en el brazo?
10. ¿Qué más se lastimó?

____

____

____

____

____

____

____

____

Gramática 1

Describing experiences and events in the past
- **Using the preterit, the imperfect, and the past progressive**

D. Las consecuencias. Match the phrases to explain why the events happened.

Modelo

Mi jefe me regañó porque no entregué el informe completo.

_____ 1. Se quedó en su casa porque... a. le pegó a su hermanita.
_____ 2. Su mamá lo castigó porque... b. porque era su cumpleaños.
_____ 3. Su abuelito le compró regalos... c. porque tenían muchos problemas.
_____ 4. La profesora le dio una F... d. no se sentía muy bien.
_____ 5. Le llevé unas flores porque... e. porque no tomó el examen.
_____ 6. Fueron a ver a un consejero... f. era nuestra primera cita.

Nombre ______________________________ Fecha _______________

Use the preterit to...	Use the imperfect to...
a. denote single events or a sequence of events in the past Ayer **choqué** el coche. Manolo y Sofía **estudiaron** todo el día. Esta mañana **fui** a la gasolinera. Le **llené** el tanque al coche y le **revisé** *(I checked)* el aceite *(oil)* antes de ir a la universidad.	**e.** express habitual actions De niña siempre **jugaba** con Lalo. **Nos levantábamos** muy temprano todos los días.
b. recount events that took place during a specific amount of time or a specific number of times **Viví** cinco años en Los Ángeles. Este mes Sofía y Adriana **fueron** al cine tres veces.	**f.** describe ongoing actions En ese momento **estaba leyendo** el periódico. El policía **iba** cruzando la calle.
c. express the beginning or end of an action Ramón **decidió** hacer una maestría. **Llegué** a la casa a las cinco.	**g.** set the stage and give background information about events. **Hacía** mucho frío la noche del accidente. **Había** tres coches enfrente de mí.
d. describe mental or emotional reactions Después de la noticia, **se puso** muy triste. **Me molestó** lo que dijiste.	**h.** tell time and age **Eran** las seis de la mañana... Cuando **tenía** nueve años, aprendí a nadar.
	i. describe mental and emotional states **Estábamos** muy tristes. **Me dolía** mucho la pierna; por eso, fui al doctor.

E. Un repaso de los usos del pretérito y el imperfecto. Study the table above in order to answer the questions.

In the following passage, Adriana told Sofía and Wayne how her accident occurred. Use the rules in the table above to explain her choice of the verb tenses. Write the letter of the rule and the reason for its use.

Adriana (1) **Salí** corriendo de casa porque ya (2) **eran** las seis y cuarto. Cuando (3) **llegué** al semáforo, me di cuenta de que el carro no (4) **tenía** gasolina. (5) **Estaba llamándolos** por teléfono para decirles que iba a llegar tarde cuando (6) **sentí** un tremendo golpe por atrás.

1. a. single event
2. ______________________
3. ______________________
4. ______________________
5. ______________________
6. ______________________

Nombre ______________________________ Fecha _______________

F. Los teléfonos móviles. Sofía nos cuenta lo que le pasó la semana pasada de camino a su casa. Selecciona los verbos para completar la descripción y después contesta las preguntas.

chocó	**eran**	**manejaba**	**quise**	**llegó**	**funcionaron**	**llamé**
iba	**pensé**	**pasó**	**estaba**	**llevaba**	**comimos**	**vi**

La semana pasada me (1) _______________ algo que confirma mi teoría de que los teléfonos celulares son una buena inversión *(investment)*. (2) _______________ las ocho de la noche y (3) _______________ lloviendo. Yo (4) _______________ a mi casa por la autopista (*highway*) 805 cuando (5) _______________ a un señor que (6) _____________ a exceso de velocidad. Él (7) _______________ a una señora y a tres niños en el coche. Yo (8) _______________: "Este hombre está loco… o es un irresponsable". Dos minutos después vi que había un coche con una llanta ponchada (*flat tire*) en medio de la autopista. El coche que iba a exceso de velocidad trató de parar (*tried to stop*), pero los frenos (*brakes*) no le (9) _______________ y (10) _______________ con el otro coche. Yo inmediatamente (11) _______________ a la policía, y en tres minutos (12) _______________ una ambulancia. Mi teléfono les salvó la vida.

a. ¿Cuántas personas había en el coche que iba a exceso de velocidad?

____.

b. ¿Por qué había un coche parado en medio de la autopista?

____.

c. ¿Qué hizo Sofía cuando vio el choque?

____.

G. Un viaje a Perú. Escribe la forma apropiada de los verbos entre paréntesis para saber más sobre el viaje de Ana Mari y Ramón a Perú.

El verano pasado, Ramón, Ana Mari y sus papás (1) _______________ (ir) a Perú. Primero (2) _______________ (visitar) Lima, la capital. Después (3) _______________ (ir) a Cuzco. Cuando (4) _______________ (llegar) al hotel, el capitán de meseros les (5) _______________ (dar) un té de coca. (6) _______________ (estar) tres días en Cuzco. Todas las mañanas (7) _______________ (tener) que levantarse muy temprano para visitar las ruinas y los monumentos incas.

(8) _______________ (hacer) un frío espantoso *(terrible)*. (9) _______________ (ser) el mes de julio. Un día (10) _______________ (tomar) un tren para ir a Machu Picchu. El tren (11) _______________ (ser) pequeño y muy viejo. El guía *(guide)* (12) ____________ (estar) explicándoles la historia de Atahualpa y Huáscar, cuando la mamá de Ramón y Ana Mari (13) _______________ (ponerse) mal. Debido *(Due)* a la gran altitud y al frío, ella no podía respirar. Todos (14) _______________ (tener) que regresar al hotel y llamar al médico. El médico le (15) _______________ (mandar) descansar el resto del día.

Nombre ______________________________ Fecha ______________

H. Pequeñas historias. Use the provided images and cues to tell the story depicted in the drawings. Use your imagination and add necessary details; use connector words like **porque, pero, cuando, y, así que, por eso**. Then indicate whether any of these events have happened to you.

1. Mi festival de la escuela

cuando era niño/a bailar en el festival de mi escuela/ser un baile muy divertido/estar nerviosos/papás estar ahí/haber más de 150 personas en el auditorio/nuestro baile ser a las 12/ empezar tarde/bailar a la 1/todo salir bien/a todos gustar mucho

____

____

____

____

____

____

2. De campamento

mi familia y yo estar de campamento en Yellowstone/ser las cinco de la tarde/hacer fresco/mi esposa y yo hacer la cena/estar mirando a nuestro hijo hacer gimnasia y bailar unos minutos antes de cenar/de repente empezar a llorar y gritar *(scream)*/nosotros no entender qué pasar/por fin oír un gruñido *(growl)*/al darnos la vuelta *(upon turning around)*/darnos cuenta de que un oso *(bear)* llevarse toda nuestra comida/quedarnos sin cenar esa noche

____

____

____

____

____

____

Nombre ______________________________ Fecha _______________

Para terminar

I. Ahora cuéntanos tú. Use all the narratives from **Episodio 20 (Prácticas D** and **E; Actividades comunicativas B** and **C)** as a model to tell us about your experiences. You may talk about your graduation day or your first day at college, a date, or anything you want. Remember to keep it simple and do not attempt to describe situations for which you have no vocabulary.

Your picture goes here!

¡Fíjate!
Don't forget to include a picture of the experience you chose to write about.

____
____
____
____
____
____
____
____
____
____
____
____
____
____
____
____
____
____
____
____

Revista cultural

Tesoros intangibles

Cataratas del Iguazú, Paraguay, Argentina y Brasil

Machu Picchu, Perú

Antes de leer

Mira las fotos y escribe qué crees que significan las palabras.

1. altar ____________________
2. calavera ____________________
3. plantas medicinales ____________________
4. tejer ____________________
5. telar ____________________

A. ¿Sabes cuál es el objetivo de la UNESCO?

La UNESCO (Organización de las Naciones Unidas para la Educación, la Ciencia y la Cultura) es el organismo que promueve, protege y subsidia (*subsidizes*) muchos de los patrimonios mundiales (*world heritage*) de la humanidad. Sí, es verdad. Su ambicioso objetivo es "construir la paz en la mente de los hombres mediante la educación, la cultura, las ciencias naturales y sociales y la comunicación".

Recientemente, los países miembros de la UNESCO se han dado cuenta (*have realized*) de que conservar monumentos, productos y artefactos (pinturas, esculturas, etc.) no es suficiente para la conservación y continuidad de la cultura. Esto se debe a que *(this is because)* muchas culturas no construyen monumentos y sus productos no irán a un museo o son efímeros. Su valor cultural está en sus tradiciones, idioma, objetos de uso diario (ropa y adornos), conocimientos, bailes, música y festejos.

Hoy en día, hay más de noventa manifestaciones culturales inscritas y proclamadas Patrimonios Inmateriales en todo el mundo.

B. Los tesoros intangibles de Latinoamérica

Aquí vamos a ver algunas de estas manifestaciones culturales, muy diferentes entre sí, que son un ejemplo de la rica y extensa variedad de actividades humanas dignas de conservar, transmitir, difundir y estudiar.

Las festividades del Día de los Muertos: México

Altar

Calaveras de papel o azúcar

A lo mejor ya conoces este festejo, por la proximidad con México y la enorme comunidad mexicana en el país. Esta celebración, que se lleva a cabo (*takes place*) principalmente en el centro y sur de México, es de origen indígena (antes de la llegada de los españoles). Como los españoles insistieron en hacer desaparecer las costumbres "paganas" de los indígenas, estos últimos simplemente transformaron sus tradiciones y las disfrazaron (*disguised*) con una de origen católico (en este caso, el día de todos los Santos, el dos de noviembre). Esta festividad tiene una espiritualidad que refleja la creencia indígena de la convivencia (*coexistence*) de los vivos con los espíritus de sus antepasados (los muertos). Una familia muestra el debido (*due*) respeto a la persona muerta haciendo un altar, en casa o en el cementerio, preparando sus platos favoritos, tocando su música preferida y en general acordándose de la vida de esta persona. Se colocan flores y velas para guiar a los muertos al lugar donde se les recuerda. Aunque los festejos son para los muertos, la ceremonia no tiene un carácter triste. Al contrario, es una celebración a la vida.

La UNESCO ha declarado que esta celebración está en peligro, no de desaparecer, sino de perder su significado espiritual, debido a la comercialización de la celebración y de sus productos (calaveras de azúcar, pan de muerto, altares, flores de cempasúchil, miniaturas para los altares, papel picado).

Responde a estas preguntas en español.

1. ¿Has visto alguna vez, en tu comunidad o escuela, un altar del Día de los Muertos?
2. ¿Te parece buena idea tener un día para recordar a las personas que ya murieron? ¿Por qué?
3. ¿En qué fiesta de tu comunidad ponen calaveras de decoración?
4. El papel picado es bastante fácil de hacer. Busca instrucciones en Internet, o pregunta a tus amigos cómo hacerlo, y trae una muestra a la clase.

Los médicos de los incas: Bolivia

Los **kallawayas**, gracias a sus extraordinarios conocimientos de farmacopea animal, mineral y botánica, eran los únicos que podían atender y curar a las personas importantes de la cultura inca (que cubría casi la mitad de Sudamérica). También iban por todo el imperio atendiendo a los que lo necesitaban y recogiendo plantas, esencias y productos necesarios para la curación.

Hoy en día, los kallawayas viven en los Andes bolivianos y preparan medicamentos con los materiales naturales que tienen a la mano como flores, frutas e insectos. Ellos trabajan para curar la neumonía, las heridas y algunos padecimientos mentales (*mental problems*), entre otros problemas. Lo que los hace únicos es su visión cosmológica del origen, causa y remedio de las enfermedades de cada persona.

La visión cosmológica de los kallawayas explica que el hombre está compuesto de tres elementos que forman a una persona: la parte mental (el pensamiento, los sentimientos y las habilidades), la corporal y la espiritual. Cuando la persona se enferma, dicen que es porque uno de esos tres elementos no está en equilibrio. Por eso, es importante que el médico kallawaya vea a la persona enferma en su ambiente natural.

La UNESCO ha declarado a los kallawayas patrimonio de la humanidad porque cada vez es más difícil la transmisión de los conocimientos y la filosofía de esta medicina. La globalización y modernización de la sociedad, el uso de medicamentos modernos, y la desaparición de muchas de las plantas y productos que usan para la curación también están ocasionando la desaparición de los kallawayas.

Responde a estas preguntas en español.

1. ¿Qué culturas antiguas tienen también una desarrollada medicina natural?
2. ¿Qué diferencias encuentras entre la filosofía Kallawaya y otras filosofías medicinales?
3. ¿Por qué es importante para los médicos Kallawayas viajar a donde se encuentran los enfermos?
4. ¿Tú o alguien en tu familia ha usado remedios naturales para curar alguna enfermedad o malestar (*ailment*)? ¿Cuáles?

El cinturón-calendario de Taquile: Perú

La comunidad de Taquile vive desde tiempos prehispánicos en la isla de Taquile en medio del lago Titicaca. Esta antigua civilización tiene como actividad colectiva tejer (*to weave*). Tanto los hombres como las mujeres tejen su ropa, gorros (*caps*) y el famoso cinturón-calendario. Éste es un cinturón ancho que representa tradiciones orales de la historia, las celebraciones y las actividades agrícolas de la comunidad. Hoy en día, siguen tejiendo a mano o usando el telar (*loom*) prehispánico de pedal.

Revista cultural

Taquile es una sociedad pequeña relativamente próspera, con alto sentido de comunidad. No hay crimen: no se usan los candados (*padlocks*), ni se guardan las cosas y se espera que los visitantes a la isla hagan lo mismo. No hay policía y su único juez civil, ¡se queja de no tener nada que hacer! Los visitantes tienen que ser invitados a quedarse en la isla. Hay casas especiales para los visitantes y personas de la comunidad encargadas de atender a cada visitante.

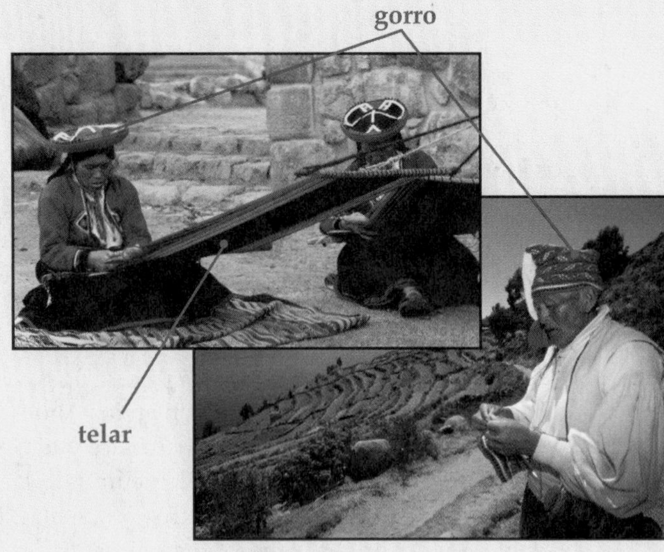

Responde a estas preguntas en español.

1. En tu cultura, ¿quién teje? ¿Qué tipo de prendas teje la gente?
2. ¿Por qué no tiene policía la isla de Taquile?
3. ¿Qué otras comunidades están protegidas por la UNESCO? Menciona tres y explica por qué están protegidas.
4. Busca en Internet en el sitio de la UNESCO más información acerca de la isla de Taquile y sus habitantes, los médicos Kallawayas o la celebración del Día de los Muertos. Prepara un reporte para tus compañeros.

Las alpacas

1. El video. Watch this ***Flash cultura*** episode from Peru.

La alpaca parece un pequeño camello sin joroba (*hump*).

Las alpacas son esquiladas (*sheered*) una vez al año.

2. ¿Cierto o falso? Indica si cada afirmacíon es **cierta** o **falsa**.

1. La alpaca es muy importante para la industria del Perú.
2. Esquilar a las alpacas es un proceso muy doloroso para esos animales.
3. Hilar y tejer fibra de alpaca es un arte nuevo que niños y niñas aprenden en la escuela.
4. Los suéteres de alpaca son muy abrigadores.

Episodio 26

Objetivos comunicativos

In this episode, you will practice:

✓ giving instructions

✓ talking about city driving

Escenas de la vida: De regreso a casa

A. ¡Mira cuánto puedes entender! Mira el video o escucha la conversación para poner en orden cronológico (del 1 al 9) las indicaciones que le dio el doctor a Adriana.

Beba mucha agua. _____

No se bañe todavía. _____

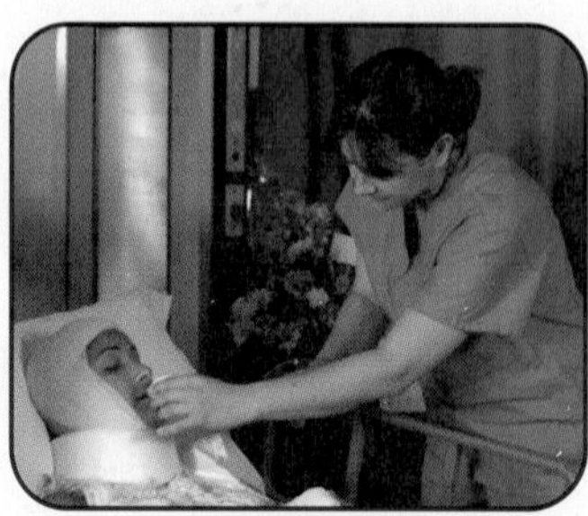

Termine de tomar las pastillas. _____

No coma productos lácteos. _____

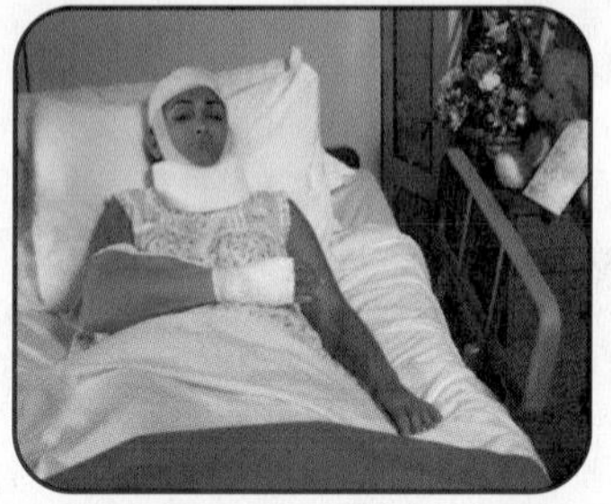

Quédese en cama una semana. _____

No lea más de dos horas. _____

Llámeme si me necesita. _____

Duerma con dos almohadas. _____

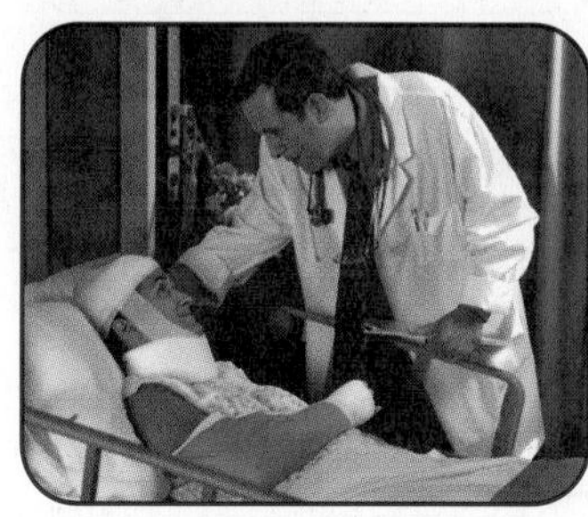

Venga para revisarle la herida. _____

B. ¿Te diste cuenta? Mira el video o escucha la **Escena** otra vez para indicar si los comentarios son **ciertos** o **falsos**.

	Cierto	Falso
1. Adriana puede irse a casa mañana por la tarde.	☐	☐
2. Tiene que quedarse en cama dos días más.	☐	☐
3. Necesita cuidarse para recuperarse pronto.	☐	☐
4. No debe hacer esfuerzo con la vista.	☐	☐
5. Adriana quiere leer las últimas novelas de Vargas Llosa.	☐	☐
6. Tiene que quitarse el aparato del cuello para dormir.	☐	☐
7. Santiago va a leerle sus libros en voz alta.	☐	☐
8. A Adriana no le duele el cuello.	☐	☐

C. La recuperación de Adriana. Empareja las columnas para terminar las oraciones lógicamente, de acuerdo con lo que pasa en la **Escena**.

_____ 1. Adriana tiene que cuidarse
_____ 2. Santiago va a
_____ 3. Termine de tomar las pastillas
_____ 4. Es muy importante que
_____ 5. El doctor quiere
_____ 6. No coma productos lácteos porque

a. leerle las novelas en voz alta.
b. tenga el cuello inmovilizado.
c. para que se recupere pronto.
d. interfieren con las pastillas que le dimos.
e. examinar la herida de Adriana la próxima semana.
f. aunque se sienta mejor.

Cultura a lo vivo

Gabriel García Márquez (1928–) e Isabel Allende (1942–) son dos conocidos escritores latinoamericanos de la literatura contemporánea.

García Márquez ganó el Premio Nobel de Literatura en 1982 principalmente por su novela *Cien años de soledad.* Este escritor colombiano es el mejor exponente del realismo mágico, donde la realidad y la magia se confunden en una sola entidad latina. Márquez ha escrito[1] novelas, guiones cinematográficos[2] y cuentos[3]. Entre sus obras[4] tenemos las novelas *El amor en los tiempos del cólera* y *Del amor y otros demonios,* las películas *Cartas del parque, Milagro en Roma* y *Edipo Alcalde,* y una extensa colección de cuentos.

Isabel Allende, de nacionalidad chilena, es una de las escritoras latinoamericanas más leídas[5] en los últimos tiempos. Sus libros se han traducido[6] a más de quince idiomas y se venden en todo el mundo. *La casa de los espíritus* es una de sus mejores obras; en 1994 se convirtió en la película *The House of the Spirits,* protagonizada por Meryl Streep. Otro de sus libros, titulado *Paula,* habla de la muerte de su hija de una manera que nos toca lo más profundo del corazón[7]. Algunos otros ejemplos de sus obras son *Los cuentos de Eva Luna, El plan infinito, De amor y de sombra* y *Afrodita.*

[1]*has written* [2]**guiones...** *screenplays* [3]*short stories* [4]*works* [5]*read* [6]**se...** *have been translated* [7]*heart*

Práctica adicional

Cuaderno de tareas	invitaciones.vhlcentral.com	invitaciones.vhlcentral.com
pp. 279–280, A–C	Episodio 26	Episodio 26

Para comunicarnos mejor

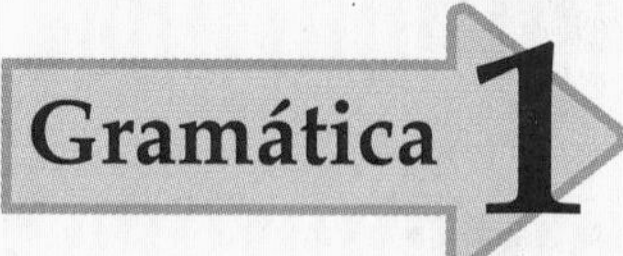

Giving instructions
• Formal commands

In the conversation, the doctor gave Adriana specific instructions:

Descanse lo más posible.	*Rest as much as possible.*
Termine de tomar las pastillas.	*Finish taking the pills.*
No **lea** más de dos horas.	*Don't read more than two hours.*
No **haga** esfuerzo con la vista.	*Don't strain your eyes.*
Duerma con dos o tres almohadas.	*Sleep with two or three pillows.*
Venga para que le revisemos la herida de la mano.	*Come back so we can check the wound on your hand.*

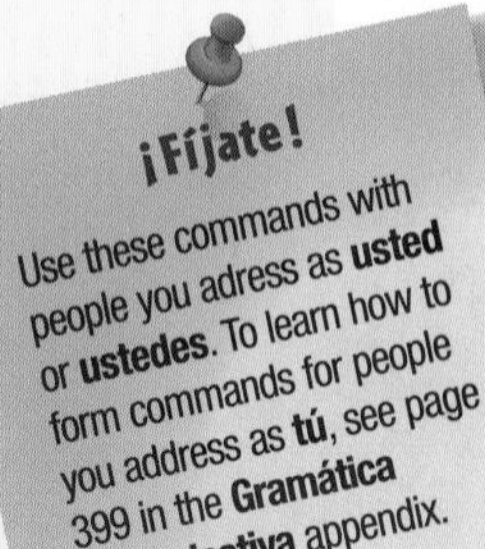

¡Fíjate!
Use these commands with people you adress as **usted** or **ustedes**. To learn how to form commands for people you address as **tú**, see page 399 in the **Gramática comunicativa** appendix.

Descanse, termine, lea, haga, duerma, and **venga** are command forms of the verbs **descansar, terminar, leer, hacer, dormir,** and **venir**. These forms, which correspond to the **usted** form of the verb, are used to give orders and instructions. To form the **usted** (and the **ustedes**) commands, remove the **-o** from the **yo** form of the present tense and add **-e(n)** for **-ar** verbs and **-a(n)** for **-er** and **-ir** verbs.

Para dar instrucciones

	Infinitive	Present Tense		Commands	
		Yo		Usted	Ustedes
-ar	descansar	descanso	→ e(n)	**descanse**	**descansen**
	pensar	pienso		**piense**	**piensen**
-er	comer	como	→ a(n)	**coma**	**coman**
	hacer	hago		**haga**	**hagan**
-ir	dormir	duermo	→ a(n)	**duerma**	**duerman**
	venir	vengo		**venga**	**vengan**

1. Notice that even when the **yo** form has a stem change **(pienso)** or is irregular **(hago)** in the present, as long as it ends in **-o**, the command form follows the same rule above.

2. As in the preterit, verbs ending in **-car (tocar)**, **-gar (pagar)**, and **-zar (almorzar)** have a spelling change.

tocar (c → qu)	toco	**toque**	**toquen**
pagar (g → gu)	pago	**pague**	**paguen**
almorzar (z → c)	almuerzo	**almuerce**	**almuercen**

Additionally, verbs that end in **-ger (recoger)** maintain the same spelling change as in the present tense first-person form.

recoger (g → j)	recojo	**recoja**	**recojan**

3. Verbs that do not end in **-o** in the **yo** form have irregular command forms.

Irregular commands			
Infinitive	**Present Tense**	**Commands**	
	Yo	**Usted**	**Ustedes**
dar	doy	**dé**	**den**
estar	estoy	**esté**	**estén**
ir	voy	**vaya**	**vayan**
saber	sé	**sepa**	**sepan**
ser	soy	**sea**	**sean**

4. Object and reflexive pronouns are attached to an affirmative command, but precede a negative command.

Affirmative		**Negative**
Cómpren**los** en la farmacia.	→	No **los** compren en el hospital.
Díga**me** la verdad.	→	No **me** diga mentiras.
De**le** los antibióticos.	→	No **le** dé las pastillas.
Báñen**se** por la mañana.	→	No **se** bañen por la noche.

5. Notice that when a pronoun is attached to an affirmative command of two syllables, an accent is necessary to preserve the original stress.

compren → **cómprenlos**
diga → **dígame**
bañe → **báñese**

6. Notice that the accent mark on **dé** is omitted **(dele)** when a pronoun is attached.

PRÁCTICA

A. Consejos para Adriana y Santiago. Lee algunos de los problemas que Adriana y Santiago tienen y empareјalos con los consejos que les dan sus amigos.

Adriana

Santiago

Los problemas	**Los consejos**
_____ 1. No habla mucho con Santiago.	a. No discutan tanto.
_____ 2. Discuten todos los días.	b. Hable con su esposo todos los días.
_____ 3. No quiere salir con sus amigos.	c. Ayúdela con los quehaceres de la casa.
_____ 4. No la ayuda con la casa.	d. Diviértanse juntos con más frecuencia.
_____ 5. No se divierten juntos.	e. Salga con sus amigos para que los conozca.

B. En casa de Ana Mari. Ana Mari les dice muchas cosas a sus hermanos menores. Usa los elementos para escribir las instrucciones que ella les da.

Modelo no decirme mentiras/la verdad
No me digan mentiras; díganme la verdad.

1. no acostarse en el suelo/en la cama ____________________
2. portarse bien, por favor ____________________
3. no ver los dibujos animados/las noticias *(news)* ____________________
4. no darle dulces al perro/su comida ____________________
5. no ser groseros/amables ____________________
6. lavarse las manos ____________________
7. no hacer travesuras/la tarea ____________________
8. leer sus libros de texto ____________________

C. La señora de la limpieza. Después de observar el dibujo, haz una lista con diez instrucciones para la señora que limpia tu casa cada semana.

1. ____________________
2. ____________________
3. ____________________
4. ____________________
5. ____________________
6. ____________________
7. ____________________
8. ____________________
9. ____________________
10. ____________________

D. La nueva mamá. Tú eres sicólogo/a infantil. Dale consejos a una nueva mamá.

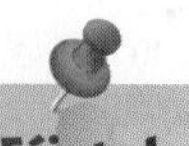

¡Fíjate!

Be careful how you translate *him*: direct object = **lo**; indirect object = **le**; prepositional pronoun = **él**.

1. Talk to your baby a lot. ______________________________
2. Read to him every night. ______________________________
3. Play with him. ______________________________
4. Feed him healthy food; prepare fresh fruits and vegetables for him. ______________________________
____
5. Put him to bed early every night. ______________________________
____
6. Love him and kiss him often (**con frecuencia**). ______________________________
____

E. Las reglas de la clase. Imagina que eres maestra/o de los niños de esta clase. Un(a) compañera/o y tú deben escribir las reglas de la clase para evitar *(avoid)* problemas en el futuro. Escriban las ocho reglas más importantes. Después compártanlas con la clase.

Modelo Pongan atención en clase.

¡Fíjate!

You may want to review the vocabulary in **Episodio 22**, page 165.

F. El experto en el amor. Imagina que eres un(a) experto/a en el amor. Lee las siguientes situaciones para darles consejos a estas personas que te escriben. Con un(a) compañero/a, hagan una lista con seis consejos para cada persona. Después compártanlos con la clase.

1. No encuentro novia. Trabajo todo el día y no tengo tiempo para salir y buscar novia. Y si salgo y veo a una chica que me gusta, nunca sé qué hacer o cómo conquistarla. ¿Qué me recomienda?
2. Soy muy tímida y no tengo éxito *(success)* con los muchachos. Yo creo que no soy atractiva. ¿Qué hago para conquistar a un hombre?

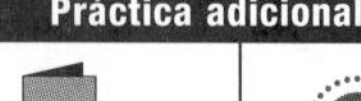

Práctica adicional

Cuaderno de tareas pp. 280–282, D–G

invitaciones.vhlcentral.com Episodio 26

Talking about city driving • Road-related vocabulary

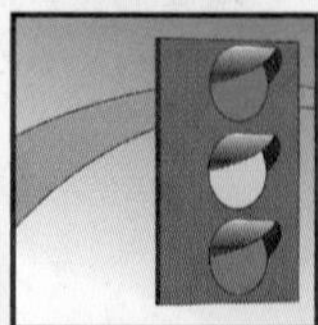

Para manejar por la ciudad	
apagar/prender el coche	*turn on/off the car*
la autopista	*freeway/expressway*
la carretera	*highway*
chocar con (un coche)	*to hit (a car)*
el/la conductor(a)	*driver*
la esquina	*corner*
evitar las multas	*to avoid fines; tickets*
frenar/acelerar	*to brake/to accelerate*
la intersección	*intersection*
ir/manejar a exceso de velocidad	*to speed*
la licencia de manejar	*driver's license*
obedecer las señales de tránsito	*to obey the traffic signs*
pasarse el alto/el semáforo en rojo	*to run a red light*
ponerse el cinturón de seguridad	*to wear a seat belt*
quedarse sin gasolina	*to run out of gas*
revisar las llantas	*to check the tires*
tener seguro	*to have insurance*

¡Fíjate!

These are some more expressions that you could use when talking about a car accident.

el choque *car accident/crash*

descomponerse *to breakdown*

(no) fue mi/tu culpa *it was (not) my/your fault*

pegarle a algo/alguien *to hit something/someone*

poncharse una llanta *to get a flat tire*

También se dice...

cuadra → **manzana**
doblar → **virar**
estacionarse → **aparcar**
intersección → **bocacalle, cruce**
licencia de manejar → **carnet de conducir**
llanta → **goma, neumático**
manejar → **conducir**
poncharse → **pincharse**

Para llegar a mi casa tienes que...	
cruzar la calle	*to cross the street*
dar vuelta/doblar a la derecha en la avenida...	*to turn right at... Avenue*
izquierda en la calle...	*left on... Street*
estacionarse enfrente de	*to park in front of*
parar	*to stop*
pasar (dos) semáforos	*to pass (two) traffic lights*
la primera/segunda entrada	*the first/second entrance*
salirse en...	*to get off at...*
seguir* derecho (tres) cuadras	*to go straight ahead for (three) blocks*
tomar la autopista al norte	*to take the freeway north*
al sur, al este, al oeste	*south, east, west*

***seguir (e → i)** also means *to continue* and is conjugated as follows:
Sigo, sigues, sigue, seguimos, seguís, siguen. Command forms: **siga, seguid, sigan.**

PRÁCTICA

G. El instructor de manejo. Imagina que eres instructor(a) de manejo. Estás en clase y tienes que darles instrucciones a tus estudiantes. Usa las frases como guía e inventa dos oraciones más.

Modelo no estacionarse enfrente de ningún garaje.
No se estacionen enfrente de ningún garaje.

1. cruzar a media calle ______
2. cruzar en la esquina ______
3. sacar la licencia de manejar ______
4. pasarse el semáforo en rojo ______
5. parar completamente en las esquinas ______
6. manejar a exceso de velocidad ______
7. ______
8. ______

H. Mi coche. Contesta las preguntas y después entrevista a un(a) compañero/a para saber quién tiene más cuidado al manejar.

¡Fíjate!
Review how to express how long ago something happened (**hace** + [*time*] + **que** + [*activity*]) in **Episodio 21**, page 139.

1. ¿Tienes coche? ¿De qué marca (*make*)? ¿Cómo es? ¿Hace cuánto tiempo que lo tienes? ______
2. ¿Cuantos años tenías cuando sacaste tu licencia de manejar? ______
3. ¿Te dieron una multa alguna vez? ¿Hace cuánto tiempo? ______
4. ¿Manejas a exceso de velocidad? ¿Con qué frecuencia? ______
5. ¿Cuándo fue la última vez que te pasaste un semáforo en rojo? ______
6. ¿Con qué frecuencia llevas tu coche al mecánico? ______

I. Después de un accidente. Escribe en orden de importancia las instrucciones de lo que debemos hacer si tenemos un accidente de coche. Después compara tus respuestas con las de un(a) compañero/a.

Modelo **¡No se vayan del lugar del accidente!**

1. ______
2. ______
3. ______
4. ______
5. ______
6. ______

J. Cómo llegar a casa de Ramón. Tu amigo/a y tú quieren ir a casa de Ramón. Escucha las instrucciones para marcar en tu plano (*map*) cuál es la ruta para llegar a su casa, y cuál es la casa de Ramón.

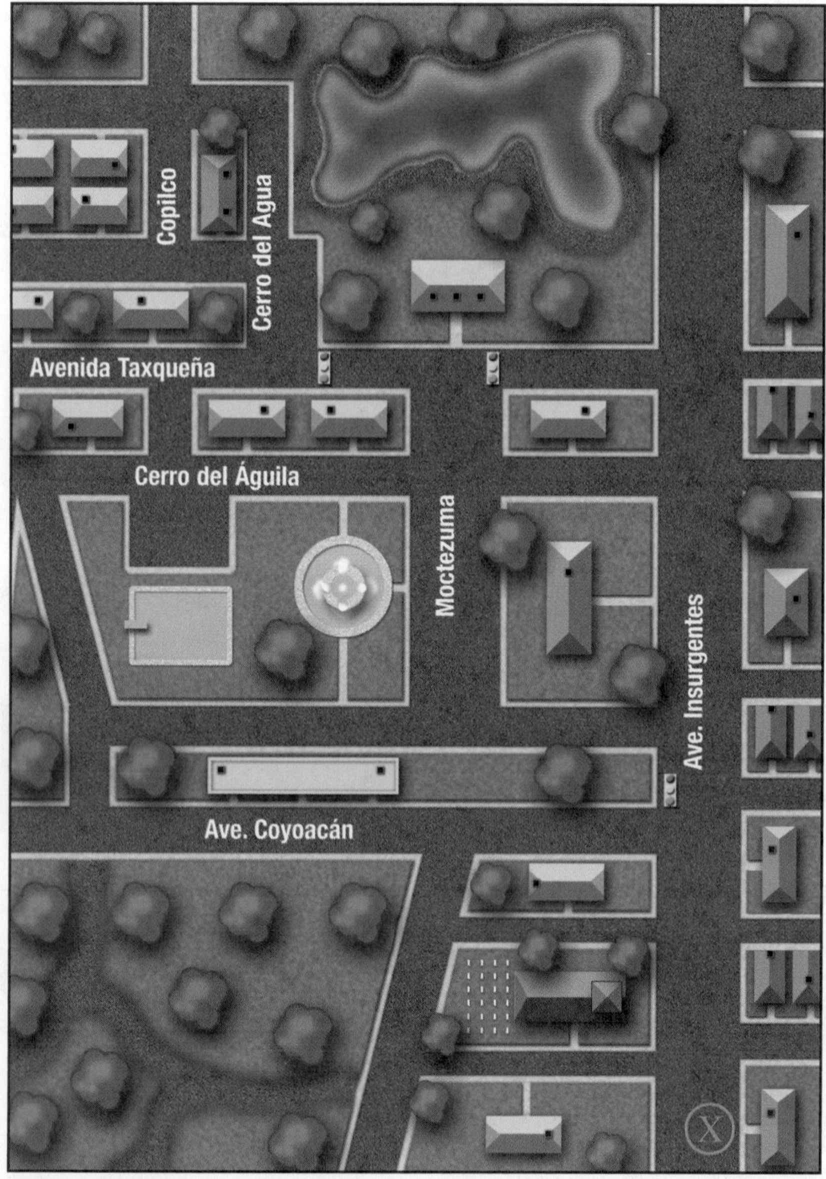

K. Creando conciencia. (*Raising awareness.*) Ustedes van a tratar de *(try to)* ayudar a concientizar a un grupo de adolescentes sobre varios temas *(topics)* importantes. Dividan la clase en seis grupos; cada grupo va a crear e ilustrar un cartel (*poster*) con los consejos a seguir para una de las situaciones. Busquen información importante en Internet. Después, presenten sus consejos a la clase.

1. Cómo ahorrar (*save*) gasolina
2. Cómo evitar una multa
3. Cómo ser un ciudadano (*citizen*) modelo
4. Cómo ayudar a conservar el medio ambiente (*environment*)
5. Cómo ser un buen amigo
6. Cómo evitar un accidente de coche

L. ¡A hablar! Explícale a un(a) compañero/a cómo llegar a tu casa desde la universidad. Dale todos los detalles que puedas.

M. La multa. En grupos de tres, hablen de la última multa que recibieron. Estén preparados para compartir sus experiencias con el resto de la clase. Si no han recibido ninguna multa, hablen de otra persona que ustedes conocen.

¡Fíjate!

Use the imperfect to set the stage: where you were going, what time it was, etc. Use the preterit to tell what happened.

Invitación a **Panamá**

En tus propias palabras. Lee la información para escribir en español lo que entendiste. Resume (*Summarize*) la información en dos o tres oraciones.

____

____

____

Del álbum de
Manolo

Panamá tiene aproximadamente 3,5 millones de habitantes. La cultura panameña es una mezcla de lo moderno y lo tradicional. Los kuna son una comunidad indígena que ha mantenido *(has kept)* su idioma, arte y modo de vida *(way of life)*. Son una sociedad matriarcal, con un alto sentido artístico. Las mujeres crean las famosas molas para sus blusas. Las molas son representaciones artísticas que expresan lo que piensan y sienten de todo, desde comentarios políticos hasta eventos simples. Las hacen con pedazos de tela *(pieces of cloth)* e hilos *(threads)* de colores para formar figuras geométricas y modernas. Otra comunidad importante en Panamá es la de origen chino. Hay más de 150.000 personas de ascendencia china. En el 2007, se aprobó *(was approved)* un plan para enseñar el chino como segunda lengua en todas las escuelas públicas de Panamá.

Otra importante contribución de Panamá al mundo es el Canal de Panamá. Este canal une el océano Pacífico con el Atlántico. La construcción de este canal es uno de los proyectos de ingeniería mundial más ambiciosos y difíciles. Investiga cuándo se construyó, cuánto mide *(how big it is)*, cómo funciona, cuánto dinero pagan los barcos *(ships)* para transitar por el canal y por qué lo van a extender.

Práctica adicional

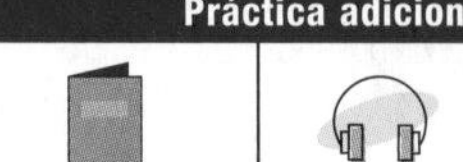

Cuaderno de tareas pp. 283–285, H–K	invitaciones.vhlcentral.com Lab practice	invitaciones.vhlcentral.com Episodio 26

Actividades comunicativas

A. Para manejar por la ciudad.

Instrucciones para **Estudiante 1**

Tu compañero/a y tú tienen el mismo crucigrama, pero tú tienes las respuestas que él/ella no tiene, y viceversa. Necesitas explicarle las palabras usando definiciones, sinónimos, antónimos o frases incompletas.

Modelo *13 horizontal:* **Necesitas tener este permiso para manejar.**
1 vertical: **Si no quieres dar vuelta a la izquierda, puedes dar vuelta a la...**

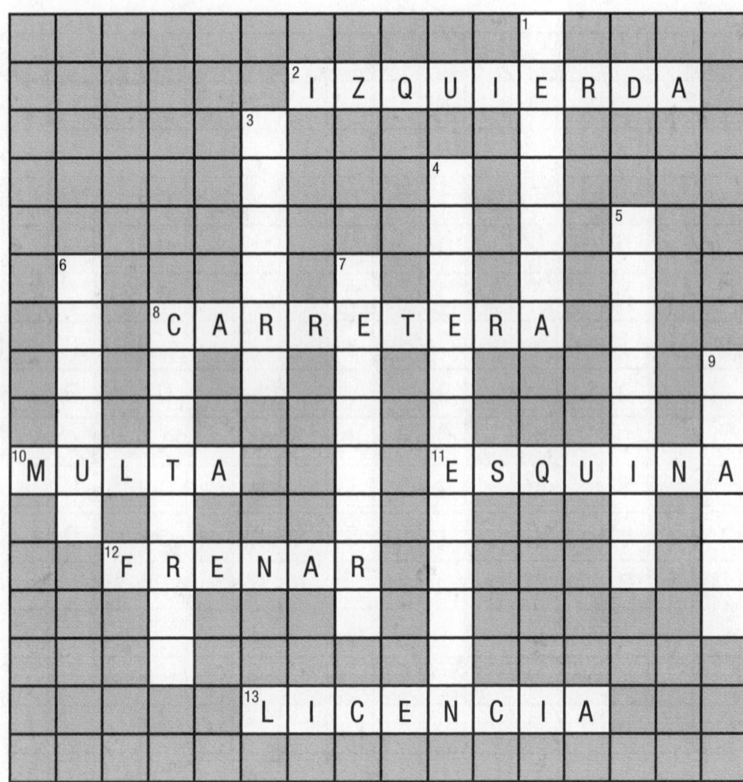

A. Para manejar por la ciudad.

Instrucciones para **Estudiante 2**

Tu compañero/a y tú tienen el mismo crucigrama, pero tú tienes las respuestas que él/ella no tiene, y viceversa. Necesitas explicarle las palabras usando definiciones, sinónimos, antónimos o frases incompletas.

Modelo *13 horizontal:* **Necesitas tener este permiso para manejar.**
1 vertical: **Si no quieres dar vuelta a la izquierda, puedes dar vuelta a la...**

											1 D				
						2					E				
					3 S						R				
					E				4 I		E				
					G				N		C		5 G		
	6 C				U		7 S		T		H		A		
	H		8 C		R		E		E		A		S		
	O		I		O		M		R				O		9 L
	Q		N				Á		S				L		L
10	U		T				F		11 E				I		A
	E		U				O		C				N		N
		12	R				R		C				A		T
			Ó				O		I						A
			N						Ó						
					13				N						

B. De visita en Salamanca.

Instrucciones para **Estudiante 1**

Estás en Salamanca, España y quieres visitar algunos lugares en la ciudad. Llamas al Centro de Información Turística para preguntar cómo llegar a estos lugares:

Casa de las Conchas	Torre del Clavero
Convento de las Dueñas	La universidad
Catedrales	

Infórmale a la persona que ahora estás en la **Plaza Mayor**. Cuando sepas dónde están los lugares que buscas, escribe los nombres en el plano *(map)*.

Banco de palabras

al lado de
next to

enfrente de
in front of

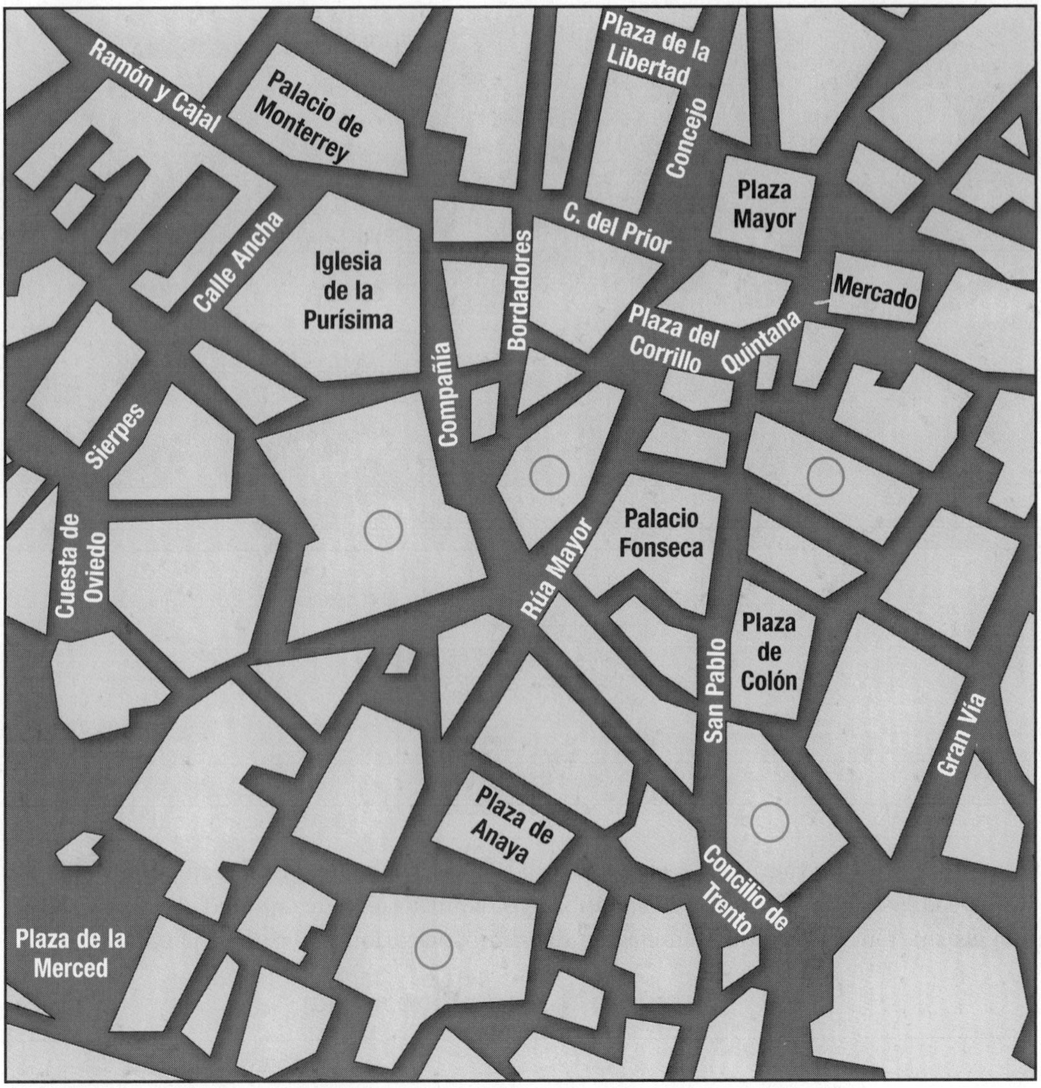

Ramón y Cajal
Palacio de Monterrey
Plaza de la Libertad
Concejo
Plaza Mayor
C. del Prior
Calle Ancha
Iglesia de la Purísima
Bordadores
Mercado
Plaza del Corrillo
Quintana
Compañía
Sierpes
Cuesta de Oviedo
Palacio Fonseca
Rúa Mayor
Plaza de Colón
San Pablo
Gran Vía
Plaza de Anaya
Concilio de Trento
Plaza de la Merced

B. De visita en Salamanca.

Instrucciones para **Estudiante 2**

Trabajas en el Centro de Información Turística de Salamanca, España. Un(a) turista te pide instrucciones para llegar a varios lugares. Pregúntale dónde está ahora. Después, usa el plano *(map)* para localizar los lugares que quiere visitar y explícale cómo llegar a cada lugar.

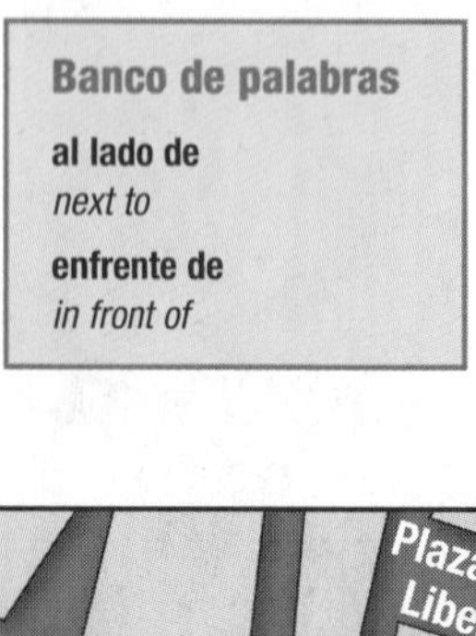

Banco de palabras

al lado de
next to

enfrente de
in front of

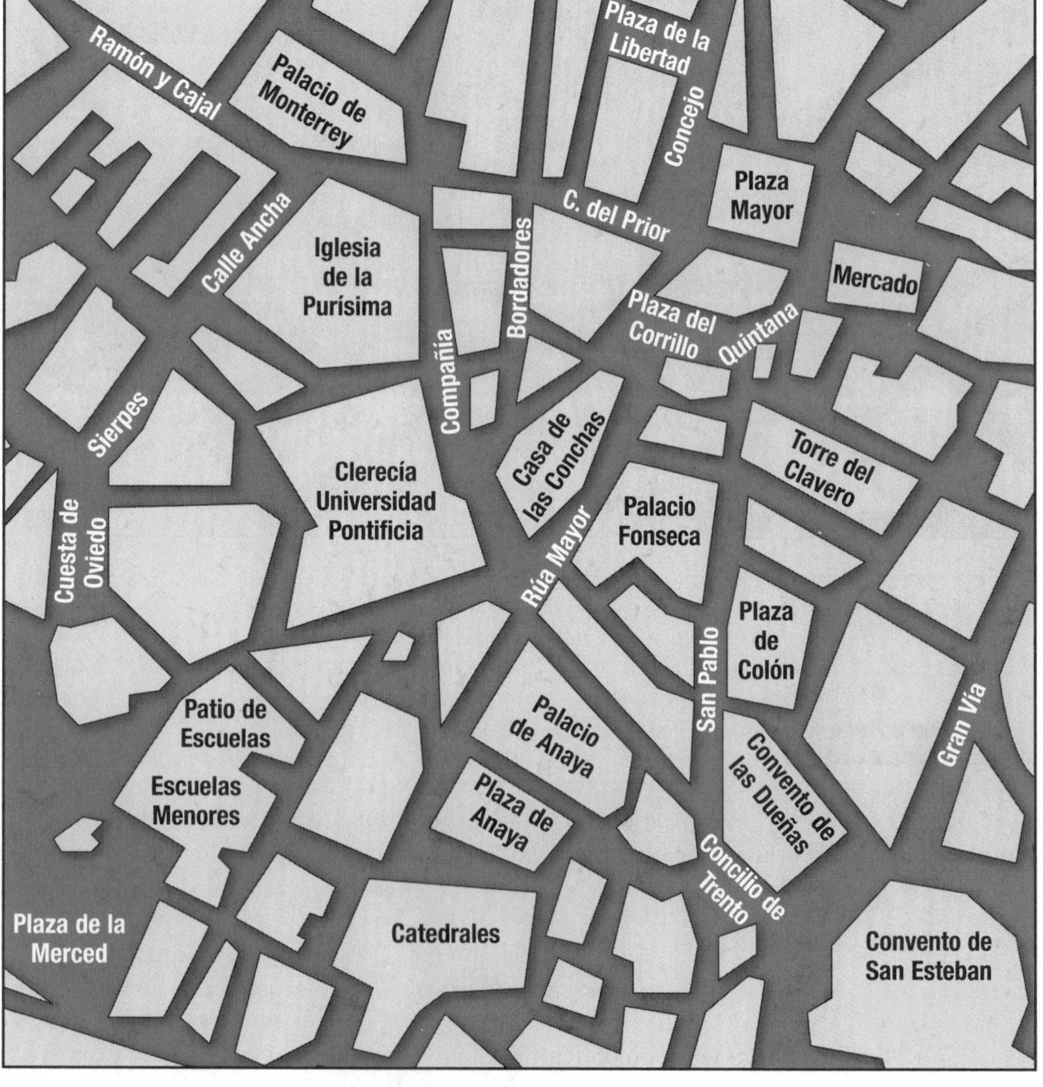

C. ¡Un día fatal!

Instrucciones para **Estudiante 1**

Parte 1. Primero examina las siguientes ilustraciones. Después úsalas para decirle a tu compañero/a lo que te pasó ayer. Inventa los detalles *(details)* para describir las seis ilustraciones. Usa **entonces, después** y **por eso.**

Banco de palabras

estar a media calle *to be jaywalking*	**se cayó** *he fell*
intentar *to try*	**llenar el tanque** *to fill up the tank*

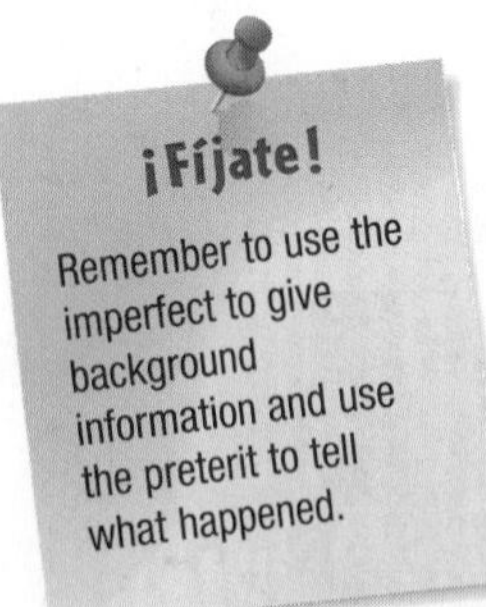
¡Fíjate!
Remember to use the imperfect to give background information and use the preterit to tell what happened.

ir a exceso de velocidad

recibir una multa

quedarse sin gasolina

llenar el tanque

estacionarse

recibir otra multa

Parte 2. Ahora investiga qué le pasó ayer a tu compañero/a. Para organizar tus ideas, usa: **¿Qué te pasó? ¿Cuándo ocurrió? ¿Adónde ibas? ¿Por dónde ibas? ¿Qué tiempo hacía? ¿Quiénes iban en el coche contigo?**

C. ¡Un día fatal!

Instrucciones para **Estudiante 2**

Parte 1. Investiga qué le pasó ayer a tu compañero/a. Para organizar tus ideas, usa: **¿Qué te pasó? ¿Cuándo ocurrió? ¿Adónde ibas? ¿Por dónde ibas? ¿Qué tiempo hacía? ¿Quiénes iban en el coche contigo?**

Parte 2. Ahora imagina que el siguiente accidente te pasó a ti. Dile a tu compañero/a cómo pasó. Inventa los detalles para describir las seis ilustraciones. Usa **entonces, después** y **por eso**.

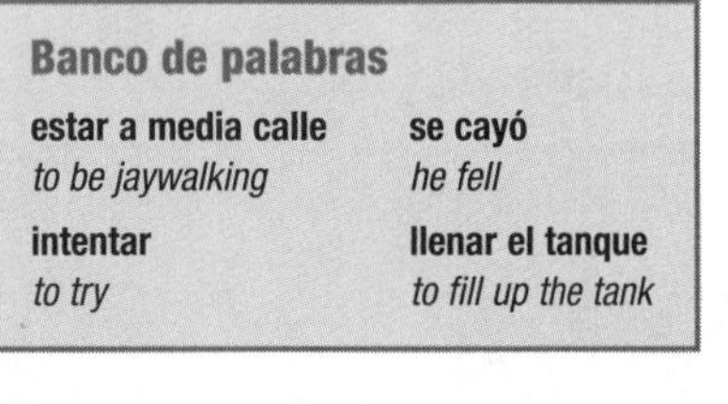

Banco de palabras

estar a media calle *to be jaywalking*	**se cayó** *he fell*
intentar *to try*	**llenar el tanque** *to fill up the tank*

¡Fíjate!
Remember to use the imperfect to give background information and use the preterit to tell what happened.

divertirse

ver un perro

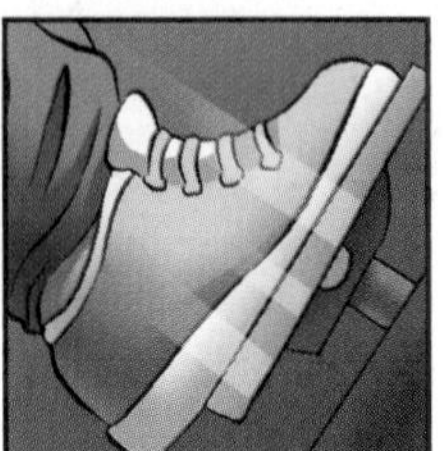

frenar para evitar al perro

pegarle a un hombre en bicicleta

caerse (*to fall down*)

recibir una multa

La correspondencia

El correo: Conduciendo en Costa Rica. Cuando alquila un coche en Costa Rica, usted recibe el siguiente folleto *(flyer)*. Primero lea las preguntas, luego lea el folleto y por último conteste las preguntas. Recuerde usar **mandatos formales** *(formal commands)*.

1. ¿Qué debe llevar el conductor en el coche y qué debe dejar en el hotel?

____

____

2. ¿Dónde debe cambiar dinero? ¿Qué cosas nunca debe llevar con usted?

____

3. Describa tres cosas que nunca debe hacer.

____

____

4. ¿Qué consejos se aplican (*are applied*) en la ciudad donde usted vive?

____

CONDUCIENDO EN COSTA RICA

Bienvenido a nuestro país

Gracias por visitar Costa Rica. Nos gustaría ofrecerle una simple guía *(guide)* para ayudarle a disfrutar una estadía *(stay)* segura en nuestro país. Como cualquier otro país, Costa Rica enfrenta el reto *(faces the challenge)* de mantener a sus visitantes y ciudadanos *(citizens)* a salvo *(safe)*. Evite problemas siguiendo nuestras recomendaciones.

- Siempre lleve con usted una fotocopia del pasaporte, enseñando su fotografía y el día de entrada al país. Deje el documento original en la caja de seguridad *(safe)* del hotel.
- Mantenga sus boletos *(tickets)* de viaje, documentos importantes, dinero en efectivo *(cash)* y cheques de viajero en la caja de seguridad del hotel. Escriba los números de sus cheques de viajero y guárdelos en un lugar aparte.
- Si cambia *(exchange)* dinero, hágalo en el banco o en su hotel y nunca en la calle.
- No use joyas valiosas y no lleve consigo grandes cantidades de dinero, sino únicamente el dinero necesario para cada día.
- Cuide sus objetos de valor, como cámaras, y ponga su billetera *(wallet)* en el bolsillo *(pocket)* frontal del pantalón.
- Si va a salir en la noche, pídale a la recepción del hotel que le llame un taxi.

Vehículos: Normas y regulaciones del camino

- Planee sus rutas con anterioridad y revise *(check)* su mapa cuando lo necesite. Recuerde llevar su licencia de conducir y la copia de su pasaporte en todo momento.
- Siga las normas en todo momento. Evite accidentes manejando despacio *(slowly)* y a la defensiva, esperando *(expecting)* lo inesperado.
- No maneje a exceso de velocidad. Los límites de velocidad varían y están señalizados (*marked*) en las carreteras.
- La ley exige que todos los pasajeros de un vehículo usen el cinturón de seguridad.
- Por ninguna circunstancia le ofrezca dinero a un oficial de tránsito o a algún otro oficial de la policía.
- Maneje con confianza, pero esté alerta. No le pare a gente haciendo señas (*hitchhikers*) y nunca a los mochileros (*backpackers*).
- Nunca deje el carro en la calle; siempre busque un estacionamiento seguro. No deje cosas en el carro que puedan ser vistas por transeúntes (*passers-by*).
- Mantenga las puertas con seguro *(lock)* todo el tiempo. Si está manejando en el centro de San José, mantenga las ventanas cerradas.
- Revise su automóvil y asegúrese de llevar los documentos apropiados antes de empezar a manejar. Si le dan una boleta de infracción (una multa), puede pagarla en cualquier banco estatal y presentar una copia de su recibo en la agencia de *Rent-a-Car* cuando devuelva *(you return)* el vehículo.

En papel: Un accidente. Escribe una pequeña narración de un accidente que te haya pasado a ti *(has happened to you)* o a alguien que tú conoces. Incluye todos los detalles: ¿Dónde estabas? ¿Con quién estabas? ¿Cuándo fue? ¿Cómo fue? ¿Qué pasó antes, durante y después del accidente?

¡A ver de nuevo!

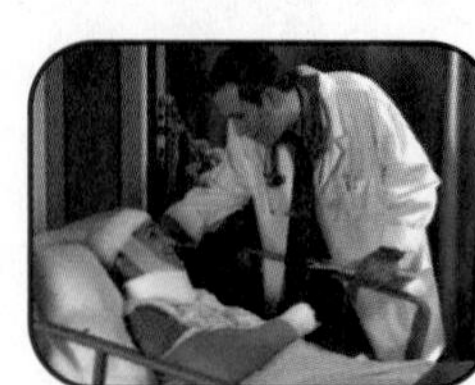

Parte 1. Contesta las preguntas para resumir la **Escena**.

1. ¿Cuándo va a salir Adriana del hospital?
2. ¿Qué tiene que hacer cuando esté en casa?
3. ¿Cómo la va a ayudar su esposo Santiago?
4. ¿Qué le duele a Adriana todavía? ¿Qué tiene que hacer para mejorarse?
5. ¿Qué dieta tiene que seguir Adriana en casa?

Parte 2. Ahora trabaja con un(a) compañero/a para añadir la información que te falta.

Práctica adicional			
Cuaderno de tareas p. 286, L	invitaciones. vhlcentral.com Episodio 26	invitaciones. vhlcentral.com Lab practice	invitaciones. vhlcentral.com Episodio 26

Vocabulario del Episodio 26

Objetivos comunicativos

You should now be able to do the following in Spanish:

- ✓ give instructions
- ✓ talk about city driving

Road-related vocabulary

acelerar	*to accelerate*
apagar el coche	*to turn off the car*
la autopista	*freeway/expressway*
la carretera	*highway*
cruzar la calle	*to cross the street*
chocar con (un coche)	*to hit (a car)*
el/la conductor(a)	*driver*
dar vuelta/doblar a la derecha en la avenida...	*to turn right at... Avenue*
izquierda en la calle...	*left on... Street*
la esquina	*corner*
estacionarse enfrente de	*to park in front of*
evitar las multas	*to avoid fines; tickets*
frenar	*to brake*
la intersección	*intersection*
ir/manejar a exceso de velocidad	*to speed*
la licencia de manejar	*driver's license*
obedecer las señales de tránsito	*to obey the traffic signs*
parar	*to stop*
pasar (dos) semáforos	*to pass (two) traffic lights*
pasarse el alto/el semáforo en rojo	*to run a red light*
ponerse el cinturón de seguridad	*to wear a seat belt*
prender el coche	*to turn on the car*
la primera/segunda entrada	*the first/second entrance*
quedarse sin gasolina	*to run out of gas*
revisar las llantas	*to check the tires*
salirse en...	*to get off at...*
seguir derecho (tres) cuadras	*to go straight ahead for (three) blocks*
tener seguro	*to have insurance*
tomar la autopista al norte	*to take the freeway north*
al sur, al este, al oeste	*south, east, west*

Vocabulario personal

Escribe todo el vocabulario que necesitas saber para dar direcciones de cómo llegar a tu casa.

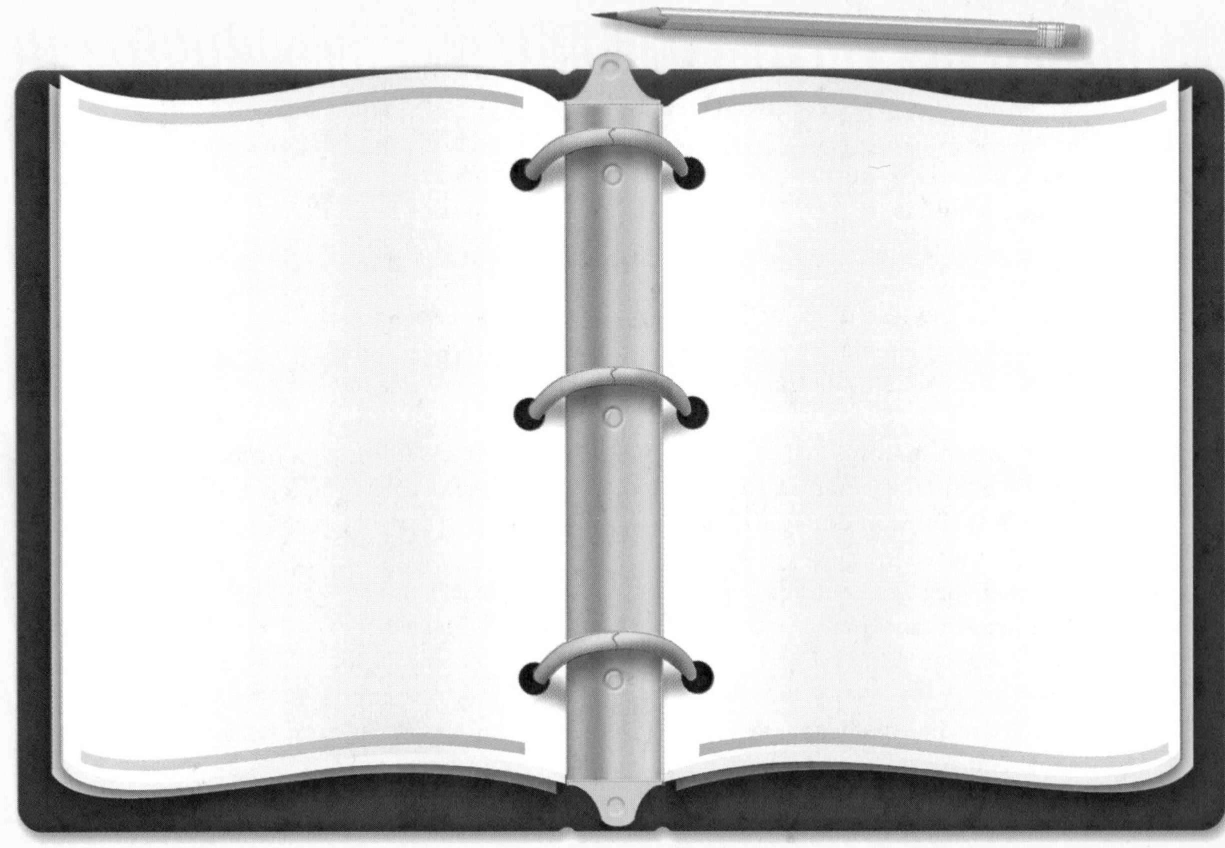

Cuaderno de tareas

Episodio

Escenas de la vida: De regreso a casa

A. ¡A ver cuánto entendiste! See how much of the **Escena** you understood by matching the Spanish phrases with their English equivalents.

1. Las recomendaciones del doctor.

_____ 1. Puede irse a casa esta misma tarde.	a. Don't strain your eyes.
_____ 2. No haga esfuerzo con la vista.	b. Don't bathe yet.
_____ 3. Tengo buenas noticias.	c. Come back in three days so we can check your wound.
_____ 4. Los productos lácteos interfieren con las pastillas.	d. I have good news.
_____ 5. No se bañe todavía.	e. You can go home this afternoon.
_____ 6. En tres días venga para que le revisemos la herida.	f. Dairy products interfere with the pills.

2. Las preguntas de los Barrón.

_____ 1. ¿Puedo comer de todo?	a. My neck still hurts a lot.
_____ 2. ¿Se lo puede quitar para dormir?	b. Can I eat anything I want?
_____ 3. ¿Qué debemos hacer?	c. You would do that for me?
_____ 4. Por lo menos voy a poder leer unas novelas.	d. Can she take it off to sleep?
_____ 5. Todavía me duele bastante el cuello.	e. What should we do?
_____ 6. ¿Tú harías eso por mí?	f. At least I'm going to be able to read a few novels.

B. De regreso a casa. Form complete sentences with an element from column **A** and column **B**.

A	B
_____ 1. Quédese en cama	a. lo más posible.
_____ 2. Dese	b. con la vista.
_____ 3. Termine de tomar	c. una semana más.
_____ 4. No lea	d. un baño de esponja.
_____ 5. Descanse	e. las pastillas que le dimos.
_____ 6. No haga esfuerzo	f. más de dos horas al día.

Nombre ______________________ Fecha ____________

C. ¿Entendiste todo? Answer the following questions.

1. ¿Qué le pregunta Adriana al doctor?

   ____.

2. ¿Qué no quiere el doctor que haga Adriana? *(Write at least three things.)*

   ____

   ____.

3. ¿Qué otras recomendaciones le da? *(Write at least three things.)*

   ____

   ____.

4. ¿Qué le duele a Adriana?

   ____.

5. ¿Por qué Adriana quiere quitarse el aparato del cuello?

   ____.

6. ¿Qué le dice el doctor?

   ____

   ____.

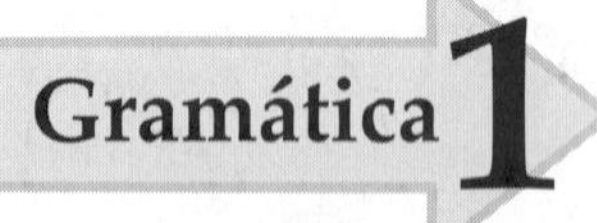

Gramática 1 Giving instructions • Formal commands

D. La ayuda para Adriana. Adriana is at home in bed after the accident. Write the instructions that she gives the woman Santiago hired to help her.

Modelo

comprar comida para la semana
Compre comida para la semana.

1. sacar la basura al garaje ____________________
2. barrer el patio y el balcón ____________________
3. limpiar la cocina y el baño ____________________
4. lavar los platos ____________________
5. no pasar la aspiradora en la sala ____________________
6. no poner la mesa del comedor ____________________
7. recoger la ropa de los cuartos ____________________
8. y llevarla al garaje ____________________

Nombre ______________________________ Fecha _______________

E. Cómo ayudar a sus hijos a decir NO a las drogas. Match each headline with its corresponding text.

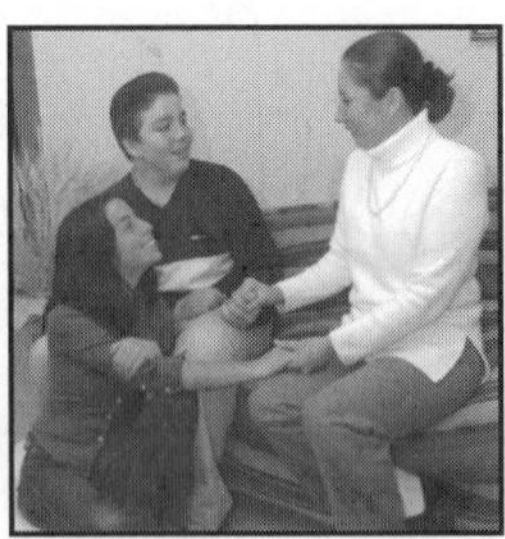

Sea un buen ejemplo
Ayude a sus hijos a desarrollar la autoestima *(develop self-esteem)*
Escuche realmente a sus hijos
Enséñeles valores morales
Hable con sus hijos sobre el alcohol y las drogas
Establezca normas específicas en casa
Ponga a sus hijos en clases recreativas

1. ____

   Es importante tener normas precisas en casa con respecto a las drogas y el alcohol. Las normas en la familia ayudan a sus hijos a decir que no a la presión de grupo.

2. ____

   Los padres son el modelo más importante que tienen los hijos. Deles un ejemplo saludable.

3. ____

   Sea abierto y eduque a sus hijos sobre las consecuencias del consumo de drogas y alcohol. Comprobará *(You will realize)* que tienen ideas falsas y mitos erróneos.

4. ____

   Estimule a sus hijos a participar en actividades sanas: clases de música, gimnasia, deportes. Participe con ellos cuando sea posible.

5. ____

   Aprenda a escuchar. Los niños hablan más sobre temas *(topics)* difíciles cuando saben que sus padres los comprenden.

6. ____

   Sus hijos se sentirán bien consigo mismos cuando usted alabe sus logros *(praise their achievements)*, pero también sus esfuerzos. Critique sus acciones negativas con amor y sin enojarse. Los hijos cariñosos, respetuosos y seguros de sí mismos tienden a ignorar la presión de sus compañeros y decir NO fácilmente.

7. ____

   Los hijos con principios morales bien firmes y establecidos toman decisiones basadas en lo que es correcto y no en lo que dicen los amigos.

Nombre ______________________ Fecha ______________

F. ¡Ay, es que estamos muy aburridos! You are babysitting for your neighbor's children, and they are bored. Tell them all the activities they could do, using **ustedes** commands.

Modelo

¡Jueguen a las damas chinas!

¡Fíjate!
To review chores and fun activities, go to **Episodio 18**, p. 60.

1.  
____
____

2.  
____
____

3. 
____
____

4. 
____
____

5. 
____
____

6. 
____
____

G. Cuide su salud. Imagine you are the doctor; tell your patient what to do and not to do, in order to be healthy. Use formal commands.

1.  
____
____

2. 
____
____

3. 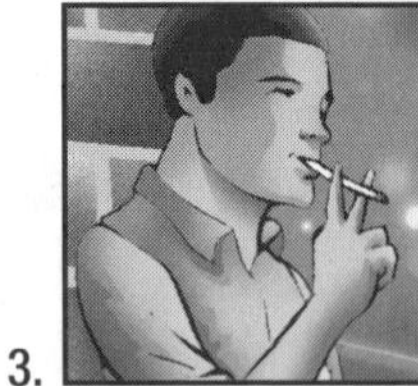
____
____

4. 
____
____

5. 
____
____

6. 
____
____

Nombre ______________________________ Fecha _______________

H. Los automovilistas. Empareja la columna **A** con la columna **B** para formar oraciones lógicas.

A

____ 1. Me dieron una multa
____ 2. Íbamos a seguir derecho
____ 3. Después del accidente,
____ 4. Los dos coches chocaron
____ 5. Tuve un accidente
____ 6. Tomó el autobús porque

B

a. cuando el coche de atrás nos pegó.
b. el conductor dijo: "No fue mi culpa."
c. porque yo manejaba a exceso de velocidad.
d. su coche se descompuso.
e. porque uno de ellos se pasó un semáforo en rojo.
f. porque se me ponchó una llanta.

I. Situaciones de manejo. Fill in the necessary words.

1. Para manejar necesitamos tener una ____________________________.
2. En las ____________________________ podemos manejar a 65 millas por hora.
3. La persona que maneja el coche es el ____________________________.
4. En una intersección grande siempre hay un ____________________________.
5. Cuando el semáforo está en rojo tenemos que ____________________________.
6. Me dieron una ____________________________ por estacionarme en una zona roja.
7. Ayer vi un ____________________________; un coche rojo le pegó a uno azul.
8. Tuvieron un accidente muy fuerte porque los dos coches iban a ____________________________.
9. Tuvimos que caminar una milla para encontrar una gasolinera porque ayer ____________________________.
10. El coche que me pegó ____________________________ el semáforo en rojo; no frenó.

Nombre ______________________ Fecha ____________

Vocabulario 1

Talking about city driving
• Road-related vocabulary

J. Tú eres el experto. You are teaching a driver's ed class. Tell the students what they should do in each situation. Look at the model carefully.

Modelo

Crucen la calle en las esquinas.

1. ____

2. ____

3. ____

4. ____

5. ____

Nombre ______________________________ Fecha ______________

K. Una experiencia horrible. Read the questions, then read the text. Finally, answer the questions.

1. ¿Dónde ocurrió el accidente? ______________________________
2. ¿Cómo ocurrió el accidente? ______________________________
____
3. ¿Cuántas personas iban en el coche? ______________________________
4. ¿Por qué tuvieron que esperar a que el coche quedara *(was)* totalmente sumergido?
____
5. ¿Cómo llegaron al hospital? ¿Qué les hicieron en el hospital?
____
____

Vehículo número: 8 Chofer: Ramón Robledo Limusinas Prestigio

El día 15 de mayo recogí a los señores Baruki en su hotel a las 8:15 de la mañana. Los llevé a la calle Broadway, donde los esperé[1] hasta las 13:00. A las 13:15 tomé la autopista 15 hacia el norte y después la carretera 76 hacia el este para ir a Palm Springs. La carretera 76 es un camino de montaña de sólo dos carriles[2]. Eran aproximadamente las 14:40 cuando, al entrar a una curva, me encontré de frente con un coche que intentaba pasar a un camión de carga[3] que venía en dirección opuesta[4] a la mía. Lo único que pude hacer para evitar un choque de frente[5] fue salirme de la carretera hacia la derecha.

El coche dio varias vueltas[6] hasta que cayó[7] dentro del río[8] al fondo del precipicio. El agua empezó a cubrir[9] el coche y nos empezamos a hundir[10] rápidamente. Mis pasajeros y yo estábamos conscientes aunque un poco golpeados[11]. Cuando vieron que el coche se llenaba de[12] agua, quisieron abrir las puertas. Tuve que gritarles[13] para calmarlos y explicarles que teníamos que esperar. Les dije que el coche tiene que llenarse de agua completamente para poder salir; sí no, la presión del agua contra las puertas haría[14] imposible poder abrirlas.

A pesar del[15] entrenamiento que recibí en la compañía para estos casos de emergencia, donde nos dijeron una y otra vez que la única forma de salir con vida de un accidente así es esperar, fueron los momentos más horrorosos de mi vida.

También tenía miedo[16] por los señores Baruki. Estaban aterrorizados; pero algo en su interior les hizo hacer lo que yo les decía. Afortunadamente, una vez que el coche quedó totalmente sumergido, pudimos abrir las puertas y salir hacia la superficie del río. Cuando llegamos a la orilla[17], ya había varias personas ahí. Alguien había llamado a una ambulancia que llegó momentos después. Nos llevaron al hospital, y después de curarnos las heridas y revisarnos, nos dejaron salir.

Seguramente ésta ha sido una experiencia que ni los señores Baruki ni yo vamos a olvidar jamás[18].

[1] *I waited for them* [2] *lanes* [3] *freight truck* [4] *opposite* [5] **de...** *head-on* [6] *several turns* [7] *fell* [8] *river* [9] *cover* [10] *sink* [11] *beaten up* [12] **se...** *was filling up with* [13] *yell at them* [14] *would make it* [15] *Despite the* [16] *fear* [17] *shore* [18] **vamos...** *will ever forget*

Nombre ______________________ Fecha ____________

Para terminar

L. Una miniprueba.

1. Tell Sofía and Ana Mari:
   a. you were late because you had a flat tire
   b. they have to have insurance
   c. not to take the freeway

2. Tell Adriana:
   d. you ran out of gas on Sunday
   e. not to lend her car to her younger kids
   f. you got a ticket for speeding

a. ____

b. ____

c. ____

d. ____

e. ____

f. ____

Objetivo comunicativo

In this episode, you will practice:

✓ making suggestions and recommendations

Episodio 27

Escenas de la vida: El anillo de compromiso

A. ¡Mira cuánto puedes entender!

Parte 1. Indica qué comentarios son ciertos, de acuerdo con la **Escena**.

☐ 

Wayne quiere que **Sofía** se case **con él.**

☐ 

Es importante que conozca **bien a la familia de Sofía.**

☐ 

Ramón le aconseja que salga **con otras chicas.**

☐ 

Ramón le recomienda que devuelva **el anillo de compromiso.**

☐ 

Ramón le recomienda que compre **un anillo de compromiso.**

☐ 

El papá de Sofía espera que **Wayne y Sofía** sean **muy felices.**

Parte 2. Mira el video o escucha la **Escena** para seleccionar la respuesta **falsa**.

1. Wayne…
   a. está enamorado de Sofía. b. está casado con Sofía. c. le compró un anillo a Sofía.
2. Ramón le recomienda a Wayne que…
   a. viaje. b. hable con Sofía de sus planes. c. se case con otra chica.
3. El papá de Sofía va a querer que…
   a. Wayne tenga un buen trabajo. b. Sofía termine sus estudios. c. Sofía se case con Ramón.
4. Ramón le aconseja a Wayne que…
   a. compre un buen coche. b. no le diga a nada Sofía c. devuelva el anillo.
5. Ramón es...
   a. idealista. b. realista. c. buen amigo.
6. Para Ramón, es importante que Wayne...
   a. hable con Sofía. b. sea rico antes de casarse. c. no piense en casarse ahora.

B. ¿Te diste cuenta? Mira la **Escena** otra vez para completar las oraciones.

1. Wayne no conoce bien a ______________________________.
2. Wayne sólo puede ofrecerle a Sofía __________ y __________.
3. Wayne piensa que Ramón es ______________________________.
4. El papá de Ramón puede darle __________________ a Wayne.
5. Wayne no sabe si Sofía __________________ casarse.

C. El anillo de compromiso. Contesta las preguntas.

1. ¿Por qué Ramón no quiere que Wayne se case ahora?
____
2. ¿Por qué piensa Ramón que hablar con su papá es una buena idea?
____
3. ¿Por qué Wayne quiere casarse ahora si todavía es muy joven?
____
4. En tu opinión, ¿quién tiene razón *(who's right)*? ¿Por qué?
____

Cultura a lo vivo

En el mundo hispanohablante, cuando una pareja[1] formaliza su relación, ésta se convierte en un asunto[2] familiar serio. En el período entre la formalización de la relación (con el compromiso) y la boda[3], las familias de los novios incorporan a la pareja a las actividades y eventos familiares. Este período también sirve para que las dos familias se conozcan, pues posteriormente pasan a ser parte del círculo familiar. En la cena de compromiso, normalmente el chico y su familia van a la casa de la chica y se fija la fecha de la boda.

[1]*couple* [2]*matter* [3]*wedding*

Práctica adicional		
Cuaderno de tareas pp. 301–302, A–B	invitaciones. vhlcentral.com Episodio 27	invitaciones. vhlcentral.com Episodio 27

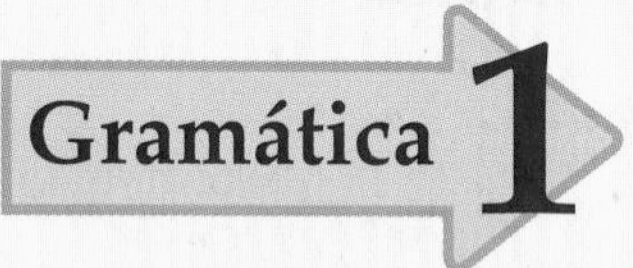

Para comunicarnos mejor

Gramática 1

Making suggestions and recommendations
• The subjunctive with verbs of will and influence

The verb forms that you have learned and used (present, preterit, and imperfect) are called *indicative* forms; indicative forms refer to relatively concrete and specific events or conditions. In this episode, you will learn a new set of verb forms, called the *subjunctive*. Subjunctive forms usually refer to an event or condition that may or may not occur. In the conversation, Ramón made several recommendations to Wayne.

Es necesario que Sofía **termine** sus estudios.	*It's necessary that Sofía finishes her studies.*
Quiero que **hables** con mi papá.	*I want you to talk to my dad.*
Te recomiendo que **devuelvas** ese anillo de compromiso.	*I recommend that you return that engagement ring.*
Te aconsejo que **vayas** a la joyería.	*I advise you to go to the jewelry store.*

Notice that all the sentences have the same structure: each contains two clauses with two subjects joined by **que** *(that)*. In the main clause, Ramón tries to influence Wayne by recommending a course of action (**te recomiendo**), by offering advice (**te aconsejo**), by expressing a wish (**quiero**), and by voicing an opinion (**Es necesario/importante**). In each case, the verb in the main clause is in the indicative. In the dependent clause, which expresses what Ramón is trying to get Wayne to consider, the verb is in the subjunctive.

1. When the main clause expresses a suggestion, a recommendation, or a desire to influence someone, the verb in the dependent clause is always in the subjunctive.

[*subject 1*] + [*verb of influence or desire*] + **que** + [*subject 2*] + [*verb in subjunctive*]

(Yo) **quiero** **que** **(tú)** **hables con mi papá.**

2. You already know two subjunctive forms—the **usted** and the **ustedes** forms—because they are the same as the **usted** and **ustedes** command forms, which you learned in **Episodio 26**. To review these forms, which are also the **él/ella** and **ellos/ellas** subjunctive forms, see pages 261 and 262.
3. To form the present subjunctive, take the **yo** form of the present indicative, drop the **-o** ending, and add the subjunctive endings, highlighted in blue in the following chart. Notice that the **yo** forms—**hablo, tengo**, and **salgo**—are the basis for the subjunctive conjugation, and that any spelling changes that appear in the **yo** forms are preserved throughout the entire conjugation.

El presente de subjuntivo

	-ar	-er	-ir
yo	hable	tenga	salga
tú	hables	tengas	salgas
Ud./él/ella	hable	tenga	salga
nosotros/as	hablemos	tengamos	salgamos
vosotros/as	habléis	tengáis	salgáis
Uds./ellos/ellas	hablen	tengan	salgan

4. The same verbs that are irregular in the **usted** and **ustedes** commands are also irregular in the present subjunctive.

Los verbos irregulares en el subjuntivo

	dar	estar	ir	saber	ser
yo	dé	esté	vaya	sepa	sea
tú	des	estés	vayas	sepas	seas
Ud./él/ella	dé	esté	vayan	sepa	sea
nosotros/as	demos	estemos	vayamos	sepamos	seamos
vosotros/as	deis	estéis	vayáis	sepáis	seáis
Uds./ellos/ellas	den	estén	vayan	sepan	sean

5. To maintain the **-c, -g,** and **-z** sounds, verbs ending in **-car, -gar,** and **-zar** have a spelling change in the subjunctive, as with the preterit and formal command forms.

   tocar (c → qu) → toque, toques, toque...
   jugar (g → gu) → juegue, juegues, juegue...
   almorzar (z → c) → almuerce, almuerces, almuerce...

   Verbs that end in **-ger** also have a spelling change.
   recoger (g → j) **recoja, recojas, recoja**...

6. The subjunctive may be used to give indirect commands. Study the examples below. Notice that in indirect commands, the object and reflexive pronouns always precede the verb.

Direct commands	Indirect commands
Niños, **acuéstense** temprano.	Quiero que **se acuesten** temprano.
No **le pidan** dinero a su abuela.	Espero que no **le pidan** dinero a su abuela.

7. Here is a list of verbs and expressions that are generally followed by the subjunctive.

Para dar sugerencias y recomendaciones		
aconsejar	*to advise*	**Te aconsejo que...**
recomendar (e → ie)	*to recommend*	**Él me recomienda que...**
esperar	*to hope; to expect*	**Esperamos que...**
querer (e → ie)	*to want*	**Quieren que...**
sugerir (e → ie)	*to suggest*	**Les sugiero que...**
Es necesario/importante que...	*It is necessary/important that...*	**Es necesario que lo lean.**
Ojalá (que)...	*Hopefully...*	**Ojalá que me invite.**

8. The subjunctive of **hay** is **haya**.

PRÁCTICA

A. Las recomendaciones de tus profesores. Completa las oraciones con las recomendaciones más comunes que te dan tus profesores. Escoge entre los verbos de la lista. Puedes usarlos más de una vez.

estudiar **llegar** **entregar** **hacer** **saber** **estar**

Mis profesores...

1. quieren que yo ______________________________.
2. esperan que nosotros ______________________________.
3. nos aconsejan que ______________________________.
4. nos recomiendan que ______________________________.

También nos dicen:

5. "Es importante que ustedes ______________________________."
6. "Es necesario que todos ______________________________."

B. Los problemas de Manolo. Como te explica en el siguiente correo electrónico, Manolo y su compañero continúan con problemas. Basándote en el mensaje de Manolo, escribe cuatro sugerencias que Manolo le hace a Jorge.

Modelo **Jorge, quiero que...**
Además es necesario que...

... En cuanto a Jorge, seguimos con problemas. Es muy desordenado, lava la ropa con poca frecuencia y nunca limpia su cuarto. Le gustan mucho las fiestas, así que invita a sus amigos, que bailan y cantan toda la noche. No puedo estudiar con ese ruido *(noise)*. Además, tiene varias novias. Yo no sé si debo decirle que eso no es correcto o quedarme callado *(quiet)*. ¿Qué me recomiendas que haga? ¡Contéstame!

Saludos,
Manolo

1. ______________________________

____

2. ______________________________

____

3. ______________________________

____

4. ______________________________

____

C. Consejos para la primera cita. Un amigo tuyo no tiene suerte *(luck)* en sus primeras citas. Las chicas nunca quieren volver a salir con él después de la primera cita. Escribe cinco recomendaciones para tu amigo con lo que debe y no debe hacer.

____

____

____

____

D. El campamento de verano. Algunos compañeros y tú van a trabajar este verano en un campamento de verano para niños. Como líderes de grupo, tienen que organizar, dirigir *(lead)* y controlar a los niños. Para estar preparados, escriban por lo menos ocho recomendaciones que van a usar con los niños. Usen las expresiones de la página 290, el vocabulario de la página 165 y las imágenes como guía.

Modelo **Les aconsejo que jueguen al escondite con los niños. Es importante que los niños se lleven bien.**

E. Problemas personales. En el periódico, cada semana hay cartas de personas con problemas. Primero lee la carta de esta semana. Después escribe una respuesta en tu cuaderno y dale a la persona, como mínimo, cuatro consejos. Usa las expresiones de la página 290. Empieza con **Siento mucho que tenga problemas con...** y termina con **Espero que mis consejos le sean útiles. Le deseo mucha suerte.**

Doctora Corazón:

Espero que se encuentre bien. Necesito sus consejos. Siempre he sido *(I have been)* muy buen estudiante, hasta que conocí a mi novia. Ahora voy muy mal en todas mis clases y mis profesores me preguntaron qué me pasaba. No es que ya no me interese la escuela. Lo que pasa es que mi novia es muy posesiva y no me deja ni un minuto libre para estudiar. Cuando le digo que no la puedo ver porque tengo que estudiar, se pone a llorar (*cry*), me dice que ya no la quiero y que la engaño *(I am cheating on her)* con mis compañeras de clase. Yo la quiero mucho y no quiero terminar mi relación. ¿Qué me recomienda que haga?

Estudiante con problemas

Práctica adicional

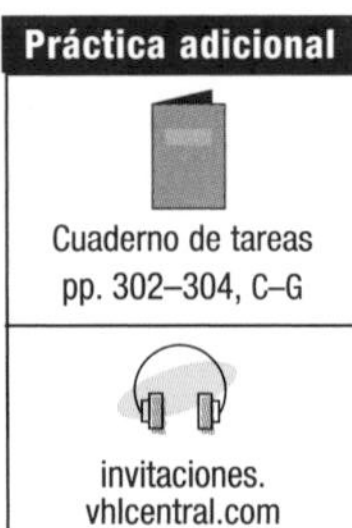

Cuaderno de tareas pp. 302–304, C–G

invitaciones.vhlcentral.com Lab practice

invitaciones.vhlcentral.com Episodio 27

¡Fíjate!
Remember to use the **usted** forms: **Le recomiendo que..., le aconsejo que...**

Actividades comunicativas

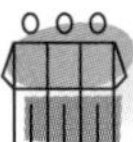

A. La encuesta dice... Esta actividad es similar al programa *Family Feud.* En grupos de cuatro personas, escriban las cinco respuestas que ustedes crean que son las más comunes. Tu profesor(a) tiene las respuestas correctas.

1. Las cosas más comunes que las esposas les exigen a *(demand from)* sus esposos.

Modelo Quiero que **me llames si vas a regresar tarde a casa.**

Quiero que...

a. ____________________

b. ____________________

c. ____________________

d. ____________________

e. ____________________

2. Las recomendaciones que un padre le hace a su hijo/a de dieciocho años que acaba de comprar su primer coche.

Modelo Es importante que **cuides el coche.**

Es importante que...

a. ____________________

b. ____________________

c. ____________________

d. ____________________

e. ____________________

3. Las órdenes más comunes que un papá le da a su hija de dieciséis años.

Modelo No quiero que **te pongas minifaldas.**

(No) Quiero que...

a. ____________________

b. ____________________

c. ____________________

d. ____________________

e. ____________________

B. El asistente.

Instrucciones para **Estudiante 1**

Acabas de contratar a un(a) asistente. Dile las cosas que esperas que él/ella haga en la oficina y las que no quieres que haga. Usa las ilustraciones como guía. Incluye todos los detalles que puedas. Usa **quiero que…**, **le recomiendo que…**, **es importante que…** y **prefiero que no….**

Modelo **Es importante que no se vaya a casa hasta que termine todo su trabajo.**

Banco de palabras

abrir *to open*	**la junta** *meeting*
archivar *to file*	**mandar un fax** *to send a fax*
el buzón *mailbox*	**sacar copias** *to make copies*

a.

b.

c.

d.

e.

f.

B. El asistente.

Instrucciones para Estudiante 2

Te acaban de contratar como asistente. Tu nuevo/a jefe/a te va a decir las cosas que quiere que tú hagas en la oficina y las que no quiere que hagas. Escríbelas para que no las olvides. Pregúntale si quiere/no quiere que hagas otras cosas, por ejemplo: contestar sus correos electrónicos, sacar fotocopias, etc.

Modelo ¿A qué hora quiere que salga a almorzar?

Banco de palabras

abrir *to open*	**la junta** *meeting*
archivar *to file*	**mandar un fax** *to send a fax*
el buzón *mailbox*	**sacar copias** *to make copies*

C. Consejos para principiantes. Tú y tu compañero/a son estudiantes consejeros/as *(peer advisors)* en su escuela. Tienen que dar recomendaciones a estudiantes de primer año que tienen malas notas en su clase de español. Denles ocho consejos sobre cómo tomar notas, aprender vocabulario, entender las lecturas, practicar conversación y preparar exámenes.

Modelo Es muy importante que estudien todos los días.

La correspondencia

El correo: Ahorrar (*To save*) dinero y energía en la casa.

Parte 1. Lee las preguntas sobre la lectura y después lee el artículo. Por último, contesta las preguntas.

Reading Strategy: Using a variety of reading strategies

Throughout this course, you have been applying a variety of strategies to help you understand the texts you read. You have been asked to determine your purpose for reading and to use background knowledge, visuals, and a text's organization to aid comprehension, to practice skimming, and to use cognates and context to uncover meaning.

You are going to read an article. First review the strategies you have learned; use them consciously as you read.

1. Determine your purpose for reading this article.
2. Skim the article. What is it about?
3. Consider the topic. What do you know about it?
4. Skim the article again. How is it organized?
5. Scan the text for cognates.
6. As you read, identify the words you do not understand. Use context to try to determine their meaning.
7. Read the text again. What percentage of it do you understand?
8. Think about the steps you will take to get *into* the text, *through* the text, and *beyond* the text. What are these steps?

1. En el invierno sube (*rises*) mucho la cuenta de electricidad. ¿Qué podemos hacer en casa para ahorrar energía?

   ____

   ____

2. ¿Qué tenemos que hacer para ahorrar agua caliente y dinero?

   ____

   ____

3. ¿A qué horas no debemos usar los aparatos electrodomésticos? ¿Por qué?

   ____

   ____

4. ¿Cuánta energía menos usan los focos fosforescentes?

   ____

   ____

¿Tiene un minuto? Ahorre cientos de dólares

Para ahorrar dinero y energía en su casa, no es necesario que usted invierta (*invest*) una gran cantidad de dinero ni de tiempo. Esta guía le ofrece algunas ideas que le costarán poco o nada. Algunas le van a ahorrar mucho dinero, otras solamente un par de dólares por año, pero si suma todo, podrá reducir su cuenta anual de energía en un 25 por ciento o más.

Calefacción

Cierre las persianas en la noche.

- En el invierno, baje la temperatura del termostato. Reduzca la temperatura de 70°F (21°C) a 65°F (18°C) mientras (*while*) esté en la casa y baje el termostato a 60°F (15°C) ó 55°F (12°C) cuando no esté en la casa o esté durmiendo. De este modo, la cuenta de la calefacción se reducirá aproximadamente un 25 por ciento.
- Cierre la puerta y la salida de calefacción de un dormitorio durante el día, o cierre completamente un cuarto que no se use, y ahorre unos 50 dólares anuales.
- Abra las persianas para dejar que entre el calor del sol y ciérrelas por la noche para mantener el calor dentro de la casa.

Agua caliente

- Baje la temperatura del calentador (*heater*). Usted va a sorprenderse cuando vea que puede bajar la temperatura del calentador de agua y seguir teniendo agua lo suficientemente caliente para todas sus necesidades.
- Una llave (*faucet*) de agua caliente que gotea (*leaks*) puede costarle más de 35 dólares anuales. Arréglela.
- Una ducha (una regadera) con sistema de ahorro de agua puede ahorrarle 40 dólares anuales.

Electrodomésticos

- El refrigerador consume una cuarta parte (*one-fourth*) de la electricidad que se usa en una casa. Por eso, suba un poco la temperatura en su refrigerador y ahorre unos cuantos dólares. No deje la puerta abierta mientras decide qué quiere comer. Cada vez que usted abre la puerta, el compresor necesita trabajar 8 ó 10 minutos para mantener frío el interior.
- Ahorre la mitad (*half*) de la energía que consume su lavaplatos al no usar el ciclo de secado (*drying cycle*). Además, es importante que utilice los aparatos eléctricos como lavaplatos, lavadoras y secadoras de ropa solamente cuando los llene (*you fill them*) (de preferencia antes de las cuatro o después de las ocho de la noche, cuando la demanda de electricidad es más baja).
- Apague los electrodomésticos que no use, especialmente cuando salga de vacaciones o no esté en casa.

Iluminación y otros

- Cambie los focos regulares por focos fosforescentes compactos. Estos focos usan el 67% menos de energía sin (*without*) reducir la cantidad de iluminación.

Use focos fosforescentes compactos.

- Prenda las luces (*light*) sólo cuando las necesite y apáguelas en cuanto salga de los cuartos.
- Cambie con regularidad el filtro de aire. Una unidad de aire acondicionado con filtros sucios (*dirty*) puede consumir de 5 a 10 por ciento más de energía de la necesaria.
- Desconecte su computadora, impresora (*printer*), iPod, estéreo y televisión. Todos estos aparatos electrónicos gastan electricidad aun cuando están apagados.

Cambie el filtro de la calefacción.

Parte 2. Con un(a) compañero/a, hagan una lista de otras medidas *(measures)* que pueden tomar para ahorrar energía y dinero. Después comparen su lista con la de otra pareja.

En papel: La seguridad es primero. Trabajas para el Club de Intercambio Internacional de tu universidad. Tienes que asegurar que los estudiantes extranjeros tengan una estancia *(stay)* segura en Estados Unidos. Prepara un folleto *(brochure)* con recomendaciones y advertencias *(warnings)* sobre la seguridad tanto en casa como en la escuela. Menciona los servicios disponibles en tu universidad (patrulla (*patrol*) estudiantil, escoltas (*escorts*), centro médico, etc.).

Writing Strategy: Using the dictionary effectively

When using the dictionary as a tool to write, you need to make sure that the words you select convey the meaning you want to communicate. The checklist below will enable you to avoid errors that could make your writing less comprehensible. Read each strategy and then use a Spanish-English dictionary to complete the task.

- Recall that dictionaries list adjectives in the masculine singular form **(alto)** and verbs in the infinitive form **(hablar)**.

  What is the Spanish equivalent of *Close your windows at night*? Remember that *close* is a command form and that *windows* is plural.

- When using a Spanish-English dictionary, read all the definitions and examples provided. Once you have selected a Spanish equivalent for an English word, look up that word's English equivalent to verify that the word is the right choice.

  What is the Spanish equivalent of *Lock your door*? Be sure that you select the right equivalent of *lock*.

- Finally, be careful of compound words *(greenhouse, driveway, turn on)*. If you attempt to find a Spanish equivalent for each part of a compound, you will produce an incomprehensible phrase. A *greenhouse*, for example, is not **una casa verde**; it is **un invernadero**.

  What is the Spanish equivalent of *Turn off the lights when you are not home*?

Invitación a **Uruguay**

En tus propias palabras. Lee la información para escribir en español lo que entendiste. Resume (*Summarize*) la información en dos o tres oraciones.

____

____

____

Del álbum de
Sofía

Uruguay es un poco más pequeño que el estado de Washington. Tiene una población de 3,5 millones. Más de la mitad (*half*) de la población del Uruguay vive en Montevideo, la capital. Eso no significa que no haya otras bellas ciudades. Punta del Este es una ciudad bonita y uno de los lugares favoritos del *jet set* latinoamericano. La población, mayormente de origen español e italiano, siente la misma afición al fútbol que sus rivales y vecinos argentinos. Las ciudades se paralizan durante los campeonatos *(championships)* internacionales de fútbol. Un fenómeno interesante es el uso del "portuñol" (una lengua que mezcla *(mixes)* el portugués y el español) en la frontera entre Uruguay y Brasil, especialmente en el área de Rivera; a esta zona se le conoce como "La frontera de la paz *(peace)*". Algunos escritores, como el brasileño Douglas Diegues, han publicado libros en portuñol. También hay música creada en esta lengua por artistas como Manu Chao y el grupo Os Magnéticos.
Investiga esta lengua. ¿Qué opinan los lingüistas de este idioma? Busca alguna canción *(song)* en portuñol para traer a la clase.

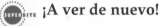

¡A ver de nuevo!

Parte 1. Mira el video o escucha la **Escena** otra vez para hacer un resumen de lo que pasó.

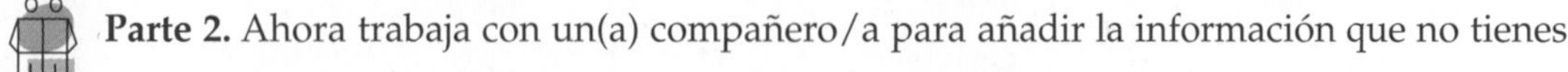

Parte 2. Ahora trabaja con un(a) compañero/a para añadir la información que no tienes.

Práctica adicional			
Cuaderno de tareas pp. 304–306, H–J	invitaciones. vhlcentral.com Episodio 27	invitaciones. vhlcentral.com Lab practice	invitaciones. vhlcentral.com Episodio 27

Vocabulario del Episodio 27

Objetivo comunicativo

You should now be able to do the following in Spanish:

✓ make suggestions and recommendations

Para dar sugerencias y recomendaciones con el subjuntivo

aconsejar	*to advise*	**Te aconsejo que...**
recomendar (e → ie)	*to recommend*	**Él me recomienda que...**
esperar	*to hope; to expect*	**Esperamos que...**
querer (e → ie)	*to want*	**Quieren que...**
sugerir (e → ie)	*to suggest*	**Les sugiero que...**
Es necesario/importante que...	*It is necessary/important that...*	**Es necesario que lo lean.**
Ojalá (que)...	*Hopefully...*	**Ojalá que me invite.**

Vocabulario nuevo

casarse	*to get married*
devolver (o → ue)	*to return*
el anillo de compromiso	*engagement ring*
la joyería	*jewelry store*

Vocabulario personal

Escribe todo el vocabulario que necesitas saber para hablar de las cosas que quieres que tu familia y amigos hagan.

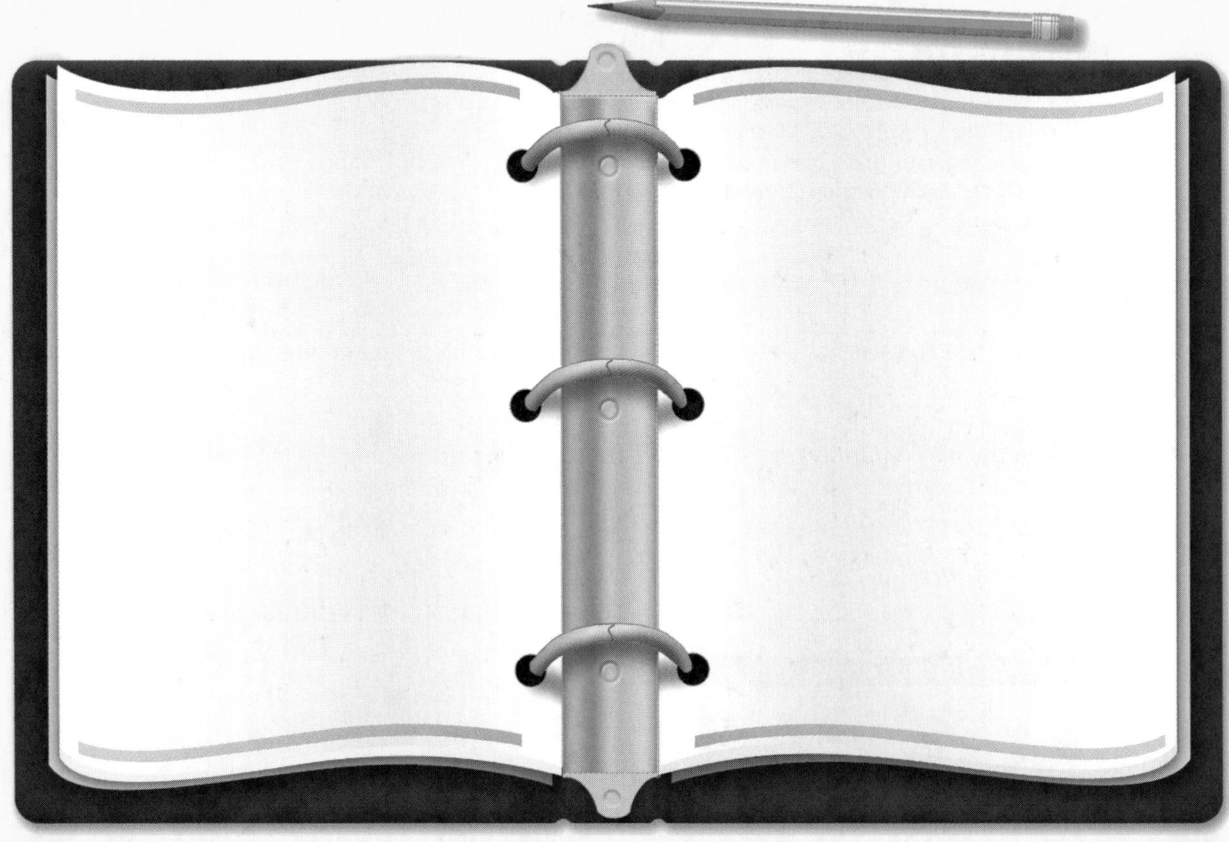

Nombre ______________________ Fecha ____________

Cuaderno de tareas

Escenas de la vida: El anillo de compromiso

A. ¡A ver cuánto entendiste! See how much of the **Escena** you understood by matching the Spanish phrases with their English equivalents.

Ramón

Wayne

1. La conversación de Ramón y Wayne.

_____ 1. Fui a comprar un anillo de compromiso.	a. She doesn't even know your parents.
_____ 2. Después de recibirme, voy a tener un buen trabajo.	b. I advise you to go to the jewelry store and return that ring.
_____ 3. Te recomiendo que primero te diviertas y que viajes.	c. I want to marry Sofía, not her family.
_____ 4. Te aconsejo que vayas a la joyería y devuelvas ese anillo.	d. I recommend that first you have fun and travel.
_____ 5. Ni siquiera conoce a tus padres.	e. After I graduate, I'm going to have a good job.
_____ 6. Me quiero casar con Sofía, no con su familia.	f. I went to buy an engagement ring.

2. Los consejos de Ramón.

_____ 1. Es importante que salgas con otras chicas.	a. It's important that you go out with other women.
_____ 2. Es necesario que termine sus estudios.	b. I want you to talk to my father.
_____ 3. Es importante que hables con ella sin decirle que compraste el anillo.	c. It's necessary that you have a stable economic situation.
_____ 4. Quiero que hables con mi papá.	d. It's important that you talk to her, without telling her that you bought the ring.
_____ 5. Es necesario que tengas una situación económica estable.	e. It's necessary that she finishes her studies.

Nombre ______________________ Fecha ______________

B. Te recomiendo que… Use the words below to complete the advice Ramón gave to Wayne.

termine	**hables**	**necesario**	**casarse**	**salgas**
vayas	**esperar**	**recomiendo**	**tengas**	**veas**

Ramón

Es (1) __________________ que (2) __________________ una situación económica estable y que esperes a que Sofía (3) __________________ sus estudios. Yo te (4) __________________ que primero te diviertas, que viajes por todo el mundo y que (5) __________________ con otras chicas.

Quiero que (6) __________________ con mi papá para que te des una idea de lo que significa el matrimonio. Pensándolo bien, te aconsejo que (7) __________________ a la joyería y devuelvas ese anillo.

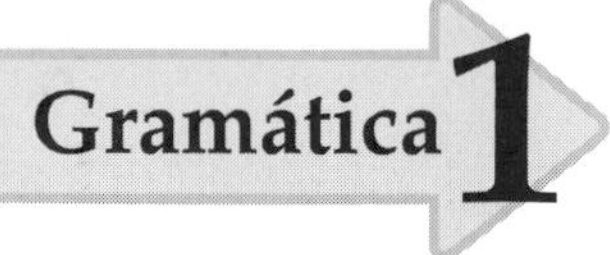

Making suggestions and recommendations
• The subjunctive with verbs of will and influence

C. ¿Qué quieres hacer? Imagine that Sofía is staying with you for a weekend. Ask her if she wants to do the following activities with you.

> **Modelo** ir al cine/rentar un video
> **¿Quieres que vayamos al cine o prefieres que rentemos un video?**

1. comer en casa/salir a un restaurante

____

2. visitar a los amigos/ir al museo

____

3. ver una película/acostarse temprano

____

4. bailar en una discoteca/quedarse en casa

____

5. jugar tenis/estudiar en el café

____

6. devolver la ropa ahora/visitar a Ana Mari

____

Nombre _______________ Fecha _______________

D. ¿Quién lo pide? Professors and students always want each other to do/not to do certain things. For each item below, decide if it is the professors who want the activity in question, or if it is the students.

> **Modelo** hacer la tarea
> **Los profesores quieren que los estudiantes hagan la tarea.**

1. no darles mucha tarea

____

2. llegar a tiempo

____

3. tener paciencia

____

4. hablar en español

____

5. leer el libro de texto

____

6. hacer exámenes fáciles

____

E. ¿Qué te aconsejan tus padres? Parents always give advice to their children. Describe what your parents want, recommend, hope, and suggest you do or not do.

Mis padres…
quieren que yo _______________
me aconsejan que _______________
me recomiendan que _______________
esperan que mis hermanos/as y yo _______________
me sugieren que _______________

F. El consejo familiar. You are a family therapist. Use the information from the article **Cómo ayudar a sus hijos a decir NO a las drogas,** in **Episodio 26,** page 281 of your **Cuaderno de tareas,** to tell your patients what to do to help their kids stay off drugs. Use expressions such as **es importante que…, es necesario que…, les sugiero que…, les aconsejo que…,** and **les recomiendo que….**

____

____

____

____

____

Nombre ______________________ Fecha ______________

G. Las recomendaciones de mamá. Ana Mari's friend is moving out, and her mother is worried. How would she say the following in Spanish?

1. It is important that you find a good roommate.

 ____

2. It's necessary that you wash the dishes and clean the apartment regularly.

 ____

3. I suggest you don't invite friends to spend the night (**quedarse a dormir**).

 ____

4. I advise you to pay all your bills on time.

 ____

5. I hope you know that I love you very much!

 ____

Para terminar

H. Gazpacho. Read the strategies on how to use the dictionary and the recipe for **gazpacho** in order to tell a friend who does not speak Spanish how to prepare this delicious soup. Write your instructions for **gazpacho** in English.

Reading Strategy: Finding words in the dictionary

When you cannot find a word in the dictionary as it appears in the text, it is likely that the word has somehow been altered. You should first decide what kind of word it is (verb, noun, adjective, etc.) and what form it has (preterit, progressive, plural, feminine, etc.). Then you need to "reduce" the word to its basic form (infinitive, singular, masculine). In this process, always pay attention to spelling changes. For example:

g → gu **Pague** does not appear in the dictionary, but **pagar**, the basic form (infinitive), does.
c → qu **Saque** does not appear in the dictionary, but **sacar**, the basic form (infinitive), does.
z → c **Lápices** does not appear in the dictionary, but **lápiz**, the basic form (singular), does.

To find out the meaning of a verb form you encounter, you must first determine what the infinitive is (**pagar, sacar**), since that is the form that appears in the dictionary. You are going to come across words you may not know in the recipe you will read. In the recipe, the verb form **ralle** appears. It is a command. Based on what you know about forming **usted** commands, what is the infinitive of **ralle**? Now look up the infinitive in the dictionary. What does this verb mean? ____________________
Do the same for the verb form **muela**[1]. What is the infinitive? If you looked for "**mueler**," you would not find it. The ending is correct, but the stem is not. You know that some Spanish verbs have stems that change from **o** to **ue**, such as **dormir** (**duerma**). Change "**mueler**" to **moler** and look it up. What does it mean? ____________________

Now write the basic form and meaning of each of the following words. Do the same for any other words you may not know in Adriana's note or in the recipe.

palabra	forma básica	significado
pele	____________	____________
cuele	____________	____________
agregue	____________	____________
pedacitos	____________	____________

[1] *You will find* **muela** *in the dictionary. However, it is a noun meaning* molar *or* (back) tooth. *Given the context of the reading, this is obviously not the word you are looking for.*

Nombre ______________________________ Fecha ______________

Instructions for **gazpacho:**

____

____

____

____

____

Gazpacho andaluz

Ingredientes

1 pepino
4 pimientos
8 tomates maduros
1 rebanada de pan blanco
1 diente de ajo
1 cebolla pequeña
el jugo de un limón
sal y aceite de oliva (4 oz.)

Preparación

1. Ralle el pan.
2. Pele el pepino, los pimientos, los tomates, la cebolla y el ajo.
3. Muela todo en la licuadora y cuele la mezcla con un colador mediano.
4. Agregue el aceite de oliva, el jugo de limón y sal al gusto.
5. Agregue agua fría hasta que tenga consistencia de sopa.
6. Refrigere y sirva fría. Sírvala con pedacitos de pan frito, pimiento, tomate y cebolla.

I. Tu receta. Use Adriana's recipe above as a model to write your favorite recipe in Spanish.

Mi receta

Ingredientes

___ ____________________ ___ ____________________

___ ____________________ ___ ____________________

___ ____________________ ___ ____________________

___ ____________________ ___ ____________________

Preparación

____

____

____

____

____

____

Nombre ______________________ Fecha ______________

J. Doctora Corazón. Every week, the newspaper prints advice columns. Read one of the letters from this week's paper and answer the questions.

1. ¿Qué problemas tiene esta señora?

____

____

____

2. ¿Por qué tiene estos problemas?

____

____

____

Doctora Corazón:

Tengo unos problemas terribles con mi hijo. Se ha vuelto[1] muy introvertido desde que su papá nos abandonó. El otro día lo arrestó la policía porque se robó[2] unos discos compactos de una tienda. ¡Qué vergüenza[3]! Estoy segura de que él me culpa por la pérdida[4] de su papá. Pero no puedo explicarle, ya que sólo tiene catorce años, que su papá era un irresponsable, y yo ya no podía tolerar esa situación. ¿Qué puedo hacer para ayudar a mi hijo?

Madre entristecida

[1]*He has become* [2]*he stole* [3]*shame* [4]*loss*

3. Read the letter again and formulate four pieces of advice to give this distressed mother.

Querida madre entristecida:

Siento mucho que tenga problemas con ______________________

____

____

____

____

____

____

____

Espero que mis consejos le sean útiles. Le deseo mucha suerte.

Objetivos comunicativos

In this episode, you will practice:

- ✓ talking about what you have done
- ✓ expressing things that you have not done yet, but want to do

Episodio 28

Escenas de la vida: Decisiones importantes

A. ¡Mira cuánto puedes entender! Primero, mira el video o escucha la **Escena** en el Supersitio para saber quién dijo o a quién se refieren los comentarios. Después indica el orden cronológico, del 1 al 9, en el que los escuchaste.

___ 

He pensado mucho en **nuestra relación.**

____

___ 

Yo no he terminado **mi carrera.**

____

___ 

Ya empecé **a buscar trabajo.**

____

___ 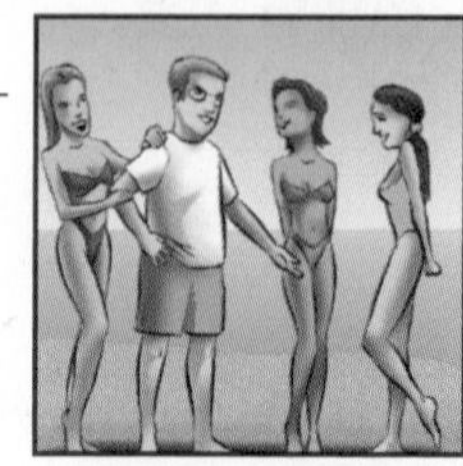

No hemos vivido **lo suficiente para tomar esa decisión.**

____

___ 

Tú tampoco has hecho **las cosas que quieres hacer.**

____

___ 

Pero... sí quieres casarte conmigo, ¿verdad?

____

___ 

Quiere ser independiente antes de casarse.

____

___ 

Posiblemente va a mudarse **a otra ciudad.**

____

___ 

Va a recibirse **el año próximo.**

____

Cultura a lo vivo

Una de las principales motivaciones para que las personas salgan de sus lugares de origen es el avance económico y social. En los países latinoamericanos y España, las grandes ciudades son los centros económicos y culturales del país. Ahí están las mayores fuentes *(sources)* de trabajo, los centros políticos y financieros, las mejores universidades y una rica vida cultural. Por eso, es común que muchos jóvenes que viven en ciudades pequeñas y pueblos vayan a estudiar o trabajar a las grandes ciudades. Por el contrario, es menos frecuente que los jóvenes de las ciudades vayan a vivir a otro lugar. Es común encontrar varias generaciones de una familia en la misma ciudad y hasta en la misma zona de la ciudad.

SUPERSITE **B. ¿Te diste cuenta?** Mira el video otra vez para indicar si los comentarios son **ciertos** o **falsos**.

	Cierto	Falso
1. Wayne encontró trabajo en otra ciudad.	☐	☐
2. Sofía cree que no conoce a Wayne lo suficiente para casarse.	☐	☐
3. Sofía quiere trabajar y ser independiente antes de casarse.	☐	☐
4. Wayne y Sofía no van a continuar su relación.	☐	☐
5. Sofía no quiere casarse con Wayne.	☐	☐
6. Hace diez meses que Wayne y Sofía salen juntos.	☐	☐
7. Sofía no quiere que Wayne se vaya a otra ciudad.	☐	☐
8. Sofía piensa que no está preparada para el matrimonio.	☐	☐

SUPERSITE **C. ¿Qué quieren hacer?** Mira la **Escena** para contestar las preguntas.

1. ¿Por qué quiere Wayne casarse con Sofía? ______________________

____

2. ¿Qué quiere hacer Sofía? ______________________

____

3. ¿Qué planes tiene Wayne? ¿Y Sofía? ______________________

____

4. ¿Qué deciden hacer? ______________________

____

Práctica adicional		
Cuaderno de tareas pp. 327–328, A–B	invitaciones. vhlcentral.com Episodio 28	invitaciones. vhlcentral.com Episodio 28

Para comunicarnos mejor

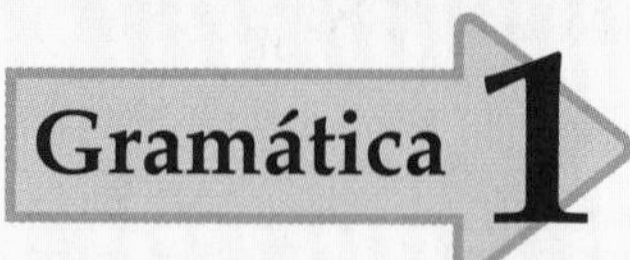

Talking about what you have done
• The present perfect tense with regular and irregular past participles

When Wayne and Sofía talked about the things they have and have not done, they used the present perfect tense.

Yo no **he terminado** mi carrera.	*I haven't finished my degree.*
Tú tampoco **has hecho** las cosas que quieres hacer.	*You haven't done the things you want to do either.*
Creo que no **hemos vivido** lo suficiente para tomar una decisión.	*I don't think we have lived enough to make a decision.*

1. The present perfect tense in Spanish is used more or less as it is in English.
2. The present perfect is formed with the present tense of **haber** (*to have done something*) plus the invariable past participle form of a verb.
3. The past participle of most verbs is formed by replacing the **-ar** ending with **-ado** (**terminar ⟶ terminado**) and the **-er/-ir** endings with **-ido** (**comer ⟶ comido, vivir ⟶ vivido**).

El presente perfecto y los participios pasados regulares

	Haber	Past Participle
Yo	**he**	**estudiado** mucho este semestre.
¿Tú	**has**	**comido** sushi alguna vez?
Usted	**ha**	**viajado** a Honduras, ¿verdad?
Él/Ella	no **ha**	**leído*** el periódico todavía.
Nosotros/as	no **hemos**	**ido** al gimnasio esta semana.
Ustedes	no **han**	**tenido** un accidente hasta ahora.
¿Vosotros/as	**habéis**	**comprado** un coche nuevo?
Ellos/Ellas	**han**	**salido** varias veces.

*The past participles of **-er** and **-ir** verbs whose stems end in a vowel require a written accent mark: **leer ⟶ leído, oír ⟶ oído, traer ⟶ traído.**

Notice that the past participle of **ir** is **ido**.

4. The following expressions are commonly used with the present perfect.

Expresiones adverbiales

alguna vez	*ever*	**todavía**	*still*	**ya**	*already; yet*
hasta ahora	*until now, so far*	**todavía no**	*not yet*	**últimamente**	*lately*
hasta el momento	*until this moment*				

¿Ya terminaste la tarea?	*Did you finish the homework yet?*
Bueno, ya la empecé.	*Well, I already started it.*

5. A few common verbs have irregular past participles.

Los participios pasados irregulares		
abrir	*to open*	¿Todavía no **han abierto** las tiendas?
decir	*to say, to tell*	Hasta ahora no me **has dicho** mentiras.
escribir	*to write*	Ana Mari no les **ha escrito** a sus abuelos últimamente.
hacer	*to do, to make*	Lalo no **ha hecho** las camas todavía.
morir	*to die*	Este año **han muerto** varias personas famosas.
ponerse	*to wear*	¿Ustedes **se han puesto** disfraces?
resolver	*to solve*	Adriana y Santiago no **han resuelto** todos sus problemas.
romper	*to break*	No **hemos roto** la piñata todavía.
ver	*to see, to watch*	¿No **has visto** ninguna película de Almodóvar?
volver	*to return, to go back*	Sofía no **ha vuelto** de su viaje.

¡Fíjate!

Note that **volver a +** [*infinitive*] means *to do something again*.
Emilio ha vuelto a hablar con su vecino.
Emilio has spoken with his neighbor again.

6. Notice that direct and indirect object pronouns, as well as reflexive pronouns, are placed before **haber**.

La hemos visto tres veces.	*We have seen it three times.*
No **les** has escrito a tus abuelos, ¿no?	*You haven't written to your grandparents, right?*
No **nos** hemos bañado todavía.	*We haven't taken a shower yet.*

7. The subjunctive of **haber** is as follows: **yo haya, tú hayas, Ud./él/ella haya, nosotros hayamos, vosotros hayáis, Uds./ellos/ellas hayan.**

Ojalá que no le haya dicho mentiras.	*Hopefully he did not lie to her.*
Espero que ya haya resuelto sus problemas económicos.	*I hope he has already resolved his financial problems.*

PRÁCTICA

A. Personas famosas. Empareja las personas de la columna **B** con lo que han hecho en la columna **A**.

A	B
___ 1. Ha escrito muchas novelas; es mujer.	a. Thomas Edison y Alexander Graham Bell
___ 2. Ha recibido el Premio Nobel de Literatura.	b. Neil Armstrong y John Glenn
___ 3. Han vendido más de un millón de discos.	c. Grace Kelly y la princesa Diana
___ 4. Han ido a la luna.	d. Nelson Mandela
___ 5. Ha sido presidente y ha recibido el Premio Nobel de la Paz.	e. Isabel Allende
___ 6. Han muerto en accidentes de coche.	f. Julio Iglesias y Gloria Estefan
___ 7. Han hecho inventos importantes para la humanidad.	g. Gabriel García Márquez

B. ¿Lo has hecho alguna vez? Trabaja con un(a) compañero/a para saber si ha hecho las siguientes actividades alguna vez. Después comparte las respuestas con la clase.

Modelo —¿Has comido sushi alguna vez?
—No, nunca he comido sushi. No me gusta el pescado crudo *(raw)*. ¿Y tú?
—Yo sí. Como sushi dos o tres veces al mes. Me encanta.

C. ¿Lo has hecho últimamente? Trabaja con un(a) compañero/a para saber si ha hecho las siguientes actividades últimamente. Después comparte las respuestas con la clase.

¡Fíjate!

Remember to use **hace** + [*time*] + **que** + [*activity*] to express how long ago you did something.

Modelo —¿Le has dado un beso a alguien últimamente?
—No, hace tres meses que no tengo novio/a. ¿Y tú?
—Yo sí. Le di un beso a mi mamá anoche.

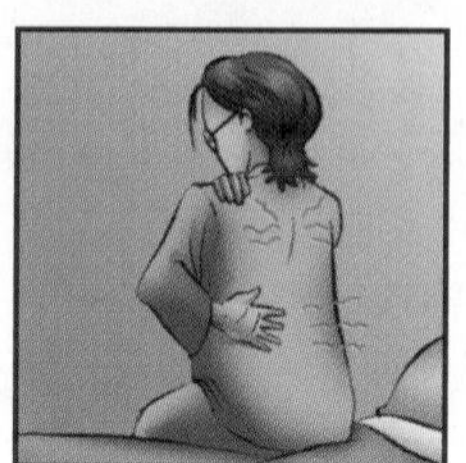

D. De generación a generación.

Parte 1. Completa el párrafo que escribió una estudiante sobre los cambios *(changes)* que ella ha notado en el papel de la mujer entre su generación y la de su mamá. Usa las formas apropiadas del presente perfecto (**haber** + *participio*).

Las mujeres de mi generación (1) ____________ (poder) ir a la universidad para prepararse mejor. Mi hermana, por ejemplo, estudió para contadora y (2) ____________ (tener) muy buenos trabajos. Yo, aunque *(although)* todavía no (3) ____________ (terminar) mi carrera, (4) __________ (recibir) varias ofertas de trabajo. Nosotras (5) ____________ (viajar) y tenemos más libertad que nuestras madres y abuelas. Mi mamá, por ejemplo, no fue a la universidad. Se casó muy joven y nunca (6) ____________ (trabajar) fuera *(outside)* de casa.

Parte 2. ¿Qué cambios has notado en el papel de las mujeres en tu familia? Contesta la pregunta y comparte tu respuesta con un(a) compañero/a.

E. ¡No lo he hecho!

Jorge, el compañero de cuarto de Manolo, le prometió hacer muchas cosas hoy. Desafortunadamente, no cumplió con su promesa y tiene una excusa para todo. Con un(a) compañero/a, contesta las preguntas de Manolo.

Modelo ¿Lavaste los platos? (no hay jabón)
No, no los he lavado porque no hay jabón.

1. ¿Recogiste al gato del consultorio *(office)* del veterinario? (no funciona el coche)
____
2. Entonces, ¿llevaste el coche al taller? (no sé la dirección)
____
3. Por lo menos, ¿fuiste al supermercado? (no tengo dinero)
____
4. ¿Hiciste la comida? (no hay nada en el refrigerador)
____
5. Por lo menos, ¿limpiaste las ventanas? (no he tenido tiempo)
____
6. De casualidad, ¿viste las noticias sobre Cuba? (la tele no funciona)
____
7. ¿Hiciste la cita con el doctor? (no encuentro su número de teléfono)
____
7. Pues, ¿qué has hecho todo el día? (…)
____

¡Fíjate!

Remember that in the present perfect, object pronouns can only be placed before the verb. No **los** he lavado.

F. Conciencia ecológica.

¿Qué cambios *(changes)* has hecho últimamente para ahorrar *(save)* energía y gasolina y reducir los efectos climatológicos? Entrevista a un(a) compañero/a. Escriban lo que han hecho y luego compartan sus respuestas con la clase.

Modelo **Yo apago la luz de mi cuarto cuando no estoy ahí, pero no he cambiado los focos todavía. ¿Y tú?**

Práctica adicional

Cuaderno de tareas pp. 328–330, C–F	SUPERSITE invitaciones. vhlcentral.com Episodio 28

Vocabulario 1

Expressing things you have not done yet, but want to do
• Vocabulary for future plans

In the **Escena**, Wayne and Sofía discussed their plans for the future. Study the following vocabulary so you too may talk about what you want to accomplish in the future.

¡Felicidades! Ojalá encuentres trabajo en esta ciudad.
Ya empecé a solicitar empleo en varias empresas.

Para hablar del futuro	
aceptar un puesto	*to accept a position*
ahorrar dinero	*to save money*
cambiar	*to change*
celebrar	*to celebrate*
el currículum	*curriculum vitae, resume*
divorciarse	*to get divorced*
el doctorado	*PhD*
embarazarse	*to get pregnant*
la empresa	*company*
enamorarse (de)	*to fall in love (with)*
entrar a un programa de capacitación	*to enter a training program*
la entrevista	*interview*
la graduación	*graduation*
hacer una maestría	*to pursue a Master's degree*
llenar una solicitud	*to fill out an application*
mudarse	*to move (change residences)*
recibirse	*to graduate*
seguir estudiando	*to continue studying*
separarse	*to separate*
solicitar empleo	*to request, to apply for a job*
terminar	*to finish, to end*
trabajar para el gobierno	*to work for the government*

¡Fíjate!

Graduarse takes an accent in some forms of its present-tense conjugation: **yo me gradúo, tú te gradúas, él se gradúa, nosotros nos graduamos, vosotros os graduáis ellos se gradúan.**

También se dice...

capacitación → **entrenamiento**
embarazarse → **quedar embarazada**
recibirse → **graduarse**
solicitar → **pedir**

PRÁCTICA

G. ¿Quién sí y quién no? Indica quién de tu familia o amigos ya hizo/hicieron lo que indica la ilustración y quién no lo ha hecho.

Modelo

Mi prima Stacy se casó el año pasado.
Yo no me he casado todavía.

1. ______________________________
____

2. ______________________________
____

3. ______________________________
____

4. ______________________________
____

5. ______________________________
____

6. ______________________________
____

H. ¿Qué se define? Escribe la(s) palabra(s) adecuada(s) según la definición.

1. Cuando sigues estudiando en la universidad después de graduarte. ________________
2. El documento que contiene la historia de tus estudios y tu experiencia de trabajo. ________________
3. El papel que llenas cuando pides trabajo en una compañía. ________________
4. Cuando decides trabajar en una empresa que te ofrece un trabajo. ________________
5. Cuando recibes instrucción para hacer un trabajo específico. ________________
6. Cuando una pareja decide ya no vivir juntos. ________________

I. ¿Ya o todavía no? Imagina que vas a cambiar de universidad. Con un(a) compañero/a, discutan lo que ya hicieron y lo que les falta.

Modelo escribir la carta de presentación (no)
—¿Ya escribiste tu carta de presentación?
—No, no la he escrito todavía.

1. llenar la solicitud (no)
2. pedir la constancia de estudios (*transcripts;* no)
3. tomar los exámenes de admisión (sí)
4. hablar con el consejero (no)
5. buscar apartamento nuevo (sí)
6. solicitar la beca (*scholarship;* no)

J. Radioterapia.

SUPERSITE **Parte 1.** Vas a escuchar un programa de radio llamado *Radioterapia.* Una chica de diecinueve años quiere casarse y formar una familia. Escucha los consejos que le da el sicólogo; después contesta las preguntas.

1. ¿Cómo conoció a su novio? ¿Cómo es? ¿Cuántos años tiene la chica? ¿Por qué quiere casarse? ________________
2. ¿Cuál es el problema? ________________
3. ¿Por qué dice el sicólogo que no es bueno casarse tan joven? ________________
4. ¿Qué consejos le da? ¿Qué piensas tú de esos consejos? ¿Son buenos/malos? ¿Por qué? ________________

Parte 2. En grupos de cuatro, discutan las siguientes preguntas.

5. ¿Cuántos años tenían sus padres cuando se casaron? ¿Siguen casados?
6. ¿Cuántos compañeros/as de clase son casados?
7. ¿A los cuántos años se quieren casar?
8. ¿Cuáles son las ventajas de casarse joven? ¿Y las desventajas?
9. ¿Tienen amigos/as divorciados/as? ¿Por qué se han divorciado?
10. ¿Cuáles son las causas principales de los divorcios?

K. La experiencia de trabajo de mis compañeros. En grupos de cuatro personas, llenen la siguiente encuesta *(survey)*. Después compartan los resultados con la clase.

Nombres de mis compañeros: ____________ ____________ ____________

1. ¿Dónde has solicitado trabajo? ____________ ____________ ____________
2. ¿Cuántas entrevistas has tenido? ____________ ____________ ____________
3. ¿Dónde has aceptado un puesto? ____________ ____________ ____________
4. ¿Tienes tu currículum listo? ____________ ____________ ____________
5. ¿Has trabajado para el gobierno? ____________ ____________ ____________
6. ¿Cuándo vas a graduarte? ____________ ____________ ____________
7. ¿Te interesa continuar con una maestría? ____________ ____________ ____________
8. ¿Has pensado en hacer un doctorado? ____________ ____________ ____________

L. Los consejos para la entrevista. Tú eres consejero/a en una agencia de empleo. Dales seis consejos a las personas que estás preparando para tener su primera entrevista de trabajo. Busca información en Internet para que les des los mejores consejos.

Es muy importante que...

1. ____
____
2. ____
____
3. ____
____
4. ____
____
5. ____
____
6. ____
____

M. Las recomendaciones para el futuro. Escribe cinco cosas que tus padres o familiares te recomiendan que hagas o no hagas en el futuro. Comparte tus respuestas con un(a) compañero/a.

Modelo **Mi papá me aconseja que no me case demasiado joven. Quiere que espere hasta los treinta años.**

¡Fíjate!

Remember that the subjunctive is used to give suggestions and recommendations. Use the expressions on page 290 and the vocabulary from this episode.

Invitación a Venezuela

En tus propias palabras. Lee la información para escribir en español lo que entendiste. Resume (*Summarize*) la información en dos o tres oraciones.

____

____

____

Del álbum de
Ramón

Caracas es una ciudad ultramoderna, llena de rascacielos (*skyscrapers*), autopistas, gigantescos centros comerciales, un metro (Cametro) y hasta un teleférico (*cable railroad*) urbano. La explotación petrolera que ha traído progreso y desarrollo (*development*) económico al país también ha traído desigualdad e inestabilidad económica, inflación y masivas protestas populares. Venezuela también tiene increíbles lugares naturales como el Salto Ángel, la caída de agua (*waterfall*) más alta del mundo, y bellas playas cuyo (*whose*) clima tropical todo el año las hace muy atractivas al turismo internacional.

Venezuela tiene uno de los proyectos musicales más ambiciosos: "El sistema". Este proyecto permite que niños y niñas de familias humildes (*humble*) estudien música desde pequeños. La Orquesta Juvenil Simón Bolívar, compuesta por jóvenes de "El sistema", es donde empezó su carrera el famoso director venezolano Gustavo Dudamel. Nacido (*Born*) en 1981, este joven ya ha dirigido (*he has conducted*) las Orquestas Filarmónicas de Berlín, Londres, Viena y Milán y ha sido contratado como uno de los directores de la Orquesta Filarmónica de Los Ángeles por cinco años a partir de 2009. Gustavo asegura que no importa cuál sea su futuro, la Orquesta Juvenil Simón Bolívar es su familia.

1. Busca la Orquesta Juvenil Simón Bolívar en *Youtube* y escucha su música.
2. Investiga qué contribuciones ha hecho Gustavo Dudamel a la música clásica del mundo.

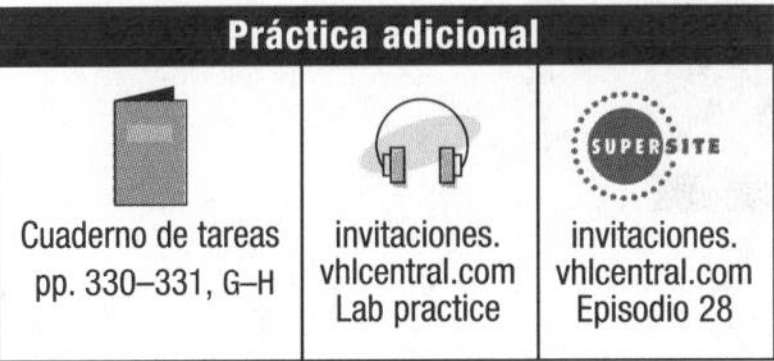

Práctica adicional		
Cuaderno de tareas pp. 330–331, G–H	invitaciones. vhlcentral.com Lab practice	invitaciones. vhlcentral.com Episodio 28

Actividades comunicativas

A. ¿Qué han hecho últimamente?

Parte 1. Busca a nueve compañeros/as que hayan hecho las siguientes cosas. Escribe sus nombres solamente si las han hecho. No puedes usar el mismo nombre más de una vez.

	Nombres
1. ¿Has viajado a algún país hispano?	______________
2. ¿Has visto una buena película últimamente?	______________
3. ¿Te has roto el brazo alguna vez?	______________
4. ¿Te has enamorado muchas veces?	______________
5. ¿Has chocado alguna vez?	______________
6. ¿Te has mudado de casa este año?	______________
7. ¿Has sacado malas notas en algún examen?	______________
8. ¿Has solicitado trabajo en *McDonald's* alguna vez?	______________
9. ¿Has conocido a alguien interesante últimamente?	______________

Parte 2. Ahora comparte tus respuestas con la clase. Formula preguntas para obtener más información.

Modelo
Estudiante 1: **Kevin fue a Venezuela el año pasado.**
Estudiante 2: **Kevin, ¿cuánto tiempo estuviste en Venezuela?**
Kevin: **Estuve cuatro semanas.**

¡Fíjate!

Notice that you use the preterit to share what your classmates have done. In Spanish, just like in English, you would say *Kevin went to the theatre.*

However, you would use the present perfect if he had not gone.

Kevin has not been to the theatre.

Salto Ángel, Venezuela

B. Crucigrama.

Instrucciones para **Estudiante 1**

Tu compañero/a y tú tienen el mismo crucigrama, pero tú tienes las respuestas que él/ella no tiene, y viceversa. Necesitas explicarle las palabras usando definiciones, sinónimos, antónimos o frases incompletas.

Modelo *9 horizontal:* **Sinónimo de pedir un trabajo.**

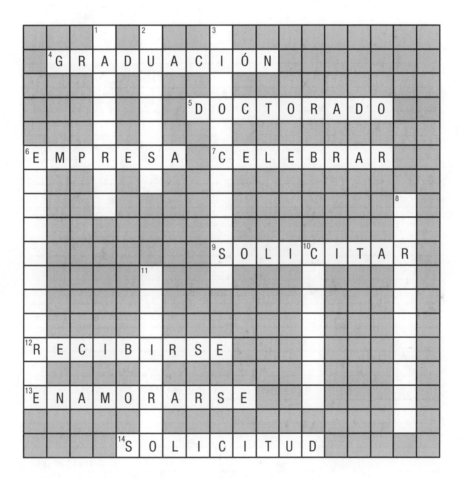

			1		2			3									
	4 G	R	A	D	U	A	C	I	Ó	N							
							5 D	O	C	T	O	R	A	D	O		
6 E	M	P	R	E	S	A		7 C	E	L	E	B	R	A	R		
																8	
								9 S	O	L	I	10 C	I	T	A	R	
					11												
12 R	E	C	I	B	I	R	S	E									
13 E	N	A	M	O	R	A	R	S	E								
				14 S	O	L	I	C	I	T	U	D					

B. Crucigrama.

Instrucciones para **Estudiante 2**

Tu compañero/a y tú tienen el mismo crucigrama, pero tú tienes las respuestas que él/ella no tiene, y viceversa. Necesitas explicarle las palabras usando definiciones, sinónimos, antónimos o frases incompletas.

Modelo *3 vertical:* **Si no quieres continuar la relación con tu esposo, pueden...**

			1 M		2 M			3 D									
	4		A		U			I									
			E		D			V									
			S		A		5	O									
			T		R			R									
6 E			R		S			7 C									
M			Í		E			I									
B			A					A								8 C	
A								R								U	
R								9 S				10 C				R	
A					11 G			E				A				R	
Z					O							S				Í	
A					B							A				C	
12 R					I							R				U	
S					E							S				L	
13 E					R							E				U	
					N											M	
				14	O												

C. ¡Qué gusto verte!

Instrucciones para Estudiante 1

Parte 1. Imagina que te encuentras con un(a) amigo/a que no has visto en muchos años. Usa los dibujos para decirle qué has hecho con tu vida. Inventa todos los detalles *(details)*. Usa las palabras del **Banco de palabras** para contar todo lo que te ha pasado.

Modelo Han pasado muchas cosas desde la última vez que te vi...

Banco de palabras

pasar la luna de miel *to honeymoon*
romperse la pierna *to break one's leg*
sacarse la lotería *to win the lottery*

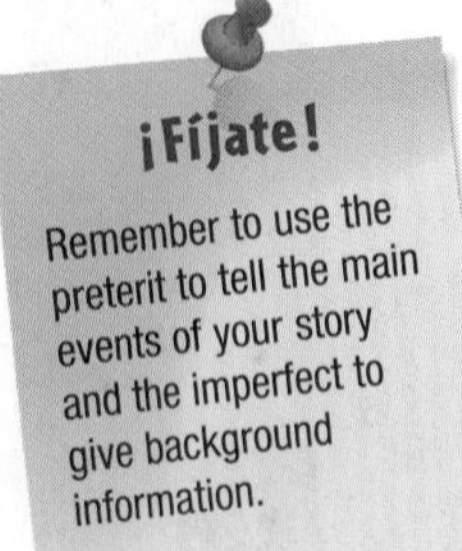
¡Fíjate!
Remember to use the preterit to tell the main events of your story and the imperfect to give background information.

VENDIDA

Parte 2. Cuando termines de contar tu historia, pregúntale qué cosas ha hecho él/ella y reacciona a sus comentarios con estas expresiones: **qué bueno, qué pena** y **lo siento mucho.**

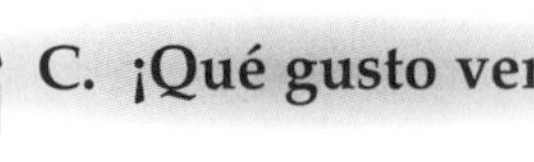

C. ¡Qué gusto verte!

Instrucciones para **Estudiante 2**

Parte 1. Imagina que te encuentras con un(a) amigo/a que no has visto en muchos años. Pregúntale qué cosas ha hecho y reacciona a sus respuestas con estas expresiones: **qué bueno, qué pena** y **lo siento mucho.**

Modelo ¡Hola! ¿Cómo has estado? ¿Qué has hecho todos estos años?

Parte 2. Cuando tu compañero/a termine, usa los dibujos para decirle qué has hecho tú con tu vida. Inventa todos los detalles *(details)*. Usa las palabras del **Banco de palabras** para contar todo lo que te ha pasado.

Banco de palabras

pasar la luna de miel
to honeymoon

romperse la pierna
to break one's leg

sacarse la lotería
to win the lottery

¡Fíjate!

Remember to use the preterit to tell the main events of your story and the imperfect to give background information.

La correspondencia

El correo: Las grandes mujeres humildes *(humble).* Lee el siguiente artículo de Eduardo Galeano que apareció en la revista infantil *La pandilla,* que se publica en Ecuador. Después contesta las preguntas.

1. ¿Qué mujeres famosas menciona el artículo? ____________________
2. ¿Por qué habla el artículo de la mujer común? ____________________
3. ¿Cómo defines tú "vivir dignamente"? ____________________
4. ¿Qué hacen las mujeres humildes que sus esposos no hacen? ____________________
____
____
5. En tu opinión, ¿por qué merecen nuestra admiración estas mujeres?
____

Grandes mujeres humildes

Se ha escrito mucho sobre las mujeres famosas, sobre reinas y princesas. No hace mucho tiempo, la prensa del mundo dedicó páginas enteras a publicar la vida, la obra[1], el enigma y la muerte de una joven princesa: Lady Di. La prensa también dedicó espacios especiales para la vida de una pequeña gran mujer: la Madre Teresa de Calcuta.

Se habla de la gran mujer, pero no se habla de la mujer común y corriente[2], que todos los días cumple una jornada de trabajo[3] con sacrificio y amor, que se dedica a su familia y a los hijos, que busca su superación personal.

Una mujer humilde, que vende caramelos[4] o periódicos, que trabaja en el mercado o de empleada doméstica, aquélla que barre las calles o lava tu ropa, puede ser una mujer ejemplar porque se gana honestamente la vida, porque educa a sus hijos, porque es honrada y no busca fama ni reconocimiento ni prestigio, sino vivir dignamente.

En los barrios populares[5], en los que más necesitan, no son los hombres, sino las mujeres quienes hacen el inventario de lo que les falta, son ellas quienes discuten con las autoridades qué obras[6] son prioritarias y cuáles no. Estas mujeres muchas veces no tienen tiempo para hacer deporte pero luchan[7] porque sus hijos tengan una cancha deportiva y sus esposos una sede social.

Las mujeres en el mundo desempeñan[8] un papel cada vez más amplio, grande e importante; ellas ya no pasan recluidas[9] en su casa, sino que además de las labores del hogar[10] trabajan por la comunidad, para que sea mejor. Estas mujeres no reclaman[11] igualdad de derechos[12] con el hombre, sencillamente porque ejercen sus derechos y cumplen sus obligaciones con responsabilidad, dedicación y amor a la vida.

Estas mujeres anónimas, desconocidas, merecen[13] nuestro respeto y nuestro homenaje[14] en el Día de la Mujer, porque ellas son, realmente, mujeres ejemplares.

[1]*accomplishments* [2]**común**... *everyday (common)* [3]**jornada**... *workday* [4]*candies* [5]**barrios**... *low-income neighborhoods* [6]*works* [7]*fight* [8]*carry out* [9]*locked up* [10]*home* [11]*demand* [12]*rights* [13]*deserve* [14]*tribute*

En papel: Una mujer especial. Escribe algo sobre una mujer especial que tú conoces. Escribe quién es, cómo es (su personalidad), qué cosas hace, qué admiras de ella y por qué es especial para ti.

¡A ver de nuevo!

Parte 1. Mira otra vez la **Escena** o escucha la conversación para escribir un resumen del episodio.

Parte 2. Ahora trabaja con un(a) compañero/a para añadir la información que te haya faltado.

Práctica adicional			
Cuaderno de tareas pp. 331–332, I–K	invitaciones. vhlcentral.com Episodio 28	invitaciones. vhlcentral.com Lab practice	invitaciones. vhlcentral.com Episodio 28

Vocabulario del Episodio 28

Objetivos comunicativos

You should now be able to do the following in Spanish:

- ✓ talk about what you have done
- ✓ express things that you have not done yet, but want to do

Expresiones adverbiales

alguna vez	*ever*	**todavía no**	*not yet*
hasta ahora	*until now, so far*	**últimamente**	*lately*
hasta el momento	*until this moment*	**ya**	*already; yet*
todavía	*still*		

Los participios pasados irregulares

abrir	*to open*	**abierto**
decir (e → i)	*to say, to tell*	**dicho**
escribir	*to write*	**escrito**
hacer	*to do, to make*	**hecho**
morir (o → ue)	*to die*	**muerto**
ponerse	*to wear*	**puesto**
resolver (o → ue)	*to solve*	**resuelto**
romper	*to break*	**roto**
ver	*to see, to watch*	**visto**
volver (o → ue)	*to return, to go back*	**vuelto**

Para hablar del futuro

aceptar un puesto	*to accept a position*
ahorrar dinero	*to save money*
cambiar	*to change*
celebrar	*to celebrate*
el currículum	*curriculum vitae; resume*
divorciarse	*to get divorced*
el doctorado	*PhD*
embarazarse	*to get pregnant*
la empresa	*company*
enamorarse (de)	*to fall in love (with)*
entrar a un programa de capacitación	*to enter a training program*
la entrevista	*interview*
la graduación	*graduation*
hacer una maestría	*to pursue a Master's degree*
llenar una solicitud	*to fill out an application*
mudarse	*to move (change residences)*
recibirse	*to graduate*
seguir estudiando	*to continue studying*
separarse	*to separate*
solicitar empleo	*to request, to apply for a job*
terminar	*to finish, to end*
trabajar para el gobierno	*to work for the government*

Vocabulario personal

Escribe todo el vocabulario que necesitas saber para hablar de tu futuro, de las cosas que has hecho y de las que nunca has hecho, pero deseas hacer algún día.

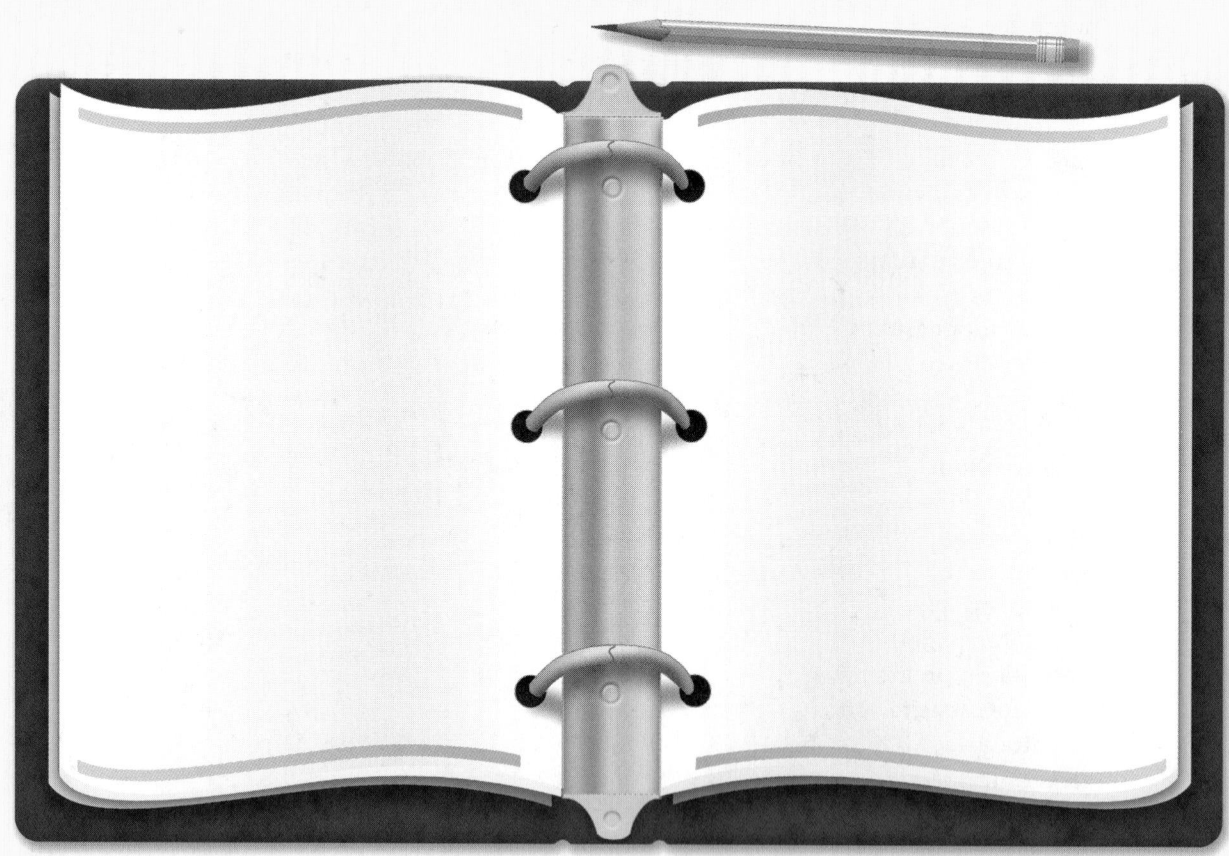

Nombre ______________________________ Fecha ______________

Episodio

Cuaderno de tareas

Escenas de la vida: Decisiones importantes

A. ¡A ver cuánto entendiste! See how much of the **Escena** you understood by matching the Spanish phrases with their English equivalents.

Wayne

1. Lo que quiere Wayne.

_____ 1. Tal vez me tenga que ir de esta ciudad.
_____ 2. Creo que es hora de hablar de nuestro futuro.
_____ 3. ¿Tú te irías conmigo?
_____ 4. No quiero irme sin ti.
_____ 5. Sí quieres casarte conmigo, ¿verdad?
_____ 6. No puedo creer que ya haya terminado el semestre.

a. I can't believe that the semester is over.
b. Would you go with me?
c. You do want to marry me, right?
d. I think it's time to talk about our future.
e. I may have to move.
f. I don't want to leave without you.

Sofía

2. Lo que piensa Sofía.

_____ 1. Creo que no hemos vivido lo suficiente.
_____ 2. Tú tampoco has hecho las cosas que quieres hacer.
_____ 3. Ojalá que encuentres trabajo aquí.
_____ 4. No he terminado mi carrera.
_____ 5. Quiero trabajar y ser independiente antes de pensar en casarme.
_____ 6. Quiero continuar mi relación contigo.

a. You haven't done the things you want to do either.
b. I want to continue my relationship with you.
c. I want to work and be independent before I think about getting married.
d. I don't think we've lived enough.
e. I haven't finished my degree.
f. I hope you find work here.

Nombre ______________________________ Fecha _______________

B. Pensando en el futuro. Complete the sentence with an element from column **A** and column **B**. Then write who made each set of statements.

Parte 1. ¿Quién lo dijo? _______________

	A	B
_____	1. Creo que no hemos vivido lo suficiente	a. mi carrera.
_____	2. Además quiero trabajar y ser independiente unos años	b. antes de pensar en casarme.
_____	3. Yo también he pensado	c. para tomar una decisión tan importante.
_____	4. Tú tampoco	d. mucho en ti.
_____	5. No he terminado	e. has hecho las cosas que quieres hacer.

Parte 2. ¿Quién lo dijo? _______________

	A	B
_____	1. Casi no puedo creer	a. conmigo, ¿verdad?
_____	2. Las quiero hacer	b. a buscar trabajo.
_____	3. Hace diez meses que	c. que ya haya terminado el semestre.
_____	4. Ya empecé	d. salimos juntos.
_____	5. Pero sí quieres casarte	e. contigo.

Gramática 1

Talking about what you have done
• The present perfect tense with regular and irregular past participles

C. ¿Qué han hecho? Complete the statements to find out what the characters have or have not done yet. Use **haber** + [*past participle*].

1. Wayne _______________ (esquiar) muchas veces.
2. Sofía y Ana Mari no _______________ (terminar) sus carreras.
3. Ana Mari y yo nunca _______________ (tener) un accidente de coche.
4. Ramón no _______________ (estudiar) para los exámenes finales.
5. Manolo no _______________ (decidir) qué va a estudiar.
6. Ramón todavía no _______________ (escribir) la solicitud de trabajo.
7. Adriana y Santiago _______________ (consultar) a una consejera matrimonial.
8. Wayne no _______________ (ir) a Guadalajara, pero Sofía _______________ (volver) muchas veces.
9. Santiago no _______________ (hacer) la comida, ni _______________ (poner) la mesa.
10. Emilio no _______________ (leer) este libro.
11. Wayne no le _______________ (decir) a Sofía que le compró un anillo de compromiso.
12. ¿Tú _______________ (visitar) algún país donde se habla español? ¿Cuál? _______________

Nombre ______________________ Fecha ____________

D. ¡Hemos estado muy ocupados! The characters have been very busy. Based on the illustrations, indicate what they have not been able to do this week.

1. 
2. 
3. 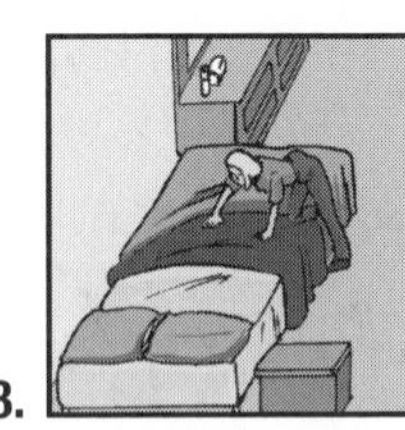
4. 

5. 

1. Manolo ______________________
2. Ana Mari ______________________
3. Sofía ______________________
4. Los chicos ______________________
5. Adriana ______________________

E. ¿Lo has hecho últimamente? Ask the characters if they have done these activities lately.

Modelo Manolo, ¿has comido comida saludable últimamente?

1. 
2. 
3. 
4. 
5. 
6. 
7. 
8. 

1. Manolo, ______________________
2. Tus hermanos, ______________________
3. Tus primos, ______________________
4. Wayne, ______________________
5. Ramón, ______________________
6. Emilio, ______________________
7. Adriana, ______________________
8. Y tú, ______________________

Nombre ______________________________ Fecha ______________

F. El agente de la INTERPOL. Imagine you work for INTERPOL, the federal investigation agency in Spain, and you are interviewing a man that wants to work for you. You need to do a background check and find out if he has done anything questionable. Ask him if he has ever used drugs (**drogas**), been married, been in trouble (**tener problemas**) with the police, bought weapons (**armas**), visited a Communist country, and any other question you see fit.

1. ______________________________
2. ______________________________
3. ______________________________
4. ______________________________
5. ______________________________
6. ______________________________
7. ______________________________
8. ______________________________

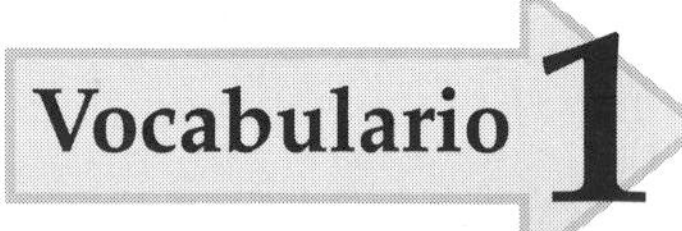

Expressing things you have not done yet but want to do
• Vocabulary for future plans

G. ¿De qué estoy hablando? Write the correct word(s) based on the cue provided.

1. Salir a conocer otras ciudades y otros países. ______________
2. Poner dinero en el banco y no gastarlo. ______________
3. Pedir trabajo en una empresa. ______________
4. Cuando esperas tener un bebé. ______________
5. La celebración que indica que ya has terminado la carrera. ______________
6. Lo que necesitas hacer si te dan trabajo en otra ciudad. ______________

H. Las recomendaciones del papá de Ramón. Imagine that Ramón's father talks to Wayne. How would he say the following in Spanish?

1. I advise you to save money before you plan to get married.

____

2. It's important that Sofía continue her studies.

____

3. I recommend that Sofía and you travel first.

____

4. I hope you find a job in this city.

____

5. Everything has changed lately; couples (**las parejas**) get divorced very often.

____

6. I hope you two don't get divorced!

____

Para terminar

I. Una miniprueba. This activity is review of all the tenses. Pay close attention to the verb tenses you need to ask the questions.

1. Ask Sofía and Ana Mari:
   - a. when they are going to graduate
   - b. if they have applied for any jobs yet
   - c. how many times they have fallen in love

2. Tell Adriana:
   - d. your brother works for the goverment
   - e. your cousin got pregnant when she was twenty-five
   - f. you don't want to get married until (**hasta que +** [*subjunctive*]) you are thirty
   - g. you used to celebrate your birthday at your grandmother's house

3. Ask Wayne:
   - h. if he is going to continue studying
   - i. how many companies has he applied to for a job
   - j. how much money he has saved this year
   - k. why Sofía does not want to marry him right now

a. ____
b. ____
c. ____
d. ____
e. ____
f. ____
g. ____
h. ____
i. ____
j. ____
k. ____

Nombre ______________________ Fecha ______________

J. Las dudas de Manolo. Manolo is writing to his cousin in Miami. Read his letter and answer the questions.

1. ¿Qué piensa Manolo de David? ______________________
2. ¿Qué cualidades posee Ana Mari? ______________________
3. ¿Qué es importante para Manolo? ______________________
4. ¿Qué le preocupa a Manolo? ______________________
5. ¿Qué debe hacer Manolo? ______________________

Querida prima:

¡Cómo me alegra que te hayas casado con David! Es una persona estupenda y ustedes dos se complementan perfectamente. ¡Felicidades! ¡Ojalá que yo encuentre a alguien así!

Bueno, tal vez ya la he encontrado, pero no estoy seguro. ¿Cómo sabes cuando alguien es la persona correcta? Tienes que ayudarme porque tengo un enredo[1].

Creo que ya te he contado de mi amiga Ana Mari. Me gusta mucho. Es guapa, inteligente, muy simpática y extrovertida, y tiene otras cualidades que yo admiro. Tú sabes que para mí es importante que mi pareja tenga ideales similares a los míos o, por lo menos, compatibles. A Ana Mari le gusta ayudar a la gente, como a mí. Quiere ser abogada porque cree que los hispanos necesitan a alguien que les pueda explicar cómo funcionan las leyes en este país. Ella dice que muchas veces los hispanos se meten en problemas[2] simplemente porque desconocen las leyes. Yo no sé si eso es cierto o no, pero me alegro de que ella así lo sienta.

Un inconveniente es que Ana Mari es hermana de mi amigo Ramón y la mejor amiga de Sofía. A mí me preocupa un poco que cuando Ana Mari y yo tengamos algún problema o discusión, lo sepa (y opine) todo el mundo. Otros inconvenientes son que no tengo dinero, todavía no sé qué voy a estudiar, comparto un apartamento con un chico y difícilmente me puedo mantener yo solo… Dudo que Ana Mari crea que la pobreza es romántica. Yo tampoco lo creo.

No sé, prima… tú, ¿qué piensas? ¿Crees que estoy exagerando los problemas sólo por miedo[3]? Tal vez lo que debo hacer es invitarla a salir, ¿no?

Un beso del indeciso de tu primo,

Manolo

[1]**tengo...** *I am confused* [2]**se...** *get into trouble* [3]*fear*

K. Querido Manolo. Imagine that you received Manolo's letter. Write back to him with your recommendations and suggestions. Give him your overall opinion. Write your response on another sheet of paper, so you can hand it in.

Objetivos comunicativos

In this episode, you will practice:

✓ reacting to present actions and events

✓ reporting past intentions

Episodio 29

Escenas de la vida: Soluciones positivas

A. ¡Mira cuánto puedes entender! Indica si los comentarios son **ciertos** o **falsos**.

	Cierto	Falso
1. Santiago…		
a. quiere que Adriana estudie en la universidad.	☐	☐
b. tiene miedo de perder a Adriana.	☐	☐
c. comprende y ayuda a Adriana en la casa.	☐	☐
d. no quiere que Adriana esté tanto tiempo fuera de casa.	☐	☐
e. es celoso; le molesta que Adriana salga con sus amigos.	☐	☐
2. Adriana…		
f. no quiere que se vayan sus hijos de casa.	☐	☐
g. quiere tener una profesión.	☐	☐
h. quiere que Santiago se vaya de casa.	☐	☐
i. necesita la ayuda de su esposo y sus hijos.	☐	☐
j. no va a discutir con Santiago cuando esté enojada.	☐	☐

B. ¿Te diste cuenta? Indica quién dijo lo siguiente: Adriana (**A**), Santiago (**S**) o la doctora (**D**).

Adriana

Santiago

Dra. Castaños

_____ 1. No me gusta que esté tanto tiempo fuera de casa.

_____ 2. Quiero que se sienta orgulloso de mí.

_____ 3. Siento que prefiera salir con sus amigos.

_____ 4. Es importante que no discutan cuando estén enojados.

_____ 5. Tengo miedo de que cuando mis hijos se vayan, yo me quede sola.

_____ 6. Quiero que hablemos de otra cosa que no sea la casa y los niños.

_____ 7. Me molesta que siempre tenga ocupaciones.

_____ 8. Es bueno que ustedes se digan lo que les gusta y lo que les molesta.

C. Resolviendo los problemas. Responde a las preguntas de acuerdo con lo que pasa en la **Escena**.

1. ¿Qué le molesta a Santiago? ______________________________
2. ¿Por qué Adriana quiere continuar estudiando? ______________________________
3. ¿Qué consejo les da la doctora a Adriana y a Santiago? ______________________________

Cultura a lo vivo

Al igual que en el resto del mundo, en los países hispanos es cada vez más común encontrar mujeres participando en casi todas las profesiones y ocupaciones. Esto se debe a varias razones, entre ellas la liberación femenina y el deterioro de la situación económica mundial. La liberación femenina ha traído cambios importantes en el papel de la mujer. Hoy en día encontramos mujeres senadoras, congresistas, abogadas, doctoras e incluso *(even)* presidentas. Es interesante notar que cada vez hay más mujeres en presidencias de países latinoamericanos. Chile eligió *(chose)* a Michelle Bachelet en 2006 y Argentina, a Cristina Kirchner en 2007. También, debido *(due)* a la situación económica en la mayoría de los países latinoamericanos, es necesario que la mujer trabaje. Incluso ha aumentado *(has increased)* el número de hogares *(homes)* en donde el sueldo de la mujer es el que mantiene a la familia.

CHILE
Michelle Bachelet

Práctica adicional		
Cuaderno de tareas pp. 349–350, A–B	invitaciones. vhlcentral.com Episodio 29	invitaciones. vhlcentral.com Episodio 29

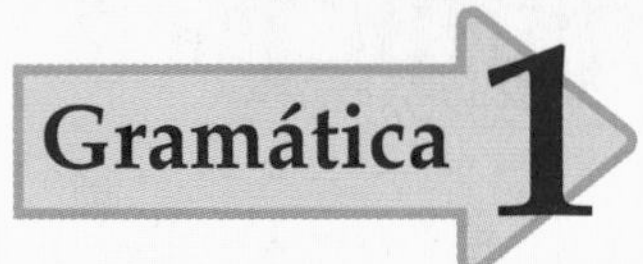

Para comunicarnos mejor

Gramática 1

Reacting to present actions and events
• The subjunctive with expressions of emotion and doubt

In this episode, you will learn to use the subjunctive after verbs of emotion or doubt. The external event or action that causes you to feel emotion or doubt is expressed in the subjunctive.

In the conversation with the therapist, Santiago said:

Es importante que no discutan cuando estén enojados.

No me gusta que Adriana **esté** tanto tiempo fuera de casa.	*I don't like that Adriana spends so much time away from home.*
Me molesta que siempre **tenga** ocupaciones.	*It bothers me that she's always busy.*
Siento que prefiera salir con sus amigos.	*It hurts me that she prefers to go out with her friends.*

1. Notice that these sentences have the same structure as those that express a suggestion, recommendation, will or desire.

[*Subject* 1] + [*Verb of emotion*] + **que** + [*Subject* 2] + [*Subjunctive*]
(yo) + **Siento mucho** + **que** + **Adriana** + **tenga problemas**.

Para expresar emoción	
(No) Me gusta que...	*I (don't) like (that)...*
Me molesta/choca que...	*It bothers me (that)...*
Qué bueno que...	*It's good (that)...*
sentir (e ⟶ ie)	*to feel*
Siento que... (sentir)	*I feel bad (that)...*
Tengo miedo de que...	*I am afraid (that)...*

2. We use emotions to give indirect commands; for example, *it bothers me that you come late* is another way of expressing *don't come late.*

   Me molesta que llegues tarde.
   No me gusta que te vayas sin hacer tu cama.

3. Expressions of doubt are always followed by the subjunctive. Note that, while the English *it is possible* has a connotation of certainty, the Spanish **es posible** is considered an expression of uncertainty, and therefore must be followed by the subjunctive.

Para expresar duda	
Es (im)posible que...	*It is (im)possible (that)...*
No creo que...	*I do not believe (that)...*

4. To express certainty, be it a given fact or a personal belief *(I am sure, I believe, it is true)*, use the indicative.

   Creo que Adriana **va** a resolver sus problemas.
   Es verdad que necesitamos ayuda.

Para expresar certeza	
Creo que...	*I believe (that)...*
Es verdad que...	*It's true (that)...*
Estoy seguro/a de que...	*I am sure (that)...*

PRÁCTICA

A. Las reacciones de la familia. Indica si los comentarios son **ciertos** o **falsos** para ti.

	Cierto	Falso
1. Mis padres esperan que yo no trabaje.	☐	☐
2. A mi mamá/papá le molesta que yo llegue tarde a casa.	☐	☐
3. Me gusta que mis padres me den consejos.	☐	☐
4. Ojalá que me gradúe pronto.	☐	☐
5. A mi mamá/papá le molesta que no lave la ropa.	☐	☐
6. No me gusta que mis compañeros me pidan la tarea.	☐	☐

B. En Disneylandia. Con un(a) compañero/a, reacciona a los siguientes comentarios sobre Disneylandia. Usa **(no) me gusta** y **me molesta.**

Modelo está lejos *(far)* de mi casa
No me gusta que esté lejos de mi casa.

1. hay mucha gente
2. tiene muchas cafeterías
3. la comida es muy cara *(expensive)*
4. puedes ver a los personajes de Disney
5. tienes que hacer cola *(stand in line)* para todo
6. siempre hace calor y sol
7. caminas *(you walk)* mucho
8. está abierto todo el año

C. Las predicciones. Con un(a) compañero/a, expresa tu opinión acerca de estas predicciones para el año 2050. Usa estas expresiones: **es posible que…, (no) creo que…** y **estoy seguro/a de que…**

Modelo Los coches van a funcionar con energía solar.
No creo que funcionen con energía solar. Creo que van a funcionar con electricidad.

Para el año 2050…

1. vamos a tener una mujer presidente.
2. vamos a comer comida en pastillas.
3. vamos a ir de vacaciones a otros planetas.
4. los científicos van a encontrar una cura para el cáncer.
5. las computadoras van a hacer todo el trabajo.
6. vamos a trabajar solamente tres días a la semana.
7. todos los residentes de Estados Unidos van a hablar inglés y español.

¡Fíjate!
Remember to use No creo + [subjunctive], and creo que + [indicative].

D. ¿Qué dices? Imagina que los personajes del libro te dicen lo siguiente. ¿Qué les respondes? Trabaja con un(a) compañero/a. Usa estas expresiones: **siento que..., espero que..., ojalá que..., qué bueno que...** y **no creo que...**

Modelo

Adriana: Tengo problemas con mi esposo.
Ojalá que los resuelvan pronto.

1. Manolo: Mi gata está enferma.
2. Sofía: Ahora tengo un trabajo excelente.
3. Adriana: A Santiago le molesta que salga con mis compañeros.
4. Wayne: Sofía es la mujer más maravillosa del mundo.
5. Santiago: Mis hijos me ayudan mucho en casa.
6. Manolo: Necesito buscar otro compañero de cuarto.
7. Ramón: Siempre saco A en los exámenes.
8. Emilio: Extraño *(I miss)* mucho a mi esposa.

E. La universidad. Con un(a) compañero/a, escriban tres cosas que les gustan y tres cosas que les molestan de la universidad donde estudian. Después escriban tres cosas que quieren que cambien o que pasen.

> **Modelo** Nos molesta que tengamos que tomar tres clases de inglés.
> Nos gusta que podamos hablar con los profesores después de clase.
> Ojalá que hagan más estacionamientos.

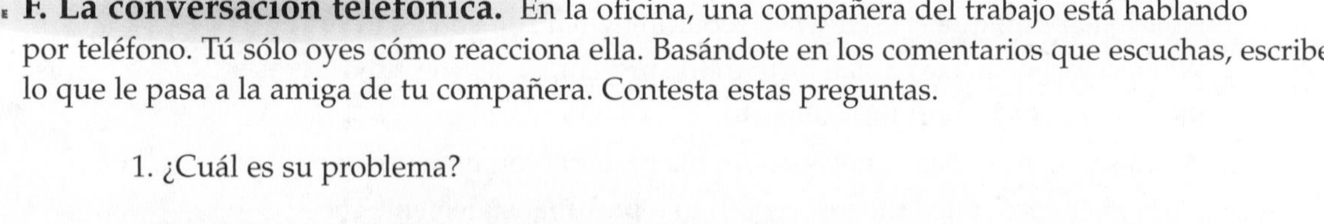

Learning Strategy: Use strategies to compensate for weaknesses

- Acquire routines to manage conversations, especially phrases that inform speakers when communication has broken down **(repita, por favor; no entiendo; ¿cómo se dice…?; más despacio; ¿perdón?)** and conversational fillers **(déjame ver/pensar, pues…, eh…, este…, así es, es que…)**.
- Interact with Spanish speakers to increase your understanding and your ability to function in the Spanish-speaking world. Remember that we tend to notice differences, not similarities, and that beliefs and behaviors result from the universal human need to respond to the challenges that exist in each culture.

SUPERSITE **F. La conversación telefónica.** En la oficina, una compañera del trabajo está hablando por teléfono. Tú sólo oyes cómo reacciona ella. Basándote en los comentarios que escuchas, escribe lo que le pasa a la amiga de tu compañera. Contesta estas preguntas.

1. ¿Cuál es su problema?
 ____
2. ¿Adónde fue? ¿Qué le hicieron ahí?
 ____
3. ¿Quién le lleva comida?
 ____
4. ¿De qué tiene miedo?
 ____

G. En esta clase... En parejas, imaginen que hay un compañero nuevo en la clase. Díganle qué es lo que le gusta y no le gusta al/a la profesor(a) de español. Escriban seis cosas diferentes.

> **Modelo** Al/A la profesor(a) le choca que lleguemos tarde a clase.
> Le gusta que entreguemos la tarea a tiempo y no la acepta tarde.

1. ______________________________
2. ______________________________
3. ______________________________
4. ______________________________
5. ______________________________
6. ______________________________

Práctica adicional

Cuaderno de tareas pp. 350–351, C–F

invitaciones.vhlcentral.com Lab practice

SUPERSITE invitaciones.vhlcentral.com Episodio 29

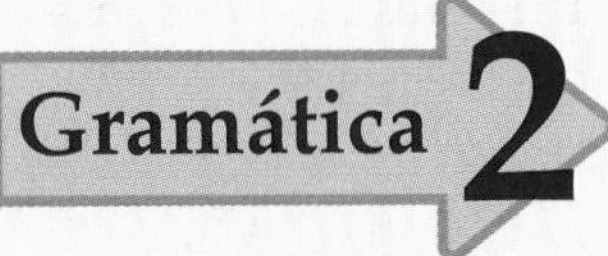

Gramática 2 Reporting past intentions • Reported speech

You have used the imperfect to talk about your childhood, to describe how things used to be, and to provide background information when narrating an event. The imperfect is also used to report what others said (reported speech) and to say what you intended to do, but didn't or couldn't (using **quería** and **iba**).

What Adriana said	Reporting what Adriana said
Estamos aquí porque **necesitamos** ayuda.	Adriana dijo que **estaban** ahí porque **necesitaban** ayuda.
Todo lo que **hago** le **molesta** a Santiago.	Adriana dijo que todo lo que **hacía** le **molestaba** a Santiago.
Me enfermé.	Adriana dijo que **se había enfermado**.
Me lastimé la mano con la puerta.	Adriana dijo que **se había lastimado** la mano con la puerta.
Quería explicarle la situación pero no **pude**.	Adriana dijo que **quería** explicarle la situación pero que no **había podido.**

1. Notice that **dijo que** is used when reporting what someone said.
2. When someone makes a statement in the present tense, you use the imperfect to report the statement.
3. When someone makes a statement in the preterit, you may use the pluperfect (also called the *past perfect*) to report that statement. The pluperfect uses the imperfect form of **haber**, plus the past participle.
4. Keep the imperfect when the statement you are reporting was made in the imperfect (**quería**).
5. Use **quería** and **iba a** to express what you intended to do (your past intention).

¡Fíjate!

The imperfect of **haber** is formed as follows: **había, habías, había, habíamos, habíais, habían.**

Quería hablar contigo, pero **te fuiste**. — *I wanted to talk to you, but you left.*
Iba a explicarle la situación, pero no **quiso** escucharme. — *I was going to explain the situation to him, but he refused to listen.*

PRÁCTICA

H. ¿Qué dijo? Escribe las oraciones de nuevo para contarle a un amigo lo que te dijo Sofía.

Modelo Adriana tiene problemas con su esposo.
Sofía dijo que Adriana tenía problemas con su esposo.

1. A Ana Mari le gusta Manolo. ______________________________
2. Ramón es obsesivo. ______________________________
3. Emilio no le ha escrito a su esposa todavía. ______________________________
4. Lalo se va de campamento con sus amigos otra vez. ______________________________

I. La conferencia. Imagina que asististe *(you attended)* a una conferencia sobre asuntos *(issues)* de la mujer en Latinoamérica. Escríbele a un(a) amigo/a lo que dijo la conferencista.

> **Conferencista:** En Latinoamérica hay algunas leyes laborales que toman en cuenta la realidad de la mujer que trabaja. En México, por ejemplo, la mujer que va a tener un bebé tiene derecho a 90 días de incapacidad con sueldo después de dar a luz[1]. También, en muchas compañías y oficinas de gobierno, tienen guarderías[2] gratis para los hijos de los empleados.

[1]**dar...** *giving birth* [2]*day care*

¿Qué dijo la conferencista?

____

____

____

____

____

____

____

J. Teléfono descompuesto *(broken)*. En grupos de cinco, jueguen al teléfono descompuesto. El **estudiante 1** le dice algo interesante a su compañero en secreto. Después ese compañero le reporta al siguiente lo que le dijeron. Continúan así sucesivamente hasta que el último estudiante le dice al primero lo que él/ella dijo al comienzo. Después el **estudiante 2** inicia con otra cosa interesante.

Modelo
Estudiante 1: **El sábado pasado esquié en agua por primera vez.**
Estudiante 3: ***(Al estudiante 2)* ¿Qué te dijo?**
Estudiante 2: **Me dijo que el sábado pasado había esquiado en agua por primera vez.**

SUPERSITE **K. El drama continúa.** En la oficina, tu compañera de trabajo sigue hablando por teléfono. Escribe lo que le dijo su amiga.

¿Qué le dijo?

____

____

____

____

____

____

L. Las buenas intenciones.

Parte 1. Siempre queremos hacer cosas durante las vacaciones o los fines de semana, pero terminamos no haciéndolas. Escribe las cosas que querías o ibas a hacer, pero no hiciste. Usa **este semestre, el fin de semana pasado, durante las vacaciones** o **ayer**.

> **Modelo** Este semestre quería sacar A en todas mis clases, pero voy a sacar B en química.
> Las vacaciones pasadas mi mamá y yo íbamos a ir a México, pero no fuimos.

1. ______________________________
2. ______________________________
3. ______________________________
4. ______________________________
5. ______________________________

Parte 2. Túrnense para que cada quien lea una de sus frases al resto de la clase.

Parte 3. ¿Qué dijeron tus compañeros/as? ¡A ver cuánto recuerdas! Repite lo que dijeron tres o cuatro compañeros/as; escríbelo abajo.

> **Modelo** Elena dijo que quería sacar A en todas sus clases, pero que iba a sacar B en química.
> Roberto dijo que su mamá y él iban a ir a México, pero que no habían ido.

____
____
____
____
____
____
____
____

Práctica adicional		
Cuaderno de tareas pp. 352–353, G–I	invitaciones. vhlcentral.com Lab practice	invitaciones. vhlcentral.com Episodio 29

Actividades comunicativas

A. ¿Qué hacemos?

Instrucciones para **Estudiante 1**

Tu compañero/a y tú tienen que decidir si deben despedir *(fire)* a una empleada de la compañía donde trabajan. A ti te molestan varias cosas de la empleada y crees que es necesario despedirla. Habla con tu compañero/a de las anotaciones que hiciste de su rendimiento *(performance)*. Decidan si van a despedirla o no. Usen expresiones como **me molesta que, no me gusta que, qué bueno que, no creo que** y **espero que.**

¡Fíjate!

You are in favor of firing the employee. Emphasize the aspects of her performance that support your opinion. You may make up other details not included in your list.

- Con frecuencia llega tarde.
- Se viste muy informalmente.
- Recibe llamadas personales.
- Regresa tarde del almuerzo.
- No acepta sugerencias.
- ______________________________
- ______________________________
- ______________________________
- ______________________________

A. ¿Qué hacemos?

Instrucciones para **Estudiante 2**

Tu compañero/a y tú tienen que decidir si deben despedir *(fire)* a una empleada de la compañía donde trabajan. A ti te gustan varias cosas de la empleada y no crees que sea necesario despedirla. Habla con tu compañero/a de las anotaciones que hiciste de su rendimiento *(performance)*. Decidan si van a despedirla o no. Usen expresiones como **me molesta que, no me gusta que, qué bueno que, no creo que** y **espero que.**

¡Fíjate!
You are in favor of keeping the employee. Emphasize the aspects of her performance that support your opinion. You may make up other details not included in your list.

- Se queda en la oficina hasta terminar el trabajo del día.
- Siempre es amable con los clientes y sus compañeros.
- Resuelve situaciones delicadas.
- Es muy organizada.
- Es eficiente y hace todo su trabajo.
- ______________________
- ______________________
- ______________________
- ______________________

B. Problemas con los vecinos.

Instrucciones para **Estudiante 1**

Parte 1. Habla con tu compañero/a sobre las cosas que te gustan y no te gustan de tus vecinos. Incluye todos los detalles que ves en los dibujos. Pídele consejos para determinar si debes mudarte o no.

Modelo **Tengo algunos problemas con mis vecinos. Los niños...**

Banco de palabras

hacer hoyos *to make holes*

arruinar las flores *to ruin the flowers*

Parte 2. Después escucha los problemas que tiene tu compañero/a con sus vecinos, dale consejos y ayúdale a decidir si debe mudarse de casa o no. Usa expresiones como: **siento mucho que..., ojalá que..., te recomiendo que...** y **espero que....**

B. Problemas con los vecinos.

Instrucciones para **Estudiante 2**

Parte 1. Escucha los problemas que tiene tu compañero/a con sus vecinos, dale consejos y ayúdale a decidir si debe mudarse de casa o no. Usa expresiones como: **siento mucho que…, ojalá que…, te recomiendo que…** y **espero que….**

Parte 2. Después habla con tu compañero/a sobre las cosas que te gustan y no te gustan de tus vecinos. Incluye todos los detalles que ves en los dibujos. Pídele consejos para determinar si debes mudarte o no.

Modelo Tengo algunos problemas con mis vecinos. El perro...

Banco de palabras
hacer hoyos *to make holes*
arruinar las flores *to ruin the flowers*

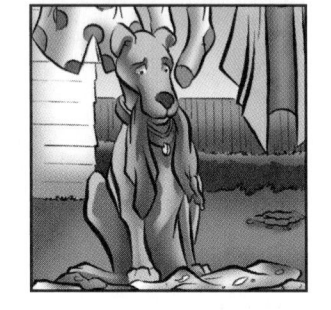

C. Las personas importantes en mi vida.

Piensa en las cosas que más te gustan y que más te molestan de algunas personas importantes en tu vida: tus compañeros/as de cuarto, tus amigos/as, tu pareja, tus padres, tu jefe. Compártelas con tu compañero/a. Traten de descubrir si tienen algunas cosas en común.

Modelo —**Tengo un hermano menor. Es muy irresponsable. Me molesta que me pida dinero y no me lo pague.**
—**Yo no tengo hermanos, pero mi amiga Judy me pide dinero con frecuencia. No me molesta porque siempre me paga.**

Invitación a **Chile**

En tus propias palabras. Lee la información para escribir en español lo que entendiste. Resume la información en dos o tres oraciones.

____

____

____

Del álbum de
Wayne

La tierra de Pablo Neruda y Gabriela Mistral, poetas chilenos ganadores del Premio Nobel de Literatura, es también uno de los países con mayor desarrollo *(development)* y estabilidad económica de Latinoamérica. Este largo *(long)* país (4.000 millas de costa) es tan variado que tiene el desierto más seco *(driest)* del mundo en el norte, gigantescos glaciares en el sur y una de las zonas más fértiles y productivas en la parte central. La comida chilena es variada, pero las famosas empanadas y parrilladas *(barbecues)* se consumen en todo el país. La influencia europea (el 95% de los habitantes son mestizos/blancos) es evidente en todos los aspectos de la vida chilena, aunque también existen en Chile tres culturas autóctonas importantes: la cultura aymara, la de los mapuches y la de los rapa nui.

La correspondencia

El correo: La solicitud de Ramón. Lee la carta que escribe Ramón solicitando un puesto de trabajo en España. Después contesta las preguntas.

1. ¿En qué tipo de compañía está solicitando trabajo Ramón? ______________________
____
2. ¿Qué cosas ha hecho Ramón que lo han preparado para ese puesto? ______________
____
3. ¿Qué documentos necesita mandar? ______________________________
____

15 de mayo

Lic. Julio Rojas, Gerente de Personal
Hoteles españoles S.A. de C.V.
Apartado Postal 232
Madrid, España

Estimado Lic. Rojas:

Fue un placer hablar con usted la semana pasada. Como le dije en nuestra conversación telefónica, estoy interesado en el puesto de Asistente de Ventas Internacionales en su empresa.

Acabo de recibirme con un título de Negocios Internacionales. Mi especialidad es Asuntos Latinoamericanos. Nací en Estados Unidos, pero mis padres son de México y Honduras, por lo que hablo el inglés y el español perfectamente. Hace dos años recibí una beca[1] para hacer una práctica profesional en Venezuela. Estuve un semestre en Caracas y trabajé para Ediciones Venezuela, bajo la dirección del gerente de ventas[2] internacionales. Mis responsabilidades eran procesar los contratos de venta y hacer los arreglos[3] necesarios para los clientes internacionales. También servía de intérprete y traductor[4]. Los fines de semana viajaba a diferentes partes de Venezuela para conocer el país.

En Estados Unidos he trabajado tiempo parcial desde que tengo diecisiete años. Tengo muy buenas referencias, en caso de que sean necesarias. En la universidad, fui el tesorero del Club de Negocios Internacionales durante dos años. El club organizaba conferencias y presentaciones relacionadas con el mundo de los negocios internacionales. Teníamos invitados que compartían sus experiencias en diversos países y en distintas empresas.

Por la descripción que me dio de las responsabilidades del puesto, me considero absolutamente capacitado para desempeñar[5] el trabajo. Además, me encantaría ir a España. Puedo empezar a principios de octubre. Usted mencionó que la compañía podría hacer los arreglos para mi viaje; le agradezco[6] que me envíe[7] más información para poder coordinar mi transferencia.

Según lo convenido[8] en nuestra conversación, le mando la solicitud de empleo, mi currículum, una copia fotostática de mi título universitario y una fotografía reciente. Le envío el más cordial saludo.

Atentamente,
Ramón Robledo

[1]*scholarship* [2]*sales* [3]*arrangements* [4]*translator* [5]*perform* [6]*I would appreciate* [7]*send me*
[8]**Según...** *According to what we agreed*

En papel: Un puesto en Chile. Imagina que hay un puesto que te interesa en Chile. Escribe una carta donde hables de tu experiencia de trabajo, de tus calificaciones y de tus actividades en la escuela o en el trabajo que sean importantes o relevantes para este puesto. Usa la carta de Ramón como modelo.

¡A ver de nuevo!

Parte 1. Mira o escucha otra vez la **Escena** para hacer un resumen del episodio.

Parte 2. Ahora trabaja con un(a) compañero/a para añadir la información que no tienes.

Práctica adicional			
Cuaderno de tareas p. 354, J	invitaciones. vhlcentral.com Episodio 29	invitaciones. vhlcentral.com Lab practice	invitaciones. vhlcentral.com Episodio 29

Vocabulario del Episodio 29

Objetivos comunicativos

You should now be able to do the following in Spanish:

✓ react to present actions and events

✓ report past intentions

Para expresar emoción

(No) Me gusta que...	*I (don't) like (that)...*
Me molesta/choca que...	*It bothers me (that)...*
Qué bueno que...	*It's good (that)...*
sentir (e → ie)	*to feel*
Siento que...	*I feel bad (that)...*
Tengo miedo de que...	*I am afraid (that)...*

Para expresar duda

Es (im)posible que...	*It is (im)possible (that)...*
No creo que...	*I do not believe (that)...*

Para expresar certeza

Creo que...	*I believe (that)...*
Es verdad que...	*It's true (that)...*
Estoy seguro/a de que...	*I am sure (that)...*

Vocabulario personal

Escribe las palabras que necesitas saber para expresar tus emociones.

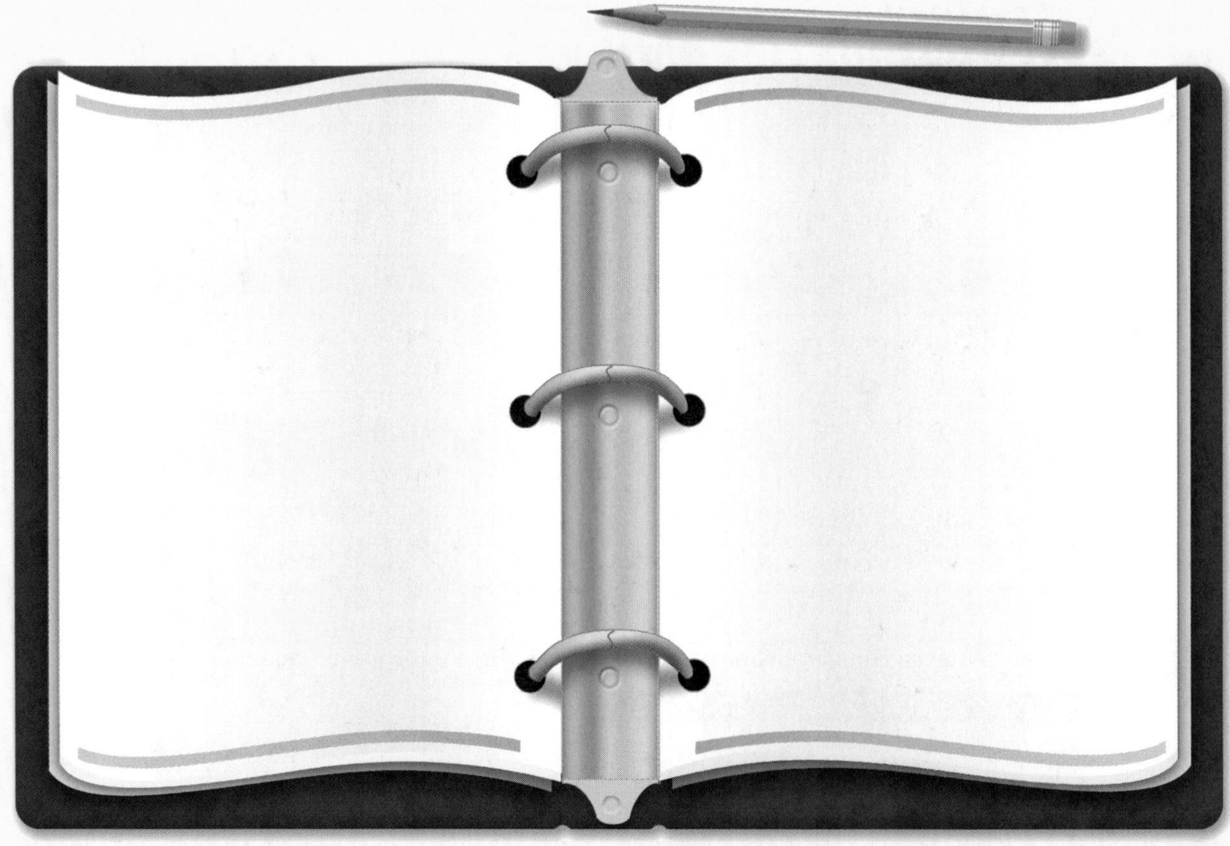

Nombre ______________________ Fecha ____________

Cuaderno de tareas

Episodio 29

Escenas de la vida: Soluciones positivas

SUPERSITE **A. ¡A ver cuánto entendiste!** See how much of the **Escena** you understood by matching the Spanish phrases with their English equivalents.

1. Adriana y Santiago

_____ 1. Parece que todo lo que hago le molesta a Santiago.
_____ 2. Yo te quiero y no me vas a perder.
_____ 3. Quiero que él se sienta orgulloso de mí.
_____ 4. Sé que para ti es un sacrificio que yo estudie.
_____ 5. Espero que me apoyes.
_____ 6. Dudo que tengamos mucho en común con tus compañeros.

a. I doubt that we have a lot in common with your classmates.
b. I love you and you are not going to lose me.
c. I know that it's a sacrifice for you that I study.
d. I hope that you'll support me.
e. I want him to be proud of me.
f. It seems that everything I do bothers Santiago.

2. Con la Dra. Castaños

_____ 1. Me alegro de que hayan tomado la decisión de venir a verme.
_____ 2. Creo que lo que tengo es miedo de perderte.
_____ 3. Tengo miedo de que cuando mis hijos se vayan de la casa, me quede sola sin saber hacer nada.
_____ 4. Quiero que podamos hablar de otra cosa que no sea la casa y los niños.
_____ 5. Es importante que no discutan cuando están enojados.

a. I think that I am afraid of losing you.
b. I'm happy that you have made the decision to come and see me.
c. I'm afraid that when my kids leave home, I'll be alone, without knowing how to do anything.
d. I want us to be able to talk about something other than the house and the kids.
e. It's important that you don't argue when you are angry.

Nombre ______________________________ Fecha ______________

B. ¿Qué pasó con Adriana y Santiago? Use the following questions as a guide to write a summary of the **Escena**.

1. ¿Dónde están Adriana y Santiago?
2. ¿Por qué están allí?
3. ¿De qué tiene miedo Santiago?
4. ¿Cómo se siente Adriana?
5. ¿Qué les recomienda la Dra. Castaños?

____

____

____

____

____

____

____

Gramática 1

Reacting to present actions and events
• The subjunctive with expressions of emotion and doubt

C. ¡El mundo al revés! *(The world upside down!)* Someone has made the following very inappropriate statements. Correct them by using an appropriate expression of emotion.

> **Modelo** Siento que tengas el día libre.
> **Qué bueno que tengas el día libre.**

1. Qué pena *(What a shame)* que te paguen tanto dinero.
   ____
2. Qué bueno que tu mejor amigo esté enfermo.
   ____
3. Me alegro de que estés adolorido de la pierna.
   ____
4. Ojalá que saques F en el examen.
   ____
5. Me molesta que cocines tan bien.
   ____
6. Me gusta que siempre llegues tarde a todos lados.
   ____
7. Tengo miedo de que seas feliz.
   ____

Nombre ______________________ Fecha ____________

D. Los deseos. Think about four things in the near future that relate to your studies. Use the subjunctive or the indicative according to the beginning of the sentence.

Modelo Ojalá que **saque A en cálculo.**

1. Creo que ______________________
2. Tengo miedo de que ______________________
3. Es posible que ______________________
4. Estoy seguro/a de que ______________________

E. Los compañeros de cuarto. Write four things that you like or hate about roommates (or the person/people you live with). Use **me molesta que..., (no) me gusta que...,** and **me choca que....**

Modelo **Me molesta que mis compañeros de cuarto fumen en la casa.**

1. ______________________
2. ______________________
3. ______________________
4. ______________________

F. ¿Tú qué crees? Say whether you think the following things will happen to Sofía and her friends. Use **(no) creo que..., es posible que...,** and **(no) estoy seguro/a de que...** to express your predictions.

Modelo Adriana se divorcia de Santiago.
No creo que Adriana se divorcie de Santiago.
or **Sí, creo que Adriana se va a divorciar de Santiago.**

1. Sofía se casa con Wayne.

____

2. Ana Mari se va a vivir a otro estado.

____

3. Wayne conoce a otra chica.

____

4. Manolo se convierte en *(becomes)* un artista famoso.

____

5. Ramón va a trabajar con la empresa española.

____

6. Adriana no termina la universidad.

____

7. La esposa de Emilio nunca viene a verlo.

____

8. Emilio aprende inglés perfectamente.

____

Gramática 2 Reporting past intentions • Reported speech

G. Lo que escribió Emilio. Reread Emilio's letter to his wife on page 198, **Episodio 23.** Finish writing Emilio's letter to his wife in which he tells her about the apartment he found.

Emilio

Emilio le dijo a su esposa que...

____

____

____

____

____

____

____

____

____

____

H. Promesas, promesas. Think of the promises you, your friends, or other important people in your life have made. Write a paragraph describing the promise, and indicate whether or not you or they followed through on it.

Modelo **Mi papá dijo que iba a dejar de fumar, pero no lo hizo.**
Yo dije que iba a ir al gimnasio. Todavía no he ido, pero sí pienso ir.

____

____

____

____

____

____

____

____

____

Nombre ______________________ Fecha ____________

I. ¿Qué quieren? Answer the following questions about the characters' desires.

Modelo

¿Qué no quiere Ramón?
Ramón no quiere que Wayne compre el anillo de compromiso.

comprar el anillo de compromiso

viajar

1. ¿Qué le recomienda Ramón a Wayne?

____

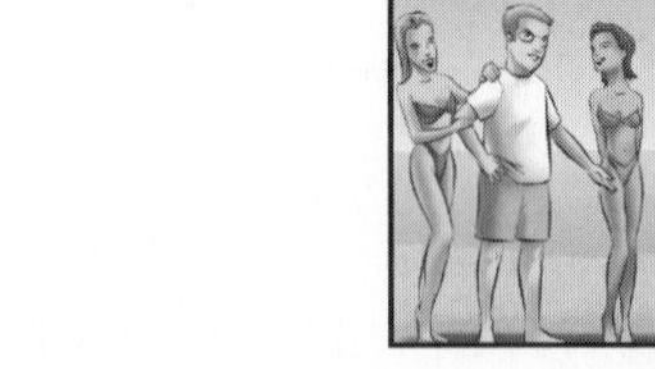

salir con otras chicas

4. ¿Qué le aconseja Ramón a Wayne?

____

conocer a Wayne

2. ¿Qué es importante para la familia de Sofía?

____

graduarse

5. ¿Qué es necesario para Sofía antes de casarse?

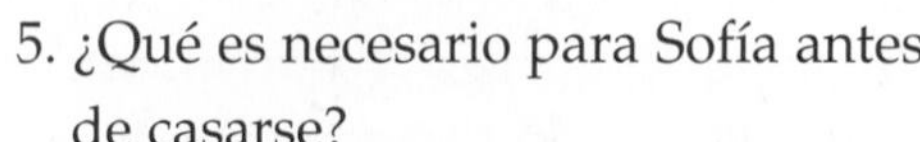

____

casarse con Sofía

3. ¿Qué quiere Wayne?

____

encontrar un trabajo

6. ¿Qué quiere Sofía para Wayne?

____

Nombre ______________________ Fecha ____________

Para terminar

J. La carta de Adriana. Read Adriana's letter to her sister, which she wrote before visiting Doctor Castaños, and then answer the questions.

1. ¿Por qué discutieron Adriana y Santiago la semana pasada?

____

2. ¿Por qué estudiar es importante para Adriana?

____

3. ¿Cómo se siente Adriana?

____

4. ¿Qué cree Adriana acerca de consultar a una consejera matrimonial?

____

Querida hermana:

¿Cómo están todos? Espero que estén disfrutando de su nueva casa. Carlos me dijo que es bellísima. Tengo muchas ganas de verla. Quiero agradecerte[1] todas las atenciones que tuviste con Carlos y su amigo. Regresó feliz de Puerto Rico. Creo que ahora se siente más orgulloso de ser puertorriqueño y de hablar español.

Yo también necesito unas vacaciones urgentemente. Los problemas con Santiago van de mal en peor. Cada día peleamos más y discutimos por todo. La semana pasada tuvimos una discusión horrible. Él insiste en que me interesan más mis amigos y mis estudios que mi familia. Me dijo que yo era una egoísta, ¿te imaginas? El egoísta es él. Yo sólo quiero superarme[2], hacer algo productivo con mi vida ahora que los niños ya no me necesitan tanto. No quiero dedicarme a cocinar, lavar y planchar el resto de mi vida; después de la pelea se fue a un viaje de negocios (eso creo) sin decirme nada. Todavía no regresa, y yo, por supuesto, me enfermé del disgusto. No tengo nada serio pero me dio catarro y una migraña insoportable, sí que me duele todo.

Tengo miedo de que estas discusiones afecten a los niños. Tú sabes que están en una edad muy delicada. ¡No sé qué hacer! Una amiga me recomendó consultar a una consejera matrimonial. A mí me parece buena idea, así que hice una cita, pero no sé si Santiago acepte. Yo creo que si pedimos ayuda podemos resolver nuestros problemas. No quiero que nuestra familia se desintegre. Además, todavía estoy enamorada[3] de Santiago y creo que él me quiere también. ¿Qué me aconsejas? ¿Qué debo hacer?

Siento mucho escribirte una carta tan triste, y preocuparte con mis problemas, pero estoy tan descorazonada[4] y ahora me siento tan sola...

Un beso y un abrazo de tu hermana que te quiere,

Adriana

[1]*to thank you* [2]*better myself* [3]*in love* [4]*disheartened*

Objetivos comunicativos

In this episode, you will practice:

✓ talking about future plans

✓ describing present and past experiences

Episodio 30

Escenas de la vida: La vida sigue

SUPERSITE **A. ¡Mira cuánto puedes entender!** Indica si los comentarios se refieren a Ana Mari (**AM**), Emilio (**E**), Manolo (**M**), Ramón (**R**), Sofía (**S**) o Wayne (**W**).

_______ 1. Quiere visitar a Ramón en España.
_______ 2. Tiene varias opciones para el futuro.
_______ 3. Le van a regalar un coche cuando se reciba.
_______ 4. No sabe qué quiere estudiar.
_______ 5. Va a pasar tres meses en Europa.
_______ 6. Va a salir con Ana Mari.
_______ 7. Quiere ver a su esposa.
_______ 8. No quiere hacer una maestría.

SUPERSITE **B. ¿Te diste cuenta?** Mira o escucha de nuevo la **Escena** para escoger la respuesta correcta.

1. Mejor acepta el puesto con la compañía española para que…
   a. empieces a ganar dinero.
   b. podamos visitarte en España.
   c. practiques tu español.
2. Ramón no quiere decidir nada hasta que…
   a. las universidades le digan si lo aceptaron.
   b. sepa si se va a España.
   c. termine de estudiar.
3. Sofía quiere ir a Europa en cuanto…
   a. tenga dinero.
   b. sus papás le paguen el viaje.
   c. termine su carrera.
4. A Ana Mari le van a regalar un coche cuando…
   a. aprenda a manejar.
   b. se reciba.
   c. encuentre trabajo.

SUPERSITE **C. ¡Hablemos de los planes!** Responde a las preguntas de acuerdo con tu opinión y tus planes para el futuro.

1. ¿Qué planes te parecen más interesantes? ¿Por qué?

____

____

____

2. ¿Qué planes tienes tú para después de graduarte?

____

____

____

Cultura a lo vivo

A lo largo del siglo *(century)* XX, muchos hispanos han recibido premios Nobel por sus contribuciones a la humanidad en todas las áreas. De especial importancia son los ganadores de los premios Nobel de la Paz. Tú ya sabes algo de la vida y las contribuciones de Rigoberta Menchú. Algunos de los ganadores son personas que han contribuido a establecer justicia social en Latinoamérica. Es decir, han ayudado a resolver conflictos armados, a detener[1] la exterminación de grupos indígenas y la violación de derechos[2] humanos y a prohibir la existencia de armas nucleares en la región.

[1]*to stop* [2]*rights*

Molina

Arias

Cela

Año	País	Nombre	Área
1904	España	José Echegaray	Literatura: dramaturgo
1906	España	Santiago Ramón y Cajal	Medicina: sistema nervioso
1922	España	Jacinto Benavente Martínez	Literatura: dramaturgo
1936	Argentina	Carlos Saavedra Lamas	Paz
1945	Chile	Gabriela Mistral	Literatura: poeta
1947	Argentina	Bernardo Alberto Houssay	Medicina: endocrinología
1956	España	Juan Ramón Jiménez	Literatura: poeta
1959	Estados Unidos	Severo Ochoa	Medicina: ácidos nucleicos
1967	Guatemala	Miguel Ángel Asturias	Literatura: novelista
1968	Estados Unidos	Luis Walter Álvarez	Física
1970	Argentina	Luis Federico Leloir	Química
1971	Chile	Pablo Neruda	Literatura: poeta
1977	España	Vicente Aleixandre	Literatura: poeta
1980	Argentina	Adolfo Pérez Esquivel	Paz
1982	Colombia	Gabriel García Márquez	Literatura: novelista
1982	México	Alfonso García Robles	Paz
1984	Argentina	César Milstein	Medicina: anticuerpos
1987	Costa Rica	Óscar Arias Sánchez	Paz
1989	España	Camilo José Cela	Literatura: novelista
1990	México	Octavio Paz	Literatura: poeta, ensayista
1992	Guatemala	Rigoberta Menchú	Paz
1995	Estados Unidos	Mario José Molina	Química

Learning Strategy: After the first year

When you complete this episode, you will have finished the first and most difficult year of language study. It is important that you continue your study of Spanish and that you use the language you have learned as much as possible. The following strategies will help you increase your ability to communicate in Spanish, both in the classroom and during interactions with Spanish speakers outside the classroom.

- **Reflect on your learning.** Think about the Spanish you have learned, how you have learned it, and ways to maximize opportunities for continued language learning and successful language use.
- **Accept uncertainty when listening and reading.** Do not be bothered when you fail to understand all the Spanish you hear or read. Recognize that uncertainty and ambiguity are natural aspects of the learning process.

Práctica adicional

Cuaderno de tareas pp. 373–374, A–C

invitaciones. vhlcentral.com Episodio 30

invitaciones. vhlcentral.com Episodio 30

Para comunicarnos mejor

Gramática 1

Talking about future plans
• The subjunctive after certain conjunctions

Read the advice the characters are giving you. What verb endings are used after **hasta que**, **para que**, and **en cuanto**?

Sigan estudiando español hasta que lo hablen bien.
Estudien mucho para que se reciban pronto.
En cuanto terminen su carrera, ¡viajen!

Notice that the characters used the subjunctive to refer to their future actions and intentions.

No quiero decidir nada **hasta que** las universidades me **digan** si me aceptaron.	*I don't want to decide anything until the universities tell me if they've accepted me.*
En cuanto termine mi carrera…	*As soon as I finish my degree…*
Cuando yo me reciba…	*When I graduate…*
Va a hablar con su jefe **para que** le **den** vacaciones.	*She's going to talk to her boss so that she gets a vacation.*

When talking about the future, use the subjunctive after these conjunctions:

Conjunciones					
a menos que	*unless*	**cuando**	*when*	**hasta que**	*until*
antes (de) que	*before*	**en cuanto**	*as soon as*	**para que**	*so that*

PRÁCTICA

A. ¿Qué van a hacer? En parejas, unan las oraciones con la conjunción indicada para crear una relación lógica entre ellas.

> **Modelo** los padres de Ana Mari le van a comprar un coche/ella buscar trabajo en la ciudad (para que)
> **Los padres de Ana Mari le van a comprar un coche para que ella busque trabajo en la ciudad.**

1. Sofía quiere ir a Europa / terminar sus estudios (en cuanto)
2. Wayne quiere casarse con Sofía / tener un buen trabajo (cuando)
3. Emilio se queda en Estados Unidos / hablar inglés perfectamente (hasta que)
4. Ramón no viaja a España / darle trabajo allá (a menos que)
5. Adriana y su esposo hablan con una consejera / ella ayudarlos a resolver sus problemas (para que)
6. ¿tú vas a viajar / graduarte? (cuando)

B. ¿Amor o interés? Ana Mari y Sofía oyeron la siguiente conversación en una telenovela. Con un(a) compañero/a, usa las conjunciones apropiadas para llenar los espacios en blanco. Después inventa el resto de la conversación.

para que **hasta que** **cuando** **a menos que** **en cuanto**

Lola	¡Mi amor, estoy tan contenta! Por fin vamos a casarnos, pero no podemos finalizar los detalles (1) ____________ compremos una casa grande.
Julio	Pero, mi amor, ya compré una casita muy bonita. No necesitamos una casa grande.
Lola	¡Qué pena *(shame)* que hayas comprado una casa sin preguntarme! Yo siempre he querido una casa grande. Además no podemos hacer fiestas (2) ____________ tengamos un jardín enorme con una piscina.
Julio	¡Está bien, mi cielo *(sweetheart)*! Yo hago lo que tú me digas.
Lola	Gracias, cariño. También necesitamos dos empleadas (3) ____________ yo pueda ir al gimnasio.
Julio	Sí, mi cielo, lo que tú quieras. (4) ____________ llegue a casa, voy a poner un anuncio *(ad)* en el periódico.
Lola	Gracias, amor. ¡Vamos a ser tan felices (5) ____________ nos casemos!
Julio	¡Sí, estoy seguro! Pero… necesito pedirte algo.
Lola	¿Qué cosa? Lo que sea.
Julio	Quiero que firmemos un contrato prenupcial.
Lola	¡¿Qué?! ¿Por qué? ¡No necesitamos eso! ¡Yo te quiero mucho!
Julio	Ya lo sé, pero… *(Inventa el resto de la conversación.)*
Lola	(6) ________________________________
Julio	(7) ________________________________
Lola	(8) ________________________________
Julio	(9) ________________________________

C. Mis planes. Completa las oraciones según tus planes. Después comparte tus respuestas con un(a) compañero/a.

1. No me voy a casar hasta que ______________________________.
2. Voy a buscar un buen trabajo en cuanto ______________________________.
3. Voy a comprar un coche nuevo cuando ______________________________.
4. No voy a salir bien en esta clase a menos que ______________________________.
5. Voy a graduarme de la universidad para que mis papás ____________________.

D. Mi futuro. Habla con un(a) compañero/a de tus planes personales y profesionales.

En lo personal:
- si quieres casarte
- si quieres tener hijos, cuántos
- si quieres mudarte a otra ciudad
- si quieres viajar, adónde

En lo profesional:
- cuándo te vas a graduar
- si piensas seguir estudiando
- dónde vas a solicitar trabajo
- si necesitas entrar a algún programa de capacitación

Invitación a **Paraguay**

En tus propias palabras. Lee la información para escribir en español lo que entendiste. Resume (*summarize*) la información en dos o tres oraciones.

____

____

____

Del álbum de *Sofía*

Paraguay es un poco más pequeño que el estado de California y tiene aproximadamente 6,8 millones de habitantes. Paraguay es además un país verdaderamente bilingüe. El español y el guaraní son las dos lenguas oficiales de esta nación. La lengua indígena no es un idioma minoritario, ni sus hablantes están marginados; por el contrario, hablar guaraní y español es parte de la identidad y el orgullo *(pride)* nacional. El gobernador José Gaspar R. de Francia (1814—1840) ordenó que la población de origen europeo se casara exclusivamente con población local, dando como resultado un mestizaje *(mix of races)* y un bilingüismo positivo basado en el respeto y entendimiento mutuos.

E. El Cuerpo de Paz. Contesta las siguientes preguntas y luego lee la información de los trabajos que ha realizado el Cuerpo de Paz (*Peace Corps*) en Paraguay. Después, llena el cuadro con tus propias *(own)* palabras.

Banco de palabras

asearse *to wash, to shower*	**la fresa** *strawberry*	**potable** *drinkable*
los canales *ducts*	**la higiene** *hygiene*	**el subempleo** *low-paying jobs*
la delincuencia *criminal behavior*	**el medio ambiente** *environment*	**las zonas forestales** *wooded areas*

1. ¿Qué tipo de ayuda crees que necesitan las personas que viven en zonas rurales?
____

2. ¿Qué tipo de ayuda crees que necesitan las comunidades pobres?
____

3. ¿Qué tipo de ayuda crees que necesitan las comunidades donde hay muchos crímenes y no hay suficientes trabajos? _______________

PEACE CORPS

Los voluntarios del Cuerpo de Paz ayudan a las personas de varios países latinoamericanos a mejorar su situación económica, educativa y personal. En Paraguay, por ejemplo, los voluntarios han trabajado con pequeños grupos de personas en zonas rurales principalmente, dando ayuda y entrenamiento[1] técnico en agricultura, creación de negocios[2] y de programas educativos, entrenamiento de maestros, desarrollo[3] de programas de salud e higiene, conservación del medio ambiente y programas de ayuda a jóvenes con problemas.

- Un voluntario ayudó a un agricultor a investigar sobre la producción de fresas[4]. Como resultado, el agricultor produjo más de 4.000 plantas de fresa.
- En una escuela rural, una voluntaria ayudó a las maestras a crear un plan de estudios para desarrollar la lectura[5], la escritura y las matemáticas. También organizaron entrenamientos para otros maestros del área.
- En un pequeño pueblo, había un gran número de niños y adultos con parásitos. Los voluntarios que trabajaban ahí identificaron la causa del exceso de parásitos y ayudaron a instalar canales de agua potable en el pueblo. También les enseñaron principios básicos de higiene y cuidado dental.

- El Cuerpo de Paz también ayuda a Paraguay en la conservación de las zonas forestales con programas de reforestación, rotación de cultivo[6], el uso de pesticidas no tóxicos y programas de educación para niños y adultos.
- En las ciudades y en las zonas rurales, no todos los niños y jóvenes tienen acceso a la educación básica; por eso, muchos de ellos tienen problemas. Al no tener acceso a una educación adecuada, no están preparados para ningún tipo de trabajo. Muchos se dedican a la delincuencia o están desempleados. Hay problemas de autoestima, depresión y adicción a drogas.
- El Cuerpo de Paz ayuda a formar clubes o grupos locales que les proveen[7] servicios necesarios a estos jóvenes, como ayuda sicológica, entrenamiento técnico, capacitación y actividades recreativas, y en muchos casos ofrecen un lugar donde estos jóvenes pueden comer, bañarse y pasar la noche.

Y a ti, ¿te interesa trabajar para el Cuerpo de Paz? Busca información en Internet.

PEACE CORPS

[1]*training* [2]*business* [3]*development* [4]*strawberries* [5]*reading* [6]*crop* [7]*provide them*

	Los trabajos realizados por los voluntarios
Agricultura	
Educación	
Salud e higiene	
Zonas forestales	
Clubes o grupos locales	

Actividades de repaso

Use the present to talk about your everyday activities and your life now: what you do on the weekends, your daily routine, your classes, your job, your hobbies, etc.

1. In the following chart, fill in the endings of the **-ar (trabajar), -er (comer),** and **-ir (vivir)** verbs.

El presente			
	-ar verbs	**-er** verbs	**-ir** verbs
yo	trabaj________	com________	viv________
tú	trabaj________	com________	viv________
usted/él/ella	trabaj________	com________	viv________
nosotros/as	trabaj________	com________	viv________
vosotros/as	trabajáis	coméis	vivís
ustedes/ellos/ellas	trabaj________	com________	viv________

PRÁCTICA

F. Tu rutina. Habla con un(a) compañero/a de tu rutina diaria. Usa las ilustraciones como guía *(guide)*. Incluye todos los detalles posibles. También habla de las actividades de los fines de semana. Usa expresiones como **por la mañana, los martes, los jueves por la noche, tres veces a la semana, todos los días, casi nunca,** etc.

Verbos especiales 2

Review the verbs that need the indirect object pronouns. Study **Episodio 19** and **Episodio 24**.

Verbos que requieren pronombres indirectos			
a mí	**me**	**encanta(n)**	**Me encantan** las canciones de Luis Miguel.
a ti	**te**	**gusta(n)**	¿**Te gusta** salir entre semana?
a usted/él/ella	**le**	**fascina(n)**	A Manolo **le fascinan** los animales.
a nosotros/as	**nos**	**molesta(n)**	A Ana Mari y a mí **nos molesta** la actitud de Ramón.
a vosotros/as	**os**	**interesa(n)**	¿A vosotros **os interesa** la tecnología?
a ustedes/ellos/ellas	**les**	**choca(n)**	A los estudiantes **les choca** gastar tanto dinero en libros.

Las cosas que haces por otros	
dar	*to give*
decir (e ⟶ i)	*to tell*
enseñar (a)	*to teach; to show*
explicar	*to explain*
llevar	*to take*
mandar	*to send*
ofrecer	*to offer*
pedir (e ⟶ i)	*to ask for*
prometer	*to promise*
traer	*to bring*

PRÁCTICA

G. En español, por favor. Traduce al español las siguientes frases y preguntas.

1. The doctor gives us good advice. ______________________
2. My father taught me how to drive. ______________________
3. The nurse is explaining the problem to them. ______________________
4. My husband brought me flowers. ______________________
5. Does your husband bring you flowers? ______________________
6. He promised her he would call. ______________________
7. Did he offer you his help? ______________________
8. He used to tell us the truth. ______________________
9. My mother loves to cook. ______________________
10. It bothers me a lot when people smoke. ______________________
11. Their parents lend them money. ______________________
12. Her boyfriend is interested in politics. ______________________

El pretérito 3

Use the preterit to describe the past with expressions like **ayer, anoche, la semana pasada, el año pasado,** etc. Review **Episodios 17** and **20** to complete the chart.

El pretérito					
	hablar	**beber**	**escribir**		
yo	habl_______	beb_______	escrib_______		
tú	habl_______	beb_______	escrib_______		
usted/él/ella	habl_______	beb_______	escrib_______		
nosotros/as	habl_______	beb_______	escrib_______		
vosotros/as	hablasteis	bebisteis	escribisteis		
ustedes/ellos/as	habl_______	beb_______	escrib_______		
	ir/ser	**poder**	**hacer**	**dar**	**decir**
yo	_______	_______	_______	_______	_______
tú	_______	_______	_______	_______	_______
usted/él/ella	_______	_______	_______	_______	_______
nosotros/as	_______	_______	_______	_______	_______
vosotros/as	fuisteis	pudisteis	hicisteis	disteis	dijisteis
ustedes/ellos/as	_______	_______	_______	_______	_______
	dormir	**divertirse**	**servir**	**pedir**	
yo	_______	_______	_______	_______	
tú	_______	_______	_______	_______	
usted/él/ella	_______	_______	_______	_______	
nosotros/as	_______	_______	_______	_______	
vosotros/as	dormisteis	os divertisteis	servisteis	pedisteis	
ustedes/ellos/as	_______	_______	_______	_______	

PRÁCTICA

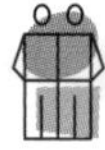

H. ¿Qué hiciste el fin de semana pasado? Habla con un(a) compañero/a de todo lo que hiciste el fin de semana pasado. Incluye a qué hora te levantaste, adónde fuiste, qué ropa te pusiste, si saliste, con quién, adónde y a qué hora llegaste a tu casa. Si te quedaste en casa, describe qué hiciste ahí, qué comiste, qué programas viste, con quién hablaste y a qué hora te acostaste.

I. Entrevista. Traduce las preguntas en español y entrevista a un(a) compañero/a.

1. Did you see a good movie last week?
____
2. Did you do your homework last night?
____
3. What time did you come home?
____
4. Who called you on your birthday?
____
5. Who taught you how to drive?
____
6. Did you move last year?
____

El imperfecto 4

Use the imperfect to describe how people and things were in the past, to talk about what you used to do, and describe how things used to be. Also use the imperfect to set the stage and to give background information in the narration of an event. Use expressions like: **antes, cuando era niño/a, en aquel entonces, en esos tiempos, cuando tenía... años,** etc. Review **Episodio 22** in order to complete the chart.

El imperfecto: verbos regulares e irregulares					
	-ar verbs	**-er** verbs	**-ir** verbs		
	mirar	**comer**	**dormir**	**ir**	**ser**
yo	mir_______	com_______	dorm_______	iba	_______
tú	mir_______	com_______	dorm_______	_______	eras
usted/él/ella	mir_______	com_______	dorm_______	_______	_______
nosotros/as	mir_______	com_______	dorm_______	_______	_______
vosotros/as	mirábais	comíais	dormíais	ibais	erais
ustedes/ellos/ellas	mir_______	com_______	dorm_______	_______	_______

PRÁCTICA

J. Tu niñez. Habla con un(a) compañero/a sobre tu niñez. Usa las ilustraciones como guía *(guide)*. Incluye todos los detalles posibles: dónde vivías, qué hacías los fines de semana, adónde ibas con tus amigos/as, quién venía a tu casa a jugar, a qué jugaban, qué te gustaba o chocaba hacer, si te castigaban, etc.

El pretérito y el imperfecto 5

Study **Episodio 25** to review the uses of the preterit and the imperfect used together.

USES OF THE PRETERIT

a. To tell single events or a sequence of events in the past.

Ayer **choqué**.

Manolo y Sofía **estudiaron** todo el día.

Esta mañana **fui** a la gasolinera, le **llené** el tanque al coche y le **revisé** el aceite antes de ir a la universidad.

b. To recount events that took place during a specific amount of time or a specific number of times.

Viví cinco años en Los Ángeles.

Este mes Sofía y Adriana **fueron** al cine tres veces.

c. To express the beginning or end of an action.

Ramón **decidió** hacer una maestría.

Llegué a la casa a las cinco.

d. To describe mental or emotional reactions.

Después de la noticia, **le dolió** la cabeza todo el día.

Me molestó lo que dijiste.

USES OF THE IMPERFECT

a. To express habitual actions.

De niña, siempre **jugaba** con Lalo.

Nos levantábamos muy temprano.

b. To describe on-going actions.

En ese momento **estaba** leyendo el periódico.

El policía **iba** cruzando la calle.

c. To set the stage and the background information for events.

Hacía mucho frío la noche del accidente.

Había tres coches enfrente de mí.

d. To tell time and age.

Cuando **tenía** nueve años, aprendí a nadar.

Eran las seis de la mañana.

e. To describe mental and emotional states.

Estábamos muy tristes.

Me dolía mucho la pierna; por eso, fui al doctor.

PRÁCTICA

K. La peor cita de mi vida. Imagina que eres el chico en esta historia. Describe lo que te pasó cuando fuiste a ver una corrida de toros *(bullfight)* con tu amiga. Usa las frases para componer tu historia. Añade los detalles necesarios.

una amiga invitarme a corrida de toros/en la plaza presentarme al torero/que ser su amigo/ser agradable y simpático/cuando empezar la corrida/ponerme nervioso/el toro ser muy agresivo/todos gritar *(to shout)* y estar emocionados/yo no entender nada/ sentirme mareado y enfermo/tener que ir al baño/ser horrible/estar muy sucio/haber muchas personas enfermas también/por fin, cuando terminar la corrida/ir a cenar a restaurante/tener mucha hambre /pero cuando ver y oler *(to smell)* la comida/sentirme mal otra vez/dar ganas de vomitar/tener que ir a casa/estar enfermo todo el día/tener dolor de cabeza/tomarse muchos Alka-Seltzer/¡no volver a salir con esa chica nunca más!

L. ¡Dos multas en un día! Usa las ilustraciones para describir lo que le pasó a la chica de esta historia el sábado pasado. Describe por dónde iba, qué iba pensando, qué le pasó y por qué. Inventa los detalles necesarios. Después compara tu descripción con la de un(a) compañero/a.

El subjuntivo y los progresivos

Review **Episodio 23** and **Episodio 27**. Use the subjunctive to give indirect commands. Use the past progressive to tell what the children were doing in **Práctica M**.

El subjuntivo			
	hablar	**tener**	**salir**
Es importante que yo	_______	tenga	_______
tú	_______	_______	_______
usted/él/ella	hable	_______	_______
nosotros/as	_______	_______	_______
vosotros/as	habléis	tengáis	salgáis
ustedes/ellos/ellas	_______	_______	salgan

El subjuntivo irregular						
	dar	**estar**	**haber**	**ir**	**saber**	**ser**
yo	_______	_______	_______	_______	_______	_______
tú	_______	_______	_______	_______	_______	_______
usted/él/ella	_______	_______	_______	_______	_______	_______
nosotros/as	_______	_______	_______	_______	_______	_______
vosotros/as	deis	estéis	hayáis	vayáis	sepáis	seáis
ustedes/ellos/ellas	_______	_______	_______	_______	_______	_______

1. In the progressive, only **estar** changes to match the subject:

   Estoy viendo una película. — *I am watching a movie.*
   Te **estábamos** esperando. — *We were waiting for you.*

2. The **-ir** stem-changing **verbs—decir (e → i), divertirse (e → i), dormir (o → u), pedir (e → i), sentirse (e → i), servir (e → i)**—have an irregular **-ndo** form.

   ¿Me estás **diciendo** toda la verdad? — *Are you telling me the whole truth?*
   Adriana estaba **durmiendo**. — *Adriana was sleeping.*

3. Object and reflexive pronouns may be placed before a verbal phrase or may be attached to the **-ando, -iendo** forms. These forms are accented when pronouns are attached to them.

   Te estamos **esperando** para cenar.
   Estamos **esperándote** para cenar. } *We are waiting for you to have dinner.*

4. Verbs whose stem ends in a vowel (**leer, oír**) have a spelling change.

   leer → leyendo
   Adriana **está leyendo** el periódico.

PRÁCTICA

M. ¡Qué desastre! Eres maestro/a sustituto/a en una escuela primaria. Saliste del salón por un minuto, y cuando regresaste, esto es lo que viste. Da instrucciones a tus alumnos para regresar al orden. Dile a tu asistente que escriba un reporte para el director describiendo lo que cada niño estaba haciendo cuando tú regresaste.

Modelo	Estudiante 1 dice:	**John, no quiero que escuches la radio en la clase, por favor.**
	Estudiante 2 escribe:	**John estaba escuchando la radio en la clase.**

Usa **no quiero que, no me gusta que, me choca que, es importante que,** etc.

El presente perfecto 7

Use the present perfect for events that have happened in the past but extend to the present. Use expressions like: **alguna vez, hasta ahora, hasta el momento, todavía, ya,** and **últimamente**. The present perfect is formed with the present tense of **haber** (*to have*: **he, has, ha, hemos, habéis, han**) plus the invariable past participle form of a verb. The past participle of most verbs is formed by replacing the **-ar** ending with **-ado** (**terminar** → **terminado**) and the **-er/-ir** endings with **-ido** (**comer** → **comido, vivir** → **vivido**). See page 310 to review the irregular past participles.

¿**Has comprado** un coche?	*Did you buy a car?*
No **he hecho** mi tarea.	*I haven't done my homework.*

PRÁCTICA

N. ¿Quién no lo ha hecho todavía? Usa las ilustraciones para hablar con un(a) compañero/a sobre quién en tu familia o cuál de tus amigos (no) ha hecho lo siguiente.

Modelo Yo no me he casado todavía, pero mi hermano Rubén se casó muy joven.

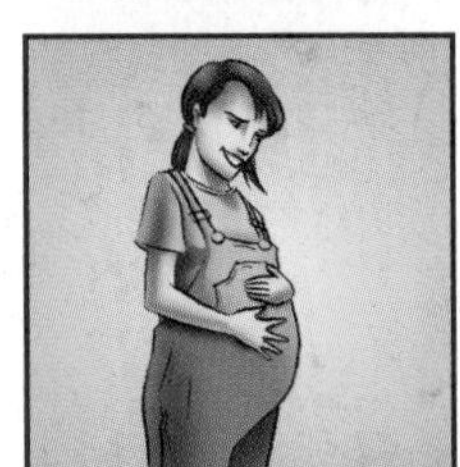

Práctica adicional		
Cuaderno de tareas pp. 374–382, D–G	invitaciones. vhlcentral.com Lab practice	invitaciones. vhlcentral.com Episodio 30

Vocabulario del Episodio 30

Objetivos comunicativos

You should now be able to do the following in Spanish:

- ✓ talk about future plans
- ✓ describe present and past experiences

Conjunciones

a menos que	*unless*
antes (de) que	*before*
cuando	*when*
en cuanto	*as soon as*
hasta que	*until*
para que	*so that*

Vocabulario personal

Escribe todo el vocabulario que necesitas saber para hablar de tu futuro.

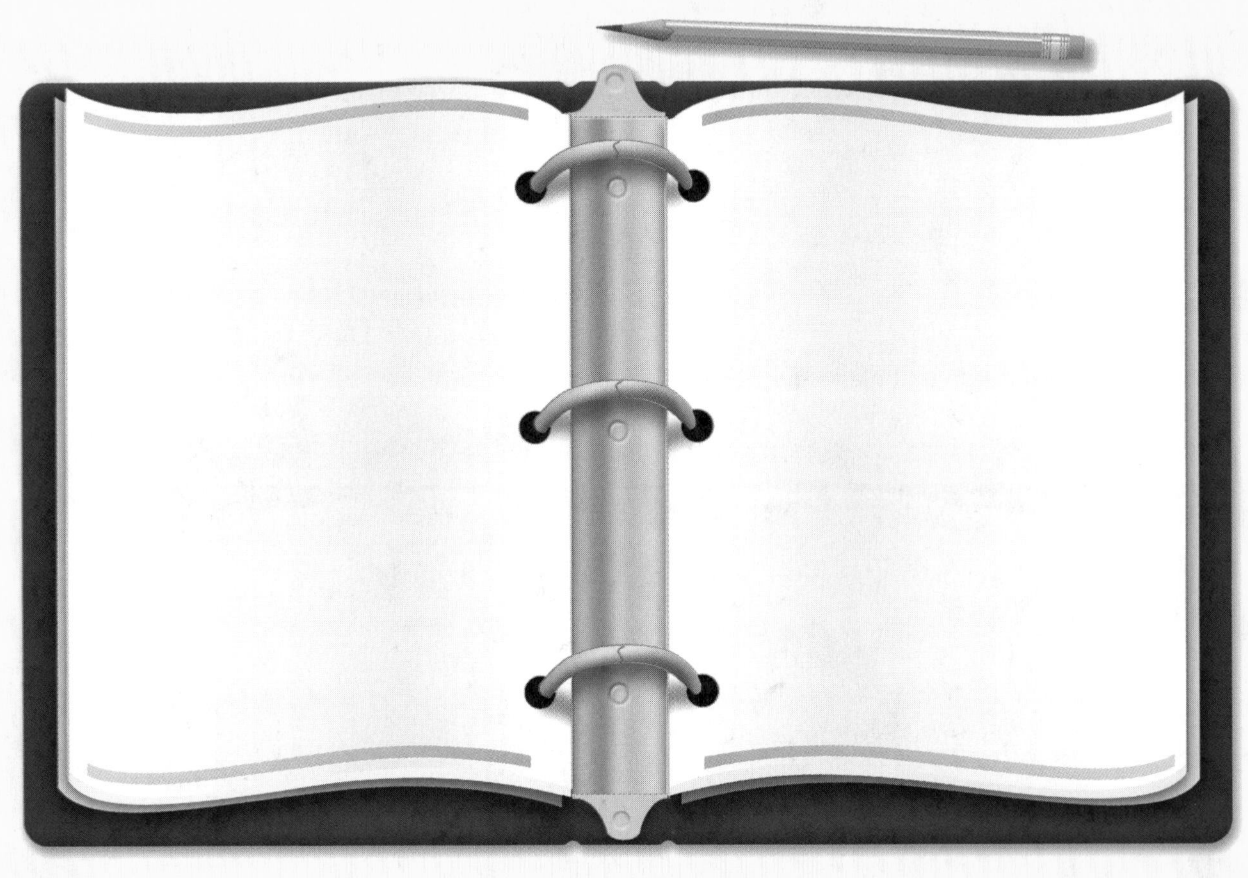

Nombre ______________________________ Fecha ______________

Cuaderno de tareas

Escenas de la vida: La vida sigue

A. ¿Qué planes tienen? See how much of the **Escena** you understood by matching the Spanish phrases with their English equivalents.

_____ 1. En cuanto termine mi carrera, me voy a ir a Europa.

_____ 2. Cuando me reciba, mis papás me van a regalar un coche.

_____ 3. No quiero decidir hasta que las universidades me digan si me aceptaron.

_____ 4. Sí, para que busques trabajo.

_____ 5. Voy a estar aquí hasta que aprenda bien a hablar inglés.

a. I don't want to decide until the universities tell me if they've accepted me.

b. I'm going to be here until I learn to speak English well.

c. As soon as I graduate, I'm going to go to Europe.

d. When I graduate, my parents are going to give me a car.

e. Yeah, so that you can look for a job.

B. Un futuro prometedor. Use the words below to complete the conversations.

podamos	**he**	**opción**	**estudiando**
maestría	**empresa**	**programa**	**puesto**

Manolo ¿Qué planes tienes ahora?

Ramón Tengo varias opciones: aceptar el (1) _______________ en la (2) _______________ española, o hacer una (3) _______________.

Ana Mari Mejor acepta el puesto con la compañía española para que (4) _______________ visitarte en España.

Ramón Es que no (5) _______________ decidido si voy a empezar a trabajar o a seguir (6) _______________.

den	**reciba**	**estudie**	**hasta que**	**termine**	**para que**

Sofía En cuanto (1) _______________ mi carrera, me voy a ir a Europa tres meses.

Ana Mari Cuando yo me (2) _______________, mis papás me van a regalar un coche.

Wayne Emilio, ¿cuánto tiempo más vas a estar aquí?

Emilio (3) _______________ aprenda bien a hablar inglés.

Santiago ¿Y cuándo viene tu esposa?

Emilio No sabemos todavía. Va a hablar con su jefe (4) _______________ le (5) _______________ vacaciones.

Nombre ______________________________ Fecha _______________

C. ¿Qué piensan hacer? Answer the following questions based on the photo and what happened in the **Escena**.

Esto se merece un brindis. ¡Muchas felicidades!

1. ¿Qué celebran?

   ____

   ____

2. ¿Qué ropa llevan Wayne y Ramón? ¿Por qué?

   ____

   ____

3. ¿Qué quiere hacer Wayne?

   ____

   ____

4. ¿Qué va a hacer Sofía cuando termine la escuela?

   ____

   ____

5. ¿Qué le van a regalar a Ana Mari cuando se reciba? ¿Quién se lo va a regalar?

   ____

   ____

6. ¿Qué les dice Adriana a Wayne y a Ramón?

   ____

   ____

7. ¿Qué le pregunta Manolo a Ana Mari? ¿Crees que Ana Mari acepte?

   ____

   ____

Actividades de repaso

D. ¿Qué ha pasado en la vida de Ramón y Ana Mari? Fill in the missing words to find out what happened to Ramón and Ana Mari.

Ramón

solicitar	**currículum**	**compañía**
graduación	**empresas**	**examen**

Después de la (1) __________________ Ramón decidió (2) __________________ trabajo en varias (3) __________________ internacionales. Por eso, preparó muy cuidadosamente su (4) __________________. Tuvo mucha suerte y encontró un trabajo buenísimo en España.

Nombre ____________________ Fecha ____________

se casaron	empezaron	celebrar	se enamoraron
se mudaron	se embarazó	se recibió	tiempo parcial
sigue	busca		

Ana Mari

No van a creer lo que ha pasado con Ana Mari y Manolo. Yo sabía desde el principio que eran el uno para el otro. Ellos (5) ________________ locamente y, después de tres años de novios, (6) ________________. Ana Mari (7) ________________ de abogada y Manolo de maestro. Él empezó a trabajar en una escuela y ella en un bufete *(office)* de abogados. Desafortunadamente para mí, ellos (8) ________________ a Miami, así que no los veo tanto como me gustaría. Ana Mari (9) ________________ el año pasado y tuvo dos bebés bellísimos. Yo fui a Miami a (10) ________________ el nacimiento *(birth)* de los gemelos *(twins)*. Ana Mari (11) ________________ trabajando, pero solamente (12) ________________. Manolo ha hecho varias exposiciones de pintura y le empieza a ir muy bien.

E. Ramón es el experto.

Parte 1. Read the conversation between Ramón and Sofía, where Ramón shares his experience in applying for jobs.

Sofía: Ramón, sé que solicitaste varios empleos y has recibido algunas ofertas de trabajo. ¿Me puedes dar algunos consejos para Wayne? Hay un puesto que le interesa mucho en una empresa de computadoras.

Ramón: Sí, seguí los consejos que me dio mi papá y me han funcionado muy bien. Primero, dile a Wayne que llame al gerente de personal para expresar su interés por el puesto y decirle que va a recibir su documentación en unos días. Es importante que Wayne lo llame antes de que reciba su solicitud. También, dile que escriba la solicitud en la computadora, aunque *(although)* algunas solicitudes dicen que se pueden escribir a mano, no se ve bien; se ven más profesionales escritas en computadora. Dile que puede usar la mía; ya sé que él no tiene. Después, si le piden que vaya a una entrevista a otra ciudad, que les diga que puede ir si ellos le pagan los gastos del viaje. Si él paga sus propios *(own)* gastos van a pensar que está desesperado por conseguir el trabajo. Por último *(finally)*, no debe firmar *(sign)* nada hasta saber exactamente cuál es el sueldo, los beneficios y las condiciones de trabajo. Tiene que leer el contrato minuciosamente *(carefully)* para no tener sorpresas desagradables después.

Parte 2. Based on the advice that Ramón gave to Sofía, complete the conversation between Wayne and Sofía.

Sofía: Oye, hablé con Ramón y me dio algunos consejos que a él le han funcionado bien para conseguir trabajo.

Nombre ______________________________ Fecha ______________

Wayne ¿Ah, sí? ¿Qué te dijo?

Sofía Bueno, mira. Primero, dice que tienes que llamar al gerente de personal de la empresa antes de que (1) ______________________________.

Wayne Pues, sí es buena idea, ¿verdad?

Sofía Segundo, dice que tienes que escribir la solicitud a máquina para que (2) ______________________________.

Wayne Pero yo no tengo máquina de escribir. Ya nadie las usa y no puedes hacer la solicitud en la computadora.

Sofía Ramón tiene una y dice que puedes usarla. Después, dice que si te llaman a una entrevista en otra ciudad, que no vayas a menos que ellos (3) ______________________________.

Wayne Pues sólo así podría ir porque de todas maneras no tengo dinero para viajes.

Sofía Y, por último, que no firmes ningún documento hasta que (4) ______________________________; y que leas el contrato con mucho cuidado para que (5) ______________________________.

Wayne Oye, dale las gracias a Ramón por sus consejos. Bueno, de hecho, lo voy a llamar ahora mismo. También, a ver si me presta su máquina de escribir.

Para terminar

F. Marte y Venus en una cita. Read the following strategy, and then read the review from the book ***Marte y Venus en una cita***[1] on the following pages and answer the questions.

Reading Strategy: Using Spanish as a source of information

As you continue your study of Spanish, you will be asked to read longer selections in order to use the information you acquire in speech and in writing. With longer texts, like the one you will read in the following pages, it is especially important to identify your purpose for reading, which will help you to focus on the information you need to accomplish your task.

As you read the article that follows, focus on identifying (1) differences in male and female behavior, and (2) the stages males and females pass through when developing a stable relationship. To answer the questions that accompany the article, you will need to describe these issues. Before you begin, use your background knowledge to guess at the content of the article, using its title and subtitles as guides. Note: **etapa** means *stage*.

- **Marte y Venus en una cita**
- **Primera etapa: La atracción**
- **Segunda etapa: La duda**
- **Tercera etapa: La exclusividad**
- **Cuarta etapa: La intimidad**
- **Quinta etapa: El compromiso**

Now read each section in order, using these strategies: (1) scan the section for cognates and use them to confirm or reject your guesses; (2) skim the section for main ideas based on the cognates you have identified; (3) read the section slowly, taking notes that will adequately describe both the stage and typical male and female behaviors within the stage. When you have completed this task for each stage, answer the questions below. Compare the information in your notes with your responses.

[1] *Título original:* Mars and Venus on a Date *by John Grey*

Nombre ______________________________ Fecha ______________

En su último[1] libro, el doctor John Grey habla de las cinco etapas necesarias en el arte de iniciar una relación duradera[2] con miembros del sexo opuesto. También habla de las importantes diferencias en las expectativas de los hombres (marcianos) y las mujeres (venusianas). También, da algunos consejos prácticos de cómo comportarse y qué actitud deben tener ambos[3] sexos en las diferentes etapas de una relación. El libro está lleno de consejos útiles para los jóvenes que desean tener una relación seria. Aunque[4] presenta las complejas relaciones humanas de una manera un poco simplista, ofrece consejos prácticos para el lector[5].

[1]*last* [2]*lasting* [3]*both* [4]*Although* [5]*reader*

Primera etapa: *La atracción*

Aunque la atracción inicial por una persona es automática e instintiva, hay varias cosas que los hombres y las mujeres pueden (deben) hacer para mantener esa atracción más allá de la primera cita. La cosa más importante, según Grey, es mostrar[1] nuestro lado positivo. Las venusianas deben alabar[2] el buen gusto de su pareja en escoger la película, o lo bueno del restaurante, la exquisita cena, etc. Los marcianos deben hacer comentarios acerca de lo bien que se ve la chica con ese vestido, o lo lindo de sus ojos, o lo interesante de su conversación.

Otra cosa importante es mostrar genuino interés en la persona. Nadie debe dominar la conversación; debe haber un intercambio de experiencias, preguntas y comentarios, es decir, compartir la conversación. No hay nada más desilusionante para una venusiana que salir con alguien que se pasa toda la noche hablando de sí mismo[3], de sus logros[4], de su trabajo, de sus opiniones, de sus metas[5]. De la misma manera, si una chica se pasa toda la noche hablando de sus previas relaciones o criticando a sus parejas anteriores o hablando de su familia, los hombres piensan que es imposible complacer[6] a esta chica y pierden interés rápidamente.

Grey habla de varios niveles de atracción que se manifiestan en diferente orden en los marcianos y en las venusianas: la atracción física, la atracción intelectual, la atracción emocional y la atracción espiritual.

La primera atracción que el hombre siente hacia una mujer es la atracción física. La primera atracción de la mujer es la atracción intelectual, es decir, de algún aspecto de la personalidad del hombre. Sin alguna de estas dos atracciones, la relación no va a ningún lado. Sin embargo, para que exista una relación duradera, la persona debe sentir los cuatro tipos de atracción hacia su pareja.

[1]*to show* [2]*praise* [3]**sí...** *oneself* [4]*achievements* [5]*goals* [6]*to please*

Nombre ______________________ Fecha ______________

Primera etapa: La atracción

1. ¿Qué debe hacer una chica en las primeras citas para que el chico se sienta bien?

____

2. ¿Qué debe hacer un chico en las primeras citas para que la chica se sienta bien?

____

3. ¿Qué no deben hacer las chicas en su primera cita?

____

4. ¿Qué no deben hacer los chicos en su primera cita?

____

5. ¿Qué le atrae más al hombre de una mujer en esta etapa?

____

6. ¿Qué le atrae más a la mujer de un hombre en esa etapa?

____

Segunda etapa: *La duda*

Es normal que después de las primeras citas, tanto las venusianas como los marcianos sientan dudas acerca de su pareja. La diferencia está en cómo reaccionan ambos en este período de duda. El marciano generalmente siente que si no está seguro de la persona, debe seguir saliendo con otras chicas. O simplemente deja de llamar o visitar a la chica. En estas ocasiones las mujeres piensan: "No sé qué pasó, todo iba bien, y de repente, dejó de llamarme o de invitarme a salir." Grey dice que los hombres son como una liga[1]: cuando sienten dudas, se alejan. La mujer debe entender este comportamiento común en Marte y debe darle tiempo y espacio al marciano. Si la relación vale la pena[2], volverá más seguro y más enamorado que antes, como la liga cuando se retracta. Lo que no deben hacer las venusianas en estos momentos es llamarlo, hacerle recriminaciones, pedirle explicaciones, o peor aún, perseguirlo[3], pues la liga se va a romper y no regresará.

Cuando las venusianas sienten dudas, también necesitan espacio, aunque no necesariamente quieren dejar de salir con el chico. Lo que quieren es no seguir avanzando tan rápidamente en la relación (tal vez volver a la primera etapa). El error que comete el marciano es presionarla, prometer amor eterno o ser demasiado[4] insistente.

[1]*rubber band* [2]**vale...** *is worth it* [3]*pursue him* [4]*too*

Nombre ______________________ Fecha ____________

Segunda etapa: La duda

7. ¿Cómo reaccionan las chicas cuando sienten dudas?

____

8. ¿Cómo reaccionan los chicos cuando sienten dudas?

____

9. ¿Qué cosas no debe hacer la chica en este período?

____

10. ¿Qué cosas no debe hacer el chico en este período?

____

Tercera etapa: *La exclusividad*

En este período los dos deciden que quieren conocer mejor a la persona. Es el momento de dar y recibir libremente, de abrir el corazón y darnos a conocer plenamente[1], con nuestros defectos y nuestras cualidades. El error que cometen tanto los marcianos como las venusianas en esta etapa es relajarse demasiado. El dejar de hacer las cosas que lo hicieron atractivo a la persona en primer lugar: dejar de planear las salidas, dejar de arreglarse cuidadosamente, dejar de hacer cosas divertidas o interesantes. Los marcianos dejan de conversar y hacerle cumplidos[2] a las chicas, las venusianas resienten que los chicos ya no se ofrezcan a ayudar, que ya no les digan lo bien que se ven o lo deliciosa de la cena. Esto puede llevar rápidamente al aburrimiento y a que se acabe[3] el atractivo.

Lo más importante que debe hacer una mujer en esta etapa es saber pedir ayuda y apoyo[4] de su pareja antes de que sea una queja[5]. En vez de decir "Hace semanas que no hacemos nada", puede decir "¿Por qué no vamos a la playa este fin de semana? Podríamos[6] ir a acampar".

[1]*fully* [2]*compliments* [3]*end* [4]*support* [5]*complaint* [6]*We could*

Tercera etapa: La exclusividad

11. ¿Qué es lo que pasa en la etapa de exclusividad?

____

____

12. ¿Qué errores cometen los dos en esta etapa?

____

____

Nombre ______________________________ Fecha _______________

Cuarta etapa: *La intimidad*

Cuando conocemos a una persona, o hay química o no la hay. No podemos crear la química (en lo que consiste la atracción). Lo que podemos hacer es crear las condiciones necesarias para que la química inicial se extienda a los otros niveles de atracción.

Cuando sentimos esa atracción física, intelectual, emocional y espiritual hacia nuestra pareja, entonces es el momento de entrar a la etapa de la intimidad. Grey explica que la química física crea deseo y excitación; la química emocional crea cariño, afecto y confianza; la química intelectual crea interés y receptividad; y finalmente, la química espiritual abre nuestros corazones[1] para sentir amor, respeto y aprecio. El error que cometen muchas parejas es pasar de la primera etapa a la cuarta, sin que haya los ingredientes necesarios para que exista una fuerte[2] atracción en todos los niveles. En la mayoría de los casos el resultado final es el rompimiento[3] de la relación. Grey enfatiza que no es que esa pareja no fuera ideal el uno para el otro, sino que no invirtieron[4] suficiente tiempo y esfuerzo[5] en apreciar y conocer los aspectos de la otra persona, por lo que no tienen armas para solucionar problemas o interpretar las acciones de su pareja.

[1]*hearts* [2]*strong* [3]*breakup* [4]*invested* [5]*effort*

Cuarta etapa: La intimidad

13. Según Grey, ¿qué es la química?

____

14. ¿Cómo se puede extender la química inicial a otros niveles de la atracción?

____

15. ¿Qué errores llevan al rompimiento de la relación?

____

____

16. ¿Qué se debe hacer para evitar *(avoid)* el rompimiento de la relación?

____

____

Nombre ______________________ Fecha ____________

Quinta etapa: *El compromiso*

Esta etapa debe considerarse el período de entrenamiento[1] antes del matrimonio. Una vez que hemos encontrado a la persona ideal para nosotros, es el momento de comprometerse. Este período es ideal para crear memorias duraderas del amor especial que sienten y comparten. Las parejas que tienen de cinco a ocho meses de compromiso están mejor preparados para la prueba del matrimonio. Es el momento de prepararse para los rigores del matrimonio, de formar una familia, de vivir juntos, de compartir una vida.

Según Grey, los marcianos deben recordar que en Venus, pedir la mano es la segunda cosa más importante (la primera es la boda) en los recuerdos personales de las venusianas. Es esencial que planeen el día o el momento cuidadosamente.

En la quinta etapa, la pareja debe practicar una de las cualidades más importantes en un matrimonio entre marcianos y venusianas: el arte de pedir perdón y el arte de perdonar.

"Cuando un hombre no reconoce sus errores, la mujer se los recordará hasta que lo haga". (pág. 114) El doctor añade[2] que no es suficiente pedir perdón, sino saber hacerlo: no es suficiente explicar por qué llegó tarde, aunque tenga una excelente razón, sino que debe entender y validar los sentimientos de enojo de la mujer. Por otro lado, la mujer debe perdonar al hombre de manera que quede claro que lo acepta y lo quiere de todas maneras. Decir simplemente, "Te perdono", no es suficiente. Es necesario añadir algo como "Está bien, pero la próxima vez llámame, estaba preocupada por ti".

[1]*training* [2]*adds*

Quinta etapa: El compromiso

17. ¿Para qué sirve la última etapa?

____

18. ¿Qué puede hacer el hombre para que la mujer tenga recuerdos inolvidables del compromiso?

____

19. ¿En qué consiste el arte de pedir perdón y saber perdonar?

____

____

20. ¿Te gustó la lectura *(reading)*? ¿Por qué?

____

____

Nombre ______________________________ Fecha _______________

G. ¡Tú eres el experto! A friend of yours has had a history of unsuccessful dates. After reading the review of ***Marte y Venus en una cita,*** give them six or seven suggestions and recommendations to improve their dating techniques. Use the following pairs of expressions.

es importante que…	**para que/hasta que…**	**dudo que…**	**cuando…**
(no) te aconsejo que…	**a menos que…**	**es necesario que…**	**antes de que…**
(no) te recomiendo que…	**hasta que...**	**es bueno que…**	**para que…**

Primera etapa: La atracción

> **Modelo** Es importante que sientas genuino interés en la persona para que compartan la conversación.

____

____

____

____

Segunda etapa: La duda

____

____

____

____

Tercera etapa: La exclusividad

____

____

____

____

Cuarta etapa: La intimidad

____

____

____

____

Quinta etapa: El compromiso

____

____

____

____

Revista cultural

Latinoamérica, tierra de contrastes

Antes de leer

Examina las siguientes fotos para responder a las preguntas.

1. ¿Crees que las personas en las diferentes fotos tienen cosas en común? ¿Crees que hablan el mismo idioma? Explica tus respuestas.

   ____

   ____

   ____

2. ¿Cómo es la vida diaria para una persona en las fotos de las viviendas? Imagina qué hacen en su casa después de un día de trabajo. Imagina qué rutina tienen por la mañana antes de salir para el trabajo o la escuela.

   ____

   ____

   ____

3. ¿Estas fotos te recuerdan algún contraste en las diferentes formas de vida que hay en tu comunidad? Explica tu respuesta.

   ____

   ____

   ____

a. Transporte

b. Vivienda

c. Religión

d. Servicios de salud

e. Educación

¿Qué futuro profesional crees que están visualizando los niños en estas escuelas?

____

____

¿Cómo llevar a miles de turistas a Machu Picchu sin convertirlo en un Disneylandia?

A los sociólogos, políticos, comentaristas de radio y televisión, e incluso a los profesores de español, nos encanta dar ejemplos de lo que se hace, se dice, se come, se acostumbra, se detesta, se supone, se espera y se entiende en nuestros países de origen. Las fotos hacen evidente que es imposible decir, sin más explicaciones, lo que es común en México, Chile, España o en cualquier país. Al analizar los muy diferentes estilos de vida, herencias, religiones, finanzas, niveles educativos e idiomas de los habitantes de países hispanohablantes, es un verdadero milagro que la gente esté siquiera de acuerdo en cuál es su nacionalidad.

Probablemente es la cosa más difícil para explicarle a un extranjero (*foreigner*): la existencia de varios mundos diferentes que conviven dentro de un país, y cuyos habitantes llevan la misma nacionalidad, cantan el mismo himno (*national anthem*) (a veces), van a la misma oficina de gobierno a hacer trámites (*paperwork*) y ahí acaban las semejanzas. Probablemente, un ecuatoriano de clase media de Guayaquil tiene más en común con un colombiano de clase media de Medellín, que ese mismo ecuatoriano con un habitante indígena de una zona rural de su país.

Por un lado, existe la imposible tarea para el gobierno de tener políticas que beneficien a todos los ciudadanos, cobrar impuestos que sean justos para todos, crear programas educativos que realmente eduquen a todos los niños del país, comunicarse en los diferentes idiomas maternos de los ciudadanos, incluir a todos en el proceso político del país. Al mismo tiempo, y lo que es más difícil aún, existen retos (*challenges*) como respetar la diversidad cultural y la herencia de todas las comunidades, promover (*promote*) el bienestar de todos sin perder la identidad que los hace únicos, fomentar el desarrollo económico sin forzarlos a abandonar sus costumbres y lugares de origen, educarlos sin obligarlos a olvidarse de su idioma materno.

Por otro lado, es esa misma diversidad, variedad, historia, herencia, idioma, costumbres tan diferentes dentro de un mismo país son los factores que lo hacen tan interesante y tan único para el visitante. También, lo interesante es el proceso mismo de hacer que funcione una sociedad con estos intereses tan diferentes, con unas condiciones únicas y de una manera que no se había intentado nunca antes. Es decir, ¿cómo comercializar y modernizar los productos indígenas sin quitarles autenticidad? ¿Cómo llevar a miles de turistas a Machu Picchu sin convertirlo en un Disneylandia? ¿Cómo ofrecer servicios de salud y medicina moderna sin perder las técnicas de la medicina natural? ¿Cómo aumentar las divisas (*foreign currency*) dejadas por el turismo sin permitir que se acaben los recursos (*resources*) naturales del país?

Revista
cultural

¿Cómo resolver los problemas de la zona fronteriza más visitada del mundo (Tijuana-San Diego) sin cerrar las fronteras?

Éste es el reto (*challenge*) de Latinoamérica, y ella misma tiene que encontrar e inventar su propia fórmula política, económica, social y educativa, porque ningún modelo europeo, japonés o estadounidense va a funcionar ni a resolver la problemática que presentan todos y cada uno de los países de habla hispana.

Responde a las preguntas.

1. Do you know of any controversies in your own country/community that remind you of some of these questions Spanish-speaking countries face?

2. Do you think that these two artists are worried about the same issues? Do you think that they share the same vision of the world?

Las Meninas de Diego Velázquez

Unidad maternal de Oswaldo Guayasamín

Puerto Rico: ¿nación o estado?

1. El video. Watch this ***Flash cultura*** episode from Puerto Rico.

¡Estado Libre Asociado de Puerto Rico!

Algunos le llaman "lo mejor de los dos mundos".

2. ¿Cierto o falso? Indica si cada afirmación es **cierta** o **falsa**.

1. Los ciudadanos puertorriqueños no tienen derecho al voto en las elecciones presidenciales de los Estados Unidos.
2. La moneda de Puerto Rico es el coquí.
3. Ningún puertorriqueño está contento con la situación política de su país.
4. Algunos puertorriqueños quieren que Puerto Rico sea un país independiente porque tiene los recursos necesarios para ser libre.

Vocabulario adicional

Para hablar con el/la profesor(a)	To talk to your teacher
¿Podría explicar eso otra vez/repetirlo?	*Could you explain that again/repeat that?*
Perdone que haya llegado tarde.	*Excuse me for being late.*
No sé.	*I don't know.*
No entiendo.	*I don't understand.*
Lo siento, se me olvidó.	*I'm sorry, I forgot.*
¿Hay tarea?	*Is there any homework?*
¿Cuándo es la prueba?	*When is the test?*
No voy a venir a clase mañana.	*I won't be in class tomorrow.*
Gané./Nosotros ganamos.	*I won./We won.*
No hemos terminado.	*We have not finished yet.*
Más despacio, por favor.	*Slower, please.*
Tengo una duda/pregunta.	*I have a question.*
¿Cómo se escribe?	*How do you spell that?*

Para interactuar con tus compañeros	To interact with your classmates
¿Trabajas conmigo?	*Do you want to work with me?*
¿En qué página estamos?	*What page are we on?*
Yo empiezo./Empieza tú.	*I'll start./You start.*
Te toca./Me toca.	*Your turn./My turn.*
Dímelo otra vez./¿Cómo?	*Say that again.*

Tu profesor(a) dirá...	Your professor will say...
¿Listos para empezar?	*Are you ready to start?*
Abran/Cierren sus libros.	*Open/Close your books.*
Para mañana, hagan...	*For tomorrow, do…*
Escuchen./Repitan.	*Listen./Repeat.*
Escríbanlo en sus cuadernos.	*Write it in your notebooks.*
¿Entienden?	*Do you understand?*
¿Quién ganó?	*Who won?*
No hablen inglés.	*Don't speak English.*
Felicidades.	*Congratulations.*
¿Con quién vas a trabajar?	*Who are you going to work with?*
Quiero que hables con otro compañero.	*I want you to talk to a different classmate.*
Mañana van a entregar...	*Tomorrow you are going to turn in…*
Pasen la tarea hacia el frente.	*Pass the homework to the front.*
¿Han terminado?/¿Ya terminaron?	*Have you finished?*
¿Hay preguntas/dudas?	*Are there any questions?*
¿Puedo continuar?	*May I continue?*
Escribe en la pizarra/el pizarrón...	*Write on the board…*

Frases de cortesía	Courtesy phrases
Muchas gracias.	*Thanks alot.*
De nada.	*You're welcome.*
Con permiso.	*Excuse me.*
Perdone.	*Pardon me.*
No es nada.	*No problem.*
No importa.	*No problem.*
¡Salud!	*Cheers! Bless you!*
¿Puedo pasar?	*May I get by?*
Perdona la molestia.	*Pardon the interruption.*
A sus órdenes.	*At your service.*
Es un placer.	*It's a pleasure.*

En instrucciones	In direction lines
Fecha	*Date*
Con un(a) compañero/a...	*With a partner...*
En grupos...	*In groups...*
Escribe un resumen/una oración/frase.	*Write a summary/a sentence.*
...de lo que se trató.	*...what it was about.*
Primero escucha la conversación.	*First listen to the conversation.*
Después mira el video otra vez.	*Then watch the video again.*
Lee la siguiente carta.	*Read the following letter.*
Empareja/Corrige las frases.	*Match/Correct the phrases.*
...cambiando...	*...by changing...*
Según el árbol genealógico...	*According to the family tree...*
Contesta las preguntas.	*Answer the questions.*
Comparte tus respuestas.	*Share your answers.*
Túrnense para saber...	*Take turns to find out...*
Entrevista a tres personas.	*Interview three people.*
Haz una encuesta para encontrar...	*Do a survey to find...*
Pregúntale/Dile a tu profesor(a).	*Ask/Tell your professor.*
Convierte oraciones/frases a preguntas.	*Change the statements to questions.*
Ella quiere/desea saber...	*She wants to know...*
Usa su carta como modelo.	*Use her letter as a model.*
Haz los cambios necesarios.	*Make the necessary changes.*
...para añadir lo que te haya faltado.	*...to add whatever you are missing.*
Indica si estás de acuerdo.	*Indicate if you agree.*

Réplicas	Rejoinders
¡Caramba!	*Wow!*
¡Qué bien!	*Great!*
¡No me digas!	*You don't say!*
¡Qué esperanza!	*Fat chance!*
¡Qué pena!	*What a pain!*
¡Qué lío!	*What a mess!*
¡Ojalá!	*Hopefully!*
¿De veras?	*Really?*
¿En serio?	*Seriously?*
Por supuesto.	*Of course.*
¡Qué fastidio!	*What a drag!*
¡Qué gracioso!	*How funny!*
De acuerdo.	*Okay.*

Los países

Alemania	*Alemania*
Arabia Saudí	*Arabia Saudí*
Australia	*Australia*
Austria	*Austria*
Bélgica	*Bélgica*
Brasil	*Brasil*
Bulgaria	*Bulgaria*
Canadá	*Canadá*
China	*China*
Corea del Norte	*Corea del Norte*
Corea del Sur	*Corea del Sur*
Croacia	*Croatia*
Dinamarca	*Denmark*
Egipto	*Egypt*
Escocia	*Scotland*
Eslovaquia	*Slovakia*
Etiopía	*Ethiopia*
Filipinas	*Philippines*
Finlandia	*Finland*
Francia	*France*
Gran Bretaña	*Great Britain*
Grecia	*Greece*
Haití	*Haiti*
Hungría	*Hungary*
India	*India*
Inglaterra	*England*
Irán	*Iran*
Iraq, Irak	*Iraq*
Irlanda	*Ireland*
Israel	*Israel*
Italia	*Italy*
Japón	*Japan*
Kuwait	*Kuwait*
Países Bajos	*Netherlands*
Pakistán	*Pakistan*
Polonia	*Poland*
Rusia	*Russia*
Siria	*Syria*
Somalia	*Somalia*
Sudáfrica	*South Africa*
Sudán	*Sudan*
Suecia	*Sweden*
Suiza	*Switzerland*
Tailandia	*Thailand*
Taiwán	*Taiwan*
Turquía	*Turkey*
Vietnam	*Vietnam*

Las materias

la agronomía	*agriculture*
el alemán	*German*
el álgebra	*algebra*
la anatomía	*anatomy*
la antropología	*anthropology*
la arqueología	*archaeology*
la arquitectura	*architecture*
la astronomía	*astronomy*
la bioquímica	*biochemistry*
la botánica	*botany*
el cálculo	*calculus*
el chino	*Chinese*
las ciencias políticas	*political science*
las comunicaciones	*communications*
el derecho	*law*
el desarrollo infantil	*child development*
la educación	*education*
la educación física	*physical education*
la enfermería	*nursing*
la ética	*ethics*
la filosofía	*philosophy*
el francés	*French*
la geología	*geology*
el griego	*Greek*
el hebreo	*Hebrew*
la informática	*computer science*
la ingeniería	*engineering*
el italiano	*Italian*
el japonés	*Japanese*
el latín	*Latin*
las lenguas clásicas	*classical languages*
las lenguas romances	*romance languages*
la lingüística	*linguistics*
la lógica	*logic*
la medicina	*medicine*
el mercadeo	*marketing*
la música	*music*
los negocios	*business*
el portugués	*Portuguese*
el ruso	*Russian*
la salud física	*physical health*
los servicios sociales	*social services*
la trigonometría	*trigonometry*
la zoología	*zoology*

La comida

Frutas

el albaricoque	*apricot*
la cereza	*cherry*
la ciruela	*plum*
la frambuesa	*raspberry*
la fresa	*strawberry*
la mandarina	*tangerine*
el mango	*mango*
la papaya	*papaya*
la piña	*pineapple*
el pomelo, la toronja	*grapefruit*
la sandía	*watermelon*

El pescado y los mariscos

la almeja	*clam*
el calamar	*squid*
el cangrejo	*crab*
el langostino	*prawn*
el lenguado	*sole, flounder*
el mejillón	*mussel*
la ostra	*oyster*
el pulpo	*octopus*
la sardina	*sardine*
la vieira	*scallop*

Vegetales

la aceituna	*olive*
el aguacate	*avocado*
la alcachofa	*artichoke*
el apio	*celery*
la berenjena	*eggplant*
el brócoli	*broccoli*
la calabaza	*squash; pumpkin*
la col, el repollo	*cabbage*
las espinacas	*spinach*
las judías verdes	*string beans*
el pepino	*cucumber*
el rábano	*radish*
la remolacha	*beet*

La carne

la albóndiga	*meatball*
el chorizo	*pork sausage*
el cordero	*lamb*
los fiambres	*cold meats*
el filete	*fillet*
el hígado	*liver*
el perro caliente	*hot dog*
el puerco	*pork*
la ternera	*veal*
el tocino	*bacon*

Otras comidas

el batido	*milkshake-like drink*
los fideos	*noodles; pasta*
la harina	*flour*
la mermelada	*marmalade; jam*
la miel	*honey*
la tortilla	*omelet (Spain)*

Adjectivos relacionados con la comida

ácido/a	*sour*
amargo/a	*bitter*
caliente	*hot*
dulce	*sweet*
duro/a	*tough*
fuerte	*strong; heavy*
ligero/a	*light*
picante	*spicy*
salado/a	*salty*

APÉNDICE A

Las celebraciones

Celebraciones en familia

la amistad	*friendship*
el anfitrión/ la anfitriona	*host/hostess*
el bizcocho	*cake*
la fiesta sorpresa	*surprise party*
el globo	*balloon*
la invitación	*invitation*
la reunión	*social gathering*
la serpentina	*streamers*
la torta	*cake*
las velas	*candles*

Más palabras de celebraciones

las bodas de oro	*golden wedding anniversary*
las bodas de platalos fuegos artificiales	*silver wedding anniversary*
el pastel de bodas	*fireworks*
el ramo de flores	*wedding cake*
el reconocimiento	*bouquet, cut flowers*
	recognition
agradecer	*to thank*
festejar	*to celebrate*
gozar	*to enjoy*

Celebraciones religiosas

el bautismo, el bautizo	*baptism, christening*
el funeral	*funeral*
la madrina	*godmother*
el padrino	*godfather*
la Pascua	*Easter*
la primera comunión	*first communion*
el/la sacerdote	*priest*

Expresiones para brindar

¡Por los años que pasamos juntos!	*To many years together!*
¡Por tu futuro!	*To your future!*
¡Por una carrera brillante!	*To a brilliant career!*
¡Te felicito!	*Congratulations!*
¡Felicidades!	*Happiness to you!*
¡Larga vida y prosperidad para _____!	*Long life and prosperity to _____!*

Dias feriados

el Año Nuevo	*New Year's*
el día de acción de gracias	*Thanksgiving Day*
el día de la independencia	*Independence Day*
el día de San Valentín	*Valentine's Day*

La casa

En la casa

el aire acondicionado	*air conditioning*
la buhardilla	*attic*
la calefacción central	*central heating*
el calentador	*hot water heater*
la decoración de interiores	*interior design*
la despensa	*pantry*
el gas	*gas*
la madera	*wood*
la sala de estar	*common room*
el techo	*roof*
el tendedero	*clothesline*
arriba	*upstairs*
abajo	*downstairs*

Los quehaceres

la limpieza	*cleaning*
el mantenimiento	*maintenance*
enjabonar	*to soap up*
enjuagar	*to rinse*
pulir	*to polish*
regar las plantas	*to water the plants*
tender la cama	*to make one's bed*
ventilar	*to ventilate*

Objetos de la casa

el baúl	*chest*
el bombillo/ la bombilla	*lightbulb*
la licuadora	*blender*
el perchero	*coat rack*
la persiana	*blinds*
la repisa	*shelf*
la vajilla	*dishes*

Otras palabras

el/la niñero/a	*babysitter*
el/la plomero/a	*plumber*
acogedor(a)	*cozy*
amplio/a	*spacious*
mixto/a	*co-ed*
prefabricado/a	*prefabricated*

La salud

El gimnasio

la adrenalina *adrenaline*
el baño de vapor *steam room*
el baño turco *Turkish bath*
la bicicleta de ejercicio *exercise bike*
la correa *strap, belt*
el/la entrenador(a) *trainer*
el jacuzzi *jacuzzi*
la meta *goal*
la perseverancia *perseverance*
la presión sanguínea *blood pressure*
el pulso *pulse*
la rapidez *speed*
el ritmo *rhythm*

cansar(se) *to tire (to get tired)*
progresar *to progress*
(re)bajar de peso *to lose weight*

benéfico/a *beneficial*
musculoso/a *muscular*

El bienestar

el ánimo *spirits*
el bienestar *well-being*
la concentración *concentration*
la meditación *meditation*
la relajación *relaxation*
la respiración *breathing*
la tranquilidad *tranquility, peace*

reposar *to rest*

La nutrición

la diabetes *diabetes*
la fibra *fiber*
el fluido *fluid*
la información nutricional *nutritional information*
el líquido *liquid*

El trabajo

Las ocupaciones

el/la administrador(a)	*administrator*
el/la agente de bienes raíces	*real estate agent*
el/la agente de seguros	*insurance agent*
el/la agricultor(a)	*farmer*
el albañil	*construction worker*
el/la artesano/a	*artisan*
el/la auxiliar de vuelo	*flight attendant*
el/la basurero/a	*garbage collector*
el/la bibliotecario/a	*librarian*
el/la cajero/a	*bank teller; cashier*
el/la camionero/a	*truck driver*
el/la cantinero/a	*bartender*
el/la carnicero/a	*butcher*
el/la cirujano/a	*surgeon*
el/la cobrador(a)	*bill collector*
el/la comprador(a)	*buyer*
el/la diplomático/a	*diplomat*
el/la empresario/a de una funeraria	*funeral director*
el/la nutriólogo	*dietician*
el/la fisioterapeuta	*physical therapist*
el/la fotógrafo/a	*photographer*
el/la intérprete	*interpreter*
el/la juez	*judge*
el/la marinero/a	*sailor*
el/la obrero/a	*manual laborer*
el/la optometrista	*optometrist*
el/la panadero/a	*baker*
el/la paramédico/a	*paramedic*
el/la piloto	*pilot*
el/la plomero/a	*plumber*
el/la quiropráctico/a	*chiropractor*
el/la redactor(a)	*editor*
el/la sastre	*tailor*
el/la supervisor(a)	*supervisor*
el/la vendedor(a)	*sales representative*
el/la veterinario/a	*veterinarian*

Gramática comunicativa

Gramática 1

¿Quién te la dio?
• Double object pronouns

Ramón	Oye, esa camisa es mía, ¿no?
Wayne	No, **me la** regaló Sofía.
Ramón	¿Cuándo **te la** regaló?
Wayne	**Me la** trajo de Guadalajara.
Ramón	¡Qué coincidencia! Yo me compré una igual.

1. When the indirect and the direct object pronouns are used in the same phrase, the indirect object pronoun always comes first. This is true whether they come before a conjugated verb or attached to a verb in a verbal phrase.

Indirect Object Pronouns + **Direct Object Pronouns**

Indirect Object Pronouns			Direct Object Pronouns	
me	**nos**	+	**lo**	**los**
te	**os**		**la**	**las**
le (se)	**les (se)**			

Me la regaló Sofía. *Sofía gave it to me.*

2. Double object pronouns are placed before a conjugated verb. With infinitives and present participles, they can be placed before the conjugated verb or attached to the infinitive or participle. Notice that, in this case, an accent mark is added to maintain the original stress.

Ramón **me la** quiere quitar.
Ramón quiere quit**ármela.** } *Ramón wants to take it away from me.*

Manolo **nos lo** está preparando.
Manolo está prepar**ándonoslo.** } *Manolo is preparing it for us.*

3. The indirect object pronouns **le** and **les** become **se** when used with the direct pronoun.

Cuando Sofía viaja, generalmente les compra regalos a sus amigos; pero no **se los** da inmediatamente. Hace una fiesta especial para dár**selos.**

Here what would have been **les** (*to them*) becomes **se.**

4. When a reflexive verb is used with a direct object pronoun, the reflexive pronoun always comes first.

> **Sofía** ¿Te pones el suéter que te regalé?
> **Ana Mari** Claro que **me lo** pongo.
> **Ramón** En casa, ¡no **se lo** quita ni para dormir!

PRÁCTICA

A. ¡Cuántas preguntas! La mamá de Lalo está un poco molesta con él y le hace muchas preguntas. Completa la conversación.

—Mami, ¿me vas a dar más dinero hoy?
—No, voy a (1) ________________ mañana. Ahora que me acuerdo, ¿qué hiciste con el dinero que te di ayer?
—Ya (2) ________________ gasté.
—Lalo, ¿les escribiste una tarjeta a los abuelos?
—Sí, (3) ________________ escribí ayer.
—¿Les compraste un regalo también?
—No, no pude (4) ________________ porque no tengo dinero.
—¿Me trajiste los libros que te pedí?
—No (5) ________________ porque no los encontré.
—¿Cuándo compraste esa computadora?
—No la compré; (6) ________________ regaló mi amigo Paul.
—¿Me prestas tu computadora un momento?
—Sí, mami, claro que (7) ________________.

B. ¿Me lo prestas? Sofía va a ir de viaje a Europa y le pide prestadas varias cosas a Ana Mari. En parejas, escriban la conversación entre Sofía y Ana Mari. Usen estos elementos. Después, represéntenla delante la clase.

¿Me prestas tu maleta roja?
Lo siento, pero Ramón se la prestó a Wayne.

Modelo despertador de viaje (no funciona)
Sofía ¿Me prestas tu despertador de viaje?
Ana Mari No puedo prestártelo porque no funciona.

1. tus maletas (sí)
2. tu cámara (no funciona)
3. tu abrigo azul (está sucio)
4. la guía de Madrid (la tiene Emilio)
5. tu diccionario (sí)
6. tu chaqueta de piel *(leather)* (sí)

C. ¿Dónde está todo? Tus papás acaban de regresar de un viaje. En su ausencia muchas cosas desaparecieron de la casa. Explícales qué pasó usando los elementos de las tres columnas. Trabaja con un(a) compañero/a y túrnense para dar las explicaciones.

Modelo **el televisor**
—¿Dónde está el televisor?
—Se lo robaron.

la videocasetera		
el coche	dar	el tío José
el reloj	llevar	mis amigos
los discos compactos	prestar	la empleada
el iPod	regalar	mi novio/a
la mesa de la cocina	robar	Luis
el estéreo		

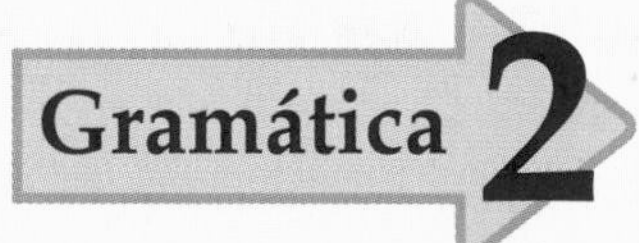
Gramática 2

¡Dime!
• Tú commands

In Spanish, the command forms are used to give orders or advice. You use **tú** commands (**mandatos familiares**) when you want to give an order or advice to someone you normally address with the familiar **tú**.

Affirmative *tú* commands		
Infinitive	**Present tense *él/ella* form**	**Affirmative *tú* command**
hablar	habla	**habla** (tú)
guardar	guarda	**guarda** (tú)
prender	prende	**prende** (tú)
volver	vuelve	**vuelve** (tú)
pedir	pide	**pide** (tú)
imprimir	imprime	**imprime** (tú)

1. Affirmative **tú** commands usually have the same form as the **él/ella** form of the present indicative.

¡Escucha!
¡Deja de interrumpirme!

Toma, es para ti.

2. There are eight irregular affirmative **tú** commands.

Irregular affirmative *tú* commands			
decir	**di**	salir	**sal**
hacer	**haz**	ser	**sé**
ir	**ve**	tener	**ten**
poner	**pon**	venir	**ven**

¡**Sal** de aquí ahora mismo!
Leave here at once!

Haz los ejercicios.
Do the exercises.

3. Since **ir** and **ver** have the same **tú** command (**ve**), context will determine the meaning.

Ve al cibercafé con Wayne.
Go to the cybercafé with Wayne.

Ve ese programa… es muy interesante.
See that program… it's very interesting.

4. When a pronoun is attached to an affirmative command that has two or more syllables, an accent mark is added to maintain the original stress:

come ⟶ **cómelos**
prende ⟶ **préndela**
escribe ⟶ **escríbele**

5. The negative **tú** commands are formed by dropping the final **-o** of the **yo** form of the present tense. For **-ar** verbs, add **-es.** For **-er** and **-ir** verbs, add **-as**.

Negative *tú* commands		
Infinitive	**Present tense *yo* form**	**Negative *tú* command**
hablar	hablo	**no hables** (tú)
volver	vuelvo	**no vuelvas** (tú)
pedir	pido	**no pidas** (tú)

Sofía, **no pares** el carro aquí.
Sofía, don't stop the car here.

¡**No me digas** qué hacer!
Don't tell me what to do!

6. Verbs with irregular **yo** forms maintain the same irregularity in their negative **tú** commands. These verbs include **conducir, conocer, decir, hacer, ofrecer, oír, poner, salir, tener, traducir, traer, venir,** and **ver.**

Emilio, **no le pongas** gasolina barata al coche.
Emilio, don't put cheap gasoline in the car.

No manejes tan rápido.
Don't drive so fast.

7. Note also that stem-changing verbs keep their stem changes in negative **tú** commands.

No **pie**rdas tu licencia.	No v**ue**lvas a esa gasolinera.	No p**i**das dinero prestado.
Don't lose your license.	*Don't go back to that gas station.*	*Don't borrow money.*

8. Verbs ending in **-car, -gar,** and **-zar** have a spelling change in the negative **tú** commands.

sa**car**	**c → qu**	no sa**qu**es
jugar	**g → gu**	no jue**gu**es
almor**zar**	**z → c**	no almuerces

9. These verbs have irregular negative **tú** commands.

Irregular negative *tú* commands	
dar	**no des**
estar	**no estés**
ir	**no vayas**
saber	**no sepas**
ser	**no seas**

10. In affirmative commands, reflexive, indirect, and direct object pronouns are always attached to the end of the verb. In negative commands, these pronouns always precede the verb.

Cómelo.	**No lo comas.**
Escríbeles un correo electrónico.	**No les escribas** un correo electrónico.

PRÁCTICA

A. Inténtalo. Indica los mandatos familiares afirmativos y negativos de estos verbos.

1. correr

_____________ más rápido. No _____________ más rápido.

2. llenar

_____________ el tanque. No _____________ el tanque.

3. salir

_____________ ahora. No _____________ ahora.

4. ir

_____________ a buscarlo. No _____________ a buscarlo.

5. levantarse

_____________ temprano. No _____________ temprano.

6. hacerlo

_____________ ya. No _____________ ahora.

B. Completar. El mejor amigo de Wayne no entiende nada de tecnología y le pide ayuda. Completa los comentarios de su amigo con el mandato de cada verbo.

1. No ________________ en una hora. ________________ ahora mismo. (venir)
2. ________________ tu tarea después. No la ________________ ahora. (hacer)
3. No ________________ a la tienda a comprar papel para la impresora. ________________ a la cafetería a comprarme algo de comer. (ir)
4. No ________________ que no puedes abrir un archivo *(file)*. ________________ que el programa de computación funciona sin problemas. (decirme)
5. ________________ generoso con tu tiempo, y no ________________ antipático si no entiendo fácilmente. (ser)
6. ________________ mucha paciencia y no ________________ prisa. (tener)
7. ¡________________, por favor! (ayudarme) ¡No le ________________ a ninguna otra persona antes que a mí! (ayudar)

C. Cambiar. Ramón y Ana Mari no pueden ponerse de acuerdo *(can't agree)* cuando viajan en su carro. Cuando Ramón dice que algo es necesario, Ana Mari expresa una opinión diferente. Usa la información entre paréntesis para formar las órdenes que Ana Mari le da a Ramón.

Modelo Necesito ir a casa de Wayne. (llamarlo más tarde)
No vayas a casa de Wayne. Llámalo más tarde.

1. Necesito manejar más rápido. (parar el carro)

____

____

2. Necesito poner el radio. (hablarme)

____

____

3. Necesito almorzar ahora. (comer más tarde)

____

____

4. Necesito sacar los discos compactos. (manejar con cuidado)

____

____

5. Necesito estacionar el carro en esta calle. (pensar en otra opción)

____

____

6. Necesito llamar a mamá. (darme el teléfono)

____

____

7. Necesito leer el mapa. (pedirle ayuda a aquella señora)

____

____

8. Necesito dormir en el carro. (acostarse en una cama)

____

____

D. La discusión en el coche. Completa la conversación con el mandato apropiado.

Ana Mari	No (1)________________ (darse) la vuelta aquí, Ramón. ¡Ay, sí, sí, ________________ (darse) la vuelta!
Ramón	Ana Mari, por favor, (2) ________________ (decirme) con tiempo dónde dar vuelta. No me (3) ________________ (decir) cuando estoy casi en la intersección.
Sofía	Pues no (4) ________________ (manejar) tan rápido; no (5) ________________ (darnos) tiempo de pensar.
Ana Mari	Ramón, ¡no (6) ________________ (ser) neurótico! (7) ________________ (hacer) caso de lo que te decimos. (8) ________________ (tomar) la siguiente salida *(exit)*... No, no, no (9) ________________ (salirse) todavía, perdón, ¡es la próxima!
Ramón	Sofía y Ana Mari, vamos a chocar si no dejan de hablar.
Sofía	Ramón, hay un perro en la esquina... ¡(10) ________________ (tener) cuidado! Casi le pegas.
Ramón	Está bien. ¡Bájense las dos del coche porque me van a dar dolor de cabeza!

E. Órdenes. Circula por la clase e intercambia mandatos negativos y afirmativos con tus compañeros/as. Debes seguir las órdenes que ellos te dan o reaccionar apropiadamente.

> **Modelo**
> Estudiante 1: **Dame todo tu dinero.**
> Estudiante 2: **No, no quiero dártelo. Muéstrame tu cuaderno.**
> Estudiante 1: **Aquí está.**
> Estudiante 3: **Ve a la pizarra y escribe tu nombre.**
> Estudiante 4: **No quiero. Hazlo tú.**

F. Consejos. Tu mejor amigo/a quiere ahorrar *(save)* gasolina. Tú has leído mucho acerca de eso en tu clase de español. Dile cinco cosas que puede hacer para ahorrar dinero en gasolina.

G. No a la bravuconería. ***(No to bullying).*** Imagina que tu hermanito de trece años te pide consejos sobre qué hacer porque una niña de la escuela lo molesta mucho. Dale cinco consejos.

____
____
____
____
____
____
____
____
____
____
____

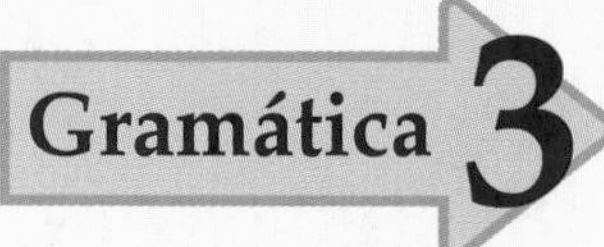

El itinerario de viaje
• El futuro

Read this itinerary a travel agent sent to Adriana.

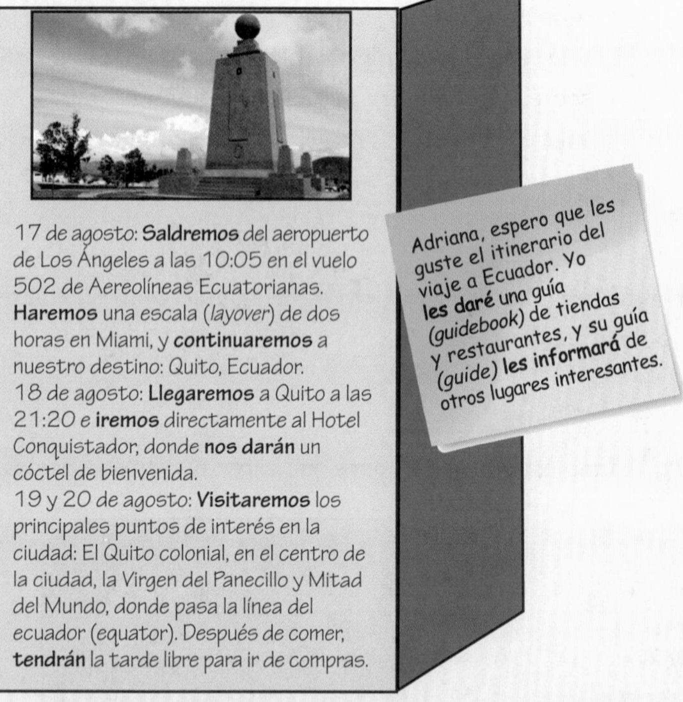

17 de agosto: Saldremos del aeropuerto de Los Ángeles a las 10:05 en el vuelo 502 de Aereolíneas Ecuatorianas. Haremos una escala (layover) de dos horas en Miami, y continuaremos a nuestro destino: Quito, Ecuador.
18 de agosto: Llegaremos a Quito a las 21:20 e iremos directamente al Hotel Conquistador, donde nos darán un cóctel de bienvenida.
19 y 20 de agosto: Visitaremos los principales puntos de interés en la ciudad: El Quito colonial, en el centro de la ciudad, la Virgen del Panecillo y Mitad del Mundo, donde pasa la línea del ecuador (equator). Después de comer, tendrán la tarde libre para ir de compras.
Adriana, espero que les guste el itinerario del viaje a Ecuador. Yo les daré una guía (guidebook) de tiendas y restaurantes, y su guía (guide) les informará de otros lugares interesantes.

1. In previous chapters, you have used the construction **ir a** + *infinitive* to talk about the future. (**Voy a trabajar este verano.**) This construction is preferred by most Spanish speakers in speech.

2. The future tense refers to future actions and events. It is used in formal writing and somewhat less often in speech. Most verbs are regular in the future tense.

El guía **les informará.**	*The guide will inform you.*
Nos darán un cóctel de bienvenida.	*They will give us a welcome cocktail.*
Iremos directamente al hotel.	*We will go directly to the hotel.*

3. One common use of the future tense is to wonder about situations in the present time.

¿Dónde **estará** Sofía?	*I wonder where Sofía is.*
¿**Será** cara la comida en Ecuador?	*I wonder if food is expensive in Ecuador.*

4. The future of regular verbs is formed by adding these endings to the infinitive of the verb.

The future tense

	llegar	**comer**	**vivir**
yo	llegaré	comeré	viviré
tú	llegarás	comerás	vivirás
usted/él/ella	llegará	comerá	vivirá
nosotros/as	llegaremos	comeremos	viviremos
vosotros/as	llegaréis	comeréis	viviréis
usteded/ellos/ellas	llegarán	comerán	vivirán

5. The following verbs have irregular stems in the future:

decir	**diré, dirás, dirá, diremos, diréis, dirán**
haber	**habré, habrás, habrá, habremos, habréis, habrán**
hacer	**haré, harás, hará, haremos, haréis, harán**
poder	**podré, podrás, podrá, podremos, podréis, podrán**
poner	**pondré, pondrás, pondrá, pondremos, pondréis, pondrán**
querer	**querré, querrás, querrá, querremos, querréis, querrán**
saber	**sabré, sabrás, sabrá, sabremos, sabréis, sabrán**
salir	**saldré, saldrás, saldrá, saldremos, saldréis, saldrán**
tener	**tendré, tendrás, tendrá, tendremos, tendréis, tendrán**
venir	**vendré, vendrás, vendrá, vendremos, vendréis, vendrán**

Notice that the irregular verbs take the same endings as the regular verbs. Simply attach the normal endings to the irregular stems.

PRÁCTICA

A. ¿Qué pasará? Completa las predicciones que hacen nuestros personajes sobre el futuro.

Wayne	Para el año 2025, Emilio y su esposa (1)________________ (hablar) inglés perfectamente.
Ramón	Y tú, Ana Mari, ¡(2) ________________ (estar) casada con Manolo!
Sofía	¡Manolo (3) ________________ (ser) un pintor famoso!
Ana Mari	Ramón y yo ya no (4) ________________ (discutir).
Adriana	Para entonces, yo ya no (5) ________________ (trabajar).
Emilio	Nosotros (6) ________________ (ser) todavía muy buenos amigos.

B. ¡Cuántos cambios! Conjuga los verbos para completar la descripción que hace la hija de Adriana sobre los efectos de los cambios en la tecnología.

En el futuro las cosas (1) ________________ (ser) mucho mejores que ahora. Más que nada la computadora (2) ________________ (ocupar) un lugar central. La mayoría de la gente (3) ________________ (trabajar) desde sus casas y los niños (4) ________________ (estudiar) sus lecciones en casa por computadora. Nosotros (5) ________________ (hablar) más por computadora que por teléfono y (6) ________________ (comprar) los productos diarios por Internet. Yo personalmente (7) ________________ (ser) muy feliz porque (8) ________________ (estar) con mi familia.

C. Un(a) compañero/a de cuarto. You placed an ad in your school newspaper looking for a roommate. Someone just called you to make an appointment to see your apartment. What do you think this person might be like? Follow the model.

> **Modelo** You are wondering if this person has a job.
> **¿Tendrá trabajo?**

You are wondering if this person…

1. goes out a lot. ______________________
2. likes pets. ______________________
3. has a lot of furniture. ______________________
4. is a nice person. ______________________
5. is intelligent. ______________________
6. knows how to cook. ______________________

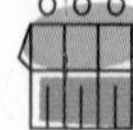

D. Las predicciones.

Parte 1. Conversa con tus compañeros/as para saber si son optimistas o pesimistas cuando piensan en el futuro. Cuenta el número de personas que dicen que **sí** y el número de personas que dicen que **no**. **Habrá** es el futuro de **hay**.

Número de personas que dicen que habrá...	**Sí**	**No**
1. más contaminación *(pollution)* que hoy.	______	______
2. menos problemas económicos que ahora.	______	______
3. mucho progreso.	______	______
4. menos prosperidad.	______	______
5. más violencia.	______	______

Parte 2. Completa un breve informe sobre las predicciones de tus compañeros de clase.

> **Modelo** **Ocho de mis compañeros de clases son pesimistas porque creen que habrá más problemas económicos y menos prosperidad...**

E. Situación. Working with a partner, take turns reading and interpreting your palms to predict each other's future. You may ask questions. Be creative and thorough.

> **Modelo** **Visitarás muchos países interesantes.**
> **Tu línea de las vacaciones es muy larga.**

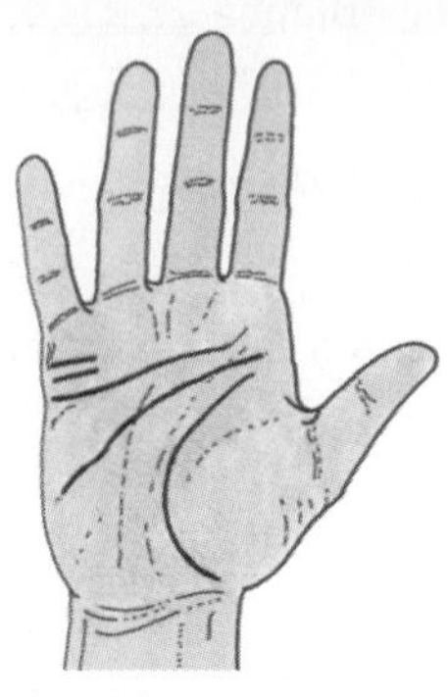

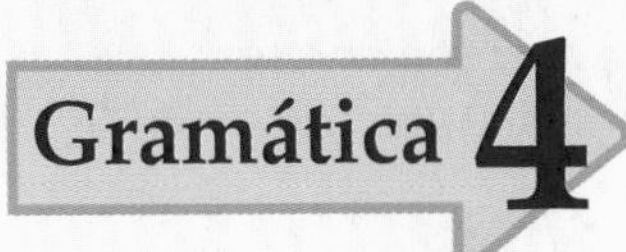

Se solicita personal
• El se impersonal

Manolo is looking for a job again. Read these classified ads from various city hospitals.

Se solicita trabajador social.	*A social worker is needed.*
Se solicitan enfermeros.	*Nurses are needed.*
Se solicita pediatra.	*A pediatrician is needed.*
Se solicitan farmaceutas.	*Pharmacists are needed.*

1. This structure is called the impersonal **se**. The impersonal **se** indicates that the agent, in this case the hospital searching for employees, is implied, unimportant, or irrelevant, and thus, not named in the sentence. Use **se** with a singular verb **(se solicita)** if the subject is singular **(pediatra)** and with a plural verb **(se solicitan)** if the subject is plural **(enfermeros)**.

Se habla español en Costa Rica.
Spanish is spoken in Costa Rica.

Se puede leer en la sala de espera.
You can read in the waiting room.

Se hacen operaciones aquí.
They perform operations here.

Se necesitan medicinas enseguida.
They need medicine right away.

PRÁCTICA

A. ¿Qué venden? Completa las oraciones para indicar qué artículos se venden en cada tienda.

Modelo En la frutería El Paraíso **se venden manzanas.**

sopa	jamón
queso	salmón
refrescos	helados
pasteles	chocolates

1. En la dulcería Bombón de Azúcar ________________.
2. En la lechería La Vaca Blanca ________________.
3. En la panadería Croissant ________________.
4. En la heladería Ben & Jerry's ________________.
5. En la carnicería El Bistec ________________.
6. En la pescadería Pacífico ________________.

B. Se necesita(n)... En parejas, terminen las frases con tus ideas sobre el tema.

> **Modelo** Se necesita mucho dinero para **viajar por todo el mundo.**

1. Se necesita ______________________ para ______________________ .
2. ______________________ amigos porque ______________________.
3. Se necesitan consejos cuando ______________________ .
4. Se ______________________ salud para ______________________ .
5. ______________________ unas vacaciones después de ______________________.
6. Se necesita ______________________ cuando tienes problemas económicos.

C. ¡Ponga su anuncio gratis! El periódico de tu universidad está haciendo una promoción para publicar los mejores anuncios *(ads)* clasificados gratis. Escribe dos anuncios atractivos de algo que quieras comprar, vender o alquilar *(rent)*. Incluye dos ejemplos del **se** impersonal en cada anuncio.

> **Modelo** **SE ALQUILAN PERROS ENTRENADOS**
> **¿Quiere conocer a alguien especial? Lleve a nuestros perros especialmente entrenados para atraer a la persona ideal a caminar al parque o la playa. ¡Se garantiza el éxito!**

____
____
____
____
____
____
____
____
____
____
____
____
____

D. Una mini investigación. Escoge un país de habla hispana para hacer una pequeña investigación. Usa las siguientes preguntas como guía. Presenta la información a la clase.

1. ¿Qué lengua(s) se habla(n)?
2. ¿Qué fiestas se celebran?
3. ¿Qué productos se exportan/se importan?
4. ¿Qué se come? ¿Qué se bebe?
5. ¿Qué deportes se juegan?
6. ¿Qué religiones se practican?

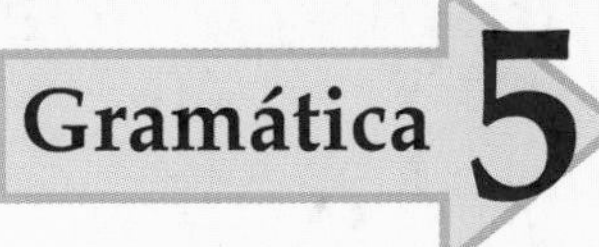

Gramática 5 Con un millón de dólares • El condicional

Sofía	¡Imagínense que fuéramos todos juntos a España!
Manolo	Eso sí **estaría** bien, ¿no?
Ana Mari	¿¡Te imaginas!? **Podríamos** alquilar *(rent)* un coche y manejar por toda España.
Sofía	A mí **me gustaría** ir a Torremolinos; dicen que es increíble.
Manolo	Sí, y **pasaríamos** por Córdoba y Sevilla de camino a Torremolinos.
Ana Mari	En Sevilla **tendríamos** que hacer el paseo en barco por el río Grijalva. Es divertidísimo.
Manolo	**Sería** más divertido ir de tasca[1] en tasca, ¿no?
Sofía	Bueno, **podríamos** hacer las dos cosas.

[1] *In the south of Spain, these are small bars that serve food and have live music.*

1. The conditional tense is used to talk about what someone *would* do or what *would* happen under certain circumstances. It is similar to the use of *would* + [*verb*] in English.

Con un millón de dólares...	
Yo **compraría** una casa en la playa.	*I would buy a house on the beach.*
¿Qué **comprarías** tú?	*What would you buy?*
Manolo **compraría** un yate.	*Manolo would buy a yacht.*
Nosotras **compraríamos** un avión pequeño.	*We would buy a small plane.*
¿Qué **compraríais** vosotros?	*What would you buy?*
Ellos no **comprarían** nada.	*They wouldn't buy anything.*

2. To form the conditional, attach the imperfect endings **(-ía, -ías, -ía, -íamos, -íais, -ían)** to the infinitive of most verbs.

3. Those verbs which are irregular in the future are also irregular in the conditional. They both use the same stems.

decir	**diría, dirías, diría…**
haber	**habría…**
hacer	**haría…**
poder	**podría…**
poner	**pondría…**
querer	**querría…**
saber	**sabría…**
salir	**saldría…**
tener	**tendría…**
venir	**vendría…**

4. To talk about what you used to do in the past (what you would/used to do), use the imperfect, not the conditional.

   Cuando estábamos de vacaciones, **íbamos** al cine todas las semanas.
   When we were on vacation, we would go to the movies every week.

5. In Spanish, as in English, the conditional expresses the future in relation to a past action or state of being. In other words, the future indicates what *will happen* whereas the conditional indicates what *would happen.*

Creo que mañana **hará** sol.	**Creía** que hoy **haría** sol.
I think it will be sunny tomorrow.	*I thought it would be sunny today.*

PRÁCTICA

A. ¿Qué harían? Conjuga los verbos para saber qué harían estas personas si se sacaran la lotería.

1. Manolo ________________ (compartir) el dinero con sus amigos.
2. Adriana y su esposo ________________ (poder) comprar una casa más grande.
3. Ramón, tú y yo no le ________________ (decir) nada a nadie.
4. Yo ________________ (ponerse) elegante y ________________ (salir) con mis amigos para celebrar.
5. Y tú, ¿ ________________ (saber) qué hacer?
6. Mis amigos ________________ (venir) a mi casa y nosotros ________________ (hacer) una gran fiesta.
7. Yo ________________ (tener) que darles dinero a los pobres.

B. Un viaje a un país hispano. Imagina que estás preparando un viaje a un país hispano. Responde al cuestionario que te manda el agente de viajes.

1. ¿Adónde te gustaría ir?

   ____

   ____

2. ¿Participarías en un programa cultural y/o un programa de lenguas?

   ____

   ____

3. ¿Cuánto tiempo podrías quedarte?

   ____

   ____

4. ¿Qué lugares visitarías?

5. ¿Cuánto dinero querrías gastar en el viaje?

6. ¿Te molestaría vivir con una familia que no habla inglés?

7. ¿Preferirías usar el transporte público o tener tu propio *(own)* carro?

C. Mis compañeros.

Parte 1. Conversa con cuatro compañeros de clase sobre los siguientes temas.

Modelo **¿Qué harías con más tiempo libre?**

1. con más tiempo libre
2. con más dinero
3. con menos responsabilidades
4. con un semestre de vacaciones

Parte 2. Escribe las respuestas que te parecieron más interesantes para reportar a la clase.

Modelo **Con más dinero, Dan compraría una motocicleta para venir a la escuela.**

D. ¿Lo harías? En parejas, pregúntense qué harían en estas situaciones.

Modelo —Llegas a casa de tu tío el inventor y te invita a probar la máquina *(machine)* del tiempo que acaba de construir *(build)*.
—**Yo aceptaría usar la máquina y viajaría al final del siglo XIII en Escocia. Allí buscaría a William Wallace y me uniría *(I would join)* a su lucha por la libertad de su país.**

Estás en un concierto de tu banda favorita y la persona que está sentada delante no te deja ver.

Un amigo actor te invita a ver una película que acaba de hacer, y no te gusta nada cómo hace su papel.

Estás invitado/a a los Premios Oscar. Es posible que te vayan a dar un premio, pero ese día estás muy enfermo/a.

Te invitan, pagándote mucho dinero, para ir a un programa de televisión para hablar de tu vida privada y pelearte con tu novio/a durante el programa.

E. Surgencias. Manolo sigue buscando trabajo. Dile ocho cosas que tú harías si tú fueras él *(if you were him)*. Luego compara tus sugerencias con las de un(a) compañero/a.

Modelo **Si yo fuera tú *(if I were you)*, buscaría trabajo en el periódico.**

1. ______________________________
2. ______________________________
3. ______________________________
4. ______________________________
5. ______________________________
6. ______________________________
7. ______________________________
8. ______________________________

Glossary of Grammatical Terms

ADJECTIVE A word that modifies or describes a noun or pronoun.

muchos libros
many books

un hombre **rico**
*a **rich** man*

las mujeres **altas**
*the **tall** women*

Demonstrative adjective An adjective that points out a specific noun.

esta fiesta
***this** party*

ese chico
***that** boy*

aquellas flores
***those** flowers*

Possessive adjective An adjective that indicates ownership or possession.

mi mejor vestido
***my** best dress*

Éste es **mi** hermano.
*This is **my** brother*

Stressed possessive adjective A possessive adjective that emphasizes the owner or possessor.

Es un libro **mío**.
*It's **my book**./It's a book **of mine**.*

Es amiga **tuya**; yo no la conozco.
*She's a friend **of yours**; I don't know her.*

ADVERB A word that modifies or describes a verb, adjective, or another adverb.

Pancho escribe **rápidamente**.
*Pancho writes **quickly**.*

Este cuadro es **muy** bonito.
*This picture is **very** pretty.*

ARTICLE A word that points out either a specific (definite) noun or a non-specific (indefinite) noun.

Definite article An article that points out a specific noun.

el libro
***the** book*

la maleta
***the** suitcase*

los diccionarios
***the** dictionaries*

las palabras
***the** words*

Indefinite article An article that points out a noun in a general, non-specific way.

un lápiz
***a** pencil*

una computadora
***a** computer*

unos pájaros
***some** birds*

unas escuelas
***some** schools*

CLAUSE A group of words that contains both a conjugated verb and a subject, either expressed or implied.

Main (or Independent) clause A clause that can stand alone as a complete sentence.

Pienso ir a cenar pronto.
I plan to go to dinner soon.

Subordinate (or Dependent) clause A clause that does not express a complete thought and therefore cannot stand alone as a sentence.

Trabajo en la cafetería **porque necesito dinero para la escuela**.
*I work in the cafeteria **because I need money for school.***

COMPARATIVE A word or construction used with an adjective or adverb to express a comparison between two people, places, or things.

Este programa es **más interesante que** el otro.
*This program is **more interesting than** the other one.*

Tomás no es **tan alto como** Alberto.
*Tomás is not **as tall as** Alberto.*

CONJUGATION A set of the forms of a verb for a specific tense or mood or the process by which these verb forms are presented.

Preterit conjugation of **cantar**

cant**é**	cant**amos**
cant**aste**	cant**asteis**
cant**ó**	cant**aron**

CONJUNCTION A word or phrase used to connect words, clauses, or phrases.

Susana es de Cuba **y** Pedro es de España.
*Susana is from Cuba **and** Pedro is from Spain.*

No quiero estudiar, **pero** tengo que hacerlo.
*I don't want to study, **but** I have to do it.*

CONTRACTION The joining of two words into one. The only contractions in Spanish are **al** and **del**.

Mi hermano fue **al** concierto ayer.
*My brother went **to the** concert yesterday.*

Saqué dinero **del** banco.
*I took money **from the** bank.*

DIRECT OBJECT A noun or pronoun that directly receives the action of the verb.

Tomás lee **el libro**. | **La** pagó ayer.
*Tomás reads **the book**.* | *She paid **it** yesterday.*

GENDER The grammatical categorizing of certain kinds of words, such as nouns and pronouns, as masculine, feminine, or neuter.

Masculine
articles **el**, **uno**
pronouns **él**, **lo**, **mío**, **éste**, **ése**
adjective simpátic**o**

Feminine
articles **la**, **una**
pronouns **ella**, **la**, **mía**, **ésta**, **ésa**, **aquélla**
adjective simpátic**a**

GERUND See Present Participle on next page.

IMPERSONAL EXPRESSION A third-person pl. and sing. expression with no expressed or specific subject.

Es muy importante. | **Llueve** mucho.
***It's very important**.* | ***It's raining** hard.*

Aquí **se habla** español. | **Sirven** lasaña.
*Spanish **is spoken** here.* | ***They serve** lasagna.*

INDIRECT OBJECT A noun or pronoun that receives the action of the verb indirectly; the object, often a living being, to or for whom an action is performed.

Eduardo **le** dio un libro **a Linda**.
*Eduardo gave a book **to Linda**.*

La profesora **me** dio una C en el examen.
*The professor gave **me** a C on the test.*

INFINITIVE The basic form of a verb. Infinitives in Spanish end in **-ar**, **-er**, or **-ir**.

hablar | **correr** | **abrir**
to speak | *to run* | *to open*

INTERROGATIVE An adjective or pronoun used to ask a question.

¿Quién habla? | **¿Cuántos** compraste?
***Who** is speaking?* | ***How many** did you buy?*

¿Qué piensas hacer hoy?
***What** do you plan to do today?*

INVERSION Changing the word order of a sentence, often to form a question.

Statement: Tu mamá vive en Boston.

Inversion: ¿Vive en Boston tu mamá?

MOOD A grammatical distinction of verbs that indicates whether the verb is intended to make a statement or command, or to express a doubt, emotion, or condition contrary to fact.

Imperative mood Verb forms used to make commands.

Diga la verdad. | **Caminen** Uds. conmigo.
***Tell** the truth.* | ***Walk** with me.*

¡Comamos ahora!
***Let's eat** now!*

Indicative mood Verb forms used to state facts, actions, and states considered to be real.

Sé que **tienes** el dinero.
***I know** that **you have** the money.*

Subjunctive mood Verb forms used principally in subordinate (or dependent) clauses to express wishes, desires, emotions, doubts, and certain conditions, such as contrary-to-fact situations.

Prefieren que **hables** en español.
*They prefer that **you speak** in Spanish.*

Dudo que Luis **tenga** el dinero necesario.
*I doubt that Luis **has** the necessary money.*

NOUN A word that identifies people, animals, places, things, and ideas.

hombre | **gato**
man | *cat*

México | **casa**
Mexico | *house*

libertad | **libro**
freedom | *book*

NUMBER A grammatical term that refers to singular or plural. Nouns in Spanish and English have number. Other parts of a sentence, such as adjectives, articles, and verbs, can also have number.

Singular	Plural
una cosa *a thing*	**unas** cosas *some things*
el profesor ***the** professor*	**los** profesor**es** ***the** professors*

NUMBERS Words that represent amounts.

Cardinal numbers Words that show specific amounts.

cinco minutos
***five** minutes*

el año **dos mil quince**
the year ***2015***

Ordinal numbers Words that indicate the order of a noun in a series.

el **cuarto** jugador *the **fourth** player*	la **décima** hora *the **tenth** hour*

PAST PARTICIPLE A past form of the verb used in compound tenses. The past participle may also be used as an adjective, but it must then agree in number and gender with the word it modifies.

Han **buscado** por todas partes.
*They have **searched** everywhere.*

Yo no había **estudiado** para el examen.
*I hadn't **studied** for the exam.*

Hay una **ventana rota** en la sala.
*There is a **broken window** in the living room.*

PERSON The form of the verb or pronoun that indicates the speaker, the one spoken to, or the one spoken about. In Spanish, as in English, there are three persons: first, second, and third.

Person	Singular	Plural
1st	**yo** *I*	**nosotros/as** *we*
2nd	**tú, Ud.** *you*	**vosotros/as, Uds.** *you*
3rd	**él, ella** *he/she*	**ellos, ellas** *they*

PREPOSITION A word that describes the relationship, most often in time or space, between two words.

Anita es **de** California.
*Anita is **from** California.*

La chaqueta está **en** el carro.
*The jacket is **in** the car.*

¿Quieres hablar **con** ella?
*Do you want to speak **to** her?*

PRESENT PARTICIPLE In English, a verb form that ends in *-ing*. In Spanish, the present participle ends in **–ndo**, and is often used with **estar** to form a progressive tense.

Mi hermana está **hablando** por teléfono ahora mismo.
*My sister is **talking** on the phone right now.*

PRONOUN A word that takes the place of a noun or nouns.

Demonstrative pronoun A pronoun that takes the place of a specific noun.

Quiero **ésta**.
*I want **this one**.*

¿Vas a comprar **ése**?
*Are you going to buy **that one**?*

Juan prefirió **aquéllos**.
*Juan preferred **those** (over there).*

Object pronoun A pronoun that functions as a direct or indirect object of the verb. Object pronouns may be placed before conjugated verbs or attached to an infinitive or present participle.

Te digo la verdad.
*I'm telling **you** the truth.*

Me lo trajo Juan.
*Juan brought **it** to **me**.*

Lo voy a llevar a la escuela.
Voy a **llevarlo** a la escuela.
*I'm going to bring **him** to school.*

Me estaba llamando por teléfono.
Estaba **llamándome** por teléfono.
*She was calling **me** on the phone.*

Reflexive pronoun A pronoun that indicates that the action of a verb is performed by the subject on itself. These pronouns are often expressed in English with *-self: myself, yourself,* etc.

Yo **me bañé** antes de salir.
I ***bathed (myself)*** *before going out.*

Elena **se acostó** a las once y media.
Elena ***went to bed*** *at eleven-thirty.*

Relative pronoun A pronoun that connects a subordinate clause to a main clause.

El chico **que** nos escribió viene a visitarnos mañana.
The boy ***who*** *wrote to us is coming to visit us tomorrow.*

Ya sé **lo que** tenemos que hacer.
I already know ***what*** *we have to do.*

Subject pronoun A pronoun that replaces the name or title of a person or thing and acts as the subject of a verb.

Tú debes estudiar más.
You *should study more.*

Él llegó primero.
He *arrived first.*

SUBJECT A noun or pronoun that performs the action of a verb and is often implied by the verb.

María va al supermercado.
María *goes to the supermarket.*

(Ellos) Trabajan mucho.
They *work hard.*

Esos **libros** son muy caros.
Those ***books*** *are very expensive.*

SUPERLATIVE A word or construction used with an adjective or adverb to express the highest or lowest degree of a specific quality among three or more people, places, or things.

Entre todas mis clases, ésta es la **más interesante**.
Among all my classes, this is the ***most interesting****.*

Raúl es el **menos simpático** de los chicos.
Raúl is the ***least pleasant*** *of the boys.*

TENSE A set of verb forms that indicates the time of an action or state: past, present, or future.

Compound tense A two-word tense made up of an auxiliary verb and a present or past participle. In Spanish, there are two auxiliary verbs: **estar** and **haber**.

En este momento, **estoy estudiando**.
At this time, ***I am studying****.*

El paquete no **ha llegado** todavía.
The package ***has*** *not* ***arrived*** *yet.*

Simple tense A tense expressed by a single verb form.

María **estaba** mal anoche.
María ***was*** *ill last night.*

Juana **hablará** con su mamá mañana.
Juana ***will*** *speak with her mom tomorrow.*

VERB A word that expresses actions or states-of-being.

Auxiliary verb A verb used with a present or past participle to form a compound tense. **Haber** is the most commonly used auxiliary verb in Spanish.

Los chicos **han** visto los elefantes.
The children ***have*** *seen the elephants.*

Espero que **hayas** comido.
I hope you ***have*** *eaten.*

Reflexive verb A verb that describes an action performed by the subject on itself and is always used with a reflexive pronoun.

Me compré un carro nuevo.
I bought myself *a new car.*

Pedro y Adela **se levantan** muy temprano.
Pedro and Adela ***get (themselves) up*** *very early.*

Spelling change verb A verb that undergoes a predictable change in spelling in order to reflect its actual pronunciation in the various conjugations.

practicar	c → qu	practico	practi**qué**
dirigir	g → j	dirijo	dirigí
almorzar	z → c	almorzó	almorcé

Stem-changing verb A verb whose stem vowel undergoes one or more predictable changes in the various conjugations.

entender (i → ie) ent**ie**ndo
pedir (e → i) p**i**den
dormir (o → ue, u) d**ue**rmo, d**u**rmieron

Verb Conjugation Tables

The verb lists

The list of verbs below and the model-verb tables that start on page 418 show you how to conjugate every verb taught in **INVITACIONES**. Each verb in the list is followed by a model verb conjugated according to the same pattern. The number in parentheses indicates where in the tables you can find the conjugated forms of the model verb. If you want to find out how to conjugate **divertirse**, for example, look up number 29, **sentir**, the model for verbs that follow the **i ➤ ie** stem-change pattern.

How to use the verb tables

In the tables you will find the infinitive, past and present participles, and all the simple forms of each model verb. The formation of the compound tenses of any verb can be inferred from the table of compound tenses, pages 418–419, either by combining the past participle of the verb with a conjugated form of **haber** or combining the present participle with a conjugated form of **estar**.

abrir like vivir (3) *except* past participle is abierto
acabar de like hablar (1)
aceptar like hablar (1)
aconsejar like hablar (1)
acostarse (o ➤ ue) like contar (21)
afeitarse like hablar (1)
ahorrar like hablar (1)
almorzar (o ➤ ue) like contar (21) *except* (z ➤ c)
alquilar like hablar (1)
andar like hablar (1) *except* preterit stem is anduv-
aprender like comer (2)
armar like hablar (1)
ayudar(se) like hablar (1)

bailar like hablar (1)
bañarse like hablar (1)
barrer like comer (2)
beber like comer (2)
besar(se) like hablar (1)
bucear like hablar (1)
buscar (c ➤ qu) like tocar (35)

cambiar like hablar (1)
cantar like hablar (1)
casarse like hablar (1)
castigar like hablar (1)
cenar like hablar (1)
chocar (c ➤ qu) like tocar (35)
colorear like hablar (1)
comer (2)
compartir like vivir (3)
comprar like hablar (1)
conocer (c ➤ zc) (30)
contar (o ➤ ue) (21)
correr like comer (2)
cortar like hablar (1)
costar (o ➤ ue) like contar (21)
creer (y) (31)
cruzar (z ➤ c) (32)
cuidar(se) like hablar (1)

dar(se) (4)
deber like comer (2)
decidir like vivir (3)
decir (e ➤ i) (5)
dejar like hablar (1)
desayunar like hablar (1)
descansar like hablar (1)
descomponerse like poner(se) (12)
dibujar like hablar (1)
discutir like vivir (3)
disfrazar(se) like hablar (1)
divertirse (e ➤ ie) like sentir (29)
divorciarse like hablar (1)
dormir(se) (o ➤ ue) (22)
ducharse like hablar (1)
dudar like hablar (1)

embarazar(se) like hablar (1)
empezar (e ➤ ie) (z ➤ c) (23)
empujar like hablar (1)
enamorarse like hablar (1)
encantar like hablar (1)
encontrar(se) (o ➤ ue) like contar (21)
enfermarse like hablar (1)
enseñar like hablar (1)
entender (e ➤ ie) (24)
entrar like hablar (1)
entregar like hablar (1) *except* (g ➤ gu)
entrenarse like hablar (1)
escribir like vivir (3) *except* past participle is escrito
escuchar like hablar (1)
esperar like hablar (1)
esquiar (esquío) (33)
estacionar(se) like hablar (1)
estar (6)
estudiar like hablar (1)
explicar (c ➤ qu) like tocar (35)

fascinar like hablar (1)
frenar like hablar (1)
fumar like hablar (1)

ganar like hablar (1)
gastar like hablar (1)
gustar like hablar (1)

haber (hay) (7)
hablar (1)
hacer (8)

iluminar like hablar (1)
importar like hablar (1)
interesar like hablar (1)
invitar like hablar (1)
ir(se) (9)

jugar (u→ue) (g→gu) (25)
juntar(se) like hablar (1)

lastimarse like hablar (1)
lavar(se) like hablar (1)
leer (y) like creer (31)
levantar(se) like hablar (1)
limpiar like hablar (1)
llamar(se) like hablar (1)
llegar (g→gu) (34)
llenar like hablar (1)
llevar(se) like hablar (1)
mandar like hablar (1)
manejar like hablar (1)
mirar like hablar (1)
molestar like hablar (1)
montar like hablar (1)
morir (o→ue) like dormir (22) *except* past participle is muerto
mudarse like hablar (1)

necesitar like hablar (1)
nevar (e→ie) like pensar (27)

obedecer (c→zc) like conocer (30)
ofrecer (c→zc) like conocer (30)
oír (10)

pagar (g→gu) like llegar (34)
parar(se) like hablar (1)
pasar(se) like hablar (1)
pasear like hablar (1)
patinar like hablar (1)
pedir (e→i) (26)
pegar like hablar (1) *except* (g→gu)
pelearse like hablar (1)
pensar (e→ie) (27)
perder (e→ie) like entender (24)
pintar(se) like hablar (1)
planchar like hablar (1)
poder (o→ue) (11)
poner(se) (12)
ponchar(se) like hablar (1)
portar(se) like hablar (1)
practicar (c→qu) like tocar (35)
preferir (e→ie) like sentir (29)
prestar like hablar (1)
prometer like comer (2)

quedar(se) like hablar (1)
querer (e→ie) (13)
quitar(se) like hablar (1)

rasurar(se) like hablar (1)
recibir(se) like vivir (3)
recomendar (e→ie) like pensar (27)
recordar (o→ue) like contar (21)
regalar like hablar (1)
regañar like hablar (1)
romper(se) like comer (2) *except* past participle is roto

saber (14)
sacar (c→qu) like tocar (35)
salir(se) (15)
saltar like hablar (1)
seguir (e→i) (28)
sentir(se) (e→ie) (29)
separarse like hablar (1)
ser (16)
servir (e→i) like pedir (26)
solicitar like hablar (1)
subir(se) like vivir (3)

tener (e→ie) (17)
terminar like hablar (1)
tocar (c→qu) (35)
tomar like hablar (1)
trabajar like hablar (1)
traer (18)

usar like hablar (1)

vender like comer (2)
venir (e→ie) (19)
ver (20)
vestir(se) (e→i) (36)
viajar like hablar (1)
visitar like hablar (1)
vivir (3)

Regular verbs: simple tenses

	Infinitive	INDICATIVE					SUBJUNCTIVE		IMPERATIVE
		Present	Imperfect	Preterit	Future	Conditional	Present	Past	
1	hablar	hablo	hablaba	hablé	hablaré	hablaría	hable	hablara	
		hablas	hablabas	hablaste	hablarás	hablarías	hables	hablaras	habla tú (no hables)
	Participles:	habla	hablaba	habló	hablará	hablaría	hable	hablara	hable Ud.
	hablando	hablamos	hablábamos	hablamos	hablaremos	hablaríamos	hablemos	habláramos	hablemos
	hablado	habláis	hablabais	hablasteis	hablaréis	hablaríais	habléis	hablarais	hablad (no habléis)
		hablan	hablaban	hablaron	hablarán	hablarían	hablen	hablaran	hablen Uds.
2	comer	como	comía	comí	comeré	comería	coma	comiera	
		comes	comías	comiste	comerás	comerías	comas	comieras	come tú (no comas)
	Participles:	come	comía	comió	comerá	comería	coma	comiera	coma Ud.
	comiendo	comemos	comíamos	comimos	comeremos	comeríamos	comamos	comiéramos	comamos
	comido	coméis	comíais	comisteis	comeréis	comeríais	comáis	comierais	comed (no comáis)
		comen	comían	comieron	comerán	comerían	coman	comieran	coman Uds.
3	vivir	vivo	vivía	viví	viviré	viviría	viva	viviera	
		vives	vivías	viviste	vivirás	vivirías	vivas	vivieras	vive tú (no vivas)
	Participles:	vive	vivía	vivió	vivirá	viviría	viva	viviera	viva Ud.
	viviendo	vivimos	vivíamos	vivimos	viviremos	viviríamos	vivamos	viviéramos	vivamos
	vivido	vivís	vivíais	vivisteis	viviréis	viviríais	viváis	vivierais	vivid (no viváis)
		viven	vivían	vivieron	vivirán	vivirían	vivan	vivieran	vivan Uds.

All verbs: compound tenses

PERFECT TENSES											
INDICATIVE								SUBJUNCTIVE			
Present Perfect		Past Perfect		Future Perfect		Conditional Perfect		Present Perfect		Past Perfect	
he		había		habré		habría		haya		hubiera	
has	hablado	habías	hablado	habrás	hablado	habrías	hablado	hayas	hablado	hubieras	hablado
ha	comido	había	comido	habrá	comido	habría	comido	haya	comido	hubiera	comido
hemos	vivido	habíamos	vivido	habremos	vivido	habríamos	vivido	hayamos	vivido	hubiéramos	vivido
habéis		habíais		habréis		habríais		hayáis		hubierais	
han		habían		habrán		habrían		hayan		hubieran	

PROGRESSIVE TENSES					
INDICATIVE				SUBJUNCTIVE	
Present Progressive	Past Progressive	Future Progressive	Conditional Progressive	Present Progressive	Past Progressive
estoy estás está estamos estáis estan } hablando / comiendo / viviendo	estaba estabas estaba estábamos estabais estaban } hablando / comiendo / viviendo	estaré estarás estará estaremos estaréis estarán } hablando / comiendo / viviendo	estaría estarías estaría estaríamos estaríais estarían } hablando / comiendo / viviendo	esté estés esté estemos estéis estén } hablando / comiendo / viviendo	estuviera estuvieras estuviera estuviéramos estuvierais estuvieran } hablando / comiendo / viviendo

Irregular verbs

	Infinitive	INDICATIVE					SUBJUNCTIVE		IMPERATIVE
		Present	Imperfect	Preterit	Future	Conditional	Present	Past	
4	dar **Participles:** dando dado	**doy** das da damos dais dan	daba dabas daba dábamos dabais daban	**di** **diste** **dio** **dimos** **disteis** **dieron**	daré darás dará daremos daréis darán	daría darías daría daríamos daríais darían	**dé** **des** **dé** **demos** **deis** **den**	**diera** **dieras** **diera** **diéramos** **dierais** **dieran**	 da tú (no **des**) **dé** Ud. **demos** dad (no **deis**) **den** Uds.
5	decir (e ➔ i) **Participles:** **diciendo** **dicho**	**digo** **dices** **dice** decimos decís **dicen**	decía decías decía decíamos decíais decían	**dije** **dijiste** **dijo** **dijimos** **dijisteis** **dijeron**	**diré** **dirás** **dirá** **diremos** **diréis** **dirán**	**diría** **dirías** **diría** **diríamos** **diríais** **dirían**	**diga** **digas** **diga** **digamos** **digáis** **digan**	**dijera** **dijeras** **dijera** **dijéramos** **dijerais** **dijeran**	 **di** tú (no **digas**) **diga** Ud. **digamos** decid (no **digáis**) **digan** Uds.
6	estar **Participles:** estando estado	**estoy** estás está estamos estáis están	estaba estabas estaba estábamos estabais estaban	**estuve** **estuviste** **estuvo** **estuvimos** **estuvisteis** **estuvieron**	estaré estarás estará estaremos estaréis estarán	estaría estarías estaría estaríamos estaríais estarían	esté estés esté estemos estéis estén	**estuviera** **estuvieras** **estuviera** **estuviéramos** **estuvierais** **estuvieran**	 está tú (no estés) esté Ud. estemos estad (no estéis) estén Uds.

	Infinitive	INDICATIVE					SUBJUNCTIVE		IMPERATIVE
		Present	Imperfect	Preterit	Future	Conditional	Present	Past	
7	haber	**he**	había	**hube**	**habré**	**habría**	**haya**	**hubiera**	
		has	habías	**hubiste**	**habrás**	**habrías**	**hayas**	**hubieras**	
	Participles:	**ha**	había	**hubo**	**habrá**	**habría**	**haya**	**hubiera**	
	habiendo	**hemos**	habíamos	**hubimos**	**habremos**	**habríamos**	**hayamos**	**hubiéramos**	
	habido	**habéis**	habíais	**hubisteis**	**habréis**	**habríais**	**hayáis**	**hubierais**	
		han	habían	**hubieron**	**habrán**	**habrían**	**hayan**	**hubieran**	
8	hacer	**hago**	hacía	**hice**	**haré**	**haría**	**haga**	**hiciera**	
		haces	hacías	**hiciste**	**harás**	**harías**	**hagas**	**hicieras**	**haz** tú (no **hagas**)
	Participles:	hace	hacía	**hizo**	**hará**	**haría**	**haga**	**hiciera**	**haga** Ud.
	haciendo	hacemos	hacíamos	**hicimos**	**haremos**	**haríamos**	**hagamos**	**hiciéramos**	**hagamos**
	hecho	hacéis	hacíais	**hicisteis**	**haréis**	**haríais**	**hagáis**	**hicierais**	haced (no **hagáis**)
		hacen	hacían	**hicieron**	**harán**	**harían**	**hagan**	**hicieran**	**hagan** Uds.
9	ir	**voy**	**iba**	**fui**	iré	iría	**vaya**	**fuera**	
		vas	**ibas**	**fuiste**	irás	irías	**vayas**	**fueras**	**ve** tú (no **vayas**)
	Participles:	**va**	**iba**	**fue**	irá	iría	**vaya**	**fuera**	**vaya** Ud.
	yendo	**vamos**	**íbamos**	**fuimos**	iremos	iríamos	**vayamos**	**fuéramos**	**vamos**
	ido	**vais**	**ibais**	**fuisteis**	iréis	iríais	**vayáis**	**fuerais**	id (no **vayáis**)
		van	**iban**	**fueron**	irán	irían	**vayan**	**fueran**	**vayan** Uds.
10	oír (y)	**oigo**	oía	**oí**	oiré	oiría	**oiga**	**oyera**	
		oyes	oías	**oíste**	oirás	oirías	**oigas**	**oyeras**	**oye** tú (no **oigas**)
	Participles:	**oye**	oía	**oyó**	oirá	oiría	**oiga**	**oyera**	**oiga** Ud.
	oyendo	**oímos**	oíamos	**oímos**	oiremos	oiríamos	**oigamos**	**oyéramos**	**oigamos**
	oído	**oís**	oíais	**oísteis**	oiréis	oiríais	**oigáis**	**oyerais**	oíd (no **oigáis**)
		oyen	oían	**oyeron**	oirán	oirían	**oigan**	**oyeran**	**oigan** Uds.
11	poder (o → ue)	**puedo**	podía	**pude**	**podré**	**podría**	**pueda**	**pudiera**	
		puedes	podías	**pudiste**	**podrás**	**podrías**	**puedas**	**pudieras**	**puede** tú (no **puedas**)
	Participles:	**puede**	podía	**pudo**	**podrá**	**podría**	**pueda**	**pudiera**	**pueda** Ud.
	pudiendo	podemos	podíamos	**pudimos**	**podremos**	**podríamos**	podamos	**pudiéramos**	podamos
	podido	podéis	podíais	**pudisteis**	**podréis**	**podríais**	podáis	**pudierais**	poded (no podáis)
		pueden	podían	**pudieron**	**podrán**	**podrían**	**puedan**	**pudieran**	**puedan** Uds.
12	poner	**pongo**	ponía	**puse**	**pondré**	**pondría**	**ponga**	**pusiera**	
		pones	ponías	**pusiste**	**pondrás**	**pondrías**	**pongas**	**pusieras**	**pon** tú (no **pongas**)
	Participles:	pone	ponía	**puso**	**pondrá**	**pondría**	**ponga**	**pusiera**	**ponga** Ud.
	poniendo	ponemos	poníamos	**pusimos**	**pondremos**	**pondríamos**	**pongamos**	**pusiéramos**	**pongamos**
	puesto	ponéis	poníais	**pusisteis**	**pondréis**	**pondríais**	**pongáis**	**pusierais**	poned (no **pongáis**)
		ponen	ponían	**pusieron**	**pondrán**	**pondrían**	**pongan**	**pusieran**	**pongan** Uds.

	Infinitive	INDICATIVE					SUBJUNCTIVE		IMPERATIVE
		Present	Imperfect	Preterit	Future	Conditional	Present	Past	
13	querer (e → ie)	**quiero**	quería	**quise**	**querré**	**querría**	**quiera**	**quisiera**	
		quieres	querías	**quisiste**	**querrás**	**querrías**	**quieras**	**quisieras**	**quiere** tú (no **quieras**)
	Participles:	**quiere**	quería	**quiso**	**querrá**	**querría**	**quiera**	**quisiera**	**quiera** Ud.
	queriendo	queremos	queríamos	**quisimos**	**querremos**	**querríamos**	queramos	**quisiéramos**	**queramos**
	querido	queréis	queríais	**quisisteis**	**querréis**	**querríais**	queráis	**quisierais**	quered (no queráis)
		quieren	querían	**quisieron**	**querrán**	**querrían**	**quieran**	**quisieran**	**quieran** Uds.
14	saber	**sé**	sabía	**supe**	**sabré**	**sabría**	**sepa**	**supiera**	
		sabes	sabías	**supiste**	**sabrás**	**sabrías**	**sepas**	**supieras**	sabe tú (no **sepas**)
	Participles:	sabe	sabía	**supo**	**sabrá**	**sabría**	**sepa**	**supiera**	**sepa** Ud.
	sabiendo	sabemos	sabíamos	**supimos**	**sabremos**	**sabríamos**	**sepamos**	**supiéramos**	**sepamos**
	sabido	sabéis	sabíais	**supisteis**	**sabréis**	**sabríais**	**sepáis**	**supierais**	sabed (no **sepáis**)
		saben	sabían	**supieron**	**sabrán**	**sabrían**	**sepan**	**supieran**	**sepan** Uds.
15	salir	**salgo**	salía	salí	**saldré**	**saldría**	**salga**	saliera	
		sales	salías	saliste	**saldrás**	**saldrías**	**salgas**	salieras	**sal** tú (no **salgas**)
	Participles:	sale	salía	salió	**saldrá**	**saldría**	**salga**	saliera	**salga** Ud.
	saliendo	salimos	salíamos	salimos	**saldremos**	**saldríamos**	**salgamos**	saliéramos	**salgamos**
	salido	salís	salíais	salisteis	**saldréis**	**saldríais**	**salgáis**	salierais	salid (no **salgáis**)
		salen	salían	salieron	**saldrán**	**saldrían**	**salgan**	salieran	**salgan** Uds.
16	ser	**soy**	**era**	**fui**	seré	sería	**sea**	**fuera**	
		eres	**eras**	**fuiste**	serás	serías	**seas**	**fueras**	**sé** tú (no **seas**)
	Participles:	**es**	**era**	**fue**	será	sería	**sea**	**fuera**	**sea** Ud.
	siendo	**somos**	**éramos**	**fuimos**	seremos	seríamos	**seamos**	**fuéramos**	**seamos**
	sido	**sois**	**erais**	**fuisteis**	seréis	seríais	**seáis**	**fuerais**	sed (no **seáis**)
		son	**eran**	**fueron**	serán	serían	**sean**	**fueran**	**sean** Uds.
17	tener (e → ie)	**tengo**	**tenía**	**tuve**	**tendré**	**tendría**	**tenga**	**tuviera**	
		tienes	**tenías**	**tuviste**	**tendrás**	**tendrías**	**tengas**	**tuvieras**	**ten** tú (no **tengas**)
	Participles:	**tiene**	**tenía**	**tuvo**	**tendrá**	**tendría**	**tenga**	**tuviera**	**tenga** Ud.
	teniendo	tenemos	**teníamos**	**tuvimos**	**tendremos**	**tendríamos**	**tengamos**	**tuviéramos**	**tengamos**
	tenido	tenéis	**teníais**	**tuvisteis**	**tendréis**	**tendríais**	**tengáis**	**tuvierais**	tened (no **tengáis**)
		tienen	**tenían**	**tuvieron**	**tendrán**	**tendrían**	**tengan**	**tuvieran**	**tengan** Uds.
18	traer	**traigo**	traía	**traje**	traeré	traería	**traiga**	**trajera**	
		traes	traías	**trajiste**	traerás	traerías	**traigas**	**trajeras**	trae tú (no **traigas**)
	Participles:	trae	traía	**trajo**	traerá	traería	**traiga**	**trajera**	**traiga** Ud.
	trayendo	traemos	traíamos	**trajimos**	traeremos	traeríamos	**traigamos**	**trajéramos**	**traigamos**
	traído	traéis	traíais	**trajisteis**	traeréis	traeríais	**traigáis**	**trajerais**	traed (no **traigáis**)
		traen	traían	**trajeron**	traerán	traerían	**traigan**	**trajeran**	**traigan** Uds.

	Infinitive	INDICATIVE					SUBJUNCTIVE		IMPERATIVE
		Present	Imperfect	Preterit	Future	Conditional	Present	Past	
19	venir (e→ie)	**vengo**	venía	**vine**	**vendré**	**vendría**	**venga**	**viniera**	
		vienes	venías	**viniste**	**vendrás**	**vendrías**	**vengas**	**vinieras**	**ven** tú (no **vengas**)
	Participles:	**viene**	venía	**vino**	**vendrá**	**vendría**	**venga**	**viniera**	**venga** Ud.
	viniendo	venimos	veníamos	**vinimos**	**vendremos**	**vendríamos**	**vengamos**	**viniéramos**	**vengamos**
	venido	venís	veníais	**vinisteis**	**vendréis**	**vendríais**	**vengáis**	**vinierais**	venid (no **vengáis**)
		vienen	venían	**vinieron**	**vendrán**	**vendrían**	**vengan**	**vinieran**	**vengan** Uds.
20	ver	**veo**	**veía**	**vi**	**veré**	vería	**vea**	**viera**	
		ves	**veías**	**viste**	**verás**	verías	**veas**	**vieras**	**ve** tú (no **veas**)
	Participles:	ve	**veía**	**vio**	**verá**	vería	**vea**	**viera**	**vea** Ud.
	viendo	vemos	**veíamos**	**vimos**	**veremos**	veríamos	**veamos**	**viéramos**	**veamos**
	visto	veis	**veíais**	**visteis**	**veréis**	veríais	**veáis**	**vierais**	ved (no **veáis**)
		ven	**veían**	**vieron**	**verán**	verían	**vean**	**vieran**	**vean** Uds.

Stem-changing verbs

	Infinitive	INDICATIVE					SUBJUNCTIVE		IMPERATIVE
		Present	Imperfect	Preterit	Future	Conditional	Present	Past	
21	contar (o→ue)	**cuento**	contaba	conté	contaré	contaría	**cuente**	contara	
		cuentas	contabas	contaste	contarás	contarías	**cuentes**	contaras	**cuenta** tú (no **cuentes**)
	Participles:	**cuenta**	contaba	contó	contará	contaría	**cuente**	contara	**cuente** Ud.
	contando	contamos	contábamos	contamos	contaremos	contaríamos	contemos	contáramos	contemos
	contado	contáis	contabais	contasteis	contaréis	contaríais	contéis	contarais	contad (no contéis)
		cuentan	contaban	contaron	contarán	contarían	**cuenten**	contaran	**cuenten** Uds.
22	dormir (o→ue)	**duermo**	dormía	dormí	dormiré	dormiría	**duerma**	**durmiera**	
		duermes	dormías	dormiste	dormirás	dormirías	**duermas**	**durmieras**	**duerme** tú (no **duermas**)
	Participles:	**duerme**	dormía	**durmió**	dormirá	dormiría	**duerma**	**durmiera**	**duerma** Ud.
	durmiendo	dormimos	dormíamos	dormimos	dormiremos	dormiríamos	**durmamos**	**durmiéramos**	**durmamos**
	dormido	dormís	dormíais	dormisteis	dormiréis	dormiríais	**durmáis**	**durmierais**	dormid (no **durmáis**)
		duermen	dormían	**durmieron**	dormirán	dormirían	**duerman**	**durmieran**	**duerman** Uds.
23	empezar	**empiezo**	empezaba	**empecé**	empezaré	empezaría	**empiece**	empezara	
	(e→ie) (z:c)	**empiezas**	empezabas	empezaste	empezarás	empezarías	**empieces**	empezaras	**empieza** tú (no **empieces**)
		empieza	empezaba	empezó	empezará	empezaría	**empiece**	empezara	**empiece** Ud.
	Participles:	empezamos	empezábamos	empezamos	empezaremos	empezaríamos	**empecemos**	empezáramos	**empecemos**
	empezando	empezáis	empezabais	empezasteis	empezaréis	empezaríais	**empecéis**	empezarais	empezad (no **empecéis**)
	empezado	**empiezan**	empezaban	empezaron	empezarán	empezarían	**empiecen**	empezaran	**empiecen** Uds.

	Infinitive	Indicative Present	Imperfect	Preterit	Future	Conditional	Subjunctive Present	Subjunctive Past	Imperative
24	entender	**entiendo**	entendía	entendí	entenderé	entendería	**entienda**	entendiera	
	(e→ie)	**entiendes**	entendías	entendiste	entenderás	entenderías	**entiendas**	entendieras	**entiende** tú (no **entiendas**)
		entiende	entendía	entendió	entenderá	entendería	**entienda**	entendiera	**entienda** Ud.
	Participles:	entendemos	entendíamos	entendimos	entenderemos	entenderíamos	entendamos	entendiéramos	entendamos
	entendiendo	entendéis	entendíais	entendisteis	entenderéis	entenderíais	entendáis	entendierais	entended (no entendáis)
	entendido	**entienden**	entendían	entendieron	entenderán	entenderían	**entiendan**	entendieran	**entiendan** Uds.
25	jugar (u→ue)	**juego**	jugaba	**jugué**	jugaré	jugaría	**juegue**	jugara	
	(g:gu)	**juegas**	jugabas	jugaste	jugarás	jugarías	**juegues**	jugaras	**juega** tú (no **juegues**)
		juega	jugaba	jugó	jugará	jugaría	**juegue**	jugara	**juegue** Ud.
	Participles:	jugamos	jugábamos	jugamos	jugaremos	jugaríamos	juguemos	jugáramos	juguemos
	jugando	jugáis	jugabais	jugasteis	jugaréis	jugaríais	juguéis	jugarais	jugad (no juguéis)
	jugado	**juegan**	jugaban	jugaron	jugarán	jugarían	**jueguen**	jugaran	**jueguen** Uds.
26	pedir (e→i)	**pido**	pedía	pedí	pediré	pediría	**pida**	**pidiera**	
		pides	pedías	pediste	pedirás	pedirías	**pidas**	**pidieras**	**pide** tú (no **pidas**)
	Participles:	**pide**	pedía	**pidió**	pedirá	pediría	**pida**	**pidiera**	**pida** Ud.
	pidiendo	pedimos	pedíamos	pedimos	pediremos	pediríamos	**pidamos**	**pidiéramos**	**pidamos**
	pedido	pedís	pedíais	pedisteis	pediréis	pediríais	**pidáis**	**pidierais**	pedid (no **pidáis**)
		piden	pedían	**pidieron**	pedirán	pedirían	**pidan**	**pidieran**	**pidan** Uds.
27	pensar (e→ie)	**pienso**	pensaba	pensé	pensaré	pensaría	**piense**	pensara	
		piensas	pensabas	pensaste	pensarás	pensarías	**pienses**	pensaras	**piensa** tú (no **pienses**)
	Participles:	**piensa**	pensaba	pensó	pensará	pensaría	**piense**	pensara	**piense** Ud.
	pensando	pensamos	pensábamos	pensamos	pensaremos	pensaríamos	pensemos	pensáramos	pensemos
	pensado	pensáis	pensabais	pensasteis	pensaréis	pensaríais	penséis	pensarais	pensad (no penséis)
		piensan	pensaban	pensaron	pensarán	pensarían	**piensen**	pensaran	**piensen** Uds.
28	seguir (e→i)	**sigo**	seguía	seguí	seguiré	seguiría	**siga**	**siguiera**	
	(g:gu)	**sigues**	seguías	seguiste	seguirás	seguirías	**sigas**	**siguieras**	**sigue** tú (no **sigas**)
		sigue	seguía	**siguió**	seguirá	seguiría	**siga**	**siguiera**	**siga** Ud.
	Participles:	seguimos	seguíamos	seguimos	seguiremos	seguiríamos	**sigamos**	**siguiéramos**	**sigamos**
	siguiendo	seguís	seguíais	seguisteis	seguiréis	seguiríais	**sigáis**	**siguierais**	seguid (no **sigáis**)
	seguido	**siguen**	seguían	**siguieron**	seguirán	seguirían	**sigan**	**siguieran**	**sigan** Uds.
29	sentir (e→ie)	**siento**	sentía	sentí	sentiré	sentiría	**sienta**	**sintiera**	
		sientes	sentías	sentiste	sentirás	sentirías	**sientas**	**sintieras**	**siente** tú (no **sientas**)
	Participles:	**siente**	sentía	**sintió**	sentirá	sentiría	**sienta**	**sintiera**	**sienta** Ud.
	sintiendo	sentimos	sentíamos	sentimos	sentiremos	sentiríamos	**sintamos**	**sintiéramos**	**sintamos**
	sentido	sentís	sentíais	sentisteis	sentiréis	sentiríais	**sintáis**	**sintierais**	sentid (no **sintáis**)
		sienten	sentían	**sintieron**	sentirán	sentirían	**sientan**	**sintieran**	**sientan** Uds.

Reflexive verbs and verbs with spelling changes

	Infinitive	INDICATIVE					SUBJUNCTIVE		IMPERATIVE
		Present	Imperfect	Preterit	Future	Conditional	Present	Past	
30	conocer (c ➤ zc) **Participles:** conociendo conocido	**conozco** conoces conoce conocemos conocéis conocen	conocía conocías conocía conocíamos conocíais conocían	conocí conociste conoció conocimos conocisteis conocieron	conoceré conocerás conocerá conoceremos conoceréis conocerán	conocería conocerías conocería conoceríamos conoceríais conocerían	**conozca** **conozcas** **conozca** **conozcamos** **conozcáis** **conozcan**	conociera conocieras conociera conociéramos conocierais conocieran	conoce tú (no **conozcas**) **conozca** Ud. **conozcamos** conoced (no **conozcáis**) **conozcan** Uds.
31	creer (y) **Participles:** **creyendo** **creído**	creo crees cree creemos creéis creen	creía creías creía creíamos creíais creían	**creí** **creíste** **creyó** **creímos** **creísteis** **creyeron**	creeré creerás creerá creeremos creeréis creerán	creería creerías creería creeríamos creeríais creerían	crea creas crea creamos creáis crean	**creyera** **creyeras** **creyera** **creyéramos** **creyerais** **creyeran**	cree tú (no creas) crea Ud. creamos creed (no creáis) crean Uds.
32	cruzar (z:c) **Participles:** cruzando cruzado	cruzo cruzas cruza cruzamos cruzáis cruzan	cruzaba cruzabas cruzaba cruzábamos cruzabais cruzaban	**crucé** cruzaste cruzó cruzamos cruzasteis cruzaron	cruzaré cruzarás cruzará cruzaremos cruzaréis cruzarán	cruzaría cruzarías cruzaría cruzaríamos cruzaríais cruzarían	**cruce** **cruces** **cruce** **crucemos** **crucéis** **crucen**	cruzara cruzaras cruzara cruzáramos cruzarais cruzaran	cruza tú (no **cruces**) **cruce** Ud. **crucemos** cruzad (no **crucéis**) **crucen** Uds.
33	esquiar (esquío) **Participles:** esquiando esquiado	**esquío** **esquías** **esquía** esquiamos esquiáis **esquían**	esquiaba esquiabas esquiaba esquiábamos esquiabais esquiaban	esquié esquiaste esquió esquiamos esquiasteis esquiaron	esquiaré esquiarás esquiará esquiaremos esquiaréis esquiarán	esquiaría esquiarías esquiaría esquiaríamos esquiaríais esquiarían	**esquíe** **esquíes** **esquíe** **esquiemos** **esquiéis** **esquíen**	esquiara esquiaras esquiara esquiáramos esquiarais esquiaran	**esquía** tú (no **esquíes**) **esquíe** Ud. esquiemos esquiad (no **esquiéis**) **esquíen** Uds.
34	llegar (g:gu) **Participles:** llegando llegado	llego llegas llega llegamos llegáis llegan	llegaba llegabas llegaba llegábamos llegabais llegaban	**llegué** llegaste llegó llegamos llegasteis llegaron	llegaré llegarás llegará llegaremos llegaréis llegarán	llegaría llegarías llegaría llegaríamos llegaríais llegarían	**llegue** **llegues** **llegue** **lleguemos** **lleguéis** **lleguen**	llegara llegaras llegara llegáramos llegarais llegaran	llega tú (no **llegues**) **llegue** Ud. **lleguemos** llegad (no **lleguéis**) **lleguen** Uds.

	Infinitive	INDICATIVE					SUBJUNCTIVE		IMPERATIVE
		Present	Imperfect	Preterit	Future	Conditional	Present	Past	
35	tocar (c:qu)	toco	tocaba	**toqué**	tocaré	tocaría	**toque**	tocara	
		tocas	tocabas	tocaste	tocará	tocarías	**toques**	tocaras	toca tú (no **toques**)
	Participles:	toca	tocaba	tocó	tocarás	tocaría	**toque**	tocara	**toque** Ud.
	tocando	tocamos	tocábamos	tocamos	tocaremos	tocaríamos	**toquemos**	tocáramos	**toquemos**
	tocado	tocáis	tocabais	tocasteis	tocaréis	tocaríais	**toquéis**	tocarais	tocad (no **toquéis**)
		tocan	tocaban	tocaron	tocarán	tocarían	**toquen**	tocaran	**toquen** Uds.
36	vestir(se) (e→i)	**me visto**	me vestía	me vestí	me vestiré	me vestiría	**me vista**	**me vistiera**	
		te vistes	te vestías	te vestiste	te vestirás	te vestirías	**te vistas**	**te vistieras**	**vístete** tú (no te vistas)
	Participles:	**se viste**	se vestía	**se vistió**	se vestirá	se vestiría	**se vista**	**se vistiera**	**vístase** Ud.
	vistiendo	nos vestimos	nos vestíamos	nos vestimos	nos vestiremos	nos vestiríamos	**nos vistamos**	**nos vistiéramos**	**vistámonos**
	vestido	os vestís	os vestíais	os vestisteis	os vestiréis	os vestiríais	**os vistáis**	**os vistierais**	vestíos (no os **vistáis**)
		se visten	se vestían	**se vistieron**	se vestirán	se vestirían	**se vistan**	**se vistieran**	**vístanse** Uds.

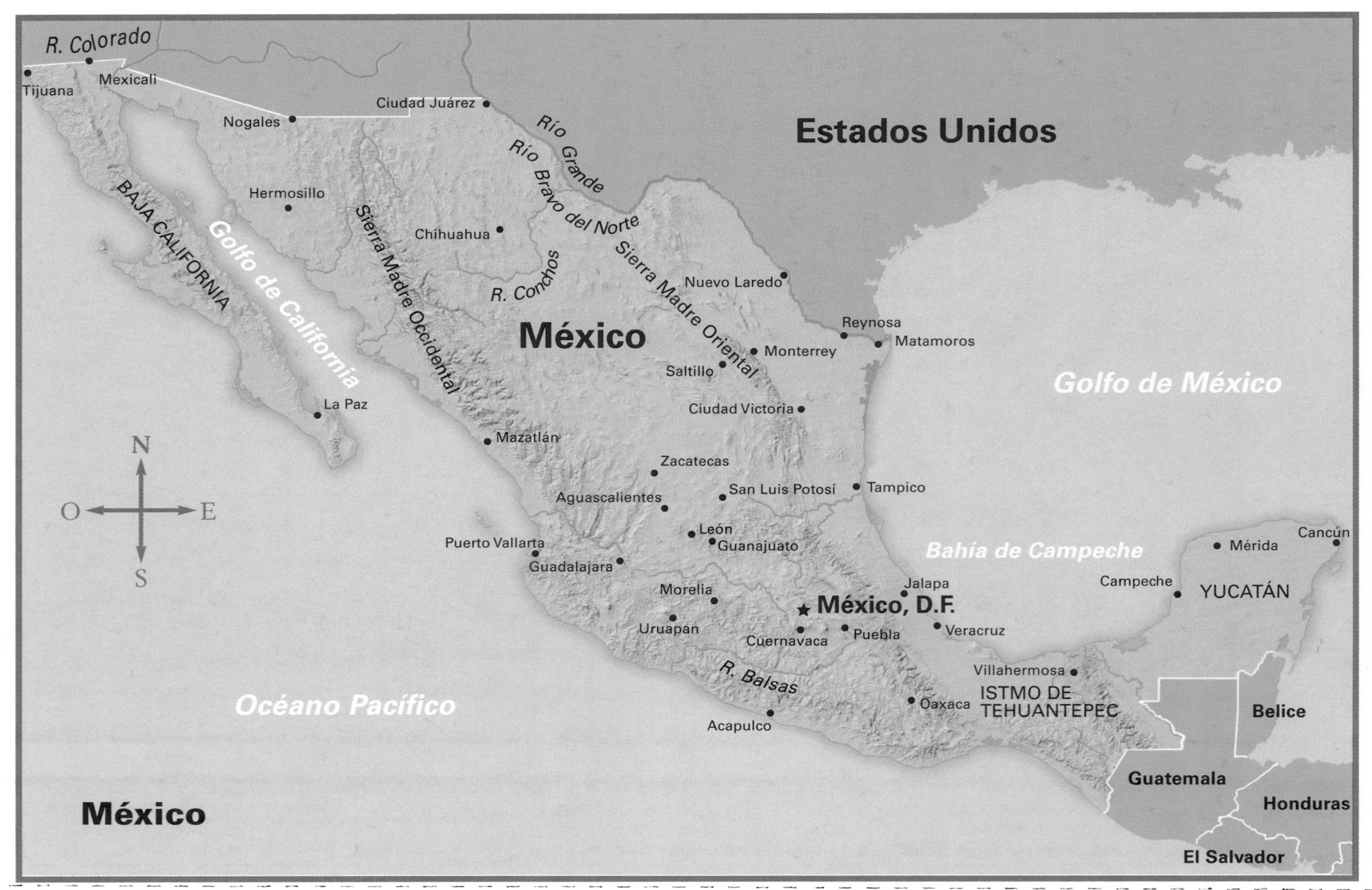

R. Colorado
Tijuana
Mexicali
Nogales
Ciudad Juárez
Río Grande
Río Bravo del Norte
Estados Unidos
BAJA CALIFORNIA
Golfo de California
Hermosillo
Sierra Madre Occidental
Chihuahua
R. Conchos
Sierra Madre Oriental
Nuevo Laredo
México
Reynosa
Matamoros
Monterrey
Saltillo
Golfo de México
La Paz
Ciudad Victoria
Mazatlán
N
O
E
S
Zacatecas
San Luis Potosí
Tampico
Aguascalientes
León
Guanajuato
Puerto Vallarta
Guadalajara
Bahía de Campeche
Mérida
Cancún
Campeche
YUCATÁN
Jalapa
Morelia
México, D.F.
Uruapan
Cuernavaca
Puebla
Veracruz
R. Balsas
Villahermosa
Oaxaca
ISTMO DE TEHUANTEPEC
Belice
Océano Pacífico
Acapulco
Guatemala
Honduras
México
El Salvador

Mar Cantábrico
Océano Atlántico
Gijón
Avilés
Santander
San Sebastián
La Coruña
Oviedo
CANTABRIA
Bilbao
GALICIA
ASTURIAS
PAÍS VASCO
Pamplona
Pirineos
Andorra
NAVARRA
Burgos
Pontevedra
LA RIOJA
Vigo
Palencia
CATALUÑA
Gerona
Zamora
Valladolid
Lérida
Braga
Zaragoza
Barcelona
CASTILLA-LEÓN
Oporto
Tarragona
Salamanca
Segovia
España
ARAGÓN
Ávila
Madrid
Coimbra
COMUNIDAD VALENCIANA
Serra da Estrela
Menorca
Islas Baleares
Toledo
Cáceres
Valencia
Palma
Mallorca
Portugal
EXTREMADURA
CASTILLA-LA MANCHA
Mérida
Ibiza
Lisboa
Badajoz
Albacete
Setúbal
Formentera
Mar Mediterráneo
Sierra Morena
Alicante
Córdoba
Murcia
Jaén
Sevilla
ANDALUCÍA
Cartagena
Huelva
Granada
Sierra Nevada
Almería
Cádiz
Málaga
Algeciras
Gibraltar (R.U.)
Estrecho de Gibraltar
Ceuta (Esp.)
Melilla (Esp.)
Marruecos
Islas Canarias
La Palma
Santa Cruz de la Palma
Lanzarote
Tenerife
Santa Cruz de Tenerife
Gomera
Arrecife
Hierro
Puerto del Rosario
Las Palmas
Fuerteventura
Gran Canaria
Océano Atlántico
Marruecos

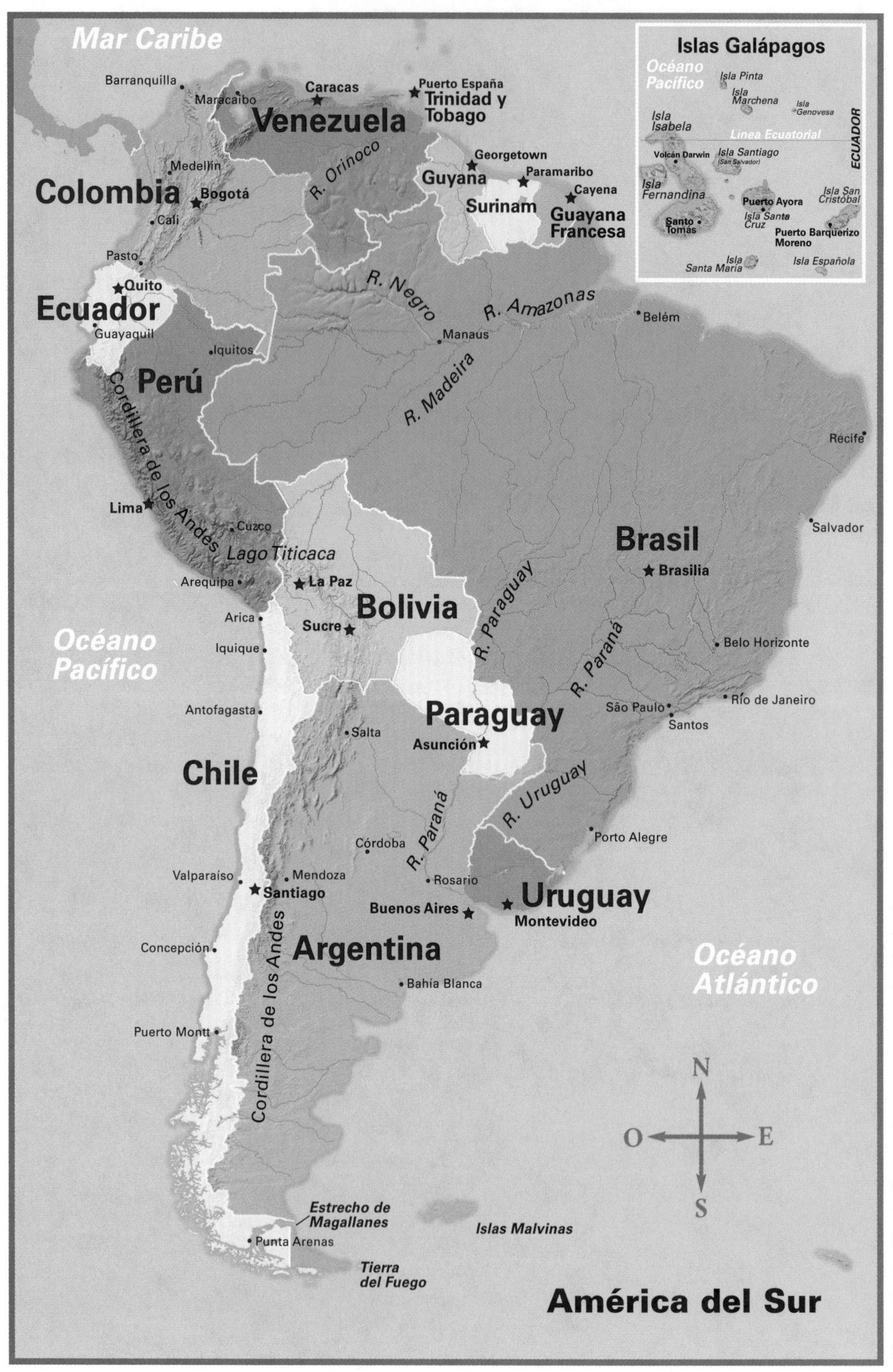

Mar Caribe
Barranquilla
Maracaibo
Caracas
Puerto España
Trinidad y Tobago
Venezuela
R. Orinoco
Georgetown
Guyana
Paramaribo
Surinam
Cayena
Guayana Francesa
Medellín
Colombia
Bogotá
Cali
Pasto
Quito
Ecuador
Guayaquil
Iquitos
R. Negro
R. Amazonas
Manaus
Belém
R. Madeira
Perú
Cordillera de los Andes
Recife
Lima
Cuzco
Lago Titicaca
Arequipa
La Paz
Bolivia
Sucre
Brasil
Brasilia
Salvador
Arica
Iquique
Océano Pacífico
R. Paraguay
R. Paraná
Belo Horizonte
Antofagasta
Paraguay
São Paulo
Rio de Janeiro
Santos
Salta
Asunción
Chile
R. Uruguay
Córdoba
Porto Alegre
Valparaíso
Mendoza
Santiago
Rosario
Uruguay
Buenos Aires
Montevideo
Concepción
Argentina
Océano Atlántico
Bahía Blanca
Puerto Montt
N
O
E
S
Estrecho de Magallanes
Islas Malvinas
Punta Arenas
Tierra del Fuego
América del Sur
Islas Galápagos
Océano Pacífico
Isla Pinta
Isla Marchena
Isla Genovesa
Isla Isabela
Línea Ecuatorial
ECUADOR
Volcán Darwin
Isla Santiago
(San Salvador)
Isla Fernandina
Puerto Ayora
Isla San Cristóbal
Isla Santa Cruz
Santo Tomás
Puerto Barquerizo Moreno
Isla Santa María
Isla Española

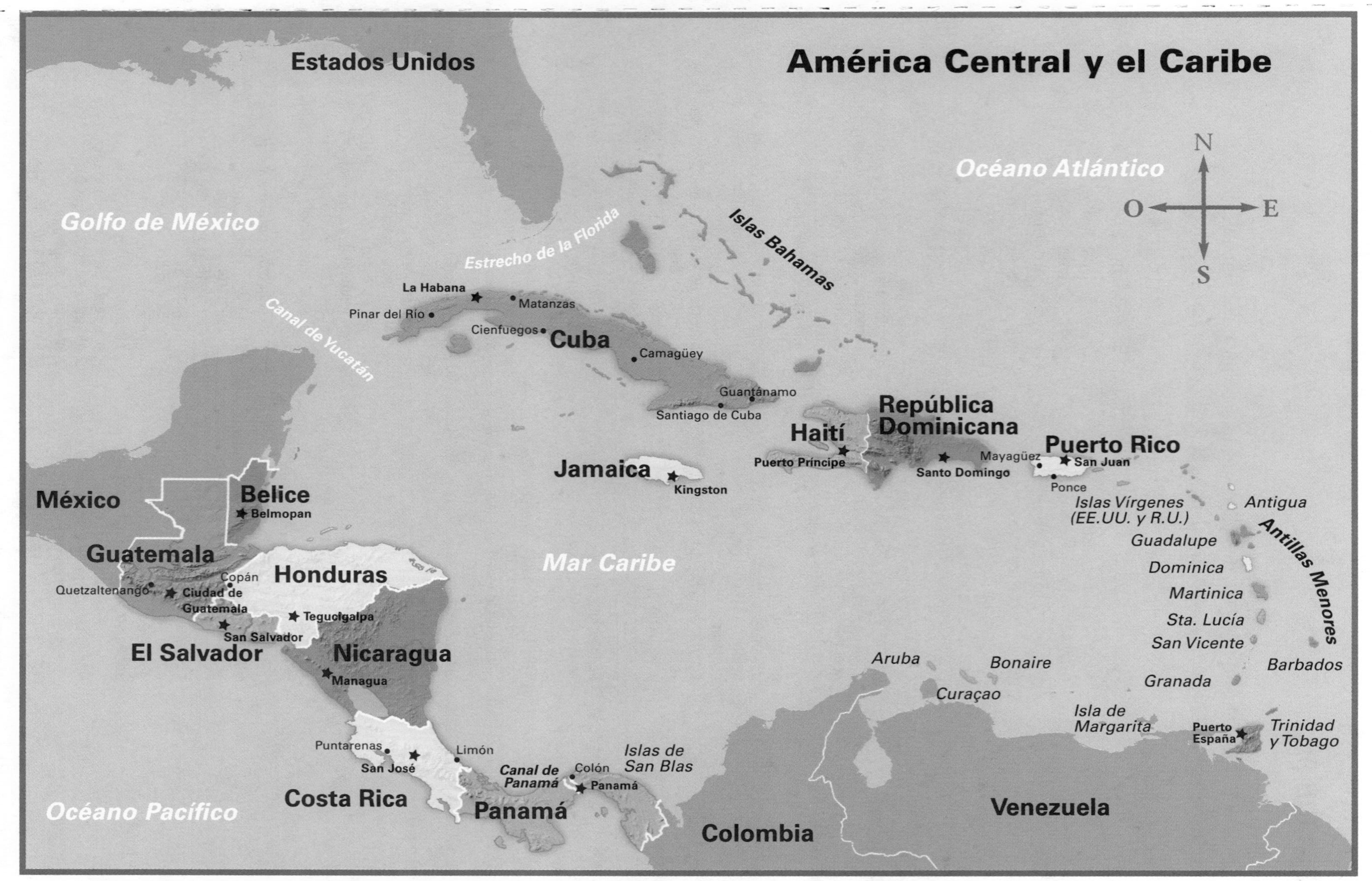

América Central y el Caribe
Estados Unidos
Golfo de México
Océano Atlántico
N
O
E
S
Estrecho de la Florida
Islas Bahamas
Canal de Yucatán
La Habana
Pinar del Río
Matanzas
Cienfuegos
Cuba
Camagüey
Guantánamo
Santiago de Cuba
Haití
Puerto Príncipe
República Dominicana
Santo Domingo
Puerto Rico
Mayagüez
San Juan
Ponce
Jamaica
Kingston
México
Belice
Belmopan
Guatemala
Quetzaltenango
Ciudad de Guatemala
Copán
Honduras
Tegucigalpa
San Salvador
El Salvador
Nicaragua
Managua
Mar Caribe
Islas Vírgenes (EE.UU. y R.U.)
Antigua
Antillas Menores
Guadalupe
Dominica
Martinica
Sta. Lucía
San Vicente
Barbados
Granada
Aruba
Bonaire
Curaçao
Isla de Margarita
Puerto España
Trinidad y Tobago
Puntarenas
San José
Limón
Canal de Panamá
Colón
Panamá
Islas de San Blas
Océano Pacífico
Costa Rica
Panamá
Colombia
Venezuela

Guide to Vocabulary

Note on alphabetization

For purposes of alphabetization, **ch** and **ll** are not treated as separate letters, but **ñ** still follows **n**. Therefore, in this glossary you will find that **año**, for example, appears after **anuncio**.

Abbreviations used in this glossary

adj.	adjective	*form.*	formal	*pl.*	plural
adv.	adverb	*indef.*	indefinite	*poss.*	possessive
art.	article	*interj.*	interjection	*prep.*	preposition
conj.	conjunction	*i.o.*	indirect object	*pron.*	pronoun
def.	definite	*m.*	masculine	*ref.*	reflexive
d.o.	direct object	*n.*	noun	*sing.*	singular
f.	feminine	*obj.*	object	*sub.*	subject
fam.	familiar	*p.p.*	past participle	*v.*	verb

Spanish-English

A

a *prep.* at; to
¿A qué hora…? At what time…? **2 (1)**
a bordo aboard
a dieta on a diet
a la derecha de to the right of
a la izquierda de to the left of
a la plancha grilled
a la(s) + *time* at + *time*
a menos que unless **30 (2)**
a menudo often **22 (2)**
a mi nombre in my name
a nombre de in the name of
a plazos in installments
A sus órdenes. At your service.
a tiempo on time
a veces sometimes **8 (1), 15 (1)**
a ver let's see
al *conj., m., sing.* to the **8 (1)**
a la *f.,sing.* to the **8 (1)**
a las *f.,pl.* to the **8 (1)**
a los *m.,pl.* to the **8 (1)**
¡Abajo! *adv.* Down!
abeja *f.* bee
abierto/a *adj.* open; *p.p.* opened **28 (2)**
abogado/a *m., f.* lawyer **12 (1)**
abrazar(se) *v.* to hug; to embrace (each other)
abrazo *m.* hug
abrigo *m.* coat **13 (1)**
abril *m.* April **13 (1)**
abrir *v.* to open **8 (1)**
abrir *v.* **los regalos** to open presents **20 (2)**
abuelo/a *m., f.* grandfather; grandmother **4 (1)**
abuelos *pl.* grandparents **4 (1)**
aburrido/a *adj.* bored; boring **6 (1), 15 (1)**
aburrir *v.* to bore
aburrirse *v.* to get bored
acabar de *(+ inf.) v.* to have just *(done something)* **21 (2)**
acampar *v.* to camp **18 (2)**
ir de campamento to go camping **18 (2)**
accidente *m.* accident
acción *f.* action
aceite *m.* oil
acelerar *v.* to accelerate **26 (2)**
aceptar *v.* to accept **28 (2)**
ácido/a *adj.* acid
acompañar *v.* to go with; to accompany
aconsejar *v.* to advise **27 (2)**
acontecimiento *m.* event
acordarse (de) (o:ue) *v.* to remember
acostarse (o:ue) *v.* to lie down; to go to bed **17 (2)**
acostarse (o:ue) *v.* **tarde** to go to bed late **14 (1)**
activo/a *adj.* active **3 (1)**
actor *m.* actor
actriz *f.* actress
actualidades *f., pl.* news; current events
acuático/a *adj.* aquatic
adelgazar *v.* to lose weight; to slim down
además (de) *adv.* furthermore; besides; in addition (to)
(a)dentro *adv.* inside **15 (1)**
estar adentro/dentro de to be inside **15 (1)**
adicional *adj.* additional
adiós *m.* goodbye **1 (1)**
adjetivo *m.* adjective
administración de empresas *f.* business administration
administrador/a de empresas *m.f.* business administrator **12 (1)**
adolescencia *f.* adolescence
adolorido/a *adj.* sore **21 (2)**
¿adónde? *adv.* where (to)? *(destination)*
aduana *f.* customs
aeróbico/a *adj.* aerobic
aeropuerto *m.* airport **8 (1)**
afectado/a *adj.* affected
afeitarse *v.* to shave **23 (2)**
aficionado/a *adj.* fan
afirmativo/a *adj.* affirmative
afueras *f., pl.* suburbs; outskirts
agencia de bienes raíces *f.* real estate agency
agencia de viajes *f.* travel agency
agente de viajes *m., f.* travel agent
agosto *m.* August **13 (1)**
agradable *adj.* pleasant **6 (1)**
agrio/a *adj.* sour
agua *f.* water **9 (1)**
agua mineral mineral water
ahora *adv.* now
ahora mismo right now
ahorrar *v.* to save money **28 (2)**
ahorros *m., pl.* savings
aire *m.* air
ajo *m.* garlic
al *(contraction of* ***a + el****)*
al aire libre open-air
al contado in cash
(al) este (to the) east **26 (2)**
al fondo (de) at the end (of)
al lado de next to; beside
al lado derecho on the right side **23 (2)**
al lado izquierdo on the left side **23 (2)**
(al) norte (to the) north **26 (2)**
(al) oeste (to the) west **26 (2)**
(al) sur (to the) south **26 (2)**
alcoba *f.* bedroom
alcohol *m.* alcohol
alcohólico/a *adj.* alcoholic
alegrarse (de) *v.* to be happy
alegre *adj.* happy; joyful
alegría *f.* happiness
alemán, alemana *adj.* German
alérgico/a *adj.* allergic
alfombra *f.* carpet; rug **18 (2)**
algo *pron.* something; anything **18 (2)**

algodón *m.* cotton
alguien *pron.* someone; anyone 18 (2)
algún, alguno/a(s) *adj.* any; some 18 (2)
alguna vez ever 28 (2)
aliviar *v.* to relieve
aliviar el estrés/la tensión to relieve stress/tension
allí *adv.* there
allí mismo right there
almacén *m.* department store
almohada *f.* pillow
almorzar (o:ue) *v.* to have lunch 9 (1)
almuerzo *m.* lunch 9 (1)
¿Aló? *interj.* Hello? (*on the telephone*)
alojamiento *m.* lodging
alquilar *v.* to rent
alquiler *m.* rent
alternador *m.* alternator
altillo *m.* attic
alto/a *adj.* tall 6 (1)
alto *m.* red light 26 (2)
aluminio *m.* aluminum
amable *adj.* nice; friendly 6 (1)
ama *m., f.* **de casa** homemaker; housekeeper; housewife 11 (1)
amarillo/a *adj.* yellow 13 (1)
ambicioso/a *adj.* ambitious 3 (1)
amigo/a *m., f.* friend 4 (1)
amistad *f.* friendship
amor *m.* love
analista de sistemas *m., f.* systems analyst 12 (1)
anaranjado/a *adj.* orange
andar *v.* **en bicicleta** to ride a bike 18 (2), 20 (2)
anillo (de compromiso) *m.* (engagement) ring 27 (2)
animal *m.* animal
aniversario (de bodas) *m.* (wedding) anniversary
anoche *adv.* last night 15 (1), 17 (2)
anteayer *adv.* the day before yesterday
antes *adv.* before 22 (2)
antes de *prep.* before
antes (de) que *conj.* before 30 (2)
antropología *f.* anthropology 1 (1)
antibiótico *m.* antibiotic 21 (2)
antipático/a *adj.* unpleasant 6 (1)
anunciar *v.* to announce; to advertise
anuncio *m.* advertisement
año *m.* year
el año pasado last year 15 (1), 17 (2)
el año que viene next year 7 (1)
apagar *v.* to turn off
apagar *v.* **el coche** to turn off the car 26 (2)
aparato *m.* appliance
apartamento *m.* apartment 18 (2)

apellido *m.* last name
apenas *adv.* hardly; scarcely; just
aplaudir *v.* to applaud
apreciar *v.* to appreciate
aprender *v.* to learn
aprender *(+ verb)* learn (how) 19 (2)
aprender cosas nuevas to learn new things 19 (2)
apurarse *v.* to hurry; to rush
aquel, aquella *adj.* that; those (over there)
aquél, aquélla *pron.* that; those (over there)
aquello *neuter, pron.* that; that thing; that fact
aquellos/as *pl. adj.* that; those (over there)
aquéllos/as *pl. pron.* those (ones) (over there)
aquí *adv.* here
Aquí está... Here it is...
Aquí estamos en... Here we are at/in...
aquí mismo right here
árbol *m.* tree 22 (2)
subir(se) a los árboles to climb trees 22 (2)
archivo *m.* file
armar rompecabezas *v.* to do puzzles 22 (2)
armario *m.* closet
arqueólogo/a *m., f.* archaeologist
arquitecto/a *m., f.* architect
arrancar *v.* to start (a car)
arreglar *v.* to fix; to arrange; to neaten; to straighten up 18 (2)
arreglado/a *adj.* tidy 18 (2)
estar arreglado/a to be tidy 18 (2)
arriba *adv.* up
arrogante *adj.* arrogant 3 (1)
arroz *m.* rice 9 (1)
arte *m.* art
artes *f., pl.* arts
artesanía *f.* craftsmanship; crafts
artículo *m.* article
artista *m., f.* artist
artístico/a *adj.* artistic
arveja *m.* pea
asado/a *adj.* roasted
asador *m.* grill 18 (2)
ascenso *m.* promotion
ascensor *m.* elevator
así *adj.* like this; so *(in such a way)*
así así so-so
asistir (a) *v.* to attend
aspiradora *f.* vacuum cleaner
pasar la aspiradora to vacuum 18 (2)
aspirante *m., f.* candidate; applicant
aspirina *f.* aspirin 21 (2)
astronomía *f.* astronomy 1 (1)

atender(e:ie) *v.* **a los clientes** attend to the customers/clients 11 (1)
atractivo/a *adj.* attractive 3 (1)
atrás *adv.* behind 25 (2)
por atrás from behind 25 (2)
atún *m.* tuna
sandwich de atún *m.* tuna sándwich 9 (1)
auditorio *m.* auditorium 2 (1)
aumentar *v.* **de peso** to gain weight
aumento *m.* increase
aumento de sueldo pay raise
aunque *conj.* although
autobús *m.* bus
automático/a *adj.* automatic
auto(móvil) *m.* auto(mobile)
autopista *f.* highway; freeway; expressway 26 (2)
ave *f.* bird
avenida *f.* avenue 26 (2)
aventura *f.* adventure
avergonzado/a *adj.* embarrassed
avión *m.* airplane
ir en avión to go by plane 20 (2)
¡Ay! *interj.* Oh!
¡Ay, qué dolor! Oh, what pain!
ayer *adv.* yesterday 15 (1), 17 (2)
ayudar *v.* to help 11 (1)
ayudarse *v.* to help each other
azúcar *m.* sugar
azul *adj.* blue 13 (1)

B

bailar *v.* to dance 5 (1)
bailarín/bailarina *m., f.* dancer
baile *m.* dance
bajar *v.* to go down
bajar(se) de *v.* to get off of/out of (a vehicle)
bajo/a *adj.* short *(in height)* 6 (1)
bajo control under control
balcón *m.* balcony
ballena *f.* whale
ballet *m.* ballet
baloncesto *m.* basketball
banana *f.* banana 9 (1)
banco *m.* bank
banda *f.* band
bandera *f.* flag 2 (1)
bañarse *v.* to bathe; to take a bath 14 (1)
bañarse *v.* **por la noche** take a bath/shower at night 14 (1)
baño *m.* bathroom 2 (1), 18 (2)
barato/a *adj.* cheap
barco *m.* boat
barrer *v.* to sweep
barrer el suelo to sweep the floor 18 (2)
barrer el garaje to sweep the garage 18 (2)
barrio *m.* neighborhood
bastante *adv.* enough; quite; pretty

basura *f.* trash 18 (2)
sacar *v.* **la basura** take out the trash 18 (2)
baúl *m.* trunk
beber *v.* to drink 8 (1)
bebida *f.* drink
bebida alcohólica alcoholic beverage
béisbol *m.* baseball
bellas artes *f., pl.* fine arts
belleza *f.* beauty
beneficio *m.* benefit
berrinche *m.* tantrum 22 (2)
hacer *v.* **berrinches** to throw tantrums 22 (2)
besar(se) *v.* to kiss (each other)
beso *m.* kiss
dar *v.* **un beso** to give a kiss 20 (2)
biblioteca *f.* library 2 (1)
bicicleta *f.* bicycle
andar *v.* **en bicicleta** to ride a bike 18 (2)
bien *adj.* fine 1 (1); well *adj.* 21 (2)
bienestar *m.* well-being
¡Bienvenido(s)/a(s)! *adj.* Welcome!
bikini *m.* bikini 13 (1)
billete *m.* paper money
billón trillion
biología *f.* biology 1 (1)
bistec *m.* steak
bistec de res *m.* roast beef 9 (1)
bizcocho *m.* biscuit
blanco/a *adj.* white 13 (1)
bluejeans *m., pl.* jeans 13 (1)
blusa *f.* blouse 13 (1)
boca *f.* mouth 21 (2)
boda *f.* wedding
boleto *m.* ticket
boliche *m.* bowling alley 8 (1)
bolsa *f.* bag; purse 13 (1)
bombero/a *m., f.* firefighter 12 (1)
bonito(a) *adj.* pretty 6 (1)
borracho(a) *adj.* drunk 15 (1)
borrador *m.* eraser
bosque *m.* forest
bosque tropical tropical forest; rainforest
bota *f.* boot
botella *f.* bottle
botella de vino bottle of wine
botones *m., f., sing.* bellhop
brazo *m.* arm 21 (2)
brindar *v.* to toast (drink)
brócoli *m.* broccoli 9 (1)
bucear *v.* to scuba dive/snorkel 18 (2)
bueno... *adv.* well...
buen, bueno/a *adj.* good 6 (1)
¡Buen viaje! Have a good trip!
buena forma good shape *(physical)*
¡Buena idea! Good idea!
Buenas noches. Good evening; Good night. 1 (1)
Buenas tardes. Good afternoon. 1 (1)
buenísimo extremely good
¿Bueno? Hello? *(on telephone)*
Buenos días. Good morning. 1 (1)
bufanda *f.* scarf 13 (1)
bulevar *m.* boulevard
buscar *v.* to look for 5 (1)
buzón *m.* mailbox

C

caballo *m.* horse
cabaña *f.* cabin
cabe: no cabe duda de there's no doubt
cabeza *f.* head 21 (2)
cada *adj.* each 22 (2)
cada año *adj.* each year 22 (2)
caerse *v.* to fall (down)
café *m.* café 8 (1); *adj.* brown 13 (1); **coffee** *m.* 9 (1)
cafetera *f.* coffee maker
cafetería *f.* cafeteria 2 (1)
caído/a *p.p.* fallen
caja *f.* cash register
cajero/a m., *f.* cashier
cajero automático automatic teller machine (ATM)
calcetín *m.* sock 13 (1)
calculadora *f.* calculator 2 (1)
caldo *m.* soup
caldo de patas beef soup
calentamiento global *m.* global warming
calentarse (e:ie) *v.* to warm up
calidad *f.* quality
calle *f.* street 26 (2)
calor *m.* heat
caloría *f.* calorie
calzar *v.* to take size . . . shoes
cama *f.* bed 18 (2)
cámara *f.* camera
cámara de video videocamera
cámara digital digital camera
camarero/a ***m., f.*** waiter/waitress 9 (1), 11 (1)
camarón *m.* shrimp 9 (1)
cambiar (de) *v.* to change 28 (2)
cambio *m.* **de moneda** currency exchange
caminar *v.* to walk
camino *m.* route
camión ***m.*** truck; bus
camisa *f.* shirt 13 (1)
camiseta *f.* t-shirt 13 (1)
campo *m.* countryside
canadiense *adj.* Canadian
canal *m.* channel (TV)
cancha de tenis *f.* tennis court 2 (1)
cancha de vóleibol *f.* volleyball court 2 (1)
canción *f.* song
candidato/a *m., f.* candidate
cansado/a *adj.* tired 15 (1)
cantante *m., f.* singer
cantar *v.* to sing
cantar *v.* **villancicos** sing carols 20 (2)
cantar *v.* **las mañanitas** sing a birthday song 20 (2)
capital *f.* capital city
capó *m.* (car) hood
cara *f.* face 21 (2)
caramelo *m.* caramel
cariñoso/a *adj.* affectionate 6 (1)
carne *f.* meat
carne de res *m.* beef 9 (1)
carne de cerdo *m.* pork 9 (1)
carnicería *f.* butcher shop
caro/a *adj.* expensive
carpintero/a *m., f.* carpenter
carrera *f.* career
carretera *f.* highway 26 (2)
carro *m.* car
carta *f.* letter; (playing) card
cartel *m.* poster
cartera *f.* wallet
cartero *m.* mail carrier
casa *f.* house; home
la casa de mi novio/a my boyfriend's/girlfriend's house 8 (1)
la casa de mis amigos/padres my friends'/parents' house 8 (1)
casado/a *adj.* married 6 (1)
casarse (con) *v.* to get married (to) 27 (2)
casi *adv.* almost 8 (1)
castigar *v.* to punish 22 (2)
catarro *m.* cold 21 (2)
tener (el) catarro to have a cold 21 (2)
catorce fourteen 1 (1)
caza *f.* hunting
cebolla *f.* onion
celebrar *v.* to celebrate 28 (2)
celular *adj.* cellular
cena *f.* dinner 9 (1)
cenar *v.* to have dinner 9 (1)
centro *m.* downtown
centro comercial *m.* mall 8 (1)
cepillarse los dientes/el pelo *v.* to brush one's teeth/one's hair
cerámica *f.* pottery
cerca de *prep.* near
cerdo *m.* pork 9 (1)
cereales *m., pl.* cereal; grains 9 (1)
cero zero 1 (1)
cerrado/a *adj.* closed
cerrar (e:ie) *v.* to close
cerveza *f.* beer 9 (1)
césped *m.* grass
ceviche *m.* lemon-marinated fish dish
ceviche de camarón lemon-marinated shrimp
chaleco *m.* vest
champán *m.* champagne
champiñón *m.* mushroom

champú *m.* shampoo
chaqueta *f.* jacket 13 (1)
chau *fam., interj.* bye
cheque *m.* (bank) check
cheque de viajero traveler's check
chévere *adj., fam.* terrific
chico/a *m., f.* boy/girl 4 (1)
chino/a *adj.* Chinese
chocar *v.* **(con)** to run into; to crash; to shock 29 (2); to hit (a car) 26(2); to hate; to dislike 19 (2)
chocolate *m.* chocolate
chofer *m., f.* driver, chauffeur 11 (1)
choque *m.* collision
chuleta *f.* chop *(food)*
chuleta de cerdo pork chop
ciclismo *m.* cycling
cielo *m.* sky
cien(to) one hundred 4 (1),
por ciento percent
ciencia *f.* science
ciencia ficción science fiction
científico/a *m., f.* scientist
cierto *m.* certain; true
es cierto it's true/certain
no es cierto it's not true/certain
cifra *f.* figure
cinco five 1(1)
cincuenta fifty 4 (1)
cine *m.* movie theater 8(1)
cinta *f.* (audio) tape
cinturón *m.* belt
cinturón *m.* **de seguridad** seat belt 26 (2)
ponerse *v.* **el cinturón de seguridad** to wear the seat belt 26 (2)
circulación *f.* traffic
cita *f.* date; appointment
ciudad *f.* city
ciudadano/a *adj.* citizen
claro que sí *fam.* of course
clase *f.* class
clase de ejercicios aeróbicos aerobics class
clásico/a *adj.* classical
cliente/a *m., f.* client
clínica *f.* clinic
clóset *m.* closet 18 (2)
cobrar *v.* to cash a check; to charge for a product or service
coche *m.* car
ir *v.* **en coche** to go by car 20 (2)
cocina *f.* kitchen 18 (2); stove
cocinar *v.* to cook
cocinero/a *m., f.* cook, chef
cola *f.* line
colegio *m.* school 22 (2)
colegio católico *m.* catholic school 22 (2)
colesterol *m.* cholesterol
color *m.* color 13 (1)
colorear *v.* to color 22 (2)
columpio *m.* swing (leisure) 22 (2)
comedia *f.* comedy; play
comedor *m.* dining room 18 (2)
comenzar (e:ie) *v.* to begin
comer *v.* to eat 8 (1), 9 (1)
comercial *adj.* commercial; business-related
comida *f.* food; meal 5 (1)
como *prep.* like, as
¿cómo? what?; how? 6 (1)
¿Cómo es...? What's... like? 3 (1)
¿Cómo está usted? How are you? *(form.)*
¿Cómo estás? How are you? *(fam.)* 1 (1)
¿Cómo les fue...? *pl.* How did... go for you?
¿Cómo se llama usted? What's your name? *(form.)*
¿Cómo te llamas (tú)? What's your name? *(fam.)* 1 (1)
¿Cómo son...? What are... like? (1)
cómoda *f.* chest of drawers
cómodo/a *adj.* comfortable 20 (2)
compañero/a de clase *m., f .pl.* classmate 2 (1)
compañero/a de cuarto *m., f.* roommate
compañía *f.* company; firm
compartir *v.* to share 22 (2)
compartir *v.* **los juguetes** share toys 22 (2)
competente *adj.* competent; able 3 (1)
completamente *adv.* completely
compositor(a) *m., f.* composer
comprar *v.* to buy 5 (1)
compras *f., pl.* purchases
ir de compras go shopping
comprender *v.* to understand
comprobar *v.* to check
comprometerse (con) *v.* to get engaged (to)
computación *f.* computer science
computadora *f.* computer
computadora portátil *f.* laptop; portable computer
comunicación *f.* communication
comunicarse (con) *v.* to communicate (with)
comunidad *f.* community
con *prep.* with
Con él/ella habla This is he/she *(on telephone)*
con frecuencia *adv.* frequently 8 (1)
Con permiso Pardon me, Excuse me.
con tal (de) que provided that
concierto *m.* concert
concordar *v.* to agree
concurso *m.* contest; game show
conducir *v.* to drive
conductor(a) *m., f.* driver 26 (2), chauffeur 11 (1)
confirmar *v.* to confirm
confirmar una reservación to confirm a reservation
congelador *m.* freezer
congestionado/a *adj.* congested; stuffed-up
conmigo *pron.* with me 10 (1)
conocer *v.* to know; to be acquainted with; to meet someone 12 (1)
conocido/a *adj.* known
conseguir (e:i) *v.* to get; to obtain
consejero/a *m., f.* counselor; advisor 2 (1)
consejo *m.* advice
consentido/a *adj.* spoiled 22 (2)
ser consentido/a to be spoiled 22 (2)
conservación *f.* conservation
conservar *v.* to conserve
construir *v.* to build
consultorio *m.* doctor's office
consumir *v.* to consume
contabilidad *f.* accounting
contador(a) *m., f.* accountant 12 (1)
contaminación *f.* pollution; contamination
contaminación del aire/del agua air/water pollution
contaminado/a *adj.* polluted
contaminar *v.* to pollute
contar (con) *v.* to count (on)
contar (o:ue) *v.* **los problemas** to tell your problems 11 (1), 24 (2)
contento/a *adj.* happy; content 15 (1)
contestadora *f.* answering machine
contestar *v.* to answer
contestar *v.* **los teléfonos/los correos** to answer the phone/ e-mails 11 (1)
contigo *pron.* with you 10 (1)
contratar *v.* to hire
control *m.* control
control remoto remote control
controlar *v.* to control
conversación *f.* conversation
conversar *v.* to talk; to chat
copa *f.* wineglass; goblet
corazón *m.* heart
corbata *f.* tie 13 (1)
cortar *v.* **el pasto** to mow the lawn 18 (2)
corredor(a) *m., f.* **de bolsa** stockbroker
correo *m.* post office; mail
correo electrónico e-mail
correr *v.* to run 8 (1)
cortesía *f.* courtesy
cortinas *f., pl.* curtains
corto/a *adj.* short *(in length)*
cosa *f.* thing 5 (1)
costar (o:ue) *f.* to cost
cráter *m.* crater
creativo/a *adj.* creative 3 (1)
creer *v.* to believe; to think 17 (2)
creer (en) *v.* to believe *(in)*
creído/a *p.p.* believed
crema de afeitar *f.* shaving cream

crimen *m.* crime; murder
cruzar *v.* to cross
cruzar *v.* **la calle** to cross the street **26 (2)**
cuaderno *m.* notebook **2 (1)**
cuadra *f.* city block **26 (2)**
cuadro *m.* picture
cuadros *m., pl.* plaid
¿cuál(es)? which?; which one(s)?; what? **6 (1)**
¿Cuál es la fecha de hoy? What is today's date?
cuando *conj.* when **30 (2)**
cuando era niño/a when I was a child **22 (2)**
cuando tenía... años when I was ... years old **22 (2)**
¿cuándo? *adv.* when? **6 (1)**
¿cuánto(s)/a(s)? *adv.* how much?, how many? **6 (1)**
¿Cuántas classes tomas? How many classes are you taking? **1 (1)**
¿Cuántas horas trabajas? How many hours do you work? **1 (1)**
¿Cuánto cuesta...? How much does... cost?
¿Cuántos años tienes/tiene? **4 (1)** How old are you?
¿Cuánto tiempo hace que...? How long has it been since...? **21 (2)**
cuarenta forty **4 (1)**
cuarto *m.* room **18 (2)**
cuarto/a *adj.* quarter; fourth
menos cuarto quarter to (time)
y cuarto quarter after (time)
cuarto de baño *m.* bathroom
cuatro four **1 (1)**
cuatrocientos/as four hundred
cubiertos *m., pl.* silverware
cubierto/a *p.p.* covered
cubrir *v.* to cover
cuchara *f.* spoon
cuchillo *m.* knife
cuello *m.* neck **21 (2)**
cuenta *f.* bill **9 (1)**; account
cuenta corriente *f.* checking account
cuenta de ahorros *f.* savings account
cuento *m.* story
cuerda *f.* rope **22 (2)**
saltar *v.* **la cuerda** to jump rope **22 (2)**
cuerpo *m.* body **21 (2)**
cuidado *m.* care
cuidar *v.* to take care of
cuidar *v.* **a los niños/ancianos** to take care of (to watch) kids/the elderly **11 (1)**
cuidarse *v.* take care of oneself **21 (2)**
¡Cuídense! Take care!
culpa *f.* fault **25 (2)**
cultura *f.* culture
cumpleaños *m., sing.* birthday
cumplir años *v.* to have a birthday
cuñado/a *m., f.* brother-in-law; sister-in-law **4 (1)**
currículum *m.* résumé; curriculum vitae **28 (2)**
curso *m.* course

D

damas chinas *f., pl. (game)* checkers **22 (2)**
jugar a las damas chinas to play checkers **22 (2)**
danza *f.* dance
dañar *v.* to damage; to breakdown
dar *v.* to give **20 (2), 24 (2)**
dar *v.* **consejos** to give advice **11 (1)**
dar *v.* **un beso** to give a kiss **20 (2)**
dar *v.* **un paseo** go for a walk **18 (2)**
dar *v.* **vuelta a la derecha/izquierda en la avenida/calle...** to turn right/ left at ... Avenue/Street **26 (2)**
darle *v.* **de comer al gato** to feed the cat **18 (2)**
darse *v.* **con** to bump into; to run into
darse *v.* **cuenta** to realize **25 (2)**
darse *v.* **prisa** to hurry; to rush
de *prep.* of; from
¿de dónde? from where?
¿De dónde eres? *fam.* Where are you from? **4 (1)**
¿De dónde es usted? *form.* Where are you from?
¿De parte de quién? Who is calling? *(on telephone)*
¿de quién...? whose...? *(sing.)*
¿de quiénes...? whose...? *(pl.)*
de algodón (made of) cotton
de aluminio (made of) aluminum
de compras shopping
de cuadros plaid
de excursión hiking **18 (2)**
de hecho in fact
de ida y vuelta round-trip
de la mañana in the morning; A.M.
de la noche in the evening; at night; P.M.
de la tarde in the afternoon; in the early evening; P.M. **1 (1)**
de lana (made of) wool
de lunares polka-dotted
de mi vida of my life
de moda in fashion
De nada. You're welcome. **1 (1)**
de ninguna manera no way
de niño/a as a child **22 (2)**
de parte de on behalf of
de plástico (made of) plastic
de rayas striped
de repente *adv.* suddenly; all of a sudden **25 (2)**
de seda (made of) silk
de vaqueros western (genre)
de vez en cuando from time to time **22 (2)**
de vidrio (made of) glass
debajo de *prep.* below; under
deber *(+ inf.) v.* to have to (do something), should (do something)
Debe ser... It must be...
deber *m.* responsibility; obligation
debido a due to; the fact that
débil *adj.* weak
decidido/a *adj.* decided
decidir *v.* to decide
décimo/a *adj.* tenth
decir *v.* to say; to tell **20 (2), 24 (2)**
decir *v.* **mentiras** to lie **24 (2)**
declarar *v.* to declare; to say
dedo *m.* finger
deforestación *f.* deforestation
dejar *v.* to let; to quit; to leave behind
dejar de *(+ inf.)* to stop *(doing something)*
dejar una propina to leave a tip
dejar usar su coche let someone use on'es car **11 (1)**
del *(contraction of* ***de*** *+* ***el****)* of the; from the
del/al lado derecho from/on the right side **23 (2)**
del/al lado izquierdo from/on the left side **23 (2)**
delante de *prep.* in front of
delgado/a *adj.* thin; slender **6 (1)**
delicioso/a *adj.* delicious
demás *pron.* the rest
demasiado *adv.* too much
dentista *m., f.* dentist
higienista dental *m., f.* dental hygienist **12 (1)**
dentro de *adv.* within
dependiente/a *m., f.* clerk
deporte *m.* sport
deportista *m.* sports person
deportivo/a *adj.* sports-related
depositar *v.* to deposit
deprimido/a *adj.* depressed **15 (1)**
derecha *f.* right
a la derecha de to the right of
derecho *adj.* straight **26 (2)**
del/al lado derecho from/on the right side **23 (2)**
derechos *m., pl.* rights
desarreglado/a *adj.* messy **18 (2)**
estar desarreglado/a to be messy **18 (2)**
desarrollar *v.* to develop
desastre natural *m.* natural disaster
desayunar *v.* to have breakfast **9 (1)**
desayuno *m.* breakfast **9 (1)**
descafeinado/a *adj.* decaffeinated
descansar *v.* to rest **5 (1)**
descanso *m.* rest **21 (2)**

descompuesto/a *adj.* not working; out of order
describir *v.* to describe
descrito/a *p.p.* described
descubierto/a *p.p.* discovered
descubrir *v.* to discover
desde *prep.* from
desear *v.* to want; to wish; to desire
desempleo *m.* unemployment
desfile *m.* parade **20 (2)**
deshonesto/a *adj.* dishonest **3 (1)**
desierto *m.* desert
desilusionado/a *adj.* disappointed **15 (1)**
desigualdad *f.* inequality
desobedecer (c:zc) *v.* to disobey **22 (2)**
desordenado/a *adj.* disorderly; messy **6 (1)**
despacio *adj.* slowly
despedida *f.* farewell; goodbye
despedir (e:i) *v.* to fire
despedirse (de) (e:i) *v.* to say goodbye (to)
despejado/a *adj.* clear (weather)
despertador *m.* alarm clock
despertarse (e:ie) *v.* to wake up
después *adv.* afterwards; then
  después de after
  después (de) que *conj.* after
destruir *v.* to destroy
desventaja *f.* disadvantage **11 (1)**
detrás de *prep.* behind
devolver *v.* to return **27 (2)**
día *m.* day
  día de fiesta holiday
diario *m.* diary; newspaper
  diario/a *adj.* daily
dibujar *v.* to draw **22 (2)**
dibujo *m.* drawing
  dibujos animados *m., pl.* cartoons **22 (2)**
  ver *v.* **los dibujos animados** to watch cartoons **22 (2)**
diccionario *m.* dictionary **2 (1)**
dicho/a *p.p.* said **28 (2)**
diciembre *m.* December **13 (1)**
dictadura *f.* dictatorship
diecinueve nineteen **1 (1)**
dieciocho eighteen **1 (1)**
dieciséis sixteen **1 (1)**
diecisiete seventeen **1 (1)**
diente *m.* tooth
dieta *f.* diet
  dieta equilibrada balanced diet
diez ten **1 (1)**
difícil *adj.* difficult; hard **6 (1)**
¿Diga? Hello? *(on telephone)*
diligencia *f.* errand
dinero *m.* money
dirección *f.* address
director(a) *m., f.* director; (musical) conductor
disco *m.* disk
discoteca *f.* nightclub (disco) **8 (1)**
disco compacto compact disc (CD)
discreto/a *adj.* discreet **3 (1)**
discriminación *f.* discrimination
discurso *m.* speech
discutir *v.* **(de/con)** to discuss, argue (about/with) **8 (1)**
diseñador(a) *m., f.* designer
  diseñador(a) gráfico/a *m., f.* graphic designer **12 (1)**
diseño *m.* design
disfraz *m.* costume **20 (2)**
  disfrazarse *v.* **de**... to wear a ... costume **20 (2)**
disfrutar (de) *v.* to enjoy; to reap the benefits (of)
diversión *f.* entertainment; fun activity
divertido/a *adj.* fun **6 (1)**
divertirse (e:ie) *v.* to have fun **14 (1)**
divorciado/a *adj.* divorced
divorciarse (de) *v.* to get divorced (from) **28 (2)**
divorcio *m.* divorce
doblar *v.* to turn
  doblar *v.* **a la derecha/izquierda en la avenida/calle...** to turn right/left at...Avenue/Street. **26 (2)**
doble *adj.* double
doce twelve **1 (1)**
doctor(a) *m., f.* doctor **1 (1), 8 (1)**
doctorado *n.* PhD **28 (2)**
documental *m.* documentary
documentos de viaje *m., pl.* travel documents
doler (o:ue) *v.* to hurt; to ache **21 (2)**
  Me duele la espalda. My back hurts. **21 (2)**
  Me duelen las piernas. My legs hurt. **21 (2)**
dolor *m.* ache; pain **21 (2)**
  tener (el) dolor de... to have a(n) ache **21 (2)**
dolor de cabeza *m.* headache
doméstico/a *adj.* domestic
domingo *m.* Sunday **5 (1)**
  los domingos *m., pl.* on Sundays **5 (1)**
don/doña *title of respect used with a person's first name*
dona *f.* donut **9 (1)**
donde *prep.* where
  ¿De dónde eres? *fam.* Where are you from? **4 (1)**
  ¿dónde? where? **6 (1)**
  ¿Dónde está...? Where is...?
dormir (o:ue) *v.* to sleep **10 (1)**
dormirse (o:ue) *v.* to go to sleep; to fall asleep
dos two **1 (1)**
  dos veces twice; two times
  dos veces al mes twice a month **8 (1)**
doscientos/as two hundred
drama *m.* drama; play **1 (1)**
dramático/a *adj.* dramatic
dramaturgo/a *m., f.* playwright
droga *f.* drug
drogadicto/a *m., f.* drug addict
ducha *f.* shower **18 (2)**
ducharse *v.* to shower; to take a shower
duda *f.* doubt
dudar *v.* to doubt
dueño/a *m., f.* owner; landlord
dulce *adj.* sweet
dulces *m., pl.* sweets; candy **9 (1)**
durante *prep.* during
  durante (cinco) años for (five years) **15 (1)**
durar *v.* to last

E

e *conj. (used instead of* **y** *before words beginning with* **i** *and* **hi**) and
echar *v.* to throw
  echar una carta al buzón to put a letter in the mailbox; to mail a letter
ecología *f.* ecology
ecologista *adj.* ecological; ecologist
economía *f.* economics **1 (1)**
ecoturismo *m.* ecotourism
Ecuador *m.* Ecuador
ecuatoriano/a *adj.* Ecuadorian
edad *f.* age
edificio *m.* building **2 (1)**
  edificio de apartamentos apartment building
educación física *f.* physical education **1 (1)**
educador(a) *m., f.* pre-school teacher **12 (1)**
efectivo *m.* cash
ejercicio *m.* exercise
  ejercicios aeróbicos aerobic exercises
  ejercicios de estiramiento stretching exercises
ejército *m.* army
el *m., sing., def. art.* the **2 (1)**
él *sub. pron.* he; *adj. pron.* him
elección *f.* election
electricista *m., f.* electrician
electrodoméstico *m.* electric appliance
elegante *adj. m., f.* elegant
elegir *v.* to elect
ella *sub. pron.* she; *obj. pron.* her
ellos/as *sub. pron.* they; them
embarazada *adj.* pregnant
embarazarse *v.* to get pregnant **28 (2)**
emergencia *f.* emergency
emitir *v.* to broadcast
emocionado/a *adj.* excited **15 (1)**
emocionante *adj.* exciting

empezar (e:ie) *v.* to begin 10 (1)
empleado/a *m., f.* employee; clerk 11 (1)
empleo *m.* job; employment
empresa *f.* company; firm 28 (2)
empujar *v.* to push 25 (2)
en *prep.* in; on; at
en aquel entonces at that time 22 (2)
en casa at home
en caso (de) que in case (that)
en cuanto as soon as 30 (2)
en efectivo in cash
en esos tiempos back then 22 (2)
en exceso in excess; too much
en línea in-line
¡En marcha! Let's get going!
en mi nombre in my name
en punto on the dot; exactly; sharp (time)
en qué in which; in what; how
¿En qué puedo servirles? How can I help you?
enamorado/a *adj.* **(de)** in love (with)
enamorarse (de) *v.* to fall in love (with) 28 (2)
encantado/a *adj.* delighted; pleased to meet you 1 (1)
encantar *v.* to like very much; to love *(inanimate objects)* 19 (2)
encima de *prep.* on top of
encontrar (o:ue) *v.* to find 10 (1), 17 (2)
encontrar(se) *v.* to meet (each other); to find (each other)
encuesta *f.* poll; survey
energía *f.* energy
energía nuclear nuclear energy
energía solar solar energy
enero *m.* January 13 (1)
enfermarse *v.* to get sick 21 (2)
enfermedad *f.* illness; sickness
enfermería *f.* health center; infirmary 2 (1)
enfermero/a *m., f.* nurse 12 (1)
enfermo/a *adj.* sick 15 (1)
enfrente de *adv.* opposite; facing; in front of 26 (2)
engordar *v.* to gain weight
enojado/a *adj.* mad; angry 15 (1)
enojarse (con) *v.* to get angry (with)
ensalada *f.* salad
la ensalada de lechuga y tomate lettuce and tomato salad 9 (1)
enseguida *adv.* right away
enseñar *v.* **a** to teach; to show 24 (2)
ensuciar *v.* to get (something) dirty; to dirty
entender (e:ie) *v.* to understand 10 (1), 17 (2)
entonces *adv.* then
en aquel entonces at that time 22 (2)
entrada *f.* entrance 26 (2); ticket
la primera/segunda entrada the first/second entrance 26 (2)
entrar *v.* to enter 28 (2)
entre *prep.* between; among
entregar *v.* to turn something in 24 (2)
entremeses *m., pl.* hors d'oeuvres; appetizers
entrenarse *v.* to practice; to train
entrevista *f.* interview 28 (2)
entrevistador(a) *m., f.* interviewer
entrevistar *v.* to interview
envase *m.* container
enviar *v.* to send ; to mail
equilibrado/a *adj.* balanced
equipado/a *adj.* equipped
equipaje *m.* luggage
equipo *m.* team
equivocado/a *adj.* wrong; mistaken
eres you are *fam.* 3 (1)
es you are *form.*; he/she/it is 3 (1)
Es a la(s)... de la mañana/tarde/noche. It's at...in the morning/afternoon/evening. 2 (1)
Es bueno que... It's good that...
Es de... He/She is from...
Es extraño... It's strange...
Es importante que... It's important that...
Es imposible... It's impossible...
Es improbable... It's improbable...
Es la una. It's one o'clock.
Es malo que... It's bad that...
Es mejor que... It's better that...
Es necesario que... It's necessary that...
Es obvio... It's obvious...
Es ridículo... It's ridiculous...
Es seguro... It's sure...
Es terrible... It's terrible...
Es triste... It's sad...
Es una lástima... It's a shame...
Es urgente que... It's urgent that...
Es verdad... It's true...
esa(s) *f., adj.* that; those 6 (1)
ésa(s) *f., pron.* those (ones)
escalar *v.* to climb
escalar montañas *f., pl.* to climb mountains
escalera *f.* stairs; stairway
escoger *v.* choose
escondite *m.* hideout; hiding place 22 (2)
jugar a las escondidillas/al escondite to play hide-and-seek 22 (2)
escribir *v.* to write 24 (2)
escribir una carta to write a letter 8 (1)
escribir un mensaje electrónico to write an e-mail message
escribir un trabajo to write a paper 8 (1)
escribir una (tarjeta) postal to write a postcard
escrito/a *p.p.* written 28 (2)
escritor(a) *m., f.* writer
escritorio *m.* desk (teacher's) 2 (1)
escuchar *v.* to listen
escuchar la radio to listen to the radio
escuchar música to listen to music 5 (1)
escuela *f.* school 8 (1), 22 (2)
colegio católico *m.* catholic school 22 (2)
escuela particular *f.* private school 22 (2)
escuela pública *f.* public school 22 (2)
escuela secundaria *f.* high school; middle school (in Mexico) 22 (2)
preparatoria (prepa) *f.* high school 22 (2)
primaria *f.* elementary school 22 (2)
esculpir *v.* to sculpt
escultor(a) *m., f.* sculptor
escultura *f.* sculpture
ese *m., sing., adj.* that 6 (1)
ése *m., sing., pron.* that (one)
eso *neuter, pron.* that; that thing
esos *m., pl., adj.* those 6 (1)
ésos *m., pl., pron.* those (ones)
espagueti *m.* spaghetti 9 (1)
espalda *f.* back 21 (2)
España *f.* Spain
español *m.* Spanish (language) 1 (1)
español(a) *adj.* Spanish
espárragos *m., pl.* asparagus
especialización *f.* field of study; specialization
espectacular *adj.* spectacular
espectáculo *m.* show
espejo *m.* mirror 18 (2)
esperar *v.* to wait (for); to hope; to wish 27 (2)
esposo/a *m., f.* husband/wife; spouse 4 (1)
esquí (acuático) *m.* (water) skiing
esquiar *v.* to ski 18 (2)
esquina *m.* corner 26 (2)
está he/she/it is, you are *form.*
Está despejado. It's clear. *(weather)*
Está (muy) nublado. It's (very) cloudy. *(weather)* 13 (1)
Está bien. That's fine.
esta(s) *f., adj.* this; these 6 (1)
esta noche tonight 7 (1)
ésta(s) *f., pron.* this (one); these (ones)
Ésta es... *f.* This is... (introducing someone)
establecer *v.* to establish
estación *f.* station; season
estación de autobuses bus station
estación del metro subway station
estación del tren train station

estacionamiento *m.* parking lot 2 (1)
estacionar *v.* to park
estacionarse *v.* **enfrente de** to park in front of 26 (2)
estadio *m.* stadium 2 (1)
estado civil *m.* marital status
Estados Unidos *m.* (EE.UU.) United States
estadounidense *adj.* from the United States
estampado/a *adj.* print
estampilla *f.* stamp
estante *m.* bookcase; bookshelf
estar *v.* to be 20 (2)
estar a (veinte kilómetros) de aquí to be (kilometers) from here
estar a dieta to be on a diet
estar aburrido/a to be bored 15 (1)
estar adentro/dentro de to be inside 15 (1)
estar adolorido/a to be sore 21 (2)
estar afectado/a (por) to be affected (by)
estar afuera/fuera de to be outside 15 (1)
estar arreglado/a to be tidy 18 (2)
estar bajo control to be under control
estar cansado/a to be tired 15 (1)
estar contaminado/a to be polluted
estar de acuerdo to agree
estar de moda to be in fashion
estar de vacaciones to be on vacation 15 (1)
estar desarreglado/a to be messy 18 (2)
estar en to be at/in/on 8 (1)
estar en buena forma to be in good shape
estar en cama to be in bed 15 (1)
estar en clase to be in class 15 (1)
estar enfermo/a to be sick 15 (1)
estar limpio/a to be clean 18 (2)
estar listo/a to be ready
estar mareado/a to be dizzy 21 (2)
estar perdido/a to be lost
estar roto/a to be broken
estar seguro/a (de) to be sure (of)
estar sucio/a to be dirty 18 (2)
estar torcido/a to be twisted; to be sprained
estatua *f.* statue
este *m.* east 26 (2); umm
este *m., sing., adj.* this 6 (1)
este lunes/jueves (etc). this Monday/Tuesday (etc.) 7 (1)
éste *m., sing., pron.* this (one)
Éste es… *m.* This is… *(introducing someone)*
estéreo *m.* stereo
estilo *m.* style
estiramiento *m.* stretching
esto *neuter, pron.* this; this thing
estómago *m.* stomach 21 (2)
estornudar *v.* to sneeze
estos *m., pl., adj.* these 6 (1)
éstos *m., pl., pron.* these (ones)
estrella *f.* star
estrella de cine *m., f.* movie star
estrés *m.* stress
estresado/a *adj.* stressed 15 (1)
estudiante *m., f.* student 2 (1)
estudiantil *adj. m., f.* student
estudiar *v.* to study
estudiar mucho/poco to study a lot/a little 5 (1)
estudioso/a *adj.* studious 3 (1)
estufa *f.* stove 18 (2)
estupendo/a *adj.* stupendous
etapa *f.* stage; step
evitar *v.* to avoid
evitar *v.* **las multas** to avoid fines; tickets 26 (2)
examen *m.* test; exam
examen médico physical exam
excelente *adj.* excellent 3 (1)
exceso *m.* excess; too much
excursión *f.* hike; tour; excursion 18 (2)
excursionista *m., f.* hiker
exhibición de arte *f.* art exhibition 8 (1)
éxito *m.* success
experiencia *f.* experience
explicar *v.* to explain 24 (2)
explorar *v.* to explore
explorar un pueblo to explore a town
explorar una ciudad to explore a city
expresión *f.* expression
extinción *f.* extinction
extranjero/a *adj.* foreign
extraño/a *adj.* strange
extrovertido/a *adj.* extrovert; outgoing 3 (1)

F

fábrica *f.* factory
fabuloso/a *adj* fabulous
fácil *adj.* easy 6 (1)
facilísimo extremely easy
falda *f.* skirt
faltar *v.* to lack; to need
familia *f.* family
familiares *m., pl* relatives 4 (1)
famoso/a *adj.* famous
farmacia *f.* pharmacy
fascinar *v.* to fascinate; to like very much; to love (to be fascinated by) 19 (2)
fatal *adj. (accident/injury/illness)* horrible 21 (2); mortal
favorito/a *adj.* favorite
fax *m.* fax (machine)
febrero *m.* February 13 (1)
fecha *f.* date
feliz *adj.* happy 20 (2)
¡Felicidades! Congratulations! *(for an event such as a birthday or anniversary)*
¡Felicitaciones! Congratulations! *(for an event such as an engagement or a good grade on a test)*
¡Feliz cumpleaños! Happy birthday!
ponerse *v.* **feliz** to get/become happy 20 (2)
fenomenal *adj.* great; phenomenal
feo/a *adj.* ugly 6 (1)
festival *m.* festival
fiebre *f.* fever 21 (2)
tener (la) fiebre to have a fever 21 (2)
fiesta *f.* party 18 (2)
hacer una fiesta to throw a party 18 (2)
fijo/a *adj.* set, fixed
filosofía *f.* philosophy 1 (1)
fin *m.* end
fin de semana weekend
finalmente *adv.* finally
firmar *v.* to sign *(a document)*
física *f.* physics
fisioterapeuta *m., f.* physical therapist 12 (1)
flan *m.* baked custard; flan 9 (1)
flexible *adj.* flexible 3 (1)
flor *f.* flower
folklórico/a *adj.* folk; folkloric
folleto *m.* brochure
fondo *m.* end
forma *f.* shape
formal *adj.* formal 20 (2)
formulario *m.* form
foto(grafía) *f.* photograph
francés, francesa *adj.* French
frecuentemente *adv.* frequently
fregadero *m.* sink *(in a kitchen)* 18 (2)
frenar *v.* to brake 26 (2)
frenos *m., pl.* brakes
fresco/a *adj.* cool
frijoles *m., pl.* beans 9 (1)
frío *m.* cold
fritada *f.* fried dish (pork, fish, etc.)
frito/a *adj.* fried
fruta *f.* fruit 9 (1)
frutería *f.* fruit shop
frutilla *f.* strawberry
fuente de fritada *f.* platter of fried food

fuegos artificiales *pl., m.* fireworks 20 (2)
fuera *adv.* outside
fuerte *adj.* strong
fumar *v.* to smoke **19 (2)**
no fumar not to smoke **19 (2)**
funcionar *v.* to work; to function
fútbol *m.* soccer
partido de fútbol *m.* soccer game 8 (1)
fútbol americano football
futuro/a *adj.* future
en el futuro in the future

G

gafas (de sol) *f., pl.* (sun)glasses
gafas (oscuras) *f., pl.* (sun)glasses
galleta *f.* cookie 9 (1)
ganar *v.* to win; to earn (money)
ganar *v.* **bien** to make a good living, to make good money 12 (1)
ganga *f.* bargain
garaje *m.* garage **18 (2);** (mechanic's) repair shop; garage
garganta *f.* throat 21 (2)
gasolina *f.* gasoline **26 (2)**
quedarse *v.* **sin gasolina** to run out of gas **26 (2)**
gasolinera *f.* gas station
gastar *v.* to spend *(money)* **19 (2)**
gato/a *m., f.* cat **4 (1), 18 (2)**
darle de comer al gato to feed the cat **18 (2)**
generoso/a *adj.* generous **3 (1)**
gente *f.* people
geografía *f.* geography 1 (1)
gerente *m., f.* manager 12 (1)
gimnasio *m.* gym, gymnasium 2 (1)
gobierno *m.* government **28 (2)**
golf *m.* golf
golpe *m.* bump, blow, dent **25 (2)**
gordo/a *adj.* fat **6 (1)**
grabadora *f.* tape recorder
gracias *f., pl.* thank you; thanks 1 (1)
Gracias por todo. Thanks for everything.
Gracias una vez más. Thanks once again.
gracioso/a *adj.* funny **6 (1)**
graduación *f.* graduation **28 (2)**
graduarse (de) *v.* to graduate (from)
gran, grande *adj.* big; large **6 (1);** great
grasa *f.* fat
gratis *adj.* free of charge
grave *adj.* grave; serious
gravísimo/a *adj.* extremely serious
grillo *m.* cricket
gripe *f.* flu 21 (2)
tener (la) gripe to have the flu 21 (2)
gris *adj.* gray 13 (1)
gritar *v.* to scream
grosero/a *adj.* rude 6 (1)
guantes *m., pl.* gloves 13 (1)
guapo/a *adj.* handsome; good-looking **6 (1)**
guardar *v.* to save (on a computer)
guerra *f.* war
guía *m., f.* guide
gustar *v.* to be pleasing to; to like 19 (2)
Me gustaría(n)... I would like...
gusto *m.* pleasure
El gusto es mío. The pleasure is mine.
Gusto de *(+ inf.)* It's a pleasure to...
Mucho gusto. Pleased to meet you.

H

haber (aux.) *v.* to have *(done something)*
ha sido un placer it's been a pleasure
habitación *f.* room
habitación doble double room
habitación individual single room
habitantes *m., pl.* inhabitants
hablar *v.* to talk; to speak 5 (1)
hablar con los amigos to talk with friends **5 (1)**
hablar por teléfono to talk on the phone **5 (1)**
hacer *v.* to do; to make 8 (1), 20 (2)
Hace buen tiempo It's nice weather; The weather is good. **13 (1)**
Hace (mucho) calor. It's (very) hot. *(weather)* **13 (1)**
Hace (tres) dias que (yo)... (I) have been... for (three) days 21 (2)
Hace (dos) semanas/meses/años (two) weeks/months/years ago **15 (1), 17 (2)**
Hace fresco. It's cool. *(weather)* **13(1)**
Hace (mucho) frío It's (very) cold. *(weather)* **13 (1)**
Hace mal tiempo It's bad weather; The weather is bad. **13 (1)**
Hace (mucho) sol. It's (very) sunny. *(weather)* **13 (1)**
Hace (mucho) viento. It's (very) windy. *(weather)* **13 (1)**
hacer *v.* **berrinches** to throw tantrums **22 (2)**
hacer cola to stand in line
hacer diligencias to do errands; to run errands
hacer ejercicio to exercise **8 (1)**
hacer ejercicios aeróbicos to do aerobics
hacer ejercicios de estiramiento to do stretching exercises
hacer el papel to play a role
hacer gimnasia to work out
hacer juego (con) to match
hacer la cama to make the bed 18 (2)
hacer la tarea to do homework 8 (1)
hacer las maletas to pack (one's suitcases) **20 (2)**
hacer los quehaceres domésticos to do household chores
hacer *v.* **travesuras** to get into trouble **22 (2)**
hacer turismo to go sightseeing
hacer una excursión to go on a hike **18 (2);** to go on a tour
hacer una fiesta to throw a party **18 (2)**
hacer un picnic to have a picnic **18 (2)**
hacer un viaje to take a trip **18 (2)**
hacha *f.* ax
hacia *prep.* toward
hambre *f.* hunger
hamburguesa *f.* hamburger **8 (1), 9 (1)**
hasta *prep.* until; toward
hasta ahora until now, so far **28 (2)**
hasta el momento until this moment **28 (2)**
Hasta la vista See you later.
Hasta luego See you later. **1 (1)**
Hasta mañana See you tomorrow **1 (1)**
hasta que until **30 (2)**
Hasta pronto. See you soon.
hay there is; there are **2 (1)**
Hay (mucha) contaminación. It's (very) smoggy.
Hay (mucha) niebla. It's (very) foggy.
Hay que It is necessary that
No hay duda de There's no doubt
No hay de qué. You're welcome.
hecho/a *p.p.* done **28 (2)**
heladería *f.* ice cream shop
helado/a *adj.* iced
helado *m.* ice cream **9 (1)**
hermanastro/a *m., f.* stepbrother/stepsister
hermano/a *m., f.* brother/sister **4 (1)**
hermano/a mayor/menor *m., f.* older/younger brother/sister
hermanos *m., pl.* siblings (brothers and sisters) **4 (1)**
hermoso/a *adj.* beautiful
hierba *f.* grass
higienista dental *m., f.* dental hygienist **12 (1)**
hijastro/a *m., f.* stepson/stepdaughter
hijo/a *m., f.* son/daughter **4 (1)**
hijo/a único/a only child **4 (1)**

hijos *m., pl.* children **4 (1)**
historia *f.* history **1 (1)**; story
hockey *m.* hockey
hogar *m.* home
hola *interj.* hello; hi **1 (1)**
hombre *m.* man
hombre de negocios businessman
honesto/a *adj.* honest; honorable **3 (1)**
hora *f.* hour
horario *m.* schedule
el horario flexible/fijo flexible/fixed schedule **11 (1)**
horno *m.* oven **18 (2)**
horno de microondas microwave oven
hospital *m.* hospital
hotel *m.* hotel
hoy *adv.* today **7 (1)**
hoy día nowadays
Hoy es... Today is…
huelga *f.* strike (labor)
hueso *m.* bone
huésped *m., f.* guest
huevo *m.* egg **9 (1)**
humanidades *f., pl.* humanities
huracán *m.* hurricane

I

ida *f.* one way *(travel)*
idea *f.* idea
idealista *adj.* idealistic **3 (1)**
iglesia *f.* church **8 (1)**
igual *adj.* the same **21 (2)**
sentirse(e:ie) igual feel the same **21 (2)**
igualdad *f.* equality
igualmente *adv.* Nice to meet you, too. **1 (1)**
impaciente *m., f.* impatient **3 (1)**
impermeable *m.* raincoat **13 (1)**
importante *adj.* important
importar *v.* to be important (to); to matter
imposible *adj.* impossible
impresora *f.* printer
imprimir *v.* to print
improbable *adj.* improbable
impuesto *m.* tax
incendio *m.* fire
increíble *adj.* incredible **3 (1)**
indicar cómo llegar *v.* to give directions
individual *adj.* private (room)
infección *f.* infection **21 (2)**
tener una Infección to have an infection **21 (2)**
informar *v.* to inform
informal *adj.* informal **20 (2)**
informe *m.* report; paper *(written work)*
ingeniero/a *m., f.* engineer
ingeniero/a ambientalista *m., f.* environmental engineer **12 (1)**
ingeniero/a en computación *m., f.* computer engineer **12 (1)**
inglés *m.* English *(language)* **1 (1)**
inglés, inglesa *adj.* English
inmaduro/a *adj.* inmature **3 (1)**
insistir (en) *v.* to insist (on)
inspector(a) de aduanas *m., f.* customs inspector
inteligente *adj.* intelligent
intercambiar *v.* exchange
interesante *adj.* interesting **3 (1)**
interesar *v.* to be interesting to; to interest; to be interested in **19 (2)**
internacional *adj.* international
Internet *m.* Internet
intersección *f.* intersection **26 (2)**
inundación *f.* flood
invertir (e:ie) *v.* to invest
investigador(a) forense *m., f.* forensic investigator **12 (1)**
invierno *m.* winter **13 (1)**
invitado/a *m., f.* guest (at a function)
invitar *v.* to invite; to treat **10 (1)**
invitar a alguien to invite someone **20 (2)**
invitar a salir to ask someone out **11 (1)**
inyección *f.* injection
ir *v.* to go **20 (2)**
ir a *(+ inf.)* to be going to do something **7 (1)**
ir a *(+ place)* to go to **8 (1)**
ir *v.* **a exceso de velocidad** to speed **26 (2)**
ir a la playa to go to the beach
ir de campamento to go camping **18 (2)**
ir de compras to go shopping
ir de excursión (a las montañas) to go for a hike (in the mountains) **18 (2)**
ir de pesca to go fishing
ir de vacaciones to go on vacation
ir en autobús to go by bus
ir en auto(móvil) to go by car; to go by auto(mobile) **20 (2)**
ir en avión to go by plane **20 (2)**
ir en barco to go by ship
ir *v.* **en coche** to go by car **20 (2)**
ir en metro to go by subway
ir en motocicleta to go by motorcycle
ir en taxi to go by taxi
ir en tren to go by train
irresponsable *adj.* irresponsible **3 (1)**
irse *v.* to go away; to leave **14 (1)**
irse *v.* **de vacaciones** to go on vacation **14 (1)**
italiano/a *adj.* Italian
izquierdo/a *adj.* left
a la izquierda de to the left of
del/al lado izquierdo from/on the left side **23 (2)**

J

jabón *m.* soap
jamás *adv.* never; not ever
jamón *m.* ham **9 (1)**
japonés, japonesa *adj.* Japanese
jarabe para la tos *m.* cough syrup **21 (2)**
jardín *m.* garden; yard **18 (2)**
jeans *m., pl.* jeans **13 (1)**
jefe, jefa *m., f.* boss **11 (1)**
joven *adj.* young **6 (1)**
joven *m., f.* youth; young person
joyería *f.* jewelry store **27 (2)**
jubilarse *v.* to retire (from work)
juego *m.* game
jueves *m., sing.* Thursday **5 (1)**
los jueves *m., pl.* on Thursdays **5 (1)**
jugador(a) *m., f.* player
jugar (u:ue) *v.* to play **10 (1), 22 (2)**
jugar a las cartas to play cards
jugar a las damas chinas to play checkers **22 (2)**
jugar a las escondidillas/al escondite to play hide-and-seek **22 (2)**
jugar a las muñecas to play with dolls **22 (2)**
jugar Nintendo to play Nintendo **22 (2)**
jugar a la pelota to play ball **22 (2)**
jugo *m.* juice
jugo de fruta fruit juice
jugo de naranja *m.* orange juice **9 (1)**
juguete *m.* toy **22 (2)**
julio *m.* July **13 (1)**
jungla *f.* jungle
junio *m.* June **13 (1)**
juntarse *v.* to get together **14 (1)**
juntos/as *adj.* together
juventud *f.* youth

K

kilómetro *m.* kilometer

L

la *f., sing., def. art.* the
la *f., sing., d.o. pron.* her, it, **2 (1)** *form.* you
laboratorio *m.* laboratory
lado *m.* side **23 (2)**
del/al lado derecho from/on the right side **23 (2)**
del/al lado izquierdo from/on the left side **23 (2)**
lago *m.* lake
lámpara *f.* lamp **18 (2)**
lana *f.* wool
langosta *f.* lobster **9 (1)**
lápiz *m.* pencil **2 (1)**

largo/a *m.* long *(in length)*
las *f., pl., def. art.* the **2 (1)**
las *f., pl., d.o. pron.* them; *form.* you
lástima *f.* shame
lastimarse *v.* to injure/hurt oneself **21 (2)**
lastimarse el pie to injure one's foot
lata *f.* (tin) can
lavabo *m.* sink *(in a bathroom)* **18 (2)**
lavadora *f.* washing machine
lavandería *f.* laundromat
lavaplatos *m., sing.* dishwasher
lavar *v.* to wash
lavar el coche to wash the car **5 (1)**
lavar la ropa to do the laundry **5 (1)**
lavar los platos to do (wash) the dishes **18 (2)**
lavarse *v.* to wash oneself
lavarse la cara to wash one's face **14 (1)**
lavarse las manos to wash one's hands **14 (1)**
lavarse los dientes to brush one's teeth **14 (1)**
le *sing., i.o. pron.* to/for him, her, you *form.* **19 (2)**
Le presento a… I would like to introduce… to you. *form.* **1 (1)**
¿Le gusta(n)…? Do you like… ? *form.* **3 (1)**
lección *f.* lesson
leche *f.* milk **9 (1)**
lechuga *f.* lettuce
leer *v.* to read **8 (1), 17 (2)**
leer el correo electrónico to read e-mail
leer un periódico to read a newspaper **8 (1)**
leer una revista to read a magazine
leído/a *p.p.* read
lejos de *prep.* far from
lengua *f.* language
lenguas extranjeras *f., pl.* foreign languages
lentes de contacto *m., pl.* contact lenses
lentes de sol *m., pl.* sunglasses **13 (1)**
lento/a *adj.* slow
les *pl., i.o. pron.* to/for them, you *form.* **19 (2)**
letrero *m.* sign
levantar *v.* to lift
levantar pesas to lift weights **18 (2)**
levantarse *v.* to get up
levantarse *v.* **temprano** get up early **14 (1)**
ley *f.* law
libertad *f.* liberty; freedom
libre *adj.* free
librería *f.* bookstore **2 (1)**
libro *m.* book **2 (1)**
licencia de conducir/manejar *f.* driver's license **26 (2)**
limón *m.* lemon
limonada *f.* lemonade **9 (1)**
limpiar *v.* to clean
limpiar el cuarto to clean the (one's) room **5 (1)**
limpiar la casa to clean the house **5 (1)**
limpio/a *adj.* clean **18 (2)**
estar limpio/a to be clean **18 (2)**
línea *f.* line
líquido *m.* liquid **21 (2)**
listo/a *adj.* smart **6 (1);** ready
literatura *f.* literature **1 (1)**
llamar *v.* to call **11 (1)**
llamar a la policía call the police **23 (2)**
llamar por teléfono to call on the phone
llamarse to be called; to be named
llanta *f.* tire **26 (2)**
revisar *v.* **las llantas** to check the tires **26 (2)**
llave *f.* key
llegada *f.* arrival
llegar *v.* to arrive
llegar a tiempo/tarde/temprano a casa to get home on time/late/early **5 (1)**
llenar *v.* to fill
llenar el tanque to fill up the tank
llenar un formulario to fill out a form
llenar una solicitud to fill out an application **28 (2)**
lleno/a *adj.* full
llevar *v.* to carry; to take; to wear **13 (1);** to bring
llevar a *(+ person/object.)* to bring (someone/an animal/ something inanimate) **7 (1)**
llevar *v.* **algo** take something **24 (2)**
llevar una vida sana to lead a healthy lifestyle
llevarse bien/mal (con) to get along well/badly (with) **22 (2)**
llorón/llorona *m. f.* crybaby **22 (2)**
ser llorón/llorona to be a crybaby **22 (2)**
llover (o:ue) *v.* to rain **13 (1)**
Llueve. It's raining; It rains **13 (1)**
lluvia *f.* rain
lo *m., sing. d.o. pronoun* him, it, you *form.*
lo mejor the best (thing)
Lo pasamos de película. We had a great time.
lo peor the worst (thing)
lo que what; that; which
Lo siento. I'm sorry.
Lo siento muchísimo. I'm so sorry.
loco/a *adj.* crazy
locutor(a) *m., f.* TV or radio announcer
lomo a la plancha *m.* grilled flank steak
los *m., pl., def. art.* the
los *m., pl., do. pron.* them, you *form.*
luchar (contra), (por) *v.* to fight; to struggle (against), (for)
luego *adv.* afterwards, then; later
lugar *m.* place
luna *f.* moon
lunar *m.* polka dot; mole
lunes *m., sing.* Monday **5 (1)**
los lunes *m., pl.* on Mondays **5 (1)**
luz *f.* light; electricity

M

madrastra *f.* stepmother
madre *f.* mother
madurez *f.* maturity; middle age
maduro/a *adj.* mature **3 (1)**
maestría *f.* Master's degree **28 (2)**
maestro/a *m., f.* teacher *(elementary school)* **12 (1)**
magnífico/a *adj.* magnificent
maíz *m.* corn
mal, malo/a *adj.* bad **6 (1);** sick; ill **21 (2)**
malísimo very bad
maleta *f.* suitcase **13 (1), 20 (2)**
mamá *f.* mom
mandar *v.* to order; to send; to mail **24 (2)**
mandar *v.* **mensages** to send text messages **11 (1)**
mandar un regalo to send a present **11 (1)**
manejar *v.* to drive **10 (1)**
manejar *v.* **a excesso de velocidad** to speed **26 (2)**
manera *f.* way
mano *f.* hand **21 (2)**
¡Manos arriba! Hands up!
manta *f.* blanket
mantener *v.* to maintain
mantenerse en forma to stay in shape
mantequilla *f.* butter
manzana *f.* apple **9 (1)**
mañana *f.* morning, A.M.; tomorrow **7 (1)**
esta mañana this morning **15 (1)**
por la mañana in the morning **5 (1)**
mañanitas *f., pl.* birthday song **20 (2)**
mapa *m.* map **2 (1)**
maquillaje *m.* makeup
pintarse *v.* to put on makeup **14 (1)**
maquillarse *v.* to put on makeup
mar *m.* ocean; sea

maravilloso/a *adj.* marvelous
mareado/a *adj.* dizzy; nauseated 21 (2)
 estar mareado/a to be dizzy 21 (2)
margarina *f.* margarine
mariscos *m., pl.* seafood 9 (1)
marrón *adj. m., f.* brown 13 (1)
martes *m., sing.* Tuesday 5 (1)
 los martes *m., pl.* on Tuesdays 5 (1)
marzo *m.* March 13 (1)
más *adj.* more
 el/la/los/las más the most
 más de (+ *number*) more than (+ number)
 más o menos *adv.* so-so 1 (1)
 más tarde later (on)
 más… que more… than 17 (2)
masaje *m.* massage
matemáticas *f., pl.* mathematics 1 (1)
materia *f.* course
materialista *adj.* materialistic 3 (1)
matrimonio *m.* marriage; married couple
máximo/a *m., f.* maximum
mayo *m.* May 13 (1)
mayonesa *f.* mayonnaise
mayor *adj.* older; bigger 6 (1)
 el/la mayor *adj.* the oldest; the biggest
me *pron.* me; *i.o. pron.* to/for me 19 (2)
 Me duele mucho It hurts me a lot
 Me gusta(n)... I like… 3 (1)
 No me gusta(n)... I don't like… 3 (1)
 Me gustaría(n)… I would like…
 Me llamo… My name is…
 Me muero por… I'm dying to (for)…
mecánico/a *m., f.* mechanic
mediano/a *adj.* medium
medianoche *f.* midnight
medias *f., pl.* pantyhose, stockings
medicamento *m.* medication
medicina *f.* medicine
médico/a *m., f.* doctor; physician 12 (1); *adj.* medical
medio/a *m. adj.* half
 medio ambiente environment
 medio/a hermano/a half-brother/half-sister
 medios de comunicación *m., pl.* means of communication; media
 y media thirty minutes past the hour (time)
mediodía *m.* noon
mejor *adj.* better 21 (2)
 el/la mejor *m., f.* the best
 mejor que *adj.* better than 17 (2)
 sentirse (e:ie) mejor feel better 21 (2)
mejorar *v.* to improve
melocotón *m.* peach
menor *adj.* younger 6 (1); smaller
 el/la menor *m., f.* the youngest; the smallest
menos *adv.* less
 el/la/los/las menos the least
 menos cuarto/menos quince quarter to *(time)*
 menos de (+ *number*) less than (+ *number*)
 menos… que less… than 17 (2)
mensaje de texto text message
mensaje electrónico *m.* e-mail message
mentira *f.* lie 24 (2)
 decir *v.* **mentiras** to lie 24 (2)
menú *m.* menu
mercado *m.* market
 mercado al aire libre open-air market
merendar (e:ie) *v.* to snack in the afternoon; to have a(n) (afternoon) snack
merienda *f.* (afternoon) snack
mes *m.* month 13 (1)
 el mes pasado last month 15 (1), 17 (2)
mesa *f.* table 18 (2)
 mesa *f.* **de noche** night table 18 (2)
 mesita *f.* side table 18 (2)
 poner *v.* **la mesa** to set the table 18 (2)
mesero/a *m., f.* waiter/waitress 9 (1), 11 (1)
mesita *f.* end table; side table 18 (2)
 mesita de noche night stand
metro *m.* subway
mexicano/a *adj.* Mexican
México *m.* Mexico
mí *pron. obj. of prep.* me 19 (2)
mi(s) *poss. adj.* my 4 (1)
microonda *f.* microwave oven 18 (2)
 horno de microondas microwave oven
miedo *m.* fear
mientras *adv.* while
miércoles *m., sing.* Wednesday 5 (1)
 los miércoles *m., pl.* on Wednesdays 5 (1)
mil one thousand
 mil millones billion
 Mil perdones. I'm so sorry. *(lit.* A thousand pardons.*)*
milla *f.* mile
millón million
millones (de) millions (of)
mineral *m.* mineral
minifalda *f.* mini-skirt 13 (1)
minuto *m.* minute
mío(s)/a(s) *poss.* my; (of) mine
mirar *v.* to look (at); to watch
 mirar (la) televisión to watch television 5 (1)
misa *f.* Mass; religious service 8 (1)
mismo/a *adj.* same
mochila *f.* backpack 2 (1)
moda *f.* fashion
módem *m.* modem
moderno/a *adj.* modern 20 (2)
molestar *v.* to bother; to annoy; to be bothered by 19 (2)
molesto/a *adj.* upset 15 (1)
monitor *m.* monitor
mono *m.* monkey
montaña *f.* mountain
montar *v.* **a caballo** to ride a horse 18 (2)
monumento *m.* monument
mora *f.* blackberry
morado/a *adj.* purple 13 (1)
moreno/a *adj.* dark (skin/hair) 6 (1)
morir (o:ue) *v.* to die
mostrar (o:ue) *v.* to show
moto(cicleta) *f.* motorcycle
motor *m.* motor
muchacho/a *m., f.* boy; girl
mucho/a *adj., adv.* many; a lot of; much
 muchas veces a lot; many times
 Muchísimas gracias. Thank you very, very much.
 muchísimo *adj., adv.* very much
 Mucho gusto Pleased to meet you. 1 (1)
 (Muchas) gracias Thank you (very much); Thanks (a lot).
mudarse *v.* to move (from one house to another) 28 (2)
muebles *m., pl.* furniture 18 (2)
muela *f.* tooth
muerte *f.* death
muerto/a *p.p.* died 28 (2)
mujer *f.* woman
 mujer de negocios business woman
 mujer policía female police officer
multa *f.* fine; ticket 26 (2)
 evitar *v.* **las multas** to avoid fines; tickets 26 (2)
mundial *adj.* worldwide
mundo *m.* world
municipal *adj.* municipal
muñeca *f.* doll 22 (2)
 jugar a las muñecas to play with dolls 22 (2)
músculo *m.* muscle
museo *m.* museum 8 (1)
música *f.* music 1 (1)
musical *adj.* musical
músico/a *m., f.* musician
muy *adv.* very
 Muy amable. That's very kind of you.
 Muy bien. Very well. 1 (1)

N

nacer *v.* to be born
nacimiento *m.* birth
nacional *adj.* national
nacionalidad *f.* nationality
nada *pron., adv.* nothing; not anything **18 (2)**
nada mal not bad at all
nadar *v.* to swim **18 (2)**
nadie *pron.* no one, not anyone **18 (2)**
naranja *m.* orange **13 (1)**
nariz *f.* nose **21 (2)**
natación *f.* swimming
natural *adj.* natural
naturaleza *f.* nature
navegador GPS GPS
navegar en Internet *v.* to surf the Internet
Navidad *f.* Christmas
necesario/a *adj.* necessary
necesitar *v.* to need
necesitar libros to need books **5 (1)**
negar (e:ie) *v.* to deny
negativo/a *m.* negative
negocios *m., pl.* business; commerce
negro/a *adj.* black **13 (1)**
nervioso/a *adj.* nervous **3 (1) , 15 (1)**
nevar (e:ie) *v.* to snow **13 (1)**
Nieva. It's snowing; It snows. **13 (1)**
ni...ni *conj.* neither... nor
niebla *f.* fog
nieto/a *m., f.* grandson/granddaughter **4 (1)**
nieve *f.* snow
ningún, ninguno/a(s) *adj.* no; none; not any **18 (2)**
Ningún problema. No problem.
ninguna parte, (a) *adv.* nowhere **8 (1)**
niñero/a *m., f.* baby-sitter **11 (1)**
niñez *f.* childhood
niño/a *m., f.* child; boy/girl **4 (1)**
de niño/a as a child **22 (2)**
no *adv.* no; not
No cabe duda de There is no doubt
No es así. That's not the way it is.
No es para tanto. It's not a big deal.
No es seguro... It's not sure...
No es verdad... It's not true...
No está. It's not here.
No está nada mal. It's not bad at all.
no estar de acuerdo to disagree
no estar seguro/a (de) not to be sure (of)
No estoy seguro. I'm not sure.
no hay there is not; there are not
No hay de qué. You're welcome.
No hay duda de There is no doubt
¡No me diga(s)! You don't say!
No me gustan nada. I don't like them at all.
no muy bien not very well
¿no? right?
no quiero I don't want to
no sé I don't know
No te/se preocupe(s). Don't worry.
no tener razón to be wrong
noche *f.* night
nombre *m.* name
norte *m.* north **26 (2)**
norteamericano/a *adj.* (North) American
nos *pron.* us; *pl., i.o. pron.* to/for us
Nos vemos mañana. See you tomorrow. **1 (1)**
nosotros/as *sub. pron.* we; *ob. pron.* us
noticias *f., pl.* news
noticiero *m.* newscast
novecientos/as nine hundred
noveno/a *adj.* ninth
noventa ninety **4 (1)**
noviembre *m.* November **13 (1)**
novio/a *m., f.* boyfriend/girlfriend **4 (1)**
nube *f.* cloud
nublado/a *adj.* cloudy
Está (muy) nublado. It's (very) cloudy. **13 (1)**
nuclear *adj.* nuclear
nuera *f.* daughter-in-law
nuestro(s)/a(s) *poss. adj.* our; of ours **4 (1)**
nueve nine **1 (1)**
nuevo/a *adj.* new **6 (1)**
número *m.* number; (shoe) size
nunca *adj.* never; not ever **8 (1), 18 (2)**
nutrición *f.* nutrition

O

o *conj.* or
o... o *conj.* either . . . or
obedecer (c:zc) *v.* to obey **22 (2)**
obedecer (c:zc) *v.* **las señales de tránsito** to obey the traffic signs **26 (2)**
obra *f.* work *(of art, literature, music, etc.)*
obra maestra masterpiece
obtener *v.* to obtain; to get
obvio/a *adj.* obvious
océano *m.* ocean; sea
ochenta eighty **4 (1)**
ocho eight **1 (1)**
ochocientos/as eight hundred
octavo/a *adj.* eighth
octubre *m.* October **13 (1)**
ocupación *f.* occupation
ocupado/a *adj.* busy **15 (1)**
ocurrir *v.* to occur; to happen
odiar *v.* to hate
oeste *m.* west **26 (2)**
oferta *f.* offer
oficial de prisión *m., f.* prison guard; parole officer **12 (1)**
oficina *f.* office **2 (1)**
oficio *m.* trade
ofrecer (c:zc) *v.* to offer **24 (2)**
oído *m.* sense of hearing; inner ear **21 (2)**
oído *p.p.* heard
oír *v.* to hear **17 (2)**
oiga *form., sing.* listen *(in conversation)*
oigan *form., pl.* listen *(in conversation)*
Oye *fam., sing.* listen *(in conversation)*
ojalá (que) *interj.* I hope (that); I wish (that) **27 (2)**
ojo *m.* eye **21 (2)**
olvidar *v.* to forget
once eleven **1 (1)**
ópera *f.* opera
operación *f.* operation
optimista *adj.* optimistic **3 (1)**
ordenado/a *adj.* orderly; well organized **6 (1)**
ordinal *adj.* ordinal (number)
oreja *f.* (outer) ear
orquesta *f.* orchestra
ortográfico/a *adj.* spellling
os *fam., pl. pron.* you
otoño *m.* fall, autumn **13 (1)**
otro/a *adj.* other; another
otra vez again

P

paciente *m., f.* patient **3 (1)**
padrastro *m.* stepfather
padre *m.* father **4 (1)**
padres *m., pl.* parents **4 (1)**
pagar *v.* to pay **11 (1), 24 (2)**
pagar a plazos to pay in installments
pagar al contado to pay in cash
pagar con to pay with
pagar en efectivo to pay in cash
pagar la cuenta to pay the bill
pagar la cuenta del celular to pay the cell phone bill **7 (1)**
página *f.* page
página principal home page
país *m.* country
paisaje *m.* landscape; countryside
pájaro *m.* bird **4 (1)**
palabra *f.* word
pan *m.* bread
pan tostado toasted bread; toast **9 (1)**
panadería *f.* bakery
pantalla *f.* screen
pantalones *m., pl.* pants **13 (1)**
pantalones cortos shorts **13 (1)**

papa *f.* potato
papa al horno *f.* baked potato 9 (1)
papas fritas *f., pl.* French fries 9 (1)
papá *m.* dad
papás *m., pl.* parents
papel *m.* paper 2 (1); role
papelera *f.* wastebasket 2 (1)
paquete *m.* package
par *m.* pair
par de zapatos pair of shoes
para *prep.* for; in order to; toward; in the direction of; by; used for; considering
para que so that 30 (2)
parabrisas *m., sing.* windshield
paraguas *m.* umbrella 13 (1)
parar *v.* to stop 26 (2)
parecer *v.* to seem; to appear
pared *f.* wall
pareja *f.* couple; partner
parientes *m., pl.* relatives
parque *m.* park 8 (1)
párrafo *m.* paragraph
parte: de parte de on behalf of
partido *m.* game; match *(sports)*
partido de fútbol *m.* soccer game 8 (1)
pasado/a *adj.* last; past
pasado *p.p.* passed
pasaje *m.* ticket
pasaje de ida y vuelta *m.* round-trip ticket
pasajero/a *m., f.* passenger
pasaporte *m.* passport
pasar *v.* to go through; to pass 20 (2)
pasar (dos) semáforos to pass (two) traffic lights 26 (2)
pasar *v.* **el día** to spend the day 20 (2)
pasar la aspiradora to vacuum 18 (2)
pasar por el banco to go by the bank
pasar por la aduana to go through customs
pasar el tiempo to spend time
pasarlo bien/mal to have a good/bad time
pasarse *v.* **el alto/el semáforo en rojo** run a red light 26 (2)
pasatiempo *m.* pastime, hobby
pasear *v.* to take a walk; to stroll
pasear en bicicleta to ride a bicycle
pasear por la ciudad/el pueblo to walk around the city/town
pasillo *m.* hallway
pastel *m.* cake 9 (1)
pastel de chocolate chocolate cake
pastel de cumpleaños birthday cake
pastelería *f.* pastry shop
pastilla *f.* pill; tablet 21 (2)

pasto *m.* lawn, grass 18 (2)
cortar *v.* **el pasto** to mow the lawn 18 (2)
patata *f.* potato
patatas fritas *f., pl.* French fries
patinar (en línea) *v.* to rollerblade 18 (2)
patinar (sobre hielo) *v.* to (ice) skate 18 (2)
patio *m.* patio 18 (2); yard
pavo *m.* turkey 9 (1)
paz *f.* peace
pedir (e:i) *v.* to ask for; to request; 24 (2) to order *(food)* 9 (1)
pedir (e:i) cosas prestadas to borrow things 11 (1)
pedir prestado to borrow
pedir un préstamo to apply for a loan
peinarse *v.* to comb one's hair
pegarle *v.* **(por atrás)** hit someone (from behind) 25 (2)
pelearse *v.* to fight 22 (2)
película *f.* movie
peligro *m.* danger
peligroso/a *adj.* dangerous
pelirrojo/a *adj.* red-haired 6 (1)
pelo *m.* hair 21 (2)
pelota *f.* ball 22 (2)
jugar a la pelota to play ball 22 (2)
peluquería *f.* hairdressing salon
peluquero/a *m., f.* hairdresser
penicilina *f.* penicillin
pensar (e:ie) *v.* to think 10 (1), 17 (2)
pensar *(+ inf.)* to intend; to plan *(to do something)*
pensar en to think about 10 (1)
pensión *f.* boarding house
peor *adj.* worse 21 (2)
el/la peor the worst
peor que *adj.* worse than 17 (2)
sentirse (e:ie) peor feel worse 21 (2)
pequeño/a *adj.* small 6 (1)
pera *f.* pear 9 (1)
perder (e:ie) *v.* to lose 17 (2); to miss
perdido/a *adj.* lost
Perdón. Pardon me; Excuse me.
perezoso/a *adj.* lazy 6 (1)
perfecto/a *adj.* perfect
periódico *m.* newspaper
periodismo *m.* journalism
periodista *m., f.* journalist 12 (1)
permiso *m.* permission
pero *conj.* but
perro/a *m., f.* dog 4 (1)
persona *f.* person
personaje *m.* character
personaje principal main character
pesas *f., pl.* weights
pesca *f.* fishing
pescadería *f.* fish market
pescado *m.* fish *(cooked)* 9 (1)

pescador(a) *m., f.* fisherman/fisherwoman
pescar *v.* to fish
pesimista *adj.* pessimistic 3 (1)
peso *m.* weight
pez *m.* fish *(live)* 4 (1)
picante *adj.* hot, spicy
picnic *m.* picnic 18 (2)
hacer un picnic to have a picnic 18 (2)
pie *m.* foot 21 (2)
piedra *f.* rock; stone
pierna *f.* leg 21 (2)
pijama *m., f.* pajamas 13 (1)
pimienta *f.* pepper 9 (1)
piña *f.* pineapple
pintar *v.* to paint
pintar *v.* to paint
pintarse *v.* to put on makeup 14 (1)
pintura *f.* painting; picture
piscina *f.* swimming pool 2 (1)
piso *m.* floor *(of a building)*
pizzara *f.* chalkboard
pizzarón *f.* chalkboard 2 (1)
placer *m.* pleasure
Ha sido un placer. It's been a pleasure.
planchar *v.* to iron 18 (2)
planchar *v.* **la ropa** to iron clothes 18 (2)
planes *m., pl.* plans
planta *f.* plant
planta baja ground floor
plástico *m.* plastic
platillo *m.* dish 9 (1)
plato *m.* dish *(in a meal)* 9 (1); *m.* plate
plato principal main dish
lavar los platos to do (wash) the dishes 18 (2)
playa *f.* beach 8 (1)
plazos *m., pl.* periods; time
pluma *f.* pen 2 (1)
población *f.* population
pobre *m., f., adj.* poor 6 (1)
pobreza *f.* poverty
poco/a *adj.* little; few
poder (o:ue) *v.* to be able to; can 10 (1), 20 (2)
poema *m.* poem
poesía *f.* poetry
poeta *m., f.* poet
policía *f.* police (force); *m.* (male) police officer 12 (1), 23 (2)
llamar a la policía call the police 23 (2)
política *f.* politics
político/a *m., f.* politician
pollo *m.* chicken 9 (1)
pollo asado roast chicken
ponchar *v.* to deflate; to get a flat (tire)
poner *v.* to put; to place; to turn on *(electrical appliances)* 20 (2)
poner *v.* **atención** to pay attention 11 (1)

poner *v.* **el árbol** to decorate the tree 20 (2)
poner *v.* **la mesa** to set the table 18 (2)
poner la música muy alta play loud music 23 (2)
poner *v.* **las cosas en su lugar** to place (put) things in their place 11 (1)
poner *v.* **una inyección** to give an injection 24 (2)
ponerse *(+ adj.)* to become *(+ adj.)*; to put on
ponerse *v.* **el cinturón de seguridad** to wear the seat belt 26 (2)
ponerse *v.* **la ropa** to put on/wear clothing 14 (1), 20 (2)
ponerse *v.* **triste/feliz** to get/become sad/happy 20 (2)
por *prep.* in exchange for; for; by; in; through; by means of; along; during; around; in search of; by way of; per
por aquí around here
por avión by plane
por ciento percent
por ejemplo for example
por eso that's why; therefore
Por favor. Please.
por fin finally
por la mañana in the morning 5 (1)
por la noche at night 5 (1)
por la tarde in the afternoon; in the evening 1 (1), 5 (1)
por lo menos at least
¿por qué? why? 6 (1)
por supuesto of course
por teléfono by phone; on the phone
por último finally
porque *conj.* because
portarse *v.* **bien/mal** to behave/ misbehave 22 (2)
portátil *adj.* portable
porvenir *m.* future
posesivo/a *adj.* possessive
posible *adj.* possible
es posible it's possible
no es posible it's not possible
postal *f.* postcard
postre *m.* dessert
practicar *v.* to practice
practicar deportes *m., pl.* to play sports
precio (fijo) *m.* (fixed, set) price
preferir (e:ie) *v.* to prefer 10 (1)
pregunta *f.* question
preguntar *v.* to ask *(a question)*
premio *m.* prize; award
prender *v.* to turn on
prender *v.* **el coche** to turn on the car 26 (2)
prensa *f.* press
preocupado/a (por) *adj.* worried (about) 15 (1)
preocuparse (por) *v.* to worry (about)
preparar *v.* to prepare
preparatoria (prepa) *f.* high school 22 (2)
preposición *f.* preposition
presentación *f.* introduction
presentar *v.* to introduce; to put on *(a performance)*
presiones *f., pl.* pressure
prestaciones *f., pl.* fringe benefits 11 (1)
prestado/a *adj.* borrowed
préstamo *m.* loan
prestar *v.* to lend
prestar *v.* **dinero** to lend money 11 (1), 24 (2)
primaria *f.* elementary school 22 (2)
primavera *f.* spring 13 (1)
primer, primero/a *adj.* first
primo/a *m., f.* cousin 4 (1)
principal *adj.* main
prisa *f.* haste
probable *adj. m., f.* probable
es probable it's probable
no es probable it's not probable
probar (o:ue) *v.* to taste; to try
probarse (o:ue) *v.* to try on
problema *m.* problem
profesión *f.* profession
profesor(a) *m., f.* teacher; professor 1 (1)
profesor(a) de idiomas *m., f.* language professor 12 (1)
programa *m.* program
programa de capacitación training program 28 (2)
programa de computación software
programa de entrevistas talk show
programador(a) *m., f.* computer programmer 12 (1)
prohibir *v.* to prohibit; to forbid
prometer *v.* to promise 24 (2)
pronombre *m.* pronoun
pronto *adj.* soon
propina *f.* tip
propio/a *adj.* own
proteger *v.* to protect
proteína *f.* protein
próximo/a *adj.* next 7 (1)
el próximo lunes/martes/miércoles (etc.) next Monday/Tuesday/ Wednesday (etc.) 7 (1)
la próxima semana next week 7 (1)
prueba *f.* test; quiz 2 (1)
publicar *v.* to publish
público *m.* audience
pueblo *m.* town
puerta *f.* door 2 (1)
Puerto Rico *m.* Puerto Rico
puertorriqueño/a *adj.* Puerto Rican
pues *conj.* well; then
puesto *m.* position; job 11 (1), 28 (2)
puesto/a *p.p.* put 28 (2)
pupitre *m.* desk (student's) 2 (1)
puro/a *adj.* pure

Q

que *pron.* that; who; which
¡Qué...! How...!
¡Qué dolor! What pain!
¡Qué gusto *(+ inf.)***!** What a pleasure to... !
¡Qué ropa más bonita! What pretty clothes!
¡Qué sorpresa! What a surprise!
¿qué? what?; which? 6 (1)
¿Qué día es hoy? What day is it?
¿Qué es? What is it?
¿Qué hay de nuevo? What's new?
¿Qué hicieron ellos/ellas? What did they do?
¿Qué hicieron ustedes? What did you *(form., pl.)* do?
¿Qué hiciste? What did you *(fam., sing.)* do?
¿Qué hizo él/ella? What did he/she do?
¿Qué hizo usted? What did you *(form., sing.)* do?
¿Qué hora es? What time is it?
¿Qué les parece? What do you guys think?
¿Qué pasa? What's happening?; What's going on?
¿Qué pasó? What happened? ; What's wrong?
¿Qué precio tiene? What is the price?
¿Qué tal? How are you?; How is it going?; How is/are...?
¿Qué talla lleva/usa usted? What size do you wear?
¡Qué le vaya bien! Have a nice day! *form.* 1 (1)
¡Qué te vaya bien! Have a nice day! *fam.*1 (1)
¿Qué tiempo hace? How's the weather?, What's the weather like?
quedar *v.* to be left over; to fit *(clothing)*; to be left behind; to be located
quedarse *v.* to stay; to remain
quedarse *v.* **en casa** to stay home 14 (1)
quedarse *v.* **sin gasolina** to run out of gas 26 (2)
quehaceres domésticos *m., pl.* household chores
quemado/a *adj.* burned (out)
querer (e:ie) *v.* to want; to love 10 (1), 20 (2)
queso *m.* cheese 9 (1)

quien(es) *pron.* who; whom; that
¿Quién es...? Who is…?
¿Quién habla? Who is speaking? (telephone)
¿quién(es)? who?; whom? **6 (1)**
química *f.* chemistry **1 (1)**
quince fifteen **1 (1)**
menos quince quarter to (time)
y quince quarter after (time)
quinceañera *f.* young woman celebrating her fifteenth birthday
quinientos/as five hundred
quinto/a *adj.* fifth
quisiera *v.* I would like
quitar la mesa *v.* to clear the table
quitarse *v.* to take off
quitarse *v.* **los zapatos** take off one's shoes **14 (1)**
quizás *adv.* maybe

R

racismo *m.* racism
radio *f.* radio *(medium)*
radio *m.* radio (set)
radiografía *f.* X-ray **24 (2)**
sacar *v.* **una radiografía** to take an X-ray **24 (2)**
rápido/a *adj.* fast
rara vez *adv.* rarely **22 (2)**
rasurarse *v.* to shave **23 (2)**
ratón *m.* mouse
ratos libres *m., pl.* spare time
raya *f.* stripe
razón *f.* reason
rebaja *f.* sale
rebelde *adj.* rebellious **22 (2)**
ser rebelde to be rebellious **22 (2)**
recado *m.* (telephone) message
receta *f.* prescription
recetar *v.* to prescribe
recibir *v.* to receive
recibir *v.* **correo electrónico** to recieve (get) e-mail **8 (1)**
recibir *v.* **regalos** to recieve (get) gifts **8 (1)**
recibirse *v.* to graduate **28 (2)**
reciclaje *m.* recycling
reciclar *v.* to recycle
recién casado/a *m., f.* newlywed
recoger *v.* to pick up **18 (2)**
recoger *v.* **la mesa** to clear the table **18 (2)**
recoger *v.* **las cosas/la ropa** to pick up one's things/clothes **18 (2)**
recomendar (e:ie) *v.* to recommend **27 (2)**
recordar (o:ue) *v.* to remember **10 (1)**
recorrer *v.* to tour an area
recurso *m.* resource
recurso natural natural resource
red *f.* network; Web
reducir *v.* to reduce
refresco *m.* soft drink; soda **9 (1)**
refrigerador *m.* refrigerator **18 (2)**
regalar *v.* to give *(as a gift)* **20 (2)**
regalo *m.* gift; present **20 (2)**
abrir *v.* **los regalos** to open presents **20 (2)**
regañar *v.* to scold; to reprimand **22 (2)**
regatear *v.* to bargain
región *f.* region; area
regresar *v.* to return
regular *adj. m., f.* so-so; OK
reído *p.p.* laughed
reírse (e:i) *v.* to laugh
relaciones *f., pl.* relationships
relajarse *v.* to relax
reloj *m.* clock; watch **2 (1)**
renovable *adj.* renewable
renunciar (a) *v.* to resign (from)
repetir (e:i) *v.* to repeat
reportaje *m.* report
reportero/a *m., f.* reporter; journalist
representante *m., f.* representative
reproductor de CD *m.* CD player
reproductor de DVD *m.* DVD player **2 (1)**
reproductor de MP *m.* MP player
reservado/a *adj.* reserved **3 (1), 6 (1)**
resfriado *m.* cold *(illness)*
residencia estudiantil *f.* dormitory **2 (1)**
resolver (o:ue) *v.* to resolve; to solve
respirar *v.* to breathe
responsable *adj.* responsible **3 (1)**
respuesta *f.* answer
restaurante *m.* restaurant **8 (1)**
resuelto/a *p.p.* resolved **28 (2)**
reunión *f.* meeting
revisar *v.* to check
revisar *v.* **el aceite** to check the oil
revisar *v.* **las llantas** to check the tires **26 (2)**
revista *f.* magazine
rico/a *adj. rich ; adj.* tasty; delicious **6 (1)**
ridículo *adj.* ridiculous
río *m.* river
riquísimo/a *adj.* extremely delicious
rodilla *f.* knee
rogar (o:ue) *v.* to beg; to plead
rojo/a *adj.* red **13 (1)**
romántico/a *adj.* romantic **3 (1)**
rompecabezas *m., pl.* puzzles **22 (2)**
romper (con) *v.* to break up (with)
romper *v.* **la piñata** to break a piñata **22 (2)**
romper(se) *v.* to break **21 (2)**
romperse la pierna/un abrazo to break one's leg/an arm **21 (2)**
ropa *f.* clothing; clothes **20 (2)**
ropa interior underwear
rosado/a *adj.* pink
roto/a *adj.* broken; *p.p.* broken **28 (2)**
rubio/a *adj.* blond(e) **6 (1)**
ruso/a *adj.* Russian
rutina *f.* routine
rutina diaria daily routine

S

sábado *m.* Saturday **5 (1)**
los sábados *m., pl.* on Saturdays **5 (1)**
saber *v.* to know; to know how
saber ***(+ verb)*** *v.* to know how *(+ verb)* **11 (1)**
sabrosísimo/a *adj.* extremely delicious
sabroso/a *adj.* tasty; delicious
sacar *v.* to take (out)
sacar al perro a pasear take out (walk) the dog **18 (2)**
sacar buenas notas to get good grades **5 (1)**
sacar fotos to take pictures
sacar la basura to take out the trash **18 (2)**
sacar *v.* **una radiografía** to take an X-ray **24 (2)**
sacar(se) una muela to have a tooth pulled
sacudir *v.* to dust
sacudir los muebles dust the furniture
sal *f.* salt **9 (1)**
sala *f.* living room **18 (2)**; room
sala de emergencia(s) emergency room
salado/a *adj.* salty
salario *m.* salary
salchicha *f.* sausage
salida *f.* departure; exit
salir *v.* to leave; to go out
salir a cenar (con los amigos) to go out to dinner (with friends) **8(1)**
salir bien/mal en las clases/los exámenes to do well/badly in class/exams **11 (1)**
salir con to leave with; to go out with; to date *(someone)*
salir de to leave from
salir para to leave for *(a place)*
salir temprano/tarde leave, get off early/late **11 (1)**
salirse *v.* **en...**to get off at... **26 (2)**
salmón *m.* salmon
salón de belleza *m.* beauty salon
salón de clase *m.* classroom **2 (1)**
saltar *v.* **la cuerda** to jump rope **22 (2)**
salud *f.* health **21 (2)**
tener buena salud to have/enjoy good health **21 (2)**
saludable *adj.* healthy
saludar(se) *v.* to greet (each other)
saludo *m.* greeting
saludos a... greetings to...

sandalia *f.* sandal 13 (1)
sándwich *m.* sandwich
sano/a *adj.* healthy
se *ref. pron.* himself, herself, itself, *form.* yourself, themselves, yourselves
se *impersonal* one
Se nos dañó... The... broke down.
Se hizo... He/she/it became...
Se nos pinchó una llanta. We got a flat tire.
secadora *f.* clothes dryer
sección de (no) fumadores *f.* (non) smoking section
secretario/a *m., f.* secretary
secuencia *f.* sequence
sed *f.* thirst
seda *f.* silk
sedentario/a *adj.* sedentary; related to sitting
seguir (e:i) *v.* to follow; to continue; to keep (doing something)
seguir *v.* **derecho (tres) cuadras** to go straight ahead for (three) blocks 26 (2)
seguir *v.* **una dieta equilibrada** to eat a balanced diet
seguir estudiando *v.* to continue studying 28 (2)
según *prep.* according to
segundo/a *adj.* second
seguro/a *adj.* sure; safe; confident
seguro *m.* insurance 26 (2)
tener *v.* **seguro** *m.* to have insurance 26 (2)
seis six 1 (1)
seiscientos/as six hundred
sello *m.* stamp
selva *f.* jungle
semáforo *m.* traffic light 26 (2)
semáforo *m.* **en rojo** red light 26 (2)
semana *f.* week
entre semana on weekdays 5(1)
fin *m.* **de semana** weekend
la semana pasada last week 15 (1), 17 (2)
los fines de semana on weekends 5 (1)
semestre *m.* semester
señales de tránsito *pl., f.* traffic signs 26 (2)
obedecer (c:zc) *v.* **las señales de tránsito** to obey the traffic signs 26 (2)
sendero *m.* trail; trailhead
sentarse (e:ie) *v.* to sit down
sentimental *adj.* sentimental 3 (1)
sentir(se) (e:ie) *v.* to feel; to be sorry; to regret 29 (2) , 15 (1)
sentirse(e:ie) bien/mal/fatal feel well/ill/horrible 21 (2)
sentirse(e:ie) igual feel the same 21 (2)
sentirse(e:ie) mejor/peor feel better/worse 21 (2)
señor (Sr.) *m.* Mr.; sir 1 (1)
señora (Sra.) *f.* Mrs.; ma'am 1 (1)
señorita (Srta.) *f.* Miss; young woman 1 (1)
separado/a *adj.* separated
separarse (de) *v.* to separate (from) 28 (2)
septiembre *m.* September 13 (1)
séptimo/a *adj.* seventh
ser *v.* to be 4 (1), 20 (2)
ser aficionado/a (a) to be a fan (of)
ser alérgico/a (a) to be allergic (to)
ser consentido/a to be spoiled 22 (2)
ser gratis to be free of charge
ser llorón/llorona to be a crybaby 22 (2)
ser rebelde to be rebellious 22 (2)
ser travieso/a to be mischievous 22 (2)
serio/a *adj.* serious 3 (1), 6 (1)
servilleta *f.* napkin
servir (e:i) *v.* to help; to serve 9 (1)
sesenta sixty 4 (1)
setecientos/as seven hundred
setenta seventy 4 (1)
sexismo *m.* sexism
sexto/a *adj.* sixth
sí *adv.* yes
si *conj.* if
sicología *f.* psychology 1 (1)
sicólogo/a *m., f.* psychologist 12 (1)
SIDA *m.* AIDS
sido *p.p.* been
siempre *adv.* always 8 (1), 18 (2)
siete seven 1 (1)
silla *f.* chair 2 (1), 18 (2)
sillón *m.* arm chair 18 (2)
similar *adj. m., f.* similar
simpático/a *adj.* nice; likeable
sin *prep.* without
sin duda without a doubt
sin embargo *adv.* however
sin que *conj.* without
sino *conj.* but
síntoma *m.* symptom
sitio *m.* **web** website
situado/a *p.p.* located
sobre *m.* envelope; *prep.* on; over
sobrino/a *m., f.* nephew/niece 4 (1)
sociable *adj.* sociable 3 (1)
sociología *f.* sociology
sofá *m.* couch; sofa 18 (2)
sois *fam.* you are
sol *m.* sun
solar *adj.* solar
solicitar *v.* to apply *(for a job)* 28 (2)
solicitud (de trabajo) *f.* (job) application
sólo *adv.* only
soltero/a *adj.* single; unmarried 6 (1)
solución *f.* solution
sombrero *m.* hat 13 (1)
somos we are 3 (1)
son you/they are 3 (1)
Son las... It's... o'clock.
sonar (o:ue) *v.* to ring
sonreído *p.p.* smiled
sonreír (e:i) *v.* to smile
sopa *f.* soup 9 (1)
sorprender *v.* to surprise
sorpresa *f.* surprise
sótano *m.* basement; cellar
soy I am
Soy yo. That's me.
soy de... I'm from...
su(s) *poss. adj.* his; her; its; *form.* your; their;
subir *v.* to go up
subir(se) a to get on/into (a vehicle)
subir(se) a los árboles to climb trees 22 (2)
subir(se) a los columpios to go on the swings 22 (2)
subir(se) a los juegos to go on rides 20 (2)
sucio/a *adj.* dirty 18 (2)
estar sucio/a to be dirty 18 (2)
sucre *m.* former Ecuadorian currency
sudar *v.* to sweat
suegro/a *m., f.* father-in-law; mother-in-law 4 (1)
sueldo *m.* salary
sueldo alto/bajo *m.* high/low salary 11 (1)
suelo *m.* floor
sueño *m.* sleep
suerte *f.* luck
suéter *m.* sweater 13 (1)
sufrir *v.* to suffer
sufrir muchas presiones to be under a lot of pressure
sufrir una enfermedad to suffer (from) an illness
sugerir (e:ie) *v.* to suggest
supermercado *m.* supermarket 8 (1)
supervisor/a *m.f.* supervisor 11 (1)
suponer *v.* to suppose
sur *m.* south 26 (2)
sustantivo *m.* noun
su(s) *poss.* his/hers; hers; its; *form.* your, yours, theirs; their 4 (1)
suyo(s)/a(s) *poss.* (of) his/her; (of) hers; (of) its; (of) *form.* your, (of) yours, (of) theirs; their

T

tal vez *adv.* maybe
talentoso/a *adj.* talented
talla *f.* size
talla grande large

taller *m.* **(mecánico)** (mechanic's) repair shop
también *adv.* also; too 18 (2)
tampoco *adv.* neither; not either 18 (2)
tan *adv.* so
tan pronto como as soon as
tan... (*adj.*) como as... *(adj.)* as 17 (2)
tanque *m.* tank
tanto *adv.* so much
tanto como as much as 17 (2)
tantos/as... (*noun*) como as much/many...*(noun)* as 17 (2)
tarde *adv.* late
tarde *f.* afternoon; evening; P.M.
por la tarde in the afternoon 5 (1)
por la noche in the evening 5 (1)
tarea *f.* homework
tarjeta *f.* (post) card
tarjeta de crédito credit card
tarjeta postal postcard
taxi *m.* taxi(cab)
taza *f.* cup; mug
te *fam. pron.* you; *i.o. pron., fam* to/for you 19 (2)
Te presento a... I would like to introduce... to you. *(fam.)* 1 (1)
¿Te gustaría? Would you like to?
¿Te gusta(n)... ? Do you like...? *(fam.)* 3 (1)
té *m.* tea 9 (1)
té helado iced tea
teatro *m.* theater
teclado *m.* keyboard
técnico/a *m., f.* technician
técnico/a en computación *m., f.* computer technician 12 (1)
tejido *m.* weaving
teleadicto/a *m., f.* couch potato
teléfono (celular) *m.* (cellular) telephone
telenovela *f.* soap opera
teletrabajo *m.* telecommuting
televisión *f.* television 2 (1)
televisión por cable cable television
televisor *m.* television set
temer *v.* to be afraid/concerned; to fear
temperatura *f.* temperature
temprano *adv.* early
tenedor *m.* fork
tener *v.* to have 4 (1), 20 (2)
cuando tenía... años when I was ... years old 22 (2)
tener... años to be... years old
Tengo... años. I'm... years old. 4 (1)
tener buena salud to have/enjoy good health 21 (2)
tener (el) catarro to have a cold 21 (2)
tener (mucho) calor to be (very) hot
tener (mucho) cuidado to be (very) careful
tener (el) dolor de... to have a(n)... ache 21 (2)
tener éxito to be successful
tener (la) fiebre to have a fever 21 (2)
tener (mucho) frío to be (very) cold
tener ganas de (+ *inf.*) to feel like *(doing something)* 7 (1)
tener (la) gripe to have the flu 21 (2)
tener (mucha) hambre *f.* to be (very) hungry 9 (1)
tener la música muy alta play loud music 23 (2)
tener (mucho) miedo to be (very) afraid/scared of
tener miedo (de) que to be afraid that
tener planes to have plans
tener (mucha) prisa to be in a (big) hurry
tener que (+ *inf.*) *v.* to have to *(do something)* 7 (1)
tener razón to be right
tener (mucha) sed to be (very) thirsty 9 (1)
tener *v.* **seguro** *m.* to have insurance 26 (2)
tener (mucho) sueño to be (very) sleepy
tener (mucha) suerte to be (very) lucky
tener tiempo to have time
tener (la) tos to have a cough 21 (2)
tener una cita to have a date; an appointment
tener una Infección to have an infection 21 (2)
tenis *m.* tennis
tensión *f.* tension
tercer, tercero/a *adj.* third
terminar *v.* to end; to finish 28 (2)
terminar de (+ *inf.*) to finish *(doing something)*
terremoto *m.* earthquake
terrible *adj.* terrible 3 (1)
terror *m.* horror
ti *prep., obj. of prep., fam.* you 10 (1), 19 (2)
tiempo *m.* time; weather
tiempo completo *m.* full-time 11 (1)
tiempo libre *m.* free time 11 (1)
tiempo parcial *m.* part-time 11 (1)
tienda *f.* shop; store 8 (1)
tienda de campaña *f.* tent
tierra *f.* land; soil
tímido/a *adj.* shy 3 (1)
tina *f.* bathtub 18 (2)
tinto/a *adj.* red (wine) 9 (1)
tío/a *m., f.* uncle/aunt 4 (1)
tíos *m.* aunts and uncles 4 (1)
título *m.* title
tiza *f.* chalk
toalla *f.* towel 18 (2)
tobillo *m.* ankle
tocar *v.* to play *(a musical instrument)*; to touch
tocar la guitarra to play the guitar 5 (1)
todavía *adv.* yet; still 28 (2)
todavía no *adv.* not yet 28 (2)
todo *m.* everything
en todo el mundo throughout the world
Todo está bajo control. Everything is under control.
(todo) derecho straight ahead
¡Todos a bordo! All aboard!
todo(s)/a(s) *adj.* all; whole
todos *m., pl.* all of us; *m., pl.* everybody; everyone
todos los días every day 5 (1), 8 (1)
tomar *v.* to take; to drink
tomar *v.* **café** to drink coffee 5 (1)
tomar *v.* **clases** to take classes 5 (1)
tomar *v.* **el autobús** to take the bus 5 (1)
tomar *v.* **el sol** to sunbathe
tomar *v.* **en cuenta** to take into account
tomar *v.* **fotos** to take pictures
tomar *v.* **la autopista al norte/al sur/al este/al oeste** to take the freeway north/south/east/west 26 (2)
tomar(le) *v.* **la temperatura (a alguien)** to take (someone's) temperature
tomate *m.* tomato
tonto/a *adj.* silly; foolish; dumb 6 (1)
torcerse (el tobillo) *v.* to sprain (one's ankle)
torcido/a *adj.* twisted; sprained
tormenta *f.* storm
tornado *m.* tornado
tortilla *f.* tortilla
tortillas de maíz tortilla made of corn flour
tortuga marina *f.* marine turtle
tos *f., sing.* cough 21 (2)
jarabe para la tos *m.* cough syrup 21 (2)
tener (la) tos to have a cough 21 (2)
toser *v.* to cough
tostado/a *adj.* toasted
tostadora *f.* toaster
trabajador(a) *adj.* hard-working 6 (1)

trabajar *v.* to work
trabajar *v.* **en casa** to work at home **5 (1)**
trabajo *m.* job; work **8 (1)**; written work
traducir *v.* to translate
traer *v.* to bring **20 (2)**, **24 (2)**
tráfico *m.* traffic
tragedia *f.* tragedy
traído/a *p.p.* brought
traje *m.* suit **13 (1)**
traje de baño bathing suit **13 (1)**
tranquilo/a *adj.* calm; quiet **3 (1)**, **15 (1)**
¡Tranquilo! Stay calm!
transmitir to broadcast
tratar de *(+ inf.) v.* to try *(to do something)*
Trato hecho. It's a deal.
travesura *f.* prank **22 (2)**
hacer *v.* **travesuras** to get into trouble **22 (2)**
travieso/a *adj.* mischievous **22 (2)**
ser travieso/a to be mischievous **22 (2)**
trece thirteen **1 (1)**
treinta thirty **1 (1)**
y treinta thirty minutes past the hour (time)
treinta y cinco thirty five **1 (1)**
treinta y cuatro thirty four **1 (1)**
treinta y dos thirty two **1 (1)**
treinta y nueve thirty nine **1 (1)**
treinta y ocho thirty eight **1 (1)**
treinta y seis thirty six **1 (1)**
treinta y siete thirty seven **1 (1)**
treinta y tres thirty three **1 (1)**
treinta y uno thirty one **1 (1)**
tren *m.* train
tres three **1 (1)**
trescientos/as three hundred
trimestre *m.* trimester; quarter
triste *adj.* sad **15 (1)**, **20 (2)**
ponerse *v.* **triste** to get/become sad **20 (2)**
tú *fam. sing. sub. pron.* you
Tú eres… You are…
tu(s) *fam. poss. adj.* your **4 (1)**
turismo *m.* tourism
turista *m., f.* tourist
turístico/a *adj.* touristic
turno de la manana/tarde/noche *m.* morning/afternoon/evening shift **11 (1)**
tuyo(s)/a(s) *fam. poss. pron.* your; (of) yours

U

Ud. *form., sing. sub. pron.* you
Uds. *form., pl. sub. pron.* you
últimamente *adv.* lately **28 (2)**
último/a *adj.* last
un, uno/a *indef. art.* a **2 (1)**; one **1 (1)**
una vez once; one time
una vez más once again
una vez a la semana once a week **8 (1)**
único/a *adj.* only
universidad *f.* university; college
unos/as *pron. indef. art.* some **2 (1)**
urgente *adj.* urgent
usar *v.* to wear **13 (1)**; to use
usar *v.* **la computadora** to use the computer **5 (1)**
usted *form., sing. sub. pron.* you
ustedes *form., pl. sub. pron.* you
útil *adj.* useful
uva *f.* grape **9 (1)**

V

vaca *f.* cow
vacaciones *f., pl.* vacation **11 (1)**
irse *v.* **de vacaciones** to go on vacation **14 (1)**
valle *m.* valley
vamos let's go
vaquero *m.* cowboy
de vaqueros *m., pl.* western
varios/as *adj., pl.* several
vaso *m.* glass
veces *f., pl.* times
vecino/a *m., f.* neighbor **23 (2)**
veinte twenty **1 (1)**
veinticinco twenty-five **1 (1)**
veinticuatro twenty-four **1 (1)**
veintidós twenty-two **1 (1)**
veintinueve twenty-nine **1 (1)**
veintiocho twenty-eight **1 (1)**
veintiséis twenty-six **1 (1)**
veintisiete twenty-seven **1 (1)**
veintitrés twenty-three **1 (1)**
veintiún, veintiuno/a twenty-one **1 (1)**
vejez *f.* old age
velocidad *f.* speed **26 (2)**
manejar/ir *v.* **a exceso de velocidad** to speed **26 (2)**
velocidad máxima speed limit
vendedor(a) *m., f.* salesperson
vender *v.* to sell
vender *v.* **comida** to sell food **8 (1)**
venir *v.* to come **10 (1)**, **20 (2)**
ventaja *f.* advantage **11 (1)**
ventana *f.* window **2 (1)**
ver *v.* to see **20 (2)**
ver *v.* **el desfile/los fuegos artificiales** see the parade/fireworks **20 (2)**
ver *v.* **los dibujos animados** to watch cartoons **22 (2)**
ver *v.* **una película en casa** to watch a movie at home **8 (1)**
ver *v.* **películas** *f., pl.* to see movies
a ver let's see
verano *m.* summer **13 (1)**
verbo *m.* verb
verdad *f.* truth
¿verdad? right?
verde *adj.,* green **13 (1)**; not ripe
verduras *pl., f.* vegetables
vestido *m.* dress **13 (1)**
vestirse (e:i) *v.* to get dressed
veterinario/a *m., f.* veterinarian **12 (1)**
vez *f.* time
viajar *v.* to travel
viaje *m.* trip **18 (2)**
hacer un viaje to take a trip **18 (2)**
viajero/a *m., f.* traveler
vida *f.* life
video *m.* video
videocasete *m.* video cassette
videocasetera *f.* VCR **2 (1)**
videoconferencia *f.* video conference
vidrio *m.* glass
viejo/a *adj.* old **6 (1)**
viento *m.* wind
viernes *m., sing.* Friday **5 (1)**
los viernes *m., pl.* on Fridays **5 (1)**
villancico *m.* carol **20 (2)**
cantar villancicos sing carols **20 (2)**
vinagre *m.* vinegar
vino *m.* wine
vino blanco *m.* white wine
vino tinto *m.* red wine **9 (1)**
violencia *f.* violence
visitar *v.* to visit
visitar un monumento to visit a monument
visitar *v.* **a los abuelos** visit one's grandparents **5 (1)**
visto/a *p.p.* seen **28 (2)**
vitamina *f.* vitamin
viudo/a *adj.* widowed
vivienda *f.* housing
vivir *v.* to live
vivir *v.* **en/con** to live in/with **8 (1)**
vivo/a *adj.* lively; alive; bright
volante *m.* steering wheel
volcán *m.* volcano
vóleibol *m.* volleyball
volver (o:ue) *v.* to return
volver a ver(te, lo, la) *v.* to see (you) again
vos *pron.* you
vosotros/as *fam., pl. sub. pron.* you
votar *v.* to vote
vuelta *f.* return trip
vuelto/a *p.p.* returned **28 (2)**
vuestro(s)/a(s) *poss. adj.* your; (of) yours

W

walkman *m.* Walkman

Y

y *conj.* and
y cuarto quarter after (time)
y media half-past (time)
y quince quarter after (time)
y treinta thirty (minutes past the hour)
¿Y tú? *fam.* And you? **1 (1)**
¿Y usted? *form.* And you?
ya *adv.* already **28 (2)**
yerno *m.* son-in-law
yo *sub. pron.* I
Yo soy… I'm… **3 (1)**
yogur *m.* yogurt **9 (1)**

Z

zanahoria *f.* carrot **9 (1)**
zapatería *f.* shoe store
zapato *m.* shoe
par de zapatos pair of shoes
zapatos (de tacón) *m., pl.* (high-heeled) shoes **13 (1)**
zapatos de tenis sneakers **13 (1)**

English-Spanish

A

a/an un *m.*, una *f. sing., indef. art.* **2 (1)**
A.M. mañana *f.*
able: be able to poder (o:ue) *v.*
able competente *adj.* **3 (1)**
aboard a bordo
accelerate acelerar *v.* **26 (2)**
accept aceptar *v.* **28 (2)**
accident accidente *m.*
accompany acompañar *v.*
account cuenta *f.*
accountant contador(a) *m., f.* **12 (1)**
accounting contabilidad *f.*
ache dolor *m.* **21 (2)**
have a(n)… ache tener (el) dolor de… **21 (2)**
acquainted: be acquainted with conocer *v.* **12 (1)**
action acción *f.*
active activo/a *adj.* **3 (1)**
actor actor *m.*
actress actriz *f.*
addict (drug) drogadicto/a *adj.*
additional adicional *adj.*
address dirección *f.*
adjective adjetivo *m.*
adolescence adolescencia *f.*
adolescent chico/a **4 (1)**
advantage ventaja *f.* **11 (1)**
adventure aventura *f.*
advertise anunciar *v.*
advertisement anuncio *m.*
advice consejo *m.*
give advice dar *v.* consejos **11 (1)**
advise aconsejar *v.* **27 (2)**
advisor consejero/a *m., f.*
aerobic aeróbico/a *adj.*
aerobic exercises ejercicios aeróbicos
aerobics class clase de ejercicios aeróbicos
affected afectado/a *adj.*
be affected (by) estar *v.* afectado/a (por)
affectionate cariñoso/a *adj.* **6 (1)**
affirmative afirmativo/a *adj.*
afraid: be (very) afraid tener (mucho) miedo
be afraid temer *v.*
after después de *prep.*; después (de) que *conj.*
afternoon tarde *f.*
in the afternoon por la tarde **5 (1)**
afterward después *adv.*; luego *adv.*
again otra vez *adv.*
age edad *f.*
ago (two weeks/three months/four years ago). Hace (dos) semanas/(tres)meses/(cuatro) años. **15 (1), 17(2)**
agree concordar *v.*; estar *v.* de acuerdo
agreement acuerdo *m.*
AIDS SIDA *m.*
air aire *m.*
air pollution contaminación del aire
airplane avión *m.* **20 (2)**
go by plane ir *v.* en avión **20 (2)**
airport aeropuerto *m.* **8 (1)**
alarm clock despertador *m.*
alcohol alcohol *m.*
alcoholic alcohólico/a *adj.*
alcoholic beverage bebida alcohólica
all todo(s)/toda(s) *adj.*
All aboard! ¡Todos a bordo!
all of a sudden de repente *adv.* **25 (2)** **all of us** todos
all over the world en todo el mundo
allergic alérgico/a *adj.*
be allergic (to) ser alérgico/a (a)
alleviate aliviar *v.*
almost casi *adv.* **8 (1)**
alone solo/a *adj.*
along por *prep.*
already ya *adv.* **28 (2)**
also también *adv.* **18 (2)**
alternator alternador *m.*
although aunque *conj.*
aluminum aluminio *m.*
(made of) aluminum de aluminio
always siempre *adv.* **8 (1), 18 (2)**
ambitious ambicioso/a *adj.* **3 (1)**
American (North) norteamericano/a *adj.*
among entre *prep.*
amusement diversión *f.*
and y; e **(before words beginning with i or hi)**
And you? ¿Y tú? *fam* **1 (1)**; ¿Y usted? *form.* **1 (1)**
angry enojado/a *adj.* **15 (1)**
get angry (with) enojarse *v.* (con)
animal animal *m.*
ankle tobillo *m.*
anniversary aniversario *m.*
wedding anniversary aniversario de bodas
announce anunciar *v.*
announcer (TV/radio) locutor(a) *m., f.*
annoy molestar *v.* **19 (2)**
another otro/a *adj.*
answer contestar *v.*; respuesta *f.*
answer the phone/e-mails contestar *v.* los teléfonos/los correos **11 (1)**
answering machine contestadora *f.*
anthropology antropología *f.* **1 (1)**
antibiotic antibiótico *m.* **21 (2)**
any algún, alguno/a(s) *adj.* **18 (2)**
anyone alguien *pron.*
anything algo *pron.* **18 (2)**
apartment apartamento *m.* **18 (2)**
apartment building edificio de apartamentos
appear parecer *v.*
appetizers entremeses *m., pl.*
applaud aplaudir *v.*
apple manzana *f.* **9 (1)**
appliance (electric) electrodoméstico *m.*
applicant aspirante *m., f.*
application solicitud *f.* **28 (2)**
job application solicitud de trabajo
apply (for a job) solicitar *v.* **28 (2)**
apply for a loan pedir *v.* un préstamo
appointment cita *f.*
have an appointment tener *v.* una cita
appreciate apreciar *v.*
April abril *m.* **13 (1)**
aquatic acuático/a *adj.*
archaeologist arqueólogo/a *m., f.*
architect arquitecto/a *m., f.*
area región *f.*
argue (about/with) discutir v. (de/con) **8 (1)**
arm brazo *m.* **21 (2)**
arm chair sillón *m.* **18 (2)**
army ejército *m.*
around por *prep.*
around here por aquí
arrange arreglar *v.*
arrival llegada *f.*
arrive llegar *v.*
arrive (get) home on time/late/early llegar a tiempo/tarde/temprano a casa **5 (1)**
arrogant arrogante *adj.* **3 (1)**
art arte *m.*
fine arts bellas artes *f., pl.*

article *m.* artículo
artist artista *m., f.*
artistic artístico/a *adj.*
art exhibition exhibición de arte *f.* 8 (1)
arts artes *f., pl.*
as como *conj.*
as...(*adj.*) as tan... (*adj.*) como 17 (2)
as a child de niño/a 22 (2)
as much/many... (*noun*) as tantos/as...(*noun*) como 17 (2)
as much as tanto como 17 (2)
as soon as en cuanto *conj.* 30 (2); tan pronto como *conj.*
ask (a question) preguntar *v.*
ask for pedir (e:i) *v.* 9 (1), 24 (2)
ask someone out invitar a salir 11 (1)
asparagus espárragos *m., pl.*
aspirin aspirina *f.* 21 (2)
astronomy astronomía *f.* 1 (1)
at a *prep.*; en *prep.*
at + time a la(s) + *time*
at home en casa
at least por lo menos
at night por la noche 5 (1)
at that time en aquel entonces 22 (2)
at the end (of) al fondo (de)
At what time...? ¿A qué hora...? 2 (1)
At your service A sus órdenes.
attend asistir (a) *v.*
attend to the customers/clients atender(e:ie) *v.* a los clientes 11 (1)
attic altillo *m.*
attract atraer *v.*
attractive atractivo/a *adj.* 3 (1)
audience público *m.*
auditorium auditorio *m.* 2 (1)
August agosto *m.* 13 (1)
aunt tía *f.* 4 (1)
aunts and uncles tíos *m., pl.* 4 (1)
automatic automático/a *adj.*
automatic teller machine (ATM) cajero automático
automobile automóvil *m.*
autumn otoño *m.*
avenue avenida *f.* 26 (2)
avoid evitar *v.* 26 (2)
avoid fines; tickets evitar *v.* las multas 26 (2)
award premio *m.*

B

back espalda *f.* 21 (2)
back then en esos tiempos 22 (2)
baby-sitter niñero/a *m. f.* 11 (1)
backpack mochila *f.* 2 (1)
bad mal, malo/a *adj.* 6 (1)
It's bad that... Es malo que...
It's not bad at all. No está nada mal.
bag bolsa *f.* 13 (1)
baked potato papa al horno *f.* 9 (1)
bakery panadería *f.*
balanced equilibrado/a *adj.*
balanced diet dieta equilibrada
balcony balcón *m.*
ball pelota *f.* 22 (2)
play ball jugar a la pelota 22 (2)
ballet ballet *m.*
banana banana *f.* 9 (1)
band banda *f.*
bank banco *m.*
bargain ganga *f.*; regatear *v.*
baseball (game) béisbol *m.*
basement sótano *m.*
basketball (game) baloncesto *m.*
bath baño *m.*
bathtub tina *f.* 18 (2)
take a bath bañarse *v.*
take a bath/shower at night bañarse *v.* por la noche 14 (1)
bathe bañarse *v.*
take a bath/shower at night bañarse *v.* por la noche 14 (1)
bathing suit traje *m.* de baño 13 (1)
bathroom baño *m.* 18 (2); cuarto de baño *m.*
bathtub tina *f.* 18 (2)
be ser *v.* 4 (1), 20 (2); estar *v.* 15 (1), 20 (2)
be at/in/on estar *v.* en 8 (1)
be clean estar limpio/a 18 (2)
be a crybaby ser llorón/llorona 22 (2)
be dirty estar sucio/a 18 (2)
be dizzy estar mareado/a 21 (2)
be in bed estar en cama 15 (1)
be in class estar en clase 15 (1)
be mischievous ser travieso/a 22 (2)
be rebellious ser rebelde 22 (2)
be spoiled ser consentido/a 22 (2)
be inside estar adentro/dentro de 15 (1)
be messy estar desarreglado/a 18 (2)
be on vacation estar de vacaciones 15 (1)
be outside estar afuera/fuera de 15 (1)
be rebellious ser rebelde 22 (2)
be sore estar adolorido/a 21 (2)
be tidy estar arreglado/a 18 (2)
be... years old tener... años
beach playa *f.* 8 (1)
go to the beach ir a la playa
beans frijoles *m., pl.* 9 (1)
beautiful hermoso/a *adj.*
beauty belleza *f.*
beauty salon peluquería *f.*; salón *m.* de belleza
because porque *conj.*
because of por *prep.*
become (+ *adj.*) ponerse (+ *adj.*); convertirse *v.*
get/become sad/happy ponerse *v.* triste/feliz 20 (2)
bed cama *f.* 18 (2)
go to bed acostarse (o:ue) *v.* 17 (2)
go to bed late acostarse (o:ue) *v.* tarde 14 (1)
be in bed estar en cama 15 (1)
bedroom alcoba *f.*; cuarto *m.*; recámara *f.*
beef carne *f.* de res 9 (1)
beef soup caldo *m.* de patas
been sido *p.p.*
beer cerveza *f.* 9 (1)
before antes *adv.* 22 (2); antes de *prep.*; antes (de) que *conj.* 30 (2)
beg rogar (o:ue) *v.*
begin comenzar (e:ie) *v.*; empezar (e:ie) *v.*
behalf: on behalf of de parte de
behave portarse *v.* bien 22 (2)
behind detrás de *prep.* atrás *adv.* 25 (2)
from behind por atrás 25 (2)
believe creer *v.* 17 (2)
believe (in) creer *v.* (en)
believed creído *p.p.*
bellhop botones *m., f., sing.*
beloved enamorado/a *adj.*
below debajo de *prep.*
belt cinturón *m.*
benefit beneficio *m.*
beside al lado de *prep.*
besides además (de) *adv.*
best mejor *adj.*
better than mejor que *adj.* 17 (2)
the best el/la mejor *m., f.*; lo mejor *neuter*
better mejor *adj.* 21 (2)
feel better sentirse(e:ie) mejor 21 (2)
It's better that... Es mejor que...
between entre *prep.*
bicycle bicicleta *f.* 18 (2)
ride a bike andar *v.* en bicicleta 18 (2) , 20 (2)
big gran, grande *adj.*
bigger mayor *adj.*
biggest, (the) el/la mayor *m., f.*
bikini bikini *m.* 13 (1)
bill cuenta *f.* 9 (1)
billion mil millones
biology biología *f.* 1 (1)
bird pájaro *m.* 4 (1); ave *f.*
birth nacimiento *m.*
birthday cumpleaños *m., sing.*
birthday cake pastel de cumpleaños
birthday song mañanitas *f., pl.* 20 (2)
have a birthday cumplir *v.* años
biscuit bizcocho *m.*
black negro/a *adj.* 13 (1)

blackberry mora *f.*
blanket manta *f.*
block (city) cuadra *f.* 26 (2)
blond(e) rubio/a *adj.* 6 (1)
blouse blusa *f.* 13 (1)
blow golpe *m.* 25 (2)
blue azul *adj.* 13 (1)
boarding house pensión *f.*
boat barco *m.*
body cuerpo *m.* 21 (2)
bone hueso *m.*
book libro *m.* 2 (1)
bookcase estante *m.*
bookshelves estante *m.*
bookstore librería *f.* 2 (1)
boot bota *f.*
bore aburrir *v.*
bored aburrido/a *adj.* 15 (1)
be bored estar *v.* aburrido/a 15 (1)
get bored aburrirse *v.*
boring aburrido/a *adj.* 6 (1)
born: be born nacer *v.*
borrow pedir prestado
borrow things pedir (e:i) cosas prestadas 11 (1)
borrowed prestado/a *adj.*
boss jefe *m.*, jefa *f.* 11 (1)
bottle botella *f.*
bottle of wine botella de vino
bother molestar *v.* 19 (2)
bottom fondo *m.*
boulevard bulevar *m.*
bowling alley boliche *m.* 8 (1)
boy chico *m.* 4 (1); muchacho; niño *m.* 4 (1)
boyfriend novio *m.* 4 (1)
brake frenar *v.* 26 (2)
brakes frenos *m., pl.*
bread pan *m.*
break romper(se) *v.* 21 (2)
break a piñata romper *v.* la piñata 22 (2)
break (one's leg)/an arm romperse (la pierna)/(un brazo) 21 (2)
breakdown dañar *v.*
The bus broke down. Se nos dañó el autobús.
break up (with) romper *v.* (con)
breakfast desayuno *m.* 9 (1)
have breakfast desayunar *v.* 9 (1)
breathe respirar *v.*
bring traer *v.* 20 (2), 24 (2); **(someone/ an animal/something inanimate)** llevar *v.* a (+person/object)
broadcast transmitir *v.*; emitir *v.*
broccoli brócoli *m.* 9 (1)
brochure folleto *m.*
broken roto/a *adj.*; roto/a *p.p.* 28 (2)
be broken estar roto/a
brother hermano *m.* 4 (1)
brother-in-law cuñado *m., f.* 4 (1)
brothers and sisters hermanos *m., pl.* 4 (1)
brought traído/a *p.p.*
brown café *adj.* 13 (1); marrón *adj.* 13 (1)
brunet(te) moreno/a *adj.* 6 (1)
brush cepillar *v.*
brush one's hair cepillarse el pelo
brush one's teeth cepillarse *v.* los dientes; lavarse *v.* los dientes 14 (1)
build construir *v.*
building edificio *m.*
bullfight corrida *f.* de toros
bump golpe *m.* 25 (2)
bump into (meet accidentally) darse con
burned (out) quemado/a *adj.*
bus autobús *m.*
bus station estación *f.* de autobuses
business negocios *m., pl.*
business administration administración *f.* de empresas
business administrator administrador/a de empresas *m., f.* 12 (1)
business-related comercial *adj.*
businessman hombre *m.* de negocios
businesswoman mujer *f.* de negocios
busy ocupado/a *adj.* 15 (1)
but pero *conj.*; sino *conj.* *(in negative sentences)*
butcher shop carnicería *f.*
butter mantequilla *f.*
buy comprar *v.* 5 (1)
by por *conj.*; para *prep.*
by car en coche 20 (2)
by means of por *prep.*
by phone por teléfono
by plane en avión 20 (2)
by way of por *prep.*
Bye. Chau. *interj. fam.*

C

cabin cabaña *f.*
cable television televisión *f.* por cable *m.*
café café *m.* 8 (1)
cafeteria cafetería *f.* 2 (1)
cake pastel *m.* 9 (1)
calculator calculadora *f.* 2 (1)
call llamar *v.* 11 (1)
call on the phone llamar por teléfono
call the police llamar a la policía 23 (2)
be called llamarse *v.*
calm tranquilo/a *adj.* 3 (1)
Stay calm! ¡Tranquilo/a!
calorie caloría *f.*
camera cámara *f.*
digital camera cámara digital
camp acampar *v.* 18 (2)
to go camping ir de campamento 18 (2)
can lata *f.*
can poder (o:ue) *v.* 10 (1), 20 (2)
Canadian canadiense *adj.*
candidate aspirante *m. f.*; candidato/a *m., f.*
candy dulces *m., pl.* 9 (1)
capital city capital *f.*
car coche *m.*; carro *m.*; auto(móvil) *m.*
go by car ir *v.* en coche 20 (2)
caramel caramelo *m.*
card tarjeta *f.*; (playing) carta *f.*
care cuidado *m.*
take care of cuidar *v.*
career carrera *f.*
careful: be (very) careful tener *v.* (mucho) cuidado
caretaker ama *m., f.* de casa 11 (1)
carpenter carpintero/a *m., f.*
carpet alfombra *f.* 18 (2)
carrot zanahoria *f.* 9 (1)
carry llevar *v.*
cartoons dibujos *m., pl.* animados 22 (2)
watch cartoons ver *v.* los dibujos animados 22 (2)
case: in case (that) en caso (de) que
cash (a check) cobrar *v.*; efectivo *m.*
cash register caja *f.*
pay in cash pagar *v.* al contado pagar en efectivo
cashier cajero/a *m., f.*
cat gato/a *m., f.* 4 (1), 18 (2)
feed the cat darle de comer al gato 18 (2)
Catholic school colegio católico *m.* 22 (2)
CD player reproductor *m.* de CD
celebrate celebrar *v.* 28 (2)
cellar sótano *m.*
cellular celular *adj.*
cellular telephone teléfono *m.* celular
cereal cereales *m., pl.* 9 (1)
certain cierto *m.*; seguro *m.*
it's (not) certain (no) es seguro/cierto
chair silla *f.* 2 (1), 18 (2)
chalk tiza *f.*
chalkboard pizzara *f.*
chalkboard pizzarón *f.* 2 (1)
champagne champán *m.*
change cambiar *v.* (de) 28 (2)
channel (TV) canal *m.*
character (fictional) personaje *m.*
main character personaje principal
charge (for a product or service) cobrar *v.*
chauffeur conductor(a) *m., f.*
chat conversar *v.*

cheap barato/a *adj.*
check comprobar *v.*; revisar *v.*; **(bank)** cheque *m.*
check the oil revisar *v.* el aceite
check the tires revisar *v.* las llantas 26 (2)
checkers (game) damas chinas *f., pl.* 22 (2)
play checkers jugar a las damas chinas 22 (2)
checking account cuenta *f.* corriente
cheese queso *m.* 9 (1)
chef cocinero/a *m., f.*
chemistry química *f.* 1 (1)
chest of drawers cómoda *f.*
chicken pollo *m.* 9 (1)
child niño/a *m., f.* 4 (1)
as a child de niño/a 22 (2)
childhood niñez *f.*
children hijos *m., pl* 4 (1)
Chinese chino/a *adj.*
chocolate chocolate *m.*
chocolate cake pastel *m.* de chocolate
cholesterol colesterol *m.*
choose escoger *v.*
chop (food) chuleta *f.*
Christmas Navidad *f.*
church iglesia *f.* 8 (1)
citizen ciudadano/a *m., f.*
city ciudad *f.*
class clase *f.*
take classes tomar *v.* clases 5 (1)
be in class estar en clase 15 (1)
classroom salón de clase *m.* 2 (1)
classical clásico/a *adj.*
classmate compañero/a *m., f.* de clase 2 (1)
clean limpio/a *adj.* 18 (2); limpiar *v.*
be clean estar limpio/a 18 (2)
clean the house *v.* limpiar la casa
clean the (one's) room limpiar el cuarto 5 (1)
clear (weather) despejado/a *adj.*
clear the table quitar *v.* la mesa; recoger *v.* la mesa 18 (2)
It's clear. (weather) Está despejado.
clerk dependiente/a *m., f.* empleado/a *m., f.* 11 (1)
client cliente/a *m., f.*
climb escalar *v.*
climb mountains escalar montañas
climb trees subir(se) a los árboles 22 (2)
clinic clínica *f.*
clock reloj *m.* 2 (1)
close cerrar (e:ie) *v.*
closed cerrado/a *adj.*
closet armario *m.*; clóset *m.* 18 (2)
clothes ropa *f.* 20 (2)
clothes dryer secadora *f.*
clothing ropa *f.*
cloud nube *f.*
cloudy nublado/a *adj.*
It's (very) cloudy Está (muy) nublado
coat abrigo *m.* 13 (1)
coffee café *m.* 9 (1)
coffee maker cafetera *f.*
cold frío *m.*; **(disease)** resfriado *m.*; **(sickness)** catarro *m.* 21 (2)
be (very) cold (feel) tener (mucho) frío
It's (very) cold. (weather) Hace (mucho) frío. 13 (1)
have a cold tener (el) catarro 21 (2)
college universidad *f.*
collision choque *m.*
color color *m.* 13 (1); colorear *v.* 22 (2)
comb one's hair peinarse *v.*
come venir *v.* 10 (1), 20 (2)
comedy comedia *f.*
comfortable cómodo/a *adj.* 20 (2)
commerce negocios *m., pl.*
commercial comercial *adj.*
communicate (with) comunicarse *v.* (con)
communication comunicación *f.*
means of communication medios *m., pl.* de comunicación
community comunidad *f.*
compact disc (CD) disco *m.* compacto
compact disc player reproductor *m.* de CD
company compañía *f.*; empresa *f.* 28 (2)
comparison comparación *f.*
competent competente *adj.* 3(1)
completely completamente *adv.*
composer compositor(a) *m., f.*
computer computadora *f.*
computer disc disco *m.*
computer monitor monitor *m.*
computer programmer programador(a) *m., f.* 12 (1)
computer science computación *f.*
computer technician técnico/a en computación *m., f.* 12 (1)
concerned: to be concerned temer *v.*
concert concierto *m.*
conductor (musical) director(a) *m., f.*
confirm confirmar *v.*
confirm a reservation confirmar una reservación
congested congestionado/a *adj.*
Congratulations! (for an event such as a birthday or anniversary) ¡Felicidades!; **(for an event such as an engagement or a good grade on a test)** *f., pl.* ¡Felicitaciones!
conservation conservación *f.*
conserve conservar *v.*
considering para *prep.*
consume consumir *v.*
contact lenses lentes *m. pl.* de contacto
container envase *m.*
contamination contaminación *f.*
content contento/a *adj.*
contest concurso *m.*
continue (studying) seguir (e:i) (estudiando) *v.* 28 (2)
control control *m.*; controlar *v.*
be under control estar bajo control
conversation conversación *f.*
converse conversar *v.*
cook cocinar *v.*; cocinero/a *m., f.*
cookie galleta *f.* 9 (1)
cool fresco/a *adj.*
It's cool. (weather) Hace fresco. 13 (1)
corn maíz *m.*
corner esquina *m.* 26 (2)
cost costar (o:ue) *v.*
costume disfraz *m.* 20 (2)
wear a ... costume disfrazarse *v.* de... 20 (2)
cotton algodón *m.*
(made of) cotton de algodón
couch sofá *m.* 18 (2)
couch potato teleadicto/a *m., f.*
cough tos *f.* 21 (2); toser *v.*
cough syrup jarabe para la tos *m.* 21 (2)
have a cough tener (la) tos 21 (2)
counselor consejero/a *m., f.* 2 (1)
count (on) contar *v.* (con)
country (nation) país *m.*
countryside campo *m.*; paisaje *m.*
couple pareja *f.*
couple (married) matrimonio *m.*
course curso *m.*; materia *f.*
courtesy cortesía *f.*
cousin primo/a *m., f.* 4 (1)
depressed deprimido/a *adj.* 15 (1)
cover cubrir *v.*
covered cubierto *p.p.*
cow vaca *f.*
cowboy vaquero *m.*
crafts artesanía *f.*
craftsmanship artesanía *f.*
crash chocar *v.* (con)
crater cráter *m.*
crazy loco/a *adj.*
create crear *v.*
creative creativo/a *adj.* 3 (1)
credit crédito *m.*
credit card tarjeta *f.* de crédito
crime crimen *m.*
cross cruzar *v.*
cross the street cruzar *v.* la calle 26 (2)
crybaby llorón/llorona *m.f.* 22 (2)
be a crybaby ser llorón/llorona 22 (2)
culture cultura *f.*
cup taza *f.*
currency exchange cambio *m.* de moneda
current events actualidades *f., pl.*
curriculum vitae currículum *m.*

curtains cortinas *f., pl.*
custard (baked) flan *m.* 9 (1)
custom costumbre *f.*
customer cliente/a *m., f.*
customs aduana *f.*
customs inspector inspector(a) *m., f.* de aduanas
cycling ciclismo *m.*

D

dad papá *m.*
daily diario/a *adj.*
daily routine rutina *f.* diaria
damage dañar *v.*
dance bailar *v.* 5(1); danza *f.* baile *m.*
dancer bailarín/bailarina *m., f.*
danger peligro *m.*
dangerous peligroso/a *adj.*
dark-haired moreno/a *adj.* 6 (1)
dark-skinned moreno/a *adj.* 6 (1)
date (appointment) cita *f.*; **(calendar)** fecha *f.*; **(someone)** salir *v.* con (alguien)
date: have a date tener *v.* una cita
daughter hija *f.* 4 (1)
daughter-in-law nuera *f.*
day día *m.*
day before yesterday anteayer *adv.*
dead muerto/a *p.p.* 28 (2)
deal trato *m.*
It's a deal. Trato hecho.
It's not a big deal. No es para tanto.
death muerte *f.*
decaffeinated descafeinado/a *adj.*
December diciembre *m.* 13 (1)
decide decidir *v.*
decided decidido/a *adj.*
declare declarar *v.*
decorate the tree poner *v.* el árbol 20 (2)
deforestation deforestación *f.*
delicious delicioso/a *adj.*; rico/a *adj.* 6 (1); sabroso/a *adj.*
delighted encantado/a *adj.*
dent golpe *m.* 25 (2)
dental hygienist higienista dental *m., f.* 12 (1)
dentist dentista *m., f.*
deny negar (e: ie) *v.*
department store almacén *m.*
departure salida *f.*
deposit depositar *v.*
describe describir *v.*
described descrito/a *p.p.*
desert desierto *m.*
design diseño *m.*
designer diseñador(a) *m., f.*
graphic designer diseñador(a) gráfico/a *m., f.* 12 (1)
desire desear *v.*
desk escritorio **(teacher's)** *m.* 2 (1); pupitre **(student's)** *m.* 2 (1)
dessert postre *m.*
destroy destruir *v.*
develop desarrollar *v.*
diary diario *m.*
dictatorship dictadura *f.*
dictionary diccionario *m.* 2 (1)
did hecho/a *p.p.* 28 (2)
die morir (o:ue) *v.*
died muerto/a *p.p.*
diet dieta *f.*
balanced diet dieta equilibrada
be on a diet estar *v.* a dieta
eat a balanced diet seguir una dieta equilibrada
difficult difícil *adj.* 6 (1)
dining room comedor *m.* 18 (2)
dinner cena *f.* 9 (1)
have dinner cenar *v.* 9 (1)
direction: in the direction of para *prep.*
directions: give directions indicar cómo llegar *v.*
director director(a) *m., f.*
dirty ensuciar *v.*; sucio/a *adj.* 18 (2)
be dirty estar sucio/a 18 (2)
get (something) dirty ensuciar *v.*
disappointed desilusionado/a *adj.* 15 (1)
disadvantage desventaja *f.* 11 (1)
disagree no estar de acuerdo
disaster desastre *m.*
disco discoteca *f.* 8 (1)
discover descubrir *v.*
discovered descubierto *p.p.*
discreet discreto/a *adj.* 3 (1)
discrimination discriminación *f.*
discuss (about/with) discutir *v.* (de/con) 8 (1)
dish plato *m.* 9 (1); platillo *m.* 9 (1)
main dish plato principal
do (wash) the dishes lavar los platos 18 (2)
dishonest deshonesto/a *adj.* 3 (1)
dishwasher lavaplatos *m., sing.*
disk disco *m.*
dislike chocar *v.* 19 (2)
disobey desobedecer (c:zc) *v.* 22 (2)
disorderly desordenado/a *adj.* 6 (1)
dive bucear *v.* 18 (2)
divorce divorcio *m.*
divorced divorciado/a *adj.*
get divorced (from) divorciarse *v.* (de) 28 (2)
dizzy mareado/a *adj.* 21 (2)
be dizzy estar mareado/a 21 (2)
do hacer *v.* 8 (1), 20 (2)
do aerobics hacer ejercicios aeróbicos
do errands hacer diligencias
do household chores hacer quehaceres domésticos
do homework hacer la tarea 8 (1)
do stretching exercises hacer ejercicios de estiramiento
do puzzles armar rompecabezas *v.* 22 (2)
do (wash) the dishes lavar los platos 18 (2)
do well/badly in class/exams salir bien/mal en las clases/los exámenes 11 (1)
doctor médico/a *m., f.*; doctor(a) *m., f.*; 1 (1), 8 (1)
documentary (film) documental *m.*
dog perro/a *m., f.* 4 (1), 18 (2)
take out (walk) the dog sacar al perro a pasear 18 (2)
doll muñeca *f.* 22 (2)
play with dolls jugar a las muñecas 22 (2)
domestic doméstico/a *adj.*
domestic appliance electrodoméstico *m.*
done hecho/a *p.p.*
door puerta *f.* 2 (1)
donut dona *f.* 9 (1)
dormitory residencia *f.* estudiantil 2 (1)
double doble *adj.*
double room habitación *f.* doble
doubt duda *f.*; dudar *v.*
There is no doubt... No cabe duda de...; No hay duda de...
Down with... ! ¡Abajo el/la...!
downtown centro *m.*
drama drama *m.* 1 (1)
dramatic dramático/a *adj.*
draw dibujar *v.* 22 (2)
drawing dibujo *m.*
dress vestido *m.* 13 (1)
get dressed vestirse (e:i) *v.*
drink beber *v.* 8 (1); bebida *f.*; tomar *v.*
Do you want something to drink? ¿Quieres algo de tomar?
drink coffee tomar *v.* café 5 (1)
drive conducir *v.*; manejar *v.* 10 (1)
driver conductor(a) *m., f.* 26 (2); chofer *m., f.*
driver's license licencia *f.* de conducir/manejar 26 (2)
drug *f.* droga
drug addict drogadicto/a *adj.*
drunk borracho(a) *adj.* 15 (1)
due to por *prep.*
due to the fact that debido a
dumb tonto/a *adj.* 6 (1)
during durante *prep.*; por *prep.*
dust sacudir *v.*
dust the furniture sacudir los muebles
DVD player reproductor de DVD *m.* 2 (1)
dying: I'm dying to (for)... me muero por...

E

each cada *adj.* 22 (2)
  each year cada año *adj.* 22(2)
eagle águila *f.*
ear (outer) oreja *f.*
early temprano *adv.*
earn ganar *v.*
earthquake terremoto *m.*
ease aliviar *v.*
east este *m.* 26 (2)
  to the east al este 26 (2)
easy fácil *adj.* 6 (1)
  extremely easy facilísimo
eat comer *v.* 8 (1), 9 (1)
ecological ecologista *adj.*
ecologist ecologista *adj.*
ecology ecología *f.*
economics economía *f.* 1 (1)
ecotourism ecoturismo *m.*
Ecuador Ecuador *m.*
Ecuadorian ecuatoriano/a *adj.*
effective eficaz *adj. m., f.*
egg huevo *m.* 9 (1)
eight ocho 1 (1)
eight hundred ochocientos/as
eighteen dieciocho 1 (1)
eighth octavo/a
eighty ochenta 4 (1)
either... or o... o *conj.*
elect elegir *v.*
election elecciones *f., pl.*
electrician electricista *m., f.*
electricity luz *f.*
elegant elegante *adj.*
elementary school primaria *f.* 22 (2)
elevator ascensor *m.*
eleven once 1 (1)
e-mail correo *m.* electrónico
  e-mail message mensaje *m.* electrónico
  read e-mail leer *v.* el correo electrónico
embarrassed avergonzado/a *adj.*
embrace (each other) abrazar(se) *v.*
emergency emergencia *f.*
  emergency room sala *f.* de emergencia(s)
employee empleado/a *m., f.* 11 (1)
employment empleo *m.*
end fin *m.*; terminar *v.*
  end table mesita *f.* 18 (2)
energy energía *f.*
engaged: get engaged (to) comprometerse *v.* (con)
engineer ingeniero/a *m., f.*
  computer engineer ingeniero/a en computación *m., f.* 12 (1)
  environmental engineer ingeniero/a ambientalista *m., f.* 12 (1)
English (language) inglés *m.* 1 (1); inglés, inglesa *adj.*
enjoy disfrutar *v.* (de)
have/enjoy good health tener buena salud 21 (2)
enough bastante *adj.*
enter entrar *v.* 28 (2)
entertainment diversión *f.*
entrance entrada *f.* 26 (2)
  first/second entrance la primera/segunda entrada 26 (2)
envelope sobre *m.*
environment medio ambiente *m.*
equality igualdad *f.*
equipped equipado/a *adj.*
eraser borrador *m.*
errand diligencia *f.*
establish establecer *v.*
evening tarde *f.*
event acontecimiento *m.*
ever alguna vez *adv.* 28 (2)
every day todos los días 5 (1), 8 (1)
everybody todos *m., pl.*
everything todo *m.*
  Everything is under control Todo está bajo control
exactly en punto *adv.*
exam examen *m.*
excellent excelente *adj.* 3 (1)
excess exceso *m.*
  in excess en exceso
exchange intercambiar *v.*
  in exchange for por
excited emocionado/a *adj.* 15 (1)
exciting emocionante *adj. m., f.*
excursion excursión *f.* 18 (2)
excuse disculpar *v.*
Excuse me. (May I?) Con permiso; **(I beg your pardon.)** Perdón.
exercise ejercicio *m.* hacer *v.* ejercicio 8 (1)
exit salida *f.*
expensive caro/a *adj.*
experience experiencia *f.*
explain explicar *v.* 24 (2)
explore explorar *v.*
  explore a city/town explorar una ciudad/pueblo
expression expresión *f.*
expressway autopista *f.* 26 (2)
extinction extinción *f.*
extrovert extrovertido/a *adj.* 3 (1)
eye ojo *m.* 21 (2)

F

fabulous fabuloso/a *adj*
face cara *f.* 21 (2)
facing enfrente de *prep.*
fact: in fact de hecho
factory fábrica *f.*
fall (down) caerse *v.*
  fall asleep dormirse (o:ue) *v.*
  fall in love (with) enamorarse *v.* (de) 28 (2)
fall (season) otoño *m.* 13 (1)
fallen caído/a *p.p.*
family familia *f.*
famous famoso/a *adj.*
fan aficionado/a *adj.*
  be a fan (of) ser aficionado/a (a)
far from lejos de *prep.*
farewell despedida *f.*
fascinate fascinar *v.* 19 (2)
fashion moda *f.*
  be in fashion estar *v.* de moda
fast rápido/a *adj.*
fat gordo/a *adj.* 6 (1); grasa *f.*
father padre *m.* 4 (1)
father-in-law suegro *m.* 4 (1)
fault culpa *f.* 25 (2)
favorite favorito/a *adj.*
fax (machine) fax *m.*
fear miedo *m.*; temer *v.*
February febrero *m.* 13 (1)
feed the cat darle de comer al gato 18 (2)
feel *v.* sentir(se) (e:ie) 15 (1), 21 (2)
  feel better/worse sentirse (e:ie) mejor/peor 21 (2)
  feel like (doing something) tener ganas de (+ *inf.*) 7 (1)
  feel the same sentirse(e:ie) igual 21 (2)
  feel well/ill/horrible sentirse(e:ie) bien/mal/fatal 21 (2)
festival festival *m.*
fever fiebre *f.* 21 (2)
  have a fever tener *v.* (la) fiebre 21 (2)
few pocos/as *adj. pl.*
field: field of study especialización *f.*
fight pelearse *v.* 22 (2)
fifteen quince 1 (1)
  young woman celebrating her fifteenth birthday quinceañera *f.*
fifth quinto/a *adj.*
fifty cincuenta 4 (1)
fight luchar *v.* (por)
figure (number) cifra *f.*
file archivo *m.*
fill llenar *v.*
  fill out a form llenar un formulario
  fill up the tank llenar el tanque
finally finalmente *adv*; por último; por fin
find encontrar (o:ue) *v.* 17 (2)
  find (each other) encontrar(se) *v.*
fine arts bellas artes *f., pl.*
fine multa *f.* 26 (2); bien *adv.*
  avoid fines evitar *v.* las multas 26 (2)
  That's fine. Está bien.
finger dedo *m.*
finish terminar *v.* 28 (2)
  finish (doing something) terminar *v.* de (+ *inf.*)
fire incendio *m.*; despedir (e:i) *v.*
fireworks fuegos artificiales *pl., m.* 20 (2)
firefighter bombero/a *m., f.* 12 (1)
firm compañía *f.*; empresa *f.*

first primer, primero/a *adj.*
fish (food) pescado *m.* 9 (1); pescar *v.*; **(live)** pez *m.* 4 (1)
fish market pescadería *f.*
fisherman pescador *m.*
fisherwoman pescadora *f.*
fishing pesca *f.*
fit (clothing) quedar *v.*
five cinco
five hundred quinientos/as
fix (put in working order) arreglar *v.*
fixed fijo/a *adj.*
flag bandera *f.* 2 (1)
flan flan *m.* 9 (1)
flank steak lomo *m.*
flat tire: We got a flat tire. Se nos pinchó una llanta.
flexible flexible *adj.* 3 (1)
flood inundación *f.*
floor (story in a building) piso m.; suelo *m.*
ground floor planta *f.* baja
top floor planta *f.* alta
flower flor *f.*
flu gripe *f.* 21 (2)
have the flu tener (la) gripe 21 (2)
fog niebla *f.*
foggy: It's (very) foggy. Hay (mucha) niebla.
folk folklórico/a *adj.*
follow seguir (e:i) *v.*
food comida *f.* 5 (1)
foolish tonto/a *adj.* 6 (1)
foot pie *m.*
football fútbol *m.* americano
for para *prep.*; por *prep.*
for example por ejemplo
for me para mí
for (five years) durante (cinco) años 15 (1)
forbid prohibir *v.*
foreign extranjero/a *adj.*
foreign languages lenguas *f,. pl.* extranjeras
forensic investigator investigador(a) forense *m., f.* 12 (1)
forest bosque *m.*
forget olvidar *v.*
fork tenedor *m.*
form formulario *m.*
formal *adj.* formal 20 (2)
forty cuarenta 4 (1)
forward en marcha *adv.*
four cuatro 1 (1)
four hundred cuatrocientos/as
fourteen catorce 1 (1)
fourth cuarto/a *adj.*
free libre *adj.*
be free of charge ser gratis
free time tiempo *m.* libre; ratos *m., pl.* libres
freedom libertad *f.*
freeway autopista *f.* 26 (2)
freezer congelador *m.*
French francés, francesa *adj.*
French fries papas *f., pl* fritas; patatas *f., pl* fritas 9 (1)
frequently frecuentemente *adv.*; con frecuencia 8 (1)
Friday viernes *m., sing.* 5 (1)
(on) Fridays los viernes *m., pl.* 5 (1)
fried frito/a *adj.*
fried potatoes papas *f., pl.* fritas; patatas *f., pl.* fritas
friend amigo/a *m., f.* 4 (1)
friendly amable *adj.* 6 (1)
friendship amistad *f.*
fringe benefits prestaciones *f., pl.* 11 (1)
from de *prep.*; desde *prep.*
from behind por atrás 25 (2)
from where? ¿de dónde?
from the left side del lado izquierdo 23 (2)
from the right side del lado derecho 23 (2)
from the United States estadounidense *adj.*
from time to time de vez en cuando 22 (2)
He/She/It is from... Es de...
I'm from... Soy de...
fruit fruta *f.* 9 (1)
fruit juice jugo *m.* de fruta
fruit shop frutería *f.*
full lleno/a *adj.*
fun divertido/a *adj.* 6 (1)
fun activity diversión *f.*
have fun divertirse (e:ie) *v.* 14 (1)
function funcionar *v.*
funny gracioso/a *adj.* 6 (1)
furniture muebles *m., pl.* 18 (2)
furthermore además (de) *adv.*
future futuro *m.*; porvenir *m.*
in the future en el futuro

G

gain weight aumentar *v.* de peso; engordar *v.*
game (match) partido *m.*; juego *m.*
soccer game partido de fútbol *m.* 8(1)
game show concurso *m.*
garage garaje *m.* 18 (2)
garden jardín *m.* 18 (2)
garlic ajo *m.*
gas station gasolinera *f.*
gasoline gasolina *f.* 26 (2)
run out of gas quedarse *v.* sin gasolina 26 (2)
generous generoso/a *adj.* 3 (1)
geography geografía *f.* 1 (1)
German alemán, alemana *adj.*
get conseguir (e:i) *v.*; obtener *v.*
get along well/badly (with) llevarse bien/mal (con) 22 (2)
get/become sad/happy ponerse *v.* triste/feliz 20 (2)
get bored aburrirse *v.*
get e-mail recibir *v.* correo **electrónico** 8 (1)
get gifts recibir *v.* regalos 8 (1)
get good grades sacar buenas notas 5 (1)
get home on time/late/early llegar a tiempo/tarde/temprano a casa 5 (1)
get into trouble hacer *v.* travesuras 22 (2)
get off at... salirse *v.* en... 26 (2)
get off of/out of (a vehicle) bajar(se) *v.* de
get off, leave early/late salir temprano/tarde 11 (1)
get on/into (a vehicle) subir(se) *v.* a
get together juntarse *v.* 14 (1)
get up levantarse *v.* 14 (1)
get up early levantarse *v.* 14 (1)
gift regalo *m.*
girl chica *f.* 4 (1); muchacha; niña *f.* 4 (1)
girlfriend novia *f.* 4 (1)
give dar *v.* 20 (2), 24 (2); **(as a gift)** regalar 20 (2)
give directions indicar cómo llegar *v.*
give a kiss dar *v.* un beso 20 (2)
glass (drinking) vaso *m.*; vidrio *m.*
(made of) glass de vidrio
glasses gafas *f., pl.*
sunglasses gafas de sol
global warming calentamiento global *m.*
gloves guantes *m., pl.* 13 (1)
go ir *v.* 20 (2)
go away irse
go camping ir de campamento 18 (2)
go by boat ir en barco
go by bus ir en autobús
go by car ir en auto(móvil)/coche 20 (2)
go by motorcycle ir en motocicleta
go by plane ir en avión 20 (2)
go by subway ir en metro
go by taxi ir en taxi
go by the bank pasar por el banco
go by train ir en tren
go by pasar *v.* por
go down bajar *v.*
go fishing ir de pesca
go for a hike (in the mountains) ir de excursión (a las montañas) 18 (2)
go for a walk dar *v.* un paseo 18 (2)
go on rides subir(se) a los juegos 20 (2)
go on the swings subir(se) a los columpios 22 (2)

go on vacation irse *v.* de vacaciones **14 (1)**
go out salir *v.*
go out to dinner (with friends) salir a cenar (con los amigos) **8 (1)**
go out with salir con
go straight ahead for (three) blocks seguir derecho (tres) cuadras **26 (2)**
go through customs pasar por la aduana
go to ir a (+ place) **8 (1)**
go to bed late acostarse (o:ue) *v.* tarde **14 (1)**
go up subir *v.*
go with acompañar *v.*
Let's get going. En marcha.
Let's go. Vamos.
goblet copa *f.*
going to: be going to (do something) ir a *(+ inf.)* **7 (1)**
golf golf *m.*
good buen, bueno/a *adj.* **6 (1)**
Good afternoon. Buenas tardes. **1 (1)**
Good evening. Buenas noches. **1 (1)**
Good idea! ¡Buena idea!
Good morning. Buenos días. **1 (1)**
Good night. Buenas noches.
I'm good, thanks. Bien, gracias.
It's good that... Es bueno que...
goodbye adiós *m.* **1 (1)**
say goodbye (to) despedirse *v.* (de) (e:i)
good-looking guapo/a *adj.* **6 (1)**
government gobierno *m.* **28 (2)**
GPS navegador GPS *m.*
graduate (from) graduarse *v.* (de); recibirse *v.* **28 (2)**
graduation graduación *f.* **28 (2)**
grains cereales *m., pl.*
granddaughter nieta *f.* **4 (1)**
grandfather abuelo *m.* **4 (1)**
grandmother abuela *f.* **4 (1)**
grandparents abuelos *m., pl.* **4 (1)**
grandson nieto *m.* **4 (1)**
grape uva *f.* **9 (1)**
graphic designer diseñador/a gráfico/a *m., f.* **12 (1)**
grass hierba *f.*; césped *m.*; pasto *m.* **18 (2)**
grave grave *adj.*
gray gris *adj. m., f.* **13 (1)**
great gran, grande *adj.*; fenomenal *adj.*
green verde *adj. m., f.* **13 (1)**
greet (each other) saludar(se) *v.*
greeting saludo *m.*
Greetings to... Saludos a...
grill asador *m.* **18 (2)**
grilled (food) a la plancha
grilled flank steak lomo a la plancha
ground floor planta *f.* baja
guest (at a house/hotel) huésped *m., f.*; **(invited to a function)** invitado/a *m., f.*
guide guía *m., f.*
gym gimnasio *m.* **2 (1)**
gymnasium gimnasio *m.*

H

hair pelo *m.* **21 (2)**
hairdresser peluquero/a *m., f.*
hairdressing salon peluquería *f.*
half medio/a *adj.*
half-brother medio hermano
half-sister media hermana
half-past (time) y media
hallway pasillo *m.*
ham jamón *m.* **9 (1)**
hamburger hamburguesa *f.* **8 (1), 9 (1)**
hand mano *f.* **21 (2)**
Hands up! ¡Manos arriba!
handsome guapo/a *adj.*
happen ocurrir *v.*
happiness alegría *f.*
Happy birthday! ¡Feliz cumpleaños!
happy alegre *adj.*; contento/a *adj.* **15 (1)**; feliz *adj.* **20 (2)**
be happy alegrarse *v.* (de)
get/become happy ponerse *v.* feliz **20 (2)**
hard difícil *adj.*
hard-working trabajador(a) *adj.* **6 (1)**
hardly apenas *adv.*
haste prisa *f.*
hat sombrero *m.* **13 (1)**
hate odiar *v.*; chocar *v.* **19 (2)**
have tener *v.* **4 (1), 20 (2)**
have a(n)... ache tener (el) dolor de... **21 (2)**
have a cold tener (el) catarro **21 (2)**; **have a cough** tener (la) tos **21 (2)**
have a fever tener (la) fiebre **21 (2)**
Have a good trip! ¡Buen viaje!
Have a nice day! ¡Que te vaya bien! *fam.* **1 (1)**
Have a nice day! ¡Que le vaya bien! *form.* **1 (1)**
have a picnic hacer un picnic **18 (2)** **have a tooth pulled** sacar(se) una muela
have an infection tener una infección **21 (2)**
have/enjoy good health tener buena salud **21 (2)**
have insurance tener *v.* seguro *m.* **26 (2)**
have the flu tener (la) gripe **21 (2)**
have to (do something) tener que *(+ inf.)* **7 (1)**; deber *(+ inf.)*
(I) have been... for (three) days Hace (tres) dias que (yo)... **21 (2)**
he él *sub. pron.*
he is él es **3 (1)**
he/she/it is, you *(form., sing.)* **are** está
head cabeza *f.* **21 (2)**
headache dolor de cabeza *m.*
health salud *f.* **21 (2)**
health center enfermería, *f.* **2 (1)**
have/enjoy good health tener buena salud **21 (2)**
healthful saludable *adj.*
healthy sano/a, saludable *adj.*
lead a healthy life llevar *v.* una vida sana
hear oír *v.* **17 (2)**
heard oído/a *p.p.*
hearing: sense of hearing oído *m.*
heart corazón *m.*
heat calor *m.*
Hello. Hola. *interj.*; **(on the telephone)** Aló.; ¿Bueno?; Diga.
help ayudar *v.* **11 (1)**; servir (e:i) *v.*
help each other ayudarse *v.*
her su(s) *poss. adj.* **4 (1)**; la *pron.*; le *pron.*; *i.o. pron.* **19 (2)**
hers suyo(s)/a(s) *poss. pron.*
here aquí *adv.*
Here it is... Aquí está...
Here we are at/in... Aquí estamos en...
It's not here. No está.
Hi. Hola. *interj.* **1(1)**
hideout, hiding place escondite *m.* **22 (2)**
play hide-and-seek jugar a las escondidillas/al escondite **22 (2)**
highway autopista *f.* **26 (2)**; carretera *f.* **26 (2)**
high-heeled shoes zapatos de tacón *m., pl.* **13 (1)**
high school preparatoria (prepa) *f.* **22 (2)**; escuela secundaria *f.* **22 (2)**
hike excursión *f.* **18 (2)**
go on a hike hacer una excursión; ir de excursión **18 (2)**
hiker excursionista *m., f.*
hiking de excursión **18 (2)**
him lo *pron.*; le *pron., i.o. pron.* **19 (2)**
hire contratar *v.*
his su(s) *poss. adj.* **4 (1)**; suyo(s)/a(s) *poss. pron.*
history historia *f.* **1 (1)**
hit (a car) chocar *v.* con **26 (2)**
hit someone (from behind) pegarle *v.* (por atrás) **25 (2)**
hobby pasatiempo *m.*
hockey hockey *m.*
holiday día *m.* de fiesta
home hogar *m.*
home page página *f.* principal
stay home quedarse *v.* en casa **14 (1)**

homemaker ama *(m., f.)* de casa 11 (1)
homework tarea *f.*
honest honesto/a *adj.* **3 (1)**
honorable honesto/a *adj.* **3 (1)**
hood (car) capó *m.*
hope esperar *v.* **27 (2)**
I hope (that) ojalá (que) *interj.* 27 (2)
horrible *adj.* **horrible;** *(accident/injury/illness)* fatal **21 (2);** mortal
horror terror *m.*
hors d'oeuvres entremeses *m., pl.*
horse caballo *m.*
hospital hospital *m.*
hot picante *adj.*
hot: be (very) hot (feel) tener (mucho) calor; **(weather)** hacer (mucho) calor **13 (1)**
hotel hotel *m.*
hour hora *f.*
house casa *f.*
my boyfriend's/girlfriend's house la casa de mi novio/a **8 (1)**
my friends'/parents' house la casa de mis amigos/padres **8 (1)**
household chores quehaceres *m., pl.* domésticos
housekeeper ama *m., f.* de casa
housing vivienda *f.*
How...! ¡Qué...!
how ¿cómo? *adv.* **6 (1)**
How are you? ¿Qué tal?
How are you? ¿Cómo estás? *fam.* **1 (1)**
How are you? ¿Cómo está usted? *form.* **1 (1)**
How can I help you? ¿En qué puedo servirles?
How did... go for you? ¿Cómo les fue...?
How is it going? ¿Qué tal?
How is/are . . . ? ¿Qué tal...?
How long has it been since...? ¿Cuánto tiempo hace que...? **21 (2)**
How much/many? ¿Cuánto(s)/a(s)? **6 (1)**
How many classes are you taking? ¿Cuántas clases tomas? *fam.* **1 (1)**
How many hours do you work? ¿Cuántas horas trabajas? *fam.* **1 (1)** **How much does... cost?** ¿Cuánto cuesta...?
How old are you? ¿Cuántos años tienes? *fam.* **4 (1)**
How's the weather? ¿Qué tiempo hace?
however sin embargo *adv.*
hug (each other) abrazar(se) *v.*
humanities humanidades *f., pl.*
hunger hambre *f.*
hundred cien, ciento **4 (1)**
hungry: be (very) hungry tener *v.* (mucha) hambre **9 (1)**
hunting caza *f.*
hurricane huracán *m.*
hurry apurarse; darse prisa *v.*
be in a (big) hurry tener *v.* (mucha) prisa
hurt doler (o:ue) *v.* **21 (2); (hurt oneself)** lastimarse *v.* **21 (2)**
It hurts me a lot. Me duele mucho.
My back hurts. Me duele la espalda. **21 (2)**
My legs hurt. Me duelen las piernas. **21 (2)**
husband esposo *m.* **4 (1)**

I

I yo *sub. pron.*
I am... Yo soy... **3 (1)**
I don't like them at all. No me gustan nada.
I hope (that) Ojalá (que) *interj.*
I wish (that) Ojalá (que) *interj.*
I would like... me gustaría(n)...
I would like you to meet... Le presento a... *form.* **1 (1);** Te presento a... *fam.* **1 (1)**
ice cream helado *m.* **9 (1)**
ice cream shop heladería *f.*
ice skate patinar *v.* (sobre hielo) **18 (2)**
iced helado/a *adj.*
iced tea té helado
idea idea *f.*
idealistic idealista *adj.* **3 (1)**
if si *conj.*
illness enfermedad *f.*
impatient impaciente *m., f.* **3 (1)**
important importante *adj.*
be important to importar *v*
It's important that... Es importante que...
impossible imposible *adj.*
It's impossible... Es imposible...
improbable improbable *adj.*
It's improbable... Es improbable...
improve mejorar *v.*
in en *prep.;* por *prep.*
in the afternoon de la tarde; por la tarde **5 (1)**
in the evening de la noche; **(early)** por la tarde **5 (1)**
in the morning de la mañana; por la mañana **5 (1)**
in love (with) enamorado/a (de)
in which en qué
in front of delante de *prep.;* enfrente **26 (2)**
increase aumento *m.*
incredible increíble *adj.* **3 (1)**
inequality desigualdad *f.*
infection infección *f.* **21 (2)**
have an infection tener una infección **21 (2)**
infirmary enfermería, *f.* **2 (1)**
inform informar *v.*
informal *adj.* informal **20 (2)**
inhabitants habitantes *m., pl*
injection inyección *f.*
give an injection poner *v.* una inyección **24 (2)**
injure (oneself) lastimarse *v.* **21 (2)**
injure (one's foot) lastimarse (el pie)
inmature inmaduro/a *adj.* **3 (1)**
inner ear oído *m.* **21 (2)**
inside (a)dentro *adv.* **15 (1)**
be inside estar adentro/dentro de **15 (1)**
insist (on) insistir *v.* (en)
installments: pay in installments pagar *v.* a plazos
insurance seguro *m.* **26 (2)**
have insurance tener *v.* seguro *m.* **26 (2)**
intelligent inteligente *adj.*
intend pensar *v. (+ inf.)*
interest interesar *v.* **19 (2)**
interesting interesante *adj.* **3 (1)**
be interesting to interesar *v.* **19 (2)**
be interested in interesar *v.* **19 (2)**
international internacional *adj. m., f.*
Internet red *f.;* Internet *m.*
intersection intersección *f.* **26 (2)**
interview entrevista *f.* **28 (2);**
interview entrevistar *v.*
interviewer entrevistador(a) *m., f.*
introduction presentación *f.*
invest invertir (e:ie) *v.*
invite invitar *v.* **10 (1), 20 (2)**
invite someone invitar a alguien **20 (2)**
iron planchar *v.* **18 (2)**
iron clothes planchar *v.* la ropa **18 (2)**
irresponsible irresponsable *adj.* **3 (1)**
it lo/la *pron.*
It's at ... in the morning/afternoon/evening. Es a la(s)... de la mañana/tarde/noche. **2 (1)**
Italian italiano/a *adj.*
its su(s) *poss. adj.,* suyo(s)/a(s) *poss. pron.*

J

jacket chaqueta *f.* **13 (1)**
January enero *m.* **13 (1)**
Japanese japonés, japonesa *adj.*
jeans bluejeans *m., pl.* **13 (1)**
jewelry store joyería *f.*
job empleo *m.;* puesto *m.;* trabajo *m.* **8 (1)**
job application solicitud *f.* de trabajo
jog correr *v.* **8 (1)**
journalism periodismo *m.*
journalist periodista *m., f.* **12 (1);** reportero/a *m., f.*

joy alegría *f.*
give joy dar *v.* alegría
joyful alegre *adj.*
juice jugo *m.*
orange juice jugo de naranja *m.* 9 (1)
July julio *m.* **13 (1)**
jump rope saltar *v.* la cuerda **22 (2)**
June junio *m.* **13 (1)**
jungle selva *f.*, jungla *f.*
just apenas *adv.*
have just done something acabar de *(+ inf.)* **21 (2)**

K

keep (doing something) seguir (e:ie) *v.*
key llave *f.*
keyboard teclado *m.*
kilometer kilómetro *m.*
kind: That's very kind of you. Muy amable. *adj.*
kiss beso *m.* **20 (2)**
kiss (each other) besar(se) *v.*
give a kiss dar *v.* un beso **20 (2)**
kitchen cocina *f.* **18 (2)**
knee rodilla *f.*
knife cuchillo *m.*
know saber *v.*; conocer *v.* **12 (1)**
know how *(+ verb)* saber *(+ verb) v.* **11 (1)**

L

laboratory laboratorio *m.*
lack faltar *v.*
lake lago *m.*
lamp lámpara *f.* **18 (2)**
land tierra *f.*
landlord dueño/a *m., f.*
landscape paisaje *m.*
language lengua *f.*
language professor profesor(a) de idiomas *m., f.* **12 (1)**
laptop (computer) computadora *f.* portátil
large gran, grande *adj.* **6 (1)**
large (clothing size) talla *f.* grande *adj.*
last durar *v.*; pasado/a *adj.*; último/a *adj.*
last month el mes pasado **15 (1)**
last name apellido *m.*
last night anoche *adv.* **15 (1), 17 (2)**
last week la semana pasada **15 (1), 17 (2)**
last year el año pasado **15 (1), 17 (2)**
late tarde *adv.*
lately últimamente *adv.* **28 (2)**
later (on) más tarde *adv.*
See you later. Hasta la vista.; Hasta luego.
laugh reírse (e:i) *v.*
laughed reído *p.p.*
laundromat lavandería *f.*
law ley *f.*
lawn pasto *m.* **18 (2)**
mow the lawn cortar *v.* el pasto **18 (2)**
lawyer abogado/a *m., f.* **12 (1)**
lazy perezoso/a *adj.* **6 (1)**
learn aprender *v.*
learn (how) aprender *(+ verb)* **19 (2)**
learn new things aprender cosas nuevas **19 (2)**
least, (the) el/la/los/las menos
leave salir *v.*; irse *v.* **14 (1)**
leave, get off early/late salir temprano/tarde **11 (1)**
leave a tip dejar una propina
leave for (a place) salir para
leave from salir de
leave behind dejar *v.*
left izquierdo/a *adj.*
from/on the left side del/al lado izquierdo **23 (2)**
be left behind quedar *v.*
be left over quedar *v.*
to the left of a la izquierda de
leg pierna *f.* **21 (2)**
lemon limón *m.*
lemonade limonada *f.* **9 (1)**
lend prestar *v.*
lend money prestar *v.* dinero **11 (1), 24 (2)**
less menos *adv.*
less… than menos… que **17 (2)**
less than (+ number) menos de *(+ number)*
lesson lección *f.*
let dejar *v.*
let someone use one's car dejar usar su coche **11 (1)**
let's see a ver
letter carta *f.*
lettuce lechuga *f.*
liberty libertad *f.*
library biblioteca *f.* **2 (1)**
license (driver's) licencia *f.* de conducir/manejar **26 (2)**
lie mentira *f.*; decir *v.* mentiras **24 (2)**
lie down acostarse (o:ue) *v.* **17 (2)**
life vida *f.*
of my life de mi vida
lifestyle: lead a healthy lifestyle llevar una vida sana
lift levantar *v.*
lift weights levantar pesas **18 (2)**
light luz *f.*
like como *prep.*; gustar *v.* **19 (2)**
like this así *adv.*
like very much encantar *v.* **19 (2)** fascinar *v.* **19 (2)**
I like… me gusta(n)… **3 (1)**
I like… very much Me encanta…*v.*
Do you like… ? ¿Te gusta(n)…? **3 (1)**
Do you like… ? ¿Le gusta(n)…? *(form.)* **3 (1)**
likeable simpático/a *adj.*
likewise igualmente *adv.*
line línea *f.*; cola **(queue)** *f.*
liquid líquido *m.* **21 (2)**
listen to escuchar *v.*
Listen! (command) ¡Oye! *fam., sing.*; ¡Oigan! *form., pl.*
listen to music escuchar música **5 (1)**
listen to the radio escuchar la radio
literature literatura *f.* **1 (1)**
little (quantity) poco/a *adj.*; poco *adv.*
live vivir *v.*
live in/with vivir *v.* en/con **8 (1)**
living room sala *f.* **18 (2)**
loan préstamo *m.*; prestar *v.*
loan money prestar *v.* dinero **24 (2)**
lobster langosta *f.* **9 (1)**
located situado/a *adj.*
be located quedar *v.*
lodging alojamiento *m.*
long largo/a *adj.*
How long has it been since…? ¿Cuánto tiempo hace que…? **21 (2)**
look (at) mirar *v.*
look for buscar *v.* **5 (1)**
lose perder (e:ie) *v.* **17 (2)**
lose weight adelgazar *v.*
lost perdido/a *adj.*
be lost estar perdido/a
lot, a muchas veces
lot of, a mucho/a *adj.*
love (another person) querer (e:ie) *v.* **20 (2)**; (things) encantar *v.* **19 (2)**; amor *m.*; **in love (with)** enamorado/a (de) *adj.*; fascinar *v.* **19 (2)**
luck suerte *f.*
lucky: be (very) lucky tener (mucha) suerte
luggage equipaje *m.*
lunch almuerzo *m.* **9 (1)**
have lunch almorzar (o:ue) *v.* **10 (1), 9 (1)**

M

ma'am señora (Sra.) *f.*
mad enojado/a *adj.*
made hecho *p.p.* **28 (2)**
magazine revista *f.*
read a magazine leer una revista
magnificent magnífico/a *adj.*
mail correo *m.*; enviar *v.*, mandar *v.* **24 (2)**

mail a letter echar una carta al buzón
mail carrier cartero/a *m.*
mailbox buzón *m.*
main principal *adj. m., f.*
maintain mantener *v.*
make hacer *v.* **8 (1), 20 (2)**
make a good living, to make good money ganar *v.* bien **12 (1)**
make the bed hacer la cama **18 (2)**
makeup maquillaje *m.*
put on makeup pintarse *v.* **14 (1)**
mall centro comercial *m.* **8 (1)**
man hombre *m.*
manager gerente *m., f.* **12 (1)**
many mucho/a *adj.*
many times muchas veces
map mapa *m.* **2 (1)**
March marzo *m.* **13 (1)**
margarine margarina *f.*
marinated fish ceviche *m.*
lemon-marinated shrimp ceviche de camarón
marine turtle tortuga marina *f.*
marital status estado *m.* civil
market mercado *m.*
open-air market mercado al aire libre
marriage matrimonio *m.*
married casado/a *adj.* **6 (1)**
get married (to) casarse *v.* (con) **27 (2)**
marvelous maravilloso/a *adj.*
marvelously maravillosamente *adv.*
Mass (religious service) misa *f.* **8 (1)**
massage masaje *m.*
Master's degree maestría *m.* **28 (2)**
masterpiece obra *f.* maestra
match (sports) partido *m.*
match hacer *v.* juego (con)
materialistic materialista *adj.* **3 (1)**
mathematics matemáticas *f., pl.* **1 (1)**
matter importar *v.*
mature maduro/a *adj.* **3 (1)**
maturity madurez *f.*
maximum máximo/a *m.*
May mayo *m.* **13 (1)**
maybe tal vez *adv.*; quizás *adv.*
mayonnaise mayonesa *f.*
me me *pron; i.o. pron.* **19 (2)**; mí *pron.* **10 (1), 19 (2)**
meal comida *f.*
means of communication medios *m., pl.* de comunicación
meat carne *f.*
mechanic mecánico/a *m., f.*
(mechanic's) repair shop taller *m.* mecánico; garaje *m.*
media medios *m., pl.* de comunicación
medical médico/a *adj.*
medication medicamento *m.*
medicine medicina *f.*
medium mediano/a *adj.*
meet (each other) encontrar(se) *v.*; **(someone)** conocer *v.* **12 (1)**
meeting reunión *f.*
menu menú *m.*
message (telephone) recado *m.*
messy desordenado/a *adj.* **6 (1)**; desarreglado/a *adj* **18 (2)**
be messy estar desarreglado/a **18 (2)**
Mexican mexicano/a *adj.*
Mexico México *m.*
microwave microonda *f.* **18 (2)**
microwave oven horno *m.* de microondas
middle age madurez *f.*
middle school (in Mexico) escuela secundaria *f.* **22 (2)**
midnight medianoche *f.*
mile milla *f.*
milk leche *f.* **9 (1)**
million millón
million of millón de
mine mío/a(s) *poss. pron.*
mineral mineral *m.*
mineral water agua *f.* mineral
mini-skirt minifalda *f.* **13 (1)**
minute minuto *m.*
mirror espejo *m.* **18 (2)**
misbehave portarse *v.* mal **22 (2)**
mischievous travieso/a *adj.* **22 (2)**
be mischievous ser travieso/a **22 (2)**
mistaken equivocado/a *adj.*
Miss señorita (Srta.) *f.* **1 (1)**
miss perder (e:ie) *v.*
modem módem *m.*
modern moderno/a *adj.* **20 (2)**
mom mamá *f.*
Monday lunes *m., sing.* **5 (1)**
(on) Mondays los lunes *m., pl.* **5 (1)**
money dinero *m.*
monitor monitor *m.*
monkey mono *m.*
month mes *m.* **13 (1)**
last month el mes pasado **15 (1), 17 (2)**
monument monumento *m.*
moon luna *f.*
more más *adj.*
more... than más... que **17 (2)**
more than (+ number) más de *(+ number)*
most, (the) el/la/los/las más
morning mañana *f.*
in the morning por la manana **5 (1)**
mother madre *f.* **4 (1)**
mother-in-law suegra *f.* **4 (1)**
motor motor *m.*
motorcycle moto(cicleta) *f.*
mountain montaña *f.*
mouse ratón *m.*
mouth boca *f.* **21 (2)**
move (to another house/city/country) mudarse *v.* **28 (2)**
movie película *f.*
movie star estrella *f.* de cine
movie theater cine *m.* **8 (1)**
mow the lawn cortar *v.* el pasto **18 (2)**
MP3 player reproductor de MP3 *m.*
Mr. señor (Sr.) *m.* **1 (1)**
Mrs. señora (Sra.) *f.* **1 (1)**
much mucho/a *adj.*
mug taza *f.*
municipal municipal *adj.*
murder crimen *m.*
muscle músculo *m.*
museum museo *m.* **8 (1)**
mushroom champiñón *m.*
music música *f.* **1 (1), 23 (2)**
play loud music tener/poner la música muy alta **23 (2)**
musical musical *adj.*
musician músico/a *m., f.*
must: It must be . . . Debe ser...
my mi(s) *poss. adj.* **4 (1)**; mío(s)/a(s) *poss. pron.*

N

name nombre *m.*
in my name a mi nombre
in the name of a nombre de
last name apellido *m.*
My name is... Me llamo...
be named llamarse *v.*
napkin servilleta *f.*
national nacional *adj., m., f.*
nationality nacionalidad *f.*
natural natural *adj., m., f.*
natural disaster desastre *m.* natural
natural resource recurso *m.* natural
nature naturaleza *f.*
nauseated mareado/a *adj.*
near cerca de *prep.*
neaten arreglar *v.*
necessary necesario/a *adj.*
It's necessary that... Es necesario que...; Hay que...
neck cuello *m.* **21 (2)**
need faltar *v.*; necesitar *v.*
need books necesitar libros **5 (1)**
negative negativo/a *adj.*
neighbor vecino/a *m., f.* **23 (2)**
neighborhood barrio *m.*
neither... nor ni... ni *conj.*; **neither** tampoco *adv.* **18 (2)**
nephew sobrino *m.* **4 (1)**
nervous nervioso/a *adj.* **3 (1) , 15 (1)**
network red *f.*
never nunca *adv.* **8 (1), 18 (2)**; jamás *adv.*
new nuevo/a *adj.* **6 (1)**
newlywed recién casado/a *m., f.*
news noticias *f., pl.*; actualidades *f., pl.*
newscast noticiero *m.*
newspaper periódico *m.*; diario *m.*
read a newspaper leer un periódico **8 (1)**

next próximo/a *adj.* 7 (1)
next Monday/Tuesday/Wednesday (etc.) el próximo lunes/martes/miércoles (etc.) 7 (1)
  next week la próxima semana 7 (1)
  next year el año que viene 7 (1)
next to al lado de
nice simpático/a *adj.*; amable *adj.*; bueno/a *adj* 6 (1)
  Nice to meet you. Mucho gusto. 1 (1)
  Nice to meet you, too. Igualmente. 1 (1)
niece sobrina *f.* 4 (1)
night noche *f.*
  night stand mesita *f.* de noche; mesa *f.* de noche 18 (2)
nightclub discoteca *f.* 8 (1)
nine nueve 1 (1)
nine hundred novecientos/as
nineteen diecinueve 1 (1)
ninety noventa 4 (1)
ninth noveno/a
no no; ningún, ninguno/a(s) *adj.* 18 (2)
  No, I don't like it. No, no me gusta. 3 (1)
  no one nadie *pron.* 18 (2)
  No problem. No hay problema.
  no way de ninguna manera
none ningún, ninguno/a(s) *adj.* 18 (2)
noon mediodía *m.*
nor ni *conj.*
north norte *m.* 26 (2)
  to the north al norte 26 (2)
nose nariz *f.* 21 (2)
not no
  not any ningún, ninguno/a(s) *adj.* 18 (2)
  not anyone nadie *pron.* 18 (2)
  not anything nada *pron.* 18 (2)
  not bad at all nada mal
  not either tampoco *adv.* 18 (2)
  not ever nunca *adv.* 18 (2); jamás *adv.*
  Not very well. No muy bien.
  not working descompuesto/a *adj.*
notebook cuaderno *m.* 2 (1)
nothing nada *pron.* 18 (2)
noun sustantivo *m.*
November noviembre *m.* 13 (1)
now ahora *adv.*
nowadays hoy día *adv.*
nowhere ninguna parte, (a) *adv.* 8 (1)
nuclear energy energía nuclear *f.*
number número *m.*
nurse enfermero/a *m., f.* 12 (1)
nutrition nutrición *f.*

O

o'clock: It's... o'clock Son las...
  It's one o'clock. Es la una.
obey obedecer (c:zc) *v.* 22 (2)
  obey the traffic signs obedecer (c:zc) *v.* las señales de tránsito 26 (2)
obligation deber *m.*
obtain conseguir (e:i) *v.*; obtener *v.*
obvious obvio *adj.*
  it's obvious es obvio
occupation ocupación *f.*
occur ocurrir *v.*
ocean mar *m.*; océano *m.*
October octubre *m.* 13 (1)
of de *prep.*
  of course claro que sí; por supuesto
offer oferta *f.*; ofrecer (c:zc) *v.* 24 (2)
office oficina *f.* 2 (1)
  doctor's office consultorio *m.*
often a menudo *adv.* 22 (2); con frecuencia *adv.* 8 (1)
Oh! ¡Ay!
oil aceite *m.*
okay regular *adj.*
  It's okay. Está bien.
old viejo/a *adj.* 6 (1); **old age** vejez *f.*
older mayor *adj., m., f.* 6 (1)
  older brother, sister hermano/a mayor *m., f.*
oldest el/la mayor
on en *prep.*; sobre *prep.*
  on behalf of de parte de *prep.*
  on the dot en punto *adv.*
  on the left side al lado izquierdo 23 (2)
  on the right side al lado derecho 23 (2)
  on time a tiempo *adv.*
  on top of encima de *prep.*
once una vez
  once a week una vez a la semana 8 (1)
once again una vez más
one un, uno/a 1 (1)
  one hundred cien(to)
  one million un millón
  one thousand mil
  one time una vez
  one way (travel) ida *f.*
onion cebolla *f.*
only sólo *adv.*; único/a *adj.*
  only child hijo/a único/a *m., f.* 4 (1)
open abrir *v.* 8(1); abierto/a *adj.*
  open presents abrir *v.* los regalos 20 (2)
open-air al aire libre
opened abierto/a *p.p.* 28 (2)
opera ópera *f.*
operation operación *f.*
opposite en frente de *prep.*
optimistic optimista *adj.* 3 (1)
or o *conj.*
orange anaranjado/a *adj.*; naranja *f.* 13 (1)
  orange juice jugo de naranja *m.* 9 (1)
orchestra orquesta *f.*
order mandar; **(food)** pedir (e:i) *v.* 9 (1)
  in order to para *prep.*
orderly ordenado/a *adj.* 6 (1)
ordinal (numbers) ordinal *adj.*
other otro/a *adj.*
our nuestro(s)/a(s) *poss. adj.* 4 (1); *poss. pron.*
outgoing extrovertido/a *adj.* 3 (1)
out of order descompuesto/a *adj.*
outside fuera *adv.*
  be outside estar afuera/fuera de 15 (1)
outskirts afueras *f., pl.*
oven horno *m.* 18 (2)
over sobre *prep.*
own propio/a *adj.*
owner dueño/a *m., f.*

P

P.M. tarde *f.*
pack (one's suitcases) hacer *v.* las maletas 20 (2)
package paquete *m.*
page página *f.*
pain dolor *m.*
  have a pain in the (knee) tener *v.* dolor de (rodilla)
  have a(n)... ache/pain tener (el) dolor de... 21 (2)
paint pintar *v.*
painter pintor(a) *m., f.*
painting pintura *f.*
pair par *m.*
  pair of shoes par de zapatos
pajamas pijama *m., f.* 13 (1)
pants pantalones *m., pl.* 13 (1)
pantyhose medias *f., pl.*
paper papel *m.* 2 (1); **(report)** informe *m.*
  paper money billete *m.*
paragraph párrafo *m.*
Pardon me. (May I?) Con permiso.; **(Excuse me.) Pardon me.** Perdón.
parents padres *m., pl.* 4 (1); papás *m., pl.*
park parque *m.* 8 (1); estacionar *v.*
  park in front of estacionarse *v.* enfrente de 26 (2)
parking lot estacionamiento *m.* 2 (1)
parole officer/prison guard oficial de prisión *m., f.* 12 (1)
partner (one of a couple) pareja *f.*
party fiesta *f.* 18 (2)
  throw a party hacer una fiesta 18 (2)
pass pasar *v.*

pass (two) traffic lights pasar (dos) semáforos 26 (2)
passed pasado/a *p.p.*
passenger pasajero/a *m., f.*
passport pasaporte *m.*
past pasado/a *adj.*
pastime pasatiempo *m.*
pastry shop pastelería *f.*
patient paciente *m., f.* 3 (1)
patio patio *m.* 18 (2)
pay pagar *v.* 11 (1), 24 (2)
pay attention poner *v.* atención 11 (1)
pay the cell phone bill pagar la cuenta del celular 7 (1)
pay with pagar con
pay in cash pagar *v.* al contado; pagar en efectivo
pay in installments pagar *v.* a plazos
pay the bill pagar *v.* la cuenta
pea arveja *m.*
peace paz *f.*
peach melocotón *m.*
pear pera *f.* 9 (1)
pen pluma *f.* 2 (1)
pencil lápiz *m.* 2 (1)
penicillin penicilina *f.*
people gente *f.*
pepper pimienta *f.* 9 (1)
per por *prep.*
percent por ciento
perfect perfecto/a *adj.*
perhaps quizás *adv.*; tal vez *adv.*
periods plazos *m., pl.*
permission permiso *m.*
person persona *f.*
pessimistic pesimista *adj.* 3 (1)
pharmacy farmacia *f.*
PhD doctorado *m.* 28 (2)
phenomenal fenomenal *adj.*
philosophy filosofía *f.* 1 (1)
photograph foto(grafía) *f.*
physical (exam) examen *m.* médico
physical education educación física *f.* 1 (1)
physical therapist fisioterapeuta *m., f.* 12 (1)
physician médico/a *m., f.* 12 (1); doctor(a) *m., f.*
physics física *f., sing.* 1 (1)
pick up recoger *v.* 18 (2)
pick up one's things/clothes recoger *v.* las cosas/la ropa 18 (2)
picnic picnic *m.* 18 (2)
have a picnic hacer un picnic 18 (2)
picture foto *f.*; pintura *f.*
pie pastel *m.*
pill (tablet) pastilla *f.* 21(2)
pillow almohada *f.*
pineapple piña *f.*
pink rosado/a *adj.*
place lugar *m.*; poner *v.*
place (put) things in their place poner *v.* las cosas en su lugar 11 (1)
plaid de cuadros *adj.*
plan (to do something) pensar *v.* (+ *inf.*)
plane avión *m.* 20 (2)
go by plane ir *v.* en avión 20 (2)
plans planes *m., pl.*
have plans tener *v.* planes
plant planta *f.*
plastic plástico *m.*
(made of) plastic de plástico
plate plato *m.*
platter of fried food fuente *f.* de fritada
play drama *m.*; comedia *f.*; jugar (u:ue) *v.* 10 (1); **(a musical instrument)** tocar *v.* **(play the guitar)** tocar la guitarra 5 (1); **(a role)** hacer *v.* el papel; **(cards)** jugar *v.* a (las cartas); **(sports)** practicar *v.* deportes
play ball jugar a la pelota 22 (2)
play checkers jugar a las damas chinas 22 (2)
play hide-and-seek jugar a las escondidillas/al escondite 22 (2)
play Nintendo jugar Nintendo 22 (2)
play loud music tener/poner la música muy alta 23 (2)
play with dolls jugar a las muñecas 22 (2)
player jugador(a) *m., f.*
playwright dramaturgo/a *m., f.*
plead rogar (o:ue) *v.*
pleasant agradable *adj.* 6 (1)
Please. Por favor.
Pleased to meet you. Mucho gusto. 1 (1); Encantado/a. *adj.* 1 (1)
pleasing: be pleasing to gustar *v.* 19 (2)
pleasure gusto *m.*; placer *m.*
It's a pleasure to... Gusto de (+ *inf.*)
It's been a pleasure. Ha sido un placer.
The pleasure is mine. El gusto es mío.
poem poema *m.*
poet poeta *m., f.*
poetry poesía *f.*
police (force) policía *f.* 23 (2)
call the police llamar a la policía 23 (2)
police officer policía *m.*, mujer *f.* policía 12 (1)
political político/a *adj.*
politician político/a *m., f.*
politics política *f.*
polka-dotted de lunares *adj.*
poll encuesta *f.*
pollute contaminar *v.*
polluted contaminado/a *adj.*
be polluted estar contaminado/a
pollution contaminación *f.*
pool piscina *f.* 2 (1)
poor pobre *adj.* 6 (1)
population población *f.*
pork cerdo *m.* carne de cerdo *m.* 9 (1)
pork chop chuleta *f.* de cerdo
portable portátil *adj.*
portable computer computadora *f.* portátil
position puesto *m.* 11 (1) , 28 (2)
possessive posesivo/a *adj.*
possible posible *adj.*
it's (not) possible (no) es posible
post office correo *m.*
postcard postal *f.*; tarjeta *f.* postal
poster cartel *m.*
potato papa *f.*; patata *f.*
baked potato papa al horno *f.* 9 (1)
pottery cerámica *f.*
practice entrenarse *v.*; practicar *v.*
prank travesura *f.* 22 (2)
prefer preferir (e:ie) *v.* 10 (1)
pregnant embarazada *adj. f.*
to get pregnant embarazarse *v.* 28 (2)
prepare preparar *v.*
preposition preposición *f.*
prescribe (medicine) recetar *v.*
prescription receta *f.*
present regalo *m.* 20 (2); presentar *v.*
open presents abrir *v.* los regalos 20 (2)
press prensa *f.*
pressure: be under a lot of pressure sufrir *v.* muchas presiones
pretty bonito/a *adj.* 6 (1); bastante *adv.*
price precio *m.*
fixed price precio *m.* fijo
print estampado/a *adj.*; imprimir *v.*
printer impresora *f.*
prison guard/parole officer oficial de prisión *m., f.* 12 (1)
private (room) individual *adj.*
private school escuela particular *f.* 22 (2)
prize premio *m.*
probable probable *adj.*
it's (not) probable (no) es probable
problem problema *m.* 10 (1)
profession profesión *f.*
professor profesor(a) *m., f.* 1 (1)
language professor profesor(a) de idiomas *m., f.* 12 (1)
program programa *m.*
training program programa de capacitación 28 (2)
programmer (computer) programador(a) *m., f.* 12 (1)
prohibit prohibir *v.*
promise prometer *v.* 24 (2)
promotion (career) ascenso *m.*
pronoun pronombre *m.*
protect proteger *v.*
protein proteína *f.*
provided that con tal (de) que *conj.*
psychologist sicólogo/a *m., f.* 12 (1)
psychology sicología *f.* 1 (1)
public school escuela pública *f.* 22 (2)

publish publicar *v.*
Puerto Rican puertorriqueño/a *adj.*
Puerto Rico Puerto Rico *m.*
pull a tooth sacar *v.* una muela
purchases compras *f., pl.*
pure puro/a *adj.*
purple morado/a *adj.* 13 (1)
purse bolsa *f.*
punish castigar *v.* 22 (2)
push empuar *v.* 25 (2)
put poner *v.* 20 (2); puesto/a *p.p.* 28 (2)
  put a letter in the mailbox echar *v.* una carta al buzón
  put on (a performance) presentar *v.*
  put on (clothing) ponerse *v.* la ropa 14 (1)
  put on makeup maquillarse *v.*; pintarse *v.* 14 (1)
  to place (put) things in their place poner *v.* las cosas en su lugar 11 (1)
puzzles rompecabezas *m., pl.* 22 (2)
  do puzzles armar rompecabezas *v.* 22 (2)

Q

quality calidad *f.*
quarter trimestre *m.*
  quarter after (time) y cuarto; y quince
  quarter to (time) menos cuarto; menos quince
question pregunta *f.*
quickly rápido *adv.*
quiet tranquilo/a *adj.* 3 (1) , 15 (1)
quit dejar *v.*
quite bastante *adv.*
quiz prueba *f.* 2 (1)

R

racism racismo *m.*
radio (medium) radio *f.*;
  radio (set) radio *m.*
rain llover (o:ue) *v.* 13 (1)
  It's raining, it rains. Llueve. 13 (1)
raincoat impermeable *m.* 13 (1)
rainforest bosque *m.* tropical
raise (salary) aumento *v.* de sueldo
read leer *v.* 8 (1), 17 (2); leído/a *p.p.*
ready listo/a *adj.* 6 (1)
real estate agency agencia *f.* de bienes raíces
realize darse *v.* cuenta 25 (2)
reap the benefits (of) disfrutar *v.* (de)
reason razón *f.*
rebellious rebelde *adj.* 22 (2)
  be rebellious ser rebelde 22 (2)
receive recibir *v.*
  receive (get) e-mail recibir correo electrónico 8 (1)
  receive (get) gifts recibir regalos 8(1)
recommend recomendar (e:ie) *v.* 27 (2)
recycle reciclar *v.*
recycling reciclaje *m.*
red rojo/a *adj.* 13 (1)
red-haired pelirrojo/a *adj.* 6 (1)
red light alto *m.*; semáforo *m.* en rojo 26 (2)
  run a red light pasarse *v.* el alto/el semáforo en rojo 26 (2)
reduce reducir *v.*
  reduce stress/tension aliviar *v.* el estrés/la tensión
refrigerator refrigerador *m.* 18 (2)
region región *f.*
regret sentir (e:ie) *v.*
related to sitting sedentario/a *adj.*
relationships relaciones *f., pl.*
relatives parientes *m., pl.* 4 (1)
relax relajarse *v.*
relieve stress/tension aliviar el estrés/la tensión
remain quedarse *v.*
remember recordar (o:ue) *v.* 10 (1); acordarse (o:ue) *v.* (de)
remote control control *m.* remoto
renewable renovable *adj.*
rent alquilar *v.*; alquiler *m.*
repeat repetir (e:i) *v.*
report informe *m.*; reportaje *m.*
reporter reportero/a *m., f.*
representative representante *m., f.*
reprimand regañar *v.* 22 (2)
request pedir (e:i) *v.* 9 (1), 24 (2)
reservation reservación *f.*
reserved reservado/a *adj.* 3 (1), 6 (1)
resign (from) renunciar (a) *v.*
resolve resolver (o:ue) *v.*
resolved resuelto/a *p.p.*
resource recurso *m.*
responsibility deber *v.*
responsible responsable *adj.* 3 (1)
rest descansar *v.* 5 (1); descanso *m.* 21 (2)
  the rest lo/los/las demás *pron.*
restaurant restaurante *m.* 8 (1)
résumé currículum *m.* 28 (2)
retire (from work) jubilarse *v.*
return regresar *v.*; volver (o:ue) *v*; devolver (o:ue) *v.* 27 (2)
  return trip vuelta *f.*
returned vuelto/a *p.p.* 28 (2)
rice arroz *m.* 9 (1)
rich rico/a *adj.* 6 (1)
ride pasear *v.*
  ride a bicycle pasear en bicicleta; andar *v.* en bicicleta 18 (2)
  ride a horse montar a caballo 18 (2)
ridiculous ridículo/a *adj.*
  it's ridiculous es ridículo
right derecha *f.*
  from/on the right side del/al lado derecho 23 (2)
  right away enseguida *adv.*
  right here aquí mismo
  right now ahora mismo
  right there allí mismo
  be right tener *v.* razón
  to the right of a la derecha de
  right? (question tag) ¿no?; ¿verdad?
rights derechos *m., pl.*
ring (a doorbell) sonar (o:ue) *v.*
ring (engagenent) anillo (de compromiso) *m.* 27 (2)
river río *m.*
road camino *m.*
roast beef bistec de res *m.* 9 (1)
roast chicken pollo *m.* asado
roasted asado/a *adj.*
rock piedra *f.*
role papel *m.*
rollerblade patinar v. en línea 18 (2)
romantic romántico/a *adj.* 3 (1)
room habitación *f.*; cuarto m. 18 (2); **(large, living)** sala *f.*
roommate compañero/a *m., f.* de cuarto
rope cuerda *f.* 22 (2)
  jump rope saltar *v.* la cuerda 22 (2)
round-trip de ida y vuelta
  round-trip ticket pasaje *m.* de ida y vuelta
route camino *m.*
routine rutina *f.*
rude grosero/a *adj.* 6 (1)
rug alfombra *f.* 18 (2)
run correr *v.* 8 (1)
  run a red light pasarse *v.* el alto/el semáforo en rojo 26 (2)
  run errands hacer diligencias
  run into (have an accident) chocar *v.* (con); **(meet accidentally)** darse con *v.*
  run out of gas quedarse *v.* sin gasolina 26 (2)
rush apurarse; darse prisa *v.*
Russian ruso/a *adj.*

S

sad triste *adj.* 15 (1)
  it's sad es triste
  get/become sad ponerse *v.* triste 20 (2)
safe seguro/a *adj.*
said dicho/a *p.p.* 28 (2)
sake: for the sake of por *prep.*
salad ensalada *f.*
  lettuce and tomato salad la ensalada de lechuga y tomate 9 (1)
salary salario *m.*; sueldo *m.*

high/low salary sueldo alto/bajo *m.* 11 (1).
sale rebaja *f.*
salesperson vendedor(a) *m., f.*
salmon salmón *m.*
salt sal *f.* 9 (1)
salty salado/a *adj.*
same mismo/a *adj.*; igual 21 (2)
feel the same sentirse (e:ie) igual 21 (2)
sandal sandalia *f.* 13 (1)
sandwich sándwich *m.*
Saturday sábado *m.* 5 (1)
(on) Saturdays los sábados *m., pl.* 5 (1)
sausage salchicha *f.*
save (on a computer) guardar *v.*;
save (money) ahorrar *v.* 28 (2)
savings ahorros *m., pl.*
savings account cuenta *f.* de ahorros
say decir *v.* 20 (2), 24 (2); declarar *v.*
scarcely apenas *adv.*
scared: be (very) scared tener *v.* (mucho) miedo
scarf bufanda *f.* 13 (1)
schedule horario *m.*
flexible/fixed schedule el horario flexible/fijo 11 (1)
school escuela *f.* 8 (1); colegio m. 22 (2)
Catholic school colegio católico *m.* 22 (2)
elementary school primaria *f.* 22 (2)
high school preparatoria (prepa) *f.* 22 (2); escuela secundaria *f.* 22 (2)
middle school (in Mexico) escuela secundaria *f.* 22 (2)
private school escuela particular *f.* 22 (2)
public school escuela pública *f.* 22 (2)
science ciencia *f.*
science fiction ciencia ficción *f.*
scientist científico/a *m., f.*
scold regañar *v.* 22 (2)
scream gritar *v.*
screen pantalla *f.*
scuba dive bucear *v.* 18 (2)
sculpt esculpir *v.*
sculptor escultor(a) *m., f.*
sculpture escultura *f.*
sea mar *m.*; océano *m.*
seafood mariscos *m., pl.* 9 (1)
search: in search of por *prep.*
season estación *f.*
seat silla *f.* 2 (1), 18 (2)
seat belt cinturón *m.* de seguridad 26 (2)
wear the seat belt ponerse *v.* el cinturón de seguridad to 26 (2)
second segundo/a *adj.*
secretary secretario/a *m., f.*
sedentary sedentario/a *adj.*
see ver *v.* 20 (2)
see a movie at home ver *v.* una película en casa 8 (1)
see the parade/fireworks ver *v.* el desfile/los fuegos artificiales 20 (2)
see (you) again volver *v.* a ver (te, lo, la)
see movies ver películas
See you. Nos vemos.
See you later. Hasta la vista.; Hasta luego. 1 (1)
See you soon. Hasta pronto.
See you tomorrow. Hasta mañana. 1 (1); Nos vemos mañana. 1 (1)
seem parecer *v.*
seen visto/a *p.p.* 28 (2)
sell vender *v.*
sell food vender *v.* comida 8 (1)
semester semestre *m.*
send enviar *v.*; mandar *v.*
send a present mandar un regalo 11 (1)
send text messages mandar *v.* mensages 11 (1)
sentimental sentimental *adj.* 3 (1)
separate (from) separarse *v.* (de) 28 (2)
separated separado/a *adj.*
September septiembre *m.* 13 (1)
sequence secuencia *f.*
serious grave *adj.*; serio/a *adj.* 3 (1), 6 (1)
extremely serious gravísimo/a *adj.*
serve servir (e:i) *v.* 9 (1)
set (fixed) fijo *adj.*
set the table poner *v.* la mesa 18 (2)
seven siete 1 (1)
seven hundred setecientos/as
seventeen diecisiete 1 (1)
seventh séptimo/a *adj.*
seventy setenta 4 (1)
several varios/as *adj., pl.*
sexism sexismo *m.*
shame lástima *f.*
It's a shame. Es una lástima.
shampoo champú *m.*
shape forma *f.*
be in good shape estar en buena forma
share compartir *v.* 22 (2)
share toys compartir *v.* los juguetes 22 (2)
sharp (time) en punto
shave afeitarse *v.*; rasurarse 23 (2)
shaving cream crema *f.* de afeitar
she ella *sub. pron.*
she is ella es 3 (1)
shellfish mariscos *m., pl.*
shift (morning/afternoon/evening) turno de la manana/tarde/noche *m.* 11 (1)
ship barco *m.*
shirt camisa *f.* 13 (1)
shock chocar *v.* 29 (2)
shoe zapato *m.*
(high-heeled) shoes zapatos (de tacón) *m., pl.* 13 (1)
pair of shoes par de zapatos
shoe size número *m.* de zapato
shoe store zapatería *f.*
tennis shoes zapatos *m., pl.* de tenis 13 (1)
shop tienda *f.* 8 (1)
shopping, to go ir *v.* de compras
shopping mall centro *m.* comercial
short (in height) bajo/a adj. 6 (1);
(in length) corto/a *adj.*
short story cuento *m.*
shorts pantalones cortos *m., pl.* 13 (1)
should (do something) deber *v.* (+ *inf.*)
show mostrar (o:ue) *v.*; espectáculo *m.*; enseñar *v.* a 24 (2)
shower ducha *f.* 18 (2); ducharse *v.*; bañarse *v.*
take a bath/shower at night bañarse *v.* por la noche 14 (1)
shrimp camarón *m.* 9 (1)
shy tímido/a *adj.* 3 (1)
siblings hermanos *m., pl.*
sick mal, malo/a; enfermo/a *adj.* 15 (1), 21 (2)
be sick estar enfermo/a
get sick enfermarse *v.* 21 (2)
sickness enfermedad *f.*
side lado *m.* 23 (2)
from/on the left side del/al lado izquierdo 23 (2)
from/on the right side del/al lado derecho 23 (2)
side table mesita *f.* 18 (2)
sightseeing: go sightseeing hacer *v.* turismo
sign firmar *v.*; letrero *m.*
silk seda *f.*; **(made of)** de seda
silly tonto/a *adj.* 6 (1)
silverware cubierto *m.*
similar similar *adj. m., f.*
since desde *prep.*
sing cantar *v.* 20 (2)
sing carols cantar villancicos 20 (2)
sing a birthday song cantar las mañanitas 20 (2)
singer cantante *m., f.*
single soltero/a *adj.* 6 (1)
single room habitación *f.* individual
sink (in a bathroom) lavabo *m.* 18 (2); **(in a kitchen)** fregadero *m.* 18 (2)
sir señor (Sr.) *m.*
sister hermana *f.* 4 (1)
sister-in-law cuñada *f.* 4 (1)
sit down sentarse (e:ie) *v.*
six seis

six hundred seiscientos/as
sixteen dieciséis **1 (1)**
sixth sexto/a *adj.*
sixty sesenta **4 (1)**
size talla *f.*
shoe size número *m.* de zapato
skate (in-line) patinar *v.* (en línea) **18 (2)**
skate (rollerblade) patinar *v.* (en línea) **18 (2)**
skate (on ice) patinar *v.* (sobre hielo) **18 (2)**
ski esquiar *v.* **18 (2)**
skiing esquí *m.*
water-skiing esquí acuático
skirt falda *f.*
sky cielo *m.*
sleep dormir (o:ue) *v.* **10 (1);** sueño *m.*
go to sleep dormirse (o:ue) *v.*
sleepy: be (very) sleepy tener *v.* (mucho) sueño
slender delgado/a *adj.*
slim down adelgazar *v.*
slow lento/a *adj.*
slowly despacio *adv.*
small pequeño/a *adj.* **6 (1)**
smaller menor *adj.*
smallest, (the) el/la menor *m., f.*
smart listo/a *adj.*
smile sonreír (e:i) *v.*
smiled sonreído *p.p.*
smoggy: It's (very) smoggy. Hay (mucha) contaminación.
smoke fumar *v.* **19 (2)**
not to smoke no fumar *v.* **19 (2)**
smoking section sección *f.* de fumadores
(non) smoking section sección de (no) fumadores
snack (in the afternoon) merendar *v.;* **(afternoon snack)** merienda *f.*
have a snack merendar *v.*
sneakers zapatos de tenis **13 (1)**
sneeze estornudar *v.*
snorkel bucear *v.* **18 (2)**
snow nevar (e:ie) *v.* **13 (1);** nieve *f.*
snowing: It's snowing; It snows Nieva. **13 (1)**
so (in such a way) así *adv.;* tan *adv.*
so much tanto *adv.*
so-so regular; así así
so that para que *conj.* **30 (2)**
soap jabón *m.*
soap opera telenovela *f.*
soccer fútbol *m.*
soccer game partido de fútbol *m.* **8 (1)**
sociable sociable *adj.* **3 (1)**
sociology sociología *f.*
sock calcetín *m.* **13 (1)**
soda refresco *m.* **9 (1)**
sofa sofá *m.* **18 (2)**
soft drink refresco *m.* **9 (1)**
software programa *m.* de computación
soil tierra *f.*
solar energy energía solar
solution solución *f.*
solve resolver (o:ue) *v*
solved resuelto/a *p.p.* **28 (2)**
some algún, alguno/a(s) **18 (2)** *adj.;* unos/as *pron.;* unos/as *m., f.,* pl. *indef. art.*
somebody alguien *pron.* **18(2)**
someone alguien *pron.* **18 (2)**
something algo *pron.* **18 (2)**
sometimes a veces *adv.* **8 (1), 15 (1)**
son hijo *m.* **4 (1)**
song canción *f.*
birthday song mañanitas *f., pl.* **20 (2)**
son-in-law yerno *m.*
soon pronto *adj.*
See you soon. Hasta pronto.
sore adolorido/a *adj.* **21 (2)**
be sore estar adolorido/a **21 (2)**
sorry: be sorry sentir (e:ie) *v.* **29 (2)**
I'm sorry. Lo siento.
I'm so sorry. Mil perdones.; Lo siento muchísimo.
So-so. Más o menos. **1 (1)**
soup caldo *m.;* sopa *f.* **9 (1)**
sour agrio/a *adj.*
south sur *m.* **26 (2)**
to the south al sur **26 (2)**
spaghetti espagueti *m.* **9 (1)**
Spain España *f.*
Spanish (language) español *m.* **1 (1);** español(a) *adj.; m., f.*
spare time ratos *m., pl.* libres
speak hablar *v.*
specialization especialización *f.*
spectacular espectacular *adj.*
speech discurso *m.*
speed velocidad *f.* **26 (2);** ir *v.* manejar *v.* a excesso de velocidad **26 (2)**
speed limit velocidad máxima
spelling ortográfico/a *adj.*
spend (money) gastar *v.* **19 (2)**
spend time pasar *v.* el tiempo
spend the day pasar *v.* el día **20 (2)**
spicy picante *adj.*
spoiled consentido/a *adj.* **22 (2)**
be spoiled ser consentido/a **22 (2)**
spoon (table or large) cuchara *f.*
sport deporte *m.*
sports-loving deportivo/a *adj.*
sports-related deportivo/a *adj.*
spouse esposo/a *m., f.*
sprain (one's ankle) torcerse *v.* (el tobillo)
sprained torcido/a *adj.*
be sprained estar *v.* torcido/a
spring primavera *f.* **13 (1)**
stadium estadio *m.* **2 (1)**
stage etapa *f.*
stairs escalera *f.*
stairway escalera *f.*
stamp estampilla *f.;* sello *m.*
stand in line hacer *v.* cola
star estrella *f.*
start empezar (e:ie) *v* **10 (1)**
start (a vehicle) arrancar *v.*
state estado *m.*
station estación *f.*
statue estatua *f.*
status: marital status estado *m.* civil
stay quedarse *v.*
Stay calm! ¡Tranquilo/a! *adj.*
stay home quedarse *v.* en casa **14 (1)**
stay in shape mantenerse *v.* en forma
steak bistec *m.*
steering wheel volante *m.*
step etapa *f.*
stepbrother hermanastro *m.*
stepdaughter hijastra *f.*
stepfather padrastro *m.*
stepmother madrastra *f.*
stepsister hermanastra *f.*
stepson hijastro *m.*
stereo estéreo *m.*
still todavía *adv.* **28 (2)**
stock broker corredor(a) *m., f.* de bolsa
stockings medias *f., pl.*
stomach estómago *m.* **21 (2)**
stone piedra *f.*
stop parar *v.* **26 (2)**
stop (doing something) dejar *v.* de *(+ inf.)*
store tienda *f.*
storm tormenta *f.*
story cuento *m.;* historia *f.*
stove estufa *f.* **18 (2)**
straight derecho *adj.* **26 (2)**
straight ahead (todo) derecho
go straight ahead for (three) blocks seguir derecho (tres) cuadras **26 (2)**
straighten up arreglar *v.*
strange extraño/a *adj.*
It's strange… Es extraño…
strawberry frutilla *f.;* fresa *f.*
street calle *f.* **26 (2)**
stress estrés *m.*
stressed estresado/a *adj.* **15 (1)**
stretching estiramiento *m.*
stretching exercises ejercicios *m., pl.* de estiramiento
strike (labor) huelga *f.*
stripe raya *f.*
striped de rayas *adj.*
stroll pasear *v.*
strong fuerte *adj.*
struggle (for) luchar *v.* (por)
student estudiante *m., f.* **2 (1);** estudiantil *adj.*
studious estudioso/a *adj.* **3 (1)**

study estudiar *v.* 5 (1)
to study a lot/a little estudiar mucho/poco 5 (1)
stuffed up (sinuses) congestionado/a *adj.*
stupendous estupendo/a *adj.*
style estilo *m.*
suburbs afueras *f., pl.*
subway metro *m.*
subway station estación *f.* del metro
success éxito *m.*
successful: be successful tener *v.* éxito
such as tales como
suddenly de repente *adv.* 25 (2)
suffer sufrir *v.*
suffer from an illness sufrir una enfermedad
sufficient bastante *adj.*
sugar azúcar *m.*
suggest sugerir (e:ie) *v.*
suit traje *m.* 13 (1)
suitcase maleta *f.* 13 (1), 20 (2)
summer verano *m.* 13 (1)
sun sol *m.*
sunbathe tomar *v.* el sol
Sunday domingo *m.* 5 (1)
(on) Sundays los domingos *m., pl.* 5 (1)
sunglasses gafas *f., pl.* de sol; gafas oscuras; lentes *m., pl.* de sol
sunny: It's (very) sunny. Hace (mucho) sol.
supermarket supermercado *m.* 8 (1)
supervisor supervisor/a *m., f.* 11 (1)
suppose suponer *v.*
sure seguro/a *adj.*
be sure (of) estar *v.* seguro/a (de)
surf the Internet navegar *v.* en Internet
surprise sorprender *v.*; sorpresa *f.*
survey encuesta *f.*
sweat sudar *v.*
sweater suéter *m.* 13 (1)
sweep the floor barrer *v.* el suelo 18 (2)
sweep the garage barrer *v.* el garaje 18 (2)
sweet dulce *adj.*
sweets dulces *m., pl.*
swim nadar *v.* 18 (2)
swimming natación *f.*
swimming pool piscina *f.*
swing (leisure) columpio *m.* 22 (2)
go on the swings subir(se) a los columpios 22 (2)
symptom síntoma *m.*
systems analyst analista de sistemas *m., f.* 12 (1)

T

table mesa *f.* 18 (2)
night table mesa *f.* de noche 18 (2)
side table mesita *f.* 18 (2)
set the table poner *v.* la mesa 18 (2)
tablespoon cuchara *f.*
tablet (pill) pastilla *f.*
take tomar *v.*; llevar *v.*
take a bath bañarse *v.* 14 (1)
take a bath/shower at night bañarse *v.* por la noche 14 (1)
take a shower ducharse *v.* 14 (1)
take a trip hacer un viaje 18 (2)
take an x-ray sacar *v.* una radiografía 24 (2)
Take care! ¡Cuídense!
take care of cuidar *v.*
take care of oneself cuidarse *v.* 21 (2)
take care of (watch) kids/the elderly cuidar *v.* a los niños/ancianos 11 (1)
take classes tomar *v.* clases
take into account tomar *v.* en cuenta
take off quitarse *v.*
take off one's shoes quitarse *v.* los zapatos 14 (1)
take out the trash sacar *v.* la basura 18 (2)
take out (walk) the dog sacar al perro a pasear 18 (2)
take pictures sacar *v.* fotos; tomar *v.* fotos
take (someone's) temperature tomar(le) *v.* la temperatura (a alguien)
take something llevar *v.* algo 24 (2)
take the bus tomar *v.* el autobús 5 (1)
take the freeway north/south/east/west tomar *v.* la autopista al norte/al sur/al este/al oeste 26 (2)
take (wear) a shoe size calzar *v.*
talented talentoso/a *adj.*
talk hablar *v.* 5 (1); conversar *v.*
talk show programa *m.* de entrevistas
to talk with friends hablar con los amigos 5 (1)
to talk on the phone hablar por teléfono 5 (1)
tall alto/a *adj.* 6 (1)
tank tanque *m.*
tantrum berrinche *m.* 22 (2)
throw tantrums hacer *v.* berrinches 22 (2)
tape (audio) cinta *f.*
tape recorder grabadora *f.*
taste probar (o:ue) *v.*
tasty rico/a *adj.* 6 (1); sabroso/a *adj.*
tax impuesto *m.*
taxi(cab) taxi *m.*
tea té *m.* 9 (1)
teach enseñar *v.* a 24 (2)
teacher profesor(a) *m., f.* 1 (1); **(elementary school)** maestro/a *m., f.*; 12 (1) **(pre-school teacher)** educador(a) *m., f.* 12 (1)
team equipo *m.*
technician técnico/a *m., f.*
computer technician técnico/a en computación *m., f.* 12 (1)
teenager chico/a 4 (1)
telecommuting teletrabajo *m.*
teleconference videoconferencia *f.*
telephone teléfono *m.*
cellular telephone teléfono celular
tele(vision) televisión *f.* 2 (1)
television set televisor *m.*
tell decir *v.* 20 (2), 24 (2); contar (o:ue) *v.*
tell your problems contar (o:ue) *v.* los problemas 11 (1), 24 (2)
temperature temperatura *f.*
ten diez 1 (1)
tennis tenis *m.*
tennis court cancha de tenis *f.* 2 (1)
tennis shoes zapatos *m., pl.* de tenis 13 (1)
tension tensión *f.*
tent tienda *f.* de campaña
tenth décimo/a *adj.*
terrible terrible *adj., m., f.* 3 (1)
it's terrible es terrible
terrific chévere *adj.*
test prueba *f.*, examen *m.*
text message mensaje de texto *m.*
Thank you. Gracias. *f., pl.* 1 (1)
Thank you (very much). (Muchas) gracias.
Thank you very, very much. Muchísimas gracias.
Thanks (a lot). (Muchas) gracias.
Thanks for everything. Gracias por todo.
Thanks once again. Gracias una vez más.
that que; quien(es); lo que rel *pron.*
that (one) ése, ésa, eso *pron.*; ese, esa, *adj.* 6 (1)
that (over there) aquél, aquélla, aquello *pron.*; aquel, aquella *adj.*
that which lo que *conj.*
That's me. Soy yo.
that's why por eso
the el *m.*, la *f., sing., def., art.*; los *m.*, las *f., pl., def. art.* 2 (1)
theater teatro *m.*
their su(s) *poss., adj.* 4 (1); suyo(s)/ a(s) *poss., pron.*
them los/las *pron.*; les *pron.*; *i.o., pron.* 19 (2)

then después **(afterward)** *adv.*; entonces **(as a result)** *adv.*; luego **(next)** *adv.*; pues *adv.*
back then en esos tiempos 22 (2)
there allí *adv.*
There is/are... Hay... 2 (1); **There is/are not...** No hay...
therefore por eso *adv.*
these éstos, éstas *pron.*; estas *adj.* 6 (1)
they ellos/as *sub. pron.*
they are ellos/as son 3 (1)
thin delgado/a *adj.* 6 (1)
thing cosa *f.* 5 (1)
think pensar (e:ie) *v.* 10 (1), 17 (2); **(believe)** creer *v.* 17 (2); **think about** pensar en 10 (1)
third tercer, tercero/a *adj.*
thirst sed *f.*
thirsty: be (very) thirsty tener *v.* (mucha) sed 9 (1)
thirteen trece 1 (1)
thirty treinta 1 (1); **thirty (minutes past the hour)** y treinta; y media
thirty-one treinta y uno 1 (1)
thirty-two treinta y dos 1 (1)
thirty-three treinta y tres 1 (1)
thirty-four treinta y cuatro 1 (1)
thirty-five treinta y cinco 1 (1)
thirty-six treinta y seis 1 (1)
thirty-seven treinta y siete 1 (1)
thirty-eight treinta y ocho 1 (1)
thirty-nine treinta y nueve 1 (1)
this este, esta *adj.* 6 (1); éste, ésta, esto *pron.*
This is... (introduction) Éste/a es...
This is he/she. (on telephone) Con él/ella habla.
this Monday/Tuesday (etc.) este lunes/jueves (etc). 7 (1)
this morning esta mañana 15 (1)
those ésos, ésas *pron.*; esos, esas *adj.* 6 (1)
those (over there) aquéllos, aquéllas *pron.*; aquellos, aquellas *adj.*
thousand mil *m.*
three tres 1 (1)
three hundred trescientos/as
throat garganta *f.* 21 (2)
through por *prep.*
throughout: throughout the world en todo el mundo
throw echar *v.*
throw a party hacer una fiesta 18 (2)
throw tantrums hacer *v.* berrinches 22 (2)
Thursday jueves *m., sing.* 5 (1)
(on) Thursdays los jueves *m., pl.* 5 (1)
thus (in such a way) así *adj.*
ticket boleto *m.*; entrada *f.*; pasaje *m.*; **(traffic)** multa *f.* 26 (2)
avoid tickets evitar *v.* las multas 26 (2)
tidy arreglado/a *adj.* 18 (2)
be tidy estar arreglado/a 18 (2)
tie corbata *f.* 13 (1)
time vez *f.*; tiempo *m.*
buy on time comprar *v.* a plazos *m., pl.*
have a good/bad time pasar lo *v.* bien/mal
full-time/part-time/free time el tiempo completo/parcial/libre 11 (1)
We had a great time. Lo pasamos de película.
times veces *f., pl.*
many times muchas veces
tip propina *f.*
tire llanta *f.* 26 (2)
check the tires revisar *v.* las llantas 26 (2)
tired cansado/a *adj.* 15 (1)
be tired estar *v.* cansado/a
title título *m.*
to a *prep.*
to (the) al *m.,sing.*; a la *f.,sing.*; a los *m.,pl.*; a las *f.,pl.* 8 (1)
toast (drink) brindar *v.*; pan *m.* tostado 9 (1)
toasted tostado/a *adj.*
toaster tostadora *f.*
today hoy *adv.* 7 (1)
Today is... Hoy es...
together juntos/as *adj.*
get together juntarse *v.* 14 (1)
told dicho/a *pp.* 28 (2)
tomato tomate *m.*
tomorrow mañana *adv.* 7 (1)
See you tomorrow. Hasta mañana.
tonight esta noche *adv.* 7 (1)
too también *adv.*
too much demasiado *adv.*; en exceso
tooth diente *m.*; muela *f.*
tornado tornado *m.*
tortilla tortilla *f.*
touch tocar *v.*
tour an area recorrer *v.*; excursión *f.*
go on a tour hacer *v.* una excursión
tourism turismo *m.*
tourist turista *m., f.*; turístico/a *adj.*
toward para *prep.*; hacia *prep.*
towel toalla *f.* 18 (2)
town pueblo *m.*
toy juguete *m.* 22 (2)
trade oficio *m.*
traffic circulación *f.*; tráfico *m.*
obey the traffic signs obedecer (c:zc) *v.* las señales de tránsito 26 (2)
traffic light semáforo *m.* 26 (2)
traffic signs señales de tránsito *pl., f.* 26 (2)
tragedy tragedia *f.*
trail sendero *m.*
trailhead sendero *m.*
train entrenarse *v.*; tren *m.*
train station estación *f.* del tren *m.*
translate traducir *v.*
trash basura *f.* 18 (2)
take out the trash sacar *v.* la basura 18 (2)
travel viajar *v.*
travel agency agencia *f.* de viajes
travel agent agente *m., f.* de viajes
travel documents documentos *m., pl.* de viaje
traveler viajero/a *m., f.*
traveler's check cheque *m.* de viajero
treat (entertain) invitar *v.*
tree árbol *m.* 22 (2)
climb trees subir(se) a los árboles 22 (2)
trillion billón
trimester trimestre *m.*
trip viaje *m.* 18 (2)
take a trip hacer *v.* un viaje 18 (2)
tropical forest bosque *m.* tropical
trouble problemas *m.,pl.*
get into trouble hacer *v.* travesuras 22 (2)
truck camión *m.*
true cierto/a; verdad *adj.*
it's (not) true (no) es cierto/verdad
trunk baúl *m.*
truth verdad *f.*
try intentar *v.*; probar (o:ue) *v.*
try (to do something) tratar *v.* de (+ *inf.*)
try on probarse (o:ue) *v.*
t-shirt camiseta *f.* 13 (1)
Tuesday martes *m., sing.*
(on) Tuesdays los martes *m., pl.*
tuna atún *m.*
tuna sándwich sandwich de atún *m.* 9 (1)
turkey pavo *m.* 9 (1)
turn doblar *v.*
turn off (electricity/appliance) apagar *v.*
turn off the car apagar *v.* el coche 26 (2)
turn on (electricity/appliance) poner *v.*; prender *v.*
turn on the car prender *v.* el coche 26 (2)
turn right/left at... Avenue/Street doblar *v.* a la derecha/izquierda en la avenida/calle... 26 (2); dar *v.* vuelta a la derecha/izquierda en la calle/avenida... 26 (2)
turn something in entregar *v.* 24 (2)
turtle tortuga *f.*
marine turtle tortuga marina
twelve doce 1 (1)
twenty veinte 1 (1)
twenty-eight veintiocho 1 (1)
twenty-five veinticinco 1 (1)
twenty-four veinticuatro 1 (1)
twenty-nine veintinueve 1 (1)

twenty-one veintiún, veintiuno/a 1 (1)
twenty-seven veintisiete 1 (1)
twenty-six veintiséis 1 (1)
twenty-three veintitrés 1 (1)
twenty-two veintidós 1 (1)
twice dos veces
  twice a month dos veces al mes 8 (1)
twisted torcido/a *adj.*
  be twisted estar *v.* torcido/a
two dos 1 (1)
two hundred doscientos/as
  two times dos veces

U

ugly feo/a *adj.* 6 (1)
umbrella paraguas *m.* 13 (1)
uncle tío *m.* 4 (1)
under debajo de *prep.*; bajo *prep.*
understand comprender *v.*; entender (e:ie) *v.* 10 (1), 17 (2)
underwear ropa *f.* interior
unemployment desempleo *m.*
United States Estados Unidos *m., pl.*
university universidad *f.*
unless a menos que *adv.* 30 (2)
unmarried soltero/a *adj.*
unpleasant antipático/a *adj.* 6 (1)
until hasta *prep.*
  until now; so far hasta ahora 28 (2)
  until this moment hasta el momento 28 (2) hasta que *conj.* 30 (2)
up arriba *adv.*
upset molesto/a *adj.* 15 (1)
urgent urgente *adj.*
  It's urgent that... Es urgente que...
us nos *pron.*; *i.o. pron.* 19 (2)
use usar *v.*
  use the computer usar *v.* la computadora 5 (1)
used for para *prep.*
useful útil *adj.*

V

vacation vacaciones *f., pl.* 11 (1)
  be on vacation estar *v.* de vacaciones 15 (1)
  go on vacation ir *v.* de vacaciones
  go on vacation irse *v.* de vacaciones 14 (1)
vacuum pasar *v.* la aspiradora 18 (2)
  vacuum cleaner aspiradora *f.*
valley valle *m.*
various varios/as *adj., pl.*
VCR videocasetera *f.* 2 (1)
vegetables verduras *f., pl.*
verb verbo *m.*
very muy *adv.*
  very bad malísimo
  very much muchísimo *adv.*
  Very good, thank you. Muy bien, gracias.
  Very well. Muy bien. 1 (1)
vest chaleco *m.*
veterinarian veterinario/a *m., f.* 12 (1)
video video *m.*
  videocassette videocasete *m.*
  video conference videoconferencia *f.*
  videocamera cámara *f.* de video
vinegar vinagre *m.*
violence violencia *f.*
visit visitar *v.*
  visit a monument visitar un monumento
  visit one's grandparents visitar *v.* a los abuelos 5 (1)
vitamin vitamina *f.*
volcano volcán *m.*
volleyball vóleibol *m.*
  volleyball court cancha de vóleibol *f.* 2 (1)
vote votar *v.*

W

wait (for) esperar *v.*
waiter/waitress camarero/a *m., f.*; mesero/a *m., f.* 9 (1), 11 (1)
wake up despertarse (e:ie) *v.*
walk caminar *v.*
  go for a walk dar *v.* un paseo 18 (2)
  take a walk pasear *v.*
  take out (walk) the dog sacar al perro a pasear 18 (2)
  walk around the city/town pasear por la ciudad/el pueblo
Walkman walkman *m.*
wall pared *f.*
wallet cartera *f.*
want desear *v.*; querer (e:ie) *v.* 10 (1), 20 (2)
  I don't want to no quiero
war guerra *f.*
warm (oneself) up calentarse *v.*
wash lavar *v.*
  wash one's face/hands lavarse *v.* la cara/los manos 14 (1)
  do (wash) the laundry lavar la ropa 5 (1)
  do (wash) the dishes lavar los platos 18 (2)
  wash the car lavar el coche 5 (1)
  wash oneself lavarse
washing machine lavadora *f.*
wastebasket papelera *f.* 2 (1)
watch mirar *v.*; reloj *m.*
  watch cartoons ver *v.* los dibujos animados 22 (2)
  watch television mirar (la) televisión 5 (1)
  watch a movie at home ver *v.* una película en casa 8 (1)
water agua *f.* 9 (1)
  water pollution contaminación del agua
  water-skiing esquí *m.* acuático
way manera *f.*
we nosotros/as *sub. pron.*
  we are nosotros/as somos 3 (1)
weak débil *adj.*
wear llevar *v.* 13 (1); usar *v.* 13 (1); calzar *v.* **(shoes)**
  wear a ... costume disfrazarse *v.* de... 20 (2)
  wear clothing ponerse *v.* la ropa 14 (1), 20 (2)
  wear the seat belt ponerse *v.* el cinturón de seguridad 26 (2)
weather tiempo *m.*
  It's bad weather. Hace mal tiempo. 13 (1)
  It's nice weather. Hace buen tiempo. 13 (1)
weaving tejido *m.*
Web red *f.*
website sitio *m.* web
wedding boda *f.*
Wednesday miércoles *m., sing.* 5 (1)
  (on) Wednesdays los miércoles *m., pl.* 5 (1)
week semana *f.*
  (on) weekdays entre semana 5 (1)
weekend fin *m.* de semana 5 (1)
  (on) weekends los fines de semana 5 (1)
weight peso *m.*
  lift weights levantar *v.* pesas *f., pl.* 18 (2)
Welcome! ¡Bienvenido(s)/a(s)! *adj.*
well pues *adv.*; bueno *adv.*; bien *adj.* 21 (2)
well-being bienestar *m.*
well organized ordenado/a *adj.* 6 (1)
west oeste *m.* 26 (2)
  to the west al oeste 26 (2)
western (genre) de vaqueros *adj.*
whale ballena *f.*
what lo que
  what? ¿qué? *adj., pron.* 6 (1); ¿cuál(es)? 6 (1)
  At what time...? ¿A qué hora...? 2 (1)
  What a...! ¡Qué...!
  What a pleasure to...! ¡Qué gusto (+ *inf.*)...!
  What a surprise! ¡Qué sorpresa!
  What are... like? ¿Cómo son...? 3 (1)
  What day is it? ¿Qué día es hoy?
  What did he/she do? ¿Qué hizo él/ella?
  What did they do? ¿Qué hicieron ellos/ellas?

What did you do? ¿Qué hiciste? *fam., sing.;* ¿Qué hizo usted? *form., sing.;* ¿Qué hicieron ustedes? *form., pl.*
What did you say? ¿Cómo?
What do you guys think? ¿Qué les parece?
What happened? ¿Qué pasó?
What is it? ¿Qué es?
What is the date (today)? ¿Cuál es la fecha (de hoy)?
What is the price? ¿Qué precio tiene?
What is today's date? ¿Cuál es la fecha de hoy?
What pain! ¡Qué dolor!
What pretty clothes! ¡Qué ropa más bonita!
What size do you wear? ¿Qué talla lleva (usa)?
What time is it? ¿Qué hora es?
What's going on? ¿Qué pasa?
What's happening? ¿Qué pasa?
What's... like? ¿Cómo es...? **3 (1)**
What's new? ¿Qué hay de nuevo?
What's the weather like? ¿Qué tiempo hace?
What's wrong? ¿Qué pasó?
What's your name? ¿Cómo se llama usted? *form.* **1 (1)**
What's your name? ¿Cómo te llamas (tú)? *fam.* **1 (1)**
when cuando *conj.* **30 (2)**
When? ¿Cuándo? **6 (1)**
when I was a child cuando era niño/a **22 (2)**
when I was ... years old cuando tenía... años **22 (2)**
where donde *adj., conj.*
where? (destination) ¿adónde?; **(location)** ¿dónde? **6 (1)**
Where are you from? ¿De dónde eres? *fam.* **4 (1);** ¿De dónde es usted? *form.*
Where is...? ¿Dónde está...?
(to) where? ¿adónde?
which que; lo que *rel. pron.*
which? ¿cuál(es)? *adj., pron.;* ¿qué? **6 (1)**
which one(s)? ¿cuál(es)? **6 (1)**
while mientras *adv.*
white blanco/a *adj.* **13 (1)**
white wine vino *m.* blanco
who que; quien(es) *rel. pron.*
who? ¿quién(es)? *adv.* **6 (1)**
Who is...? ¿Quién es...?
Who is calling? (on telephone) ¿De parte de quién?
Who is speaking? (on telephone) ¿Quién habla?
whole todo/a *adj.*
whom quien(es) *rel. pron.*
whose...? ¿de quién(es)...?
why? ¿por qué? *adv.* **6 (1)**
widowed viudo/a *adj.*
wife esposa *f.* **4 (1)**
win ganar *v.*
wind viento *m.*
window ventana *f.* **2 (1)**
windshield parabrisas *m., sing.*
windy: It's (very) windy. Hace (mucho) viento. **13 (1)**
wine vino *m.*
red wine vino tinto *m.* **9 (1)**
white wine vino blanco *m.*
wineglass copa *f.*
winter invierno *m.* **13 (1)**
wish desear *v.;* esperar *v.*
I wish (that) Ojalá que
with con *prep.*
with me conmigo
with you contigo *fam.*
within dentro de *prep.*
without sin *prep.;* sin que *conj.*
without a doubt sin duda
woman mujer *f.*
wool lana *f.*
(made of) wool de lana
word palabra *f.*
work trabajar *v.;* funcionar *v.;* trabajo *m.* **8 (1)**
work (of art, literature, music, etc.) obra *f.*
work at home trabajar *v.* en casa **5 (1)**
work out hacer *v.* gimnasia
world mundo *m.*
worldwide mundial *adj. m., f.*
worried (about) preocupado/a (por) *adj.* **15 (1)**
worry (about) preocuparse *v.* (por)
Don't worry. No se preocupe. *form.;* No te preocupes. *fam.*
worse peor *adj. m., f.*
feel worse sentirse(e:ie) peor **21 (2)**
worse than pejor que *adj.* **17 (2)**
worst el/la peor; lo peor
Would you like to? ¿Te gustaría?
write escribir *v.* **24 (2)**
write a letter/post card/e-mail message escribir una carta/(tarjeta) postal/mensaje *m.* electrónico **8 (1)**
write a paper escribir un trabajo **8 (1)**
writer escritor(a) *m., f.*
written escrito/a *p.p.* **28 (2)**
wrong equivocado/a *adj.*
be wrong no tener *v.* razón

X

X-ray radiografía *f.* **24 (2)**
take an X-ray sacar *v.* una radiografía **24 (2)**

Y

yard jardín *m.* **18 (2);** patio *m.*
year año *m.*
be... years old tener... *v.* años
yellow amarillo/a *adj.* **13 (1)**
yes sí *interj.*
yesterday ayer *adv.* **15 (1), 17 (2)**
(not) yet todavía (no); ya *adv.* **28 (2)**
yogurt yogur *m.* **9 (1)**
you tú *sub. pron. fam. sing.;* usted *sub. pron. form. sing.;* vosotros/as *sub. pron. fam. pl.;* ustedes *sub. pron. form. pl.;* te *d.o. pron. fam. sing.; i.o. pron. fam.* **19 (2);** lo *d.o. pron. m. form. sing.;* la *d.o. pron. f. form. sing.;* os *d.o. pron. fam. pl.;* los *d.o. pron. m. form. pl.;* las *d.o. pron. f. form. pl.;* le(s) *i.o. pron. form.* **19 (2)**
you are tú eres *fam. sing.* **3 (1);** usted es *form. sing.* **3 (1);** vosotros/as sois *fam. pl.* **3 (1);** ustedes son *form. pl.* **3 (1)**
You don't say! ¡No me digas! *fam.;* ¡No me diga! *form.*
You're welcome. De nada. **1 (1);** No hay de qué.
young joven *adj.* **6 (1)**
young person joven *m., f.*
young woman señorita *f.*
younger menor *adj. m., f.* **6 (1)**
younger brother, sister hermano/a menor *m., f.*
youngest el/la menor *m., f.*
your su(s) *poss., adj., form.* **4 (1)**
your tu(s) *poss., adj., fam. sing.* **4 (1)**
your vuestro(s)/a(s) *poss., adj. form., pl.*
your(s) *form.* suyo(s)/a(s) *poss. pron., form.*
your(s) tuyo(s)/a(s) *poss., fam., sing.*
youth juventud *f.;* **(young person)** joven *m., f.*

Z

zero cero *m.* **1 (1)**

Index

Each entry is followed by a citation, **(1)** or **(2)**. All entries followed by a **(1)** are found on the corresponding page in **INVITACIONES: Primera parte**; entries followed by a **(2)** are found on the page noted in **INVITACIONES: Segunda parte**.

Photo Credits: Primera parte

Alamy: 61 © Tim Whitby. **122** (tl) © Michele Molinari. **253** (l) © Bon Appetit, (tm) © Richard Levine. **254** (r) © ACE STOCK LIMITED. **395** (l) © Stock Connection Blue, (tr) © Sue Cunningham Photographic, (br) © Marina Spironetti. **396** (tl) © Picture Contact, (r) © INTERFOTO Pressebildagentur.

AP Images: 84 © EFE, Ballesteros. **396** (bl) Andres Leighton.

385 (r) © Bill Bachmann/The Image Works

© **Michael Caulfield/WireImage (Awards)/Newscom: 397** (tl)

Corbis Images: 2 (tr) © Graham Neden, (bl) © James Marshall, (br) © Darrell Jones. **3** (tl) © Pablo Corral V, (tr) © Francesco Venturi. **15** © Morton Beebe. **46** © Tony Arruza. **61** © Tizziana and Gianni Baldizzone. **111** © Buddy Mays. **137** © Shaul Schwarz. **235** © Hans Georg Roth. **254** (tl) © Richard T. Nowitz. **271** © Wolfgang Kaehler. **316** © Amos Nachoum. **324** (t) © WWD/Condé Nast/Steve Eichner. **357** © Nik Wheeler. **365** (l) © Michael Freeman. **377** © Doug Wilson. **389** © Rob Lewine. **394** (b) © Reuters NewMedia Inc./Rafael Perez.

CyberSpain: 3 (bl) permission to reproduce J. Carballo.

USDA, MyPyramid.gov: 206 (food pyramid)

© **Image Source: 121**

iStockphoto.com: 297 (l) © jonathan parry. **397** (b) © smilingworld. **398** (t) © MarkFGD.

Jupiter Images: 253 (bm) © FoodPix. **254** (bl) © FoodPix. **255** (br) © FoodPix, (bl) © FoodPix. **315** (br) © Polka Dot Images.

© **Randy Krauss: 3** (br)

© **Landov: 324** (m), (b). **325** (t), (m). **397** (tr).

Latin Focus: 145 © Jimmy Dorantes. **146** © Jimmy Dorantes.

PhotoEdit: 297 (r) © David Frazier.

Courtesy Mabis Robledo: 2 (tl)

Alfaguara Editorial: 202 (book cover)

Universidad Autónoma de Chihuahua: 122 (b)
Universidad de Navarra: 122 (tr)
Universidad Nacional Autónoma de México (www.unam.mx): 123

Photo Credits: Segunda parte

Alamy: 58 © Trinity Mirror/Mirrorpix/Alamy, **131** (l) © Les Gibbon/Alamy, **258** (tl) © Mireille Vautier/Alamy, **258** (tr) © PCL/Alamy, **383** (l) © Christa Knijff/Alamy, **384** (ml) © Robert Fried/Alamy,

AP Images: 317 (r) © AP Images/Keystone

Art Explosion: 318

Cantomedia: 239 © Frank Cantor 2003.

Rex Cauldwell: 120

Corbis Images: 20 © Jacques Pavlovsky. **47** (l) © Charles & Josette Lenars, (r) © Jeremy Horner. **48** © Barnabas Bosshart. (b) © Tony Savino. **87** (tl) © Adam Woolfitt, (tr) © Paul Hardy. **74, 98** © Tom Bean. **121** © Jeremy Horner.

141 © Bettmann. **150** © Macduff Everton. **167** © Reuters NewMedia Inc./Andrees Latif. **199** © Tom Brakefield. **220** © Joyce Naltchayan. **222** © Charles & Josette Lenars. **268** © Dave G. Houser. **298** © AFP/Daniel Garcia. **317** © Pablo Corral. **345** © Jeremy Horner. **356** (l) © Brooks Kraft, (m) © Bill Gentile, (r) © Reuters NewMedia Inc./Enrique Shore.

384 (tr) © 2008 by Robert Frerck and Odyssey Productions, Inc.

Getty Images: 384 (br) © Angel Martinez/Getty Images

The Image Works: 257 © Longhurst/TopFoto/The Image Works, **385** (r) © Bill Bachman/The Image Works

132 (l) Inga Spence/Index Stock Imagery/Photolibrary.

iStock: 67 (r) © iStockphoto.com, **98** (b) © iStockphoto.com/a.berent, **255** (m) © iStockphoto.com, **268** (br) © iStockphoto.com

© **Randy Krauss: 47** (m). **323 Lucky S. R. L.: 359** Gunter Dittmar.

Landov: 167 (b) © Landov, **334** (m) © Landov

PhotoEdit: 74(1) © Michael Newman/PhotoEdit, **256** (l) © Kayte M. Deioma/PhotoEdit, **256** (r) © Kim Karpeles/PhotoEdit, **384** (tl) © Susan Van Etten/PhotoEdit, **385** (l) © Cindy Charles/PhotoEdit

384 (mr) © Photononstop/Media Bakery

Spectrumphotofile: 199 (bl) © Spectrumphotofile, **199** (br) © Spectrumphotofile

Margorie Stitson: 146

Carol & Luis Stuardo: 345 (br)

Paola Escartín Barrón: 266 (br)

Christian Inaraja, Cavall Fort Num. 1.111: 20 (b)

Text and Realia Credits: Primera parte

Pages 45 and 54: "*Catálogo de carreras*" adapted and reprinted with permission from Único – Universidad de la Comunidad, Universidad Autónoma de Guadalajara.
Page 217: "Estancia Santa Gertrudis." Ad adapted and reprinted with permission from Darío Saráchaga.
Page 227: "¡Vivir bien con poca grasa!" ad adapted and reprinted with permission from Rodale Press International.
Page 305: "Premio escolar espíritu de superación." Adapted and reprinted with permission from Zubi Advertising.
Page 314: "The Ultimate Oversees Career," 1997. Translated and adapted with permission from *Hispanic Magazine*.
Page 332: "Instituto Forrester." Ad adapted and reprinted with permission from Instituto Forrester, S.A.

Text and Realia Credits: Segunda parte

Page 275: "Conduciendo en Costa Rica" adapted and reprinted with permission from Costa Rica Map (www.costaricamap.com).
Page 297: "¿Tiene un minuto? Ahorre cientos de dólares" adapted and reprinted with permission from the Minnesota Department of Commerce.
Page 323 "Grandes mujeres humildes," 1998. Reprinted with permission from *Revista La Pandilla*.

About the Authors

Deana Alonso was born and raised in Mexico City. After graduating from High School and studying for a year at the *Universidad Nacional Autónoma de México* (UNAM) her family moved to the United States. She earned a Bachelor of Arts Degree in Mathematics and a Master's Degree in Spanish from San Diego State University. She also holds a Master's Degree in Teaching English to Speakers of Other Languages from California State University, Los Angeles. She served for four years as consultant and teacher leader at the Los Angeles Area Site of the California Foreign Language Project before joining the team at the San Diego Area Site. She is also the new president of the Foreign Language Council of San Diego (FLCSD). In addition, Deana co-authored several texts for McGraw-Hill, Prentice Hall and National Textbook Company. She taught Spanish for five years at Citrus College and she is presently a Professor of Spanish at Southwestern College. She has traveled extensively throughout Europe and Latin America.

Esther Alonso was born and raised in Mexico City. After graduating from High School and studying for two years at the *Universidad Internacional de Turismo,* her family moved to the United States. She earned a Bachelor's Degree in Linguistics and a Master's Degree in Spanish and English Sociolinguistics from San Diego State University. Esther was a consultant and teacher leader for the Los Angeles Area Site of the California Foreign Language Project for a year. She has published her research on language assessment in professional journals. She taught Spanish for five years at California State University, San Marcos where she currently is the Language Proficiency Assessor for Spanish and Portuguese. She is presently a Professor of Spanish and Portuguese at Southwestern College. She has traveled extensively through Europe and Latin America.

Brandon Zaslow was born and educated in the United States. He holds graduate degrees in Spanish and Education from the University of California, Los Angeles where he was a University Distinguished Scholar and from California State University Los Angeles. From 1990 to 1995, he held a teaching position in UCLA's Graduate School of Education where he taught Methods of Foreign Language Instruction and Primary and English Language Development. Since 1995, he serves as Director of the Los Angeles Area Site of the California Foreign Language Project, which is funded by the legislature through the Office of the President of the University of California to improve K–16 foreign, second and heritage language programs. In addition to serving on a team that authored Entre mundos (Prentice Hall), a program for heritage speakers of Spanish and Invitaciones (Vistas), a program for second language learners, Brandon worked to develop California's Classroom Oral Competency Interview (COCI), Classroom Writing Competency Assessment (CWCA), and Classroom Receptive Competency Matrix (CRCM). In addition, he was contributor and consultant to the 2003 Foreign Language Framework for California Public Schools and served on the writing committee of the 2009 Foreign Language Standards for California Public Schools. Brandon has been repeatedly honored by his colleagues receiving California's Outstanding Teacher Award in 1996, the National Textbook Company Award for Leadership in Education in 2000, and being named California Language Teacher of the year in 2000.